mants, spirituels, tels enfin que vous les aimez ; votre imagination se monte... vous avez rencontré l'objet que vous rêvez, vous devenez amoureux... encore quelques instants et cela va devenir une passion...

Mais non... cela n'ira pas jusque-là... Vous allez vous calmer, car il y a toujours le revers à la médaille ; et ce revers, ce sont les sirènes elles-mêmes qui ont la gaucherie de nous le montrer.

Vous n'avez pas votre dame au bras depuis dix minutes qu'elle vous dira :

— Me payes-tu quelque chose ?...

Ah ! comme votre imagination dégringole alors !... comme vos rêves de femme du monde, distinguée, mystérieuse, aimante, se transforment soudain en modestes fleuristes, corsetières, giletière, et bien moins que cela quelquefois !...

« Me payes-tu quelque chose ? ... » est-ce une femme bien élevée, une femme du beau monde, du beau demi-monde même, qui vous dirait cela ?...

Non, cela sent sa lorette, sa grisette, sa fillette d'une lieue ! Je sais bien que le carnaval a ses licences, et qu'une figure masquée, on peut risquer des propos que l'on ne dirait pas à visage découvert.

Mais il n'en est pas moins certain que cette malheureuse phrase fait presque tomber le masque de votre conquête et vous fait descendre sur-le-champ du beau pays des illusions à celui beaucoup plus aride de la réalité.

Et puis, comme si elles devinaient sur-le-champ les désirs de votre belle, les marchandes de bonbons, d'oranges, arrivent toujours au moment où l'on vient de vous faire cette question.

Vous êtes trop galant pour rien refuser ; et d'ailleurs, si vous refusiez, vous devez savoir que votre conquête vous lâcherait aussitôt le bras en vous disant :

— Ah ! quel rat !... merci, j'en ai assez de ta connaissance ; il n'a pas de quoi payer un bâton de sucre de pomme !...

Soyez donc fier d'avoir été le cavalier de cette dame, d'avoir senti son bras s'appuyer sur le vôtre, sa main répondre à la pression de votre main... hélas ! il n'y a pas de quoi...

Mais, me direz-vous, il y a des exceptions ; des dames du grand monde, de gentilles bourgeoises, des femmes qui ont un nom même, se donnent le plaisir du bal masqué ; il n'y a pas de danger qu'elles se démasquent, par exemple ! elles se déguisent au contraire avec le plus grand soin, de manière à dépister tous les soupçons à tromper tous ceux qui les connaîtraient.

Mais ce qu'elles ne parviennent jamais à cacher, ce sont leurs façons élégantes, leurs manières distinguées, leur langage de bonne compagnie.

Oui, sans doute, il y a quelques-unes de ces dames à l'Opéra ; elles ont voulu satisfaire leur curiosité, voir une de ces saturnales.

Quelquefois un motif plus puissant les amène là ; elles veulent surprendre un infidèle, le confondre, lui prouver sa trahison, ou, ce qui est bien plus doux, elles ont consenti à venir en secret dans cette foule, parce qu'elles savent y rencontrer quelqu'un qu'il ne leur est pas possible de voir ailleurs, et que sous le masque elles consentiront peut-être à laisser tomber de leurs lèvres un doux aveu que sans cela vous n'auriez jamais pu obtenir.

C'est juste, pour cette exception, vous avez la chance de rencontrer une de ces dames-là...

Je serais d'ailleurs désolé de vous ôter toutes les illusions qui font le charme d'un bal masqué, seulement je vous ferai observer que ces dames comme il faut ne sont pas à ce bal pour former une intrigue, c'est toujours une intrigue commencée qui les y conduit. Alors, quelle probabilité qu'elles viendront vous prendre le bras en vous disant : « Je te connais !... » à vous qu'elles ne connaissent pas, et pour qui elles ne sont pas venues au bal ?... Hein !... êtes-vous convaincu que vous n'aurez pas affaire à l'une de ces dames ?

Non, vous ne l'êtes pas encore, parce qu'en vous-même vous pensez que vous êtes assez joli garçon pour donner dans l'œil à une noble dame, qui n'est pas venue la pour vous, mais qui serait bien aise de faire votre connaissance.

C'est votre idée, cela vous est agréable de croire cela !... eh bien, croyez-le !... Après tout si cela vous rend heureux, vous avez raison... Bercez-vous des plus douces illusions, montez-vous la tête... dussiez-vous en être ensuite pour votre bâton de sucre de pomme.

Cette nuit-là... et l'on était cette année-là mil huit cent cinquante-six... c'était la mi-carême et par conséquent le dernier jour de folie que l'on permet encore après le carnaval...

C'était donc le dernier bal masqué de l'Opéra, aussi était-il magnifique de monde, de bruit, de costumes excentriques.

Il y avait comme toujours de jolies petites femmes en débardeurs, c'est-à-dire vêtues seulement d'une chemise montante, d'un pantalon de velours ou de satin, orné de larges bandes de couleurs tranchantes, d'une ceinture nouée par derrière, et portant pour coiffure une espèce de bonnet de police surchargé de fleurs et placé sur l'oreille tout à fait en tapageur.

Il y avait des pierrots de toutes les couleurs, de toutes les dimensions, quelques dames Pompadour, beaucoup de Bohémiennes, puis de ces jeunes gens qui veulent à toute force être remarqués et se font pour cela un costume auquel il serait bien difficile de donner un nom.

L'un, vêtu d'une culotte courte en satin pailleté, porte avec cela de grosses bottes de postillon, une veste turque; sur le dos il a un carquois, sur la tête une casserole en guise de casque et sur cette casserole est attaché un panache d'une grandeur démesurée. Ce panache, qui domine de trois pieds sur tout le monde, se voit d'un bout à l'autre de la salle.

Ce doit être bien fatigant d'avoir toujours cet énorme plumet sur sa tête, mais que ne fait-on pas au bal pour se faire remarquer ?

Un autre est en sauvage ou en ours, on ne devine pas au juste. Il s'est fait une espèce de couronne avec ces petits balais que l'on vend trois sous. Il tient une ombrelle d'une main et un éventail de l'autre

Plus on montre d'extravagance dans son costume et plus on se pavane en se faisant voir à la foule.

Mais l'orchestre donne le signal d'un quadrille ; en général tous les ma. ues à caractères dansent, car ils veulent montrer dans leur danse autant d'extravagance que dans leur costume. Malheureusement pour eux, il y a des gens chargés de tempérer leur fougue et de les rappeler à l'ordre quand ils mettent trop de laisser-aller dans leurs pas...

Que feraient-ils donc, grand Dieu si on ne les surveillait pas

Le quadrille se termine presque toujours par un galop général.

Alors tout se mêle, tout s'entraîne. Ces nombreux quadrilles se fondent en un torrent de galopeurs qui mugit tout autour de la salle, sur cinq, six, quelquefois sept rangs à la fois... tout cela galope, saute, court !

Malheur à celui qui trébucherait... le torrent ne s'arrête qu'avec la musique, et il serait infailliblement foulé sous les pieds des danseurs.

Mais rassurez-vous, personne ne tombe; tous ces gens-là ont le pied sûr, la danse facile... et ces jolis petits débardeurs femelles qui vous ont semblé tout à l'heure mignons et délicats, sont souvent les plus intrépides dans ce galop où il ne faut pas s'arrêter.

Vers la fin, l'orchestre presse la mesure, alors ce n'est plus de la danse, c'est du délire, de la frénésie; des cris, des chants se mêlent à la musique, et le tourbillon passe devant vous comme le wagon d'un chemin de fer.

Alors le coup d'œil est vraiment féerique, vraiment curieux à contempler, et nous connaissons beaucoup de personnes qui vont au bal de l'Opéra uniquement pour se placer dans une loge et y voir à leur aise danser le galop. Je doute en effet qu'on puisse ailleurs voir rien de semblable.

Dans une loge, placée contre l'avant-scène des premières, deux dominos venaient d'entrer.

Le premier, couleur gris de perle et orné de riches dentelles, était porté par une femme grande, svelte et laissant voir des formes bien accusées. Malgré son déguisement, on devinait sous ce costume une personne habituée aux bruyantes démonstrations des masques et aux excentricités des danseurs.

Il y avait quelque chose de décidé, de hardi dans sa démarche, et en contemplant le galop qui était alors dans toute sa beauté, le domino gris-perle n'avait paru ni étonné ni charmé; il avait regardé ce torrent mouvant, non pas comme quelqu'un qui veut jouir d'un spectacle amusant, mais comme une personne qui, au spectacle, ne fait nullement attention à la pièce que l'on joue, n'est occupée qu'à chercher quelqu'un dans la salle.

Le second domino est noir, taille ordinaire, tenue convenable, mais rien dans la tournure qui attire les regards.

En revanche, celui-là semble prendre beaucoup de plaisir à voir le galop passer sous ses yeux, et laisse quelquefois échapper des exclamations qui témoignent de l'étonnement que lui cause cette danse effrénée.

Les deux dames se sont assises sur le devant de la loge, où sans doute leurs places étaient retenues.

Le domino gris, dont les yeux plongent dans cette foule dansante, y cherche à coup sûr quelqu'un ; le domino noir, qui ne cherche personne, s'écrie de temps à autre :

— Ah ! voyez donc, ma chère ! comme ils se poussent... ah ! ce grand pierrot enlève dans ses bras sa danseuse... il la porte en galopant... mon Dieu ! s'il tombait... Et cette marquise Pompadour dont la perruque est à demi défaite... elle va perdre sa perruque... voyez donc, Thélénie...

— Oui... oui... je vois... mais je vous en prie, ma chère Héloïse, ne faites pas tant d'exclamations... il semblerait que vous n'avez jamais rien vu...

— Mais je n'avais pas encore vu le bal de l'Opéra... j'avais été à Valentino, à Sainte-Cécile, à la salle Barthélemy...

— Assez... assez... de grâce, taisez-vous... et surtout quand vous me parlez, songez à ne point me nommer. Vous devez comprendre que ce n'est pas la peine que je me déguise avec soin, si vous allez ensuite crier mon nom aux oreilles des passants!...

— Je n'ai dit que votre petit nom !

— C'est justement celui que l'on connaît le plus, et comme il n'est pas aussi commun que le vôtre, on saurait bien vite que c'est moi.

— Ah ! c'est vrai, votre nom est très-joli... c'est un nom de roman... est-ce vos parents qui vous l'ont donné, ou vous qui l'avez pris ?

Le domino gris-perle ne juge pas convenable de répondre à cette question autrement que par un léger mouvement d'épaules qui signifie clairement : « Mon Dieu ! que vous êtes bête ! »

Mais le domino noir, qui ne comprend peut-être pas la pantomime, n'en continue pas moins de parler :

— Moi, j'aimerais bien mieux m'appeler Thélénie que Héloïse... c'est très-commun, Héloïse, et puis il paraît qu'il y a une histoire d'une Héloïse avec un M. Abeilard, son amant. Je ne la sais pas, moi... ce doit être une ancienne histoire, car je ne l'ai jamais lue dans les journaux. Mais il paraît que cela prête à rire, car les hommes qui m'ont fait la cour m'ont dit : « O belle Héloïse ! je voudrais être votre amant, mais pas votre Abeilard !... » Moi je feignais de comprendre, je ne voulais pas avoir l'air d'une ignorante... je n'osais pas leur demander de me raconter l'aventure de ces gens-là, et je riais en leur répondant : « Tiens, pourquoi donc ne voulez-vous pas être mon Abeilard ! vous êtes bien difficile ! » Alors ils riaient encore plus fort... Thélénie, vous qui savez beaucoup de choses... qui avez de l'instruction, contez-moi donc cette histoire-là.

La grande Thélénie, car nous savons maintenant le petit nom du domino gris-perle, grâce au bavardage de sa compagne, pose vivement son bras sur celui du domino noir en lui disant :

— Taisez-vous !... je crois que je l'aperçois... ce jeune homme en postillon... à gauche... avec une laitière sous le bras, mais regardez donc !...

— Ce postillon... M. Edmond... oh ! par exemple... il a le nez bien plus long, celui-ci...

— Non... non... en effet... ce n'est pas lui !

— Est-ce qu'il doit être déguisé en postillon, . Edmond ?

— Pourquoi voulez-vous que je sache comment il est déguisé... et s'il est déguisé... je ne suis pas même certaine qu'il est à ce bal... cependant j'ai bien dans l'idée qu'il y viendra... c'est le dernier bal masqué, et il aime tant le plaisir...

— Dame ! c'est de son âge !... quel âge a-t-il ?

— Ah ! que vous m'impatientez avec vos questions, Héloïse !

— Mon Dieu ! que vous êtes susceptible ce soir, vous !... Est-ce ma faute après tout si vous êtes fâchée avec votre amant... s'il vous fait des traits. Quand ces choses-là m'arrivent, je suis bien vite consolée, moi, j'en prends un autre, et très-souvent ça fait revenir l'ancien qui est vexé qu'on ait fait comme lui, et qui redevient amoureux de nous bien plus qu'il ne l'était auparavant !... mais vous devez connaître ce moyen-là, toutes les femmes l'emploient, et il réussit toujours.

— Oui, je le connais, je l'ai employé autrefois... mais à présent... je ne peux pas agir comme cela avec Edmond.

— Il paraît que décidément vous êtes pincée, ma chère !... une femme d'expérience comme vous !... cela m'étonne !

— Vous vous étonnez de tout, ce soir !

— Ça prouve que je ne suis pas blasée, c'est toujours quelque chose.

— Est-ce pour m'insulter que vous me dites cela ?

— Allons, voilà que je m'insulte à présent, en vérité, vous êtes d'une humeur massacrante !... Si j'avais su, je ne vous aurais pas accompagnée au bal... vous m'avez payé mon domino, c'est vrai !... mais j'aurais bien trouvé quelqu'un qui m'aurait fait cette galanterie. Je viens au bal pour m'amuser et non pour me quereller.

— Allons, Héloïse, ne vous fâchez pas... J'ai de l'humeur, cette nuit... c'est vrai... j'ai les nerfs agacés... car je ne sais pas où il est, ce perfide... et je veux le savoir... je l'aime toujours... je l'aime... et songez que c'est le premier homme qui m'ait véritablement fait connaître ce sentiment !...

— Vraiment... et si vous lui disiez cela à lui, je croirais que c'est une blague... comme nous en disons toujours à notre dernier amant : « Ah ! bon ami ! tu es le premier qui m'ait fait connaître ce que c'est que l'amour !... » mais avec vous vous n'avez pas de raison pour mentir... je n'ose plus dire que vous m'étonnez... vous trouveriez encore que je m'étonne trop !...

— Ma chère Héloïse, ma vie lui est bien agitée, c'est vrai... je ne me donnerai pas avec vous pour une vertu !...

— Vous avez raison ; d'ailleurs, je ne vous croirais pas...

— Je vous dirai même franchement mon âge... chose que les femmes ne s'avouent même pas souvent entre elles. J'ai trente-deux ans... je puis en effet avoir de l'expérience.

— Trente-deux ans !... eh bien, sans compliment, sur cet article vous pourriez hardiment mentir, on vous en donnerait tout au plus vingt-huit.

— A trente-deux ans, avec ma figure, ma tournure, je pensais que l'on pouvait encore captiver un jeune homme de vingt-six ans.

— Comment si on le peut !... mais je le crois bien... et pourquoi donc ne le pourrait-on pas ? est-ce qu'une femme est vieille à trente-deux ans ?... j'espère bien, moi, faire encore des conquêtes à quarante-cinq ans... mais, Dieu merci, j'ai du temps devant moi... je vais sur vingt-trois...

— J'ai formé plus d'une liaison, cela est vrai, mais je vous le répète, Edmond est le premier que j'aie aimé... d'amour... et lorsqu'on

éprouve ce sentiment-là si tard... ah ! c'est avec transport... c'est avec une violence qui vous rendrait capable de tout !

— Ah ! mon Dieu !... vous me faites peur, ma bonne ! mais calmez-vous, ça se passera.

— Je le voudrais, mais je ne l'espère pas.

— S'il vous aimait bien, lui, et si vous en étiez sûre, avant peu vous ne l'aimeriez plus ; moi, ça m'a toujours fait cet effet-là !...

— Taisez-vous !... taisez-vous ! voilà quelqu'un que je connais, et surtout ne vous retournez pas.

La porte de la loge était restée ouverte et un monsieur venait d'y entrer.

C'était un homme d'une quarantaine d'années, mais fort bien encore, grand, de belle tournure, dont les traits étaient réguliers, la physionomie distinguée et le regard ironique ; dans ses yeux bruns un peu trop ombragés par ses sourcils, il y avait presque toujours une expression de moquerie, qui du reste s'accordait parfaitement avec son langage sans cesse persifleur.

Un teint extrêmement jaune et bilieux nuisait un peu aux avantages que ce monsieur avait dû obtenir par son physique, mais il y a des dames qui préfèrent les peaux jaunes aux peaux blanches et qui vont même jusqu'au mulâtre.

Ce personnage est entré dans la loge tout en jouant avec un fort beau binocle en or qui est suspendu à son cou par une légère tresse de cheveux.

Il reste quelque temps debout, considérant avec attention le domino gris-perle.

Mais depuis l'arrivée de ce monsieur, les deux dames assises sur le devant de la loge ont cessé de regarder avec attention dans le bal où le galop venait de finir, et aucune d'elles ne se retournait.

Impatienté de la persistance des dominos à ne lui montrer que leur dos, le nouveau-venu enjambe une banquette et s'assied derrière les deux masques.

Puis, frappant légèrement sur l'épaule du domino gris, il lui dit à demi-voix :

— Ma belle amie, tu auras beau t'obstiner à ne point te retourner... et obliger ta compagne à en faire autant... ce qui a l'air de la gêner beaucoup, ça ne m'empêchera pas de te reconnaître. Je t'ai observée tout à l'heure d'en bas... tes yeux noirs brillaient comme des escarboucles, ces yeux-là te trahissent, ma chère... quand tu voudras n'être pas reconnue, prends le costume de la Fortune et mets un bandeau dessus...

La compagne de mademoiselle Héloïse répond en déguisant avec soin sa voix :

— Je ne sais pas ce que tu me veux... mes yeux brillent, dis-tu ? tant mieux, j'en suis charmée... Je n'ai aucune raison pour les cacher... Si je ne me retourne pas, c'est bien que ce n'est pas à cause de toi que je ne te connais pas... et que je ne me soucie nullement de connaître...

— Ah ! ma chère Thélénie !... si je ne t'avais pas déjà reconnue, les dernières paroles que tu viens de prononcer ne me laisseraient plus de doutes sur ton identité !... On déguise son visage, sa tournure... on change sa voix... tout cela est très-bien, mais il faudrait aussi penser à changer son esprit et la forme de son langage. Tu as toujours eu un certain penchant à l'impertinence !... et tu viens d'y céder encore en me disant que tu ne te souciais pas de me connaître... Hein ! n'ai-je pas raison... crois-moi et profite de cet avis, si tu veux intriguer quelqu'un et tâcher de n'être pas devinée, sois indulgente, ne dis de mal de personne... alors je t'assure qu'on ne te reconnaîtra pas.

La grande Thélénie réprime avec peine un mouvement de colère, cependant elle s'efforce de rire en répondant :

— Ah ! ah ! ah ! comme tout cela est joli !... Pourquoi donc ne t'es-tu pas déguisé en magicien, toi, qui prétends dire si bien à chacun ce qu'il est ?

— Oh ! je ne me déguise plus !... ce temps est passé pour moi !...

— C'est juste. Au fait, tu es trop vieux pour cela !

— Il y en a de beaucoup plus âgés que moi qui se déguisent encore... Ce n'est point l'âge qui empêche de faire des folies, c'est le plus ou moins de plaisir que l'on y prend. Tiens, regarde ce gros polichinelle qui passe devant toi, avec deux Suissesses sous les bras... c'est le gros Simoulin, le banquier des lorettes. Il a cinquante ans bien sonnés, cela ne l'empêche pas de se déguiser encore, il lui faut des intrigues, des amours, des maîtresses, il se figure qu'il fait des conquêtes... gros imbécile qui ne comprend pas encore que c'est à son argent seul que l'on se rend... Il a fait pas mal de folies pour les femmes, il y a déjà mangé les trois quarts de sa fortune, il est probable que le reste y passera. Alors toutes ces beautés pour lesquelles il se sera ruiné lui tourneront le dos et ordonneront à leur femme de chambre de le mettre à la porte s'il a encore l'audace de se présenter chez ses anciennes maîtresses... N'est-ce pas la vérité ?... Mais je ne t'apprends rien... Tu sais tout cela bien mieux que moi, car tu as beaucoup connu ce vilain polichinelle !... Tiens, ce grand jeune homme là bas, habillé en Gille... Au moins le costume est bien choisi... Pauvre garçon ! quelle figure hâve, quelles joues amaigries... quels regards ternes et abrutis... Ah ! il a été bien aussi, celui-là...

C'est un Hongrois !... pourquoi diable aussi quitte-t-il sa patrie avec un portefeuille si bien garni !... Il voulait connaître Paris, s'y amuser ! Je ne sais pas s'il s'y est amusé beaucoup, je le désire pour lui... Mais manger cent cinquante mille francs en six mois... c'est aller un peu vite ; il faut une fortune princière pour soutenir ce train-là... Maintenant ce jeune Hongrois est obligé d'emprunter, jusqu'à ce que monsieur son père veuille bien lui renvoyer de l'argent... Mais le père se fait tirer l'oreille, il trouve que son fils a été trop magnifique !... Tu le connais aussi, ce jeune étranger, ma chère... et beaucoup même... Mais ce n'est pas lui que tu cherches en ce moment dans cette cohue... C'est le petit Edmond Didier... ta dernière liaison !... Je dis ta dernière... je le crois, mais je n'en répondrais pas... Tu en as eu tant !... As-tu mis tout cela en note... pour écrire un jour tes mémoires? Si tu ne l'as pas fait, tu as eu tort, car je te réponds que cela se vendrait très-bien... Moi j'en retiens d'avance un exemplaire.

Le domino gris ne répond plus rien, mais on voit aux mouvements nerveux qui lui échappent, qu'il contient avec peine son dépit et sa colère.

Le domino noir, qui s'ennuie beaucoup de garder le silence, croit faire une belle chose en disant tout d'un coup au monsieur qui parle à son amie :

— Mon Dieu, mon cher, tu vois bien que tu nous ennuies... Laissez-nous donc tranquilles!... Nous ne sommes pas venues à l'Opéra pour entendre tes ragots !...

Le monsieur se met à rire de bon cœur :

— Ah! ah!... tes ragots!... le mot n'est pas élégant !... Ma petite Héloïse, il faut que ton amie te donne des leçons de beau langage, sans quoi tu pourrais la compromettre, et elle ne t'emmène pas pour cela...

— Tiens! tu me connais aussi, toi?

— Ah! maladroite! tu te trahis tout de suite... vraiment, tu n'es pas assez forte pour accompagner Thélénie... mais tu n'es pas jolie, voilà pourquoi elle te donne la préférence!...

— Je ne suis pas jolie... par exemple! est-il malhonnête, ce grand jaunisson-là!...

— Ah! ah! ah! décidément, mesdames, je vois que vous vous fâchez... je vais vous quitter...

— Ça nous fera grand plaisir.

— Je pardonne à Héloïse son humeur... elle ne fait d'ailleurs que suivre les ordres qu'on lui donne... Mais je suis fâché de ne point trouver d'autres façons d'agir chez madame de Sainte-Suzanne... Quand on a été très-intime avec quelqu'un, et que l'on n'ignore pas que ce quelqu'un sait parfaitement tout ce que nous valons, on doit toujours rester bonne enfant avec lui; agir autrement n'est pas adroit. Bonsoir, mesdames... Ma chère Thélénie, si j'aperçois le jeune Edmond, je ne manquerai pas de lui dire que vous le cherchez dans le bal, et de lui indiquer votre costume afin qu'il puisse vous reconnaître...

Thélénie se retourne brusquement, et, saisissant le bras du monsieur qui se dispose à quitter la loge, lui dit aussitôt, mais en cessant de déguiser sa voix :

— Ah! ne faites pas cela, Beauregard, je vous en supplie, ne faites pas cela... car je ne veux pas qu'Edmond sache que je suis ici.

— Tiens! tiens! vous me connaissez donc maintenant?... ah! c'est drôle... je commençais à croire que je m'étais trompé, moi.

— Voyons, Beauregard, ne soyez pas si méchant!... ne me trahissez pas. Quel motif auriez-vous pour me faire du mal... est-ce que je vous ai fait quelque chose, moi?

— Vous? ah! il est certain que vous ne m'en avez pas fait plus à moi qu'aux autres... c'est-à-dire... il y a pourtant un certain chapitre... Mais ne parlons pas de cela ici, ce lieu serait mal choisi pour une conversation sérieuse. Je vous reverrai, et alors j'espère que vous répondrez franchement à mes questions... Allons, je vous laisse, et si je vois le jeune Edmond, je ne lui dirai rien...

— Vous me le promettez?

— Voulez-vous que je vous le jure?

— Non, c'est inutile.

— Vous avez raison : entre nous, nous savons à quoi nous en tenir sur les serments.

Et le monsieur, faisant une très-légère inclination de tête, sort de la loge dans laquelle sont les deux dominos.

II

Edmond et Freluchon.

Dans un joli petit appartement de garçon, situé au quatrième, mais dans une maison fort bien habitée de la rue de Provence, un jeune homme, qui compte à peine vingt-six ans, se promène avec impatience dans une chambre à coucher qui sert aussi de salon.

Il regarde à chaque instant un petit cartel placé sur la cheminée et murmure :

— Bientôt dix heures... et Freluchon ne vient pas! est-ce qu'il croit que je vais passer toute ma soirée à l'attendre... Oh! les gens qui ne sont pas exacts devraient être mis à l'amende!... Je lui donne encore cinq minutes, mais alors s'il n'est pas arrivé, tant pis, je m'en vais!... Après tout, il saura bien me retrouver.

Le jeune homme qui vient de se dire tout cela, se nomme Edmond Didier. Je vous ai dit son âge, j'ajouterai qu'il est fort gentil garçon, bien bâti, que sa taille est au-dessus de la moyenne; qu'il a des yeux bleus fendus un peu à la chinoise, mais qui ont une expression de douceur et de tendresse qui a fait avoir beaucoup de conquêtes au jeune homme.

Avec cela un nez bien fait, sans être aquilin (il y a de très-jolis nez qui ne sont pas aquilins), une bouche spirituelle, des dents convenables, un front bien dégagé, des cheveux châtains bien plantés, bien fins, bien soyeux et toujours arrangés sans prétention, et surtout sans cette horrible raie qui donne aux têtes des hommes les plus dandys l'aspect de ces figures de cire que vous apercevez en montre chez les coiffeurs.

Vous voyez que le jeune Edmond est assez bien, surtout si vous ajoutez que tous ces détails forment un ensemble qui a de la physionomie ; car vous pourriez rassembler de grands yeux, une jolie bouche, un nez grec, de beaux cheveux, et faire avec tout cela un ensemble qui ne dirait rien du tout; cela se rencontre fort souvent, même chez les femmes, et l'on dit en le regardant : Voilà une belle statue !

Ne trouvez-vous pas que ce qui est animé est préférable, même quand ce serait moins beau?

Le jeune Edmond, dont les parents sont retirés en province avec une fortune médiocre, a reçu de son oncle une soixantaine de mille francs, qu'il a placés dans une maison de commerce où il doit travailler, mais où il ne travaille pas, parce qu'il n'a point trop de temps pour s'amuser, et qu'il espère se contenter pour cela des trois mille six cents francs que lui rapporte son argent placé à six pour cent.

Edmond est aimable, spirituel, la nature lui a donné une voix charmante, pour laquelle il est fort recherché dans les salons.

Il chante la romance avec presque autant d'âme et de goût que ce pauvre *Achard*, qui chantait si bien, et qui se faisait si peu prier pour se faire entendre... et qui est mort si vite, encore dans toute la force de son talent... laissant autour de lui tant d'amour, tant d'amitiés, tant de regrets!

Edmond Didier a bon cœur et une assez mauvaise tête; il est sensible et généreux, mais oublieux, léger, négligent.

Il se fâche vite et se réconcilie de même ; il a l'humeur gaie et des moments de mélancolie où il rêve une *Belle-au-Bois-Dormant* qu'il voudrait réveiller.

Il se promet tous les jours de s'occuper, de travailler, de tâcher de devenir un homme capable, un homme en état d'occuper un emploi important, tel que de diriger une maison de commerce; mais le courant des plaisirs l'entraîne ; il a toujours une romance nouvelle que lui a confiée une jolie dame, en le priant de la chanter à sa prochaine soirée, et comment refuser une dame qui vous dit que son plus grand bonheur est de vous entendre chanter !

Il faut donc étudier la romance au lieu d'aller étudier la tenue des livres chez son commerçant.

Ah! si les dames savaient combien elles dérangent les jeunes gens, surtout ceux qui ne demandent qu'à être dérangés!...

Vous connaissez maintenant le jeune Edmond Didier, qui, après s'être contenté du revenu de ses soixante mille francs, s'est mis à entamer son capital.

La sonnette retentit enfin : Edmond court ouvrir sa porte.

Un autre jeune homme très-petit, très-maigre, très-mince, ayant une figure longue, effilée, un nez long et pointu, des yeux fins, quelque chose d'une fouine dans la physionomie, et beaucoup d'abandon dans la démarche, enfonce ses mains dans ses poches, en s'écriant :

— Ah! sapristi! qu'il fait froid!

Celui-ci se nomme Freluchon, il a de la fortune par sa mère, de la fortune par son oncle, et toujours de l'argent plein ses poches.

Il le fait danser volontiers, mais cependant il ne le jette pas par les fenêtres ; il s'amuse beaucoup, mais de temps à autre il fait des affaires, des spéculations, soit à la Bourse, soit dans le commerce.

Il est généralement très-heureux dans ce qu'il entreprend, et trouve souvent moyen de gagner plus qu'il ne dépense. Il a trois ans de plus que Didier, dont il est l'ami intime.

Il est bon enfant, c'est-à-dire qu'il fait volontiers tout ce qu'on veut, tant que cela ne l'ennuie pas. Sous une apparence frêle et chétive, il est doué d'une force herculéenne et tuerait un bœuf d'un coup de poing. Ce sont ces hommes-là qui ordinairement ne cherchent jamais querelle à personne.

— Enfin, te voilà! s'écrie Edmond en voyant entrer son ami. Ce n'est pas malheureux... J'allais m'en aller... Tu es d'une grande demi-heure en retard...

— As-tu du feu chez toi, d'abord... parole d'honneur, j'ai l'onglée.

— Mais nous nous chaufferons chez ces demoiselles; puisqu'elles nous attendent, ce n'est pas la peine de t'installer ici...

— Mais si, mais si... l'ordre et la marche sont changés... Ah bon! il y a encore du feu... En soufflant ça et en remettant une bûche, ça ira tout seul.

— Qu'est-ce qu'il y a donc de nouveau? pourquoi n'allons-nous plus chez Henriette, où devait se trouver Amélia... c'était convenu ce matin...

— Oui, mais depuis ce matin, les événements ont marché... Où diable fourres-tu ton soufflet?

— Là... dans ce coin...Voyons, Freluchon, je voudrais cependant savoir ce que cela veut dire...

— Un petit moment, quand le feu sera bien rallumé... ah! bon! voilà que ça flambe... c'est une bien belle invention que le feu... c'est le soleil qui a dû en donner l'idée... Les Péruviens adorent le soleil; je crois que je descends de ces gens-là... j'adore aussi le soleil... l'hiver surtout... en été je m'en passe volontiers...

— Quand tu auras fini, tu me répondras, peut-être.

— Est-il impatient!... allons doucement!... *piano*, comme on dit en italien! Mon cher ami, voilà la chose : Nous avons été beaucoup trop vite avec ces demoiselles... soi-disant fleuristes! Nous avons fait notre cour, on nous a écoutés... elles sont fort gentilles... tout cela est très-bien, mais nous avons voulu les éblouir par nos largesses... voilà la sottise!

Non contents de leur payer des dîners extra-fins... ornés de vins frappés qu'elles buvaient comme boiraient des Prussiens!... nous avons tout de suite fait des cadeaux... Toi, tu donnes à ton Amélia une charmante lorgnette-jumelle dont tu te servais au spectacle; moi j'abandonne également un élégant lorgnon en or que j'avais prêté à Henriette, et qui m'assure qu'il est parfaitement à sa vue !!

Quand ces demoiselles ont vu qu'à désirer pour obtenir, elles se sont dit : Il faut bien vite désirer autre chose... Elles nous ont pris pour des grands seigneurs ou des jobards... peut-être pour les deux ensemble... elles se sont promis de nous mettre à contribution.

— Tu crois toujours qu'on veut t'attraper, toi. Pourquoi penser cela de ces jeunes fleuristes qui semblent aimer le travail... avoir de l'ordre. Je ne suis encore allé chez elles que trois fois, mais je les ai toujours trouvées occupées à faire des fleurs.

— Moi aussi, mais j'ai remarqué que c'était toujours la même fleur que l'on avait en train. Il paraît qu'elle était difficile à faire, celle-là !

— Elles n'ont pas l'air malheureux; elles ont de très-jolis meubles en acajou... qu'elles paient par tempérament.

— Oui... quant à cela, je n'en ai jamais douté. Henriette m'avait même dit, dans les commencements de notre liaison, lorsque je lui faisais compliment de son logement, que c'était par son travail et en passant des nuits qu'elle avait pu acheter tout cela; mais comme ces demoiselles montent continuellement, elles oublient un jour ce qu'elles vous ont dit la veille. En voilà la preuve.. tiens...

— Qu'est-ce que c'est que cette lettre?

— Un billet doux que j'ai reçu d'Henriette ce matin; elle n'écrit pas mal, je dois lui rendre justice... et pas une faute d'orthographe! c'est joli pour une fleuriste, mais ce n'en est que plus dangereux. Allons, prends et lis.

Edmond prend la lettre que lui présente son ami, et lit :

« Mon cher Freluchon, une catastrophe terrible vient de m'arriver; mes meubles que je croyais payés ne le sont pas. Le tapissier va me forcer à quitter sur-le-champ mon logement, si je ne lui donne pas tout de suite ou en à-compte de quatre cents francs. Soyez assez gentil pour me prêter cette somme; je vous rendrai très-exactement; sans cela, vous ne me trouverez plus chez vous, puisque j'en serai chassée, et je ne sais pas encore où nous irons, moi et Amélia. Vous pouvez remettre l'argent à la femme qui vous portera cette lettre, seulement, cachetez le rouleau.

« Votre tendre et fidèle amie, HENRIETTE. »

— Eh bien!... qu'en dis-tu?

— Dame !... je dis... mais qu'as-tu répondu, toi? as-tu donné l'argent?

— Pas si niais vraiment !... D'abord cette lettre est par trop forte ! Qu'est-ce que c'est que *ses meubles qu'elle croyait payés et qui ne le sont pas?*... et ce tapissier qui la renvoye de son logement si elle ne le paie pas!... Un tapissier peut reprendre ses meubles, il ne vous met pas dans la rue pour cela. La blague était trop évidente, et pour écrire cela à un homme, il faut le prendre pour une oie... Comme je n'aime pas qu'on m'assimile à cette volaille, j'ai, sur-le-champ, répondu à la messagère que j'étais bien désolé, bien désespéré, mais que je ne pouvais rien lui remettre pour mademoiselle Henriette... et on est parti avec cette réponse... Bigre ! quatre cents francs tout de suite! pour des fleuristes, c'est trop grandiose ! vous le prenez trop haut, ma mie !

— Eh bien ! ensuite ?

— Comment! mais il n'y a pas d'ensuite.

— Henriette n'a pas reparu chez toi ?

— Du tout! elle a pris son parti en brave. Elle s'est dit : Voilà un jeune gaillard qui n'est pas si bête que je croyais... Et je suis sûr que j'ai beaucoup gagné dans son estime... cela me flatte.

— Je ne vois pas dans tout cela ce qui nous empêche d'aller pré-

sent prendre ces demoiselles pour les conduire ensuite au bal de l'Opéra, comme c'était convenu ?

— Ah ! tu ne vois pas... Eh bien, moi, j'ai été voir en me promenant avant dîner; j'ai voulu savoir si la catastrophe avait eu des résultats, et j'ai poussé jusqu'à la rue Saintonge, où perchaient nos tourterelles. J'ai demandé au portier : Mademoiselle Henriette est-elle chez elle? Alors ce faux Suisse me répond d'un air passablement goguenard :

— Non, monsieur, ces demoiselles sont parties.

— Vont-elles rentrer bientôt?

— Rentrer! oh ! je ne crois pas qu'elles rentrent ici... elles ont adroitement emporté leurs effets en petits paquets, et puis elles ont filé. Le propriétaire vient même de me faire une scène à moi, en me disant que je ne devais rien laisser sortir... Mais comment voulez-vous? les femmes portent maintenant des jupes qui bouffent comme des ballons... vous comprenez bien que ces demoiselles ont pu fourrer là-dessous toute leur garde-robe... Ah ! c'est bien traître, ces jupes-là... ce sera cause de bien des poufs!

— Mais, dis-je au portier, pourquoi donc le propriétaire a-t-il des craintes ? Ces demoiselles avaient un fort joli mobilier, et je pense qu'elles n'ont pas pu mettre leurs armoires à glace et leurs matelas sous leurs jupes... et ce n'est pas une maison garnie ici ; elles étaient dans leurs meubles?

— C'est-à-dire qu'elles étaient dans les meubles qu'elles devaient... le tapissier voulait les emporter ce matin... mais pas de ça, il faut que le propriétaire soit payé avant, et on lui doit trois termes. Ça n'empêche pas que cela est fort désagréable...cela fait des scènes! Quand le tapissier a vu qu'il ne pouvait pas remporter ses meubles, il était furieux ; il a dit : Vous ne deviez pas laisser partir ces demoiselles ! je les aurais fait mettre en prison... et ci et ça... Est-ce que j'ai le droit d'empêcher les locataires de sortir, moi ?...

— Non, certainement, vous n'en avez pas le droit ! l'autorité des portiers ne va pas encore jusque-là... cela arrivera peut-être, ça ne m'étonnerait pas ! ils font déjà des choses très-fortes, mais enfin ils ne tiennent pas encore les locataires en prison.

— C'est égal... quand nous louerons à des jeunes filles ensemble... il fera chaud!

— Vous croyez qu'il y a moins de danger quand elles sont seules ?

— Certainement, on les surveille mieux ; mais quand il y en a deux, elles ne font que passer et repasser devant vous ; impossible de savoir qui entre et qui sort, on n'y voit que du feu. Voilà, mon cher, la conversation que j'ai eue avec le portier de nos donzelles, qui me font l'effet d'être de fort mauvais sujets. Tu vois que nous irions en vain les chercher à leur dernier logement.

— Je vois que la lettre ne mentait pas tant, lorsqu'elle disait qu'on les chasserait si elles ne payaient pas.

— Elles se sont bien sauvées d'elles-mêmes... J'ai demandé combien le tapissier réclamait; je crois que c'est huit ou neuf cents francs... mais si j'avais lâché les quatre cents francs, est-ce que tu te figures, par hasard, que ces demoiselles les auraient donnés à leur créancier... Ah ! que tu connais peu cette espèce-là... elles seraient parties avec mon argent, voilà tout !

— Tu crois?

— C'est-à-dire que j'en suis sûr... *Nourri dans le sérail*, *j'en connais les détours*. Ces demoiselles passent leur vie à faire des poufs; ensuite elles vont faire un tour en Angleterre, pour tâcher d'y faire la conquête d'un lord... et quand cela ne réussit pas, elles sont obligées de vendre jusqu'à leur chemise pour payer leur passage et revenir à Paris... Je te dis que je connais l'ordre et la marche.

— C'est dommage! je regrette Amélia, elle était gentille!

— Il y en a d'autres... Paris fourmille de jolies femmes. Henriette aussi était bien... blonde et rose... genre Watteau !

— Je suis très-contrarié.

— Tu n'es pas au dépourvu, cependant; tu retomberas sur ta belle brune, que j'ai surnommée l'Andalouse, madame de Sainte-Suzanne... femme presque comme il faut ; du moins veut elle maintenant en affecter les manières.

— Je t'ai dit que j'avais rompu avec cette dame... elle voulait m'avoir sans cesse à ses côtés, elle s'informait de tout ce que je faisais ; il fallait lui rendre compte de mes moindres actions... c'était un véritable esclavage... un peu plus, et elle m'aurait enfermé chez moi. Tu comprends bien que cela ne me convenait pas !

— Dane! à moins d'être crétin tout à fait... Il y a pourtant des hommes assez bêtes pour se laisser mener par le bout du nez par leur maîtresse. Tiens, Dutaillis, par exemple! en voilà un qui ne peut point faire un pas, de peur qu'on ne lui fasse une scène! Quand il sort : Où vas-tu ? Quand il rentre : D'où viens-tu ?!... pourquoi es-tu rouge? pourquoi es-tu pâle?... pourquoi ton col est-il chiffonné?... où as-tu attrapé tant de crotte que ça ?... Ça n'en finit plus. Et l'autre imbécile de se donner beaucoup de peine pour prouver qu'il n'est pas plus rouge qu'à l'ordinaire, que son col s'est chiffonné tout seul n'étant pas assez emposé! Et le plus joli de tout cela, c'est qu'il finira par l'épouser, sa Virginette! Quel avenir pomme de terre je prévois pour ce malheureux ! Ta cheminée est mauvaise, elle ne tire pas.

— Je ne sais pas si madame Sainte-Suzanne se flattait que je l'épouserais, je ne crois pas que cela allait jusque-là... mais elle était d'une jalousie atroce.

— Avait-elle un poignard à sa jarretière ?

— Non, mais elle en avait plusieurs chez elle, et fort élégants, avec des incrustations.

C'étaient des cadeaux.

— Du reste, je dois lui rendre justice, on me l'avait citée comme une femme fort intéressée, ayant même ruiné plusieurs de ses adorateurs ; eh bien ! lorsque j'ai voulu lui faire un assez joli présent, elle l'a refusé, positivement refusé ; elle n'a voulu accepter de moi... ou plutôt me prendre qu'une grande mèche de cheveux.

— Diable ! mais c'est bien plus dangereux cela ; elle va faire avec tes cheveux quelque sortilège, quelque charme qui te forcera à l'aimer... Moi, je ne donne pas de mes cheveux, je les vends, d'autant plus que je serai chauve de bonne heure... C'est alors que je les ferai payer bien cher.

— Thélénie a les cheveux d'un très-beau noir et très-longs, très-épais.

— Ah ! c'est une belle parure pour une femme ! moi, quand j'ai une maîtresse qui a de beaux cheveux, je m'empresse de lui ôter son peigne et de la coiffer en bacchante... mais il faut prendre garde. Plusieurs fois, croyant avoir affaire à de vrais cheveux, lorsque j'avais lestement enlevé le peigne... sans demander la permission, je voyais tout tomber : tresses, boucles, chignon !... et on se mettait en fureur contre moi... Maintenant, je suis plus prudent, je demande si on peut toucher.

— Thélénie a aussi les yeux d'un noir de jais ; rarement on rencontre des yeux d'un noir aussi pur.

— Dis donc, il me semble que tu en es encore amoureux ?

— Oh ! non, pas du tout ; j'ai fait sa connaissance.. comme on fait beaucoup de connaissances... par hasard. C'est une belle femme, constamment mise avec autant de goût que d'élégance. Une telle conquête flatte toujours . un jeune homme ; mais je me suis bientôt aperçu qu'il n'existait aucune sympathie entre le caractère de cette dame et le mien ; elle est impérieuse, exigeante, et, comme je te le disais, très-jalouse.

— Alors tu as rompu avec elle ?

— Je n'y ai pas mis les pieds depuis six jours.

— Ce n'est pas très-vieux. Et elle ne t'a pas écrit ?

— Elle m'a écrit lettre par lettre, au contraire... mais je ne réponds pas.

— Très-bien ! mais crois-moi, porte une cotte de mailles quand tu rentres tard le soir.

— Ah ! qu'il est bête ! Après tout , de quoi cette dame voudrait-elle se venger ? je ne l'ai pas enlevée à un autre, je ne lui ai point fait de promesses de mariage ; ni serments de passer ma vie à ses pieds...

— Cela t'aurait fait mal aux genoux...

— Je gage que c'est seulement par amour-propre qu'elle voudrait renouer ; cela se fâchera que j'aie été infidèle le premier.

— Cela changeait ses habitudes.

— C'est égal... je regrette Amélia... je ne la connaissais que depuis huit jours...

— Et tu n'avais pas encore eu le temps de t'en lasser ?... Mais console-toi, je te parie quelque chose que nous allons trouver ces deux demoiselles au bal de l'Opéra.

— Tu crois ?... Oh ! ce n'est pas probable , puisqu'elles n'ont plus d'argent.

— Une grisette n'a pas d'argent pour payer son terme, mais elle en a toujours pour aller au bal... Je te croyais plus fort sur tout cela, Edmond ; tu as encore beaucoup à apprendre, mon fils.

— Eh bien ! si elles sont au bal, tant mieux... elles auront beau être déguisées, je suis bien sûr de reconnaître Amélia ; elle a un petit accent tout drôle qu'elle ne pourra pas perdre.

— Et moi, donc ! comme je reconnaîtrai Henriette ! elle a un signe très-bien marqué, une framboise, et il est vrai que dans le bal je ne pense pas qu'elle me laisse regarder à l'endroit où est ce signe.

— Partons, alors, nous entrerons un peu au café du Passage...

— Minute ! et Chamoureau qui va venir... Nous ne pouvons pas nous en aller sans lui.

— Comment, Chamoureau va venir ? Eh ! quelle idée t'a pris d'inviter ce benêt-là ?... Encore, s'il était amusant... sans prétention ; on peut être bête et bon garçon ; mais lui, ce qu'il me pèse cela. Ensuite, depuis qu'il a perdu sa femme, il tire son mouchoir aussitôt qu'on lui en parle... Il gémit, il pleure sans cesse son Éléonore !... Eh ! mon Dieu ! qu'il pleure sa femme, qu'il la regrette, je ne l'en empêche pas, mais je n'ai pas envie de m'attendrir sur sa douleur. Que tu soupires avec toi, à la bonne heure, je le conçois, car sa femme était fort gentille... Tu étais sans cesse chez eux... Tu conduisais madame au spectacle, à la promenade...

— Chamoureau m'en priait...

— Et cela t'arrangeait, Amélia... Je ne blâme personne... Du reste, Chamoureau a bien la tête d'un gaillard auquel cela doit arriver... Mais franchement, pourquoi veux-tu qu'il vienne gémir

à nos oreilles ?... A coup sûr il ne viendra pas au bal masqué avec nous...

— Tu crois cela, toi, mon cher ami ; tu ne connais pas du tout le Chamoureau ! Il est infiniment plus amusant que tu ne penses... C'est une étude à faire ; je veux ce soir te mettre à même de le juger... Mais chut... on se mouche dans l'escalier, ce doit être lui.

III

Un monsieur veuf.

En effet, on tourne la clef qui était restée sur la porte, et la personne dont on parlait entre chez Edmond.

M. Chamoureau est un homme de trente-cinq ans, qui en paraît quarante, non pas que sa figure soit fatiguée, ses traits altérés, au contraire ; il a l'oreille rouge et le teint fleuri.

Mais il est déjà pourvu d'un ventre proéminent et n'a plus sur le sommet de la tête qu'un bouquet de cheveux blonds, qui est fort isolé de ceux qui garnissent encore ses oreilles et son occiput.

Ce monsieur n'a pas de vilains traits : ses yeux sont bleu faïence ; son nez, un peu trop long, va très-droit son chemin ; sa bouche est petite et mignarde, ses dents très-belles, son menton arrondi et pourvu d'une petite fossette qui ferait envie à un ange bouffi, et ses favoris blonds sont très-ébouriffés.

Sa taille est assez élevée, mais il n'est pas bien bâti ; ses mollets brillent par leur absence, et ses genoux se rencontrent fort souvent quand il marche. Tout cela n'empêche pas M. Chamoureau de se croire un fort joli homme.

— Eh ! voilà Chamoureau enfin ! dit Freluchon en tendant sa main au nouveau venu. Je savais bien qu'il viendrait, moi, il me l'avait promis.

— Bonsoir, messieurs ; monsieur Edmond, je suis bien sans façon de venir ainsi chez vous... mais c'est Freluchon qui m'y a engagé... je ne sais pas trop pourquoi, car vous allez vous amuser, vous autres ; vous ne pensez qu'à finir votre carnaval, tandis que moi... Ah ! Dieu.

Ici, M. Chamoureau tire son mouchoir et se mouche longuement.

— Vous avez fort bien fait de venir, monsieur Chamoureau... Approchez-vous du feu... chauffez vous...

— Sapristi, que tu es beau, Chamoureau, tu as un habit tout neuf, il me semble... et pantalon idem !

— Oui... il faut bien se vêtir.

— Monsieur Chamoureau, nous pensons à nous amuser... c'est vrai, mais ce n'est pas un crime, cela... Et vous-même, si vous pouviez vous distraire avec nous... où serait le mal ?...

— Me distraire... moi ! Ah ! monsieur Edmond, quand on a fait la perte que j'ai faite... il n'y a plus de distractions possibles... C'est fini, il faut dire adieu pour jamais aux plaisirs...

— Pour jamais ! c'est bien long... Il y a déjà deux mois que vous avez perdu votre femme...

— Deux mois et quatre jours, monsieur ; eh bien, il me semble que c'était hier... Demandez à Freluchon si je ne lui disais pas cela, en dînant aujourd'hui avec lui...

— C'est vrai. Tu me le disais en mangeant de ce homard sauce marengo... qui était si bon...

— Un peu trop d'ail, mon ami, un peu trop d'ail ; c'était bien accommodé, mais on les mange encore meilleurs chez Javault, rue de Rivoli, en face de l'Hôtel-de-Ville...

— Tu crois que c'est meilleur là ?

— O mon ami, j'en suis sûr !... c'est un excellent traiteur... Et quand tu voudras manger une bécassine truffée à la provençale... va le dire le matin en te promenant... on te préparera cela pour six heures, et tu m'en diras des nouvelles...

— Il me paraît que vous connaissez les bons endroits, monsieur Chamoureau ?

— Que voulez-vous... cela date du temps de mon mariage ; Éléonore aimait les bonnes choses ; nous dînions souvent chez le traiteur, avec Freluchon... il venait toujours avec nous... ma femme y tenait, parce qu'il se connaît en vins... moi, très-peu ; et ma femme disait : Si Freluchon ne vient pas avec nous, nous aurons du mauvais madère... Mais il ne se refusait jamais à être des nôtres, ce cher ami.

— C'était vrai pour moi...

— Il est vrai qu'avec ma femme il n'y avait pas moyen de s'ennuyer... elle était toujours en train d'esprit !...

— Ah ! elle était aimable ?

— Si elle était aimable !... Éléonore !... mais, monsieur, c'était une femme supérieure... un bas-bleu ! elle aurait écrit ses mémoires, si elle l'avait voulu... mais elle ne le voulait pas... elle avait trop d'esprit pour cela... elle pétillait de malice... d'imagination... Je ne retrouverai jamais une femme qui lui ressemble... Oh ! jamais !... jamais !... Quelle perte j'ai faite là... je ne puis pas me consoler... j'ai tout perdu en la perdant !

M. Chamoureau tire son mouchoir de sa poche et se met à pleurer.

— Allons, monsieur Chamoureau, dit Edmond, il faut être raisonnable !...

— C'est plus fort que moi, mon cher ami... Je sens que je ne suis plus rien sur la terre... privé de mon Éléonore !...

Freluchon prend les pincettes et se met à tisonner, tout en disant :

— Chamoureau, te souviens-tu du tour qu'elle joua un jour à une vieille dame ?...

— Ah ! c'était à Saint-Cloud ?

— Justement, à Saint-Cloud... chez un traiteur, en été... il faisait très-chaud...

— Oui, oui, il n'y avait plus chez le traiteur qu'un petit salon pour deux sociétés.

— C'est cela... Éléonore... je veux dire ta femme...

— Mon Dieu, ça ne fait rien, ce n'était pas la peine de te reprendre... Tu étais bien assez notre ami pour dire Éléonore... Va toujours...

— Ta femme, en entrant avec nous deux dans le petit salon, avait remarqué la grimace et l'air de dédain que fit, à notre aspect, une vieille dame surchargée de bijoux et de dentelles, qui occupait l'autre table...

— Oui, oui... elle remarquait tout, Éléonore !... Quel coup d'œil ! Va toujours.

— Ta femme demanda tout bas au garçon qui servait quelle était cette personne qui faisait tant d'embarras, et le garçon lui dit :

— C'est une dame très-riche qui a sa voiture en bas ; elle vient quelquefois toute seule dîner ici. Ordinairement, on lui donne un cabinet ; mais aujourd'hui, comme il n'y en avait pas de libre, on l'a placée ici où elle voulait aussi être seule. Elle est fort en colère que l'on ait mis du monde avec elle. Nous lui avons cependant assuré que c'étaient des personnes très-bien. Elle m'a dit : Servez-les bien vite, afin qu'ils ne restent pas longtemps... Mais il ne faut pas vous gêner... vous resterez tant que vous voudrez.

— Soyez tranquille, répondit Éléonore... ta femme ; je vous parie, moi, que nous resterons plus longtemps qu'elle ; ah ! vraiment nous déplaisons à cette dame... c'est bien malheureux !... Je vais me mettre à mon aise, en ce cas.

Alors, elle ôta d'abord son chapeau et son châle, et, sur un signe qu'elle nous fit, nous ôtâmes nos habits. La vieille dame grommelait entre ses dents. Après le potage, Éléonore nous dit : Vous avez encore trop chaud, ôtez donc vos cravates et vos gilets, on n'est pas à la campagne pour se gêner...

— Oui... oui... je me rappelle, nous ôtâmes tout cela. La vieille aux bijoux frappait avec sa fourchette sur la table avec colère... Ah ! que c'était drôle !...

— Enfin, sur un signe de ta femme, je mis la main à ma ceinture, en disant : Ma foi, mon pantalon me serre trop... Voulez-vous permettre ?... Oh ! alors, la vieille se leva comme un ressort, renversant son couvert et son verre, brisant tout ce qui était sur la table, et sortit aussitôt en s'écriant : Quelle horreur... ils vont se mettre en sauvages !... C'est affreux ! c'est épouvantable !...

— Et nous autres, pendant ce temps-là... Ah ! ah ! ah !... nous nous tordions de rire...

— Ta femme n'en pouvait plus !...

— Il y avait bien de quoi... Quand j'y pense... Ah ! ah ! ah !... Mon Dieu, la bonne farce !... Ah ! ah ! ah ! Je vois encore cette dame qui a cru que Freluchon allait se mettre en bannière... Ah ! ah ! ah !...

En voyant M. Chamoureau rire à gorge déployée, Edmond commence à comprendre que la douleur de ce veuf est bien moins incurable qu'il ne l'avait cru jusque-là.

Cependant l'époux d'Éléonore ayant cessé de rire, se remet bientôt à soupirer, en disant :

— Vous comprenez, monsieur Edmond, qu'il n'y avait pas moyen de s'ennuyer dans la société d'une femme aussi spirituelle...

— Oui, je le conçois !

— C'est-à-dire avec elle, c'était un feu roulant de bons mots, de traits, de reparties... N'est-ce pas, Freluchon ?

— C'est vrai... dans la conversation elle savait vous rendre aimable... elle donnait de son esprit aux autres...

— Positivement !... Aussi, maintenant, cela me fait un vide... que je ne réussirai jamais à combler... hélas !...

— Permettez, avec le temps, les plus grandes douleurs se calment !...

— Le temps ne fera rien à la mienne... Oh ! non... je le sens là... au fond de mon âme... Chère Éléonore !... O Dieu !... ô Dieu !... hi, hi, hi !...

Et M. Chamoureau retire son mouchoir de sa poche et le porte sur ses yeux.

— Ta femme avait aussi beaucoup de talents agréables en compagnie, dit Freluchon.

— Je crois bien... elle les avait tous...

— Elle chantait très-bien...

— C'est-à-dire qu'elle avait une voix ravissante... une voix qui n'aurait pas été déplacée à l'Opéra-Comique !...

— Il y avait surtout un air qu'elle chantait si joliment... C'était l'air...

— Ah ! je sais ce que tu veux dire ! c'était l'air de la Fanchonnette !

Et M. Chamoureau se met à chanter :

> La ! la ! la Fanchonnette
> Vous chantera landerirette,
> La, la, la Fanchonnette
> Vous chantera, landerira !...
> Ah !... ah !... ah ! ah... ah !...

— Oh ! elle faisait cette roulade-là autrement ! dit Freluchon ; elle piquait ses notes... Tiens comme ça :

> Ah !... ah !... éh... éh...
> Oh !... oh ! oh... éh ! éh ! ah ! ah !...

— C'est vrai... mais cette dernière roulade... Tiens... je la fais comme elle l'exécutait...

> Oh !........ oh !...

— Parfait !... c'est bien cela !...

— Et son air des Fraises... comme elle vous chantait cela aussi !... Écoute, Freluchon :

> Ah ! qu'il fait donc bon,
> Qu'il fait donc bon
> Cueillir la fraise,
> Au bois de Bagneux,
> Quand on est deux,
> Quand on est deux !...

— Très bien... je crois entendre ta femme... Chamoureau ne s'arrête pas :

> Mais quand on est trois,
> Quand on est trois,
> Mam'zell' Thérèse !...
> C'est bien ennuyeux,
> On est bien mieux
> Quand on est deux.

— Ce n'est peut-être pas bien juste le texte, mais pour l'air, j'en réponds...

> Ah ! qu'il fait donc bon,
> Qu'il fait donc bon
> Cueillir la fraise...

— Oui, oui... nous le savons celui-là, dit Edmond qui commence à se lasser d'entendre chanter Chamoureau ; mais celui-ci reprend aussitôt ;

— Et l'air de Galatée, si délicieusement chanté par madame Ugalde, comme Éléonore le tenait !...

> Déjà dans la coupe profonde
> Tout s'éclaire d'un nouveau jour...
> J'y vois les caprices du monde...

— Ah ! sapristi ! est-ce qu'il ne va plus finir de chanter à présent ! dit tout bas Edmond à son ami, qui s'est retourné pour rire. Fais-le donc taire un peu !...

— Ah ! mon petit, ce sera difficile... Quand un homme qui a perdu sa femme se met à chanter, il n'y a plus de raison pour que cela finisse... Dis donc ! Chamoureau !... nous le connaissons aussi cet air-là !...

Mais Chamoureau n'entend rien, et il est en train de crier à tue-tête :

> Verse encore !...
> Verse encore !...

Les deux jeunes gens sont obligés d'entendre tout le morceau, auquel M. Chamoureau ajoute des roulades impossibles.

Lorsqu'il se tait enfin, Freluchon lui dit :

— Sais-tu, Chamoureau, que tu as une voix étonnante, pour un veuf !...

— Ah ! je chantais bien mieux du vivant de ma femme... Nous faisions des duos souvent... il en avait un qu'elle affectionnait surtout.

— Ah ! mon Dieu! murmure Edmond, est-ce qu'il va maintenant chanter des duos à lui seul !...

Et pour changer la conversation, il lui dit :

— Monsieur Chamoureau, avez-vous été un peu au bal dans ce carnaval ?

— Au bal... moi ! s'écrie le monsieur veuf en reprenant un air affligé. Ah ! mon cher ami, vous oubliez ma position... mon malheur... est-ce que je puis songer à me divertir lorsque j'ai toujours le cœur plein de ma douleur... lorsque mes yeux cherchent toujours Éléonore... car je la cherche sans cesse... il y a des moments où j'oublie que je l'ai perdue ; alors quand j'entends une femme crier... ou parler un peu haut... Éléonore avait le verbe très-haut... je me retourne, croyant que c'est elle... et puis je comprends que ce n'était qu'une illusion, il faut revenir à l'affreuse réalité ! Ah ! voyez-vous !... on retombe alors dans un abattement si profond... ça fait bien mal !... Vous ne vous doutez pas du mal que cela fait...

Chamoureau tire son mouchoir et le porte sur ses yeux.

— Oui ! oui... dit Edmond, je vois que décidément vous êtes inconsolable !...

— Oui, monsieur, inconsolable est bien le mot... vous ne pouvez mieux dire!... Oh! Éléonore!... tu peux te flatter d'avoir été bien aimée... n'est-ce pas, Freluchon?

— Parbleu! à qui le dis-tu?...

— Ah! je te rends justice, cher ami, tu la regrettes presque autant que moi!... mais nous la pleurons tous deux... cela soulage...

— Dis-donc, Chamoureau, c'est ta femme qui était gentille au bal!... Comme elle dansait bien!...

— Ah! mon ami, c'est-à-dire que c'était Terpsychore en personne!... elle était d'une légèreté!...

— Oui, ta femme était très-légère...

— Et gracieuse!...

— Elle ne dansait pas comme tout le monde... elle avait sa danse à elle... beaucoup de femmes voulaient l'imiter et ne le pouvaient pas.

— C'est vrai... elle avait une manière d'aller en avant deux... je ne sais point le pas qu'elle faisait, mais c'était charmant!...

— Je le sais, moi, je me le rappelle parfaitement... Tiens, tu vas voir, Freluchon.

Et M. Chamoureau se lève, se place à la troisième position, et fredonnant un air de danse, se met à faire des pas et des grâces, tout en disant:

— N'est-ce pas que c'est cela? Hein... comme c'est son abandon... sa danse penchée...

— Oui, oui, c'est cela.

— Et la poule, tu vas voir... Viens donc me faire vis-à-vis, Freluchon... ça ira bien mieux... En avant, la main droite... Tra la la la... tra la la la la!... la lère... traversons... balançons!.., et à vos dames... Monsieur Edmond, venez donc faire la dame... pour la figure de la pastourelle... Tra la la... tra la la...

Mais Edmond ne pouvait pas aller faire la dame, il riait trop en regardant danser Chamoureau.

Celui-ci s'arrête enfin, après une pirouette qu'il a manqué de finir sur son nez, et voyant Edmond rire aux éclats, lui dit:

— Qu'est-ce qui vous fait donc rire comme cela... est-ce que vous trouvez que je danse mal?

Les deux dames se ont assises sur le devant de la loge.

— Non... au contraire... vous sautez comme un cabri! mais je pensais en vous voyant faire vos pas que vous imiteriez encore mieux votre femme en venant au bal de l'Opéra avec nous.

— Oh! par exemple... mais vous n'y pensez pas, monsieur Edmond... moi aller au bal de l'Opéra... avec le chagrin que j'ai dans le cœur...

— Raison de plus; cela le dissipera, votre chagrin.

— Oh! jamais... rien ne peut le dissiper, au contraire, et...

Freluchon va se placer devant Chamoureau et prenant un air rèsgrave, lui dit:

— Ah çà, cher ami, est-ce que tu comptes nous faire encore longtemps poser comme cela avec ta douleur inconsolable?...

Le monsieur veuf demeure tout interdit et bégaie:

— Comment poser... qu'est-ce que cela signifie: poser? A quel propos me dis-tu cela, Freluchon?

— A propos que, quand un homme a vraiment un grand chagrin dans le cœur, il ne rit pas, ne chante pas, ne danse pas comme tu viens de le faire, et ne sait pas où il faut aller pour manger des bécassines à la provençale...

— Tout cela, c'est en souvenir d'Éléonore et...

— Tu regrettes ta femme, je n'en doute pas, elle en valait bien la peine. Mais je te répète que maintenant tu ne demandes pas mieux que de te consoler et surtout de faire des conquêtes nouvelles...

— Ce salaud Freluchon, est-il étonnant!... Vraiment, tu crois que je pourrai faire des conquêtes?...

— Je t'en promets même pour cette nuit, si tu viens à l'Opéra avec nous.

— Au bal de l'Opéra avec vous... mes enfants... Certainement je ne dis pas que cela me serait désagréable... parce qu'enfin, après tout... il faut bien se faire une raison... on finit toujours par se consoler, un peu plus tôt ou un peu plus tard... mais c'est le monde que je redoute! Que dira le monde, si on me voit au bal masqué... si peu de temps après... mon événement. Il est si méchant, le monde!

— Parbleu, si tu crains d'être vu au bal, il y a un moyen bien simple, déguise-toi.

— Au fait, c'est une idée cela... Mais les hommes ne portent pas de masque, je crois.

— Non, mais avec un costume, une perruque, du rouge, un faux nez, je réponds bien, moi, de te rendre méconnaissable.

— Oh! alors si tu m'en réponds, c'est fini, je me risque, je vais avec vous... Ah! vous déguisez-vous, vous autres!

— Oh! non, ce n'est pas la peine, nous n'avons pas peur d'être reconnus!

— Et où trouverai-je un costume, moi?

— Je connais un costumier chez lequel tu trouveras à choisir ce que tu voudras...

— C'est que tu conçois, Freluchon, du moment que je fait tant que de me déguiser, je veux être très bien mis... je veux quelque chose qui m'avantage... quelque chose... d'original...

— Allons doucement, Chamoureau, doucement! Tout à l'heure tu craignais d'être reconnu, à présent tu veux te faire remarquer!

— On peut être remarqué sans être reconnu. Si je me mettais en femme?

— Que le diable t'emporte!... En femme!... on ne fait pas de conquêtes en femme; le beau sexe ne nous aime pas quand nous prenons ses jupes, et il a raison; quand un homme s'affuble ainsi, il n'est plus bon qu'à faire rire ou à faire pitié.

— Oui... c'est juste, je ne me mettrai pas en femme; mais alors comment me mettrai-je?

— Tu choisiras chez le costumier... tu t'y habilleras, c'est à deux pas de l'Opéra.

— A la bonne heure... mais mes habits de ville?...

— Le costumier les fera porter chez ton concierge!

— Non pas, diable!... je ne veux pas de cela... je n'ai pas envie de rentrer chez moi en costume de carnaval, pour qu'on sache que j'ai été au bal déguisé. Un homme qui tient un cabinet d'affaires...

et il me vient quelquefois des clients de très-bon matin !... cela n'inspirerait pas de confiance...

— Eh bien, comme je demeure à deux pas du costumier, on enverra tes habits chez moi, et tu iras les reprendre quand tu voudras.

— Ah ! bravo, comme cela toutes les convenances seront gardées !

— Allons, messieurs, j'espère que nous pouvons partir maintenant... Il est près de minuit, et avant que Chamoureau soit habillé...

— Oui, partons... en avant et vive la gaieté !...

— Ma foi, oui, au fait, il faut se distraire... ça fait du bien.

Et le monsieur veuf se met à sautiller en suivant les deux jeunes gens.

IV

Scènes de bal masqué.

Quelques instants après que le grand monsieur nommé Beauregard avait quitté la loge dans laquelle étaient le domino gris-perle et son amie, un Espagnol avait fait son entrée dans le bal, tenant sous son bras un petit jeune homme au nez long et mince : on a déjà reconnu Chamoureau et Freluchon. — Le monsieur veuf avait un costume éclatant de paillettes et de dorures.

Son pourpoint, en velours rouge cerise, était surchargé de broderies fort riches; son haut-de-chausses, en satin blanc à crevés rouges, était enjolivé de nœuds de rubans et de paillettes; une ceinture à franges d'or lui serrait la taille; de vastes bottes jaunes à entonnoir retombaient un peu trop sur ses chevilles, sa jambe n'ayant pas assez de mollet pour les retenir. A son col une large fraise lui servait de cravate; sur ses épaules était attaché un petit manteau de velours bleu tendre doublé de satin blanc; enfin sur sa tête était posée une petite toque de velours également bleu, surchargée de pierres fausses et surmontée de deux immenses plumes blanches qui retombaient sur l'épaule gauche du cavalier.

GAILDRAU

En avant, la main droite... Tra la la la... tra la la la!

Pour achever de se déguiser, Chamoureau a mis une perruque brune dont les mèches longues et bouclées retombent sur son cou. Il a couvert sa figure de rouge et, outre cela, porte un faux nez auquel est attachée une paire de moustaches qui vont rejoindre ses oreilles... Tout cela forme un ensemble tellement original, que chacun dans le bal se retournait ou s'arrêtait pour voir plus longtemps l'Espagnol, et Chamoureau, enchanté de l'effet qu'il produit et persuadé que tout le monde le trouve magnifique, dit à l'oreille de Freluchon :

— Comme on me regarde!... hein!... Je suis bien content d'avoir choisi ce costume... Je dois être superbe... je lis l'admiration dans tous les yeux!... n'est-ce pas, Freluchon, que je suis superbe ?

— Le fait est que tu vaux bien la peine d'être vu... tu ferais payer dix sous par personne, que ce ne serait pas trop cher...

— Oh! tu plaisantes toujours, toi?... mais je ne vois pas un costume aussi riche que le mien dans toute la salle... je suis couvert de paillettes.

— On doit avoir mal aux yeux en te regardant... tu produis l'effet du soleil...

— Mes plumes flottent-elles bien ?

— Comme un cygne sur un lac.

— Ma toque est-elle bien posée?

— Comme une flèche sur un clocher.

— Il n'y a que ces maudites bottes qui retombent toujours,.. elles sont trop larges.

— Ce sont peut-être tes jambes qui sont trop en fuseaux.

— Quel dommage d'être obligé de garder un faux nez avec cela!

— Pourquoi est-ce dommage?

— Dame, c'est assez facile à comprendre... Comme je suis porteur d'un physique assez gracieux... si je n'avais pas un faux nez, avec ce costume, je paraîtrais encore plus séduisant, et je suis sûr que les conquêtes arriveraient en foule...

— Tiens, c'est vrai, au fait, je ne pensais plus que tu étais joli garçon !

— Ma femme le répétait assez souvent pourtant: Ah! qu'il est beau, mon Chamoureau !

— Oui, sur l'air du Postillon de Lonjumeau. Mais dis donc, après tout, rien ne t'oblige à conserver toujours ton faux nez, et si tu veux le retirer...

— Oh! non pas, diable... on pourrait me reconnaître alors!... cela me compromettrait!...

— Tâche de faire une conquête avec ton nez.

— C'est encore possible : maudites bottes!

Et Chamoureau s'arrête pour relever ses entonnoirs.

— Vous avez donc envie de faire une petite connaissance, inconsolable veuf?... dit Edmond qui marchait près de Freluchon et venait d'entendre les dernières paroles de l'Espagnol.

Celui-ci répond après avoir remonté ses bottes:

— Oh! mon cher monsieur Edmond, vous pensez bien que mon cœur n'y aura aucune part... mon pauvre cœur... Oh! désormais rien ne saurait l'atteindre... il est mort pour l'amour, Éléonore a emporté toute la somme de sentiment qu'il pouvait contenir... chère Éléonore.

— Est-ce que tu vas pleurer, Chamoureau, ça gâterait ton rouge...

— Non, non, je disais cela, comme j'aurais dit... autre chose!...

En ce moment un homme habillé en Suissesse, avec de longues tresses pendantes et quelques petits balais en jonc dans une main, s'arrête devant Chamoureau, en s'écriant :

— Ah! mes enfants! Qu'est-ce que c'est que ça!... un rayon de soleil déguisé en Espagnol!... mais est-il brillant! est-il reluisant! tu sors donc du Pérou, mon chou!... C'est au moins le Cidre ou Gusman du Pied de Mouton qui ne connaît plus d'obstacle!... est-il beau, le coco!... mais pendant que tu avais des palets, Gringalet, fallait donc t'acheter des mollets!... ça te manque tout à fait! et tes bottes en parapet vont tomber sur le parquet!...

La foule s'est arrêtée et on fait cercle pour entendre le masque en Suissesse qui a entrepris l'Espagnol. — Chamoureau, un peu décontenancé, commence par raffermir son faux nez sur son visage, puis murmure :

— Si je n'ai pas de mollets... c'est que je n'y tiens pas apparemment !

— Comment ! voilà tout ce que tu as à dire, pauvre sire !... tu as donc dépensé tout ton esprit pour acheter ton costume ?... a-t-il l'air dadal, ce grand benêt ! c'est pas possible, c'est quelque gardeur de dindons à qui on aura donné un *exeat* et qui est tout dépaysé en ne se trouvant plus au milieu de ses élèves...

Chamoureau, très-vexé de s'entendre appelé gardeur de dindons, répond avec aigreur :

— Depuis quand les Suissesses sont-elles des poissardes !... et se permettent-elles d'apostropher ainsi le monde !

— Bravo ! Chamoureau ! dit Freluchon ! c'est pas mal ça... continue... rive-lui son clou !

— Depuis qu'elles vendent des petits balais pour les mouches... Ah ! tu te fâches, Rodrigue !... Voyons, Rodrigue, as-tu du cœur ?... nous allons nous battre en duel, je prendrai mon balai, et toi ton nez, ça va-t-il ? Tu auras l'avantage ; ton nez est plus long que mon balai.

Les éclats de rire de la foule augmentent le dépit de Chamoureau ; il lâche vivement le bras de Freluchon qui riait plus fort que les autres, et, se perdant dans une poussée de masques, tâche de rejoindre Edmond qui court après un petit débardeur dans lequel il a cru reconnaître sa grisette Amélia. Edmond, qui ne se souciait pas d'avoir sans cesse Chamoureau pendu à son bras, lui dit :

— Pourquoi donc avez-vous quitté Freluchon ?

— Parce qu'il rit comme un fou des bêtises que me débite depuis quelques instants un homme habillé en Suissesse... qui a très-mauvais ton... et qui me dit des grossièretés... le sang commençait à me monter à la tête, j'ai quitté la place, parce que j'aurais pu me laisser emporter par la colère...

— Eh ! mon cher monsieur Chamoureau, est-ce qu'il faut se formaliser de toutes les balivernes que nous débitent des masques... Alors il ne faudrait pas venir au bal, et surtout ne point se déguiser.

— C'est vrai, au fait, vous avez raison... j'avais tort d'attacher de l'importance à toutes ces sottises... c'est une scène de carnaval et pas autre chose... Mais au fait, j'ai dans l'idée que Freluchon connaissait cette Suissesse... Mon nez me tient terriblement chaud... surtout à cause des moustaches.

— Otez-le.

— Non, je crains d'être reconnu... Maudites bottes... il y a de très-jolies femmes ici... elles sont trop larges, elles me retombent sur les talons... je finirai par marcher dessus...

— Otez-les.

— Comment ! vous voulez que j'ôte mes bottes... je me promènerai donc sans être chaussé...

— Mais plutôt que d'être gêné...

— Je ne suis pas gêné, puisque je danse dedans...

— Alors de quoi vous plaignez-vous ?

— Mon cher monsieur Edmond, je crois que vous n'écoutez pas bien ce que je vous dis... vous n'êtes pas à la conversation, est-ce que vous cherchez quelqu'un ici ?

— Parbleu !... d'abord au bal masqué il faut toujours chercher quelqu'un...

— Ah ! vraiment... au fait, c'est une idée... qui diable pourrai-je donc chercher moi ?...

— J'avais cru reconnaître Amélia dans un joli petit débardeur qui a fui devant moi.

— Qu'est-ce que c'est que ça, Amélia ?

— Une très-jolie fleuriste... une figure vive, mutine, des yeux pleins de feu, taille charmante et dix-neuf ans, pas davantage.

— Fichtre ! comme tout cela m'irait... comme tout être d'aimer... car vous comprenez bien... à mon âge, on a beau avoir du chagrin... des regrets... il y a toujours cette nature puissante et féconde qui parle en nous, et nous fait comprendre que nous ne sommes pas sur terre uniquement pour les morts... voilà un domino qui m'a regardé jusque dans le blanc des yeux... Quel regard... il y avait bien des choses dans ce regard-là... Nous disons donc que votre Amélia est fort gentille et n'a que dix-neuf ans... est-ce elle libre ?

— Oui, depuis qu'elle m'a quitté...

— Y a-t-il longtemps que vous êtes quittés ?...

— Ce matin.

— Ce n'est pas vieux... Il faut espérer alors que ne vous a pas déjà remplacé.

— Je n'en répondrais pas.

— Si elle est encore libre et que nous la retrouvions, me permettez-vous de me mettre sur les rangs.

— Je vous permets tout absolument !

— Ah ! vous êtes gentil, à la bonne heure, vous n'êtes pas comme Freluchon qui ne veut jamais me céder ses anciennes maîtresses... et cependant, il me semble qu'il ne devait bien faire cela. Vous dites un petit débardeur... quelle couleur... quelle coiffure ?

Edmond, qui se lasse de la compagnie de Chamoureau et cherche depuis quelques instants un moyen de se débarrasser de lui, s'écrie tout à coup :

— Avez-vous entendu ce domino rose qui vient de passer près de **nous** ?

— Non, qu'est-ce qu'il a dit ?

— Il a dit à une bergère qui est à son bras : Voilà un Espagnol qui me tourne la tête... Ah ! ma chère ! que je voudrais faire sa conquête !...

— Vraiment !... vous avez entendu cela !

— Et la bergère a répondu : Eh bien, parle-lui, va l'intriguer...

— Ah ! ma bonne, je n'ose pas...

— Elle a dit : Je n'ose pas... mais alors j'oserai, moi... où est-il ce domino rose ?...

— Tenez, là-bas... près du polichinelle. . Allez vite ou vous le perdrez.

Cette fois Chamoureau quitte lui-même le bras d'Edmond pour courir après la personne en domino rose qu'on vient de lui montrer. Et, après s'être débarrassé du monsieur veuf, le jeune Edmond ne songe plus qu'à retrouver sa dernière maitresse dont il est encore amoureux, probablement parce qu'elle ne court plus après lui. Cependant le matin encore il a vu Amélia et ils étaient de fort bon accord ensemble ; si elle le fuit maintenant, c'est donc parce que Freluchon a refusé à son amie Henriette l'argent que celle-ci lui demandait. Pourquoi épouserait-elle la querelle d'Henriette ? à la vérité, comme elle logeait avec son amie, celle-ci étant obligée d'abandonner son domicile, cela mettait aussi mademoiselle Amélia sur le pavé.

Edmond se dit tout cela en se glissant à travers la foule, en courant après toutes les femmes en débardeur qu'il aperçoit. Il vient d'en arrêter une par le bras, mais il reconnaît que ce n'est pas celle qu'il cherche au moment où elle lui dit :

— Si tu paies à souper, je reste avec toi... sans ça, bernique !...

— Je te paierais volontiers à souper si je ne cherchais pas une personne pour qui je t'ai pris d'abord... mais comme j'espère la trouver, c'est avec elle que je souperai.

— Bah !... laisse donc ! elle soupera peut-être avec trois autres !... ne cours pas après elle... tu es gentil... tu me plais... fais-moi danser.

— Je suis fâché de te refuser, mais je ne veux pas danser maintenant... plus tard je ne dis pas...

— Ah ! oui, avec l'autre... bonsoir, petit serin.

Le débardeur quitte Edmond pour aller danser, et, presqu'au même instant, le jeune homme se sent prendre le bras par un petit domino bleu, qui lui dit :

— Ce n'est pas celle-là que tu cherchais, et qui cherches-tu donc, Edmond Didier ?

— Ah ! tu me connais, toi.

— Oui, je te connais, et fort bien, ainsi que ton ami Freluchon, avec qui tu es venu au bal... Mais je ne connais pas le grand dadais déguisé en Espagnol qui est venu avec vous et auquel tu donnais le bras tout à l'heure... Mon Dieu ! a-t-il l'air bête... porte-t-il mal son costume ! est-il mal bâti !... Qu'est-ce que c'est donc que cet escogriffe-là ?

— Sais-tu que tu es bien curieuse... tu me fais tout de suite une foule de questions !...

— C'est que j'aime à m'instruire. Tu ne veux pas me répondre ?

— Oh ! si fait : l'Espagnol est un ami de Freluchon, un homme bien posé, un faiseur d'affaires qui vient de perdre sa femme et cherche en ce moment à placer son cœur.

— Est-ce en viager ?

— Oh ! non, ce serait seulement à terme... si tu désires former un doux engagement, je te le recommande.

— Merci, il a l'air trop gauche, il ne fait que remonter ses bottes, j'ai envie de lui offrir des jarretières pour les attacher.

— Tu lui rendrais service.

— Est-il mieux sans son nez ?

— Il n'est pas mal du tout...

— Comment le nommes-tu, cet imbécile-là !

— Je vois que décidément tu as envie de faire sa conquête...

— Oh non !... tu te trompes, mais je veux peut-être m'en amuser... comment le nommes-tu ?

— C'est un peu indiscret ce que je vais faire là... mais comme il sera enchanté d'être intrigué, je veux bien te dire son nom : Chamoureau.

— Cha ?

— Moureau.

— Oh ! comme le nom va bien à sa personne... Chalumeau serait encore mieux, il ressemble à une perche ; c'est égal, Chamoureau n'est pas mal. Ah ! ah ! ah !...

— Et moi, voyons, d'où me connais-tu ?

— Damel tâche de le deviner ?

— Ma foi, je l'avoue que je ne suis pas du tout sur la voie...

— Tu n'as répondu qu'à une de mes questions... veux-tu me dire qu'elle est la femme que tu cherches maintenant ?

— Oh non ! ces choses-là ne se disent pas ! le nom de l'Espagnol, passe encore ! mais celui de la personne que je voudrais rencontrer, je ne te le dirai pas... devine si tu peux...

— Ce doit être la belle Thélénie... madame de Sainte-Suzanne si tu aimes mieux.

— Ah ! tu sais aussi...

— Que tu as été son amant... Qu'est-ce qui ne sait pas cela... mais est-ce que tu ne l'es plus... est-ce que tu as cessé de l'aimer ?

— Tu redeviens trop curieuse... je ne répondrai pas à cela...

— Tu lui es infidèle, je le vois; et qui donc a su te captiver ?... voyons, mon petit Edmond, prends-moi pour ta confidente... c'est un rôle bien modeste que je prends là...

En ce moment Freluchon vient vivement prendre le bras d'Edmond et l'entraîne en lui disant :

— Elles sont là-bas toutes les deux... elles dansent... Oh ! j'ai reconnu leurs pas andaloux... Henriette est en folie ; viens vite, elles ne veulent pas se laisser reconnaître, mais nous les y amènerons bien.

Edmond abandonne très-vite le bras du petit domino bleu pour s'éloigner avec Freluchon.

Deux petites femmes, portant toutes deux un petit loup en velours noir sans barbe, costumées, l'une en espèce de débardeur, c'est-à-dire en chemise montante, pantalon de velours à larges bandes de satin, ceinture à franges, et chapeau rond surchargé de fleurs ; l'autre en folie, la marotte à la main, des grelots aux bras, aux jambes, autour du corps, au bonnet, partout enfin. dansaient avec deux cavaliers dont les costumes étaient extrêmemen. excentriques.

L'un en tunique grecque, en culotte de peau et des bottes à l'écuyère, est coiffé d'un casque romain. L'autre, habillé en amour, avec un carquois et des flèches, a sur la tête la coiffure que l'on donne à don Quichotte, c'est-à-dire un plat à barbe renversé.

La danse de ces messieurs répond à leur costume, elle est très-osée. Le monsieur au casque fait tourner ses bras comme des ailes de moulin et avec une rapidité effrayante. Celui en amour envoie ses jambes presque dans le nez de ses vis-à-vis, et de temps à autre, lorsqu'il fait le cavalier seul, se met à plat ventre à terre, ce qui s'appelle le pas de l'araignée.

Les deux petites femmes ne risquent encore que des pas de cancans tolérés.

— Diable ! dit Freluchon en allant se placer derrière la folie, voilà des gaillards qui ont une danse dangereuse pour leur partenaire... prends garde, Henriette, voilà un amour qui va te donner de son pied dans ton œil, je t'assure que c'est encore plus dangereux que de le recevoir ailleurs !...

La folie ne fait pas semblant d'entendre et continue de danser. De son côté, Edmond, placé derrière le petit débardeur, lui dit :

— Ma petite Amélia, j'ai grand'peur qu'en faisant le moulinet avec ses bras, ton Romain ne t'emporte le nez... et cet agréil dommage !

Le débardeur ne répond pas plus que la folie, cependant un léger mouvement d'épaules la trahit et semble dire :

— Laissez-moi tranquille, vous m'ennuyez !

Au bout d'un moment, Freluchon crie très-haut à son ami :

— Dis donc, Edmond ! on m'a mis à la porte de mon logement ce matin, parce que je ne payais ni mon loyer ni mes meubles ; sont-ils ridicules ! Figure-toi que mes meubles que je croyais payés ne l'étaient pas ! Eh bien, je n'en suis pas plus triste !... Au contraire, ça m'a mis tout en train de m'amuser et de danser !

— Et moi je logeais chez toi, où coucherai-je donc ? répond Edmond en riant ; me voilà aussi sans domicile !

— Sois tranquille, nous trouverons quelque Romain ou quelque amour qui nous hébergera !... Et dire que faute de quatre cents francs je manque le plus beau mariage !...

— Bah ! en vérité ?

— Oui, mon cher, un parti superbe !... une fleuriste pur-sang, qui m'apportait en dot, outre sa vertu, dont je ne parlerai pas, les plus jolies dispositions pour me faire aller à Clichy avec ou sans lorgnon... en très-peu de temps.

La petite femme déguisée en folie s'approche brusquement de Freluchon et lui dit tout bas, mais avec un accent où perce la colère :

— Monsieur Freluchon, si vous ne finissez pas de dire vos méchancetés, je vais vous faire corriger par mon cavalier !

— Ah ! ah ! ah ! tu me reconnais donc, à présent, volage Henriette !...

— Oui je vous reconnais, mais je ne vous connais plus ; quand un homme se conduit avec une femme comme vous vous êtes conduit ce matin, et la laisse dans une position affreuse sans venir à son secours, c'est un rat !... c'est plus qu'un rat, c'est un crapaud ! et je ne connais plus les crapauds !

— Ah ! ah ! ah ! très-joli ! le mot dans ta bouche a une grande portée... comme tu n'as pas la bouche petite... Est-ce parce que tu es couverte de grelots que tu fais tant d'embarras ce soir ? Eh ! mon Dieu ! si tu m'avais demandé que des grelots, je t'en aurais donné... Je ne savais pas que tu les aimais à ce point-là ! Mais en vérité, en voyant ton attirail de la danse... et surtout ces innombrables grelots dont tu es surchargée, j'avoue que je ne puis guère m'affliger sur la position affreuse de ce matin... Voyons, lâche ton amour don Quichotte, qui m'a tout l'air d'un marchand de contre-marques, et viens souper avec nous... je te donnerai autant de baisers que tu as de grelots... c'est séduisant, cela !

Pendant ce temps Edmond dit au débardeur :

— Crois-moi, ma chère Amélia, après la quadrille, quitte ton Romain, qui m'a trop l'air d'en être un... et reprends mon bras... Nous n'étions pas fâchés ce matin, pourquoi le serions-nous maintenant ? Tu épouses la querelle de ton amie, tu as tort... Henriette te fera

faire des sottises... tu es trop gentille pour danser avec ces messieurs-là !

La jeune grisette semblait hésiter, mais chaque fois que son amie passait près d'elle, elle lui disait vivement :

— Ne parle donc pas à ces messieurs ! tu sais ce que je t'ai dit !... c'est fini entre nous si tu retournes avec Edmond... Ma chère, il faut que les femmes se soutiennent entre elles, sans quoi ces messieurs se moqueront toujours de nous.

— Ah ! les beaux grelots !... mon Dieu, que de grelots ! s'écrie Freluchon qui rit toujours en regardant mademoiselle Henriette. J'ai vu bien des folies ! mais pas une n'approchait de celle-ci pour les grelots... Dis donc, Edmond, si un caniche avait autant de grelots sur lui, on le prendrait pour une mule... Ah ! que je serais donc heureux si on me mettait des grelots comme ça à mes habits, en guise de boutons.

La folie ne se possède plus, elle parle à l'oreille de son amour. L'amour, coiffé en don Quichotte, est un grand gaillard solidement bâti, et qui semble devoir être un athlète redoutable ; il s'avance vers Freluchon, se pose devant lui carrément, et lui dit avec une voix qui semble sortir d'une cave :

— Dis-donc, calicot, est-ce que tu n'as pas bientôt fini de mécaniser ma danseuse ! Sais-tu bien que si tu ne la laisses pas tranquille, elle et ses grelots, je te décoiffe avec le bout de mon pied et j'envoie ton gibus dans le cintre.

— Ah ! bel amour, voilà un tour d'adresse que je serais charmé de voir... répond Freluchon d'un ton moqueur. Vraiment, ça me fera plaisir si tu réussis.

— Ah ! tu as envie de voir ça, eh bien, tiens !...

En disant cela, le particulier en amour lance aussitôt sa jambe en l'air, comptant bien atteindre la figure de Freluchon. Mais celui-ci, par un mouvement aussi prompt que la pensée, saisit la jambe au passage, et étreignant la cheville dans sa main droite, la serre avec tant de force, que l'amour fait une grimace horrible en criant :

— Ah ! mille millions de milliards .. lâchez-moi, vous me faites mal, vous serrez trop fort !... voyons, lâchez-moi...

— Et si vous m'aviez attrapé la figure avec votre pied, est-ce que vous ne m'auriez pas fait mal, amour d'occasion...

— Ah ça, voyons, voulez-vous le lâcher tout de suite ? dit à son tour le monsieur en Romain, en venant la main levée sur Freluchon, qui tient toujours l'amour par une jambe.

Mais le petit jeune homme assène de sa main gauche, à ce nouvel adversaire, un coup de poing qui le fait pirouetter en arrière ; là, le Romain rencontre Edmond, qui le rejette plus loin ; et Freluchon, lâchant tout d'un coup la jambe de l'amour en lui donnant une forte secousse, ce dernier tombe sur le dos au milieu des danseurs.

Alors on crie de tous les côtés, et, comme c'est d'ordinaire, les sergents de ville arrivent sur le théâtre du combat et forcent les combattants à sortir avec eux de la salle pour aller s'expliquer ailleurs.

Mesdemoiselles Henriette et Amélia profitent de ce moment où la foule entoure les jeunes gens pour se glisser à travers les quadrilles et disparaître.

Cette scène s'était passée presque devant la loge où se tenaient le domino gris-perle et son amie, mademoiselle Héloïse. Quelques instants auparavant, un petit domino bleu, que l'on avait été intriguer et questionner Edmond, était venu rapporter à la belle Thélénie le résultat de la conversation qu'il avait eue avec ce jeune homme. Mais en apercevant celui qu'elle guette causer avec le petit débardeur, en voyant la querelle qui suit ces conversations, Thélénie a bientôt deviné que la femme déguisée en débardeur est celle pour qui celui qu'elle aime est venu au bal. Après avoir suivi des yeux avec anxiété la courte rixe qui a eu lieu dans le quadrille, elle se lève vivement et sort de la loge en murmurant :

— Je la trouverai, moi, cette femme, et je saurai à qui il me sacrifie !

Au bout de quelques minutes, Freluchon et Edmond rentraient triomphants dans le bal.

Leurs adversaires, dont on avait déjà remarqué la danse trop délirante, avaient seuls été mis dehors, et lorsque Freluchon leur avait offert sa carte, ils l'avaient refusée en lui disant :

— Merci, c'est pas la peine, nous en avons assez.

— Et maintenant, dit Edmond à son ami en rentrant dans la salle, allons-nous rechercher ces demoiselles ?

— Merci, dit Freluchon ; tu chercheras ton Amélia si cela t'amuse, quant à moi, dès ce moment, je ne connais plus Henriette !... Je pardonne à une femme ses infidélités, ses mensonges, ses tours, ses blagues !... Mais du moment que cette femme cherche à faire battre deux hommes, je ne vois plus en elle qu'une méchante créature que je méprise, et je ne lui parle plus.

V

Les bâtons du sucre de pomme de Chamoureau.

Chamoureau avait quitté vivement Edmond, pour courir après un domino rose, que ce dernier lui avait désigné comme ayant témoigné, en passant près de l'Espagnol, le désir qu'il aurait de faire sa conquête.

Notre veuf pousse l'un, coudoie l'autre, est repoussé par celui-ci, mis de côté par celui-là ; mais enfin il parvient à rejoindre le masque qu'on lui a indiqué et qui donne le bras à une bergère assez mal fagottée, qui n'est pas masquée, et dont la figure commune fait deviner quelque fruitière faisant son carnaval.

Alors Chamoureau se place devant le domino rose et le regarde amoureusement. Le domino ne semble pas y faire attention et le repousse pour passer. Ces deux dames sortent de l'endroit où l'on danse et se dirigent vers le foyer. Mais notre Espagnol les a suivies, et à peine sont-elles dans le foyer que Chamoureau se pose devant elle...

— Ah çà mais, nous trouverons donc ce grand Espagnol sans cesse devant nous ? dit le domino rose à la bergère. Est-ce qu'il nous poursuit ? Que nous veut-il donc ?

— Ma chère, c'est une conquête que nous avons faite, *toi z'ou moi*.

— Tu crois... alors ce doit être toi, tu n'es pas masquée...

— C'est pourtant bien plutôt toi qu'il regarde.

— Cela m'a tout l'air d'un grand jobard...

— Il faut nous en amuser en attendant que nos messieurs viennent nous retrouver...

— Il faut lui faire payer quelque chose...

Notez bien que c'est le refrain continuel de ces dames que l'on rencontre dans les bals publics.

Pendant que les deux femme chuchottent entre elles, Chamoureau, toujours une main sur la hanche, fait le joli cœur, en considérant le domino rose, qui se décide à lui dire, d'une voix qui semble avoir l'habitude de crier du poisson :

— Qu'as-tu donc à me regarder comme cela dans les yeux, bel Espagnol ? est-ce que tu me connais ?... alors dis-moi quelque chose qui me le prouve... au lieu de rester là à me fixer comme un chien de faïence !

— Je ne sais pas si je te connais, charmant domino, répond Chamoureau en souriant, mais à coup sûr, je serais très-heureux de faire ta connaissance... et si de ton côté, cela ne te déplaisait pas... alors, il me semble... tu me comprends...

— Pardi ! c'est pas difficile à comprendre... Tu veux faire une conquête... tu es un séducteur, ça se voit tout de suite !

— Et moi, veux-tu me séduire aussi, l'Espagnol ? dit la petite bergère en laissant voir des dents de différentes grandeurs, tu aurais de la peine... car les hommes, vois-tu, je *leur z'y ai voué* une haine éternelle.

Chamoureau fait une légère grimace, en entendant les liaisons un peu risquées dont la bergère assaisonne son langage, mais il pense que celle-ci est tout simplement la femme de chambre du domino et lui dit :

— Mon cher, je n'ai jamais donné dans les bergères... c'est trop pastoral pour moi ! d'ailleurs, mes hommages ne s'adressent qu'à ta compagne... ce charmant domino.

— Et si j'étais laide, cher ami ; car enfin tu ne me connais pas !...

— Laide !... tu ne peux pas l'être.. avec une tournure si gracieuse... des yeux si brillants... je parie que tu es adorable...

— Tu pourrais bien être volé, mon bon !... il n'y a rien de perfide comme un masque !...

— Moi ! dit la bergère, je ne veux attraper personne... on voit tout de suite *comment est-ce que* suis ! au moins, si je fais une conquête, *on sait z'à quoi* s'en tenir !

— Fichtre oui ! c'est certain qu'on n'a pas affaire à un bas-bleu ! Cette bergère-là devrait bien quitter un peu le joli domino, mais peut-être quand on connaîtra mieux, consentira-t-on à s'en séparer.

— Et vous, bel Espagnol, pourquoi avez-vous un faux nez et des moustaches ? vous êtes donc camus, que vous vous cachez ainsi ?

— Non, je puis vous certifier que je ne suis pas camus.

— Alors, vous êtes donc vilain avec votre vrai nez ?

— On ne m'a jamais dit que j'étais vilain.

— On l'a pensé peut être ?

— Cela n'est pas probable.

— Voyez-vous ce fat !... Eh bien, ôte ton nez, si tu veux que nous le croyions.

— Ah ! joli domino, tu me demandes quelque chose de bien grave... J'ai beaucoup de raisons pour ne pas désirer être reconnu !

— Bah ! laisse donc ! c'est pour faire de l'embarras, que nous dis cela... Est-ce que tu es un grand personnage... Est-ce que tu es homme d'État ?

— Non... pas positivement... mais je suis dans une assez belle position dans la société... et j'ai des ménagements à garder.

— Tu fais des déménagements ! dit la bergère. Tiens, mon oncle aussi !

— Mais, non, je ne dis pas cela... Tu entends mal, petite bergère !...

— Ôte ton nez, ou je croirai que tu n'en a pas dessous !

— Ah ! quelle affreuse supposition... Il me semble que plus ta... ³... joli domino, et dans le tête-à-tête...

— Pas de ça, Lisette !... Mon cher, quand on fait la cour à une femme, on doit commencer par lui montrer son nez... N'est-ce pas, Laïde ?

La bergère qui répond au nom de Laïde, se borne à dire :

— Fait-il chaud ici, Dieu ! fait-il chaud... et avale-t-on de la poussière... J'ai ma chemise qui me colle... Je prendrais bien quelque chose, moi, le moindre *rafraîchissoire* possible... Est-ce que tu n'as pas soif, toi ?

— Mais si, je m'humecterais aussi volontiers !... J'ai la gorge desséchée...

Chamoureau comprend que c'est le moment d'être galant, il offre son bras au domino, en lui disant :

— Accepte mon bras et des rafraîchissements, beau masque, je vais te conduire au buffet...

— J'accepte tout ! car ceci me prouve que tu es un noble Espagnol... Viens, Laïde !

On parvient contre un des buffets placés aux deux extrémités du foyer.

— Que veulent prendre ces dames ? demande Chamoureau. Une groseille... une limonade... c'est ce qu'il y a de meilleur pour se rafraîchir...

— J'aime mieux du punch, dit le domino rose.

— Et moi aussi, dit la bergère. C'est bien plus sain que tout le reste... et j'en boirais deux bols sans me griser.

Cet aveu de la bergère fait frémir Chamoureau. Heureusement pour lui qu'au foyer on sert ordinairement le punch par verres.

On en place trois devant l'Espagnol et sa compagnie. Le domino et la bergère ingurgitent le punch comme si c'était du champagne, bien qu'il soit brûlant.

Le veuf n'a encore fait que mouiller ses lèvres et les dames ont fini.

— C'est chaud !... c'est très-chaud !... Je ne peux pas avaler cela comme vous, dit Chamoureau, ça me brûlerait la gorge !

— Ah ! ce pauvre petit qui a peur de se brûler... T'es donc pas un homme ? Mais nous n'allons pas rester là une jambe, je pense ?... dit la bergère.

— Qu'entendez-vous par là, fille des champs ?...

— Ah ! il ne comprend pas !... D'où sors-tu donc, sans nez ?... On t'a donc élevé dans une armoire ?...

— Cela veut dire, mon cher, que nous prendrons bien encore un verre de punch, te sera une seconde jambe, dit le domino rose en pinçant fortement le bras de l'Espagnol ; celui-ci, enchanté d'être pincé, s'écrie aussitôt :

— Garçon, encore du punch à ces dames !

— Eh bien, et toi ?

— Oh ! moi, si j'en prenais davantage, cela m'étourdirait !...

— Quelle huître !... murmure le domino rose à l'oreille de la bergère.

— Il en faut comme ça, répond celle-ci, ce sont les agréments du bal... J'ai toujours aimé les huîtres, moi.

On apporte d'autres verres de punch, que les deux femmes font disparaître aussi lestement que les premiers. Alors Chamoureau se dépêche de payer et d'emmener les dames loin du buffet, de peur qu'elles demandent à s'en aller sur trois jambes.

Cependant notre Espagnol qui croit que le punch dont il vient de régaler les dames lui donne le droit de devenir entreprenant, se permet dans la foule de poser une de ses mains sur un endroit où le domino rose pourrait avoir le dos. La dame masquée se retourne aussitôt en disant à Chamoureau.

— As-tu fini tes manières, faux nez ; qu'est-ce que c'est que ce genre-là, et pour qui me prends-tu ?...

— Beau masque, ma main s'était égarée involontairement...

— Tâche de ne plus t'égarer de ce côté-là, alors...

— C'était seulement pour savoir...

— Si je portais des jupes en acier, n'est-ce pas ?

— Positivement.

— Non, je n'ai pas besoin de ça... je suis assez dodue pour ne point avoir des suppléants... Qu'est-ce que tu as donc toujours après tes bottes ?...

— Hum... Elles sont trop vastes... elles retombent sans cesse.

— Pourquoi n'as-tu pas mis de la crinoline à tes jambes... ça ne serait pas de trop.

— Es-tu libre, joli domino, ou en la puissance d'un mari ?

— Pourquoi me demandes-tu cela ? Est-ce que tu as envie de m'épouser ?

— Mais, lorsqu'on veut former une tendre liaison, n'est-il pas tout naturel de s'informer d'abord de la situation de la personne que l'on convoite...

— Ah ! tu me convoites, grand hidalgo, tu vas me payer un bâton de sucre de pomme, alors... à moi et à ma bergère... sans cela je ne te permets pas de me convoiter...

— Oh ! oui, du sucre de pomme ! s'écrie la bergère. D'ailleurs, j'ai promis d'en rapporter à mon petit frère. Et puis, toutes les femmes qui ont leur bâton à la main... ça remplace les éventails ; c'est très-bien porté.

Chamoureau trouve les dames qui vont au bal de l'Opéra passable ment gourmandes, mais il n'y a pas moyen de reculer. On est alors près d'un autre buffet ! le domino rose et la bergère y choisissent chacune un bâton de sucre de pomme, et elles ne prennent pas les plus petits.

— Combien est-ce ? demande l'Espagnol.

— Dix francs.

— Comment, dix francs pour du sucre de pomme ?

— Cent sous ! c'est dix francs.

— Cent sous sous les bâtons pris par ces dames... deux, c'est dix francs.

— Allons, bel ami, paie donc ! dit le domino rose en riant. Est-ce que tu voudrais marchander, par hasard ? Tu me ferais croire que tu n'es pas un noble Castillan, et que tu as pris l'Espagne du côté de Vaugirard.

— Non ! non ! je ne marchande pas ! dit Chamoureau qui fait sous son faux nez une horrible grimace... Seulement, je crains de n'avoir pas de monnaie.

— On vous changera, monsieur.

Pendant que notre veuf tire son porte-monnaie de dessous sa ceinture et regarde dans l'intérieur, la bergère dit tout bas au domino rose :

— Ma chère, voilà nos messieurs là-bas... sous la porte, *ousque* c'était convenu... Ils nous cherchent, sans doute...

— En ce cas, filons vite... pendant que ce grand serin fourre son faux-nez dans son porte-monnaie.

Chamoureau a changé une pièce de quarante francs pour payer les bâtons de sucre de pomme, et lorsqu'on lui a rendu sa monnaie, il se retourne du côté où étaient les deux femmes, se flattant que sa galanterie lui vaudra les plus douces récompenses. Mais au lieu du domino rose, son faux nez se met presque dans l'œil d'un monsieur à moustaches, qui lui dit d'un ton fort sec :

— Faites donc attention, sapristi, est-ce que vous prenez mon visage pour une pleine lune, que vous voulez y fourrer votre nez ?

Chamoureau ne répond rien, il est tout occupé de chercher sa conquête, mais il regarde en vain de tous côtés, ses deux dames ont disparu. Dans son étonnement, notre Espagnol s'adresse à la dame du comptoir, en s'écriant :

— Savez-vous par où elles sont passées ?

— Quoi, monsieur ?

— Mais elles étaient là, à côté de moi, il n'y a encore qu'un instant... Je n'y comprends rien du tout !...

Une foule de jeunes gens et de dominos, qui viennent au buffet, repoussent Chamoureau en lui criant :

— Allons ! file donc, toi, Espagnol, tu as assez bu comme cela... fais place aux autres...

— Messieurs... permettez, je cherche une dame.

— Va donc !... tu ne la trouveras pas, la dame... Ohé ! ohé !... cette tournure... Ah ! voilà qu'il perd ses bottes !... Prends garde, tu vas perdre ton nez ! Ah ! ah ! est-il drôle ! Ah ! ce nez !...

Dans un bal masqué, il suffit que quelques personnes crient après un individu déguisé, pour que toute la foule s'amasse et fasse chorus ; et comme le monsieur veuf était passablement ridicule avec son costume prétentieux, et avec son faux nez et ses moustaches, des éclats de rire partent de tous côtés sur le passage de Chamoureau, qui est poursuivi par des gens qui lui crient aux oreilles :

— Ah ! ce nez !... voyez donc le nez de cet Espagnol !

— C'est un monsieur qui a été trompé par les femmes...

— C'est un homme qui a fait des folies pour elles...

— Vous ne voyez pas que ce monsieur est un étranger qui vient en France pour étudier les belles manières...

— Mais non... c'est un farceur qui a parié qu'il aurait l'air le plus bête du bal...

— Ah ! il a gagné ! il a gagné !

Toutes ces exclamations sont accompagnées de gros rires qui rendent Chamoureau furieux. Pour se soustraire à l'ovation qu'on lui fait dans le foyer, il se jette comme un furibond dans une des portes, se précipite où il y a le plus de monde et parvient à gagner le corridor, il monte un étage, et, aux dernières marches, arrache son faux nez, en se disant :

— Otons-le... car sans cela, ils me reconnaîtront et me poursuivront toujours... Là... maintenant que je n'ai plus ce nez, j'aime à croire qu'on ne me remarquera plus... C'est cependant bien drôle ! je viens ici masqué... ou à peu près, pour qu'on ne me reconnaisse pas... Après tout, j'étouffais avec ce nez et ces moustaches... Je suis bien plus à mon aise comme cela... Mais ce sont ces deux dames dont je ne comprends pas la conduite ; je leur paie du punch, des sucres de pomme énormes !... et elles me quittent... elles disparaissent sans rien me dire... Peut-être ont-elles aperçu des maris... des amoureux dont elles redoutent la jalousie... Elles ont craint une scène si on les surprenait avec moi... Ce doit être là le motif de leur disparition !... Je ne crois pas que c'étaient des dames de la haute société... Leur langage était un peu libre... celui de la bergère, surtout, n'était pas d'un français bien pur... mais le domino rose avait une bien jolie taille... et pas de crinoline !... Je la retrouverai, je l'espère... Avec tout cela, j'ai aussi perdu Freluchon et M. Edmond... Oh ! pour ceux-là qui adorent le galop monstre, je suis sûr de les y trouver, quand on le dansera... C'est égal... cinq verres de punch à un franc le verre, cinq francs, et dix de sucre de pomme, total, quinze francs ;

c'est un peu cher pour une intrigue qui n'est qu'ébauchée !... Encore, si on m'avait donné un rendez-vous pour demain... Voilà ce que j'aurais dû exiger avant de lâcher les bâtons de sucre de pomme.

Chamoureau se promenait dans le corridor des secondes, se livrant à ces réflexions, et en regardant dans chaque loge pour y chercher son domino rose. Il avait la figure appliquée contre un des petits carreaux, lorsqu'il se sent pris par le bras ; il se retourne, une paysanne normande masquée est pendue à son bras et lui dit avec une voix mielleuse :

— Te voilà, Chamoureau... mon joli Chamoureau... Ah ! que tu as bien fait d'ôter ton faux nez ! et que tu es bien mieux comme cela... Quand on a une figure comme la tienne, on ne la cache pas, entends-tu, bon ami ?

Notre veuf éprouve un frémissement de plaisir en s'entendant adresser de tels compliments. Il embrasserait volontiers le masque que porte la Normande, pour lui témoigner sa satisfaction, mais il se contente de lui serrer tendrement le bras et la main, en lui disant :

— Comment, aimable paysanne... tu me connais donc ?

— Si je te connais !... eh ! qui donc ne te connaît pas, ô Chamoureau de mon cœur... C'est pour toi, pour te trouver que je suis venue ici.

— Vraiment ! Mais je ne savais pas moi-même y venir... Cette partie n'a été formée que fort tard dans la soirée...

— Et moi j'étais sûre que tu y viendrais... mon petit doigt me l'avait dit.

— Comment ! ton petit doigt est sorcier à ce point ?

— Oui, car il m'avait dit aussi que tu serais déguisé en Espagnol... que tu aurais des bottes à entonnoir, qui te donneraient bien du tourment...

— Ah ! c'est prodigieux !

— Que tu courtiserais un domino rose et une bergère... Je t'ai vu tout à l'heure avec elles...

— C'est la vérité, mais je ne m'en défends pas...

— Tu leur as même offert des bâtons de sucre de pomme...

— Offert... c'est-à-dire que c'est elles qui m'en ont demandé...

— C'est la même chose. Tu leur en as donné à chacune ; aussi j'espère bien que tu vas m'en offrir un à moi... qui ne suis venue au bal que pour te voir...

— Si tu n'es venue au bal que pour me voir, tu ne dois pas tenir aux bâtons de sucre de pomme...

— Je tiens à ce que tu sois aussi généreux avec moi qu'avec les autres... aussi galant... aussi empressé... aussi amoureux... le seras-tu ? Dis ? ô mon Chamoureau ! car moi je t'aime, vois-tu, j'ai un coup de feu pour toi, vois-tu !

— En vérité, belle Normande, tu me montres des sentiments dont je suis flatté... mais d'où donc me connais-tu ?

— Si je te le disais, tu serais bien surpris... mais je ne te le dirai pas... ici, du moins... plus tard, nous verrons... quand tu viendras à mon hôtel...

— Tu as un hôtel...

— Oui, mon bon, et tout ce qu'il y a de plus *chic* dans la Chaussée-d'Antin...

— Tu es donc riche ?...

— Qui est-ce qui n'est pas riche aujourd'hui ?... à moins d'être bête comme un pot !...

— C'est vrai, ta réflexion est très-spirituelle... et tu es... libre ?

— Comme l'air !

— Et tu me recevras ?

— Tu auras tes grandes entrées tous les jours... Viens par ici... il y a encore un buffet, on y vend du sucre de pomme.

Chamoureau se laisse entraîner au buffet qui est dans le corridor des secondes ; il ne peut rien refuser à une femme qui lui déclare qu'elle est venue à l'Opéra pour lui. La Normande choisit un sucre de pomme de la même dimension que ceux pris par le domino rose et la bergère, elle boit une groseille et reprend ensuite le bras de l'Espagnol, en lui disant :

— Mon Dieu ! que tu as bien fait d'ôter ton nez, tu gagnes cent pour cent !...

— Mais tu aimable paysanne, ne veux-tu pas ôter un peu ton masque ; tu dois deviner le désir que j'ai de contempler tes traits...

— C'est inutile, tu me connais déjà.

— Bah ! vraiment, je te connais...

— Oui, et je te plais beaucoup.

— Quant à cela je te crois sans peine ; cependant je voudrais bien te voir pour me rappeler où je t'ai vue...

— Tu verras à mon hôtel de la rue de la Pépinière... en face de la caserne.

— Quel numéro, et qui demanderai-je ?...

— Le numéro n'y fait rien, tu me verras à ma fenêtre...

— Mais où chercherai-je la fenêtre... ceci est un peu vague...

— Je te jetterai un bouquet.

— Très-bien, mais pourtant je...

En ce moment, un jeune homme qui n'est point déguisé passe dans le couloir, tenant sous son bras une petite femme habillée en laitière à laquelle il parle avec beaucoup de feu. Aussitôt la personne qui est avec Chamoureau, s'arrête en s'écriant :

— C'est lui ! c'est Adolphe !... Ah ! le perfide !... le monstre !... je suis sûre qu'il est avec Malvina !...

Et aussitôt lâchant le bras qu'elle enlaçait, la paysanne normande court rejoindre le couple qui suivait le corridor, et se plaçant vis-à-vis du jeune homme, lui dit :

— Ah ! je t'y prends donc, scélérat ! perfide ! infâme !... Tu ne pouvais pas me conduire au bal... monsieur était malade ! il avait des coliques... et c'est pour y conduire cette pimbêche qu'on refusait de m'y mener... mais je ne suis pas si bête, mon petit, on ne me fait pas avaler de ces couleurs-là... je me doutais que je te pincerais ici.

— Voyons, Clorinde, pas de scène ; vous savez que je ne les aime pas... ne criez pas tant !...

— Je crierai tant que cela me fera plaisir, et tu ne m'imposeras pas silence, méchant drôle... pour qui j'ai vendu ma chaîne d'or, il n'y a pas quinze jours... et qui manges mon argent avec d'autres...

— Clorinde, vous dites des bêtises ; si vous avez mangé votre chaîne, moi j'en ai mangé bien d'autres avec vous !...

— Toi, blanc-bec !... toi, qui avais de bottes à jour... et des faux-cols en papier !... Ah ! c'est trop fort ; par exemple... et tu crois que je te laisserai promener ta Malvina... car c'est Malvina qui est sous ton bras...

— Du tout, vous vous trompez... c'est un masque que je viens de rencontrer par hasard... et que je vous ordonne de respecter...

— Ah ! ouiche ! que je la respecterai ; il paraît qu'elle n'a plus de langue, ta conquête... elle ne souffle pas mot... pourquoi donc ne dit-elle rien, si ce n'est pas Malvina... mais nous allons bien voir...

Pendant ce dialogue, la petite laitière, qui semblait tremblante, se tenait collée au bras du jeune cavalier ; mais tout à coup la femme en Normande lui arrache brusquement son masque, et s'écrie :

— Ah ! ce n'était pas Malvina !... ah ! je m'étais trompée !... Tu es confondu, traître ! Quant à toi, ma petite, tu suis ce que je t'ai promis si tu allais jamais avec Adolphe... Tiens, je n'ai qu'une parole...

En disant cela, la paysanne applique un vigoureux soufflet sur la joue de la petite laitière ; celle-ci veut se venger et rendre à cette amante jalouse le soufflet qu'elle a reçu, mais comme M. Adolphe a profité de la bataille pour s'esquiver, la Normande court après lui, en criant :

— Tu auras beau faire... je te retrouverai... Voyons, Adolphe... ne te sauve pas... je ne suis plus fâchée... Malvina a son affaire, c'est tout ce que je voulais !

Et la paysanne disparaît dans la foule, tandis que la petite laitière remet son masque et tâche de réparer le désordre de sa toilette en disant :

— Oh ! la poissarde !... est-il possible qu'il y ait des femmes qui soient si mal élevées !... mais elle me le paiera... J'irai trouver son monsieur, le gros bonnetier qui se ruine pour elle... je lui conterai toutes les queues qu'elle lui fait... Merci !... il y en a de quoi border le mur d'enceinte.

Un monsieur était resté spectateur muet de toute cette scène, qui paraissait cependant le contrarier beaucoup ; on devine que c'est Chamoureau, qui vient de voir sa seconde conquête lui échapper avec le bâton de sucre de pomme dont il lui a fait cadeau ; il finit cependant par se dire :

— Comment... elle m'assurait qu'elle n'était venue ce soir à l'Opéra que pour m'y trouver... et elle y guettait un Adolphe... elle me dit qu'elle m'aime... un coup de feu pour moi, et elle me quitte pour aller faire une scène de jalousie à ce jeune homme... elle donne des soufflets à la petite qu'il tenait sous le bras... Peste ! quelle gaillarde ! il ne fait pas bon la tromper... Elle me dit qu'elle est fort riche, qu'elle a un hôtel rue de la Pépinière... La petite laitière prétend qu'elle est entretenue par un gros bonnetier... Que croire dans tout cela ? Ce qui est évident, c'est qu'elle court après son Adolphe... Je suis bien fâché d'avoir lâché le bâton de sucre de pomme !... mais elle me disait des choses si aimables... elle me serrait le bras si tendrement... je ne m'y fierai plus... et cependant, il serait bien cruel d'être venu au bal de l'Opéra sans y faire une petite connaissance... Que penseraient de moi ces messieurs !...

Dans son désappointement, Chamoureau se décide à monter un étage de plus... Il y a moins de monde dans le corridor, mais si les couples s'y sont plus rares, ils ne s'y montrent que plus amoureux : là on se parle dans le nez, on se regarde dans les yeux, on se prend les bras, la taille... et parfois, dans l'ardeur de la conversation, la main s'égare sur une forme arrondie. Notre veuf voit tout cela et n'en éprouve que plus de regrets de se promener seul.

— Tous ces gens-là sont bien heureux ! se dit Chamoureau, ils ont des intrigues des amours en train... Je suis bien curieux ; moi aussi j'ai été intrigué... mais cela n'a pas eu de suites... car franchement je crois que j'aurais tort d'aller me promener rue de la Pépinière, dans l'espoir qu'on me lancera un bouquet par la fenêtre !... Cette Normande m'aura fait des mensonges... le plus sage maintenant est de rejoindre Freluchon et Edmond, afin d'aller souper avec eux. C'est cependant vexant de n'amener personne avec moi pour souper... car je gage bien qu'ils auront chacun une petite femme, eux !... ils ont une chance que je ne comprends pas !... vous me direz c'est comme au jeu, il y a des gens qui gagnent toujours... d'autres qui ne gagnent jamais !...

Tout en se disant cela, Chamoureau observait un domino tout noir qui se promenait seul aussi, et qui depuis quelques moments passait et repassait bien souvent contre lui, en jetant des regards de son côté. C'était une femme d'une taille assez élevée, fort mince, trop mince même, parce qu'elle l'était partout ; quelques mèches blondes s'échappaient de dessous son capuchon, qui avançait sur son front ; le masque noir était pourvu d'une barbe très-ample ; il était impossible de deviner aucun trait. Le domino était d'une simplicité mesquine, et la chaussure n'était pas élégante. Mais c'était une femme seule, qui avait bien l'air de chercher une aventure, et Chamoureau en désirait une aussi ; il se dit :

— Risquons encore... — peut-être serai-je plus heureux cette fois ! et il aborde le domino maigre.

— Il fait bien chaud, n'est-ce pas, beau masque ?

— Oh ! oui, il fait extrêmement chaud ici...

— Et cependant il y a moins de monde qu'en bas...

— C'est vrai... il y a bien moins de monde... on est plus à son aise...

— Mais je crois que la chaleur monte...

— Vous croyez... c'est bien possible !... elle monte sans doute...

— Sans cela, il ferait moins chaud ici qu'en bas...

— Oh ! oui, bien certainement... s'il faisait moins chaud ici...

— On le sentirait bien en bas.

Elle a une conversation très-agréable, se dit notre veuf. Elle ne cherche pas à faire de l'esprit, à se moquer comme les autres... J'aime mieux cela... je me sens plus à mon aise avec cette inconnue... quelque chose me dit que j'ai enfin trouvé ce que je cherchais... Par exemple, elle ne m'intrigue pas... mais après tout je préfère qu'elle ne me connaisse pas ; je puis, si je le veux, garder aussi l'incognito avec elle.

Le domino noir restait auprès de l'Espagnol, et semblait attendre qu'il reprît la conversation. Celui-ci, après avoir remonté ses bottes, se décide à offrir son bras en murmurant d'une voix sucrée :

— Voulez-vous faire quelques tours de couloir avec moi ?

— Je le veux bien...

— Vous n'attendiez pas quelqu'un par ici ?

— Non, je n'attends personne...

— Vous en êtes bien sûre ?... pardon si je vous demande cela... c'est que voilà plusieurs dames que je promène, et qui me quittent tout à coup pour courir après d'autres cavaliers !... Franchement, je ne voudrais pas m'exposer à ce qu'il m'arrivât encore chose pareille.

— Oh ! soyez tranquille, monsieur, je ne suis pas capable de me conduire ainsi ; je vois bien que j'ai affaire à un homme comme il faut... et si vous me connaissiez mieux, vous verriez que l'on peut avoir toute confiance en moi... Je n'ai jamais su ce que c'était que se moquer d'un homme... je puis bien vous le jurer... et dans ma maison je jouis d'une très-bonne réputation, je m'en flatte...

Tout cela était dit du ton d'une bonne qui se présente pour entrer en service, et annonce que l'on peut aller aux informations. Mais Chamoureau est enchanté, il croit avoir trouvé la pie au nid, il presse le bras qui est sous le sien et répond :

— Ce que vous me dites là me fait bien plaisir... je vous crois... il règne dans vos paroles un accent de vérité...

— D'ailleurs vous pourrez demander chez mes patrons si l'on n'y est pas satisfait de moi...

— Chez vos patrons...

— Sans doute... chez ceux pour qui je travaille...

— Ah ! vous travaillez... dans un magasin ?

— Oui, monsieur... Oh ! je ne me donne pas pour une princesse, moi... je vous l'ai dit je ne voulais tromper personne...

— C'est gentil de votre part... et je ne puis que louer cette franchise... Peut-on savoir dans quel genre vous travaillez ?...

— Chez un cordonnier, monsieur... je suis piqueuse de bottines.

Chamoureau n'est pas aussi satisfait de cet aveu, il aurait préféré que l'ouvrière travaillât dans les modes ou dans les fleurs, cependant il se dit :

— Après tout il y a des piqueuses de bottines fort gentilles ; si avec cela celle-ci est assez sage pour n'avoir qu'un amoureux, ce sera encore une trouvaille que j'aurai faite... elle est un peu maigre... mais elle doit être très-jolie... je dirai à Freluchon que c'est une danseuse du Cirque. Elle est blonde... je le déteste pas.

— Dites-moi, aimable domino, est-ce que vous êtes venue seule à ce bal ?

— Non, monsieur, j'y suis venue avec une de mes amies... mais elle cherchait quelqu'un qu'elle a rencontré, alors je les ai laissés ! je craignais de les gêner...

— Ceci est de la délicatesse ! Alors vous êtes donc libre ?...

— Oui, monsieur, entièrement libre !...

— Et point d'engagements antérieurs ?... de tendre liaison ?

— Oh ! rien du rien absolument !... je puis bien jurer qu'il y a deux ans que ne m'est arrivé... de me promener en tête à tête au bras d'un monsieur !

Chamoureau se sent ravi de se promener avec une femme à qui cela n'est pas arrivé depuis deux ans... dans son enthousiasme il se dit :

— Avec celle-ci, je puis bien lâcher le bâton de sucre de pomme... elle le mérite mieux que les autres; elle est d'une franchise, d'une candeur qui frise la rosière!

Et il conduit son domino au buffet en lui disant :

— Prenez donc quelque chose...

— Ah! monsieur, vous êtes bien bon, je n'ai pas soif...

— Elle n'a pas soif! se dit Chamoureau; je ne trouverais peut-être pas sa pareille dans tout le bal!

Et il n'en devenait que plus pressant :

— Mais néanmoins prenez quelque bonbon...

— Vous êtes bien honnête monsieur; je ne veux pas toujours vous refuser...

— Je l'espère bien.

— Je vais prendre un sucre de pomme...

Et le domino noir prend un bâton dans les plus petits, et qui ne coûte que trois francs, ce qui achève d'enchanter notre veuf, qui reprend le bras de sa conquête en lui disant :

— Alors, si vous êtes libre, gentille piqueuse, me ferez-vous la grâce d'accepter à souper avec moi et quelques-uns de mes amis, qui auront aussi des dames avec eux... du moins, je le présume ?

— Oui, certainement, certainement, et avec plaisir.

— Vous êtes charmante! je sens que je vous aime déjà beaucoup...

— Et moi aussi... je serai très-contente... de faire votre connaissance.

— En vérité! Ma personne ne vous est donc pas désagréable?

— Ah! je serais bien difficile si je ne vous trouvais pas très-bel homme! Monsieur doit être habitué à plaire aux femmes!

Chamoureau devient plus rouge que son rouge, il ne trouve plus le corridor assez large pour lui, il remet sa toque plus de côté, remonte ses bottes, et semble vouloir faire le saut du tremplin. Il se dit :

— Je ne sais pas qui ces messieurs amèneront au souper, mais je gage bien que leurs conquêtes ne vaudront pas la mienne!... J'ai dans l'idée que cette femme svelte ressemble à une madone comme on en voit dans les tableaux de nos grands maîtres... nous allons voir cela... elle fera bonne enfant; je suis persuadé qu'elle se démasquera dès que je l'en prierai.

— Nous allons descendre dans le bal, dit notre veuf en prenant la main de son domino; nous y trouverons mes amis... ce sont des farceurs, ils aiment le galop... ils sont bien capables de galoper... Aimez-vous la danse, ma chère ?

— Moi, monsieur, je fais tout ce qu'on veut...

— C'est agréable en société... Alors, dites-moi, si je vous prie d'ôter un peu ce masque qui me cache vos traits, vous ne me refuserez pas ?

— Ôter mon masque... oh! non! je n'ôte pas mon masque ici... je l'ôterai chez moi.

— Je présume que chez vous vous ne le gardez pas; mais qui vous empêche de l'ôter un moment ici, pendant que nous nous promenons dans ce corridor? vous le remettrez ensuite, si cela vous fait plaisir.

— Mais pourquoi voulez-vous que je l'ôte?

— Je viens de vous le dire : parce que je désire contempler vos traits... C'est un désir bien naturel... et puisque de votre côté vous m'avez avoué ' que mon physique ne vous déplaisait pas...

— Oh! non ! monsieur ; bien au contraire!

— Moi, je vous persuadé que vous me plairez aussi beaucoup.

— Oh! je ne suis pas bien belle !

— Je gage que vous dites cela par modestie; d'ailleurs, il n'est pas indispensable d'être bien belle pour plaire... il y a de ces petits minois mutins, chiffonnés, qui sont cent fois préférables à des beautés régulières.

— Moi, j'ai une figure de fantaisie.

— Eh bien! vrai, les figures de fantaisie, cela rentre dans ce que je vous disais... Ôtez un peu ce masque barbare!

— Oh! non, je ne veux pas, je ne l'ôterai qu'après le souper, parce que quand j'ai bu un peu de vin pur, je suis plus hardie.

— Quoi! vous comptez souper avec votre masque?

— Pourquoi pas?

— Cela vous gênerait beaucoup pour manger.

— Mais non, on relève la barbe.

— Ôtez votre masque, jolie piqueuse! car je suis sûr que vous êtes à croquer... et c'est pour obtenir un triomphe plus grand que vous le retardez.

— Je ne l'ôterai pas mon masque à présent, non, monsieur; je suis butée à ça!

— Elle y met bien de l'obstination ! se dit Chamoureau en conduisant sa conquête dans le bal ; c'est afin d'augmenter mes désirs... 'e piquer mon imagination !... Malice de femme ! je connais cela !

Au moment où l'Espagnol et le domino mettent le pied sur le parquet qui unit la salle théâtre, on venait de commencer un grand galop, un de ces galops monstres où le torrent des danseurs court, saute, danse, crie, au son d'une musique qui fera danser des mo-

mies. Freluchon et Edmond passent bientôt devant Chamoureau; le premier enlace une marquise Pompadour, le second tient son petit débardeur. Cette vue électrise notre veuf, qui dit à son domino :

— Si nous nous risquions un peu... voulez-vous ?

— Je ne demande pas mieux.

Et la dame jette son bras autour de son cavalier, et tous deux se lancent dans le galop infernal. Les voilà forcés de suivre la foule, le torrent; car malheur à qui s'arrête! il est bientôt culbuté par ceux qui viennent derrière lui. Mais l'Espagnol se sent animé d'une noble ardeur; on le pousse, on le coudoie : il va toujours son train. Cependant la chaleur est excessive; de temps à autre son domino murmure :

— J'étouffe! si nous nous arrêtions un peu?...

— Non, non; il faut aller toujours! répond Chamoureau; soyez tranquille, je vous tiens ferme ; vous ne tomberez pas.

Mais après quelque temps de galop, le capuchon de cette dame tombe en arrière ; on aperçoit alors un petit serre-tête noir par-dessus lequel on a noué le tour en cheveux blonds et des mèches de cheveux gris qui passent par derrière... puis, au bout d'un moment, c'est le tour de cheveux qui se dénoue; puis enfin, c'est le masque qui tombe, et alors notre veuf s'aperçoit qu'il tient dans ses bras une femme de cinquante ans, laide comme le péché mortel, et dont la figure maigre, jaune et commune déplairait même dans une portière. Stupéfait, furieux de ce qu'il voit, Chamoureau n'hésite pas une minute, il lâche sa danseuse, qui roule dans le galop, il va se perdre dans les spectateurs en se disant :

— Je ne m'étonne plus si elle voulait souper avec son masque!

VI

Intrigue véritable.

Le domino gris-perle était rentré dans l'enceinte où se promènent les danseurs, marchant hardiment au milieu de la foule, sachant fort bien repousser les hommes par son tour ceux qui venaient de le pousser, et ne faisant aucune attention aux hommes qui cherchaient à lui parler et essayaient de le retenir en lui disant ces phrases ordinaires, et que ces messieurs ne varient pas assez :

— Où vas-tu comme ça, beau domino ?

— Écoute-moi donc, belle abandonnée !

— Tu cours après lui... viens plutôt avec moi.

— Si ta figure ressemble à ta tournure, tu es le phénix des dominos.

A toutes ces jolies choses, la grande Thélénie se contentait de répondre par un mouvement de tête fort significatif. Lorsque le monsieur essayait de la retenir en lui prenant le bras, elle savait se dégager par un mouvement brusque, en répondant d'un ton qui n'était pas encourageant :

— Je te conseille de me laisser, car je t'assure que tu perdrais ton temps près de moi, et ce serait bien fâcheux pour toi, si tu es venu au bal dans l'intention de bien t'employer.

Les yeux noirs et pleins de feu de Thélénie cherchaient de tous côtés le débardeur avec qui elle avait vu causer Edmond Didier. Elle était certaine de le reconnaître, bien qu'il y eût beaucoup de costumes semblables dans le bal ; mais une femme guidée par la jalousie remarque sur-le-champ la taille, la tournure, le pied, la main et les moindres gestes de la personne qu'elle croit sa rivale. Dans un coin de la salle, près de l'orchestre, le domino gris-perle, bien certain de ne point se tromper, s'arrête devant un petit débardeur masqué, en lui disant :

— Je te cherchais.

— Tu me cherchais, moi ?

— Oui, toi.

— Pourquoi faire ?

— Pour te parler, apparemment.

— Que peux-tu avoir à me dire?... je ne te connais pas, ou du moins, je ne crois pas te connaître... Il cependant, tu es peut-être la grande Julie qui va souvent au Café du Cirque... à côté des Folies Dramatiques, et qui gagne toujours aux dominos ?

— Je ne suis pas la grande Julie ; je ne vais jamais au café du Cirque, et je ne joue pas aux dominos... mais il me paraît que tu vas par là, toi, et je ne suis pas fâchée de le savoir...

— Je vais où je veux... qu'est-ce que cela te fait ?... de quoi te mêles-tu ? Si c'est pour me dire que tu me cherchais, il ne fallait pas te déranger, beau domino.

— J'ai quelque chose de plus intéressant encore à te dire; mais d'abord réponds-moi : Que fais-tu? qui es-tu ?... Pas grand'chose, je le devine à tes manières et ton langage... N'importe, je veux le savoir : es-tu modiste, fleuriste, couturière ?... bien moins que cela peut-être. Voyons, réponds moi...

— Ah! ah! ah! c'est trop plaisant, en vérité! Madame qui me questionne... et avec un ton d'autorité... on croirait qu'elle parle à son esclave !... Et de quel droit me demandes-tu tout cela ?

— De quel droit ?... Ah! je te ferai voir que j'en ai... Écoute : tu es la maîtresse de M. Edmond Didier...

— Tiens ! tiens ! tu sais cela, ma grande ! Ah ! je comprends tout maintenant : tu es une ancienne d'Edmond, une infortunée qu'il a délaissée pour moi !... ah ! ah !... et tu viens me faire une scène par jalousie !

— Eh bien ! oui, j'étais la maîtresse d'Edmond... je la suis encore... car s'il a eu un caprice pour toi, cela ne saurait s'appeler de l'amour !

— Vraiment ! tu crois cela ? tu crois qu'on ne peut pas avoir d'amour pour moi ; eh bien ! tu te trompes, ma chère, il m'aime beaucoup, au contraire ; il m'adore... il me le disait encore tout à l'heure.

— Écoute, petite, et retiens bien ce que je vais te dire...

— Si c'est une chanson que tu veux m'apprendre, je la retiendrai, si je connais l'air.

— Ne ris pas ainsi, car mes paroles sont très-sérieuses.

— Ça m'est égal, moi, je ne suis jamais sérieuse.

— Je te défends, entends-tu bien ? je te défends d'aller encore chez Edmond, et si tu me désobéis, prends garde ! tu ne sais pas jusqu'où la jalousie peut me porter...

— Si elle pouvait te porter dans ton lit, maintenant... comme elle ferait bien !

— Tu m'as entendue... tu m'obéiras.

— Le plus souvent ! Tu as été bien mal inspirée, ma chère, car j'étais brouillée avec Edmond, je ne voulais plus le revoir ; tout à l'heure encore, il me suppliait d'aller souper avec lui, et je le lui avais refusé ; mais maintenant que tu me le défends, oh ! c'est bien différent... j'accepterai, je me raccommode avec lui... nous redevenons tourtereaux...

— Prends garde... ne me pousse pas à bout, petite drôlesse !

— Ah ! mais si je suis une petite drôlesse, tu en es une grande, toi ! et songe bien que je me moque de toi et de tes menaces... et la preuve, c'est que voilà Edmond qui me cherche partout, et je vais aller avec lui.

Edmond Didier s'avançait en effet ; il cherchait toujours son petit débardeur. Mademoiselle Amélia court à lui et s'empare de son bras en lui disant :

— Cherami, je ne suis plus fâchée... je t'aime plus que jamais, et je soupe avec toi... Tu es bien content, n'est-ce pas ?

Le jeune homme, tout étonné du brusque changement qui s'est opéré dans l'humeur de la grisette, la regarde en cherchant à deviner dans ses yeux si elle lui dit vraiment ce qu'elle pense. Mais celle-ci continue.

— Tu es tout surpris que je ne te boude plus... eh bien ! sais-tu à qui tu en as l'obligation ?... tiens, c'est à ce grand domino gris de souris qui nous regarde là-bas... et qui me fait des yeux comme des pistolets ; il m'avait défendu d'aller encore avec toi !... Oh ! alors cela m'en a donné l'envie tout de suite.

Edmond porte les yeux sur le masque que la jeune fille lui désignait, et qui, en effet, lançait sur elle et sur lui des regards dont l'éclat avait quelque chose de fascinant. Ces yeux-là devaient facilement se reconnaître, car, ainsi que l'avait dit M. Beauregard, il n'y en avait pas dans le bal qui pussent leur être comparés. Edmond

devine donc quelle est la personne qui le fixe ainsi, et, malgré lui, il éprouve un moment de trouble et d'embarras sous le regard brûlant de Thélanie, et balbutie :

— Ah ! ce domino... t'avait dit... t'avait défendu de me parler...

— Oui... c'est une de tes anciennes, tu dois la reconnaître... Madame est jalouse ! je m'en fiche pas mal... Tu ne vas plus avec elle, j'espère... Au reste, je ne suis pas jalouse, moi, pas si bête ! on bien mieux danser. Tu vas me faire galoper.

Le domino gris-perle, qui examinait toujours le jeune couple, s'avance tout à coup vers lui, et s'arrêtant contre Edmond, lui dit à demi-voix :

— Et voilà pour qui tu me trahis !... Ah ! cela ne te fait pas honneur !

Je sens que je vous aime déjà beaucoup.

— Hein ! qu'est-ce qu'elle t'a dit ? demande mademoiselle Amélia ; quelque méchanceté sur moi, je gage...

— Non, non... rien du tout ! répond Edmond en regardant Thélénie se perdre dans la foule.

— Mais si, elle t'a parlé, cette grande girafe !...

— Elle m'a appelé... monstre !

— Ah ! comme c'est nouveau !

— Allons galoper.

C'était vers la fin de ce galop que Chamoureau avait lâché sa danseuse qui perdait son masque, son tour et son serre-tête, et s'était enfui bien loin, le plus loin possible, sortant de la salle, et se jetant au hasard dans le foyer, tant il avait peur d'être poursuivi et rejoint par sa nouvelle conquête. Arrivé dans le foyer, le malheureux Espagnol se laisse aller sur un banc en se disant :

— C'est par trop de guignon !... C'est un mauvais sort qui me poursuit !... quelle figure ! grand Dieu ! quelle horrible figure... on n'en voudrait pas pour sa femme de ménage !... Moi qui tiens un cabinet d'affaires, si j'avais une femme comme celle-là chez moi, cela ferait peur à tous mes clients... et très vieille !... décharnée... un profil en coteret ! quand on est fichu comme cela... il faut être bien hardie pour venir au bal de l'Opéra !... pour chercher à faire une conquête. Je sens que je vous aime déjà beaucoup.

naissance... Je ne m'étonne plus s'il y a deux ans que ça ne lui est arrivé... c'est dix ans qu'elle voulait dire !... Et je lui ai payé un bâton de sucre de pomme ! C'est bien heureux encore que son masque soit tombé en dansant !... sans cela elle serait venue au souper... elle se serait démasquée après, la malheureuse !... et Dieu sait tous les quolibets dont ces messieurs m'auraient accablé... Freluchon surtout... qui se connaît en jolies femmes... car il me disait souvent : Chamoureau, la femme est trop bien pour un homme seul, c'est vraiment un meurtre !... Il galopait tout à l'heure, lui, avec une belle gaillarde mise en Pompadour... Edmond avec un débardeur : ils ont chacun leur affaire... il n'y a que moi qui n'ai rien... après avoir payé tant de bâtons de sucre de pomme... Mais c'est fini, je suis dégoûté des intrigues... si je n'attendais pas ces messieurs, je m'en irais... Mais d'abord je ne peux pas m'en aller sans Freluchon, nous devons nous retrouver ici au foyer... contre l'horloge...Il doit être déjà tard... je n'ai pas eu d'agrément au bal !... et j'ai perdu mon faux nez.

Et Chamoureau faisait une triste mine en regardant passer les promeneurs ; il ne remarque pas un domino bleu qui le montre à un gris-perle en disant tout bas :

— C'est bien lui... il est arrivé avec eux.

Le domino gris-perle, que nous connaissons fort bien, mais que notre veuf ne connaissait pas encore, va sur-le-champ s'asseoir à côté de lui en faisant signe au domino bleu de s'éloigner. D'abord Chamoureau se contente de se reculer un peu pour faire de la place à la personne qui vient de s'asseoir près de lui ; ensuite, séduit par les parfums qu'émane sa nouvelle voisine, il jette un coup d'œil de son côté, tout en se disant :

— Sapristi, voilà un domino qui sent bien bon... c'est comme si un bouquet était venu s'asseoir près de moi... quelle différence avec mon infâme domino noir de tout à l'heure... j'aurais dû deviner que ce n'était pas grand'-chose que cette femme... elle sentait l'échalote... et lorsque la danse la faisait suer... c'était bien autre chose !...

L'examen que Chamoureau fait du domino gris-perle est tout à l'avantage de celui-ci : outre les parfums qu'il répand, tout en lui est soigné, élégant, de bon goût. Mais lorsque les grands yeux noirs de Thélénie se fixent sur lui, notre veuf demeure comme frappé d'admiration, et dans son trouble, il ne retrouve rien de mieux à faire que de remonter ses bottes. Cependant Chamoureau n'a pas adressé la parole à sa voisine, quoiqu'il en meure d'envie ; mais celle-ci lui en évite la peine en commençant elle-même l'entretien.

— Eh bien, monsieur Chamoureau, vous amusez-vous beaucoup au bal ?

— Quoi ! comment !... madame me connaît ! j'ai l'avantage d'être connu par madame ?... murmure notre veuf, qui demeure comme ébloui en entendant son nom prononcé par l'élégant domino.

— Oui, monsieur, je vous connais.. fort peu, je dois l'avouer... mais assez cependant pour que cela m'ait donné le désir de me mettre à cette place, afin de pouvoir causer avec vous.

— Ah ! madame, combien je suis flatté... Comment, c'est causer avec moi que vous êtes venue vous asseoir ici ? c'est extrêmement aimable de votre part...

— Mais non, c'est tout naturel ! on passe quelquefois toute sa nuit sans rencontrer quelqu'un avec qui on puisse parler librement... car franchement la compagnie est bien mêlée dans un bal masqué.

— À qui le dites-vous, madame ! ... moi-même, tout à l'heure, je me suis fourvoyé... avec... une... moins que rien ! mais vous comprenez... quand les gens sont masqués !

— Malgré le masque, monsieur, il y a toujours mille choses qui font reconnaître la femme bien élevée et qui trahissent également toutes ces grisettes, toutes ces coureuses qui viennent ici masquées pour tâcher de faire des dupes...

— C'est encore parfaitement vrai, madame. Il y a mille choses qui trahissent... et près de vous, madame, ces choses-là me font deviner que je cause avec une personne très-comme il faut...

— Prenez garde, monsieur, vous pourriez vous tromper encore...

— Oh ! non, cette fois je suis bien sûr de mon affaire !...

— Vous n'êtes pas venu seul à ce bal, monsieur ?

— Non, madame, j'y suis venu avec deux jeunes gens de mes amis...

— Oui, messieurs Freluchon et Edmond Didier.

— Ah ! madame les connaît également !

— Très-peu aussi... mais je suis amie d'une dame... qui est fort liée avec l'un d'eux.

— Bien, je comprends !... et c'est avec Freluchon ?

— Non, c'est avec M. Edmond, et entre nous je crois que ma pauvre amie a fort mal placé ses affections !...

— Oh ! oui... par exemple, si elle compte sur la fidélité de ce jeune homme, elle se leurre complètement !

— N'est-ce pas, monsieur, cela m'a tout l'air d'un mauvais sujet ?...

— Tout ce qu'il y a de plus mauvais sujet !... des farceurs qui en comptent à la première venue... qui ont trois, quatre, cinq maîtresses en même temps... je ne sais comment ils y tiennent !... j'aime le beau sexe, assurément, je le cultive avec assiduité, mais je ne me prodigue pas ainsi. *Ne quid nimis !* Cet axiome latin est ma devise ; pardonnez, madame, si je parle une langue morte, mais cela m'est échappé.

— Je vous félicite, monsieur, de ne point avoir la même conduite que M. Edmond...

— Freluchon ne vaut pas mieux !... oh ! il vaut être encore moins !... c'est un scélérat fini, et comme il est riche, lui, il peut en faire plus que les autres... mais c'est mon intime, je ne veux pas en dire de mal... d'autant plus que... feu mon épouse avait pour lui beaucoup d'amitié.

— Vous êtes veuf, monsieur ?

— Oui, madame... hélas ! j'ai perdu mon Éléonore... ma douce moitié !... ma compagne fidèle !

Chamoureau va pour se moucher, mais il s'arrête en réfléchissant que ce serait maladroit de paraître affligé près de cette dame, et cessant d'être triste, il reprend d'un air enjoué :

— Madame ne danse pas ?

— Oh non, monsieur, jamais dans un bal masqué... Mais qu'avez-vous donc fait de vos deux amis ?

— Ils dansent, madame, ils doivent être dans le bal...

— Entre nous, monsieur Chamoureau, cela n'est pas fort bon genre de danser ici... à moins d'être déguisé comme vous ; alors tout est permis : mais ces messieurs ne le sont pas.

— En effet... mais ils ne dansent pas positivement... c'est le galop seul auquel ils se mêlent... le galop infernal.

— Ah ! oui, je me rappelle... j'ai vu tout à l'heure passer M. Edmond avec une femme en débardeur... c'est sa maîtresse, sans doute ?

— Oui... c'est une de ses maîtresses... ce doit être la petite Amélia... il la cherchait ici.

— Quelle est cette Amélia ?

— Une jeune fleuriste... Dix-neuf ans, figure mutine, piquante, des yeux pleins de feu et une taille charmante !...

Je garderai votre loge... soyez tranquille.

2

— Il me paraît que vous la connaissez très-bien !...

— Moi, non, je ne la connais pas du tout ! je ne fais que vous répéter ce que me disait Edmond en me parlant d'elle tout à l'heure...

— Ainsi, vous n'avez pas vu cette femme ?

— Pas encore, mais je la verrai avant peu, puisque nous devons souper tous ensemble... c'est Freluchon qui a arrangé tout cela chez le costumier...

— Ah! vous devez souper ensemble...

Thélénie paraît réfléchir ; elle garde quelques minutes le silence. Pendant ce temps, Chamoureau cherche dans sa tête ce qu'il pourrait dire de spirituel à cette dame ; après avoir cherché en vain, il se borne à raffermir sa toque sur sa tête et à tirer le haut de ses bottes.

— Monsieur Chamoureau, dit enfin Thélénie de sa voix la plus douce, voulez-vous me donner votre bras pour faire quelques tours de promenade... mais hors du foyer... car il y a trop de monde ici...

— Si je le veux, madame ! c'est-à-dire que je suis trop heureux que vous vouliez bien me prendre pour votre cavalier.

Et se levant aussitôt, l'Espagnol présente son bras au domino gris-perle, qui le prend avec ce sans-façon qu'autorise le masque... Avant de sortir du foyer, Chamoureau, tout fier d'avoir avec lui une femme élégante qui laisse sur son passage une trace de violette et de patchouli, se dit :

— Ma foi, il en arrivera ce qu'il pourra ! mais je vais encore risquer le bâton de pomme !...

Et faisant approcher sa dame du buffet, il la prie de vouloir bien accepter quelque chose ; mais Thélénie l'entraîne en lui disant :

— Je vous suis obligée, monsieur, mais je ne prends jamais rien ici, et je trouve que les bâtons de sucre de pomme y sont très-mal portés... Venez, j'ai hâte de quitter ce foyer.

Thélénie venait d'apercevoir le grand Beauregard qui la regardait d'un air tout surpris et dont le sourire moqueur semblait lui dire :

— Comment, vous, l'élégance même ! pouvez-vous donner le bras à ce monsieur en Espagnol, qui a l'air d'un véritable chic-en-lit!

Chamoureau, qui a la plus haute opinion de sa nouvelle connaissance, depuis qu'elle lui a dit qu'elle n'acceptait jamais rien au bal, parvient avec elle dans le corridor. Mais alors son domino l'attire vers l'escalier en disant :

— Montons, il y a trop de monde ici.

— Très-volontiers, montons.

Arrivés au second, le domino suit l'escalier en disant :

— Montons encore.

Cette dame ne s'arrête pas au troisième, elle dit à son cavalier :

— Montons toujours... Et Chamoureau se laisse conduire en se disant :

— Voudrait-elle me conduire dans les petites loges du cintre... lui aurais-je inspiré une passion furibonde... Mais d'abord je crois qu'on ne va plus dans les petites loges dans les nuits de bal. N'importe, laissons-nous entraîner ; c'est une belle femme, sa tournure est ravissante... sa main petite... son langage distingué... pourvu que sous la masque je n'aille pas retrouver quelque ressemblance avec cette horrible piqueuse de bottines... ah ! c'est que je me méfie, à présent.

Le domino gris s'arrête dans le couloir de l'amphithéâtre, en disant à son cavalier :

— Pardonnez-moi, monsieur, de vous avoir fait monter si haut, mais pour ce que j'ai à vous dire, je tenais à ce que nous fussions à peu près seuls.

— Madame, je vous aurais suivie en ballon, si vous m'y aviez convié...

— Oh ! vous vous avancez peut-être beaucoup, monsieur, car enfin, vous ne me connaissez pas...

— Mais je désire bien ardemment faire votre connaissance...

— Eh bien, monsieur, je vais vous étonner sans doute, mais je ne vous cacherai pas que, moi aussi, je serais bien aise de vous connaître davantage et que c'est dans ce but que tout à l'heure au foyer je me suis placée à côté de vous.

— Il se pourrait... je suis assez heureux pour que vous m'ayez distingué... pour qu'un tendre espoir puisse naître dans mon cœur...

— Oh ! n'allez pas si vite, monsieur ; croyez-vou donc qu'il ne puisse exister que des liaisons galantes entre deux personnes d'un sexe différent ?

— Je ne dis pas absolument cela... cependant je suis dans l'âge où l'amour est aussi nécessaire à l'homme que le biberon Darbo aux enfants... Je dis biberon comme je dirais nourrice !... Madame, serais-je par trop indiscret en demandant à voir votre figure...

— C'est justement pour vous montrer mes traits que je vous ai amené jusqu'ici, monsieur. Je suis bien aise que vous sachiez à qui vous avez affaire.

En disant ces mots, Thélénie ôte son masque et Chamoureau pousse encore un cri, mais cette fois c'est d'admiration. La première vue de cette dame pouvait bien faire naître ce sentiment. Tous ses traits étaient beaux, bien dessinés, ses dents étaient irréprochables, ses cheveux noirs comme l'aile du corbeau, et ses yeux, dont nous avons déjà cité l'éclat, étaient d'une grandeur rare, frangés de ar-

ges cils noirs, et surmontés de sourcils formant parfaitement l'arc. Peut-être, vue au grand jour, cette figure aurait-elle un peu perdu de son éclat ; on aurait trouvé les yeux cernés et le fond du teint un peu jaune ; mais à la lumière ces légères taches disparaissaient pour ne laisser voir que de beaux traits et une physionomie remplie d'expression. Chamoureau est demeuré ébloui et il balbutie :

— Ah ! madame... par exemple... je ne m'attendais pas... c'est-à-dire si, je m'attendais bien à ce que je verrais une jolie figure... mais la vôtre passe la permission, vous êtes une déesse !... je suis forcé de convenir qu'Eléonore n'était que de la petite bière auprès de vous.

Ce singulier compliment fait légèrement sourire la belle brune, elle répond :

— Maintenant que vous m'avez vue, monsieur, désirez-vous toujours faire ma connaissance ?

— Si je le désire, femme ravissante ! Ah ! maintenant c'est plus qu'un désir, c'est un besoin ! c'est plus qu'un besoin, c'est...

— Eh bien, monsieur, je consens à ce que vous veniez chez moi, je recevrai vos visites, mais c'est à une condition...

— Toutes les conditions imaginables, j'y souscris d'avance...

— Il n'y en a qu'une, monsieur, mais celle-là, il faudra jurer de la remplir... si vous y manquiez, ma porte vous serait fermée sur-le-champ.

— Ceci doit vous assurer de mon obéissance, madame ; veuillez me dire quelle est cette condition.

— D'abord, monsieur, je dois vous apprendre mon nom : je me nomme madame de Sainte-Suzanne...

— De Sainte-Suzanne, quel charmant nom... vous devez descendre de cette Suzanne que deux gaillards voulaient voir sortir du bain...

— Ma condition, monsieur, c'est que vous ne direz à personne... entendez-vous bien... à personne que vous me connaissez et que vous venez chez moi.

— Il suffit, belle dame ; quoique certainement on doive être orgueilleux de vous connaître, quoiqu'on ait le droit d'en tirer vanité, du moment que vous me le défendez, je n'en soufflerai pas mot.

— N'oubliez pas cette promesse, monsieur, surtout lorsque vous serez avec vos amis, MM. Edmond Didier et Freluchon...

— Oh ! je n'aurai garde, je sais qu'ils sont extrêmement bavards... Freluchon surtout...

— Et si par hasard, devant vous, mon nom était prononcé, si l'on parlait de moi, enfin, vous écouterez et vous vous tairez.

— Si vous le désirez même, je n'écouterai pas.

— Pardonnez-moi, monsieur, vous écouterez et retiendrez tout ce que l'on dira, car je suis curieuse et tiens à savoir ce que l'on pense de moi.

— En ce cas, soyez tranquille, j'ouvrirai mes deux oreilles de manière à ne pas perdre un mot.

— Maintenant, monsieur, je vais vous quitter... Tenez, voici mon adresse... vous pouvez retourner avec vos amis et aller souper avec eux.

En disant cela, Thélénie présente une carte à Chamoureau, et se hâte de replacer son masque sur son visage.

— Comment, femme ravissante, est-ce que vous allez me quitter ? dit l'Espagnol en fourrant la carte sous son pourpoint. J'espérais... j'osais croire que vous me permettriez de vous reconduire jusqu'à votre demeure.

— Non, monsieur, cela est impossible, j'ai des amies ici, que je vais aller retrouver. Après-demain, de deux heures à cinq, je vous permets de vous présenter chez moi. Maintenant, adieu, je vous défends de me suivre.

Thélénie s'éloigne précipitamment.

— C'est égal, dit Chamoureau en remontant ses bottes, j'ai fait là une bien belle conquête !

VII

Danger de s'endormir en société.

Thélénie a retrouvé mademoiselle Héloïse dans la loge de balcon ; elle lui fait signe de se lever et de la suivre.

— Est-ce que nous partons déjà ? dit le petit domino noir.

— Déjà ! mais il est fort tard... Voyez, les danseurs ont de la place maintenant, ce qui annonce que le bal tire à sa fin.

— Est-ce que vous avez parlé à M. Edmond ?

— Non, non, c'est inutile, je le laisse avec sa maîtresse... une fleuriste, ma chère ; en vérité, je rougis d'avoir été jalouse de cela...

— Mais il y a des fleuristes fort jolies !...

— Eh qu'importe ! c'est toujours une grisette, et cet amour-là ne captivera pas longtemps Edmond.

— Je vous le répète, je regrette de m'être compromise en parlant à cette petite. Mais au reste, je viens de faire la connaissance de quelqu'un qui me tiendra au courant des amours de mon infidèle.

— C'est sans doute le grand homme habillé en Espagnol dont cette dame est venue vous parler ?

— Justement, un imbécile qui se figure avoir fait ma conquête... Venez par ici, nous serons plus vite en bas.

Au moment où ces deux dames allaient descendre un escalier, le grand monsieur qui est venu parler à Thélénie dans sa loge, se trouve devant elle et l'arrête en lui disant :

— Comment! tu n'es plus avec ton hidalgo? Ah! ma chère, tu as eu bien tort de le quitter, car tu ne retrouveras pas son pareil dans le bal!

— Tu vois que je ne le cherche pas, puisque je m'en vais.

— Sans Edmond Didier?

— Sans Edmond Didier.

— Que tu laisses en compagnie d'un fort joli petit débardeur.

— Tu vois que cela m'est parfaitement indifférent.

— Oh! tu caches ton jeu... ce n'est pas pour rien que tu as consenti à passer ton bras sous celui de ce monsieur qui avait l'air d'une enseigne à moutarde.

— Cela ne le regarde pas, adieu!

— Tu es bien pressée...

— Il me semble que nous n'avons plus rien à nous dire.

— Plus rien à nous dire... Oh! tu oublies toujours que nous avons à causer ensemble... d'un sujet fort sérieux à traiter... mais j'irai te voir.

— C'est bien, je suis horriblement fatiguée... adieu!

— Tu te sauves comme si tu avais vu ici Paul Duronceray.

Le nom de Paul Duronceray cause une vive émotion à la belle Thélénie; malgré le masque qui couvre son visage, il est facile de voir le trouble que ce nom vient de porter dans son âme. Cependant elle parvient bientôt à se remettre et répond d'une voix altérée :

— Vous vous trompez, Beauregard, je ne fuis devant personne, et si M. Duronceray était ici, ce n'est pas moi qui me sauverais... c'est vous!

— Moi... oh! non!... car maintenant, au lieu de m'en vouloir, il devrait m'adresser des remerciements...

— Eh bien! cherchez-le alors!...

Puis le domino gris-perle disparaît avec sa compagne. M. Beauregard reste quelques instants pensif, puis il hausse les épaules et rentre au foyer en se disant :

— Avec tout cela je n'ai personne avec qui souper... il serait temps de m'occuper de cela.

Chamoureau, après avoir, par discrétion, laissé quelques minutes s'écouler, pour ne point avoir l'air de suivre le domino gris-perle, qui le lui a défendu, se décide enfin à descendre du couloir de l'amphithéâtre. Maintenant qu'il a une intrigue de nouée avec une dame aussi élégante que jolie, le monsieur veuf ne jette plus que des regards dédaigneux sur toutes les femmes qui passent près de lui. Il se rengorge dans sa fraise, balance sa tête avec dignité, se carre dans son manteau et ne se donne même plus la peine de remonter ses bottes. C'est un homme arrivé, autrement dit : un homme qui a fait son affaire, et qui n'a plus besoin de se mettre en frais pour réussir. Cependant, il veut retrouver son intime ami Freluchon et le jeune Edmond, parce qu'il commence à éprouver le désir de souper. Dans le corridor des premières, un domino l'arrête, et Chamoureau frémit en reconnaissant les fausses mèches blondes de la piqueuse de bottines.

— Ah! enfin, je vous retrouve, mon cher monsieur! s'écrie la femme masquée. Ah! que je suis contente... je vous cherche depuis ce malheureux galop où je suis tombée... vous m'avez lâché du bras gauche, j'étais un peu étourdie... et puis patatras!... et puis j'avais perdu mon serre-tête... j'ai eu de la peine à le retrouver... je me suis écorché quelque part en tombant, mais ce ne sera rien...

— Et pourquoi me cherchez-vous, madame? répond l'Espagnol en se drapant d'un air farouche dans son manteau, je ne vous cherchais pas, moi.

— Mais... comme il est tard, c'était pour aller souper, puisque vous m'avez offert de souper avec vous et vos amis...

— Le cas souvent que je vous mènerai souper! Vous avez eu un bâton de sucre de pomme de moi... c'est tout ce que vous en aurez... car il vous est permis de tromper le monde comme vous le faites... A votre âge et avec votre figure, chercher à faire une conquête... allez vous cacher!

— Savez-vous bien que vous êtes un malhonnête, monsieur, et qu'on ne parle pas comme cela à une femme... Quand on a des jambes fichues comme les vôtres, il ne faut pas tant faire d'embarras... A-t-on jamais vu! ce grossier... me reprocher un méchant bâton de sucre de pomme... Tenez, vous pouvez bien le mettre dans le nez, votre bonbon, il y entrerait; tenez, voilà le cas que j'en fais...

Le domino maigre jette avec force son bâton de sucre de pomme dans les jambes de Chamoureau et s'éloigne avec colère. Pendant que le monsieur veuf regarde d'un air stupéfait les morceaux du bonbon qui s'est brisé à ses pieds, Freluchon lui prend le bras en lui disant :

— Qu'est-ce que tu fais donc là, en contemplation devant ces débris de sucre de pomme?

— Ma foi, je regardais... je me disais que c'est dommage de perdre comme cela de bonnes choses.

— Allons, viens souper... cela vaudra mieux que de rester là...

nous partons... Tout le monde est en bas... j'y ai déposé ma marquise Pompadour pour venir te chercher, j'espère que c'est gentil cela!...

— Parbleu! tu ne pouvais pas me laisser ici et t'en aller sans moi, puisque mes habits sont chez toi...

— Viens, viens... nous soupons chez Vachette.

— Pourquoi pas à la Maison d'Or? c'est plus près... Moi qui n'ai pas pensé à prendre un paletot pour mettre par-dessus mon déguisement!... vous avez une voiture, j'espère?

— Une voiture! et nous sommes déjà huit en bas... nous courrons; il fait beau, cela nous réchauffera.

Edmond était sous le péristyle du théâtre, ayant sous le bras un petit débardeur; deux jeunes gens, amis de ces messieurs, tenant chacun un domino démasqué, et la petite femme en marquise Louis XV, complétaient la société. La bande joyeuse se met en marche en poussant dit ces oh éh! qui sont d'usage en carnaval; chacun tient sous le bras sa chacune; notre veuf seul ne tient personne, ce qui ne l'empêche pas de pousser des oh éh! plus fort que les autres, car il se dit tout bas :

— Si je n'ai pas une femme sous le bras en ce moment, je me flatte que celle dont j'ai fait la conquête vaut mieux à elle seule que les quatre soupeuses de ces messieurs.

On arrive chez Vachette, où Freluchon, homme de précaution, avait d'avance retenu un cabinet. Le couvert est dressé, les dames ôtent capuchons, bonnets, gants, tout ce qui pourrait les gêner pour souper, et toutes rient et chuchotent en regardant le monsieur déguisé en Espagnol, et disent tout bas à Freluchon :

— Qu'est-ce que c'est donc que ce grand escogriffe qui est sans dame? est-ce que c'est un provincial qui vient à Paris pour la première fois.

— Non, mesdames, répond Freluchon, c'est un monsieur veuf qui a juré de rester fidèle à sa défunte... c'est une Artémise mâle... c'est Orphée qui a perdu son Eurydice, et la cherche sans cesse. Si vous voulez, tout à l'heure, je vais le faire pleurer...

— Non, non, merci... nous aimons mieux rire... Et pourquoi se déguise-t-il s'il a tant de chagrin?

— C'est pour déguiser sa douleur... il est persuadé que sous ce costume seulement il a le droit de se distraire.

— Mesdames, vous ne voyez pas que Freluchon nous fait poser!...

— A table! à table!...

— Tiens, il y a dix couverts et nous ne sommes que neuf, dit un des jeunes gens.

— C'est vrai, répond Freluchon; j'avais commandé dix couverts, parce que je pensais que Chamoureau amènerait, ainsi que nous, une dame à souper.

— Au fait! s'écrie Edmond, je ne l'avais pas encore remarqué... Comment, mon cher Chamoureau, vous n'avez pas fait au bal une petite connaissance!... Qu'est-ce que cela veut dire et à quoi donc avez-vous passé votre temps?

Chamoureau avale un verre de chablis et répond en souriant d'un air triomphant :

— Permettez, messieurs, permettez!... si je n'ai pas amené de dame à ce souper, cela ne prouve nullement que je n'ai pas été aussi favorisé que vous par Cupidon!...

— Bah! vraiment, Chamoureau, s'écrie Freluchon, tu as été favorisé par Cupidon... mais comme cela alors!... Moi, qui te trouvant près du foyer, l'air stupéfait devant le débris d'un bâton de sucre de pomme, j'ai cru au contraire que tes présents avaient été repoussés avec perte...

— Ah! il s'en faut bien! mes sucres de pomme n'ont jamais été repoussés, tout au contraire... j'en ai même donné considérablement cette nuit...

— En vérité? Alors tu as eu beaucoup d'intrigues?

— Je n'ai eu que cela toute la nuit... je quittais une dame pour en reprendre une autre... et vice versâ.

— Quel Lovelace!...

— Comment, monsieur, dit la petite Pompadour, après avoir fait tant de conquêtes au bal, vous n'en avez pas amené une seule souper... c'est bien peu galant pour un hidalgo!

— Permettez, jolie marquise, répond Chamoureau, après avoir de nouveau bu un verre de chablis, dont il arrose à chaque instant ses huîtres, les premières conquêtes ne valaient guère plus qu'un bâton de sucre de pomme... Franchement, je me suis aperçu que ce n'était pas ce que je cherchais... je les ai lâchées, comme dit Henry Monnier, dans sa Famille improvisée. Mais la dernière... ah! la dernière...

— C'est elle qui t'a lâché, alors, dit Freluchon.

— Non pas! Oh! diantre! ne plaisantons pas! c'est fort sérieux avec celle-là... Oh! Dieu!...

— Ah! ah! quel beau soupir là...

— Eh bien, monsieur, pourquoi ne l'avez-vous pas amenée souper, celle-là... qui vous fait pousser ce gémissement?...

— Je vous certifie que je n'aurais pas mieux demandé... je le lui ai même offert, mais elle n'a pas voulu... elle ne le pouvait pas!...

— Elle craignait de se compromettre, peut-être?

— Je ne dis pas cela... et, pourtant, je comprends que dans sa position...

— C'est une femme qui a une position... Elle est au théâtre?

— Par exemple! oh! non pas... c'est une très-grande dame...

— Elle a cinq pieds six pouces?

— Je ne ris pas... c'est une dame du très-grand monde...

— Ah! ah! ah! scélérat de Chamoureau!... je crois qu'il se moque de nous...

— Ou qu'on s'est moqué de lui.

— Je vous réponds qu'on ne s'est pas moqué de moi... D'abord on s'est démasqué, et j'ai vu la plus délicieuse figure... Ces dames sont fort bien assurément... ma's ma superbe brune les dégotterait toutes!

— Dites donc, Espagnol, savez-vous que vous nous embêtez avec votre brune...

— Si elle n'a pas voulu venir souper avec vous, dit la petite Amélia, cela prouve d'abord qu'elle soupait avec un autre... n'est-ce pas, mesdames?

— Oui, oui, Amélia a raison.

— Enfin, Chamoureau, vous êtes dans l'erreur... ce n'est pas du tout ce que vous croyez.

— Enfin, Chamoureau, où comptes-tu la revoir, ta conquête merveilleuse?... elle t'a donné un rendez-vous?

— Elle a fait plus, mon cher, elle m'a donné son adresse et m'a permis de me présenter chez-elle... à son hôtel!

— Elle a un hôtel!... garni, probablement...

— Et quand il ira demander sa dame au portier, celui-ci lui dira: Monsieur, c'est à tel étage... tel numéro dans le corridor... les numéros sont sur les portes. Ah! ah! ah!

— Riez! riez!... tant que vous voudrez... rira bien qui rira le dernier!...

— Du moment que nous en sommes aux proverbes, je baisse pavillon. Enfin, où demeure-t-elle, ta conquête? je connais peut-être sa maison, moi.

— Freluchon, demande-moi ma fortune.. demande-moi ma vie!...

— Tu ne me les donnerais pas, je le sais bien... après?

— Je te les donnerais plutôt que de te dire le nom et la demeure de ma ravissante brune!

— Ah! c'est à ce point-là!

— J'ai juré d'être discret... je tiendrai mon serment! Ah! si je n'avais pas promis... ce serait différent.

— Du moment que tu as juré... tu nous diras tout au dessert!

— Jamais! plutôt mille fois être veuf!...

— Ah! bravo!... il est joli le mot!... je le retiens...

— Freluchon, tu me fais dire des bêtises, mais en carnaval...

— Mesdames, messieurs! imitez-moi, je bois à la conquête mystérieuse de Chamoureau!

— Soit, à sa santé!

— Moi, je n'y bois pas, dit la petite marquise, n'y buvez pas, mesdames, il a osé dire qu'elle était plus jolie que nous!

— Mesdames, pardonnez-lui... la passion le rend aveugle...

— Je crois plutôt qu'il est déjà gris.

Chamoureau ne se ménageait pas; pendant que les jeunes gens causaient et riaient avec leurs belles, il s'adressait à chaque instant aux flacons placés près de lui, en se disant:

— Ah! ces péronnelles ne veulent pas boire à ma conquête!... Eh bien, j'y boirai, moi!... avec du madère, avec du champagne!... A ta santé, séduisante... délirante Sainte-Suzanne! Tu es au-dessus de ces bambocheuses, comme le chêne est au-dessus du chiendent!... Tu les écraserais par un seul de tes regards... car tu as des yeux qui brillent comme le vrai diamant... tandis que toutes ces dames, c'est de la topaze blanche... et encore!... A ta santé, femme divine! je fais rubis sur l'ongle à ton intention.

A force de boire des santés et de faire rubis sur l'ongle, Chamoureau s'est grisé, puis sa tête s'est appesantie, puis ses yeux se sont fermés et il s'est endormi. Quelques coups qu'on lui frappe sur l'épaule, réveillent notre dormeur. Il ouvre les yeux, regarde autour de lui; il est encore dans le petit salon où il a soupé, devant les débris du festin, seuls; mais il ne voit près de lui que le garçon qui vient de l'éveiller.

— Tiens... qu'est-ce que cela veut dire? murmure Chamoureau en se frottant les yeux. Où donc sont mes amis... ces messieurs... leurs dames?...

— Ils viennent de partir tous, il n'y a qu'un moment, monsieur.

— Comment! ils sont partis sans moi... sans m'éveiller.

— Oui, monsieur, ils l'ont fait exprès. Je voulais vous réveiller, mais M. Freluchon m'a dit: Non, ne le réveillez que quand nous serons partis, cela lui apprendra à s'endormir dans notre société.

— Ah! que c'est bête, ça! toujours des farces... de mauvaises plaisanteries. Ah! mon Dieu! il fait grand jour...

— Parbleu, monsieur, il y a longtemps... il est près de huit heures.

— Sapristi... et il faut que j'aille chez Freluchon pour reprendre mes habits... enfin, il y a des fiacres, heureusement. Garçon, ai-je quelque chose à payer pour le souper?

— Non, monsieur, tout est payé.

— A la bonne heure... et ne pas avoir un paletot à mettre pour cacher ce costume... C'est Freluchon qui est cause de cela... il m'a dit: Tu n'auras pas froid. Ce n'est pas le froid que je crains, ce sont

les gamins... Garçon, faites avancer une voiture... le plus près possible de la porte.

— Dame, monsieur, elles ne peuvent pas venir sur le boulevard.

— Enfin, bien en face de la porte.

Chamoureau se couvre le mieux possible avec son manteau; il enfonce sa toque sur ses yeux, rentre son menton dans sa fraise, remonte ses bottes, et lorsque le garçon vient lui annoncer que la voiture est en bas, il se précipite dans l'escalier et traverse le boulevard avec tant de vivacité qu'il manque de renverser une porteuse de pains et sa hotte. La porteuse crie après Chamoureau, qui a fait tomber trois pains; elle l'appelle: Animal, brute, mauvais chie-en-lit. Celui-ci laisse crier; il est déjà blotti dans le fiacre; il donne l'adresse de Freluchon, et la voiture part accompagnée des huées de gamins accourus pour voir un masque, et des cris de la femme à la hotte qui est obligée de ramasser ses pains. On arrive bientôt rue Saint-Georges, devant la maison où demeure Freluchon.

Chamoureau se précipite, d'un saut, de son fiacre sous la porte cochère; là il se hâte de payer et de renvoyer son cocher, parce qu'une fois avec ses habits de ville il pourra très-bien retourner chez lui à pied. Cette affaire terminée, le monsieur veuf dit au concierge:

— Je monte chez Freluchon.

— Pourquoi faire? répond celui-ci en regardant l'Espagnol du haut en bas.

— Comment, pourquoi faire? Est-ce que vous ne me reconnaissez pas?... je suis Chamoureau, le meilleur ami de Freluchon.

— Si fait, je reconnais monsieur, malgré sa mascarade!

— Je vais chez mon ami pour y reprendre mes habits de ville... à moins que Freluchon ne les ait laissés chez vous.

— M. Freluchon ne m'a rien laissé, et ce n'est pas la peine que vous montiez chez lui, vu qu'il n'y a personne. M. Freluchon n'est pas rentré coucher.

— Qu'est-ce que vous me dites là, concierge? Ce n'est pas possible.

— C'est comme ça, monsieur.

— Alors, vous avez mes habits chez vous.

— Mais non, monsieur. Hier au soir, si vous vous rappelez, M. Freluchon est rentré avec le garçon qui portait un paquet... vos habits sans doute.

— Eh bien! oui... après?

— Le garçon allait mettre le paquet chez moi; mais M. Freluchon, qui avait besoin de monter chez lui pour prendre de l'argent, a monté le paquet chez lui: Chamoureau aimera mieux s'habiller chez moi que dans votre loge.

— Très-bien; alors mes effets sont là-haut. Allons les chercher... si Freluchon n'y est pas, vous devez avoir sa clef.

— Justement, monsieur, il l'a pas; quelquefois il me la laisse, mais le plus souvent il l'emporte, et hier soir il ne l'a pas laissée.

— Ah! pour le coup, voilà qui est trop fort!... mes habits sont chez lui, il le sait, il a sa clef, et il ne rentre pas coucher! Mais qu'est-ce que je vais devenir? Avec mon costume espagnol... rentrer chez moi ainsi... c'est cruel.

— Monsieur prendra une voiture.

— Je le sais bien... ce n'était pas la peine que je renvoyasse la mienne... mais il faut descendre de voiture... et je demeure carré Saint-Martin... où il passe toujours tant de monde... Si ma maison avait une porte cochère, je ferais entrer mon fiacre dessous... mais pas moyen... c'est une porte bâtarde... et mon portier et les voisins qui vont me voir revenir ainsi!... Sapristi!... Freluchon me joue là un tour infâme... Ah! une idée... Concierge, si vous me prêtiez de vos vêtements?

— Oh! ça n'irait pas à monsieur: je suis tout petit, tout mince, monsieur est grand et gros.

— C'est vrai, je suis bel homme... et vous ne l'êtes pas... Allons, il faut avaler l'absinthe... Concierge, veuillez avoir la complaisance de me chercher une voiture.

— Mais, monsieur, c'est que je suis tout seul, je ne peux pas laisser ma loge, ma femme est allée faire un ménage en ville.

— Je garderai votre loge... soyez tranquille.

— Mais ce n'est pas la même chose... vous ne connaissez pas les locataires.

— Ça ne fait rien. Allez... Il y va de ma réputation... Tenez, voilà quarante sous pour votre peine; vous voyez que je ne liarde pas.

— Allons, je vais courir... pourvu que j'en trouve sur la place.

— Il me faut un fiacre, mort ou vif; vous l'entendez?

Le concierge se décide, quoique à regret, à abandonner sa loge, e Chamoureau s'y introduit en disant:

— Heureusement la porte cochère est ouverte, je n'aurai pas besoin de tirer le cordon!

VIII

Un faux portier.

Chamoureau s'est blotti au fond de la loge du portier, dans un vieux fauteuil qui peut tenir lieu de bergère. Il s'arrange de madame a tourner le dos au carreau par lequel on s'adresse à celui qu'il représente, et, pour qu'on le remarque moins, il ôte sa toque à plumes et la remplace par une vieille casquette qu'il aperçoit sur un meuble. Tant que l'on ne fait qu'entrer et sortir devant la loge, le faux concierge ne s'en inquiète pas; il ne se retourne point et se contente de maudire Freluchon, qui l'a mis dans cette position embarrassante. Mais bientôt on ouvre le carreau. Une tête d'homme se présente, et une grosse voix crie :

— M. Delaroche est-il chez lui?

Chamoureau ne bouge pas et ne souffle pas mot. La voix répète, en haussant l'intonation :

— M. Delaroche est-il chez lui?

Même impassibilité et même silence de la part de Chamoureau. Cette fois, la voix prend une intonation formidable et capable de faire éclater les carreaux de la loge en criant :

— Sacrebleu! est-ce que vous êtes sourd?... Est-ce que vous dormez encore? Voilà trois fois que je vous demande si M. Delaroche est chez lui, et vous ne pouvez pas me répondre!... Qui est-ce qui m'a fichu un portier comme ça?... Attendez, je vais entrer dans votre loge, je vais vous secouer, moi, pour vous apprendre à dormir à l'heure qu'il est.

Chamoureau, qui ne se soucie pas que ce monsieur entre dans la loge et le secoue, se décide à répondre sans se retourner :

— Il y est! oui, oui, il y est.

— Pourquoi ne le disiez-vous pas alors, vieille ganache!...

— Il y est! il y est!...

L'individu à la grosse voix est monté, et notre veuf se renfonce dans son fauteuil en se disant :

— Après tout, j'étais bien bête de ne pas répondre... A l'heure qu'il est, personne n'est encore sorti probablement, et je ne risque rien à dire qu'on y est... et ensuite, où on n'y est pas, je m'en fiche!

Bientôt d'autres personnes se présentent au carreau :

— Madame Duponceau est-elle visible?

— Oui, oui, elle y est.

— M. Bretonneau est-il chez lui?

— Il y est, il y est.

— Y a-t-il du monde chez mademoiselle Crémailly?

— Elle y est, elle y est!

— Elle est donc revenue de la campagne?

— Elle y est!

— A la campagne ou ici?

— Elle y est, elle y est!

— Sapristi! portier, expliquez-vous donc mieux... mademoiselle Crémailly est-elle encore à la campagne, ou est-elle revenue à Paris?

— Elle y est, elle y est!

— Très-bien! alors je monte... toujours au quatrième?

— Elle y est!

— Ah! quelle buse que ce concierge! on dirait un perroquet; il répète toujours la même chose.

— Cela commence furieusement à m'ennuyer! se dit Chamoureau; il vient trop de monde dans cette maison. Ah! bon... voilà qu'il pleut à verse, à présent... et ma voiture qui n'arrive pas... Est-ce qu'il n'y en aurait pas sur la place?... c'est assez l'ordinaire quand il pleut très-fort. O Freluchon! tu me le payeras. Ce polisson aura été reconduire sa Pompadour!

Bientôt une femme de chambre se présente au carreau, en disant :

— Monsieur Mignon, le journal de madame, s'il vous plaît... Je suis en retard... ce n'est pas que madame soit déjà coiffée, mais il faut que j'aie le temps de lire le journal avant elle, comme de coutume... d'autant plus qu'il y a pour le moment un feuilleton bien palpitant d'intérêt. Ah! c'est fièrement joli... déjà quatre personnages de tués un auquel on est en train de préparer du poison... une femme qui a toujours un poignard caché sous sa ceinture et un château dans lequel il y a des souterrains avec des instruments de torture, et puis l'auteur vous détaille la manière de s'en servir; il y a un bourreau bien intéressant... on est sans cesse avec des cadavres... des suppliciés!... Ah! quel beau roman! A la bonne heure, j'appelle ça de la littérature, et que je m'y connais, de pareilles bêtises, moi... fi donc! Je veux un crime et un meurtre à chaque chapitre; alors, je dis : Voilà un auteur qui a un fameux talent et qui a joliment étudié les assassinats. Ah ça! mais dites donc, je crois que vous ne m'écoutez pas... et mon journal? Dieu me pardonne! il dort encore. Allons je vais le prendre moi-même.

La jeune bonne entre dans la loge, cherche parmi plusieurs journaux qui sont sur une table, et prend le sien tout en disant :

— Il paraît qu'on vous a fait veiller tard cette nuit, vieux Mignon? Je gage que c'est madame Duponceau, qui aura été au bal... en voilà une qui s'en donne; elle dit à son vieil adorateur qu'elle a sa migraine, mais... qu'elle veut se coucher à neuf heures, et le renvoie en lui disant : Je vais rêver à vous, mon loulou! Et puis à peine est-il parti, qu'elle court au bal avec un autre... Après tout, c'est l'usage, on se fait partout, comme dit la chanson :

Trompe-moi, trompons-nous,
C'est un plaisir assez doux.

— Ah ça! mais décidément il dort... Au revoir, père Mignon... Tenez, voilà pour vous réveiller, puisque vous ne me dites rien.

Et la jeune bonne donne un bon coup de poing sur la casquette que Chamoureau a placée sur sa tête, puis elle sort de la loge en riant, tandis que le malheureux veuf, qui n'osait pas bouger et qui a reçu sans rien dire un renfoncement, se dépêtre avec peine de la casquette qui lui est entrée jusque sur le nez en se disant :

— Voilà une bonne qui est bien familière avec le concierge... Si j'étais madame Duponceau, je la surveillerais. Et cette voiture qui n'arrive pas... C'est comme un fait exprès... Mais quel bruit font-ils dans cette maison?... On dirait que l'on se dispute à tous les étages... Ah! je voudrais bien être loin d'ici!

En effet, on criait au second, on se disputait au troisième, on s'injuriait au quatrième. On aurait cru que la maison était livrée au pillage, tant les locataires étaient sur l'escalier; le bruit allait toujours en croissant et semblait approcher de la loge du concierge. Bientôt les voix sont plus distinctes; on descend. Quelques personnes sortent; mais les locataires s'amassent devant le carreau du portier; et tous lui adressent des injures. Un jeune homme, enveloppé dans une élégante robe de chambre, s'écrie :

— C'est donc ainsi que vous suivez mes ordres, stupide concierge? Il me semble cependant que je vous paye assez bien pour que vous fassiez attention à ce que je vous recommande. Je vous ai dit encore hier au soir : Si l'on vient me demander demain matin, je n'y suis pas, je n'y suis pour personne!... Il n'y avait pas à se tromper... J'ajoute seulement : Vous ne laisserez monter que mon déjeuner, mon chocolat, qu'on me fait chez le traiteur à côté... c'est un enfant qui me l'apporte : vous ne pouviez donc pas faire d'erreur. Eh bien! tout à l'heure, on sonne... je me dis voilà : mon chocolat; je cours ouvrir, et qu'est-ce que je vois?... mon tailleur... Un animal que j'ai quitté parce qu'il m'habillait mal... et qu'il veut que je lui paye un mémoire d'apothicaire... un mémoire dans lequel il me compte soixante francs pour un gilet... et cet homme crie, me menace... j'ai été tenté de le faire descendre par-dessus la rampe de l'escalier. Et c'est vous, imbécile! qui me faites avoir cette scène... payer un tailleur!... Par exemple! pour qui me prend-on?

Vient ensuite une bonne qui se démène :

— Pourquoi avez-vous laissé monter chez madame Duponceau? Vous savez bien que madame n'est jamais visible avant une heure au plus tôt... On vous l'a répété assez de fois! Moi, j'étais sortie... j'étais allée chercher des petits pains... on sonne... madame croit que j'ai oublié ma clef, va ouvrir... c'était un monsieur étranger qui fait la cour à madame, et qui ne l'a encore vue qu'aux lumières... Jugez du désespoir de ma maîtresse, qui n'avait pas encore fait son visage; car tous les matins elle se met du blanc, du rose, du rouge, du noir... elle se peint de toutes les couleurs... sans compter les faux cheveux, les dents artificielles... les suppléants de toutes façons. Se montrer ainsi à ce monsieur... elle était furieuse... elle lui a flanqué la porte sur le nez, en lui disant : Je n'y suis pas! Mais c'est égal, le coup est porté... l'étranger est resté comme pétrifié sur le carré, et moi quand je suis revenue, ma maîtresse m'a donné mon compte... elle me renvoie; je perds ma place... et tout ça par la faute de ce dindon de concierge, qui dit que madame Duponceau est visible à cette heure-ci... Mais ça ne se passera pas comme ça... il me faut une autre place, moi... et je vais me plaindre au propriétaire, et je vous fais chasser de votre loge.

— Moi! dit un monsieur, je lui ai demandé dix fois si mademoiselle Crémailly était revenue de la campagne... il me dit que oui; je monte au quatrième : quand on boîte, ça n'est pas commode de monter quatre étages!... et je ne trouve que la cuisinière, qui déjeunait avec un troupier... Ah! voilà qui est joli... j'en ferai part à mademoiselle de Crémailly.

— Monsieur, je déjeunais avec mon cousin... ça n'est pas un crime... Il était de garde cette nuit à l'Opéra... alors il est venu me dire un petit bonjour ce matin : où est le mal? Je lui ai offert à déjeuner... rien qu'un œuf à la coque... ne faut-il pas faire des cancans pour cela? Vous le direz à mademoiselle Crémailly, si vous voulez... Je n'ai pas peur qu'elle me renvoie pour si peu de chose... C'est ce concierge, qui n'a pas pour deux liards de bon sens, de vous dire que mademoiselle est revenue de la campagne, tandis qu'elle y est encore au moins pour quinze jours! Il aura trop bu de vin blanc ce matin.

Une dame, enveloppée dans un simple peignoir, crie encore plus fort que tous les autres :

— Concierge, vous êtes un misérable! vous serez cause d'un duel Moncornu a trouvé chez moi Hippolyte... Certainement Hippolyte n'y faisait pas de mal... il avait ôté son paletot, c'est vrai, mais c'était pour mieux allumer mon feu... Tous les jours on ôte son paletot quand on veut souffler le feu chez une dame. Voilà comment les actions les plus naturelles semblent criminelles aux yeux d'un jaloux. Moncornu s'est précipité sur Hippolyte en lui adressant des mots que je ne veux pas répéter... Hippolyte n'est pas homme à se laisser insulter sans répondre. J'ai cherché inutilement à les apaiser. Des mots on en est venu aux menaces... enfin ils sont sortis pour aller se battre... Ah! Dieu! si Hippolyte est tué, je n'y survivrai pas. Si c'est

Moncornu, je ne me consolerai jamais.... cependant j'aimerais mieux que ce fût Moncornu qu'Hippolyte. Affreux portier! et c'est vous qui êtes cause de tout cela... Votre consigne était : Madame est au bain... comme à l'ordinaire, et vous avez dit : Elle y est, elle y est!... mais vous êtes une cruche! un âne! mais vous n'avez jamais été digne de garder une porte!

Toutes ces clameurs, ces reproches arrivaient aux oreilles de Chamoureau sans lui faire détourner la tête; bien au contraire, il se renfonçait le plus possible dans la bergère, et tâchait de ne laisser voir que sa casquette. Mais le silence obstiné de celui que l'on prend pour le concierge ne fait qu'augmenter l'irritation générale; on lui crie :

— Qu'avez-vous à répondre à tout cela ?

— Voyons, parlez...

— Dites pourquoi vous avez ainsi agi...

— Eh bien! voyez s'il dira un mot!

— Monsieur ne daigne pas même nous répondre...

— Est-ce que vous ne nous entendez pas, portier... êtes-vous devenu sourd aussi?

— Est-ce qu'il dormirait encore.

— Ce n'est pas possible... On fait assez de bruit pour qu'il soit éveillé...

— Ce silence-là n'est pas naturel!

— Il ne bouge pas... est-ce qu'il serait tombé en apoplexie...

— Il faut savoir ce qui en est... Ce pauvre concierge! Nous lui disons des sottises, et il est peut-être mort!...

Cependant on a ouvert la porte de la loge, plusieurs personnes s'y précipitent en même temps. On court à la bergère, que l'on commence par retourner afin de pouvoir envisager celui qui est dessus... bientôt ce sont des cris de surprise qui partent de tous côtés :

— Ce n'est pas le père Mignon!...

— Ce n'est pas le concierge...

— C'est un faux portier...

— Voyez donc ce costume... c'est un Espagnol Louis XIII...

— C'est un masque...

— Il n'est pas masqué...

— C'est égal, c'est un masque... ça se dit des déguisés!

— C'est un voleur qui se sera introduit dans la loge pendant l'absence du concierge.

— Il lui avait déjà pris sa casquette...

— Répondez... Que faites-vous là?... chienlit...

Chamoureau se décide à se lever, jette au loin la casquette du portier, remet sa toque à plumes sur sa tête et répond en prenant un air de dignité :

— D'abord, messieurs et dames, je ne suis point un voleur et vous en aurez bientôt la preuve... Je suis là en attendant que le concierge revienne, il est allé me chercher une voiture, car vous comprenez bien que je ne pouvais pas rentrer chez moi à pied sous ce déguisement...

— Mais vous n'êtes pas de la maison... Pourquoi êtes-vous entré ici?

— Parce que je venais chez mon ami intime Freluchon, qui demeure ici au quatrième, en face de mademoiselle Crémailly, que mes habits de ville sont chez lui, et que je comptais les y reprendre... Mais Freluchon n'est pas rentré coucher... Ce qui est fort mal de sa part, puisqu'il avait mes habits...

— Oh! ça lui arrive souvent de découcher, murmure en souriant la petite bonne qui est venue chercher le journal.

— Vous comprenez maintenant, mesdames et messieurs, pourquoi j'ai laissé parler tout le monde... le père Mignon ne m'avait pas révélé ses consignes, il n'avait pas eu le temps; et d'ailleurs il me les aurait dites que probablement j'aurais fait des erreurs, car je commence à voir que le métier de concierge demande autant de mémoire que d'attention.

L'explication donnée par Chamoureau semble plausible, cependant personne ne peut s'éloigner avant d'avoir vu revenir le concierge. Mais c'est sa femme qui revient la première et s'écrie, en apercevant le monsieur déguisé dans sa loge :

— Ah! mon Dieu!... on m'a changé mon mari... Qu'est-ce que c'est que cet Espagnol... qu'a-t-on fait de Mignon? Je veux mon mari!... il n'a jamais été en Espagne!

On s'efforce de calmer la femme du concierge en lui rapportant ce que Chamoureau vient de dire, mais celle-ci ne veut pas ajouter foi aux discours de l'Espagnol, elle ne cesse de crier :

— C'est pas vrai, tout ça, Mignon n'aurait pas quitté son poste pour ce déguisé que nous ne connaissons pas!... Il a pris la place de Mignon, que c'est qu'il en a fait... Si mon mari ne se retrouve pas bientôt, je vais faire arrêter ce carnavalesque!

Mais le retour du concierge met fin aux criailleries de sa femme et aux soupçons des locataires. Il s'avance vers Chamoureau en lui disant :

— Ah! ma foi, monsieur, j'ai eu bien de la peine à vous trouver une voiture... j'ai fait au moins quatre places... et pas un seul fiacre... enfin tout à l'heure dans la rue de Provence j'en ai rencontré une vide... et je l'ai ramenée. Mais si j'avais su être ce temps-là dehors,

certainement je ne me serais pas chargé de votre commission!...

— D'autant plus qu'il a fait de belles choses, votre remplaçant! s'écrie la bonne de madame Duponceau.

— Qu'il ne soit plus question de tout cela! s'écrie Chamoureau en sortant de la loge. Madame Mignon, vous voyez que votre mari n'est pas perdu. Messieurs et dames, vous êtes bien convaincus maintenant que je ne suis point un voleur... j'ai bien l'honneur de vous saluer.

Et Chamoureau s'élance vers la porte, et il reste stupéfait en voyant que le fiacre est un cabriolet milord, et il s'écrie avec douleur :

— Mais, concierge, je vous avais demandé une voiture fermée, afin de n'être pas vu.

— Allez en chercher une vous-même, et laissez-nous tranquille! s'écrie madame Mignon qui est toujours de mauvaise humeur.

Chamoureau prend son parti, il se jette dans le milord, donne son adresse au cocher et, pendant toute la course, tient sa toque devant son visage en guise d'éventail.

IX

Un cabinet d'affaires.

Chamoureau occupait un logement assez comfortable dans ce que l'on appelle à Paris le Carré Saint-Martin, ce qui veut dire l'entrée de la rue Saint-Martin du côté du boulevard. Il avait là un cabinet d'affaires; il se chargeait de ventes ou achats de maisons, de placements de fonds, de recouvrements de vieilles créances, de tout ce dont se chargent les hommes d'affaires à Paris, la plupart ayant passé leurs examens pour être avocat, quelques-uns même ayant acquis ce titre, connaissent fort bien les lois et tous les détours de la chicane. Chamoureau ne manquait pas de clients, parce qu'il avait la réputation d'un honnête homme, et l'était en effet; chez lui cela remplaçait avec avantage l'esprit, qui malheureusement n'est pas toujours une garantie de probité. Ce qui n'empêche pas que l'on ne puisse aussi être bête et fripon. La nature est parfois aussi prodigue de mauvaises que de bonnes qualités. Plusieurs personnes s'étaient déjà présentées pour parler à l'homme d'affaires, dans la matinée qui avait succédé au bal de l'Opéra. On n'avait rencontré que la femme chargée de faire son ménage, laquelle trouvait toujours une clef chez le portier; ne voyant pas Chamoureau chez lui, elle présumait qu'il était sorti de très-bonne heure pour affaires.

A huit heures du matin un homme de la campagne se présente. C'est un personnage moitié bourgeois, moitié paysan; il a cinquante ans; il est petit, trapu, sa tête est enfoncée dans ses épaules; cette tête, dont les traits sont laids et communs, offre seulement cette expression de méfiance qui est habituelle aux gens de la campagne, qui se défient toujours des habitants de la ville, et croient sans cesse qu'on veut les attraper, probablement parce que dans leur village ils ne se gênent pas pour attraper les citadins. Ce particulier demande au portier si M. Chamoureau, homme d'affaires, est chez lui, et le portier répond :

— Il doit y être, je ne l'ai pas vu sortir, tandis qu'il ne l'avait pas vu rentrer; mais les portiers ne font pas toujours attention aux allées et venues des locataires.

Le petit homme trapu va pour monter l'escalier, mais il se ravise et revient parler au portier :

— Dites-moi donc... entre nous... votre monsieur Chamoureau qui tient un cabinet d'affaires... je peut-il me fier à lui... en fait-il de bonnes affaires... c'est que, voyez-vous, je sommes de la campagne, mais je ne voudrais pas me faire attraper à Paris!... Et dame! on m'a dit que vos faiseurs d'affaires, c'était ben souvent des filous qui faisont les leurs aux dépens du pauvre monde qui leur confiont leurs intérêts...

— Oh! monsieur, vous pouvez être tranquille à l'égard de M. Chamoureau! c'est un bien honnête homme!... d'une probité qui n'a jamais reçu d'atteinte... il paie tout comptant... même son boulanger ; il n'a pas la plus petite dette dans le quartier !...

— Oh! v'là déjà qui est ben... et c'est pas un coureur... un farceur... un dépensier?

— Nullement... c'est un homme fort tranquille, qui ne fait point d'embarras... qui ne rentre pas trop tard... à l'heure où finit le spectacle quand il y est... Il est vrai que maintenant les théâtres finissent à des heures bien affligeantes pour les portiers... mais enfin ce n'est pas de la faute de M. Chamoureau...

— V'là qui est encore bon... et est-il marié, c'thomme? a-t-il une femme, des enfants?

— Non, il était marié, mais il est veuf depuis peu de temps... et il regrette sa femme... que c'est superbe de sa part... il ne peut pas en parler sans pleurer!

— Oh! il pleure sa femme, je voyons bien que je peux me fier à lui. Hors, je vaslui confier mes papiers... c'est que, voyez-vous, c'est de l'argent que j'avons à toucher dans des bureaux... chez des notaires... On m'a dit : Avec une procuration, un homme d'affaires se chargera de toucher tout ça pour vous... et j'en fait faire la procuration avec le nom en blanc... et vous croyez que je peux sans risque la lâcher à votre monsieur Cha... Chamouilleau?

— Vous le pouvez, monsieur, n'ayez aucune crainte...

— En ce cas je monte... salut, monsieur la portière.

Le petit homme arrive au second chez Chamoureau. La femme qui fait le ménage dit :

— Monsieur est sorti de bonne heure, mais il ne peut tarder à rentrer ; si vous voulez attendre, donnez-vous la peine de vous asseoir.

— Je le veux bien, puisque je suis venu... j'aime autant attendre que de revenir.

Le campagnard s'asseoit dans une espèce d'antichambre garnie de planches qui sont surchargées de cartons ; ce qui donne à cette pièce un faux air d'étude d'avoué ; il n'y manque que des clercs. Mais la vue des cartons et des dossiers étiquetés produit toujours beaucoup d'effet sur les clients du genre du petit monsieur trapu. Aussi celui-ci promène-t-il avec un air de considération ses regards sur les cartons en se disant :

— Oh ! oui ! ça doit être un fameux homme d'affaires... il y en a des paperasses là-dedans !

Il y a un quart d'heure que le campagnard attend Chamoureau, lorsqu'un autre personnage arrive. C'est un homme d'un âge mûr, le front chauve, la figure longue, l'air prétentieux, quelque chose qui rappelle sur-le-champ le *Joseph Prudhomme* si bien rendu par *Henri Monnier*. Ce monsieur qui est tout en noir, et cravaté de blanc, ce qui ne l'empêche pas d'avoir l'air assez sale, entre d'un air fier en disant :

— Je désire parler sur-le-champ à M. Chamoureau, homme de cabinet ; domestique, annoncez-moi, je suis Aimé-Désiré-Jules Beaubichon... professeur pour la tenue des livres ; du reste, votre maître me connaît, je l'ai déjà vu deux fois... à ce domicile, pour l'affaire délicate dont je lui ai narré succinctement le but... Il s'agit d'un mariage... il m'a parlé d'une personne dont il me répond pour la vertu et les mœurs, à quoi je tiens avant tout, et l'on y joint une dot convenable, la figure et la tournure n'étant à mes yeux que du superflu dont la femme peut se passer aisément pour surveiller son pot-au-feu !... Je suis disposé à convoler si toutes les conditions se trouvent cadrer avec ma position sociale, qui, j'ose le dire, est aussi honorable que lucrative... quinze cents francs par an... sans compter les cadeaux des élèves... quand ils en font !

La domestique a écouté ce monsieur en continuant de frotter ses meubles. Lorsqu'il a fini, elle répond :

— M. Chamoureau est sorti de grand matin, il ne peut pas tarder à rentrer, et si vous voulez l'attendre... voilà monsieur qui l'attend déjà depuis un quart d'heure.

M. Beaubichon jette un regard oblique sur l'habitant de la campagne. Celui-ci porte la main à son chapeau, ce qui décide le professeur à toucher légèrement le sien, et à adresser la parole au campagnard.

— Monsieur attend aussi M. Chamoureau ?

— Oui, monsieur, si vous voulez bien permettre !

— Je n'ai nullement l'intention de m'y opposer... monsieur désirerait-il apprendre la tenue des livres ? en partie double ou simple ?

— Moi ! apprendre la tenue des livres ! Ah ! bien, par exemple... et pourquoi faire donc ?

— Comment pourquoi faire ? mais pour le savoir.

— Et à quoi que ça me servirait ?

— Mais à tenir vos livres... à les mettre à jour !

— J'en ai pas de livres d'abord... Ah ! excepté la *Cuisinière de campagne* pour mes femmes... des *Contes de fées* pour les enfants... et puis donc leur catéchisme pour apprendre leur leçon... mais tout ça tient bien tout seul dans une armoire, nous n'avons pas besoin d'apprendre à les tenir.

M. Beaubichon hausse les épaules en murmurant :

— Ignorance crasse !...

Puis il reprend tout haut :

— Vous ne faites donc pas de commerce, monsieur ?

— Oh ! que si fait... je vends du vin de mes vignes... et des fruits du verger, quand la récolte est bonne.

— Eh bien, vous devez avoir des livres pour écrire : vendu tant à monsieur un tel... reçu tant de monsieur un tel !

— C'est pas la peine, je vends presque toujours au comptant, et puis quand quelqu'un me redoit de l'argent, oh ! gnia pas de danger que je l'oublions jusqu'à ce qu'il paie.

Le professeur hausse de nouveau les épaules et se promène dans la chambre en murmurant :

— Et l'on dit que nous marchons... on assure qu'il y a du progrès, puisque ce campagnard n'a pas un grand-livre pour y inscrire un compte-courant à ses abricots et à ses poires ! Domestique ! votre maître ne reviendra pas... un élève m'attend, je vais lui consacrer ma science, lui inculquer mon savoir... Je reviendrai... Que monsieur Chamoureau m'attende... et qu'il soit gros de renseignements sur la demoiselle à marier.

Le monsieur en noir s'est éloigné, le campagnard dit alors à la domestique :

— Quoi que c'est donc que ce particulier-là qui se gonfle en parlant ni plus ni moins qu'une vessie qu'on souffle... il vous a des airs de maître d'école... avec ses livres qu'il veut m'apprendre à tenir... Et puis j'ai ben vu qu'il haussait les épaules en m'appelant tout bas : crasseux !... Mais qu'il vienne donc cheux nous, et je parie qu'il ne sait pas tant seulement semer des haricots et butter des pommes de terre !... Tous ces faiseurs d'embarras de la ville, ça n'est bon à rien à la campagne, ça n'sait se servir ni d'une bêche, ni d'une pioche !... M'est avis pourtant que celui qui fait pousser les légumes que vous mangez mérite bien autant de considération que c'ti-là qui griffonne des écritures sur des livres...

La domestique continue de frotter ses meubles en faisant un signe d'approbation ; le campagnard reprend :

— Est-ce que votre maître... monsieur Ch... Chabouleau, fait de l'embarras et a l'air de toiser les gens de la campagne, comme ce corbeau qui sort d'ici... Ah ! dame, c'est que si je savions ça, je ne le chargerions pas de nos affaires, voyez-vous !...

— Non, monsieur, non, soyez tranquille... Monsieur Chamoureau est trop bien élevé pour ne point avec tout le monde, et surtout avec des clients... Il saluerait un enfant de deux ans, si celui-ci lui confiait ses intérêts...

— À la bonne heure !... mais il est ben longtemps dehors, votre bourgeois...

— À Paris, monsieur, on n'est jamais certain du temps que l'on mettra pour une course...

— Ah ! c'est juste, à cause des voitures qui passent, ça vous retarde... Bon, voilà qu'il pleut, maintenant...

— Et monsieur n'a pas pris son parapluie...

— On m'a dit qu'à Paris on ne se servait plus de parapluie... parce qu'il y avait tant d'omnibus, qu'on n'allait plus du tout à pied...

— On exagère, monsieur... on va toujours à pied quand on préfère marcher...

— On m'a dit aussi qu'on allait faire un chemin de fer souterrain en-dessous de Paris ; de cette façon-là, quand il y aura trop de monde en dessus, on prendra en dessous pour aller plus vite... C'est pas bête, ça... Mais, sapristi, le bourgeois est bien longtemps à revenir.

Vingt minutes s'écoulent encore, lorsqu'on entend beaucoup de bruit dans la rue. Ce sont des huées, des éclats de rire, des cris de gamins. La domestique ouvre une fenêtre qui donne sur la rue, et court s'y mettre pour savoir la cause de ce tapage.

Le cabriolet-milord contenant notre veuf venait de s'arrêter devant la maison, et avant même que celui-ci en fût descendu, la foule s'était faite autour de sa voiture, parce que l'on y voyait très-bien celui qui était dedans. Les cris : À la chie-en-lit ! retentissent de tous côtés ; le portier est venu se mêler aux curieux et se tient devant sa porte. C'est peine que Chamoureau, qui vient de payer son cocher, peut percer la foule qui lui crie :

— Oh ! l'Espagnol !...

— Ah ! voyez donc ! qu'il est éblouissant de paillettes !

— C'est pas un Espagnol... c'est un soleil...

— Mais il va perdre ses bottes, il a marché dessus.

Enfin, Chamoureau, à force de pousser à droite et à gauche, arrive devant sa porte ; il veut entrer bien vite, le portier lui barre le passage en lui disant d'un air important :

— Que demandez-vous ?... où allez-vous ?...

— Comment, où je vais... chez moi, parbleu !

— Vous vous trompez, sans doute ; nous ne logeons pas de chien-en-lit...

— Ah ! c'est trop fort... Quoi, portier, vous ne me reconnaissez pas... moi, Chamoureau !

Le portier reste stupéfait, il ne peut en croire ses yeux et ses oreilles, il ne conçoit pas que ce locataire si sage, si tranquille et qui pleure toujours en parlant de sa femme, puisse rentrer chez lui à dix heures du matin et habillé en Espagnol. Mais Chamoureau le laisse dans son étonnement et se hâte de gravir l'escalier. La domestique, qui n'avait pas reconnu son maître, venait de quitter la fenêtre en disant :

— C'est un masque qui revient du bal... Diable ! il s'en est donné celui-là... il ne revient pas trop tôt...

— Est-ce que les bals durent jusqu'au lendemain ? demande le campagnard.

— Non, monsieur, ça finit au petit jour, mais ensuite tous ces déguisés-là vont souper, bambocher, faire les cent coups dans les cabarets... les trois quarts se grisent et ne reviennent chez eux que quand ils n'ont plus le sou à dépenser... comme celui qui vient d'entrer dans la maison, sans doute... Ah ! je voudrais bien savoir qui c'est... Faut que ce soit un fameux noceur... revenir du bal à dix heures passées du matin... je demanderai qui c'est au portier.

On sonne, la femme de ménage court ouvrir en s'écriant :

— Oh ! cette fois, c'est monsieur, bien sûr.

Et en voyant devant elle un individu déguisé, elle est sur le point de faire comme le portier et veut l'empêcher d'entrer. Mais Chamoureau la bouscule un peu vivement, en s'écriant :

— Est-ce que vous allez être aussi bête que le concierge, vous... Ah ! sapristi... me voilà chez moi enfin, c'est bien heureux.

Chamoureau se laisse aller sur un siége, jetant sa toque, dégrafant son manteau, puis secouant ses pieds pour se débarrasser de ses bottes à entonnoir, et comme elles ne tenaient pas du tout à ses pieds, il en envoie une da s la figure du campagnard qui l'attendait depuis si longtemps, et auquel il n'avait pas fait attention, dans son empressement à rentrer chez lui Le petit homme trapu, qui regardait Chamoureau en ouvrant des yeux comme un pêcheur qui voit quelque chose au bout de sa ligne, ne semble nullement satisfait en recevant la botte Louis XIII à travers le visage, il s'écrie :

— Eh ben, dites, vous... le carnaval... est-ce que vous prenez ma figure pour un tire-bottes ? Qu'est-ce que c'est donc que ce genre-là ?

L'homme d'affaires apercevant alors ce monsieur qui était assis dans un coin de la chambre, lui fait un profond salut :

— Pardon, monsieur, mille fois pardon... je ne vous avais pas aperçu... Madame Monin, mes pantoufles, bien vite... Que désire monsieur ?

— Ce que je désire... c'est parler au maître de la maison... au faiseur d'affaires... parce que j'en ai une qui n'est pas mince à lui confier...

— C'est moi, monsieur, qui suis le maître du logis... Chamoureau, pour vous servir... Nous allons passer dans mon cabinet... quand j'aurai mes pantoufles et ma robe de chambre... Allons donc, madame Monin...

— Je les cherche, monsieur, mais je ne sais pas où vous les avez fourrées, je ne peux pas mettre la main dessus.

— Comment !... tout de bon... c'est vous qui êtes l'homme de cabinet ! dit le campagnard en examinant Chamoureau des pieds à la tête.

— Sans doute, monsieur, c'est moi.

— Est-ce que vous êtes toujours habillé comme ça... avec des paillettes sur le corps... et une si drôle de cravate ?

— Non, monsieur, ceci est un déguisement que j'ai mis par extraordinaire... cela ne tire pas à conséquence !...

— Ah ! vous venez de passer la nuit au bal masqué alors, et ensuite vous avez été bambocher dans les cabarets... faire les cent coups, comme disait tout à l'heure votre domestique...

— Monsieur, vous êtes dans l'erreur, on peut aller au bal, par hasard... cela n'est pas défendu... mais ce n'est pas une raison pour faire les cent coups et courir ensuite les cabarets...

— Eh ben, pis que vos bastringues finissent au jour, qu'est-ce que vous avez donc fait depuis ce temps-là... que vous rentrez si tard... si vous n'avez pas couru les guinguettes...

— Monsieur, il me semble que voilà des questions insolites !...

— Ah ! dame, monsieur, c'est qu'écoutez donc, tout ce que je vois me fait faire des réflexions... Vous croyez que je m'en vais vous charger de mes affaires, donner ma procuration pour toucher des sommes modiques... à un individu qui s'habille en chie-en-lit... qui se montre en mascarade à l'heure qu'il est... qui fait des bamboches enfin, à un âge où il devrait être raisonnable... Oh ! que nenni !... ça ne me donne pas de confiance !... J'allons chercher un homme d'affaires qui ne fasse pas de ces bêtises-là.

Et le campagnard s'est levé et se dispose à partir. Chamoureau, qui est fort mal à son aise parce qu'il a ôté ses bottes et qu'on ne lui a pas encore donné ses pantoufles, court cependant après le client qui va lui échapper, et lui prend le bras, en lui disant :

— De grâce, monsieur, ne jugez pas sur l'apparence... je ne suis point un coureur de bals... D'ailleurs, à Paris, on s'amuse et cela n'empêche pas de s'occuper de ses affaires... au contraire, très-souvent, c'est au bal, au spectacle, que l'on rencontre les personnes auxquelles on a besoin de parler... Madame Monin !... sapristi ! mes pantoufles !

— Dites-moi où vous les avez cachées alors, monsieur ?

— Voyez sous mon lit... Confiez-moi votre affaire, monsieur, et soyez certain que je m'en occuperai avec tout le zèle que je montre pour satisfaire mes clients... qui, jusqu'à présent, j'ose le croire, n'ont eu qu'à se féliciter de m'avoir confié leurs intérêts...

— Ouiche !... c'est de belles paroles, tout cela ! mais moi, je croyons ce que je vois... On me dit que M. Chamoureau est veuf, mais qu'il pleure toujours sa femme...

— C'est la vérité, monsieur, c'est l'exacte vérité... O Éléonore ! que n'es-tu là pour défendre ton époux !...

— Elles ne sont pas sous le lit, je viens d'y regarder...

— Voyez dans mon somno... Oui, monsieur, je regrette ma femme!... Si elle vivait, elle m'aurait déjà trouvé mes pantoufles !...

— Quand on pleure sa défunte, on ne se met pas en mascarade pour courir les rues en plein jour... Non, non, je ne me fie point à vous !...

En ce moment on entend parler avec feu dans l'escalier. La porte du carré, qui n'était que poussée, est ouverte avec violence, et le professeur de tenue de livres entre chez l'homme d'affaires en criant à tue-tête :

— Qu'ai-je appris ? grand Dieu !... il s'est déguisé... il a couru les bals... il a poussé l'oubli des convenances jusqu'à se faire voir en plein jour, et dans son propre quartier, sous un costume que l'on ne sait comment qualifier. Mais, oui... ce n'est point un mensonge, une fable...

un faux rapport... le voilà encore avec cet accoutrement ridicule... et c'est un homme qui tient un cabinet d'affaires qui se livre à ce dévergondage... et pas chaussé!... Quel affreux déguisement !...

— Ah ! bonjour, monsieur Beaubichon, je suis à vous dans l'instant... Voyons, madame Monin, me donnerez-vous enfin mes pantoufles...

— Elles ne sont pas dans votre somno non plus...

— Vous êtes à moi, monsieur, reprend le professeur en soufflant comme un bœuf, mais moi, monsieur, je ne suis pas à vous !... Je n'entends plus que vous disposiez de ma destinée et de mon sort à venir... Par exemple !... Je viens vous dire, monsieur, que je vous retire ma confiance... et que vous ne marierez pas... Moi... Aimé-Désiré-Jules Beaubichon, j'irais prendre une femme sous la garantie d'un faux Espagnol... d'un monsieur qui oublie sa dignité d'homme pour s'affubler d'oripeaux qui lui donnent l'air d'un altimbanque!...

— Je fais comme vous, monsieur, dit le campagnard, je lui retire

Donnez-vous donc la peine d'entrer.

ma confiance... Je ne lui avais pas encore donnée, mais c'est égal, je la lui retire. Je voulais lui laisser ma procuration. Mais pas de ça ! Lisette !... il me ferait danser mon argent au bal.

— Il s'était chargé de me trouver une conjointe, monsieur, mais où donc irait-il me la choisir... Est-ce à *Valentino* ou à la *Salle Barthélemy* ! Moi qui veux avant tout des mœurs et de la virginité !... il me ferait épouser une de ces petites femmes que tout Paris connaît... une *fille de marbre*, monsieur... et encore quand je dis de marbre... c'est une façon de m'exprimer théâtralement... vous me comprenez ?

— Ma foi, non.

— Cela ne m'étonne pas.

Pendant que ces deux messieurs se livrent à leurs récriminations et réflexions peu flatteuses pour l'homme d'affaires, celui-ci, ne voyant pas venir ses pantoufles et ne voulant pas rester déchaussé sur le carreau, s'est décidé à se mettre à quatre pattes afin de pouvoir plus facilement regarder sous ses meubles et découvrir cette partie indispensable de sa toilette. La position de Chamoureau se promenant ainsi dans son étude ne pouvait pas rendre de la confiance aux individus que la vue de son déguisement a si fort exaspérés. Aussi M. Beaubichon enfonce-t-il d'un air courroucé son chapeau sur sa tête en s'écriant :

— Voyez, monsieur... voyez quelles sont les suites du désordre. Un homme qui devrait être sérieux comme la loi, est obligé de se promener à quatre pattes dans son appartement pour y chercher des objets qu'il devrait trouver sous sa main !... Je me retire, et de ma vie je ne remettrai les pieds dans ce cabinet... Gardez vos femmes à marier, monsieur, ou faites-les épouser à vos clients, mais ce n'est pas un professeur de tenue de livres qui les endossera... Bonsoir...

— Moi, je faisons comme vous, monsieur, je garde ma procuration, et je vais chercher un homme d'affaires qui ne me jette pas ses bottes jaunes dans le nez... Bonsoir !...

— Allez au diable ! et laissez-moi tranquille... car vous m'ennuyez à la fin !... répond Chamoureau, qui, las de ne rien trouver, s'assied à terre au milieu de la chambre ; mais alors sa domestique revient d'un air victorieux, tenant les pantoufles dans ses mains, en s'écriant :

— Elles étaient dans le buffet, monsieur ; faut que vous ayez été bien distrait pour les mettre là.

X

Agathe et Honorine.

Chamoureau a mis ses pantoufles, puis court dans son cabinet, qui est aussi sa chambre à coucher, et se hâte de se dépouiller du costume espagnol, en se disant :

— Voilà un déguisement qui me coûte cher... il me fait déjà perdre deux clients... et il faudra que je graisse la patte à mon concierge pour qu'il ne dise pas dans tout le quartier que je suis rentré ce matin en costume de carnaval après avoir passé toute la nuit dehors !... et il me promettra de n'en pas parler et le dira à tout le monde !... Du reste j'ai été vu par les voisins... par la fruitière... par l'épicier... Ah ! voilà qui va faire bien du tort à mon cabinet. Oh ! Freluchon, tu m'as joué là un bien vilain tour... Après cela, il est possible qu'il ne l'ait pas fait avec intention.

Notre veuf pousse un gros soupir ; mais bientôt sa physionomie s'éclaircit, les nuages qui obscurcissaient son front se dissipent. C'est le souvenir du domino gris-perle qui vient de changer en rose les idées noires de Chamoureau ; alors il se frotte les mains et se dit :

— Je suis un ingrat de maudire ce costume... S'il m'a fait perdre la confiance de M. Beaubichon... petite perte, car pour un bon mariage, ce monsieur ne voulait me donner que vingt-cinq francs !... En revanche, ne lui dois-je point la conquête de cette superbe brune, charmante femme !... belle taille, belle tournure... et des traits ! Aussi elle n'a pas craint de me montrer son visage celle-là !... J'en suis amoureux très-sérieusement... Madame de Sainte-Suzanne !... C'est quelque grande dame ! Quel dommage que je ne sois pas noble... mais l'amour ne connaît pas les distances... et la preuve c'est que cette dame m'a engagé à aller la voir. Voyons son adresse... rue de Ponthieu... quartier des Champs-Élysées !... le grand quartier... tout ce qu'il y a de plus comme il faut. Freluchon et Edmond se moquaient de moi ; mais ils auraient bien voulu savoir le nom de ma conquête... J'ai juré d'être discret... c'est dommage, quand on a une belle maîtresse, cela fait honneur... mais j'ai promis. Demain, sur les trois heures, je me rendrai chez madame de Sainte-Suzanne... je soignerai ma toilette... j'espère que Freluchon me renverra mes effets, il a mon habit neuf... Ah ! je voudrais déjà être à demain !

Chamoureau envoie sa domestique reporter l'habit espagnol chez le costumier, il lui dit de passer ensuite chez Freluchon, s'informer s'il est rentré, et dans ce cas y reprendre ses vêtements ; puis, s'entortillant dans sa robe de chambre et s'enfonçant dans son grand fauteuil, il s'abandonne avec délices à ses rêveries. Il se voit déjà aux pieds de la superbe brune qui couronne son amour ; il se promène avec elle en calèche au bois de Boulogne, et l'excès de son bonheur finit par l'endormir.

Le bruit de la sonnette réveille l'homme d'affaires ; il se souvient qu'il a envoyé sa domestique en commission et qu'il n'y a personne pour ouvrir. Se décidant avec regret à quitter son fauteuil, Chamoureau va ouvrir sa porte et se réveille tout à fait en apercevant deux dames de fort bonne façon et fort bien toutes deux. L'une, qui peut avoir de vingt-sept à vingt-huit ans, est d'une taille moyenne, svelte, un peu mince même, mais gracieuse dans sa tournure. Sans être bien jolie de figure, il y a du charme dans sa physionomie ; ses yeux bleus sont à la fois doux et spirituels ; son nez légèrement retroussé donne

Vous êtes aimable, monsieur, de vous être souvenu de mon invitation.

GAILDRAU

une légère mutinerie à son visage; sa bouche n'est pas petite, mais elle n'est pas bête; enfin ses cheveux châtains, dont les bandeaux sont lissés avec soin, accompagnent fort bien cette figure un peu pâle maintenant et qui semble annoncer une santé délicate.

L'autre personne, beaucoup plus jeune, doit être une demoiselle. C'est une charmante blonde, rose, blanche, fraîche comme un bouton qui va s'épanouir; ses traits fins et réguliers rappellent ces d'élicieuses vignettes dont les Anglais savent enrichir leur *keepsake*. es grands yeux bien foncé et fendus sont ombragés de longs cils noirs, beauté assez rare chez les blondes; sa bouche est garnie d'une double rangée de petites perles, et lorsqu'elle rit, ce qui lui arrive assez souvent, deux petites fossettes se dessinent sur ses joues. Les grosses boucles blondes de ses cheveux frisés en neige se jouent autour de ce ravissant visage. Plus petite de taille que sa compagne, elle porte sans cesse sur celle-ci des regards doux et aimants. Ce n'est point une fille avec sa mère, car il n'y a que dix ans de différence entre elles, mais ce doit être une amie bien sincère pour la plus jeune et presque une fille chérie pour la plus âgée.

Chamoureau a salué profondément, et la dame lui dit :

— Sommes-nous ici chez monsieur Chamoureau, homme d'affaires?

— Oui, madame, c'est moi qui suis Chamoureau... Donnez-vous la peine d'entrer.

Les deux personnes sont introduites dans le cabinet où Chamoureau leur présente des sièges, et la dame reprend la parole:

— Monsieur, une personne dont vous avez fait les affaires m'a dit que par votre ministère je pourrais trouver à acheter une petite maison de campagne. Je sais bien que l'on trouve cela aussi dans les *Petites-Affiches*, mais avec vous, monsieur, je pense que je pourrais avoir des renseignements plus précis, plus certains, et que vous vous chargeriez de faire toutes les démarches auxquelles une femme ne s'entend pas.

— Certainement, madame, et ce sera avec le plus grand zèle, je vous prie de le croire. C'est une jolie villa que madame voudrait acquérir pour y passer sans doute la belle saison?

— Non, monsieur, non, ce n'est point une maison de luxe que je désire acquérir, ma fortune ne me le permet pas. Je veux une demeure modeste, mais gentille autant que possible, où se trouve tout ce qui est nécessaire, surtout lorsqu'on veut habiter tout à fait à la campagne, car c'est pour aller y vivre, moi et mon amie, que je cherche une maison loin de Paris.

— Ah! ces dames se décideraient à quitter tout à fait Paris... elles ne craignent pas de s'ennuyer.

— Oh! non, monsieur, bien au contraire... nous ne tenons pas du tout à Paris, n'est-ce pas, Agathe?

— Moi, ma bonne amie, tu sais bien que je me fais d'avance un plaisir de demeurer à la campagne!... avoir un jardin... des fleurs à cultiver... et puis des oiseaux, des poules. Oh! ce sera si amusant tout cela!

— Deux raisons me font désirer vivre aux champs, monsieur; d'abord ma santé qui n'est pas bien solide... et les médecins prétendent que l'air pur de la campagne me remettra tout à fait.

— Oui! oui! s'écrie la jeune personne en prenant la main de son amie dans les siennes, je suis bien sûre que tu deviendras tout de suite grasse comme moi, qui suis une petite boule. Tu n'auras plus mal à la poitrine, tu auras bon appétit... nous nous promènerons souvent... nous mangerons bien dans la journée... tu verras, Honorine, que tu ne seras plus malade!... que tu reprendras des couleurs, de la force... une santé magnifique enfin!

— Je le veux bien, enfant, d'ailleurs il faut toujours espérer ce qui nous rend heureux... le bonheur que l'on se promet d'avance est quelquefois le seul que l'on goûte. Mais je ne vous ai pas dit ma seconde raison, monsieur. Celle-ci est malheureusement de celles devant qui tout doit céder. Il s'agit de l'état de ma fortune... Cette fortune est bien modeste, monsieur, et pour qu'elle soit suffisante, pour que nous ayons moins de privations à redouter, il est urgent que nous quittions Paris où la vie est si chère maintenant!

— Ma bonne Honorine, si tu ne voulais pas avoir besoin de te rappeler, c'est que sans toi, qui es depuis si longtemps ma fidèle compagne, je serais seule... je n'aurais plus personne à aimer... personne près de là et qui a les clefs, il est chargé de la faire voir. Le père Ledrux est très connu dans le pays et le premier habitant indiquera sa demeure. On cédera de tout pour vingt mille francs...

— Vingt mille francs et toute meublée... Oh! mais c'est ce que je voulais, Honorine...

— En effet, cela ne me semble pas trop cher... Je connais Montfermeil, ce pays-là est charmant....

— Ah! j'ai tort, j'ai tort!... Pardonne-moi, Honorine, tu sais bien que je ne sais ce que je dis... que je parle sans réfléchir... Je ne le ferai plus!... Va, je sais bien qu'il te serait aussi impossible de me quitter qu'à moi de vivre séparée de toi.

— Allons, c'est fini... oublions cela, et excusons-nous près de monsieur, car nous abusons de son temps pour le rendre témoin de scènes qui ne peuvent l'intéresser.

Cette dame avait bien de la bonté de s'excuser près de Chamoureau; celui-ci depuis quelques instants n'était point à leur conversation. Il ne songeait qu'à ses vêtements, à son habit neuf laissé chez Freluchon et que madame Monin ne lui rapportait pas. Il se disait:

— Il faut cependant que j'aie mon habit pour me rendre chez madame de Sainte-Suzanne, car certainement je ne m'y présenterai pas en paletot.

— Voyons, monsieur, parlons de notre affaire, reprend la jeune dame. Connaissez-vous quelque maison modeste à vendre dans les environs de Paris...

— Il n'en manque pas, madame; mais d'abord de quel côté désirez-vous habiter?

— Cela m'est égal, monsieur

— Voilà qui va nous mettre à l'aise.

— Cependant je ne voudrais pas être dans ces campagnes qui sont devenues le rendez-vous des cavaliers et des gens à équipage... car dans ces endroits-là, il faut, si l'on sort, faire de la toilette comme à Paris. Ce n'est pas là ce qu'il nous faut; nous voulons une véritable campagne, sans façon, sans prétention, où l'on rencontre plus de paysans que de citadins.

— Je comprends: alors madame n'achèterait pas à Passy, à Auteuil, à Enghien?...

— Non, il va trop de monde par là.

— Et la distance vous est-elle indifférente aussi?

— Oui; cependant je ne voudrais pas être trop loin de Paris, on y a affaire quelquefois; il faut bien que des dames se tiennent un peu au courant des modes, et si le voyage était long, cela deviendrait fatigant et dispendieux.

— Attendez, madame... je crois que j'ai là votre affaire...

Chamoureau prend un carton, examine des papiers et en lit un:

— Jolie maison de campagne à vendre à l'amiable, à Créteil... aux bords de l'eau..

— Oh! ma bonne amie...c'est gentil le bord de l'eau..

— Oui, mais ce n'est pas salubre.

— Grand corps de logis, six chambres de maître...

— Oh! nous n'en voulons pas tant, monsieur!...

— Salle de billard, écurie, basse-cour, un arpent de jardin...

— Mais le prix, monsieur, le prix?

— Trente-cinq mille francs.

— C'est trop cher pour moi, je ne puis guère mettre plus de vingt mille.

— Voyons autre chose alors... eh mais, je me souviens... un de mes clients qui vient de gagner une assez grosse somme dans des opérations de bourse, cherche maintenant un petit château et m'a dit de lui vendre bien vite une maison de campagne qu'il possède à quelques lieues d'ici et qui n'est plus digne de sa nouvelle fortune. Voyons, si cela pouvait faire votre affaire... je crois que nous aurions cela à bon marché. J'ai par là une note qu'il m'a donnée sur sa propriété... oui, la voici... tenez, madame:

— Petite maison bourgeoise à Chelles, six lieues de Paris, près de la Grande-Rue, à l'entrée du pays, composée d'un rez-de-chaussée, un premier étage et des mansardes, quatre pièces en haut, autant dans le bas, précédée d'une jolie pelouse, puis derrière une cour avec poulailler, pompe et grand hangar, un joli jardin en plein rapport, et le tout entouré de murs...

— Un jardin en plein rapport!... Ah! nous aurions des fruits alors... Honorine, c'est moi qui aurai soin du jardin... Chelles, de quel côté est-ce donc?

— Mademoiselle, Chelles, qui fut autrefois célèbre par son abbaye, est situé au-dessus de Montfermeil et du village de Courberon. C'était un pays très-boisé autrefois... car je crois qu'on a beaucoup coupé dans la forêt... mais il y a encore le bois de Rainey qui ne sont pas loin. Il est vrai qu'on les coupe aussi, mais il en restera toujours un peu; c'est très-accidenté, très-pittoresque... Vous désirez une campagne où l'on soit délivré de toute étiquette; de ce côté-là vous vous croirez à cent lieues de Paris...

— Ceci pourrait bien nous convenir, mais le prix...

— Permettez, madame... je n'ai pas tout lu... La maison est toute meublée et l'on désirerait la vendre ainsi. Si on veut la voir, on peut s'adresser chez le père Ledrux, jardinier fleuriste, qui demeure tout à qui dire mes pensées, mes souvenirs, mes rêves... personne pour me soigner quand je suis souffrante... que je serais bien malheureuse enfin!... Ah! dites donc que vous causez de la gêne maintenant!...

Les yeux de la jeune dame venait de se mouiller de larmes. La jeune Agathe se jette à son cou et l'embrasse à plusieurs reprises en s'écriant:

— Je vous l'ai dit, madame, c'est une occasion. Payez-vous comptant? »

— Oui, monsieur, entièrement comptant.

— Ah bien; en ce cas, nous pourrons peut-être obtenir une diminution dans le prix... mon client est fort bon enfant depuis qu'il a fait fortune, et, en cela, il ne ressemble pas à la plupart des nouveaux enrichis.

— Maintenant il faut savoir si la maison me plaira... vous concevez bien, monsieur, que je ne veux pas l'acheter sans l'avoir visitée... sans savoir si elle est bien située... pas trop isolée... s'il y a de la vue...

— Eh bien, madame, il faut aller la voir... à Chelles, ce n'est pas loin, il y a un chemin de fer... je crois que c'est celui de Strasbourg qui a une station par là, ou tout auprès; en une heure vous y serez, vous demanderez le père Ledrux, jardinier fleuriste, et il vous fera voir la maison de M. Courtivaux: c'est le nom de mon client.

— Oui... oui... c'est cela, Honorine, allons à Chelles voir la maison... Si elle te plaît, nous l'achèterons tout de suite...

— Le temps n'est pas bien engageant pour aller à la campagne... n'importe, s'il fait beau demain, nous irons, et si la maison nous convient, nous reviendrons vous le dire, monsieur, pour en faire l'acquisition.

— Si madame veut me laisser son adresse, j'aurai l'honneur de passer chez elle pour lui éviter la peine de revenir.

— Voilà mon adresse, monsieur... mais si nous avons vu la maison demain, nous n'attendrons pas votre visite,.. surtout si elle nous plaît, car nous aurons hâte de conclure... et nous reviendrons vite vous le dire.

— Comme il vous plaira, madame, je serai toujours à vos ordres. Voulez-vous que j'écrive les noms... Ledrux et Courtivaux...

— C'est inutile, monsieur, nous avons de la mémoire.

Chamoureau a reconduit jusque sur l'escalier sa nouvelle cliente. Rentré chez lui, il regarde la carte qu'elle lui a remise et voit:

— Madame Dalmont, rue des Martyrs, 40.

— Madame!... se dit l'homme d'affaires, et ce sont deux dames seules... ou une demoiselle... la dame est veuve apparemment, à moins qu'elle ne soit séparée de son époux. Figure intéressante et distinguée... de très-bonnes manières... La jeune demoiselle est extrêmement jolie!... des traits fins, réguliers... c'est une blonde qui n'est pas rouge comme il y a beaucoup de blondes... mais tout cela ne vaut pas ma ravissante brune... la magnifique Sainte-Suzanne..., qui m'attend demain entre deux et cinq... dans son hôtel. Ah! j'entends madame Monin enfin.

La domestique rentre sans rapporter le moindre paquet. Son maître se hâte de la questionner.

— Eh bien, madame Monin?

— Monsieur, j'ai fait vos commissions, j'ai reporté le déguisement espagnol chez le costumier, qui a dit que monsieur avait perdu bien des paillettes du manteau...

— Ah bon! il va me compter les paillettes à présent... passons ce détail... Freluchon n'est-il donc pas encore rentré chez lui, puisque vous n'avez pas mes effets?

— Pardonnez-moi, monsieur, votre ami est rentré chez lui, mais il n'y est pas resté longtemps, il n'a fait que se changer, puis il est reparti bien vite en disant au concierge: Je vais à Rouen, je reviendrai dans quatre jours.

— Comment! il va à Rouen... en voilà bien d'une autre... et concierge ne lui a pas dit que j'étais venu pour mes effets?

— Le concierge n'a pensé à le dire à M. Freluchon qu'au moment où celui-ci descendait. Mais ce monsieur était fort pressé. Une dame l'attendait dans une voiture, il est parti vivement en répondant:

— C'est bon!... Chamoureau n'attend pas après son habit!... il en a d'autres.

— Pour le coup voilà qui est trop fort!... Gredin de Freluchon!... si je le tenais... Certainement j'ai d'autres vêtements, mais maintenant comme on se met très-rarement en habit, je n'en ai qu'un... c'est bien aise... et grâce à Freluchon, je n'en ai plus!...

Je ne peux pas courir à Rouen lui demander sa clef... d'autant plus que dans Rouen je ne saurais pas où le chercher. Et il n'a pas laissé sa clef à son concierge?

— Non, monsieur, il n'a rien laissé...

— Me faire faire un habit d'ici à demain... jamais un tailleur n'aura le temps... il me le promettrait qu'il ne me le donnerait pas... Quel parti prendre?... Aller chez cette dame en redingote ou en paletot, ce serait beaucoup trop sans façon... surtout pour une première visite!... ce serait donner une fort mauvaise opinion de mon savoir-vivre... Allons, je n'ai qu'un parti à prendre... aller chez un marchand de confection et acheter un habit tout fait... Pourvu que j'en trouve un qui m'aille bien!... C'est une dépense tout à fait superflue... d'autant plus qu'étant en deuil il faudra que je le prenne noir... deux habits noirs... comme c'est bête!... Mais un regard de ma ravissante me dédommagera... c'est égal, Freluchon me joue là un bien mauvais tour.

Et Chamoureau sort de chez lui pour aller s'acheter un autre habit.

XI

Inconvénients des vêtements neufs.

Dans un bel appartement d'une maison de la rue de Ponthieu, une dame achevait une de ces coquettes toilettes du matin, qu'elles appellent négligé dans lequel entre tout autant d'art et de recherches que dans les grandes parures de soirées. Et pourquoi ces dames ne chercheraient-elles pas à plaire dans leur intérieur comme dans le monde?

D'abord je crois que les femmes cherchent toujours à plaire, alors même qu'elles ne devraient recevoir personne, car dans ce cas elles voudraient encore se plaire à elles-mêmes en regardant dans leur psyché. Dans leur intérieur, direz-vous, on n'est pas sous le feu de cent regards, on ne reçoit que quelques amis privilégiés... mais ceux-là voyant ces dames de bien plus près, ont le temps de les examiner en détail et tout à leur aise. Je le répète, il faut bien plus de soins, bien plus d'attention aux moindres détails de sa toilette pour obtenir le matin, dans son boudoir, autant de succès que dans un bal ou au théâtre.

Thélénie, car c'est chez la belle brune que nous sommes en ce moment, semblait cependant préoccupée par des idées étrangères à sa parure; aussi, après avoir donné un léger regard dans une glace, renvoie-t-elle sa femme de chambre en lui disant:

— C'est bien, Mélie, je n'ai plus besoin de vous...

— Madame ne met rien dans ses cheveux, pas une seule fleur...

— Non, c'est inutile, je suis assez belle ainsi pour celui que j'attends...

— Oh! certainement, madame n'a pas besoin de fleurs pour être bien... Quand on a de si beaux cheveux que madame, c'est la plus belle des coiffures: mais comme madame met quelquefois une grenade ou un coquelicot...

— Je vous dis que je ne veux plus rien... laissez-moi.

La femme de chambre est sortie, la belle Thélénie se repose quelques instants dans sa chambre; puis elle s'arrête devant une glace et toujours en se disant:

— C'était pour lui plaire que je mettais une grenade dans mes cheveux... il aimait cela... il trouvait que l'incarnat de la grenade se mariait bien avec le brillant de mes cheveux... Il m'appelait sa belle Andalouse alors... et maintenant il ne m'aime plus... est-ce que je suis changée?... Mais non... non... je suis telle que j'étais il y a trois mois quand j'ai fait sa conquête... Est-ce qu'on change en trois mois... quand on n'a pas été malade... Oh! non! Mais si cela continue, dans trois mois je serai changée: le dépit, la jalousie... l'ennui auront exercé leurs ravages sur mon visage... J'aurai vieilli et ce sera lui qui en sera cause... Perfide Edmond... ah! que je suis folle de penser encore à lui... un petit fat! qui ne m'a jamais aimée... et moi... moi... qui jusqu'alors n'avais pas éprouvé un sentiment profond... moi, qui riais tout bas de ceux qui soupiraient à mes pieds... par quelle fatalité me suis-je laissée ensorceler par ce petit jeune homme!.. Après tout, cet amour ne m'aurait menée à rien... au contraire, il me faisait du tort... il éloignait de moi des hommes qui pouvaient faire ma fortune... et je veux être riche, moi! je ne veux pas imiter ces femmes qui, après avoir ébloui Paris par leur luxe et leurs folies, vont mourir à l'hôpital, ou se font ouvreuses de loges dans un petit théâtre. Je puis déjà être tranquille sur l'avenir... j'ai amassé dix mille francs de rente... c'est quelque chose... mais ce n'est pas assez... on ne peut pas avoir équipage... maison de campagne élégante avec dix mille francs de rente... et je veux avoir tout cela. Edmond n'a pas de fortune... et en vérité je crois que c'est pour cela que je l'aimais!... mon Dieu! que j'étais bête... Décidément il ne m'aime plus... mais c'est une raison de plus pour que je désire me venger... il m'a quittée le premier, ce sont là des choses que je ne pardonne pas.

La sonnette se fait entendre, puis la femme de chambre vient dire:

— Un monsieur demande à voir madame.

— A-t-il dit son nom?

— Monsieur Cha... Chamoureau.

— Très-bien, faites entrer.

Chamoureau est en grande tenue, il a acheté un habit et un pantalon neufs. L'habit le gêne fortement dans les entournures; le pantalon lui comprime beaucoup le ventre, et est à sous-pieds; mais notre veuf n'est pas fâché de faire fine taille et de dissimuler une partie de son embonpoint. D'ailleurs il n'a rien trouvé de mieux la veille chez les marchands de vêtements tout faits. Une cravate et un gilet d'une entière blancheur achèvent de donner à l'homme d'affaires l'aspect d'un marié, il ne lui manque que les gants blancs qu'il a remplacés par des gants beurre frais. Sous ce costume, il s'est fait conduire en cabriolet rue de Ponthieu, car il ne voudrait pas que la plus légère tache de boue ternît sa toilette. Il a demandé avec assurance au concierge:

— Madame de Sainte-Suzanne? et tout en montant deux étages

d'un fort bel escalier, se dit : Présentons-nous avec aisance... ne soyons pas timide... les femmes aiment les hommes qui ont de l'aplomb... et puisque cette dame m'a engagé elle-même à venir la voir, c'est que je lui plais... par conséquent, puisque je lui plais, je puis être audacieux... on me pardonnera toujours... Fichtre... je suis bien à l'étroit dans les entournures de cet habit... le marchand m'a assuré que cela se ferait... il me va parfaitement du reste... j'étouffe un peu dans la ceinture du pantalon... et quand je m'asseois, il colle trop... mais je suis bien plus mince ; les sous-pieds me vont mieux ; je n'ai presque plus de ventre... c'est stupide d'avoir du ventre à trente-huit ans... il faudra que je prenne de la graine de moutarde blanche... on m'a dit que cela faisait maigrir ou engraisser à la volonté des personnes. Ah! ce doit être ici! mon nœud de cravate n'est point chiffonné... très-bien.

Quoiqu'il fasse son possible pour se donner de l'assurance, Chamoureau est en proie à une vive émotion en pénétrant chez madame Sainte-Suzanne. La vue d'un vaste appartement, meublé avec élégance, ne contribue pas peu à augmenter son trouble, et, tout en marchant sur des tapis moelleux, il se dit :

— Je ne m'étais pas trompé... c'est une grande dame... une personne haut placée... diable! il ne faudra pas être audacieux tout de suite... il ne s'agit pas d'une grisette ici... il faut y mettre des formes.

Thélénie était enveloppée dans une espèce de blouse en peluche gris-lilas, une cordelière ceignait sa taille élégante. Dans cette toilette négligée, elle ne portait pas de crinoline, et l'étoffe moelleuse et souple de sa robe de chambre semblait quelquefois se coller sur ses belles hanches pour en laisser voir les formes parfaites. Ainsi il était facile de juger que la nature l'avait favorisée de toutes les façons, et elle était cent fois plus séduisante qu'avec ces robes sous lesquelles des jupes extravagantes font ressembler les dames à des ballons. A coup sûr la crinoline doit avoir été inventée par les femmes mal bâties, car celles qui sont bien faites y perdent au lieu d'y gagner.

Chamoureau demeure comme saisi d'admiration en se trouvant devant Thélénie, elle lui semble encore plus belle que la veille, et, dans son enthousiasme, il s'incline si profondément devant elle qu'il fait craquer son habit dans le dos. Il se redresse bien vite, très-inquiet de ce qui vient de craquer, mais n'osant pas mettre sa main à son dos pour savoir ce qui est arrivé à son habit. D'ailleurs il faut qu'il réponde à cette dame qui lui dit :

— Vous êtes aimable, monsieur, de vous être souvenu de mon invitation... je pensais déjà que vous l'aviez oubliée...

— Ah! madame, oublier de venir chez vous... d'avoir l'occasion de vous revoir. Ce serait donc vouloir oublier d'être heureux.

Et très-content de ce qu'il vient de répondre, Chamoureau hasarde avec sa main droite quelques explorations dans le dos de son habit, mais il n'a pas le temps de les prolonger, car Thélénie va s'asseoir sur une causeuse et lui montre une place à côté d'elle :

— Asseyez-vous donc ici, monsieur...

— Avec le plus grand plaisir, madame... si toutefois cela ne vous gêne pas...

— Puisque je vous y engage.

Chamoureau pose son chapeau sur un meuble, en marchant toujours de façon à ne se retourner, pour que cette dame ne voie pas l'accident qui doit être arrivé au dos de son habit. Puis il va s'asseoir auprès d'elle sur la causeuse, en cherchant ce qu'il va lui dire de galant. Or, quand on cherche ce que l'on va dire, ordinairement on ne dit rien. Mais la belle brune vient au secours de ce monsieur qui ne trouve pas facilement ses phrases.

— Eh bien! comment avez-vous fini votre nuit avant-hier... êtes-vous resté encore longtemps au bal ?

— A l'Opéra! oh! non, madame, je n'y suis pas resté longtemps... quel plaisir aurais-je pu y trouver encore, ne vous y voyant plus... et comme vous m'aviez défendu de vous suivre, je ne vous ai pas suivie, malgré toute l'envie que j'en avais... car j'en avais terriblement envie!...

— Mais vous avez retrouvé vos amis, je pense.

— Mes amis... oui, j'ai d'abord retrouvé Freluchon, qui me cherchait; moi, je ne vous avouerai pas je ne le cherchais pas... je m'étais occupé de la délicieuse conversation que je venais d'avoir avec vous... que du souvenir de votre image.

— Enfin, vous avez été souper avec ces messieurs... étiez-vous beaucoup ?

— Nous étions cinq hommes... Freluchon, Edmond Didier et deux de leurs amis ; mais il n'y avait que quatre dames... car moi je n'en avais pas amené... vous aviez refusé de venir souper... quelle autre femme aurait pu vous remplacer... il n'y en avait pas deux comme vous dans le bal... j'en mettrais ma main au feu... et quand on a eu le bonheur de vous voir...

— De sorte que chacun de ces messieurs avait amené sa maîtresse.

— Sa maîtresse... si vous voulez... moi je n'appelle pas cela une maîtresse ; si j'avais une maîtresse, moi, je lui consacrerais toutes mes pensées, tous les instants que me laisserait de libre mon cabinet d'aisances, pardon, je veux dire mon cabinet d'affaires... je suis si troublé... si heureux près de vous, que je ne trouve plus les mots les plus usuels !

— Remettez-vous, monsieur ; en vérité, je ne vois pas ce qui peut vous troubler.

— Vous ne le voyez pas!... ah! madame, si vous vouliez avoir la complaisance de lire au fond de mon cœur, vous y verriez la flamme qui...

— Revenons donc à ce souper... a-t-il été bien gai?... Et cette fleuriste, cette jeune Amélia, la passion de M. Edmond, est-elle aussi jolie que le portrait qu'il faisait d'elle.

Chamoureau commençait à s'apercevoir que la belle brune lui coupait la parole chaque fois qu'il voulait lui parler de son amour. Ces interruptions l'impatientent et il passe sa main gauche vers son dos, en se disant :

— Où diable cela a-t-il craqué?

— Eh bien! monsieur, vous ne me répondez pas... je vous demandais si cette petite Amélia vous avait semblé aussi piquante que M. Edmond le dit?

— La petite Amélia... qu'est-ce que c'est que ça, madame?

— Mais c'est la maîtresse de M. Edmond... vous le savez bien, vous me l'avez dit vous-même au bal... vous êtes donc bien distrait, monsieur?

— Distrait... quand il s'agit d'une autre personne que vous... c'est bien naturel... car ce n'est qu'à vous... à vous seule que je pense.

Thélénie fait un mouvement d'impatience en se reculant à l'extrémité de la causeuse. Mais Chamoureau interprète cette pantomime comme une preuve de l'émotion de la belle brune, qui craint de céder trop vite à l'homme qui lui plaît. Voulant alors profiter de cette émotion, notre amoureux se précipite aux genoux de cette dame en s'écriant :

— Ah! madame, je ne puis plus retenir...

Mais un craquement infiniment plus prolongé que le premier interrompt l'aveu que l'homme d'affaires se disposait à lancer. Cette fois il ne peut pas être incertain sur l'endroit qui vient de se déchirer ; c'est son pantalon qui vient d'imiter son habit, et un vent frais qui lui arrive dans un endroit ordinairement abrité lui annonce qu'il y a péril en la demeure. Notre veuf est resté consterné. Thélénie part d'un éclat de rire en regardant ce monsieur qui est à ses genoux, et celui-ci, craignant que le bruit que vient de faire l'incident ne soit interprété d'une façon encore plus humiliante pour lui, s'empresse de dire :

— C'est mon pantalon qui vient de craquer, madame, et pas autre chose!...

— Mon Dieu, monsieur, je n'en ai jamais douté.

— C'est la première fois que je le mets... il est à sous-pieds et un peu juste, c'est ce qui est cause qu'en me baissant... vous comprenez...

— Parfaitement, monsieur, relevez-vous donc.

— Je crois qu'il en est arrivé autant à mon habit dans le dos... c'est aussi la première fois que je le mets... tout cela est la faute de Freluchon qui a chez lui un habit et un pantalon noirs à moi, et qui est parti pour Rouen sans me les rendre.

— Ce sont de légers désagréments qui ne méritent pas de vous occuper, monsieur. Mais relevez-vous donc... quelle idée avez-vous eue aussi de vous précipiter comme cela à mes genoux... relevez-vous, monsieur, je le veux.

Chamoureau se décide à se relever en portant une main à l'endroit où son pantalon s'est déchiré. Mais il est tout honteux de ce qui vient de lui arriver et ne sait comment reprendre sa déclaration.

— Eh bien! monsieur, dit Thélénie qui a peine à ne point rire encore de l'embarras de ce monsieur, vous ne voulez donc pas me dire si cette petite Amélia est jolie?

— La petite en débardeur... elle est assez piquante... de ces minois de grisette. Cependant il y a mieux que cela dans ces demoiselles, mais il y en a aussi beaucoup qui ne la valent pas.

— Racontez-moi ce qui s'est passé à ce souper... Y a-t-on bien ri? vous êtes-vous beaucoup amusé... M. Edmond était-il bien empressé près de sa petite fleuriste?

— Le souper, madame... ah! vous désirez toujours que je vous parle du souper... après le bal?

— Eh bien! oui, monsieur, je le désire. Je suis parfois très-curieuse; où est le mal?

— Je n'en vois aucun, madame, mais seulement je dois vous avouer que je ne pourrai guère satisfaire votre curiosité.

— Pourquoi donc cela, monsieur, puisque vous étiez avec vos amis.

— Madame, s'il y étais, c'est vrai, mais c'est à peu près comme si je n'y avais pas été. J'ignore par quel hasard, après les huîtres, je me suis senti tout étourdi, le vin n'était pas naturel sans doute!... Enfin, pendant que ces messieurs causaient avec ces dames, moi que cela n'intéressait pas, puisque je n'étais occupé que de vous... je me suis endormi, oui! mais endormi complètement.

— Ah! vous vous êtes endormi en passant à moi... c'est très-flatteur.

— Cela vous prouve, belle dame, que votre image me transporte... que je ne suis plus sur la terre, que je rêve... et...

— Et que vous vous endormez. Mais enfin, vous n'avez pas toujours dormi, et à votre réveil?

— Lorsque je me suis éveillé, ils étaient tous partis. Ce qui était d'autant plus mal de la part de Freluchon qu'il avait mes effets de ville chez lui!... Vous ne sauriez croire tous les désagréments que cela m'a causés... sans compter la situation embarrassante dans laquelle je me trouve en ce moment.

Depuis quelques instants Thélénie n'écoute plus Chamoureau. Son front est devenu sérieux, ses traits expriment le mécontentement. Elle se lève, marche dans la chambre et ne semble plus s'occuper de ce monsieur qui est là. De son côté, Chamoureau n'est pas très-satisfait de son tête-à-tête; on semble ne pas vouloir qu'il parle de son amour. On le questionne sur des choses qui ne l'intéressent nullement, et maintenant on le laisse seul sur la causeuse pour se promener dans l'appartement sans faire attention à lui. Il se dit que si c'est pour obtenir ce résultat qu'il a déchiré son habit et son pantalon, ce n'était pas la peine de se mettre en frais de dépenses. Il a bien envie de se lever aussi et de marcher à côté de cette dame qui semble avoir des inquiétudes dans les jambes; mais il craint en marchant d'augmenter les solutions de continuité qui ont eu lieu sur ses effets, et cette crainte le jette dans une situation tout à fait perplexe.

Enfin Thélénie semble tout à coup, en s'arrêtant devant son siéur, se souvenir qu'elle n'est pas seule. Elle se rassied sur la causeuse en disant :

— Excusez-moi, monsieur, vous devez me trouver fort impolie... mais je suis parfois extrêmement distraite... il me passe tout à coup des idées qui m'absorbent. Cela tient à mon organisation...

— Vous êtes tout excusée, belle dame; d'ailleurs, moi-même j'ai des moments où je suis stupide!... Je ne sais pas, par exemple, à quoi cela tient...

— Ensuite je vous avouerai que je vous en veux de vous être endormi à ce souper après le bal... Je vous avais prié de me rapporter tout ce que vous entendriez... Si c'est ainsi que vous vous acquittez des commissions que l'on vous donne...

— Pardonnez-moi, madame, à l'avenir je ne dormirai plus si cela peut vous être agréable... et cela me sera d'autant plus facile que je sens bien que vous m'avez à jamais ravi le repos!...

Thélénie regarde Chamoureau d'un air assez sévère en lui disant :

— Vous tenez donc absolument à me parler d'amour, monsieur?

— Comment, si j'y tiens!... Mais, madame, je ne suis venu chez vous que pour cela.

— Ah! voilà de la franchise... Je vais en avoir aussi avec vous, monsieur : vous espérez peut-être faire de moi votre maîtresse?

— Ah! madame, je n'ose pas dire que je l'espère, mais je puis du moins avouer que ce serait pour moi la suprême félicité... Et si l'amour le plus pur... la constance la plus invétérée, pouvaient mériter en ma faveur, mettez-moi à l'épreuve...

— Monsieur, il m'a semblé que vous étiez en deuil... Oui, il y a un crêpe à votre chapeau... N'est-ce pas de votre femme que vous êtes en deuil?

— En effet, madame, c'est de ma femme... que je regrette... c'est-à-dire que j'ai regretté beaucoup... que j'ai infiniment pleurée; mais c'est justement pour mettre un terme à cette douleur que j'accepte avec joie ce nouvel amour qui s'est emparé de mon âme, de mes sens, de...

— Pour qui donc me prenez-vous, monsieur?

Chamoureau se sent embarrassé, la question lui semble insidieuse. Il balbutie en jetant les yeux sur son pantalon :

— Mais, madame, je vous prends pour une dame... du meilleur ton... très-bien élevée... qui a beaucoup d'esprit... faite enfin pour captiver tous les hommages...

— Vous ne dites pas tout : vous m'avez rencontrée au bal de l'Opéra, et vous vous êtes dit : Une femme qui va au bal masqué est toujours une conquête facile. Celle-ci est venue la première causer avec moi... par conséquent, elle ne fera pas une longue résistance.

— Ah! madame, permettez...

— Monsieur Chamoureau, je dois vous avertir que vous vous êtes entièrement trompé dans vos conjectures. Je ne serai pas votre maîtresse, monsieur... D'ailleurs, je ne veux l'être de personne... Oh! je n'affecterai pas devant vous une vertu bien rigide... J'ai eu une jeunesse fort orageuse, je ne le nierai point; mais maintenant, je deviens vieille, je dois être sage...

— Vieille, vous, madame! quelle raillerie!

— J'ai trente ans sonnés, monsieur; à cet âge il faut songer à l'avenir... il faut avoir un nom, une position dans le monde... Comprenez-vous, monsieur?

— Je crois vous comprendre, femme charmante, mais si vous daignez accepter mon nom, ma main, mon cabinet... je mets tout à vos pieds en devenant votre époux...

— Cela offre me touche, monsieur, mais entre nous, le mariage est une affaire... et une affaire très-importante! Quelle est votre fortune, monsieur? Que vous rapporte ce cabinet que vous mettez à mes pieds?

Chamoureau se redresse, calcule un moment dans sa tête, puis répond :

— Avec ce que j'ai déjà et mon cabinet d'affaires, je n'exagère point en disant que je me fais de quatre à quatre mille cinq cents francs de revenu...

La belle Sainte-Suzanne se renverse en arrière sur la causeuse en partant d'un rire moqueur. Notre veuf, que ce rire inquiète, attend qu'il se calme pour dire timidement :

— Est-ce que vous ne trouvez pas cela gentil?

— Non... Oh! non, franchement, ce n'est pas assez gentil pour moi... J'ai dix mille francs de rente, je n'accepterai pour mari qu'un homme qui m'en apportera au moins le double... Voilà à quoi je suis bien décidée. Oublions cette folie, mon cher monsieur Chamoureau, ne songeons plus à votre amour, il n'est pas assez ancien pour être encore bien enraciné... et venez me voir quelquefois comme ami... A ce titre, je vous recevrai avec plaisir... mais vous l'entendez, comme ami seulement.

— Que j'oublie mon amour! Ah! femme ravissante! mais vous ne savez pas que vous m'avez ensorcelé... que vous m'avez tourné la tête... que je raffole de vous! Vous ne savez pas...

— Pardon, monsieur Chamoureau, mais je sais que j'ai des visites à faire aujourd'hui et qu'il est temps que je songe à ma toilette; permettez-moi donc de vous dire adieu.

Très-vexé de se voir ainsi congédié, Chamoureau se lève, empoigne avec sa main gauche le fond de son pantalon, de sa droite prend son chapeau, salue à peine pour que son habit ne craque pas davantage et sort à reculons. Mais une fois dehors, il enfonce avec colère son chapeau sur sa tête en se disant :

— Mettez-vous donc en frais pour en arriver là... Oh! les femmes... Et il faut encore que je prenne une voiture!...

XII

Les parents d'Agathe.

Honorine Dalmont occupait, avec sa jeune amie Agathe, un modeste logement dans la rue des Martyrs. Ces dames n'avaient pour tout domestique qu'une femme qui faisait leur ménage et s'en retournait après avoir préparé leur dîner.

La modeste fortune de madame Dalmont ne lui permettait pas, à Paris où la vie est si chère, de tenir sa maison sur un autre pied, et c'était pour tâcher de se procurer un peu plus d'aisance et de confortable, qu'elle avait formé le projet d'aller demeurer à la campagne, projet qui avait causé la plus vive joie à son Agathe. Pour les femmes qui vont dans le monde, qui suivent les modes, qui passent leurs soirées au spectacle, au concert, au bal, ou dans de brillantes réunions, aller vivre à la campagne leur semble une terrible pénitence. Pour celles-ci ce n'est plus exister, c'est renoncer à tous les plaisirs, c'est se condamner enfin à mourir d'ennui. Mais il n'en est point ainsi pour celles qui, bien que demeurant à Paris, vivent constamment dans leur intérieur, sortent fort peu, et ne connaissent de ce brillant séjour que le bruit, la foule, les voitures, que dehors menacent à chaque instant de les renverser, et la cohue qui encombre les promenades le dimanche et les jours de fête. Pour celles-là, quitter la grande ville n'a rien de pénible. Au contraire, en s'éloignant du tumulte, du tourbillon, du mouvement continuel d'affaires et de plaisirs dont elles n'ont pas leur part, elles respirent plus à l'aise; elles se sentent plus libres de relever la tête, elles se retrouvent quelque chose dans la nature... elles y tiennent leur place, tandis qu'à Paris elles n'étaient rien!...

La vie d'Honorine avait jusque-là été bien simple : fille d'honnêtes négociants qui n'avaient pas réussi... (il y a beaucoup d'honnêtes gens qui ne font pas fortune), elle avait cependant reçu une éducation assez soignée. Elle avait appris la musique, le dessin; elle avait reçu de la nature cette heureuse organisation qui vous fait savoir vite et sans beaucoup de peine ce que d'autres mettent souvent de longues années à étudier. Honorine, qui avait de l'esprit, aurait voulu épouser un artiste; les événements ne lui permirent pas de choisir. Il fallut qu'elle se contentât d'un simple employé, honnête garçon qui n'avait rien de poétique, mais qui allait exactement à son bureau et y faisait ponctuellement sa besogne. Honorine désirait devenir mère, c'eût été du moins une occupation pour son cœur, un petit besoin d'adorer quelqu'un, et qui aime à la meilleure volonté du monde, ne pouvait qu'estimer son mari. Après deux ans de mariage elle eut un fils, mais elle n'eut point le bonheur de l'élever; il mourut à l'âge de vingt mois, alors qu'il commençait à bégayer la mère et à essayer devant sa mère ses premiers pas. La douleur d'Honorine fut si forte qu'elle altéra sa santé. C'est de cet instant qu'elle perdit ses couleurs et que sa poitrine parut s'affecter. Un autre enfant aurait ou pu diminuer la perte du premier, car c'est pour le cœur surtout qu'il faut conseiller l'homœopathie; mais elle n'eut pas d'autre enfant, et quelques mois plus tard une fluxion de poitrine emporta brusquement son mari...

A vingt et un ans, Honorine se trouvait seule, veuve, sans parents, car les siens avaient cessé de vivre depuis longtemps. C'est alors qu'elle fit la connaissance de madame Montoni : c'était la mère d'Agathe, et celle-ci n'avait alors que neuf ans. Madame Montoni, qui vivait fort retirée, se trouvait demeurer dans la même maison que madame Dalmont; elle avait vu sa douleur lorsque celle-ci perdit con mari

et en avait été vivement touchée. En apprenant qu'une mort presque subite venait de lui enlever son mari, elle s'empressa d'aller
lui offrir ses consolations et ses soins. Honorine la reçut avec reconnaissance. Sans expérience, sans aucune connaissance des affaires,
elle se voyait à la veille d'être privée de la petite fortune que son mari
lui avait laissée, et que des collatéraux voulaient lui disputer. Mais
Mme Montoni avait de la force, du courage, de la résolution, elle
fit toutes les démarches nécessaires, et la jeune veuve put enfin jouir
en paix des deux mille francs de son époux lui avait laissés.
  Quant à Mme Montoni, elle travaillait pour vivre et pour élever sa
fille. Elle faisait tous ces jolis ouvrages de femme qui rapportent si
peu et demandent tant de peine et de temps. Heureusement elle était
fort habile; mais souvent, pour acheter une robe nouvelle à sa fille,
elle passait des nuits sur son métier à broder. Honorine avait essayé
de venir un peu en aide à sa nouvelle amie, mais Mme Montoni était
fière, elle n'avait rien voulu accepter de celle à qui elle avait cependant
rendu de véritables services. Un travail incessant usa la vie.
Puis, la mère d'Agathe avait au fond du cœur un chagrin qui l'ac-
cablait; elle l'avait confié à Honorine, mais celle-ci n'avait pu que
pleurer avec elle. Il y a des peines qui n'admettent point de conso-
lation. Souvent la petite Agathe disait à sa mère :
  — Pourquoi donc ne voyons-nous plus mon père... qu'est-il donc
devenu ?... Autrefois, quand j'étais toute petite, je me rappelle qu'il
venait souvent nous voir... il me menait promener en voiture... dîner
chez le traiteur; tu étais bien gaie, alors, maman... tu ne travaillais
pas toute la journée... et puis mon père m'apportait toujours des
cadeaux... et à toi aussi... et il m'embrassait bien... et il me disait
qu'il m'aimait de tout son cœur !... Et puis, tout d'un coup, il a cessé
de venir... et puis tu as pleuré... tous les jours, tous les jours...
Est-ce qu'il est mort, mon père !
  Lorsque madame Montoni entendait cela, elle versait des larmes et
pressait sa fille contre son sein en lui répondant :
  — Hélas, chère petite ! ne sais que te dire !... je ne sais pas ce
qu'est devenu ton père... j'ignore s'il existe encore, et voilà ce qui
cause ce chagrin qui mine mes jours !... Adhémar m'aimait tant...
et il t'adorait, toi... Comment supposer que sans motif il ait pu se
résoudre à nous abandonner... lui, qui pour l'avenir me promettait
un sort si doux... un bonheur assuré... il nous aurait laissés tout à
coup sans fortune, sans ressources, sans appui... oh! non... non...
il n'aurait pas fait cela !... ton père doit être mort... mon Adhémar a
cessé d'exister puisque nous sommes si malheureuses !
  — Depuis quelle époque avez-vous cessé de le voir ? disait Honorine, devenue la confidente de la mère et de la fille.
  — Mon Dieu... mon Agathe venait d'avoir six ans... quand son père
est venu nous voir pour la dernière fois...
  — Il ne demeurait donc pas avec toi, papa ?
  Madame de Montoni rougit et détourne la tête en répondant :
  — Non, ma fille... il ne le pouvait pas... ses occupations l'en em-
pêchaient.
  — Il était bien gentil, mon père, n'est-ce pas, maman ?
  — Oh! oui, mon enfant !... il était aussi beau que bon et géné-
reux... un peu vif seulement, prompt à s'emporter, c'était le seul
défaut que je connaissais à Adhémar. La dernière fois qu'il vint nous
voir, il me dit encore : Dans quelques jours, nous partirons pour
l'Italie... c'est la patrie, Julia, et je veux te voir avec toi ; puis nous
reviendrons en France et je ne vous quitterai plus...
  — Et vous ne l'avez pas revu ?
  — Non... et aucune nouvelle, aucune lettre... rien de lui ! rien !
  — Mais vous avez fait des démarches, vous vous êtes informée ?
  — Quand je vis huit jours s'écouler sans revoir Adhémar... et
ordinairement il n'en était jamais plus de deux sans accourir près de
nous, je me décidai à me rendre à l'hôtel où il m'avait dit qu'il logeait, c'était un des plus beaux hôtels de Paris. Je demande
M. Adhémar, et le concierge de l'hôtel m'assure qu'il est parti depuis
six jours.
  — Il ne peut pas être parti, dis-je, mais alors où est-il allé ?... Cet
homme ne sachant rien, je vais trouver le maître de l'hôtel lui-même
et celui-ci me dit :
  — Madame, je suis tout aussi surpris que vous de l'absence de
M. de... de M. Adhémar... Je sais bien qu'il devait aller en Italie...
il en avait parlé plusieurs fois, mais quand il est sorti d'ici, il y a six
jours, il a dit seulement : Je vais à la campagne... je reviendrai demain matin...
  — Et il n'est pas revenu depuis ?
  — Non, madame.
  — Et à quelle campagne allait-il ?
  — Eh ! mon Dieu ! il ne l'a pas dit... il avait reçu une lettre le matin...
c'était probablement une invitation...
  — Et il est parti seul ?
  — Seul, oui, madame. Mais certainement il reviendra... il a
laissé ici du linge, des effets pour beaucoup plus d'argent qu'il ne
doit, d'autant plus qu'il payait chaque semaine... Oh! c'est un jeune
homme qui a de l'ordre... il reviendra, madame... il faut bien qu'il
revienne; c'est qu'il se plaît à la campagne et qu'il y séjourne plus
longtemps qu'il ne le pensait lui-même

Je m'éloignai en disant à cet homme.
  — Alors, je reviendrai dans quelques jours... et en effet, le sur-
lendemain, je retournai à l'hôtel.
Mais Adhémar n'avait pas reparu ! et pendant un mois il en fut
ainsi !... si bien qu'il me fallut renoncer à tout espoir...
  — Mais sa famille. ne la connaissez-vous pas?
  — Je savais par Adhémar que sa famille habitait dans les environs
de Toulouse : c'étaient des oncles, des tantes, tous gens fiers de leur
rang, de leurs titres; on ne daigna pas répondre aux lettres que
j'écrivis. Enfin, quelqu'un qui se rendait dans ce pays eut la complaisance de demander, de s'informer auprès de diverses personnes,
on lui répondit: M. Adhémar n'est pas encore revenu chez ses parents,
mais ceux-ci s'inquiètent peu de son sort, car ils savent qu'oubliant
son nom, sa naissance, il a contracté à Paris une liaison indigne de lui...
et s'il ne rompt pas cette liaison, on ne le reverra plus dans sa noble
famille ! Voilà tout ce que j'appris sur celui que j'aimais plus que ma
vie ! Ah ! si je n'avais pas eu ma fille, sa disparition m'aurait tuée...
mais que serait devenue ma petite Agathe... sans parents, sans appui
sur la terre... Je devais vivre pour elle... pour elle que son père
aimait tant !... c'est ce que je me disais... j'ai vécu... mais je ne me suis
jamais consolée! Hélas! s'il est mort loin de nous... sans pouvoir
nous embrasser encore... nous dire un dernier adieu... sans pouvoir
surtout assurer l'avenir de sa fille ! pauvre Adhémar ! quelle a dû
être sa douleur... son désespoir, en pensant qu'il nous laissait malheureuses sur la terre. Ah ! cette idée me poursuit sans cesse...
et elle augmente encore l'amertume de mes regrets.
  Ces conversations se renouvelaient souvent entre les nouvelles
amies, car madame Montoni ne pouvait se lasser de parler du père de
son Agathe. Dans ces deux épanchements, elle n'avait aucun secret
pour Honorine, tandis qu'elle en avait encore un pour sa fille. Quelques années s'écoulèrent; madame Montoni, épuisée par le travail et
le chagrin, perdit bientôt le peu de forces qui lui restait.
  Sentant qu'elle allait bientôt quitter la vie, elle mit dans la main
d'Honorine celle de sa fille qui avait alors douze ans, en disant à la
petite Agathe :
  — Honorine me remplacera près de toi... aime-la comme tu aimais
ta mère. Le ciel a permis que du moins je laisse près de toi une
sœur, une amie !... Quelque jour, ma fille, elle te dira... ce que ta
mère n'a pas osé te dire... et tu pardonneras à ta mère... parce qu'elle
t'aimait bien... et qu'elle a bien souffert pour toi. Maintenant, je vais
rejoindre ton père, mon Adhémar, et de là-haut, tous deux, nous
veillerons encore sur notre enfant. Si pourtant le destin voulait qu'il
ne fût pas mort et que tu le revisses un jour, ah ! dis-lui bien que jusqu'à mon heure dernière, son image a toujours été là... dans mon
cœur.
  Les larmes d'Agathe, les prières d'Honorine ne purent suspendre
l'arrêt du destin ! madame Montoni ferma les yeux pour toujours.

La mort a des rigueurs à nulle autre pareilles,
On a beau la prier,
La cruelle qu'elle est, se bouche les oreilles,
Et nous laisse crier !...

  Après la mort de madame Montoni, Honorine prit Agathe avec elle,
et à dater de ce moment, elles ne se quittèrent plus.
  Ce qui n'était d'abord que l'affection d'une protectrice devint bientôt l'amitié de deux sœurs, car en atteignant quinze ans, Agathe devenait une amie pour celle qui n'en avait alors que vingt-sept; le temps
rapprochait les distances qu'avaient d'abord établies entre elles. Les
goûts, les plaisirs de la jeune fille n'étaient plus ceux d'un enfant et
s'accordaient avec ceux de la jeune femme, qui était heureuse de trouver maintenant une compagne, une société, dans celle dont elle
n'avait été d'abord qu'une seconde mère. Cependant Agathe n'avait
pas oublié les dernières paroles que sa mère lui avait adressées.
Il existait un secret que madame Montoni avait confié à Honorine...
et qu'elle n'avait pas osé dire à sa fille. Comment cette mère si bonne,
si tendre, avait-elle pu craindre de dire quelque chose à son enfant ?
ne devait-elle pas être toujours certaine que sa fille ne blâmerait
aucune de ses actions ? Voilà ce que se disait Agathe, et cependant
elle n'osait pas encore demander à Honorine de lui révéler ce secret,
car elle craignait même de déplaire à l'ombre de sa mère.
  — Puisque elle ne me l'a pas confié lorsqu'elle vivait, se disait la
jeune fille, cela n'est peut-être pas bien de vouloir le connaître maintenant qu'elle n'est plus.
  Mais un soir, après une conversation intime entre les deux amies
alors qu'elles s'étaient longtemps entretenues de la singulière disparition du père d'Agathe, celle-ci s'écria :
  — Si du moins je possédais quelque chose qui me vînt de mon
père! De ma mère j'ai bien des objets qui lui ont appartenu et que je
conserve précieusement ; mais de mon père je n'ai rien, absolument
rien ! c'est bien triste cela.
  — Et si je te disais, moi, répondit Honorine, que j'ai à te remettre quelque chose qui vient de ton père... et que ta pauvre mère m'a
donné à garder jusqu'à ce que je te le donne !
  — Mon Dieu... il serait possible !... tu as quelque chose qui vient
de mon père et tu ne me l'as pas encor remis depuis que ma mère

est morte... Ah ! Honorine, tu ne veux donc pas me rendre bien heu-reuse!...

— Ma chère Agathe, en te remettant le dépôt que l'on m'a confié, je dois aussi te dire ce secret... que ta mère craignait de t'avouer... car elle ne voulait pas rougir devant toi...

— Rougir devant moi... ma bonne mère... mais ce n'est pas possi-ble cela ! ah ! parle, Honorine, parle, ne me cache plus rien.

— Je le veux bien, et d'ailleurs il me semble qu'il est indispensable que tu saches la vérité... que tu connaisses enfin le nom de ton père, sans cela tu pourrais un jour te trouver près de lui sans le savoir.

— Le nom de mon père., mais il se nommait Montoni, puisque ma mère s'appelait madame Montoni.

Honorine secoue tristement la tête en murmurant:

— Non... Et voilà tout le secret... ta mère ne portait pas son nom... car ils n'étaient pas mariés...

— Pas mariés !... ah ! pauvre mère ! pauvre mère ! et c'est cela qu'elle n'osait pas me dire... est-ce que j'en étais moins sa fille pour cela !

— Maintenant, Agathe, écoute le récit des amours de ta mère, c'est elle-même qui me l'a conté : L'Italie était sa patrie, mais elle la quitta très-jeune avec ses parents, qui allèrent s'établir en Suisse. Ils moururent comme elle venait d'atteindre sa seizième année. Elle de-meura alors près d'une vieille Suissesse qui la traitait fort durement et la réduisait presque à l'état de domesticité. Elle gardait tristement des chèvres qu'elle menait paître sur les montagnes, lorsqu'elle y fit la rencontre d'un jeune étranger qui voyageait en Suisse pour son agrément. C'était un Français; il se nommait Adhémar de Hautmont; il était riche et d'une famille noble ; mais il était surtout jeune, beau, sensible et aimable ; de son côté, quoique gardant des chèvres, il paraît que ta mère était bien jolie... Enfin, les deux jeunes gens se plurent, se le dirent, s'aimèrent... et ta pauvre mère n'avait pour la surveiller que les chèvres qu'elle-même gardait. Cette liaison durait depuis deux mois et le jeune Adhémar ne pouvait se résoudre à se séparer de Julia. Ce fut bien pis lorsque celle-ci lui apprit qu'elle portait dans son sein un gage de son amour. Alors le jeune Français dit à ta mère:

— Tu ne peux rester dans ce pays... exposée aux mauvais traite-ments d'une femme déjà sévère pour toi, et qui le sera bien plus encore lorsqu'elle connaîtra ta faute. Va t'en avec moi, je t'em-mène en France, à Paris; tu y demeureras ; j'aurai bien soin qu'il ne te manque rien, lorsque je serai obligé de te quitter pour retourner dans ma famille. D'ailleurs mon absence ne sera pas bien longue : comme on me permet de voyager souvent pour mon instruction, au lieu de parcourir l'Allemagne, l'Espagne, l'Angleterre, c'est près de toi que j'irai passer mon temps jusqu'au moment où il me sera per-mis de te nommer ma femme et de ne plus te quitter. Tu penses bien que ta mère adopta avec joie le plan de son jeune amant. Ils partirent donc tous deux et vinrent à Paris; le jeune Adhémar éta-blit sa Julia dans un petit logement modeste et retiré, mais où rien ne lui manquait, puis, après lui avoir laissé tout l'argent dont elle pouvait avoir besoin en son absence, il partit pour Toulouse, car il n'était pas encore majeur et avait tout à craindre de sa famille si l'on avait appris qu'il avait enlevé en Suisse une jeune fille sans res-source. Mais tout se passa fort bien : Adhémar calculait avec soin ses absences ; il avait tant d'amour pour sa Julia qu'il trouvait le moyen d'accourir près d'elle lorsqu'on la croyait bien loin en pays étranger. Tu vins au monde alors, et lorsque ton père te pressa con-tre son cœur, il jura de nouveau qu'il n'aurait jamais d'autre épouse que ta mère. Quelques années s'écoulèrent ; de ces gens bavards qui se plaisaient à se mêler de tout et qui avaient vu M. Adhémar de Haut-mont à Paris, lorsque ses parents le croyaient à Vienne, ne manquè-rent pas de faire savoir à ceux-ci que le jeune homme était à Paris où il avait une maîtresse. Les parents ordonnèrent à Adhémar de re-venir près d'eux, mais celui-ci était majeur, maître de ses actions, et il ne tint aucun compte des ordres que l'on voulait encore lui im-poser. Cependant un grand-oncle, très-vieux, très-riche et qui l'aimait beaucoup, cet oncle devait lui laisser toute sa fortune. Ton père disait souvent à son amie :

— Je n'ose l'épouser de son vivant, cela pourrait l'irriter contre moi, et nous priver pour l'avenir d'une grande fortune. Mais lorsqu'il ne sera plus, rien ne s'opposera à notre union. Et ta mère, qui se trou-vait bien heureuse parce que ton père l'aimait toujours autant, lui répondait: Agis comme tu le croiras convenable, mon ami, nous serons toujours satisfaites, moi et ma fille, tant que nous posséderons ton amour ; pour nous c'est le premier des biens. Enfin, quelques jours avant sa disparition, ton père venait d'apprendre que son vieil oncle était devenu plus indulgent; qu'il semblait disposé à pardonner à son neveu ses secrètes amours; Adhémar s'était aussitôt occupé de faire venir de son pays tous les actes qui lui étaient nécessaires pour se marier, en disant à ta mère :

— Aussitôt la cérémonie terminée, nous partons pour l'Italie avec notre petite Agathe. Nous y passons une année, puis nous revenons en France, où ma famille, sachant depuis longtemps alors que tu es ma femme, comprendra qu'elle n'a plus autre chose à faire qu'à me

pardonner et t'aimer ensuite lorsqu'elle te connaîtra. Voilà, ma chère Agathe, toute l'histoire des amours de ta mère.

Bien des femmes portent le nom de leur amant, sans en avoir le droit, et se donnent dans le monde le titre d'épouse légitime, ta mère ne se serait jamais permis d'agir ainsi. Le nom de Montoni est celui de son père, c'est le seul qu'elle t'a laissé. Pauvre Agathe, par quelle fatalité, au moment d'avoir un nom, une position, faut-il que cela qui allait te donner tout cela ait tout à coup disparu.

— Ma bonne Honorine, dit Agathe, ce n'est point un nom et une fortune que je regrette, c'est l'amour... ce sont les caresses de mon père... mais ce que tu as à me remettre?

— Ce sont les lettres qu'il écrivait à ta mère lorsqu'il était loin d'elle et qu'elle a toujours conservées précieusement.

— Oh! quel bonheur... des lettres de mon père... donne, donne !

Honorine prend dans son secrétaire un petit paquet qu'elle y avait soigneusement serré et le remet à Agathe. Celle-ci reçoit en tremblant ce seul héritage que lui ait laissé son père, elle se hâte d'ouvrir une des lettres, elle la porte à ses lèvres et la mouille de ses larmes en balbutiant :

— Mon pauvre père !...

Puis elle essuie ses yeux afin de pouvoir lire, tout en disant à Honorine :

— Vois donc... quelle jolie écriture il avait mon père... Ah! cela peut se lire facilement... écoute:

« Ma bien-aimée Julia, le temps est bien long quand je suis loin de toi... les journées me semblent éternelles, et ce que l'on nomme les amusements : le jeu, la chasse, les concerts, les bals, tout cela me semble bien monotone et ne vaut pas un regard de toi et un sourire de ma petite Agathe... qui, j'aime à le croire, est toujours aussi fraî-che, aussi rose, et continue à bien porter. Quand donc irai-je vous embrasser toutes deux... Ma fille commençait à balbutier quelques mots. Tu m'as dit qu'à mon retour elle me donnerait ce nom si doux de père que je serai si heureux de lui entendre prononcer... Dans quinze jours, je partirai... je passerai deux jours en Angleterre, puis j'accourrai près de toi. Patience, ma Julia, un temps vien-dra où je ne te quitterai plus, où tu seras ma femme devant les hom-mes, comme tu l'es devant Dieu... Soigne ta santé, ne te fatigue pas en portant la fille... je t'ai dit de prendre une domestique, j'espère que tu l'as fait. A bientôt, puis à toujours, ton...

« ADHÉMAR, comte de Hautmont. »

Agathe a lu cette lettre presque sans reprendre haleine, puis elle regarde Honorine en lui disant :

— Ma bonne amie, on n'écrit pas comme cela aux personnes que l'on veut abandonner un jour... Ah! je n'en saurais douter, mon père est mort, puisqu'il n'est jamais revenu près de nous.

Le paquet contenait seize lettres qui, toutes, exprimaient l'amour qu'Adhémar de Hautmont éprouvait pour Julia Montoni et pour son enfant.

Agathe les lit toutes avec la plus douce émotion, puis elle s'écrie :

— Ah! merci, ma mère, c'est un trésor que vous m'avez laissé là... et c'est bien plus précieux que l'argent. Désormais, quand j'aurai bien travaillé et que je voudrai me donner une récompense, je lirai de ces lettres-là, et je me croirai entre mon père et ma mère.

Et maintenant que nous connaissons parfaitement les antécédents d'Agathe et d'Honorine, nous pouvons aller avec elles voir la petite maison de Chelles.

XIII

La petite maison de Chelles.

On était au milieu du mois de mars. Il n'y avait pas encore de feuilles aux arbres, mais il y avait du soleil; déjà doux et péné-trant, il annonçait le retour du printemps, de cette belle époque de l'année où tout semble renaître... même ceux qui déclinent!

Ah! pourquoi les hommes ne reverdissent-ils point comme les ar-bres et les buissons?... A la vérité leur printemps à eux dure plus de trois mois... mais ils savent si peu en faire usage!... ils ne l'appré-cient que lorsqu'ils l'ont dépensé, et alors ils le regrettent en vain ; décidément les arbres sont mieux partagés que les hommes. Hono-rine et sa jeune compagne se dépêchent d'achever leur toilette afin de se rendre au chemin de fer situé à l'extrémité du beau boulevard de Strasbourg ; c'est là qu'elles doivent se mettre en route pour Chelles. En fort peu de temps les deux femmes sont prêtes.

Agathe, dont l'imagination vive et gaie voit partout des sujets de plaisir, se fait une grande fête d'aller à la campagne, bien que la saison ne soit pas encore assez avancée pour que les champs aient revêtu leur verte parure. Mais, pour Agathe, c'était déjà un grand amusement de faire un petit voyage en chemin de fer. Lorsqu'on prend rarement du plaisir, on se déplait rarement de la distraction, et la moindre promenade devient un bonheur pour quiconque sort rare-ment. Ceci est un dédommagement pour les personnes qui ne peu-vent pas se procurer souvent de l'agrément ; il faut peu de chose pour les satisfaire... tandis que l'ennui poursuit quelquefois ceux qui sont toujours en fête. Il y a partout des compensations.

Une heure a suffi pour que les deux amies soient arrivées au terme de leur voyage. Lorsqu'on arrive à la station de Chelles en venant de Paris, le village ou le bourg est sur la gauche sur une éminence ; il y a bien encore dix minutes de marche pour y arriver, mais il est bien rare que les chemins de fer vous mènent positivement dans le pays où vous avez affaire. Lorsque vous arrivez à une station, vous vous trouvez presque toujours en plein champ. Vous regardez autour de vous en cherchant l'endroit où vous croyez être arrivé, et au lieu de maisons, vous êtes très-surpris de ne voir que des plants de choux, de betteraves ou de pommes de terre. Agathe, enchantée de se trouver dans la campagne, saute, gambade comme un enfant en s'écriant :

— Ah! que c'est bon le grand air!... On peut courir ici sans avoir peur de ces vilains omnibus qui, dans Paris, sont toujours devant ou derrière vous... et quand tout cela sera en feuille, en fleur, quand les arbres donneront de l'ombre... qu'il y aura des coquelicots dans les blés, du muguet dans les bois, de la violette dans les bordures... ah! c'est alors que ce sera ravissant... Honorine, est-ce que tu n'es pas heureuse comme moi de te trouver dans la campagne... est-ce que tu ne t'y plairas pas... est-ce que tout cela ne t'enchante pas...

— Si... si, j'aime beaucoup la campagne aussi...

— Eh bien, pourquoi soupires-tu alors, pourquoi as-tu un air triste en me disant cela?

— Ah! c'est que je pense à mon pauvre petit garçon... S'il avait vécu, il aurait sept ans accomplis maintenant. Comprends-tu, Agathe, combien je serais heureuse de le sentir auprès de moi... de lui donner la main... ou de le voir courir comme toi dans le chemin. Il était si gentil, mon fils... oh! je suis sûre qu'il serait devenu bien joli garçon... mon pauvre petit Léon!...

— Mon Dieu, Honorine, si tu vas penser à tout cela, tu vas encore être triste, et le médecin t'a dit que c'était cela qui te rendait malade...

— C'est fini, Agathe... tu as raison... je ne veux pas troubler ta joie... mais c'est que, vois-tu, en pensant à la nouvelle existence que nous allons mener... à cette vie si douce, si paisible, qui doit être la nôtre, quand nous ne serons plus dans Paris, ah! je n'ai pu m'empêcher de penser à mon fils, que je plaçais toujours dans mes rêves d'avenir et de bonheur!... Tu ne sais pas, Agathe, ce que c'est que l'amour d'une mère et tu ne peux pas comprendre cette blessure inguérissable que fait à mon cœur la perte de cet enfant!... mais c'est fini... pauvre amie! Voilà que tu es triste aussi, toi... allons, ne songeons qu'à trouver la maison qui est à vendre... il faut nous adresser à...

— A M. Ledrux, jardinier fleuriste, pour voir la maison de M. Courtivaux.

— C'est bien cela. Nous allons demander au premier paysan que nous rencontrerons... à la campagne tout le monde se connaît.

Les deux jeunes femmes arrivées au village ne tardent pas à rencontrer un laboureur auquel elles s'adressent :

— M. Ledrux, jardinier, pourriez-vous nous indiquer sa demeure, s'il vous plaît?

— Ledrux... Ah! dame... c'est-il un Ledrux Cailleux? ou un Ledrux Leblond, ou ben un Ledrux tout court? C'est que, voyez-vous, dans le pays, il y a tout plein de Ledrux, on leur a donné à chacun un sobriquet pour les distinguer... C'est comme les Thomas et les Gaillot... il y en a une fourmilière!... ce sont des amilles où l'on a tout plein du des enfants!...

— Monsieur Ledrux que nous demandons est jardinier fleuriste.

— Oh! mais tout le monde est jardinier par ici... vous entendez ben qu'on ne va pas chercher son voisin quand on a besoin de tailler ses arbres ou sa vigne.

— Mais on nous a dit que Ledrux...

— Alors ce doit être Ledrux tout court... oui, il soigne chez lui les orangers des bourgeois qui passent l'hiver à Paris... Alors, vous allez prendre ce chemin que vlà devant vous ; vous suivrez tout droit jusqu'à ce que vous tourniez à gauche... et puis, au coin d'une ruelle, une petite maison... qui n'a que deux fenêtres sur le devant, c'est là que demeure Ledrux tout court.

— Bien obligé, monsieur.

Et les deux femmes se remettent en route. Agathe en disant :

— Qu'ils sont drôles à la campagne de s'appeler tous de même...

— Cela fait leur éloge ; cela prouve que les membres de ces familles-là n'ont jamais quitté leur pays pour aller chercher fortune ailleurs... Mon père me disait souvent : Ma fille, il faut toujours avoir confiance dans les anciennes familles, dans les anciennes maisons de commerce et dans les anciens serviteurs.

— Voilà la ruelle... je vois la petite maison à deux fenêtres.

— Pourvu que soit bien là que demeure le Ledrux qu'il nous faut.

On arrive. On trouve une petite porte qui s'ouvre en tournant un bouton. On entre et on voit devant soi un grand jardin fort bien soigné, fort bien ratissé et dans lequel de nombreuses caisses de grenadiers, de lauriers, de rododendrons, commencent à prendre l'air. Mais on n'aperçoit personne.

— Entrons, dit Honorine.

— Appelons, dit Agathe, il doit être dans la maison ou dans le jardin... M. Ledrux!...

— M. Ledrux!...

— Il faut peut-être dire : M. Ledrux tout court!...

— Que tu es enfant... il me semble que s'il était dans la maison, il nous entendrait, car elle n'est pas grande... et la porte a sonné en s'ouvrant... voyons dans le jardin... Tiens, justement, voilà un homme qui vient du fond du jardin... il nous a vues.

Le maître du logis est un petit homme vieux, sec, tout ridé, tout hâlé par le soleil, mais dont la physionomie a tout à la fois de la bonhomie et de la finesse. Il arrive tout en chantonnant entre ses dents, ce qui donne déjà une idée avantageuse de son humeur. Honorine s'empresse d'aller au-devant du chanteur :

— Pardon, monsieur, on nous a dit que c'était à vous que nous

C'est le jardin, n'est-ce pas, monsieur?

devions nous adresser pour voir une maison qui est à vendre dans ce pays...

— Hein ?... Une maison... à vendre ?

— Celle de M. Courtivaux.

— Ah ! vous voulez voir la maison de M. Courtivaux ?

— C'est cela même.

— C'est-i pour l'acheter ?

— Mais nous l'achèterons si elle nous convient.

— Ah ! c'est juste ! faut d'abord voir... Je vas vous la montrer...

— Nous sommes fâchées de la peine que cela vous donne...

— Oh ! c'est pas bien loin... Et puis vous ne pouvez pas y aller toutes seules... vous ne savez pas où que c'est... Attendez un brin, j'vas vous chercher les clefs...

Et le petit vieux s'eloigne en fredonnant : Tutu... turlututu... lututu !...

— Tu vois, ma bonne amie, que nous sommes bien adressées.

— Oui... et il a un air tout guilleret, ce vieux paysan... Il me plaît déjà, lui.

— Nous le prendrons pour notre jardinier.

Le père Ledrux revient en chantonnant.

— Vous regardez mon jardin ?

— Oui, il est très-bien entretenu.

— Ah ! il sera plus joli quand les orangers seront sortis... Mais dame, c'est encore trop tôt...

— Et vous ne craignez pas pour les grenadiers, pour les lauriers...

— Oh ! que non... il ne gèlera plus fort à présent, et puis ça n'est pas si délicat !

— Vous avez de bien beaux espaliers...

— Ah ! dame, c'est que c'est bien entretenu... mais faut ça !... Les arbres, voyez-vous, c'est ni peu ni moins comme nous autres... si nous ne nous donnions pas un coup de peigne de temps en temps, d'quoi que nous aurions l'air ?

On se met en route. On traverse une grande rue, puis une autre qui est souvent bordée par des murs de jardin.

— C'est grand, Chelles ! dit Honorine.

— Ah oui ! c'est encore pas mal fort... damel c'est un pays qui a été fameux, qui a fait parler de lui... Ah ! faut entendre causer là-dessus M. Antoine Beaubichon, le docteur de l'endroit... c'est celui-là qui est savant et qui en sait long... sans compter qu'il a un frère qui est à Paris et qui est aussi très-fameux pour la science du commerce et qui vous apprend à porter des livres...

— Je connais l'histoire de ce bourg, dit Honorine en souriant : je sais que l'abbaye de Chelles a beaucoup fait parler d'elle... que sous la première race des rois de France, des établissements religieux y furent fondés. Le roi Chilpéric y résidait fréquemment et il y fut assassiné...

— Tiens ! tiens !... madame est aussi savante que notre docteur, dit le père Ledrux en ouvrant de grands yeux.

— Il ne faut que lire l'histoire pour savoir cela.

— Ah ! ma bonne amie, moi, je suis encore très-ignorante... apprends-moi donc comment le roi Chilpéric fut assassiné ici...

— Ceci, ma chère Agathe, est bien ancien... cela se passait en l'an

cinq cent quatre-vingt-quatre... et entre nous tout ce que l'on nous rapporte de ce temps-là est un peu apocryphe... Mais enfin, voici ce que l'histoire dit :

Un maire du palais... il y avait alors des premiers ministres qu'on appelait maires du palais. Celui-ci, qui se nommait Landry, était, à ce que dit l'histoire, l'amant de la reine Frédégonde. Or, en entrant un jour sans y être attendu dans la chambre de son épouse, le roi la trouva courbée et qui se lavait la tête ; il s'amusa à la frapper par derrière avec sa canne... Voilà qui était un singulier amusement pour un roi... mais dans ce temps-là on était encore si peu policé. La reine, ne voyant pas la personne qui entrait, crut que son favori seul pouvait se permettre cette licence et s'écria : Pourquoi me frappes-tu, Landry ? Mais bientôt en tournant la tête, au lieu de son amant, elle reconnaît le roi, son époux ; elle demeure alors saisie d'effroi. Quant à Chilpéric, sans lui adresser un seul mot, il partit brusquement pour la chasse. Lorsque le roi fut parti, Frédégonde fit venir près d'elle le maire du palais et lui raconta tout ce qui s'était passé.

Alors, redoutant tous deux les supplices et la mort qu'ils avaient mérités par leur indigne trahison, ils résolurent de faire périr le roi Chilpéric. Celui-ci ne revint de la chasse qu'au commencement de la nuit, et en arrivant à Chelles, au moment où il descendait de cheval, des misérables soudoyés par Frédégonde le frappèrent de plusieurs coups de couteau ; il expira sur-le-champ. La reine, après avoir fait courir le bruit que cet attentat avait pour auteur le roi Childebert, ne craignit point d'assister aux funérailles du défunt, qu'elle fit célébrer avec pompe à Paris.

— Voilà, ma chère Agathe, ce que nous dit l'histoire ; cela n'est pas moral, il s'en faut !... et malheureusement c'est presque toujours de la sorte que cela se passait dans ce temps-là... qui ne peut pas être le bon vieux temps qu'ont célébré tant de poètes. Je ne t'en dirai pas davantage sur Chelles, car, en vérité, ce serait encore moins édifiant que ce que je viens de te raconter.

— Ma foi ! c'est égal dit le père Ledrux, qui n'a pas chanté tant que la jeune dame a parlé, vous en savez long aussi... et vous nous contez ça plus clairement que le docteur... parce que lui, il emploie des mots si savants... des mots que je ne connaissons pas... ça fait que faut toujours qu'il nous dise une histoire sept ou huit fois pour que je le comprenions.

— Et cette maison... nous n'y arrivons donc pas ?

— Nous y vla, madame... Tenez, quand nous aurons passé ce mur qui fait le coude... là !... voyez-vous ce bâtiment avec des persiennes vertes... c'est la maison de M. Courtivaux.

— Ah ! ma bonne amie !... vois donc ! qu'elle est gentille !... il y a une grille devant... des vases avec des fleurs sur les pilastres... c'est très-élégant tout cela.

Madame Dalmont sourit de l'enthousiasme de sa jeune compagne, mais l'aspect de la maison à vendre lui plaît aussi beaucoup, et plus on approche plus on est satisfait.

Un mur à grille fermait le devant de la maison et laissait voir une

Pendant quatre jours elle a la constance d'aller se planter là.

3

jolie pelouse qui se trouvait avant les bâtiments, et offrait déjà un charmant tapis de verdure.

— Ah! Honorine! regarde donc quel joli gazon... Comment, monsieur, on a déjà du gazon aussi vert à présent...

— Pardi, mam'zelle... car je vois bien que vous êtes la demoiselle, vous!... il y a du gazon tout l'hiver, il y en a même sous la neige... Les gens de Paris ne croient pas ça... l'herbe croît toujours, voyez-vous.

Le paysan a ouvert la grille. Deux chemins sont ménagés autour de la pelouse et conduisent jusqu'à la maison; puis, sur les côtés, il y a de grands arbres qui étendent leurs branches jusque dessus le gazon et doivent, en été, le protéger par leur feuillage contre l'ardeur du soleil. Agathe marche à côté d'Honorine en lui disant chaque instant à demi voix :

— Oh! que c'est gentil... vois donc les beaux arbres... et ces buissons de lilas qui ont déjà de gros bourgeons... et ces seringats... ah! comme tout cela doit être charmant en été...

— Il y a une douzaine de caisses qu'on met autour de la pelouse, dit le jardinier, six orangers et six grenadiers; mais je les ai portés chez nous... parce que j'en ai soin... dans un mois je les remettrai en place. Ma dame, alors ça fait bien, ça donne du coup d'œil.

La maison se composait d'un rez-de-chaussée, d'un premier et de mansardes. Le rez-de-chaussée était à trois pieds du sol, aussi fallait-il monter un perron pour arriver à la porte d'entrée.

Le paysan a ouvert; on se trouve alors dans un joli vestibule sur lequel donnent quatre portes. L'une ouvre sur un joli salon, meublé convenablement; des divans en occupent une grande partie; les fauteuils sont recouverts en étoffe bleu clair comme les divans, et le papier de cette pièce est de la même couleur. Agathe pousse un cri de joie en disant :

— Un salon bleu... ma couleur favorite, la tienne aussi, Honorine; on nous aurait demandé notre goût que l'on n'aurait pas mieux fait!...

— Il y a un tantinet de poussière sur les meubles, dit le jardinier. Mais vous comprenez... quand un endroit n'est pas habité... la poussière s'y met tout de suite!... Moi, je viens tous les jours donner à manger aux poules et aux lapins, mais vous comprenez ben que je n'ai pas le temps de nettoyer les appartements...

— Comment, il y a aussi des poules et des lapins ici?

— Certainement!... M. Courtivaux aimait beaucoup les lapins, il en faisait tuer un toutes les semaines pour lui.

— Voilà une drôle de manière d'aimer les animaux! dit madame Dalmont... quant à moi, je ne pourrais jamais me résoudre à faire tuer une pauvre bête que j'aurais caressée...

— Oh! ni moi à en manger, dit Agathe.

— Ensuite je ne suis pas très-folle du lapin... ainsi, monsieur Ledrux, si j'achète la maison, je commencerai par vous faire cadeau de tous ceux qui sont ici.

Le paysan semble très-flatté de cette promesse, il porte la main à un petit chapeau rond qui n'a plus ni couleur ni rebord, et qui lui tient lieu de casquette, en murmurant :

— Madame est ben honnête... je ne les refuserai pas... dame, c'est qu'il y a deux mères qui font des petits... en veux-tu en voilà... mais après ça quand on n'aime pas le lapin!... je conçois qu'on s'en délasse. D'abord, ça sent mauvais, et ça détruit tout si on a le malheur de les laisser aller dans le jardin... ah! quel dégât!... Et les poules?... si madame ne les aime pas non plus, moi, je m'en accommoderai tout de même... ça c'est ben pire encore bien propre ces diables de poules... ça piquote partout...

— Oh! pour les poules, c'est différent, dit Honorine, cela vous donne des œufs frais, chose qui est toujours agréable...

— D'ailleurs, ce doit être si amusant d'aller dénicher les œufs... de voir s'il y en a beaucoup... C'est moi qui aurais soin des poules, ma bonne amie, et puis on ne les tue pas ces pauvres bêtes...

— Oh! mais, si fait... il y a des personnes qui les accommodent au riz ou aux petits oignons... c'est bon tout de même. Ensuite, vous en avez quelquefois qui ne pondent jamais, ou qui battent les autres; alors celles-là, on ne les garde pas... on les mange!...

— Ah! monsieur Ledrux, vous êtes bien impitoyable pour tout ce qui se mange!... Enfin, nous verrons, et lorsqu'une de nos poules se conduira mal avec ses compagnes, eh bien! vous l'emporterez, voilà tout; mais je ne veux pas que l'on tue aucune habitante de ma basse-cour chez moi.

— Bon! bon!... du moment que c'est votre idée... soyez tranquille, j'entends ce doit être si amusant... madame est bien la maîtresse... Ah ça, je dis... madame... et puis je dis... mademoiselle... mais il me semble que vous ne pouvez pas être la mère et la fille... l'une serait trop jeune, et l'autre trop âgée...

— En effet, ce serait difficile... mais Agathe n'est pas ma fille... ni mon amie... Moi, je suis veuve... je n'ai pas... je n'ai plus d'enfant... nous ne sommes que nous deux...

— Est-ce que ces dames habiteraient ici toute l'année si elles achètent la maison?...

— Oui, sans doute, toute l'année... nous viendrons nous fixer ici.

— Ah ben! ma fine, j'en serais content... Deux petites dames gentilles dans le pays, ça égaie... ça fait plaisir à voir...

— Achevons de visiter la maison alors...

Le rez-de-chaussée avait, outre le salon, une belle salle à manger une office, une salle de bain, puis une cuisine. Au premier étage, il y avait quatre jolies chambres à coucher et deux cabinets; au-dessus deux chambres de domestique et des greniers. Toute la maison était meublée d'une façon fort comfortable. Agathe sautait de joie, en entrant dans chaque chambre; elle s'écriait :

— Ici, Honorine, ce sera ta chambre... vois-tu comme tu seras bien... il y a un joli petit cabinet de toilette qui en dépend... et quelle vue!... Ah! ma bonne amie... viens donc regarder à la fenêtre... c'est magnifique!...

— Quel superbe panorama... comme la vue s'étend loin .. et quand tout cela est vert... quand ces prairies sont émaillées de fleurs... oh! que ce doit être beau!... Au-dessous de nous, de ce côté, il y a une petite cour... et puis ça... c'est le jardin, n'est-ce pas, monsieur?...

— Oui, mam'zelle, c'est le jardin... et qui est bien tenu, je m'en vante... et qui aura du fruit cette année!... à moins qu'il ne vienne encore quelque mauvaise grêle dans la lune rousse...

— Eh bien, allons voir le jardin, dit Honorine; jusqu'à présent la maison me plaît beaucoup...

On sort par l'autre côté du vestibule où se trouve une porte qui donne sur une petite cour. Là, sont les communs, le poulailler et les lapins. Un treillage ferme l'entrée du jardin, qui a près d'un tiers d'arpent et est fort bien planté. Agathe pousse encore des cris de joie devant chaque tonnelle, chaque bosquet, mais son enthousiasme est au comble lorsqu'à l'extrémité d'une allée, elle aperçoit une éminence sur laquelle est un joli kiosque, qui se trouve placé à un angle du mur de clôture. On monte à ce kiosque par une pente douce, bordée d'églantiers et de chèvre-feuille. L'intérieur du pavillon a trois fenêtres d'où l'on voit fort bien dans la campagne, parce que, ainsi que nous l'avons déjà dit, Chelles se trouve sur une montagne et domine sur les environs.

— Oh! c'est ici que nous serons souvent! s'écrie Agathe; nous y travaillerons contre cette fenêtre, n'est-ce pas, Honorine?

— Oui... cet endroit me plaît beaucoup, j'en conviens... Quel calme on doit y goûter...

— Et sans compter que vous y avez bien de la fraîcheur en été, à cause de ces grands tilleuls qui sont plantés tout autour... C'est gentil pour venir jaser et fumer un coup avec un ami...

Honorine sourit en répondant :

— Nous n'y viendrons pas positivement pour boire un coup... mais nous pourrons quelquefois y déjeuner et souvent y apporter notre ouvrage... Oui, je crois que dans deux mois cette vue sera bien riante...

— Eh! dans un mois, ça commencera déjà à avoir des petites feuilles, les lilas et les seringats... Et puis vous aurez déjà de la violette, du muguet, des tulipes, des narcisses, des jacinthes... il n'en manque pas dans le jardin... Ça vous embaumera quand vous vous promenez... Au total, je vois que la maison vous plaît?

— Oui, beaucoup... Et à toi aussi n'est-ce pas, Agathe?

— Oh! ma bonne amie, j'en suis enchantée; je voudrais déjà ne plus m'en aller... ne plus retourner à Paris!... Il me semble que ce séjour est un petit paradis!...

— On vous a sans doute dit le prix... Vingt mille francs,... que demande M. Courtivaux; mais dame, peut-être bien qu'il lâcherait encore la main de qucque chose...

— Oui, c'est son homme d'affaires que nous avons vu... Dès demain, nous irons chez lui pour qu'il termine...

— Oh! oui, ma bonne amie, il ne faut pas attendre que l'on vende la maison à d'autres...

— Écoutez, dit le jardinier. Puisque ça vous convient... et que vous me donnez les lapins, si d'ici à quelques jours il venait d'autres personnes pour voir la maison, je leur dirais tout bonnement qu'elle est vendue... ça fait qu'ils ne demanderaient pas à l'acheter... Eh! eh! Dame... faut ben avoir un peu de malice et s'entr'aider un brin.

— Merci, père Ledrux, et quand nous habiterons ici, vous viendrez encore de temps à autre ranger notre jardin, tailler nosarbres...

— Pardi... mais tant que vous voudrez... je serai à votre service... en me payant!... c'est mon état! Oh! nous nous arrangerons ben! je suis pas dur, moi; quand on est bon enfant avec moi, je le suis aussi!...

Honorine, qui a regardé un moment dans la campagne, se retourne vers sa jeune amie en lui disant :

— Oui, cette maison me plaît autant qu'à toi, Agathe; il n'y aurait qu'une raison qui pourrait nous empêcher de la prendre...

— Laquelle donc, ma bonne amie?

— C'est qu'elle est un peu isolée... un peu éloignée des autres habitations... et deux femmes seules... Si l'on venait nous attaquer ici, qui est-ce qui nous défendrait?

— Oh! par exemple!... Comment, Honorine, est-ce que tu es peureuse?...

— Sans être très-peureuse, je ne suis pas bien vaillante...

— Vous attaquer... ici... à Chelles! s'écrie le père Ledrux en riant. Ah ben! par exemple, en v'la une bonne... Est-ce qu'il y a des brigands dans le pays... D'abord, on ne vous volera pas vos lapins, puisque vous me les donnerez... C'est la seule chose qu'on vole quelquefois... ou ben encore, des poules... Dame, tant pas les laisser sortir... c'est vétilleux !... Mais, pour ce qui est du reste!... pas de danger... Cette maison est au bout du pays, c'est vrai, mais là-bas, dans la campagne, il y a encore de jolies propriétés !... Et, tenez... voyez-vous, sur la droite, tenez, en regardant après le moulin à eau... C'est encore loin, de l'autre côté de la Marne... Mais, quand le soleil donne par-là, on voit très-bien. Il y a d'abord le petit village de Gournay, où l'on va manger des matelotes... Le poisson est frais, on le pêche devant vous... Ensuite, plus loin... où ça monte, c'est Noisy-le-Grand... Par-là, voyez-vous une grande maison... carrée... le dessus est en terrasse... il y a une petite tour qui se détache dans un coin et qui a un paratonnerre en-dessus... D'ici, vous ne pouvez pas voir le paratonnerre, mais si vous avez de bons yeux, vous devez voir la tour...

— Oui, je la vois, moi, dit Agathe, c'est comme un petit château, cette maison-là... A qui donc appartient-elle ?

— A qui elle appartient ? Ah ! dame, on le sait et on ne le sait pas... C'est-à-dire, qu'on ne sait pas bien ce que c'est que celui qui en est le maître... Et, pour mieux dire, il y a deux maîtres à c'te propriété... un homme et un chien !...

— Comment, c'est un chien qui a cette grande habitation ?... Mais, c'est donc un chien dans le genre du *Chat botté* ?

— Le *Chat botté* ? Tiens ! est-ce qu'il y en a ?... je n'en ai jamais rencontré.

— Voyons, monsieur Ledrux, expliquez-vous mieux... Qui donc loge dans cette maison qui a une tourelle ?

— Un particulier bien original, et son chien... Et dame, le maître aime tant son chien, et l'animal aime tant son maître, que c'est ni plus ni moins que deux amis, qui font chacun leur volonté réciproque!... Quand c'est l'idée du chien d'aller d'un côté... ah ! dame, le maître y va... il se laisse guider par lui. Et il paraît qu'il s'en trouve bien, parce que cet animal-là est d'une intelligence si extraordinaire qu'on n'a jamais vu son pareil, si bien que... Ah ! tiens... qui est-ce donc qui peut m'appeler dans ce moment ?... M'est avis que c'est le docteur Antoine Beaubichon ?... Pardon, excuse, mesdames, mais on m'avait chargé d'une commission pour lui, et il faut que je sache si on l'a faite... Je vais descendre par la petite porte qui est en bas, et qui donne sur la route, je reviens tout de suite... Mais faut que je sache si on a dit au docteur d'aller à Gournay voir le petite du marchand de vin qui est malade.

En disant cela, le paysan quitte la fenêtre du pavillon, d'où il avait aperçu quelqu'un sur la route, et ouvrant une p'tite porte qui se trouvait au bout du jardin, il est bientôt dans la campagne.

XIV

Paul et son chien.

A peine le père Ledrux est-il sorti du jardin, qu'il se met à crier de toutes ses forces :

— Ho hé ! monsieur Antoine !... monsieur le docteur Antoine...

Un individu gros et court, entortillé dans une redingote brune, qui avait la longueur d'une soutane, et coiffé d'un chapeau rond, très-bas de forme et très-large de bords, ce qui le rapetissait encore, s'arrête alors au milieu d'une route de traverse et regarde en l'air, en disant :

— Qui est-ce qui m'appelle ?

Comme s'il pensait que la voix qu'il avait entendue partait d'un ballon.

— Eh ! jardi, c'est moi qui vous appelle . c'est pas un oiseau... moi... Ledrux... par ici...

— Ah ! c'est toi, père Ledrux ... Qu'est-ce que tu fais donc là ?

— Vous le voyez ben... je vous appelle et je vous attends pour vous demander si votre servante Claudine a fait ma commission... Ce matin, quand j'ai été chez vous, vous n'y étiez pas... Et c'était pour vous recommander d'aller à Gournay voir la petite au marchand de vin... parce qu'elle a une fièvre écarlate, le cher enfant...

— Une fièvre scarlatine... oui, oui... Claudine m'a dit cela et tu vois bien que je viens de Gournay...

— Ah ! bon, alors vous avez guéri la petite ?...

— Pas encore... mais ça ne sera rien.

— Vous avez donc été à pied à Gournay ?

— Oui... le temps était beau... cela me fait du bien de marcher... je deviens trop gros...

— Mais vot' bidet, si vous ne vous en servez pas, il deviendra trop gros aussi, lui !... eh ! eh !... Faudra me le prêter, je le fera travailler, moi !

— Qu'est-ce que tu fais donc par ici ?

— Je montre la maison de M. Courtivaux à des dames de Paris, qui sont ben gentilles, et qui ont l'air de vouloir l'acheter... Tenez, les v'là toutes les deux à la fenêtre du petit kiosque... C'est de là que je vous ai aperçu de loin, moi.

Honorine et Agathe étaient en effet restées à la fenêtre du petit pavillon. Elles regardaient dans la campagne, mais leurs regards s'attachaient surtout sur la maison à la tourelle. Le peu que le jardinier leur en avait dit, touchant les propriétaires, avait vivement piqué leur curiosité, et d'ailleurs ayant l'intention de venir demeurer à Chelles, dans la maison un peu isolée où elles se trouvaient, il était assez naturel qu'elles désirassent connaître leurs voisins des environs. Le docteur Antoine a levé la tête pour regarder les dames, il ôte son large chapeau, et laissant voir son front aux trois quarts chauve, et sa figure béate et un peu enluminée, leur fait un profond salut auquel on s'empresse de répondre. Alors le paysan dit au jardinier :

— Tiens, mais puisque la petite porte du jardin est ouverte, en traversant la maison, cela m'abrégera beaucoup pour rentrer chez moi...

— Je crois ben, ça vous diminuera vot' chemin de moitié...

— En ce cas, je vais passer par là... et en même temps, Ledrux, si j'allais présenter mes hommages à ces dames... qu'en penses-tu ?

— Il me semble que si ça ne leur fait pas de bien, ça ne peut pas leur faire de mal !

— N'est-ce pas... et puis enfin... ta connaissance sera faite... et quand elles habiteront ici, si elles sont malades... c'est moi qu'elles enverront chercher...

— Ben sûr... d'autant plus qu'il n'y a que vous de médecin dans le pays...

— Quoi ! mais tu vois bien qu'on m'a envoyé chercher de Gournay... Ce qui te prouve qu'on ne prend pas toujours ceux qu'on a près de soi...

— Oh ! mais, vous êtes finot, vous !... vous pensez d'avance à vos intérêts...

— Il n'est pas défendu de soigner ses affaires.

— Oh ! que nenni... D'autant plus qu'il ne faut jamais compter sur les autres pour ça... eh, eh, eh... tutu... relututu...

En discourant, les deux hommes sont entrés dans le jardin. Le père Ledrux referme la petite porte, et les deux amies qui venaient de quitter le kiosque se trouvent bientôt en face du docteur Antoine, qui les salue de nouveau en leur disant :

— Mesdames... comme habitant... et médecin de ce pays, je m'estimerai très heureux, si nous avons le bonheur de vous y posséder... ainsi que Ledrux vient de me le faire espérer... puisque vous avez l'intention d'acheter cette propriété.

— Oui, monsieur, cette maison nous plaît beaucoup à toutes deux... Elle est bien distribuée... bien située... Le jardin est assez grand pour nous... Mais au moment où le jardinier vous a aperçu, je causais avec lui de l'isolement de cette habitation... Nous n'avons pas d'homme avec nous... Je compte bien prendre quelqu'un à mon service, mais ce sera quelque jeune paysanne !... Vous comprenez alors, monsieur, qu'il ne faut pas que nous courions ici quelque danger...

— Il y a fort longtemps que j'habite Chelles, mesdames, je crois pouvoir vous assurer que ce n'est point un pays à voleurs.

— Je le crois, monsieur, mais les environs sont-ils aussi sûrs que le pays ?... Naturellement, lorsqu'on habite la campagne, on va souvent se promener...

— Et on a raison... c'est très-bon pour la santé...

— Mais dans ces promenades il serait désagréable d'avoir à redouter de fâcheuses rencontres...

— Tous les environs sont très-bien habités... Et ma foi, excepté...

— Excepté... achevez, monsieur...

— Et encore... je ne pourrais rien affirmer... quand on ne sait pas au juste... Mais ce qu'il y a de certain, c'est que cet homme-là n'est ni aimable, ni sociable... Oh ! quant à cela, c'est un vilain voisin... Mais quand je dis voisin... il habite assez loin d'ici. D'ailleurs, il ne vous gênera pas, vous ne le rencontrerez presque jamais, car aussitôt qu'il aperçoit du monde il prend par un autre chemin... c'est un loup... ou un ours... un véritable ours très-mal léché !

Pendant que le docteur parlait, le jardinier le tirait doucement par derrière en murmurant tout bas :

— Quéque vous avez besoin de dire tout ça... vous allez dégoûter ces dames... vous ôter l'envie de venir habiter c'te maison... C'est pas adroit ce que vous faites là pour un docteur !...

— Eh bien ! monsieur, ce loup, cet ours, où demeure-t-il ? Il faut nous le dire, afin que nous puissions au moins ne pas aller nous promener du côté de son antre...

— Mesdames, l'individu dont je veux parler en le désignant ainsi... demeure dans cette propriété qui est là-bas... à droite... du côté de Noisy-le-Grand... une assez belle maison avec une tourelle...

— Alors, c'est l'homme au chien, dit Agathe.

— Justement, mademoiselle, c'est l'homme au chien... Vous connaissez donc déjà ?

— Le jardinier nous en parlait au moment où il nous a quittées pour vous appeler, monsieur, et le peu qu'il nous avait dit, avait vivement éveillé notre curiosité... Vous seriez donc bien aimable monsieur le docteur, de nous dire tout ce que l'on sait sur ce personnage... car enfin, si c'était un ogre, franchement, nous ne serions pas flattées de l'avoir pour voisin.

— Oh ! oh ! un ogre ! s'écrie le père Ledrux en riant ; en v'là d'une bonne. Un ogre ! ça mange les enfants, ça !... Je n'avons jamais entendu dire que M. Paul ni son chien aient croqué le moindre marmot...

— Je n'ai jamais prétendu donner à entendre que ce monsieur était un ogre, reprend le docteur. A Dieu ne plaise que je suppose à cet homme des goûts aussi dépravés ; mais j'établis ces conjectures d'après ce que j'ai vu et entendu... Or, ce que j'ai vu ne peut pas me donner une opinion agréable de ce monsieur.

Tout en causant, la société était revenue dans la maison.

— Je vas donner un coup d'œil aux lapins, dit le jardinier ; si vous vouliez vous reposer un brin dans le salon en bas ?

— Très-volontiers, dit Honorine ; et si monsieur le docteur a le temps, il nous dira ce qu'il sait sur le propriétaire de la maison à la tourelle... que vous appelez Paul, je crois ?

— Oui, mesdames... Paul, on ne lui connaît pas d'autre nom ; et comme il est constamment accompagné de son chien, un animal de la race des terre-neuve, qui est presque aussi gros qu'un âne... on le désigne ordinairement dans le pays en disant : Paul et son chien.

Les deux jeunes femmes entrent dans le salon bleu, accompagnées du docteur Antoine Beaubichon, qui s'assied respectueusement à quelques pas d'elles, et entame son récit :

— Il y a approchant neuf ans, la propriété de la Tourelle était en vente ; on ne trouvait pas d'acquéreur... et pourquoi ne trouvait-on pas d'acquéreur ?... On attribuait cela à une autre circonstance... Cette circonstance, mesdames, est trop intéressante pour que je la passe sous silence. Voici ce que c'est : A peu de distance du petit parc de la Tourelle, à l'entrée d'un ravin qui est contre la route qui mène à Noisy-le-Grand, dans un endroit très-désert, on a planté une croix, en mémoire d'une personne qui, à une époque peu éloignée... j'ai oublié l'époque, mais ceci ne fait rien... en mémoire d'une personne qui aurait été assassinée en cet endroit...

On prétend même que la victime est enterrée au pied de cette croix... on raconte dans les campagnes on est toujours superstitieux et que l'on aime à se faire peur, les habitants de Noisy-le-Grand, de Gournay, ne même un peu ceux de Chelles, assurent que la nuit il ne fait pas bon passer près de la croix du ravin, parce qu'on y entend des bruits étranges... des gémissements... enfin que l'on y rencontre l'ombre de la personne qui a été tuée là... alors que le domaine de la Tourelle était déjà en vente.

— Ah ! mon Dieu ! mais c'est effrayant, cela, monsieur le docteur, dit Honorine ; c'est une histoire de revenants que vous nous racontez là...

— Oh ! continuez, monsieur, dit Agathe, cela m'intéresse beaucoup ; mais vous ne nous avez pas dit qui avait été assassiné... Est-ce un homme ou une femme ?

— Mademoiselle, c'est un homme... un jeune homme que l'on a trouvé mort dans ce ravin... On n'a jamais su comment cela était arrivé, on n'a pas découvert les assassins...

— Était-ce un habitant de ce pays ?

— Non, car personne ne l'a reconnu ; et ce qu'il y a de singulier, c'est qu'on ne l'avait pas volé : on a trouvé sur lui une montre d'or et beaucoup d'argent...

— Mais peut-être les scélérats qui ont commis ce crime ont-ils entendu venir du monde, et alors ils auront eu peur d'être pris et se seront sauvés sans avoir le temps de dépouiller leur victime... Si bien donc qu'on a planté une croix en cet endroit, et que le soir les villageois font un grand détour plutôt que de passer par le ravin, car elles sont persuadées qu'elles rencontreraient le revenant...

— Ah ! relututu ! en v'là une bonne! dit le père Ledru, qui vient de montrer son nez à l'entrée du salon. Comment, docteur, vous contez ces histoires-là à ces dames... pour qu'elles aient peur de venir demeurer par ici ?... mais tout ça c'est des bêtises... j'avons passé ben des fois la nuit par le ravin, contre le croix, et jamais j'ai rencontré personne, pas le plus petit feu follet ! Ils se disent comme ça entre eux aux villées : qu'est-ce que je pourrions donc ben inventer pour nous faire peur ? Et ils se sont imaginé ces ragots-là !

— Ledrux, je dis ce que tout le monde dit... je mets ces dames au fait de la chronique de l'endroit, rien de plus...

— La colique de l'endroit ne sait ce qu'elle dit... On peut se promener à toute heure dans nos environs, il gnia pas de danger... Je vais donner un coup d'œil aux poules... et, je crois qu'il y en a une qui bat les autres...

— Mesdames, reprend le docteur lorsque le paysan est éloigné, j'espère que vous ne me supposez pas l'idée de vouloir vous effrayer... moi, qui serais enchanté de vous voir habiter ce pays.

— Nous le pensons si peu, monsieur, que nous vous prions, au contraire, de vouloir bien continuer votre récit, nous éprouvons le plus grand plaisir à vous écouter.

Le docteur se lève pour faire un nouveau salut à ces dames, puis il se rasseoit, se mouche et continue :

— Certainement, vous êtes positivement un esprit fort... je ne crois pas aux revenants... parce que je n'en ai jamais vu... si j'en avais vu, je déclare que j'y croirais... et en cela mon opinion est partagée par mon frère Désiré Beaubichon, professeur de tenue de livres à Paris, garçon fort érudit... dont ces dames ont peut-être entendu parler ?...

— Non, monsieur, jamais.

— La nature fourmille de faits bizarres et que les plus savants ne

sont pas toujours en état d'expliquer, et depuis *Apollonius de Tyane*, le plus grand magicien de l'antiquité, jusqu'à *Cagliostro*, qui savait aussi évoquer le diable, beaucoup de gens qui n'étaient pas des imbéciles ont cru aux revenants. Quant à moi, je déclare que j'aimerais mieux croire à tout que de ne croire à rien !... Je reviens à la maison de la Tourelle. Ce domaine est encore assez grand, outre les bâtiments où l'on pourrait loger bien du monde, il y a est comme un état château... il y a plus de douze chambres de maîtres. Il y a ensuite le jardin et un petit parc... en tout douze arpents environ.

Je crois que la mise à prix était de cinquante mille francs, mais comme j'ai l'honneur de vous le dire, on ne trouvait pas d'acquéreur... le voisinage de la croix du ravin... ces histoires que l'on débitait, faisait peur aux dames qui venaient voir la propriété... On fut donc bien étonné dans le pays quand le notaire de Noisy-le-Grand dit un matin à ses voisins... la maison de la Tourelle est vendue ! Tout le monde se répéta la nouvelle : la Tourelle est vendue !...

— Bah ! pas possible !

— Si vraiment, c'est monsieur le notaire qui l'a annoncé.

— Et à qui est-ce vendu ?

— A M. Paul.

— Paul qui ? Paul quoi ?

A ces questions, le notaire auquel on avait recommandé le secret, répondait :

— A M. Paul ; l'acquéreur n'a pas donné d'autres noms, mais il a payé comptant son acquisition et peut venir quand il le voudra s'installer dans sa propriété.

— Va pour Paul ! se dit-on dans le pays ; après tout, on peut ne s'appeler que Paul et être un homme très-honorable ; nous avons eu des négociants, des fabricants qui ne s'appelaient que Jean ou Pierre.

— Si ce Paul-là est un homme aimable, un joyeux compagnon, ce sera une société agréable pour le voisinage. Ensuite, il est probable qu'il a une femme, des enfants ; pour acheter une si grande maison, il faut bien qu'il ait du monde à y mettre. Peut-être donnera-t-il quelque fête, quelque bal à ses nouveaux voisins... afin de faire connaissance avec eux ; on saura ce qu'il est alors. Voilà, mesdames, ce que l'on se disait ici et aux environs. Cependant, le temps s'écoulait et on ne voyait personne arriver, et le domaine de la Tourelle ne s'animait pas, ne prenait aucun air de fête.

— Ce nouveau propriétaire ne vient donc pas habiter sa maison ? disait chacun. Pourquoi donc l'a-t-il achetée ?

Mais voilà qu'un matin Jeannette, la coquetière, dit à ses voisines :

— Mais il est arrivé le monsieur qui a acheté la Tourelle... il est depuis plus de quinze jours dans sa propriété. Savez-vous de quoi se compose sa maison ?... d'un chien... rien que d'un gros chien qui accompagne sans cesse son maître. Cependant, comme ce monsieur aura vu que son chien ne pouvait pas lui faire son dîner et son ménage, il vient de prendre à son service la vieille mère Lucas, du village de Couberon, qui est un peu sourde et presque aveugle, c'est elle qui a soin de sa maison.

— Vous comprenez, mesdames, que l'on dut être surpris d'apprendre que cette vaste propriété n'était habitée que par un monsieur, son chien et une vieille paysanne à moitié sourde et aveugle. On se dit : le monsieur est venu en avant, sa famille va venir le rejoindre... mais personne n'arriva. Ensuite, ce nouveau propriétaire, au lieu de se montrer à ses voisins, de chercher à faire leur connaissance, ne se promenait nulle part, ou du moins pas dans les endroits fréquentés ; et on se disait encore : Avez-vous vu le maître de la Tourelle ? non ; ni moi non plus... mais où se cache-t-il donc ce monsieur ?...

— Il ne sort donc pas de sa maison, de son clos ? il vit donc comme un ermite ? Cependant un jour, un bourgeois de cet endroit le rencontra et s'empressa de venir conter à tout le monde que ce monsieur Paul était un homme grand et bien taillé, point ni jeune ni vieux, c'est-à-dire que, portant toute sa barbe, cela cachait une partie de sa figure, ce qui ne permettait guère de deviner l'âge qu'il avait, que du reste il était vêtu fort simplement, en chasseur, portant une veste de chasse, de grandes guêtres de cuir, et une casquette avec une large visière qui lui cachait tout le haut du visage. Il avait un fusil dans sa main et un gros chien le suivait. On se dit : c'est un homme qui probablement aime passionnément la chasse et y passe tout son temps ; les chasseurs ne sont pas gens très-aimables... il faut lui pardonner son originalité. Mais enfin le temps de la chasse ne dure pas toujours, le monsieur au gros chien deviendra plus sociable... attendons. On attendit en vain. Pourtant on apercevait quelquefois de loin M. Paul qui se promenait dans la campagne avec son fidèle compagnon. Mais quand on allait de son côté, il prenait bien vite d'un autre pour éviter les rencontres. Un jour pourtant, madame Droguet, une des plus fortes propriétaires de ce pays, madame Droguet qui avait observé les chemins que le maître de la Tourelle prenait le plus ordinairement, dit à ses connaissances :

— Je veux voir notre nouveau voisin, je veux lui parler... je veux enfin savoir comment il s'exprime cet homme ; s'il est un étranger, à son accent je reconnaîtrai de quel pays il est ; bref, je veux savoir à quoi m'en tenir sur son compte, je verrai bien tout de suite si c'est un homme comme il faut ou un malotru.

— Et comment ferez-vous pour savoir tout cela? répondit-on à madame Droguet. Puisque le propriétaire de la Tourelle fuit tout le monde, puisqu'il ne va que là où on ne va pas, commen espérez-vous causer avec lui?

— C'est mon affaire, cela me regarde, j'en viendrai à bout!... vous savez bien que ce que femme veut finit toujours par avoir lieu. Madame Droguet est une femme qui ne doute de rien et n'a peur de rien! Il y a des personnes dans le pays qui prétendent que, dans sa jeunesse, elle a été vivandière, qu'elle a servi en Afrique... ceci est une supposition qui ne vaut pas la peine d'être rapportée... Voilà donc cette dame qui, comme j'ai eu l'honneur de vous le dire, ayant remarqué avec attention les chemins par où passait quelquefois le monsieur de la Tourelle, va se cacher dans un taillis assez épais qui se trouvait à l'angle d'un de ces chemins. Pendant quatre jours, elle a la constance d'aller se planter là et d'y passer plusieurs heures en attendant que le monsieur passât. Je présume qu'elle emportait au moins son tricot!... on peut tricoter partout, même dans un taillis; et l'homme au chien ne passait pas; mais enfin, le cinquième jour, la patience de cette dame est récompensée; elle voit par un sentier arriver le chasseur, et lorsqu'il n'est plus qu'à dix pas d'elle, elle sort vivement de son taillis de façon à se trouver en face de lui, dans un sentier tellement étroit qu'il n'y avait pas moyen d'éviter la rencontre. Le monsieur, tout surpris en apercevant tout à coup une dame devant lui, s'arrêta et parut vouloir rebrousser chemin, puis il se décida à se ranger un peu de côté pour laisser passer madame Droguet, tandis que son chien la regardait comme s'il eût voulu lui demander ce qu'elle faisait là. Mais au lieu de passer devant le chasseur, voilà madame Droguet qui s'arrête devant lui, lui fait une grande révérence et lui dit:

— Je crois que j'ai le plaisir de me trouver devant le nouveau propriétaire du domaine de la Tourelle... Je suis charmée que le hasard me procure le plaisir de faire sa connaissance... Je suis propriétaire à Chelles... je reçois tout ce qu'il y a de mieux dans le pays, et si monsieur veut me faire l'honneur de venir me voir... Mais alors interrompant brusquement cette dame, ce monsieur lui dit d'un ton fort sec et fort peu poli:

— Je ne vais nulle part, madame, et je ne veux pas faire de nouvelles connaissances! Puis, portant à peine la main à sa casquette qu'il n'ôte même pas de dessus sa tête, il s'éloigne à grands pas, suivi de son énorme chien. Ah! si vous aviez vu madame Droguet lorsqu'elle revint chez elle, elle était furieuse, et courant tous toutes ses connaissances, elle dit: Je le connais à présent le propriétaire de la Tourelle! c'est un rustre, un manant, un homme que l'on sait pas vivre! et il n'a pas même ôté sa casquette de dessus sa tête pour me saluer... Je doit être un rien du tout... qui aura gagné de l'argent, je ne sais comment... Je gage qu'il ne sait ni lire ni écrire, et s'il fuit la société, c'est parce qu'il sait bien qu'il n'y serait pas à sa place et ne saurait s'y conduire... Merci, je ne me chargerai pas de son éducation, il y aurait trop à faire pour défricher ce monsieur. Pendant quelque temps, il ne fut question que de l'entrevue de madame Droguet avec le propriétaire, et tout le pays sut que ce monsieur était entièrement à défricher; le mot de madame Droguet avait fait fortune... elle en a assez souvent de remarquables. Après cela, lorsque l'on parle beaucoup et que l'on dit tout ce qui vous vient à la tête, il n'est pas surprenant, que dans la quantité de mots, il s'en trouve quelques-uns de spirituels... cela peut échapper aux gens les plus bornés. Quelques mois s'écoulèrent, la conduite du propriétaire de la Tourelle était toujours la même. Voilà qu'un matin M. Luminot... ancien marchand de vins en gros, fort à son aise, et qui a, lui aussi, une jolie maison et beaucoup de terrain dans le pays, M. Luminot, se dit alors la tête de faire la connaissance de ce M. Paul. Il faut vous dire, mesdames, que M. Luminot est un joyeux compère, bon vivant, farceur, qui donne souvent à dîner et traite fort bien. Il est très-considéré dans le pays. Celui-là se dit: le maître de la Tourelle aura probablement deviné que madame Droguet s'était cachée dans un taillis pour se trouver nez à nez avec lui, et cela lui aura déplu; je conçois cela, les hommes n'aiment pas qu'on leur tende des pièges, qu'on les épie, qu'on les guette. Moi, je vais agir tout différemment: je vais aller tout droit chez ce monsieur, je lui dirai que je viens en voisin lui faire une visite et je l'engagerai à dîner... au moins il dira: voilà un homme qui agit franchement... Je suis persuadé qu'il m'accueillera mieux que madame Droguet. Et un beau jour, après son déjeuner, M. Luminot se dirige vers le domaine de la Tourelle. Il va sonner à la porte principale que l'on tient constamment fermée, en se disant: si c'est la mère Lucas qui m'ouvre, je la prierai tout bonnement de me conduire près de son maître. Mais ce ne fut pas la vieille paysanne, ce fut le maître du logis lui-même qui vint ouvrir la porte, et, regardant M. Luminot d'un air étonné, lui dit de sa voix rauque et sans même le laisser pénétrer chez lui:

— Que demandez-vous, monsieur?

Notre ancien marchand de vins, qui ne s'effarouche pas facilement, mit à rire en s'écriant:

— Pardieu: c'est vous que je demande, voisin, car je devine bien que vous êtes le maître de la maison... Je suis Luminot, propriétaire à Chelles, bon viva , solide à table... toujours disposé à faire goûter mon vin, qui 'est pas mauvais, je m'en flatte. Vous n'allez voir personne vous vous tenez chez vous renfermé comme un ours dans sa tanière... c'est pas comme ça qu'on s'amuse!... et je viens, moi, vous inviter à dîner pour demain...

L'homme au chien lui répondit:

— Je vous remercie, monsieur, mais comme je ne reçois personne chez moi, je ne vais pas chez les autres. Et là-dessus il lui ferma la porte sur le nez. Qui fut bien colère, ce fut M. Luminot, qui revint ici en criant aussi fort que madame Droguet. Mais à qui diable a-t-on vendu le domaine de la Tourelle!... c'est pis qu'un sauvage cet homme-là! On a lui faire une politesse, l'engager à dîner, et ce monsieur vous ferme la porte sur le nez sans vous laisser entrer chez lui, sans vous offrir même de vous reposer, de vous rafraîchir... J'aurais pu lui pardonner de refuser mon invitation, mais il devait au moins me faire goûter de son vin. Décidément c'est un très-vilain voisin que nous avons là. Voilà, mesdames, comment on apprit à connaître ce singulier personnage, il ne me reste plus à vous dire que ce qui me concerne personnellement... Une année s'était écoulée depuis ces événements, on s'occupait un peu moins du propriétaire de la Tourelle, parce qu'enfin on s'habitue à tout, et qu'à force de parler sur quelqu'un, on finit un beau matin par ne plus avoir rien à en dire; lorsqu'un jour en revenant de Gournay, où j'étais allé voir un malade, je rencontrai la mère Lucas, la vieille femme qui compose tout le domestique de ce M. Paul. Je passais sans m'arrêter, mais la mère Lucas vint à moi en me disant:

— Ah! monsieur le docteur Antoine Beaubichon, je suis bien contente de vous rencontrer, c'est comme un fait exprès de la Providence, car je me disais que je devrions aller chez vous.

— Vous avez donc besoin de me consulter, mère Lucas? lui répondis-je, vous êtes donc malade... voyons, qu'avez-vous?

— Non, monsieur le docteur, je ne suis pas malade, moi, je ne suis pas bien forte, mais vous savez que les pots fêlés durent quelquefois plus que les neufs... Ce n'est pas pour moi que je voulais vous aller voir, mais pour mon bourgeois, M. Paul; il est malade, lui, voilà quinze jours qu'il ne sort plus de son lit, et pour qu'il ne quitte pas son lit, il faut qu'il soit bien souffrant, car c'est un homme qui ne s'écoute guère; c'est avec bien de la peine que j'ai pu le décider à boire de la mauve.

— Ah! le propriétaire de la Tourelle est malade, et il vous a chargée de faire venir un médecin près de lui?

— Non, vraiment, il ne m'en a pas chargée! bien au contraire, toutes les fois que je lui dis: Monsieur, il faudrait un docteur; si vous voulez, je vais aller prévenir celui de Chelles, M. Beaubichon, qui est très-savant... très-habile... Il me répond:

— Laissez-moi tranquille, mère Lucas! je n'ai pas besoin de médecin... je n'en veux pas... je dois mourir, je me passerai bien d'eux pour cela, et si le ciel veut que je vive, ce n'est pas eux qui me guériront, ce sera la nature qui rentrera à mon aide.

— Eh bien! dis-je alors à la vieille paysanne, puisque ce monsieur ne veut pas voir de médecin, pourquoi donc vouliez-vous m'aller chercher?

— Eh monsieur! est-ce qu'il faut écouter les malades, surtout quand ils ont d'une humeur aussi bizarre que mon maître. Depuis qu'il a dit cela, il ne va pas mieux, au contraire, depuis hier, il est bien plus abattu, il a l'air de souffrir davantage. Je dois donc le soigner malgré lui!... et vous-même, monsieur le docteur, puisque c'est votre état de guérir les gens, vous ne pouvez pas refuser vos ordonnances à mon bourgeois.

Je réfléchis quelque temps: je ne suis certainement pas aussi curieux que madame Droguet, et ce n'est pas moi qui irais me fourrer pendant cinq jours dans un taillis pour voir passer quelqu'un que je ne connaîtrais pas... Cependant je n'étais pas fâché non plus de voir de près cet homme singulier qui fuit tout le monde, de pouvoir juger par moi-même si cette dame et le voisin Luminot ne l'avaient pas un peu maltraité... Bref, comme la vieille servante me suppliait toujours de l'accompagner à la Tourelle, je me dis: allons-y... ce monsieur est malade... on me prie d'aller voir un malade, je dois y aller... c'est mon état... Et me voilà parti avec la mère Lucas.

Chemin faisant, je risquai quelques questions touchant le propriétaire. La vieille paysanne ne cessait de me répéter:

— Oh! c'est un bien brave homme! un excellent homme!

Mais comme cette femme est sourde, je compris qu'elle n'entendait pas mes questions et qu'elle devait me répondre de travers. Nous arrivons à la Tourelle. Je pénètre dans la maison qui, quoique bien meublée, assez richement meublée même, m'a paru fort mal entretenue. Je traverse plusieurs pièces, j'arrive enfin devant une porte et la paysanne me fait signe d'entrer en me disant:

— Voilà la chambre du bourgeois... Vous n'avez pas besoin de moi pour lui parler, et elle s'en va.

Je jette un coup d'œil sur ma tenue pour voir si je suis présentable, et j'étais en train d'ôter un peu de poussière à mon pantalon lorsque j'entends comme un grognement sourd mais prolongé!...

— Diable! me dis-je, est-ce que c'est ce monsieur qui gémit ainsi... cet homme-là est bien plus malade qu'il ne le croit... Cependant le grognement semblait approcher de moi... Tout à coup il se change en un aboiement très-fort, puis un énorme chien sort de la chambre où j'allais entrer et vient planter ses deux pattes de devant sur ma poitrine, en me faisant des yeux qui n'étaient pas doux!... Ah!... ma foi, mesdames, je ne vous le cacherai pas, dans le premier moment je ne fus pas maître de ma frayeur!... Le chien était alors plus grand que moi!...

Honorine et Agathe ne peuvent s'empêcher de sourire à cet endroit du récit du docteur qui reprend :

— Presque aussitôt une voix s'écrie : — Qui est là?... il y a quelqu'un là... qu'est-ce donc, Ami?...

— Oui, monsieur, dis-je d'une voix mal assurée, c'est un ami qui vient vous voir... Je faisais alors un jeu de mots sans m'en douter, car je m'aperçus bientôt que c'était le terre-neuve qui se nommait Ami, et que c'était à lui que ce monsieur s'adressait... Cependant, pour la justification du chien, je dois dire que l'animal ne laissa pas longtemps ses pattes sur moi et qu'après m'avoir considéré quelques instants, il s'éloigna de moi comme de quelqu'un qui n'était nullement dangereux. Ne rencontrant plus d'obstacle sur mon passage, j'entre enfin dans la chambre du malade. Je vois un homme... jeune encore, étendu dans son lit; cet homme est fort pâle, il a très-mauvaise mine, et comme il porte toute sa barbe et d'énormes moustaches; comme il a beaucoup de cheveux bruns qui voltigeaient en désordre sur son front, cela lui donnait véritablement quelque ressemblance avec un habitant des bois ou orang-outang de la grosse espèce...

— Il est donc bien laid, bien effrayant à regarder cet homme? s'écrie Honorine.

— Madame, ce n'est pas qu'il soit positivement laid... mais, vous comprenez... cet air farouche... ensuite il ne me laissa pas l'examiner longtemps à mon aise; à peine étais-je au milieu de la chambre qu'il s'écria :

— Qui êtes-vous, monsieur, et que me voulez-vous?

— Monsieur, lui dis-je en le saluant courtoisement, je suis le docteur Antoine Beaubichon... résidant à Chelles depuis longtemps déjà... et avantageusement connu, j'ose le dire... Je soigne tout le pays... je soigne même fort loin de l'autre côté de la Marne...

Ce monsieur me répond alors d'un ton d'impatience :

— Et qu'est-ce que cela me fait à moi que vous soigniez le pays et les environs... pourquoi venez-vous chez moi? Je ne vous ai pas fait demander, je n'ai pas besoin de médecin.

— Monsieur, dis-je, si je me suis permis de venir chez vous, c'est que l'on m'en a prié et avec de vives instances...

— Qui cela?

— La mère Lucas, votre servante, qui s'intéresse beaucoup à votre santé, et qui voit bien que vous êtes plus malade que vous ne le pensez...

— La mère Lucas se mêle de ce qui ne la regarde pas... je sais ce que j'ai à faire. Je vous répète, monsieur, que je n'ai pas besoin de médecin et que vous pouvez vous en aller.

Vous sentez bien, mesdames, que n'étant pas habitué à être reçu de la sorte, j'étais déjà près de la porte, assez disposant et fort mécontent de m'être dérangé pour quelqu'un de si impoli, lorsque j'entends que l'on me crie :

— Monsieur! monsieur! écoutez un peu...

Ah! ah! me dis je, il se ravise... il souffre sans doute, et il comprend qu'il n'y a que moi qui puisse le soulager... retournons près de lui, il faut être indulgent pour les malades.

Je retourne dans la chambre.

Le monsieur s'était assis à demi sur son lit, et son gros chien était tout près de lui, assis également sur son séant. Je me disposais à tâter le pouls au malade, mais il retire brusquement son bras en me disant :

— Ce n'est pas de moi qu'il s'agit. Tenez, monsieur, voilà mon chien qui s'est blessé il y a quelque temps à l'épaule en traversant un buisson de houx... cela le fait toujours souffrir, que faut-il lui mettre là-dessus?

En voyant que c'était pour son terre-neuve que ce monsieur m'avait fait revenir, je me redressai de toute ma hauteur et répondis à ce malotru :

— Apprenez, monsieur, que je ne suis point un médecin de chien! Si c'est pour cet animal que vous m'avez rappelé, vous auriez dû vous en dispenser.

— Et pourquoi ne voulez-vous pas soigner mon chien, me dit-il d'un ton brutal, vos visites vous seront aussi bien payées que si vous veniez pour moi.

— Je vous répète, monsieur, que je soigne les hommes et non les bêtes!...

Savez-vous ce qu'il eut l'impertinence de me répondre...

— Monsieur, la plupart du temps ce sont les hommes qui sont les bêtes, et les chiens valent toujours mieux qu'eux!...

Ma foi, mesdames, je ne me souciai pas d'en entendre davantage, et, enfonçant mon feutre sur ma tête, je sortis du domaine de la

Tourelle, en me promettant bien de ne point y remettre les pieds tant que M. Paul en serait le propriétaire.

— Ça n'empêche pas, dit le père Ledrux, qui était revenu à l'entrée du salon, que s'il m'avait demandé à moi une recette pour guérir son chien, je lui en aurais donné une... et une bonne... Au reste, son terre-neuve s'est guéri tout seul et le maître aussi... eh ! eh !... C'est tout de même vrai qu'ils n'ont pas eu besoin de vous pour ça, monsieur le docteur!...

— Qu'est-ce que cela prouve, père Ledrux? que la nature est quelquefois aussi forte que la science...

— Oui, oui, et si la science s'en était mêlée; peut-être ben que les deux malades ne seraient pas si alertes aujourd'hui.

— Vous ne croyez donc pas à la médecine, père Ledrux?

— Je ne dis pas ça... Je crois à tout ce qu'on veut, moi; seulement, je dis que la médecine se trompe quelquefois, tandis que la nature!... oh! elle ne se trompe jamais, celle-là !...

— Maintenant, mesdames, vous pouvez, d'après ces faits, juger aussi le propriétaire de la Tourelle, et voir si c'est à tort que dans le pays on l'appelle l'ours, le vilain voisin.

— Monsieur, dit Honorine, je vois que ce monsieur fuit le monde, il a probablement des raisons pour cela. Sans doute il a eu beaucoup à se plaindre. Mais cependant, sa vieille servante disait que c'était un brave homme.

— La mère Lucas a l'oreille très-dure, elle entend souvent de travers... Au reste, outre ce qui m'est arrivé à moi et à madame Droguet, ainsi qu'à M. Luminot, on a eu bien d'autres occasions de juger ce monsieur. Dans plusieurs circonstances il a fait voir qu'il était réellement méchant. Une fois, Jaquette, la fille à Catherine la blanchisseuse, un enfant de neuf ans, s'en revenait avec sa petite sœur et elle pleurait, et elle avait une joue très-rouge. On lui a demandé ce qu'elle avait, et elle a répondu : C'est l'homme au chien que j'ai rencontré et qui m'a baillé un gros soufflet en disant que je lui faisais la grimace. Une autre fois, c'est le fils de Thomas Riteux... un petit qui a onze ans, et qui est très-futé, auquel ce monsieur a donné plusieurs coups de pied... quelque part... parce qu'il l'a trouvé sur son chemin...

— Oh! mais, c'est bien vilain, ceia! s'écrie Agathe, il déteste donc les enfants, ce monsieur?

— Et les parents ne se sont pas plaints?

— Laissez donc!... dit le jardinier; est-ce qu'il faut croire comme ça le premier rapport de l'un ou de l'autre!... Il y en a qui ont entendu la toute petite sœur de Jaquette dire que celle-ci lui flanquait des coups et la mangeait ses cerises, et que c'est pour cela que le monsieur est venu et qu'il a donné un soufflet à Jaquette. Quant au fils de Thomas Riteux, c'est un petit sournois. Du plus loin qu'il voyait passer le chien de M. Paul, il lui jetait des pierres. Celui-ci s'en est aperçu et lui a dit de ne plus jeter de pierres à son chien, parce que ça ne pouvait pas faire plaisir à c'te bête... Le petit garçon, qui est obstiné, a recommencé, croyant qu'on ne le voyait pas. Mais le chien a couru sur lui, et dame, il lui a déjà par sa culotte et allait lui faire un mauvais parti, lorsque M. Paul est accouru et lui a fait lâcher prise. C'est alors qu'il a donné un coup de pied au petit en lui disant : Tu aurais bien mérité de ne pas en être quitte pour cela !...

— Mais alors, dit Honorine, voilà qui change bien la face des choses... N'est-ce pas votre avis, monsieur le docteur?

— Mesdames, il est possible... je sais bien que les enfants font quelquefois de faux rapports, mais je n'en persiste pas moins dans mon opinion sur le propriétaire de la Tourelle. C'est un vilain homme, que je crois mal élevé, sans éducation... Et comme a dit fort bien madame Droguet, femme de beaucoup d'esprit, du reste : Ce monsieur fuit la société, parce qu'il sent bien qu'il y serait déplacé. J'espère, mesdames, que ceci n'influera en rien sur votre résolution, relativement à cette maison de campagne... Grâce au ciel, ce M. Paul ne sera pas pour vous ce qui peut s'appeler un voisin, car il y a bien une demi-lieue de cette maison à sa propriété, et j'ose croire que dans Chelles vous trouverez amplement de quoi vous dédommager. La société y est aussi nombreuse que choisie... Vous trouverez de quoi faire votre partie de whist ou de nain jaune... Depuis quelque temps même on y joue le bésigue. Madame Droguet donne des soirées où se rendent tous les notables; on y danse quelquefois; il y a un piano, et lorsque M. Luminot apporte son flageolet, cela fait un orchestre complet. Dernièrement, on y a essayé le quadrille des lanciers : on n'est pas parvenu à le danser entièrement, mais on y arrivera, du autant plus que M. Droguet est passionné pour la danse.

Honorine se lève, ainsi que sa compagne. La jeune dame remercie le docteur de tous les renseignements qu'il a bien voulu lui donner, en lui assurant qu'ils n'ont fait que l'affermir dans le dessein qu'elle a formé d'acheter la propriété de M. Courivaux. Puis ces dames quittent la maison pour regagner la station du chemin de fer, en disant au jardinier :

— Demain matin nous verrons l'homme d'affaires, et bientôt, sans doute, le marché sera conclu.

— Très-bien, dit le père Ledrux, et en attendant, vous savez... comme je vous ai dit... je ne montrerai la maison à personne... parce

queuque fois , on ne sait pas... quelqu'un qui en aurait envie, n'aurait qu'à en offrir plus que vous... Dame !... vous savez... les hommes ne connaissent que l'eur intérêt... et ça vous échapperait... Au
lieu que comme ça, pas de danger... ça, c'est entre nous... Et puis,
je vas toujours soigner le jardin... j'aurai l'œil sur les poules... il y
in a une noire qui bat les autres... Hum !... je la guetterai... C'est
qu'elle les empêcherait de pondre, tout de même !...

XV

Le monsieur qui a l'air moqueur.

En sortant de chez madame Sainte-Suzanne, Chamoureau était de
fort mauvaise humeur. Ne pouvant revenir chez lui à pied, avec un
habit ouvert dans le dos, il a été obligé de prendre un cabriolet, et
en montant dedans dans un milord, l'accident de son pantalon s'est tellement
aggravé que lorsqu'il lui faut en descendre, il se voit dans la nécessité d'ôter son chapeau et de le tenir hermétiquement collé devant
lui. Son concierge, qui passe une partie de son temps sur sa porte,
ouvre encore de grands yeux en voyant que l'homme d'affaires du
second rentre cette fois en tenant son chapeau devant sa culotte, au
lieu de l'avoir sur sa tête. Enfin, il n'est pas jusqu'à madame Monin,
sa femme de ménage, qui, voyant revenir son maître déchiré du haut
en bas, ne se dise :
— Mais quelle vie M. Chamoureau mène-t-il donc à présent, pour
rentrer chez lui fait comme ça ?... Ah ! cet homme-là se dérange
beaucoup !
— Elle ne veut pas être ma maîtresse, se dit notre veuf en chan-
geant de costume. Et elle ne veut pas non plus être ma femme...
Alors, qu'est-ce qu'elle veut donc être pour moi ? Et pourquoi est-
elle venue m'accoster au bal de l'Opéra ?... Pourquoi m'a-t-elle
engagé elle-même à aller la voir ?... Elle me reprend d'être son ami...
bien obligé... A trente-cinq ans, et avec un tempérament volca-
nique comme le mien, on ne se contente pas d'être l'ami d'une femme
ravissante ! D'ailleurs, je l'aime, moi, je l'adore, cette femme...
depuis que je l'ai vue dans sa belle robe de chambre de velours... ou
de peluche... je ne sais pas au juste... mais ça ne fait rien... Et je
sens que ma passion a pris un nouvel essor... C'est fini... l'image de
cette belle brune est là... gravée dans mon cœur... elle a remplacé
celle d'Éléonore... Pauvre Éléonore !... je voudrais la pleurer maintenant, que je ne le pourrais pas... C'est toujours une compensation.
Mais quoi faire... je vais être très-malheureux maintenant... Elle a
dix mille francs de rente... je comprends que je ne suis pas un très
beau parti pour elle... Si elle m'avait adoré, cependant... Sapristi ! si
Freluchon était à Paris, j'irais lui demander des conseils... Il n'y a
que lui qui puisse me dire comment je dois agir maintenant avec
madame de Sainte-Suzanne.
Dans la soirée, Chamoureau ne manque pas de se rendre chez
Freluchon pour s'informer s'il est revenu. Mais son ami intime est
toujours à Rouen. Le lendemain, Honorine et Agathe étaient de bon
matin chez l'homme d'affaires. La jeune dame lui dit :
— Nous avons été à Chelles, nous avons vu la maison de M. Courtivaux, elle nous plaît beaucoup. Veuillez terminer cette affaire, monsieur, le plus promptement possible, nous voudrions déjà être installées dans cette campagne.
— Très-bien, madame. Vous savez qu'il demande vingt mille
francs...
— Je suis prête à les donner, monsieur...
— Oui, mais si on pouvait avoir une diminution, vous payez
comptant, c'est déjà une considération. Il y a ensuite les frais d'achat,
de contrats... Cela montera bien à mille francs au moins... Et c'est
ordinairement à la charge de l'acquéreur... Si nous pouvions au
moins les faire payer au vendeur...
— Voyez, monsieur, faites pour le mieux, je m'en rapporte à vous.
— Soyez tranquille, madame. J'irai dès aujourd'hui chez M. Courtivaux.... Ensuite je passerai vous dire sa réponse.... j'ai votre
adresse... madame Dalmont, rue des Martyrs...
— Mais ne nous oubliez pas, monsieur...
— Je ne m'occuperai que de vous, mesdames.
Et lorsque les deux amies sont parties, Chamoureau, après être
resté quelque temps plongé dans ses réflexions, se frappe tout à
coup le front en se disant :
— Allons chez M. Edmond Didier... c'est un jeune homme très-
entreprenant près du beau sexe !... A défaut de ce scélérat de Freluchon, qui me confisque mes vêtements, il me donnera des conseils... de très-bons conseils.
L'homme d'affaires était véritablement amoureux de Thélénie, les
grands yeux noirs de la belle brune lui tournaient la tête, il n'était
plus un seul instant sans penser à celle dont un moment il avait
espéré avoir fait la conquête, et cet amour lui faisait totalement
oublier les affaires dont le chargeaient ses clients. Mais Edmond
Didier était rarement chez lui. Chamoureau n'est pas plus heureux
de ce côté qu'auprès de Freluchon. Dans la même journée, il va
trois fois chez Edmond sans le rencontrer.

— Ayez donc des amis ! se dit notre veuf désespéré, pour qu'ils ne
soient jamais chez eux, lorsqu'on a besoin de les consulter !...
Qu'est-ce qu'ils font donc, ces messieurs ?... A quoi leur sert d'avoir
des domiciles ?... l'un est à Rouen, l'autre est sorti à dix heures du
matin, et n'est pas rentré à onze heures du soir... Tant pis !...
Demain il y aura trois jours que je ne suis allé chez madame de
Sainte-Suzanne... Demain, je me présenterai chez elle... en redingote !... On n'est pas obligé d'être toujours en grande tenue. Elle ne
veut pas que je lui parle d'amour... je lui parlerai du boulevard de
Sébastopol qu'on est en train de construire... cela ne pourra pas
l'offenser... Mais à défaut de paroles, je tâcherai que mes yeux
soient terriblement éloquents ; elle ne peut pas m'empêcher d'avoir de
l'amour dans les yeux.
Et le lendemain, au lieu d'aller chez M. Courtivaux et de s'occuper
de l'affaire dont l'a chargé madame Dalmont, Chamoureau passe une
heure à sa toilette. Il essaie d'éparpiller sur son front le bouquet de
cheveux qui orne encore sa nuque, et après s'être dit qu'il a suffi-
samment de cheveux pour un homme seul, il parfume son mouchoir
d'essence de Portugal et se rend rue de Ponthieu. En arrivant devant
la demeure de madame Sainte-Suzanne, notre veuf, qui, pendant
toute la route a pensé à ce qu'il pouvait dire à cette dame pour motiver une seconde visite si prompte et n'a rien trouvé dont il soit satisfait, traverse vivement le vestibule en se disant :
— Tant pis !... je lui offrirai de la conduire au spectacle... à celui
qu'elle voudra... cela ne peut pas l'offenser.
Et Chamoureau monte vivement les deux étages sans même parler
au concierge. Il sonne chez Thélénie. La femme de chambre ouvre et
ne peut s'empêcher de sourire en reconnaissant ce monsieur qu'elle a
vu sortir de chez sa maîtresse une si piteuse mine et déchiré
à plusieurs endroits. Mais cette fois, notre veuf, qui est à son aise
dans sa redingote, et qui n'a point un pantalon à sous-pieds, se
donne beaucoup d'abandon en marchant et relève la tête avec
dignité en demandant si madame de Sainte-Suzanne est visible.
— Ma maîtresse est sortie, répond mademoiselle Mélie avec ce petit
air impertinent que les domestiques aiment à prendre devant les
étrangers qui sont peu polis.
— Eh quoi ! madame de Sainte-Suzanne n'y est pas !... s'écrie
Chamoureau d'un air désolé.
— Non, monsieur, madame est sortie, qu'est-ce qu'il y a donc là
d'extraordinaire ?...
— Je ne dis pas que je trouve cela extraordinaire... seulement cela
me contrarie beaucoup.
— Est-ce que madame avait donné rendez-vous chez elle à monsieur ?
— Non... certainement elle ne m'avait donné aucun rendez-vous,
je ne me suis pas permis de dire cela...
— Eh bien alors, monsieur ne pouvait pas être sûr de trouver
madame, d'autant plus que madame sort souvent...
— Ah ! elle sort souvent... alors il est assez concevable que je ne
l'aie pas rencontrée... mais rentrera-t-elle bientôt... c'est que, dans
cette hypothèse, j'aurais pu l'attendre.
— Quand madame sort, elle ne dit pas si elle restera longtemps
dehors. Ensuite, je dois prévenir monsieur qu'elle n'aime pas qu'on
l'attende ; elle ne veut pas que l'on s'installe chez elle quand elle n'y
est pas.
Chamoureau se mord les lèvres et fait un pas en arrière, en murmurant :
— C'est différent ! Du moment que cela contrarie madame de
Sainte-Suzanne... je ne l'attendrai pas... mais alors vous voudriez
bien lui dire que M. Chamoureau est venu pour lui présenter ses
hommages... Sapristi, je serais fâché de ne pas avoir rapporté un
bouquet... je vous l'aurais laissé... Vous souviendrez-vous de mon
nom... Chamoureau ?
— Soyez tranquille... si je l'oubliais, d'ailleurs, je dirais : C'est
ce monsieur qui s'est déchiré du haut en bas l'autre jour, qui est
revenu...
— Il me semble assez inutile de rappeler cet incident désagréable... je préfère que vous disiez simplement mon nom... Chamoureau...
— Oui, monsieur... Chameau.
— Ah ! bichte ! prenons garde, je ne vous ai pas dit Chameau...
il ne faut pas me confondre avec cet animal du désert qui a deux
bosses. D'abord je me flatte de n'en avoir jamais eu aucune...
quoique veuf...
— Monsieur en est bien capable... mais cependant on en porte
quelquefois sans le savoir.
— Vous croyez, mademoiselle ; moi, si cela m'était arrivé, mon
épouse me l'aurait dit... elle n'avait pas de secrets pour moi !...
— Ah ! c'est différent...
— Chamoureau, faites attention, mademoiselle, et pas Chameau.
— Je m'en souviendrai, monsieur.
Et la femme de chambre, tout en riant au nez de ce monsieur,
parce qu'elle lui trouve l'air fort bête se dispose à refermer la porte,
lorsqu'une autre personne se présente et la rouvre vivement, puis,
repoussant de son coude Chamoureau qui est toujours planté sur le

paillasson, entre d'autorité dans l'antichambre, en disant d'un ton bref :

— Thélénie est-elle là ?... je veux lui parler...

L'homme d'affaires a levé les yeux pour voir cette personne qui l'a coudoyé si brusquement. Il l'examine avec encore plus d'attention lorsqu'il l'entend demander tout simplement : Thélénie, au lieu de dire : madame de Sainte-Suzanne. Cette familiarité choque beaucoup Chamoureau, et lorsqu'il reconnaît que c'est un monsieur fort élégant qui se l'est permise, il en ressent encore plus de dépit. Nous ne ferons pas le portrait du personnage qui vient de se présenter pour parler à la dame du logis, puisque nous l'avons déjà vu à l'Opéra dans la loge de cette dame. C'est M. Beauregard qui vient de s'adresser à la femme de chambre, et celle-ci, devenue polie alors, parce que le personnage qui vient d'arriver lui parle avec arrogance, s'empresse de lui répondre :

— Madame n'y est pas, monsieur ; elle est sortie depuis une heure à peu près avec son amie, mademoiselle Héloïse. Je ne pense pas qu'elle rentre dîner.

M. Beauregard fait quelques tours dans l'antichambre, puis regarde la femme de chambre entre les deux yeux en lui disant :

— Est-ce bien vrai, que ta maîtresse soit sortie ?

— Oh ! monsieur, c'est la vérité... D'ailleurs, si monsieur veut entrer dans le salon et dans la chambre de madame, il verra bien que je ne lui ai pas menti.

— Non... c'est bon... puisqu'elle est sortie, je m'en vais...

— Monsieur veut-il me charger de dire quelque chose à madame ?

— Non... ce que j'ai à lui demander ne peut pas être dit par un tiers... Je la verrai une autre fois...

— Si monsieur veut dire le jour qu'il reviendra...

— C'est inutile. Je ne sais pas moi-même quand je reviendrai.

Et ce monsieur au teint jaune, se retournant vers la porte, se dispose à s'en aller, lorsqu'il aperçoit l'homme d'affaires qui est toujours resté comme un terme sur le paillasson, et qui l'examine en faisant des yeux dans les quels se peignent l'étonnement et la curiosité.

— Qu'est-ce que c'est que ça ? dit M. Beauregard en désignant Chamoureau à la femme de chambre. Et celle-ci répond en souriant :

— C'est un monsieur qui venait pour voir madame.

Beauregard, examinant avec plus d'attention l'individu qui est sur le paillasson, ne tarde pas à s'écrier :

— Ah ! je le reconnais... j'y suis maintenant !... l'Espagnol du bal de l'Opéra... qui remontait sans cesse ses bottes à entonnoir... ah ! parfait !... oui, oui... c'est bien cela...

Chamoureau entendait tout cela ; ne sachant plus quelle figure faire devant ce monsieur qui le toise depuis un moment d'une façon assez impertinente ; il se décide à quitter le paillasson et à battre en retraite. Déjà il a descendu l'escalier, et il sort de là tout colère lorsqu'il s'aperçoit que le monsieur qu'il avait laissé au second est descendu sur ses pas et se trouve à côté de lui. Notre veuf a le plus grand désir de savoir quel est cet homme qui se présente avec tant de sans-façon chez madame de Sainte-Suzanne et il le demande tout simplement

par son petit nom. L'apercevant tout près de lui, il se hasarde à le sa uer. Beauregard lui rend son salut d'un air moqueur en lui disant :

— Monsieur, je suis bien le vôtre !...

— Monsieur vient, comme moi, de chez madame de Sainte-Suzanne ?

— Oui, monsieur, je viens de chez Thélénie... Cette dame s'appelle Thélénie...

— C'est son petit nom, alors ?

— Comme vous dites, c'est son prénom... vous ne le saviez pas encore ?...

— Non, monsieur ; mais, comme il y a fort peu de temps que je connais madame de Sainte-Suzanne, cela n'est pas étonnant.

— Pourquoi la nommez-vous de Sainte-Suzanne ? il n'y a jamais eu le moindre de devant son nom.

— Ah !... je la croyais noble !...

— Vous vous trompiez beaucoup... A la vérité, je ne la crois pas sainte non plus !... il faudrait donc ne l'appeler que Suzanne... ce ne serait pas assez ronflant pour elle... donnez-lui donc du de si cela vous fait plaisir. Après tout, je ne m'y oppose pas !...

— Monsieur connaît cette dame depuis longtemps ?

— Oh ! oui, monsieur, depuis fort longtemps...

Chamoureau hésite, enfin il se décide à balbutier :

— Monsieur est lié intimement avec madame de... madame Sainte... madame Suzanne !

Beauregard se met à rire tout en répondant avec le ton railleur qui lui est habituel :

— Savez-vous, monsieur, que votre question est tant soit peu indiscrète !...

— Pardon, monsieur, si elle vous blesse, je la retire... j'ai dit cela comme j'aurais dit... fumez-vous ?

— Oh ! que non pas, monsieur, et vous voulez en vain cacher votre malice sous un air de bonhomie... vous m'avez demandé cela, parce que vous êtes amoureux de Thélénie, et que vous craignez de trouver en moi un rival... est-ce la vérité ?..

— Ma foi, monsieur

vous devinez si bien que je vois qu'on chercherait en vain à dissimuler avec vous... J'avoue que je trouve cette dame ravissante, adorable...

— Vous avez fait sa connaissance au bal de l'Opéra... la nuit de la mi-carême ?

— Oui, c'est bien cela... j'étais déguisé en Espagnol...

— Oh ! je le sais... je vous ai vu passer ayant Thélénie sous votre bras... Mais comment diable avez-vous fait pour l'amener à accepter votre bras, voilà ce que je n'ai pas compris.

— Cette dame m'a offert d'elle-même de se promener avec moi... c'est elle qui est venue me parler la première dans le foyer, en me nommant par mon nom... ce qui m'a beaucoup surpris, ne l'ayant jamais vue auparavant...

— C'est assez singulier... certainement, ce n'est pas sans motif qu'elle a voulu causer avec vous...

— Mais c'est que ça lui faisait plaisir apparemment.

Beauregard laisse échapper un rire moqueur tout en répondant :

Tu as de l'argent ; je n'en ai pas.

— Oui, oui, ça lui faisait plaisir... et puis il y avait encore une autre raison, je gage!... Etiez-vous allé seul à ce bal?

— Non, j'y étais allé avec deux de mes amis... Freluchon et Edmond Didier...

— Edmond Didier!... allons donc, nous voilà sur la voie... nous comprenons tout, maintenant...

— Comment! sur quelle voie êtes-vous?

— Gageons que Thélénie vous a beaucoup questionné au sujet de M. Edmond...

— Mais en effet... elle m'a souvent demandé avec qui il était... si sa maîtresse était jolie...

— C'est cela même; et elle vous aura défendu de parler d'elle à ces messieurs...

— En effet, c'est extraordinaire comme vous devinez tout, monsieur, comme vous lisez dans la pensée de madame Sainte-Suzanne...

— C'est que, comme je vous le disais tout à l'heure, il y a longtemps que je la connais!... j'ai été à même d'étudier son caractère, d'apprécier ses sentiments et son esprit... Vous me demandiez, il n'y a qu'un moment, si j'étais intimement lié avec cette dame... Eh bien, mon cher monsieur... pardon, j'ignore votre nom...

— Chamoureau... Sigismond Chamoureau.

— Eh bien, mon cher monsieur Sigismond Chamoureau, je vous répondrai franchement que je l'ai été, mais que je ne le suis plus depuis longtemps.

La figure de l'homme d'affaires s'épanouit; il s'écrie :

— Du moment que vous ne l'êtes plus... c'est comme si vous ne l'aviez pas été...

— Ce n'est pas tout à fait la même chose, mais je vous félicite d'être aussi philosophe.

— Alors, monsieur, vous ne m'en voulez pas d'être amoureux de madame Sainte-Suzanne, je ne dois plus vous regarder comme un rival...

— Moi, vous en vouloir!... oh! pas le moins du monde... j'aurais eu fort à faire si j'avais été le rival de tous ceux que les beaux yeux de cette dame ont ensorcelés.

— N'est-ce pas qu'elle a de beaux yeux?

— Magnifiques, et qui ont fait bien des victimes!

— Et qui en feront encore : elle est dans tout l'éclat de sa beauté!...

— Ah! si vous l'aviez vue il y a neuf ans... c'était bien autre chose...

— Qu'était-ce donc, grand Dieu!... Mais je m'étais flatté trop tôt d'avoir fait sa conquête, cette dame a été très-sévère lorsque j'ai eu le bonheur de la revoir chez elle... elle m'a même défendu de lui reparler de mon amour. Je ne vous cacherai pas, monsieur, que cela me désespère...

— Ah! ah! ce pauvre monsieur Chamoureau...

— Ne point lui parler d'amour... et de quoi lui parlerais-je alors pour qu'elle m'écoute avec plaisir?...

— Pardieu! vous lui parlerez d'Edmond Didier qui est son amant... qu'elle aime à la fureur pour le moment, et est cause qu'elle a voulu

Oui, c'est Ami, dit Poucette.

avoir un entretien avec vous au bal de l'Opéra... Ah! ah! ah!... y êtes-vous, à présent?

Chamoureau devient blême; il s'arrête au milieu d'un ruisseau, en s'écriant :

— Ah! monsieur, que me dites-vous là!... quoi... Edmond Didier...

— Je vous dis ce qui est... je vous éclaire... je vous rends service.

— C'est un service qui me fait bien mal.

— Qu'est-ce que cela vous fait qu'elle aime ce jeune homme-là ou un autre, du moment qu'elle ne vous aime pas?

— Mais j'espérais qu'elle m'aimerait, monsieur...

— Après cela, ne vous désolez pas... que sait-on! les femmes sont si bizarres, elles ont des caprices si étonnants, il est est possible que l'on ne vous rebute pas toujours... Ah! excusez ma question : êtes-vous riche, monsieur?

— Pas trop... je me fais de quatre à cinq mille francs de revenu...

— Alors, mon cher monsieur, vous n'avez pas grande chance de réussir auprès de Thélénie, et si vous voulez suivre un bon conseil, vous l'oublierez et cesserez de vous occuper d'elle... Mais, pardon, je prends de ce côté... bonjour, monsieur...

— Mille pardons, monsieur, il me serait bien agréable de savoir avec qui j'ai eu l'honneur de causer...

— Tenez, monsieur, voici ma carte.

— Et voici la mienne, monsieur, je tiens un cabinet d'affaires, si quelquefois vous en aviez en souffrance...

— C'est entendu, monsieur, je me souviendrai de vous.

Beauregard s'est éloigné. Chamoureau lit la carte qu'il tient dans sa main, tout en se disant :

— Il a été l'amant de madame Sainte-Suzanne!... et Edmond qui l'est! et moi je ne suis rien du tout... J'ai servi de machine à renseignement, voilà tout! Ah! je ne m'étonne pas si elle m'avait expressément défendu de parler d'elle... Eh bien! tout cela ne m'empêche pas de l'adorer... M. Beauregard me conseille de ne plus penser à elle... mais il y pense peut-être toujours, lui; s'il n'y pense plus, pourquoi va-t-il encore chez elle?... Voilà quelque chose qu'il aurait eu, je crois, de la peine à m'expliquer... Ce qu'il m'a dit sur Edmond n'est peut-être pas vrai... Il a un air sardonique, cet homme... je crois que je ferai bien de m'en méfier. O Eléonore, je suis fâché de ne plus te pleurer!

XVI

Une étincelle électrique.

Chamoureau est revenu chez lui tout bouleversé de ce qu'il a appris dans son entretien avec M. Beauregard. Il ne pense qu'à cela pendant tout le restant de la journée, ce qui fait qu'il ne songe pas du tout à se rendre chez M. Courtivaux, et à terminer l'affaire dont madame Dalmont l'a chargé. Il se demande à chaque instant s'il doit retourner chez Edmond et le questionner au sujet de sa liaison avec madame Sainte-Suzanne; mais il se rappelle la défense expresse que cette femme lui a faite de parler d'elle à personne; puis il se dit:

— J'ai déjà manqué à ma promesse en parlant d'elle avec ce M. Beauregard; mais, cette fois, il n'y a nullement de ma faute. Ce monsieur m'a surpris dans l'antichambre de madame Sainte-Suzanne: je ne pouvais donc pas nier que je la connaissais... et la manière familière dont il la demandait me prouvait assez qu'il la connaissait beaucoup, lui!

Le lendemain de cette journée, nôtre veuf est encore dans son indécision, ne sachant pas s'il doit ou non entretenir Edmond de la dame aux beaux yeux noirs. Les gens indécis passent souvent des journées entières sans savoir ce qu'ils veulent faire, et lorsque, après de mûres réflexions, ils se disent: — Arrêtons-nous à ce parti, vous les voyez changer brusquement de résolution et s'arrêter au moment d'agir. Ces caractères manquent généralement tout ce qu'ils entreprennent, parce qu'ils ne le font jamais à temps. Chez un homme d'affaires, ce défaut est encore plus dangereux que chez toute autre personne. Celui-ci avait, du reste, deux raisons pour ne point s'occuper de ce dont ses clients le chargeaient; outre son indécision habituelle, il était amoureux, passionnément amoureux d'une femme près de laquelle il ne conservait aucun espoir de réussir, ce qui nécessairement augmentait encore son amour. C'est toujours ce que l'on ne peut pas avoir qui vous fait envie. Chamoureau était donc chez lui, se disant:

— Allons chez Edmond Didier... disons-lui toute la vérité... ou plutôt ne lui disons rien, mais questionnons-le adroitement. Mettons-le sur le chapitre de ses amours... Il va me parler de la petite Amélia; je lui dirai: Non, ce n'est pas de celle-là... c'est d'une autre... d'une très-belle femme brune que je désire que vous parliez... Oui, mais alors il me répondra:

— Comment savez-vous que j'ai connu une très-belle femme brune? Est-ce que vous la connaissez vous-même? Diable! c'est très-embarrassant!

En ce moment, la sonnette se fait entendre, et bientôt Edmond Didier entre dans le cabinet de l'homme d'affaires, en disant à celui-ci:

— Mon cher monsieur Chamoureau, on m'a appris que vous étiez venu plusieurs fois chez moi pour me voir... Je viens savoir ce que vous aviez à me dire et en quoi je puis vous être bon à quelque chose?

Chamoureau est demeuré saisi en voyant entrer Edmond; cependant il se remet et compose sa physionomie:

— Ah! bonjour, monsieur Edmond; je suis bien aise de vous voir, ça me fait bien plaisir... Et vous vous portez bien?

— Très-bien! Mais je pense que ce n'est pas pour avoir des nouvelles de ma santé que vous êtes venu chez moi jusqu'à trois fois dans la même journée?

— Non... sans doute... quoique je m'y intéresse beaucoup... mais Freluchon... est-ce que vous n'avez pas revu Freluchon?

— Il est allé à Rouen, et peut-être aura-t-il poussé jusqu'au Havre pour faire manger des huîtres à sa petite Pompadour... car vous savez que c'est à la suite d'un pari gagné avec moi, en fumant par le nez, que sa nouvelle conquête a obtenu qu'il la mènerait en Normandie...

— Je sais... c'est-à-dire, non, je ne sais pas... car vous devez vous rappeler que je me suis légèrement endormi vers la fin du souper...

— Ah! c'est vrai, je l'avais oublié...

— Et cette petite femme, déguisée en Pompadour, fumerait par le nez?

— C'est-à-dire qu'elle aspire son cigare par la bouche comme tout le monde, mais qu'elle rend ensuite la fumée par les narines... ce qui est assez fort pour une femme.

— C'est très-fort... je n'en ferais pas autant, moi qui fume un peu. Comme les femmes se perfectionnent dans ce siècle-ci! Si cela continue, je ne serai pas étonné, dans quelque temps, de les voir chiquer...

— Ah! monsieur Chamoureau, que dites-vous là!...

— Dame! je suis le progrès... Autrefois, les dames n'auraient pas permis que l'on fumât devant elles... Aujourd'hui, elles fument elles-mêmes; de là à mâcher du tabac en guise de pastilles de menthe ou de cachou, il n'y a pas bien loin.

— Enfin, arrivons à ce que vous avez à me dire... Je suis un peu pressé... Le temps est beau, j'ai promis à Amélia de la mener ce matin au bois de Boulogne... peut-être pousserons-nous jusqu'à Ville-d'Avray...

— Amélia... la jeune fleuriste qui était au souper, déguisée en débardeur?

— Justement, je me suis raccommodé avec elle... elle est drôle... assez spirituelle; au total, elle me plaît...

— En vérité... elle vous plaît... Et vous n'avez pas encore une autre maîtresse?...

— Ma foi, non... pas pour le moment, du moins...

— Ce cher monsieur Edmond... C'est qu'on m'avait dit que vous adoriez une superbe brune... grande, belle femme... tournure élégante...

— Ah! vous voulez parler de Thélénie...

Chamoureau change de couleur en balbutiant:

— Oui... c'est cela... Thélénie... c'est ce nom-là que j'avais entendu... ou madame... madame...

— Sainte-Suzanne.

— Justement, Sainte-Suzanne... Ainsi on ne m'avait pas trompé, vous avez été... vous êtes l'amant de cette dame...

— Je ne le suis plus... j'ai rompu avec elle... J'ai entièrement cessé de la voir.

L'homme d'affaires saute au cou du jeune homme et l'étreint dans ses bras, en s'écriant:

— Il serait possible! Ce cher Edmond... Vous ne l'aimez plus... vous avez totalement rompu... Alors, vous n'êtes plus un rival!...

— Eh bien! qu'est-ce que vous avez donc, monsieur Chamoureau, qu'est-ce qui vous prend... d'où vient ce transport de joie... Vous êtes donc amoureux de Thélénie, vous?...

— Moi... non... je n'ai pas dit cela, ou du moins il ne faut pas le dire... c'est un mystère impénétrable... Mais enfin, si cela était, mon cher ami... si j'avais en secret cette passion dans le cœur, cela ne vous irriterait pas contre moi?

— Par exemple!... mais bien au contraire... je vous souhaiterais toutes sortes de bonheurs dans vos amours... Ah! je me souviens à présent de ce que vous avez dit au souper: cette superbe conquête, cette femme qui éclipsait toutes les autres, mais qui ne voulait pas être connue... c'était elle...

— Eh bien! oui... là... c'était elle... mais elle m'avait fait jurer de ne point dire que je la connaissais. Je suis un misérable! un traître... je manque à tous mes serments!...

— Bah! en amour, vous savez bien que cela ne tire pas à conséquence.

— Vous n'en direz rien à Freluchon, je vous en supplie...

— Du moment que vous le désirez, je serai muet!...

— Ce brave Edmond... votre main... je me félicite d'être votre ami.

— Et moi, mon cher monsieur Chamoureau, ça te titre, je ne permettrai seulement de vous donner un conseil... dont vous ferez... ce qu'on fait des conseils en général, c'est-à-dire fort peu de cas.

— Qu'est-ce que c'est?

— Eh bien! c'est qu'il faut vous méfier un peu de votre nouvelle conquête... Entre nous, madame Sainte-Suzanne est une femme dangereuse...

— Vraiment... elle est dangereuse? Sous quel point de vue?... Est-ce qu'elle porte un stylet sur elle comme les Italiennes?

— Ce n'est pas cela que je veux dire... mais elle est fort jalouse. Cependant... après tout, je ne veux pas dire du mal d'une femme qui n'a eu pour moi que des bontés: ce serait de l'ingratitude... Au revoir, mon cher Chamoureau, je vais retrouver Amélia...

— Mais auparavant, mon cher ami, j'aurais bien voulu vous demander un conseil.

— Une autre fois; aujourd'hui, je n'ai pas le temps...

Edmond va pour sortir, lorsque deux dames entrent dans le cabinet de l'homme d'affaires. C'est madame Dalmont et sa jeune amie qui viennent savoir si l'on s'est occupé de leur faire avoir la petite maison de Chelles. Le jeune homme s'est poliment reculé pour laisser entrer ces dames, et il a pu les regarder tout à son aise. Il a remarqué qu'Honorine était une femme fort agréable, sans être positivement une jolie femme; mais lorsque ses regards se sont fixés sur Agathe, il ne s'est pas rendu compte de sa beauté, il n'a pas analysé chacun de ses traits, mais il a éprouvé une émotion subite et trouvé sur-le-champ, dans cette jeune fille, un charme indéfinissable qui le ravit, l'éblouit et opère comme une révolution dans tout son être. Il reste cloué à sa place et ne pense plus à s'éloigner.

— Monsieur, dit Honorine à Chamoureau qui la regarde d'un air hébété, nous n'avons pas eu de vos nouvelles depuis trois jours... je viens savoir pourquoi...Est-ce que ce M. Courtivaux ne voudrait plus vendre sa maison?

— Ah! pardon, madame, mille fois pardon... Oui... la petite maison de campagne à Chelles... Je me souviens, à présent...

— Comment, vous vous souvenez?... Mais vous avez donc oublié cette affaire alors...

— Je n'y allais pas positivement oublié... Seulement, il y a une autre affaire qui, ayant pris tout mon temps...

— Comment, monsieur, vous n'avez pas été chez le propriétaire de cette maison... lorsque nous vous avons dit que nous étions si pressées de terminer... que nous voudrions déjà être installées dans cette campagne...

— J'allais y aller ce matin, mesdames...

— Ah! monsieur!... ce n'est pas aimable à vous d'avoir négligé cette affaire, dit Agathe tout en rougissant un peu, parce qu'elle s'aperçoit que le jeune homme qui est là a toujours ses regards attachés sur elle. — Cette maison de campagne, nous y pensons à chaque instant de la journée, moi et ma bonne amie; et puis on dit que c'est le moment d'aller semer des graines, planter des fleurs.. Si elle était vendue à un autre, je ne m'en consolerais pas, moi.

— Comment, mon cher Chamoureau, dit à son tour Edmond, vous avez le bonheur d'être le chargé d'affaires de ces dames, et vous oubliez les commissions qu'elles vous donnent!... En vérité, vous êtes impardonnable...

— Ce n'est pas oubli, monsieur Edmond ; mais, vous savez bien... c'est... cette autre affaire de la rue Ponthieu qui me trottait toujours dans la tête...

— Taisez-vous! vous n'êtes pas excusable. Si j'avais, moi, le pouvoir de rendre le plus léger service à ces dames, je me croirais trop heureux.

— En vérité, vous êtes bien bon, monsieur, dit Honorine, mais vous nous en rendrez un, si vous rappelez à votre ami qu'il doit terminer cette affaire.

— Non-seulement je le lui rappellerai, madame, mais je m'engage dès ce moment à ne pas le quitter qu'il n'ait fait toutes les démarches nécessaires pour la finir. C'est une maison de campagne que vous désirez acheter, madame?

— Oui, monsieur, et le prix me convient.

— Le propriétaire se nomme Courtivaux?

— Oui, monsieur.

— Et ce Courtivaux demeure-t-il à Paris, dites, Chamoureau?

— Certainement, rue Jacob, faubourg Saint-Germain.

— Très-bien! Nous allons prendre mon cabriolet et aller tout de suite chez ce monsieur ; de là, nous irons prendre jour chez le notaire et de là dire à madame quel est le jour pris pour signer l'acquisition.

Agathe se met à battre des mains en s'écriant :

— Ah! à la bonne heure... Cela ira vite comme cela !... Ah! monsieur, que vous êtes..

La jeune fille a le mot : gentil sur le bord des lèvres ; mais elle s'arrête, comprenant que ce ne serait pas convenable de parler ainsi à quelqu'un qui lui est inconnu. Elle baisse les yeux et regarde son amie, qui se hâte de dire :

— Monsieur, nous sommes bien reconnaissantes de l'intérêt que vous voulez bien prendre à ce qui nous touche, surtout ne nous connaissant pas.

— Mon Dieu, madame, cet intérêt est tout naturel; dès que l'on a le plaisir de vous voir, on se sent empressé... de désirer... de pouvoir vous être bon à quelque chose.

Edmond sentait aussi qu'il s'embrouillait et que les regards de la jeune Agathe, qui étaient alors attachés sur lui, le troublaient au point de lui ôter son aisance habituelle. Pour dissimuler son embarras, il se tourne vers Chamoureau :

— Allons, mon cher ami, est-ce que vous n'avez pas entendu ce que j'ai promis à ces dames?... Vite en route !... Nous trouverons mon cabriolet en bas, nous irons tout de suite chez le vendeur.

— Quoi... Est-ce que vraiment vous allez venir avec moi chez M. Courtivaux?

— J'ai dit à ces dames que je ne vous quitterais pas que nous n'ayons terminé leur acquisition, ou du moins pris jour avec le notaire pour signer...

— Mais il me semblait que vous aviez affaire ce matin... Tout à l'heure vous étiez si pressé de me quitter pour aller au bois de Boulogne...

— Monsieur, si vous aviez d'autres affaires, dit Honorine en s'adressant à Edmond, nous ne voudrions pas cependant que pour nous elles fussent négligées...

— Non, madame, non, je vous assure que je n'ai aucune affaire urgente aujourd'hui... Je devais aller me promener au bois de Boulogne; mais on a toujours le temps de s'y promener.

— Oh! oui, s'écrie Agathe; d'ailleurs, je crois qu'il fera beau toute la journée.

Et la jeune fille sourit à Edmond pour le remercier de ce qu'il persiste à aller avec l'homme d'affaires.

— Mais la personne qui vous attend... murmure Chamoureau en cherchant son chapeau. Vous m'aviez dit que...

— Rien... rien... C'est un de mes amis, un flâneur comme moi, ça lui est bien égal d'aller au bois de Boulogne aujourd'hui ou demain... Allons, êtes-vous prêt? Ah! que vous êtes lent pour trouver votre chapeau.

— Vous ne me laissez pas le temps de respirer; je ne puis cependant pas sortir en casquette chez M. Courtivaux.

Enfin, grâce à Edmond, Chamoureau est prêt à sortir. Tout le monde part. Le jeune homme aurait bien envie d'offrir sa main à Agathe pour descendre l'escalier; mais, légère et bondissante comme une biche, celle-ci est en bas bien avant tout le monde. Edmond était venu dans un milord qui l'attendait devant la porte; il y fait monter Chamoureau, en lui disant :

— Vous savez l'adresse de ces dames?

— Oui, certainement... je dois le savoir...

Et Agathe, qui craint que leur homme d'affaires n'ait aussi oublié leur adresse, se hâte de dire à Edmond :

— Madame Dalmont, rue des Martyrs, 40.

— Très-bien, mademoiselle... Oh! je ne l'oublierai pas, moi... Mesdames, aujourd'hui même, vous aurez des nouvelles de votre affaire...

— Monsieur, nous ne savons comment vous remercier...

— Trop heureux de pouvoir vous être agréable... Cocher, rue Jacob, faubourg Saint-Germain !...

— Ah çà mais, et mademoiselle Amélia, que vous aviez promis de promener ce matin?... dit Chamoureau pendant que le cabriolet roule.

— Il s'agit bien d'Amélia; ne croyez-vous pas que je vais me gêner pour cette petite fleuriste, lorsque l'occasion se présente de rendre service à des dames charmantes, car elles sont charmantes, ces dames! Voyons, Chamoureau, depuis quand sont-elles vos clientes? Est-ce que vous les connaissez depuis longtemps?... Cela ne peut pas être la mère ni la fille?... Est-ce que ce sont là ces deux jolies dames que je viens de voir chez vous tout à l'heure?... La plus jeune surtout... Celle-là doit être une demoiselle; je gage que c'est à peine si elle a seize ans... Quelle figure ravissante... Quelle douce expression dans son regard... Il y a dans sa physionomie de la pudeur, de l'enjouement, de la bonté... Je n'avais pas encore rencontré une si charmante personne !... Comment se nomme-t-elle?... La dame se nomme Dalmont, je le sais; mais la demoiselle... voyons, vous devez savoir son nom?...

— Elle se nomme Thélénie de Sainte-Suzanne ; vous le savez bien, puisque vous l'avez connue intimement... puisque vous avez eu cette félicité !

— Ah! voyons, Chamoureau, soyez donc un peu plus à ce que je vous dis... Il n'est plus question de Thélénie... il n'y a aucun rapport entre elle et la jeune fille que je viens de rencontrer chez vous, Dieu merci !...

— Madame Sainte-Suzanne est bien plus belle... C'est une femme faite et dans tout son éclat !...

— Ne disputons pas sur les goûts; adorez Thélénie, mon cher monsieur Chamoureau, vous en avez le droit, mais dites-moi le nom de cette charmante jeune fille qui était avec madame Dalmont...

— Son nom?... est-ce que je le sais, moi... Ah! si, je me rappelle que son amie l'a plusieurs fois nommée Agathe...

— Agathe... Elle se nomme Agathe... Ah! quel joli nom...

— Thélénie est un nom bien plus distingué... Et la preuve c'est qu'on ne le trouve pas dans le calendrier, celui-là !

— Alors, cette dame est son amie... sa parente, sa cousine, peut-être. Est-elle riche, cette dame?

— Non, fortune très-modeste.

— Que fait le mari?

— Il n'y en a pas... La dame est veuve.

— Il n'y a pas de mari... ah! tant mieux!

— Pourquoi tant mieux?... Est-ce que vous voulez épouser la veuve?

— Je ne dis pas cela... Mais quand il n'y a pas d'homme dans une maison...

— Vous pensez que l'entrée doit en être plus facile?...

— Oh! non... au contraire... car ce sont presque toujours les maris qui introduisent leurs amis chez eux...

— Il n'y a pas d'homme chez madame Sainte-Suzanne, mais cela ne l'empêche pas d'en recevoir. Elle m'a reçu, elle m'avait d'elle-même engagé à aller la voir.

— Pour Dieu, monsieur Chamoureau, laissons Thélénie tranquille.

— J'en suis amoureux, monsieur, j'en suis extrêmement amoureux!

— Il paraît, puisque cette passion vous faisait oublier l'affaire dont madame Dalmont vous a chargé...

— Voici la maison de M. Courtivaux : montez-vous avec moi?

— Je le crois bien, vous seriez capable de ne lui parler que de Thélénie !...

Edmond accompagne l'homme d'affaires chez le propriétaire de la petite maison de Chelles. Celui-ci est fort accommodant, il ne demande qu'à être débarrassé de sa petite campagne, et grâce à l'éloquence d'Edmond, qui fait entendre à la personne qui fait cette acquisition est une jeune dame veuve peu fortunée, il consent à ce que les frais de vente soient à sa charge. Il donne l'adresse de son notaire et propose de s'y trouver le lendemain sur les trois heures. Edmond assure que madame Dalmont sera exacte à ce rendez-vous, et annonce à M. Courtivaux qu'il va sur-le-champ prévenir le notaire. Pendant que le jeune homme termine vivement cette affaire, Chamoureau est en contemplation devant un portrait de femme et murmure à l'oreille d'Edmond :

— Ne trouvez-vous pas que cela lui ressemble ?

— A qui ?

— A elle !
— A mademoiselle Agathe !
— Non, à la superbe Sainte-Suzanne !...
— Pas le moins du monde... Mais, partons... Rendons-nous chez le notaire...
— Comment ?... Est-ce que M. Courtivaux a dit qu'ils y trouverait ?
— Tout est dit, tout est arrangé, le jour et l'heure sont pris pendant que vous soupiriez devant cette peinture... En vérité, il est bien heureux pour ces dames que je sois monté avec vous. Partons.

Edmond emmène Chamoureau chez le notaire. C'est maintenant le jeune homme qui est devenu l'homme d'affaires, c'est lui qui règle et arrange tout. Chamoureau ne semble être là que pour pousser des soupirs. De chez le notaire on remonte en cabriolet pour se rendre cette fois chez madame Dalmont. A mesure que l'on approche de la demeure de cette dame, Edmond devient plus pensif, plus silencieux ; il lui arrive même de soupirer comme son compagnon. Il se dit en lui-même :

— Je vais aller chez cette dame... On saura que l'on m'a quelque obligation... puisque j'ai hâté la solution de ce marché... on va me remercier... Mais m'engagera-t-on à revenir ?... C'est douteux, car on ne me connaît que depuis ce matin... Enfin... je ne serai plus un étranger pour elles... c'est déjà quelque chose.
— Est-ce là ? demande Edmond en montrant une maison à Chamoureau.
— Je n'en sais rien du tout !...
— Vous n'y avez donc pas encore été chez cette dame ?
— Jamais... Mais on nous a dit le n° 40, ce doit être là... Montez-us avec moi ?
— Si je monte avec vous !... Ah ! la question est jolie... C'est mo, qui presque seul ai terminé cette affaire... et je n'irais pas le dire à ces dames...
— Mon Dieu ! ça m'est égal à moi, je vous demandais cela... sans intention !

C'est Agathe qui ouvre la porte, et elle pousse un cri de joie en apercevant Edmond, car il y a dans la physionomie du jeune homme quelque chose qui annonce l'heureux résultat des démarches qu'on a faites. En quelques mots, il apprend à madame Dalmont que l'affaire est conclue, que M. Courtivaux consent à se charger des frais de l'acte, et que le lendemain à trois heures on l'attendra pour signer chez le notaire dont il lui donne l'adresse. Honorine fait au jeune homme les remercîments que mérite le zèle qu'il a montré à lui rendre service. Pendant que son amie parle, Agathe ne dit rien, mais il est probable que ses yeux remercient aussi Edmond, car celui-ci est rayonnant de joie. Lorsque ces dames ont aussi adressé quelques mots à Chamoureau, qui a l'air de ne point savoir de quoi il est question, Edmond dit à Honorine :
— Vous pouvez, aussitôt l'acte signé, madame, aller avec mademoiselle vous établir dans votre campagne où, probablement, vous comptez passer la belle saison ?
— La belle saison et la mauvaise aussi, monsieur. J'ai acheté cette maison pour m'y retirer tout à fait...
— Quoi ! madame, vous quitterez Paris entièrement ; vous n'y reviendrez point passer l'hiver ?
— Non, monsieur, je passerai toute l'année à Chelles.
— Et mademoiselle aussi ?...
Agathe sourit en répondant :
— Est-ce que je pourrais vivre loin de ma bonne amie ?... Est-ce que je pourrais jamais la quitter ?... Où elle est, je serai toujours... Et puis, je ne regrette pas Paris, où je ne fais une fête de vivre à la campagne...

La figure d'Edmond se rembrunit, il se repent déjà d'avoir mis tant d'empressement à seconder le prompt départ de ces dames. C'est ainsi que dans le zèle que nous mettons à servir les autres, il entre toujours un peu d'égoïsme. A Paris, il pensait qu'il lui serait facile de revoir Agathe, de la rencontrer, lors même qu'il aurait dû pour cela passer une partie de la journée dans la rue qu'elle habitait. Mais il faut renoncer à cet espoir, si elle cesse d'y demeurer.

— Vous ne craignez pas, mesdames, de vous ennuyer l'hiver.... ns un village ? murmure enfin Edmond en regardant Agathe avec sentiment de tristesse.
— On ne s'ennuie jamais, monsieur, dit Honorine, quand on sait occuper son temps... Des femmes ont toujours à surveiller, à travailler dans une maison... A la campagne, il y a mille soins de plus à donner... un jardin... une basse-cour. Ensuite, pour se distraire, on a la lecture... la musique...
— Ah ! ces dames sont musiciennes ?...
— Un peu, monsieur... Je compte vendre une partie de mes meubles avant de partir, puisque la maison que j'achète est meublée ; mais à coup sûr, je ne me déferai pas de mon piano... notre fidèle ami... n'est-ce pas, Agathe ?
— Oh ! si nous ne l'avions plus, c'est le coup que nous nous ennuierions ; ma bonne amie en joue très-bien, monsieur... et c'est elle qui m'a appris ce que je sais.
— Ne l'écoutez pas, monsieur, je sais assez bien accompagner, voilà tout.

— Moi aussi, je suis musicien... je chante un peu... et si ces dames étaient restées à Paris... j'aurais été bien heureux si... si... je...

Edmond n'ose achever sa phrase, mais il est facile d'en deviner la fin. Honorine ne peut s'empêcher de sourire, puis, elle lui dit :
— Monsieur, depuis ce matin nous vous avons de grandes obligations... vous vous êtes occupé de ce qui nous regardait avec plus de zèle que... mon Dieu, est-ce que M. Chamoureau est endormi ?
— Non, madame, ne faites pas attention, il a quelque chose qui le préoccupe fortement... il faut lui pardonner.
— Enfin, monsieur, sans vous, rien ne serait encore fait pour l'acquisition de la maison de M. Courtivaux ; vous ne trouverez pas étonnant, j'espère, que je désire savoir à qui j'ai cette obligation ?
— Cela est tout naturel, madame... et j'aurais déjà dû vous le dire : Je me nomme Edmond Didier... mon père était employé dans les bureaux du trésor. Il s'est retiré avec ma mère dans son pays à Nancy, en Lorraine... Ils ont de quoi vivre modestement, mais enfin ils sont heureux. Moi, je suis resté à Paris, j'étais entré dans une maison de banque, lorsqu'un oncle du côté de ma mère a bien voulu me laisser soixante mille francs.
— Avec votre place cela vous fait une jolie position.
— Ah ! je vous avoue, madame, que lorsque je me suis vu à la tête de cette fortune inattendue... j'ai commencé par quitter mon emploi, j'ai placé une partie de mon argent et je fais des affaires, pas comme Chamoureau... je n'ai pas de cabinet... mais je vais un peu à la Bourse... je tâche de spéculer sur les valeurs qui ont cours... Voilà, madame, toute ma biographie, dont M. Chamoureau pourra vous attester la vérité.
— Hein ! de quoi ? qu'y a-t-il ? s'écrie Chamoureau, qui songeait à ce qu'il pourrait faire pour être agréable à madame Sainte-Suzanne, et qui s'aperçoit alors qu'il est chez madame Dalmont.
— Rien, mon cher ami, sinon que je disais à ces dames ce que j'étais... afin de ne point passer à leurs yeux pour un intrigant ou un homme sans nom.
— Nous n'aurions jamais pensé cela de vous, monsieur, mais vous ne sauriez blâmer des dames qui vivent seules, de désirer se renseigner sur les personnes qu'elles reçoivent. Maintenant, monsieur, si le désir de vous promener à la campagne vous conduit quelquefois jusqu'à Chelles, venez un moment vous reposer dans notre modeste habitation, nous serons heureuses de vous recevoir dans cette maison que vous nous avez aidées à acquérir...
— Ah ! oui, monsieur, s'écrie Agathe, cela nous fera bien plaisir de...

Honorine tire sa jeune amie par sa robe, et celle-ci se reprend pour dire :
— Cela fait que vous verrez la maison qui est bien gentille, et le jardin que je veux entretenir avec soin.
— Madame, votre invitation est trop aimable pour que je l'oublie... et puisque vous me le permettez, j'aurai l'honneur d'aller vous présenter mes hommages à Chelles. Maintenant, mon cher Chamoureau, n'abusons pas plus longtemps des moments de ces dames avec lesquelles vous savez que vous vous retrouverez demain à trois heures chez le notaire de M. Courtivaux.
— Demain à trois heures... Ah ! diable... c'est que je voulais aller rue de Ponthieu demain... elle ne sera pas toujours sortie.

Edmond marche sur le pied de Chamoureau en lui disant à l'oreille :
— Taisez-vous donc, et n'allez pas devant ces dames prononcer le nom d'une Thélénie !

Puis il ajoute en se tournant vers Honorine : — Au reste, madame, j'irai moi-même prendre Chamoureau pour le conduire chez le notaire. De cette façon je vous réponds de son exactitude.
— Ce sera, monsieur, mettre le comble à votre obligeance, car ce monsieur Chamoureau nous semble bien distrait.
— Veuillez m'excuser, madame ; en effet... je suis très-occupé... relativement à... c'est toujours la faute de Freluchon.
— Allons, Chamoureau, partons.

Edmond emmène l'homme d'affaires. Le lendemain, grâce à l'activité du jeune homme, tout le monde se trouve au rendez-vous assigné chez le notaire, et madame Dalmont devient propriétaire de la petite maison de Chelles. Un regard d'Agathe a amplement payé Edmond de toutes les peines qu'il a prises pour terminer promptement cette affaire. Et Honorine ajoute à son bonheur en lui disant encore :
— Vous serez le bienvenu, monsieur, dans cette maison dont, grâce à vos démarches, à votre obligeance, je suis maintenant propriétaire.

XVII

Une canaille.

La belle Thélénie était revenue chez elle, dans la compagnie de son amie Héloïse, une heure environ après que Chamoureau en était parti escorté par M. Beauregard. En entrant chez elle, cette dame jette de côté châle, chapeau, gants, tout cela avec ces mouvements de colère qui lui étaient familiers. Puis elle va se jeter sur une causeuse, tandis que son amie Héloïse ramasse les gants et le chapeau qui ont roulé à terre, en disant :

— Il faut avouer que tu as bien peu de soin de tes affaires… un si joli chapeau… encore tout frais, merci ! si c'est comme cela que tu les arranges… moi, avec ce chapeau-là j'irais jusqu'au mois de juin. Ah ! dame, je n'ai pas le moyen de m'en acheter si souvent que toi ! Combien t'a-t-il coûté ? Je parie pour cinquante-cinq francs au moins, les modistes deviennent inabordables ! ai-je deviné ?

— Mon Dieu ! Héloïse, laisse-moi tranquille, tu vois bien que j'ai de l'humeur.

— Ah ! maintenant tu as toujours de l'humeur ; tu as bien tort de te laisser aller comme cela à te tourmenter… cela te changera, ça te rendra le teint jaune… Pour rester jolie, il ne faut jamais se mettre en colère… c'est un étudiant en médecine qui m'a dit cela. Il devait être très-savant, il y avait dix ans qu'il suivait les cours ! Il me disait encore : Pour bien vous porter, soyez gaie, il n'y a rien de sain comme la gaîté.

— Ton étudiant de dix années aurait dû savoir alors que la gaîté ne se donne pas à volonté comme un lok ou une médecine. Dire à quelqu'un : Soyez gai, est aussi stupide que de lui dire : N'ayez plus mal à la tête ! Cependant je sais bien que je ne suis pas raisonnable, mais en voyant passer Edmond en cabriolet avec sa nouvelle passion, je n'ai pas été maîtresse d'un mouvement de colère.

— Oui, et tu as manqué de nous faire écraser par un coupé.

— Mais c'est qu'elle est affreuse cette petite fleuriste… c'est qu'il est honteux de se voir quitter pour un laideron pareil.

— Ah ! affreuse… laisse donc… elle a un petit air drolichet… un minois chiffonné ; les hommes aiment ça.

— Tout ce qu'il y a de plus commun. Si Edmond m'avait quittée pour une jolie femme, je le lui pardonnerais.

— C'est pas vrai, tu serais encore plus vexée… oh ! je connais ça… c'est toujours un petit dédommagement quand on peut se dire : Certainement je suis plus jolie, et son nouvel amour ne durera pas longtemps.

Thélénie sonne sa femme de chambre. Mademoiselle Mélie paraît.

— Est-il venu du monde pour moi pendant mon absence ?

— Oui, madame, ce monsieur qui est venu il y a quelques jours et qui avait un air si drôle en sortant… qui avait son habit… et encore autre chose de ses vêtements…

— Ah ! M. Chamoureau !

— C'est cela, madame, M. Chamoureau.

— Que voulait-il ?

— Mais voir madame… il paraissait désolé de ne point la trouver, il me demandait si madame serait longtemps dehors, il avait bien envie de l'attendre.

— L'imbécile !.. est-ce qu'il compte m'assommer de ses visites… au reste, quand il m'ennuiera trop, je ne me gênerai pas pour lui faire défendre ma porte. C'est bien… laissez-moi.

— C'est l'Espagnol de l'Opéra qui remontait toujours ses bottes, n'est-ce pas ? dit mademoiselle Héloïse, lorsque la femme de chambre s'est éloignée.

— Oui, et ce grand sot que je charge de me dire tout ce qui se passera au souper qui a suivi le bal. Je savais qu'il souperait avec Edmond et ses amis, et les dames de ces messieurs ; sais-tu ce que fait M. Chamoureau ? il s'endort au milieu du souper, ma chère, et lorsqu'il s'éveille, tout le monde était parti.

— Il s'était grisé, probablement !

— Et il vient chez moi, et il me fait une déclaration d'amour très-passionnée.

— Accompagnée de diamants ou de cachemire ?

— Pas la moindre des choses !… sais-tu ce qu'il m'a proposé ?… Ah ! c'est à mourir de rire.

— De raccommoder son linge.

— De l'épouser… de devenir madame Chamoureau !

— Eh bien, toi qui veux avoir une position dans le monde.

— Elle serait jolie la position ! Ce monsieur gagne quatre mille francs avec son cabinet d'affaires… et comme il en dix mille de revenu, c'est moi qui l'enrichirais… me vois-tu faisant la fortune de M. Chamoureau !

— Mais il n'est pas alors si bête qu'il en a l'air, ce monsieur.

— Oh ! ce n'est pas l'intérêt qui le guide… il est vraiment très-épris de moi… à ce qu'il dit du moins… S'appeler madame Chamoureau, fi ! quel nom ridicule !

— Moi je ne suis pas si difficile que toi, s'il veut m'épouser, je le prends. J'écris pas trop mal, je lui servirai de commis dans son cabinet. Un jour, tu m'as écrit parce que tu avais besoin d'argent : Es-tu en fonds, puis-je passer à la caisse ? et tu as écrit caisse avec un q au lieu d'un c.

— Eh bien ! qu'est-ce que cela fait ?… un c ou un q, du moment que ça se prononce de même ! J'ai entendu dire d'ailleurs qu'à présent on écrivait comme on voulait, et que c'était bien plus comme il faut de ne pas mettre l'orthographe, parce qu'autrefois les grands seigneurs ne la savaient pas du tout.

— Moi, je ne trouve pas que ce soit bon genre de faire des cuirs en parlant.

— Tu as donc reçu une bien belle éducation, toi, Thélénie, je croyais que tu n'avais jamais été à l'école… il me semblait que ta mère vendait des saucisses toutes cuites dans une boutique où il y avait toujours queue… c'était une poêle.

La belle brune lance sur mademoiselle Héloïse un regard courroucé et réplique en souriant avec amertume :

— Ah ! tu veux être méchante aussi, toi ! prends garde, ma pauvre Héloïse, avec moi tu n'aurais pas beau jeu.

— Je n'ai pas l'intention de te faire des méchancetés ! entre nous, tu ne peux pas me faire croire que tu es fille d'une duchesse… On m'a assuré que ta mère vendait des saucisses frites dans une poêle… moi, je n'y vois aucun mal. C'est un état comme un autre.

— Et tu m'as lancé cela parce que je t'ai dit que tu écrivais caisse avec un q.

— Oh ! par exemple ! je m'en fiche pas mal… un q de plus ou de moins… ne voilà-t-il pas une affaire ! Je te promets, Thélénie, que mon intention n'a jamais été de te fâcher… ce serait bien bête de ma part. Tu me mènes avec toi au spectacle, en voiture, tu me prêtes quelquefois de l'argent quand je n'en ai pas… pourquoi donc chercherais-je à me brouiller avec toi ?

— Alors Héloïse, tâche de retenir ta langue , car il pourrait t'échapper de dire, devant témoins, des choses que je ne te pardonnerais pas. Entre nous, je le prétends certes pas me donner pour ce que je ne suis point… mon origine est très-vulgaire, je ne le nie pas, mais en prenant de l'âge, en trouvant surtout dans la société d'hommes bien élevés et qui avaient de bonnes manières, j'ai compris que si je voulais arriver, il fallait d'abord me mettre en état de tenir ma place près d'eux. J'ai donc pris des maîtres, j'ai étudié, j'ai voulu savoir parler ma langue correctement. J'ai appris aussi un peu d'anglais et d'italien, et je t'assure qu'ensuite je me suis sentie beaucoup plus à mon aise dans la société des hommes de la haute, qui sont bien aises de se promener en calèche avec une femme élégante et jolie, mais qui rougissent bientôt de cette femme lorsqu'elle fait des pataqués devant leurs amis et connaissances… Qu'y a-t-il, Mélie, que nous voulez-vous encore ?

— Pardon, madame, répond la femme de chambre qui vient de rentrer.

— C'est que j'ai oublié de dire à madame qu'il était venu encore un autre monsieur, presque en même temps que ce monsieur Chamoureau.

— Qui donc ?

— M. Beauregard.

Au nom de Beauregard le front de Thélénie se rembrunit, elle fait un mouvement d'impatience en murmurant :

— Ah ! M. Beauregard !… eh bien ! que me voulait-il ce monsieur ? que vous a-t-il dit ?

— Ce monsieur paraissait d'abord douter que madame fût véritablement sortie, il se disposait à entrer sans m'écouter… cependant comme je lui ai dit qu'il pouvait voir dans le salon et même dans la chambre de madame, alors il n'est pas entré, et il est parti en disant qu'il reviendrait.

— Il paraît qu'il est bien sans façon ce monsieur-là ! s'écrie Héloïse; comment ! il se permet d'entrer dans ton appartement pour s'assurer si en effet tu n'y es pas…

— Oh ! c'est une très-ancienne connaissance… un original… mais il devrait bien me priver de ses visites… j'avoue qu'elles ne m'amusent guère. J'avais été plusieurs années sans le revoir, je ne sais ce qui lui a pris depuis quelque temps… et pourquoi il revient… Il ne vous a pas dit autre chose, Mélie ?

— Non, madame. Il est parti en même temps que M. Chamoureau, et je les ai vus par la fenêtre qui s'éloignaient en causant ensemble…

— Beauregard causait avec M. Chamoureau ?

— Oui, madame.

— Voilà qui est assez singulier… mais après tout, peu m'importe ! Ah ! on sonne, je crois…

— C'est peut-être un de ces messieurs qui revient… faudra-t-il laisser entrer et dire que madame y est ?

— Oui, si c'est M. Beauregard…

— Et si c'est M. Chamoureau ?

Thélénie ne sait ce qu'elle veut répondre lorsque la sonnette retentit de nouveau et avec une extrême violence.

— Diable ! il est bien pressé celui-là ! s'écrie Héloïse

— Je suis bien sûre que ce n'est pas M. Chamoureau qui sonne de cette force-là ! dit Thélénie. Allez voir, Mélie, et vous me direz qui c'est.

La femme de chambre est allée ouvrir ; elle demeure frappée de surprise et presque d'effroi devant le personnage qui se présente à elle. C'est un homme qui a peut-être une quarantaine d'années, mais dont l'aspect repoussant et la tenue délabrée ne permettent guère de bien juger l'âge. Il est de taille moyenne, maigre de corps et décharné de visage. Ses yeux petits, renfoncés et bordés de rouge, ont une expression de hardiesse et de cynisme, à laquelle se mêle parfois une sombre férocité. Son nez est grand, maigre, un peu recourbé en bec d'oiseau ; sa bouche, à peu près veuve de dents, est rentrée, pin-cée et laisse à peine entrevoir ses lèvres; des sourcils épais, d'un blond roux comme ses cheveux, s'ébouriffent sur ses yeux. Son front est bas et déprimé. Il a une abondance de cheveux, fort mal peignés ou plutôt jamais peignés, qui retombent au hasard sur ses épaules et son front; enfin, quoiqu'il porte toute sa barbe et des moustaches, on aperçoit au bas de sa joue gauche une forte cicatrice. Ce vilain monsieur est vêtu d'un grand paletot qui a été noisette, mais dont il est maintenant difficile de préciser la couleur. Ce pale-tot, auquel il manque plusieurs boutons, est percé aux coudes, cou-vert de taches* et déchiré à plusieurs endroits; un pantalon olive, horriblement crotté et tout effiloqué par le bas, s'harmonise parfaite-ment avec le paletot. Un mouchoir rouge, roulé en corde, sert de cravate ; la chaussure se compose d'énormes souliers couverts de boue, dont l'un est noué avec une ficelle, l'autre ne l'est pas du tout. Enfin, pour coiffure, cet individu porte un de ces mauvais chapeaux gris, tout bas de tête, et auxquels on peut donner toutes les formes possibles parce qu'ils n'en ont plus aucune.

— Cré nom d'une bouffarde! la belle! on met le temps pour ouvrir chez vous! est-ce que vos quilles sont engourdies?

En disant ces mots à la femme de chambre, ce monsieur fait tour-ner dans sa main une grosse canne en bois d'épine qu'il manie avec toute l'agilité d'un tambour-major.

— Que demandez-vous, monsieur? vous vous trompez probable-ment, et je suis bien sûre que ce n'est pas notre porte que le con-cierge vous a indiquée.

En disant cela, la femme de chambre retenait la porte à demi ouverte comme pour empêcher cet homme d'entrer. Mais celui-ci répond avec un sourire qui lui est particulier et qui rend sa figure encore plus repoussante.

— Non... non... je ne me trompe pas de porte... larbine! autre-ment dit domestique! c'est bien ici que demeure madame Sainte-Suzanne, n'est-ce pas?

— Oui, c'est ici.

— Eh bien, alors! ne faisons donc pas tant de manières! c'est à madame Sainte-Suzanne que je veux parler.

— Vous, monsieur?

— Eh oui, moi! Qu'est-ce qu'elle a donc celle-là à faire des yeux, en me regardant comme un chat qui a pris médecine.

— Et que pouvez-vous avoir à dire à ma maîtresse?

— Ce que j'ai à lui dire! ah çà, ma mignonne, ça ne regarde qu'elle et moi, et je ne donnerai à mes paroles que quand nous serons dans le tête-à-tête le plus huis-clos possible, comme dit le président de la correctionnelle.

— Monsieur, ma maîtresse ne reçoit que les personnes qu'elle con-naît, et comme certainement elle ne vous connaît pas, elle ne vous recevra pas.

— Vous barbottez, la bonne! vous jacassez comme une pie, et vous ne savez ce que vous dites... votre maîtresse me connaît et beaucoup, je m'en flatte!... et par conséquent elle me recevra... et je ne lui conseille pas de refuser de me voir, car alors il y aurait du grabuge chez papa!...

Tout en parlant, ce monsieur avait petit à petit poussé la femme de chambre devant lui, et celle-ci, qui en avait peur, l'aval laissé pé-nétrer jusqu'au milieu de l'antichambre. Arrivé là, cet homme s'ar-rête et promène ses regards autour de lui, en disant :

— Bigre! c'est calé ici !... c'est un peu rupin... on ne m'avait pas trompé en me disant qu'il y avait gras chez madame Sinte-Suzanne... tant mieux... ça me botte! j'aime le luxe et l'élégance, moi.

— On ne s'en douterait guère en vous voyant, dit la femme de chambre.

— Ça vous prouve, la belle, qu'il ne faut pas juger sur l'apparence. Allez donc prévenir votre maîtresse que je désire causer un brin avec elle... et pour qu'elle ne refuse pas de me recevoir, vous lui direz que c'est Croque qui lui fait un petit bonjour en pa sant.

— Comment avez-vous dit, monsieur!

— J'ai dit Croque!

— C'est votre nom ?

— Apparemment !

— Je suis bien sûre que madame ne voudra pas vous recevoir... et de quelle part venez-vous?

— De quelle part! Mais de la mienne, et ça suffit. Allons ! allons ! faites ce qu'on vous dit, la fille! et si on est content de vous, on vous donnera un baiser.

La femme de chambre s'éloigne vivement pour aller prévenir sa maîtresse. Celle-ci commençait à s'impatienter de ne point savoir qui s'était permis de sonner chez elle de façon à casser sa sonnette; l'air effaré avec lequel arrive sa domestique redouble la cu.iosité de Thélénie.

— Eh bien! qui donc est venu? pourquoi êtes-vous si longtemps à me l'apprendre?

— Ah! madame, c'est que... si vous saviez... j'en suis toute bou-.eversée, moi.

— Voyons, expliquez-vous !

— C'est un homme qui est là... et qui est fait comme un voleur...

je crois bien que c'en est un... il en a tout l'air... Ah! quel vilain homme! m'a-t-il fait peur ! il a un paletot troué aux cou des et une mine... un regard...

— Enfin, que demande-t-il cet homme?

— Il demande à parler à madame... et en particulier.. et si vous saviez avec quel ton insolent il parla.— on dirait qu'il se croit chez lui...

— Renvoyez cet homme, c'est quelque mendiant qui vient solli-citer des secours... je ne reçois pas ces gens-là, renvoyez-le...

— Et bien vite, dit mademoiselle Héloïse, car il est capable de vous voler quelque chose dans l'antichambre. Est-ce que votre con-cierge devrait laisser monter des pauvres dans la maison... c'est donc une huître que ce portier-là?

— Je ne sais pas si cet homme voudra s'en aller... Ah! il m'a dit : Vous direz à votre maîtresse que c'est Croque qui veut lui parler.

En entendant prononcer ce nom, Thélénie devient d'une pâleur effrayante... je ne reçois pas ces gens-là... une vive émotion s'empare d'elle; ses traits sont altérés, elle semble anéantie et murmure entre ses dents :

— Ah! mon Dieu! il existe encore! j'espérais le croyais mort.

— Croque!... ah! ce nom! dit Héloïse, pourquoi pas Croque-Mi-taine tout de suite? au moins on saurait qu'il ne veut faire peur qu'aux enfants!... — Je vais dire à ce vilain monsieur qu'il s'en aille et que madame ne veut pas le recevoir.

Thélénie arrête vivement sa femme de chambre, en s'écriant :

— Non! non... ne faites pas cela, Mélie... vous allez au contraire faire entrer ce... ce monsieur... je veux savoir ce qu'il a à me dire. Toi, Héloïse, passe un instant dans mon salon.

— Comment! tu vas recevoir cet homme et tu n'as pas peur de rester seule avec lui.

— Non, je n'ai pas peur... fais ce que je te dis, et vous, Mélie... allez chercher cet étranger.

La femme de chambre obéit, en laissant voir tout l'étonnement que lui cause le changement qui vient de s'opérer chez sa maî-tresse, et mademoiselle Héloïse se dispose à passer dans le salon, en répétant :

— Aie l'œil sur ta cheminée toujours, et prends garde que ce monsieur ne te chipe quelque chose.

Lorsque le particulier si mal vêtu est introduit dans la chambre à coucher de Thélénie, qu'il salue fort respectueusement en entrant, celle-ci fait signe à sa femme de chambre et à Héloïse de s'éloigner, puis va fermer avec soin toutes les portes. Alors M. Croque se laisse aller nonchalamment dans une bergère et jette son chapeau sur le tapis en disant :

— Ah! triple chique! chère amie... on a bien de la peine à arriver jusqu'à toi... c'est pis que chez un ministre! quel luxe! quel genre ! quelle poussière !

La belle brune considère d'un œil sombre l'individu qui est devant elle et balbutie enfin :

— Comment... c'est vous... je croyais.

— Tu croyais que j'étais trépassé, n'est-ce pas ? et je gage que tu ne m'as pas beaucoup pleuré... Eh bien non, petit homme vit encore, et il n'a pas du tout envie de mourir... ce serait dommage ! à qua-rante ans... le plus bel âge de l'homme !

— Mais qu'êtes-vous donc devenu depuis cinq ans... car j'y a bien cinq ans que je ne vous ai vu, aperçu nulle part... Mon Dieu! comme vous voilà fait... est-il possible de sortir vêtu comme ça?

— Mais il faut bien sortir comme ça, quand on n'a pas autre chose à se mettre sur le dos et absence complète de moyens pour s'acheter des frusques...

— Enfin, comment vous êtes-vous laissé tomber dans cette misère?...

— Comment je me suis laissé tomber... ah! elle est bonne là, la petite sœur!... cette chère sœur... qui me saute pas au cou de son bon frère... ah! ce n'est pas gentil ça, car enfin je suis ton frère, chère amie, et de plus ton aîné, ce qui me donne sur toi presque les droits d'un père ou d'un oncle !...

— Vous avez des droits sur moi !... ah! je ne vous conseille pas de répéter cela...

— Allons, allons, ne nous fâchons pas, Titine... car tu t'appelais Titine autrefois... tu as fait de ce nom Thélénie, tu as bien fait, c'est plus harmonieux, ça fait mieux à l'oreille... moi, tu comprends bien que si j'avais comme toi un bel appartement et une toilette chiquée, au lieu de m'appeler tout simplement Croque, je me ferai nommer Croquinoski ou de la Croquignolle... mais malheureusement je n'en suis pas là; tu me demandes ce que je suis devenu depuis cinq ans...

Ah! mon Dieu, ma chère amie, je ne pouvais pas sortir, j'étais à l'ombre.

— Ah!... vous étiez en prison.

— Ça y ressemble beaucoup...

— Pour dettes?

— Un petit peu pour dettes et puis encore pour autre chose... une malheureuse affaire... un vol de chemises dans lequel je me suis trouvé compromis... quoique je fusse bien innocent.

— Vous! innocent... ce n'est pas probable...

— Eh bien, tu es encore aimable ! tu doutes de la probité de ton petit frère...

— C'est que je sais ce dont vous êtes capable!...

— Tu le sais... ou tu ne le sais pas... ceci est une question... Je ne dis pas qu'un jour je ne te mettrai pas à même de la résoudre... cela dépendra de la manière dont on se conduira avec *Bibi*...

— Que voulez-vous dire?... sont-ce des menaces que vous me faites?

— Mais non! je ne te fais pas de menaces... Voyons... comment, on rit, on badine, et tu prends tout de suite la mouche... j'aurais cru que la fortune devait rendre les gens plus aimables!...

— La fortune!... mais je n'ai pas de fortune... Je n'ai que de quoi vivre et bien juste...

— Ah! je m'y attendais à celle-là... tu n'as pas de fortune et tu habites un appartement superbe, tu as des meubles magnifiques, des laquais à tes ordres... tu es mise comme une princesse de théâtre...

— Qu'est-ce que cela prouve tout cela? vous savez bien qu'à Paris on peut afficher beaucoup de luxe sans être riche; que quelquefois même tout cet étalage ne sert qu'à cacher des dettes et une position embarrassée...

— Oui... oui; ce que je sais fort bien aussi, c'est que cette maison n'est pas un hôtel garni, que par conséquent tu es ici dans tes meubles, que tout ce que je vois est à toi... et tiens... rien qu'avec cette pendule et ces candélabres qui sont sur ta cheminée, j'aurais, moi, de quoi me requinquer et faire la noce pendant quelque temps.

Thélénie fronce ses noirs sourcils et fait un mouvement d'impatience en s'écriant :

— Voyons, au fait, que me voulez-vous?... Pourquoi êtes-vous venu ici?...

M. Croque se dandine sur son siége et caresse sa barbe en répondant :

— Ah! tu t'en doutes bien, petite sœur... je ne te ferai pas l'injure de croire que tu ne l'as pas deviné. Et d'ailleurs, n'est-ce pas tout naturel? Ton frère est malheureux, il n'a pas le sou, il est fort mal vêtu, ainsi que tu l'as fort bien remarqué tout à l'heure, et c'est vexant pour l'amour-propre de sortir comme cela! Mais ce frère a une sœur qui est dans une position heureuse, fortunée... mon Dieu! je ne dis pas qu'elle soit millionnaire... ce serait trop beau; mais enfin elle a de quoi se vêtir très-élégamment... eh bien! elle ne peut pas laisser son frère traîner la loque... Fi donc! ce serait indécent! Ainsi donc ce frère va trouver sa sœur en lui disant : Tu as de l'argent, je n'en ai pas; donne-moi de ce que tu as; je ne te donnerai pas de ce j'ai, puisque je n'ai rien, mais je te porterai dans mon cœur... Hein! tu y es maintenant...

— Oui; oh! je savais bien que c'était de l'argent que vous vouliez.

— Puisque tu le savais, pourquoi me demandais-tu ce que je venais faire ici? Tu voulais me faire rire un brin, malicieuse!

— C'est encore de l'argent que vous êtes venu demander il y a cinq ans, et vous deviez alors avoir un emploi, vous ranger, vous bien conduire...

— Eh! ma chère amie, est-ce qu'on est le maître de diriger les événements à sa volonté?... Il est survenu des incidents qui m'ont dérangé dans l'ordre et la marche que je voulais tenir... voilà.

— Il y a neuf ans et demi, dix ans bientôt, je vous avais trouvé un emploi convenable... comment l'avez-vous perdu?

— Ah! tu veux me parler de cette place de secrétaire chez M. Duronceray?

— Cette place était agréable; vous avez une assez belle écriture, cela suffisait... vous aviez fort peu à faire et quinze cents francs d'appointements...

— Quelque chose de beau... Je portais mes vues plus haut, j'avais de l'ambition.

— Et pour satisfaire vos passions, vous avez osé voler...

— Assez! assez!... cette affaire-là est passée depuis longtemps, ce n'est pas la peine d'en parler... d'ailleurs, pour m'en souvenir, j'ai quelque chose que ne s'effacera jamais, j'en ai peur!

En disant ces derniers mots, le frère de Thélénie portait une de ses mains sur sa joue gauche... à l'endroit où il avait une cicatrice, puis il reprend :

— Au reste, là comme ici, on ne savait pas que j'étais ton frère; tu m'avais recommandé à ce monsieur comme ton protégé.

— Grâce au ciel!

— Et qu'est-il devenu, ce M. Duronceray?

— Je n'en sais rien.

— Tu ne le vois plus?

— Non, depuis longtemps...

— Sais-tu s'il est à Paris en ce moment?

— Je vous dis que j'ignore absolument ce qu'il fait. Pourquoi m'adressez-vous toutes ces questions?

— Ah! c'est que je ne me soucierai pas beaucoup de rencontrer ce monsieur... quoique bien probablement il ne me reconnaîtrait pas... les infortunes ont dû tellement changer mes traits! Mais il a avec lui un certain animal qui pourrait bien me reconnaître... Gredin de chien, va!

En disant ces mots, M. Croque passe encore sa main sur sa joue gauche.

— Ah! le brigand!... si jamais je peux lui faire son affaire, à

celui-là! Mais il est peut-être mort; j'aimerais autant qu'il fût vivant. Depuis ce temps, j'ai les chiens en horreur... Mais il n'est pas question de tout ça... il s'agit maintenant de pourvoir à la situation du petit frère... voilà l'urgent; tu m'entends, petite sœur?

La belle brune garde longtemps le silence, puis murmure :

— Etre économe, se donner la peine d'amasser de quoi vivre... en s'imposant des privations... pour que cet argent soit ensuite mangé par des paresseux, par des gens qui n'ont pas de conduite, savez-vous que c'est fort désagréable, cela!

M. Croque se balance sur sa bergère en chantant entre ses dents :

> Quand on sait aimer et plaire
> A-t-on besoin d'autre bien!

— On se dit, quand on a quelque parente un peu à son aise : Je n'ai pas besoin de travailler... je suis bien bête de m'inquiéter de l'avenir; quand je serai au dépourvu, j'irai trouver ma sœur, je me présenterai chez elle, sale, couvert de haillons, la barbe longue... enfin, dans un état à faire pitié, alors je lui dirai que j'ai eu des malheurs, sans qu'il y ait de ma faute, et qu'il faut qu'elle vienne à mon aide... Voilà ce qu'on se dit, n'est-ce pas?... Mais si cette sœur se lassait de toujours venir au secours d'un homme qu'elle a en vain cherché plusieurs fois à faire rentrer dans le bon chemin, si elle lui disait : Je ne veux plus que mes économies soient mangées par vous... je ne vous donnerai plus rien!...

Croque se lève et, s'avançant vers Thélénie d'un air menaçant, se met à crier autant que lui permet sa voix rauque et enrouée :

— Si tu faisais ça, Titine, moi, j'irai dans l'appartement, dans l'escalier, dans la cour, crier bien haut que tu es ma sœur... tout le monde le saurait, tes voisins, ton portier, tes domestiques...

— Assez, Croque... assez... plus bas!

— J'ajouterais que je n'ai pas de quoi manger et que tu me refuses un morceau de pain...

— Taisez-vous... mais taisez-vous donc!

— Et je te suivrai dans les rues, à la promenade, pour dire à tout le monde : Voyez-vous cette belle dame couverte de velours et de soie... qui a des bijoux partout, au cou, aux oreilles, aux bras... c'est ma sœur... et elle me laisse aller nu-pieds...

— Ah! encore une fois, taisez-vous, monsieur, et dites ce qu'il vous faut... combien vous voulez?

— Allons donc! à la bonne heure!... nous redevenons gentille, et voilà comme je t'aime; car je t'aime, moi, je sens que la nature me parle en ta faveur et que le même sang coule dans nos veines... Veux-tu m'embrasser?

Thélénie se recule vivement et reprend :

— Dites-moi donc de combien vous avez besoin?

— Dame, chère amie, dans la position où je suis, tu comprends que j'ai besoin de tout... il faut que je m'habille entièrement, et puis que j'aie le temps de trouver une occupation lucrative.

Du reste, j'ai déjà plusieurs choses en vue... mais, enfin, tu ne voudrais pas que dans quinze jours je sois obligé de revenir te voir, en te disant : Je n'ai plus rien...

— Oh! non... je veux que vous me promettiez de me laisser en paix à l'avenir.

— Eh bien! alors, tiens, je n'irai pas par quatre chemins, mais je te dirai tout de suite : Il faut te fendre d'un billet de mille! parce qu'avec ça j'aurai tout à fait le temps de me retourner et de former une entreprise industrielle... par actions... avec ou sans prime; je ne sais pas encore... ça dépendra!

Thélénie a porté la main sur son front, puis enfin elle se décide, va ouvrir son secrétaire et tire le tiroir qui lui sert de caisse.

Elle y prend un billet de banque de mille francs, en disant à son frère :

— C'est le seul, monsieur, vous pouvez vous en assurer.

Mais M. Croque répond en souriant :

— Chère amie, quand on est jolie comme toi, ça ne doit pas t'inquiéter... quand il n'y en a plus, il y en a encore.

— Tenez... prenez, et oubliez-moi désormais.

— Merci cent fois, ma sœur bien-aimée! Si jamais tu avais besoin de moi pour... n'importe quoi... je suis propre à tout, moi; songe que je te suis dévoué et que je serais content de te rendre service à mon tour.

En disant cela, le monsieur prend le billet de banque, qu'il serre avec soin dans une poche de son paletot, puis, ramassant son chapeau, il ouvre la porte et sort. Thélénie le suit et l'examine; mais, devant la femme de chambre, Croque reprend un air respectueux, salue jusqu'à terre et dit à sa sœur :

— Madame, recevez de nouveau l'hommage de mon respect et tous mes remerciements.

— Enfin, il est parti! se dit Thélénie en voyant la porte se refermer sur son frère. Le misérable!... mais, dans quelque temps, il reviendra encore!... J'aurai beau changer de demeure, il me retrouvera toujours... Comment donc faire pour qu'il ne me trouve plus?... Heureusement personne ne sait que ce homme est mon frère.

— Excepté moi, — se dit Héloïse, qui, l'oreille collée contre la porte du salon, avait écouté ce qui se disait dans la chambre à coucher.

XVIII

Un cœur qui parle.

Honorine et Agathe sont revenues de chez le notaire, bien heureuses, bien contentes. La jolie maison de Chelles est maintenant leur propriété. Elles peuvent faire des plans, des projets pour l'avenir sans craindre de ne pouvoir les réaliser. Et madame Dalmont dit à sa jeune amie:

— A présent que la maison est à nous, il faut retourner demain la voir, la visiter bien plus en détail, de bas en haut. J'examinerai avec soin le mobilier; nous verrons quels sont les meubles que je puis conserver et emporter de Paris.

— Oui, ma bonne amie.

— Ensuite nous reviendrons ici... Je vendrai tout ce que je ne devrai pas garder, et puis nous ferons nos paquets, nous partirons, nous irons nous établir chez nous... Ah! c'est gentil de pouvoir dire chez soi ! Je comprends déjà l'amour de la propriété.

— Oui; au moins on peut arranger, déranger, sans craindre que personne le trouve mauvais. Ah! ma bonne amie, je crois bien que sans ce jeune homme, M. Edmond Didier, cette acquisition ne se serait pas terminée si vite.

— Je le crois d'autant plus, que ce M. Chamoureau, l'homme d'affaires, a l'air maintenant de ne plus écouter ce qu'on lui dit. Je suis bien aise d'en avoir fini avec lui... Au reste, il n'est pas cher; il refusait de recevoir des honoraires, nous disant Cela se trouvera avec autre chose. Moi qui n'ai pas envie de le prendre pour autre chose, je l'ai payé... D'ailleurs, on n'achète pas des maisons tous les jours.

— Il est certain qu'il ne s'est pas donné grand mal dans tout ceci... c'est M. Edmond qui a tout fait; c'est bien heureux que ce jeune homme se soit trouvé chez m. Chamoureau quand nous y sommes retournées, et c'est bien drôle qu'il se soit comme cela, tout de suite, employé pour nous être agréable... car enfin il ne nous connaissait pas... il ne nous avait jamais vues... Est-ce que tu l'avais déjà vu, toi, ma bonne amie?

— Non vraiment... Où donc veux-tu que je l'aie vu? ne viens-tu pas partout avec moi?

— Ah! c'est vrai... et je l'aurais vu aussi, alors. Tout le monde est pas obligeant comme lui; car il s'est dérangé de ses affaires... devait aller au bois de Boulogne, et il a tout quitté pour nous être tile.

— Cela prouve qu'il est très-galant...

— Ah! oui... tu ne trouves pas cela extraordinaire, Honorine?

— Mais non; Dieu merci! il y a encore des hommes qui se font un plaisir de rendre service aux dames... cela devient un peu rare... surtout depuis que les hommes ne songent plus qu'à fumer; car la galanterie et le tabac vont bien mal ensemble !... mais, enfin, tu vois que cela peut encore se rencontrer.

— Et puis M. Edmond ne fume peut-être pas.

— Voyons, faisons une liste de ceux de mes meubles auxquels je tiens le plus et que je veux emporter là-bas. Je vais te dicter... et tu écriras, Agathe.

— Oui, ma bonne amie.

Mademoiselle Agathe prend ce qu'il lui faut pour écrire, mais elle ne veut pas abandonner le sujet de leur conversation.

— Honorine, ce monsieur est musicien.

— Quel monsieur?

— M. Edmond Didier.

— Ah! tu crois?

— J'en suis sûre. Tu ne te souviens donc pas qu'il nous a dit qu'il chantait aussi?

— Non, je n'y avais pas fait attention.

— Oui, oui... il chante; je suis persuadée qu'il doit avoir une jolie voix !

— Et qu'est-ce qui te fait croire cela?

— Mais c'est... c'est qu'il a la voix très-douce en parlant.

— Ce ne serait pas une raison; il y a des personnes qui en parlant ont la voix dure et qui chantent très-agréablement.

— Ah! oui... mais quand on a déjà la voix douce...

— Voyons, écris; y es-tu?

— Certainement.

— D'abord, ce petit berceau en acajou... qui a servi à mon pauvre petit garçon... Oh ! je le garderai toujours, ce berceau-là !... Ensuite, ce petit secrétaire à tiroirs, en bas, je le garde aussi.

— Et le piano, ma bonne amie ? il ne faut pas oublier le piano.

— Cela va sans dire, car nous n'en trouverions point là-bas.

— Et nous y ferons beaucoup de musique, car à la campagne la musique doit être encore plus agréable qu'à Paris.

— Tu crois?

— Mais d'abord on s'entend mieux.

— Ce vieux fauteuil, dit ganache: c'est très-commode quand on est indisposé... on dort fort bien dedans.

— Nous emporterons toute la musique; si nous achetions de nouvelles romances ?

— Nous en avons bien assez.

— Mais nous n'avons pas les nouvelles.

— Ce somno qui fait table quand on veut...

— Il est vrai que nous ne savons pas quelles sont les plus jolies...

— Toute ma bibliothèque... tous mes livres!... ah! on n'en a jamais trop !

— Mais, au fait, M. Edmond pourra nous le dire, puisqu'il viendra nous voir... Ah! tu as bien fait de l'engager à venir à Chelles... car enfin ce n'aurait pas été aimable de ne point l'inviter, après toutes les peines qu'il a eues pour nous.

— J'ai fait ce que me commandait la politesse... Après cela, ce jeune homme viendra ou ne viendra pas, ceci ne doit pas nous occuper.

— Oh! il viendra, ma bonne amie; je suis bien sûre qu'il viendra, moi.

— Et pourquoi en es-tu bien sûre? qui te le fait penser?

Mon chapeau! mon chapeau!

— Mais... parce qu'il a eu l'air si heureux quand tu l'as engagé à venir... ses yeux exprimaient un si grand plaisir!...

— Eh bien! s'il vient, nous le recevrons... As-tu écrit ma bibliothèque?

— Oui, c'est fait... il a l'air très-honnête...

— Mon étagère...

— Et très comme il faut!

— Cette petite table à manger; on peut en avoir besoin.

— Il s'exprime très-bien.

— Et ce pupitre, ce buvard...

— Quel âge penses-tu qu'il peut avoir?

— Mon buvard?

— Mais non... M. Edmond Didier?

Madame Dalmont regarde la jeune fille d'un air presque sévère en lui disant:

— Ma chère amie, est-ce que tu ne veux plus t'occuper que de M. Edmond?...

— Moi... Mais pourquoi me dis-tu cela?...

— C'est que depuis que nous sommes revenues de chez le notaire, tu ne t'aperçois pas, sans doute, que tu ne parles que de lui, que c'est toujours à lui que tu penses.

Agathe rougit jusqu'au blanc des yeux en balbutiant:

— Mon Dieu!... si j'ai parlé de ce jeune homme... c'est qu'il a été si obligeant pour... toi... qu'il me semblait tout simple de lui en avoir obligation... Mais du moment que cela te déplaît... cela suffit... je n'en parlerai plus...

— Ma chère amie, n'exagérons pas les choses: ce qui pourrait me déplaire, ce serait de te voir trop occupée de quelqu'un que nous connaissons à peine, qui s'est montré fort serviable à notre égard, c'est vrai, mais qui n'en est pas moins encore un étranger pour nous.

— Un étranger... mais il nous a dit quelle était sa famille, sa position, ce qu'il faisait.

— Oui, sans doute, et j'ai fort bien remarqué que le premier emploi qu'il a fait des soixante mille francs que lui a laissés un oncle, a été de quitter sa place.

— Puisqu'il fait des affaires à la Bourse à présent.

— Il eût été bien plus sage à lui de conserver la place qu'il avait... Mais enfin, ma chère amie, tout ceci ne nous regarde pas... Je trouve qu'en voilà bien assez sur ce monsieur, et je te demande à présent si tu veux ou non m'aider à dresser l'inventaire des meubles que je garderai?...

— Mais est-ce que je n'écris pas ce que tu me dis? J'attends que tu me dictes, moi... je ne souffle plus mot.

Mademoiselle Agathe a pris un petit air boudeur qui fait sourire Honorine. On continue l'inventaire sans parler d'autre chose; et pendant le restant de la journée il n'est plus question d'Edmond; mais il est facile de s'apercevoir qu'Agathe s'arrête quelquefois au moment de parler, parce que, probablement, elle allait encore parler de lui. Le lendemain, les deux amies vont de bonne heure prendre le chemin de fer qui les conduit à Chelles. On n'est pas longtemps en route, mais cependant on a encore bien le temps de causer.

Depuis la veille, il était facile de voir que la jeune fille brûlait du désir de reparler d'Edmond, mais elle n'osait pas, et Honorine, qui lisait facilement dans la pensée de celle qu'elle avait presque élevée, mettait de la malice à éloigner tout ce qui aurait pu ramener la conversation sur le jeune homme qui s'était montré si obligeant pour elles. Mais à seize ans on a bien de la peine à cacher ce que l'on éprouve, à retenir ce que l'on brûle de dire. On n'a pas encore pris cette habitude de dissimulation, qui est le fruit de l'expérience et de l'usage du monde. La jeune fille, qui grillait d'en revenir à son sujet favori, dit tout à coup à sa compagne:

— Ma bonne amie!... tu ne sais pas... je crois que j'ai deviné, moi, pourquoi M. Edmond Didier a tout de suite montré tant d'empressement à nous être agréable!

— Ah! tu as deviné pourquoi... eh bien, pour quel motif penses-tu que ce soit?

— Mais... j'ai pensé que... sans doute... c'est parce qu'il est devenu amoureux de toi.

Madame Dalmont se tourne vers la jeune fille et la regarde fixement dans les yeux, en lui disant:

— Agathe, tu ne penses pas un mot de ce que tu viens de dire là... et ce n'est pas bien de mentir à ton amie dans l'espérance de lui cacher ta véritable pensée... Au lieu de cela, pourquoi ne pas luidire franchement, ce que j'ai fort bien remarqué du reste, bien que ce jeune homme t'a beaucoup regardée, que ses regards semblaient annoncer qu'il te trouvait jolie... et que cela t'a flattée... et même un peu tourné la tête au point que, depuis ce moment, tu n'es occupée que de M. Edmond. Voyons, ne mens plus... est-ce que je n'ai pas deviné, moi?

Agathe baisse vivement la tête en prenant dans les siennes la main de sa protectrice, et quelques larmes s'échappent de ses yeux. Honorine, qui s'en aperçoit, embrasse tendrement sa jeune amie en lui disant:

— Allons, tout ceci est un enfantillage, qu'il n'en soit plus question. Tu comprendras facilement qu'un jeune homme peut être empressé d'obliger une personne qui est fort gentille, et puis que le lendemain il ne pense plus à cette personne-là, parce qu'il en rencontre d'autres qui le charment également; cela arrive tous les jours. Et la jeune personne aurait donc grand tort de se préoccuper d'une chose qui est sans conséquence. Mais ma petite Agathe ne me cachera plus à son amie sa véritable pensée, en feignant d'en avoir une autre. Maintenant, ne nous occupons plus que des plaisirs que nous allons goûter à la campagne... mais justement nous sommes arrivées.

Ces dames, qui maintenant connaissent le chemin, se rendent sur-le-champ au village, puis chez le père Ledrux, qui s'écrie en les voyant:

— Ah! ma fine, je vous attendais... et vous avez ben fait d'arriver... il s'est présenté tout plein de monde pour voir la maison... tout le monde en a envie de c'te maison... mais comme je vous l'avais promis, je ne l'avons montrée à personne... Je leur ai dit des calembredaines!... qu'elle était à peu près vendue... et ci, et ça...

Vous m'avez fait d'infâmes mensonges.

4

j'ai même refusé un bon pour-boire d'un particulier qui tenait à la visiter... mais, comme je me suis dit : Ces dames me dédommageront de ça...

— Désormais, monsieur Ledrux, vous ne mentirez plus en disant que la maison est vendue, car c'est une chose terminée... elle est à nous, et voici une lettre de M. Courtivaux qui vous l'apprend, en vous autorisant à nous en donner les clefs... lisez...

— Ah! vraiment... c'est bâclé alors! Eh bien! ma fine, j'en suis bien aise... ça me fait plaisir... Alors, vous l'avez achetée?

— Et payée sur-le-champ, même sans attendre la formule de la purge hypothécaire; le notaire m'a assuré que je pouvais être tranquille à cet égard... mais au reste, lisez...

— Oh! c'est pas la peine... je m'en rapporte bien à vous... Après ça, je vas lire tout de même... il n'en coûte pas plus... oui, oui... ça y est... « Vous remettrez les clefs à madame Dalmont, la nouvelle propriétaire... » Et c'est vous qui êtes madame Dalmont?

— Mais, sans doute...

— Alors, je vas vous chercher les clefs tout de suite...

— Et si vous n'avez pas le temps de venir avec nous ce matin, père Ledrux, nous connaissons le chemin à présent; nous irons bien seules...

— Oh! si fait, je peux bien aller avec vous... j'ai rien qui me presse, et puis... à c't'heure que la chose est terminée que la maison est à vous, je pourrons tout de suite emporter les lapins... ça vous débarrassera... tutu... tuturlututu.

On se met en route. On arrive à la maison que l'on vient d'acheter, et on la regarde déjà avec plus de plaisir. Pendant que le jardinier va donner un coup d'œil aux lapins et aux poules, les deux jeunes femmes entrent dans la maison, parcourent toutes les pièces, ouvrent les volets, se mettent aux fenêtres, et voient déjà où elles placeront les meubles qu'elles apporteront de Paris. Puis Agathe court dans le jardin; elle l'examine cette fois avec bien plus d'attention; elle appelle le jardinier et se fait dire le nom de chaque arbre, de chaque fleur; ensuite elle va retrouver Honorine en lui disant :

— Ma bonne amie, nous avons des pêches, des abricots, des prunes, des cerises, du raisin, des groseilles...

— Oui, oui, dit le père Ledrux, vous en avez quand il en vient, et il en vient quand il y a bien soigné... bien taillé, bien entretenu... Ah! dame, un jardin, ça demande du soin... Vous aurez aussi des haricots verts, si vous en semez... et tout le moment, le bon moment pour semer, pour avoir des radis... pour piquer de la salade, des artichauts...

— Eh bien, père Ledrux, il faudra en semer... Vous nous direz tout ce qu'il faut acheter à Paris, nous vous rapporterons les graines...

— C'est pas la peine... j'ai de tout ça cheux vous ou dans le pays... je vous fournirai de ce qu'il vous faudra... et ce sera bien meilleur que si vous l'achetez à Paris... parce que, nous autres, vous comprenez, nous nous y connaissons mieux que vous... c'est notre état. Venez-vous aujourd'hui pour tout à fait?

— Non, pas encore; nous avons bien des choses à faire à Paris...

— Quand est-ce que vous viendrez?...

— J'espère dans huit jours au plus tard nous arriverons avec les meubles que nous apporterons de Paris.

— Vous apporterez des meubles et il y en a déjà ici.

— Cela ne fait rien.

— Diable! vous serez joliment meublée, alors.

— Mais ce n'est pas tout que d'avoir des meubles, il nous faut encore quelque chose dont nous ne pourrions pas nous passer ici, car la maison est grande...

— Quoique c'est?

— Une bonne, une petite servante pour bien entretenir notre maison... et faire notre cuisine.

— Ah! vous voulez une bonne qui soit cuisinière?

— Qui soit tout, si c'est possible...

— Est-ce que vous voulez une fameuse cuisinière, comme celle de madame Droguet, qu'on dit que c'est un... un ruban bleu... et qu'elle fait des plats soufflés et des omelettes grosses comme des ballons!...

— Non, non, père Ledrux, nous ne demandons pas tout cela; trouvez-nous seulement une jeune fille alerte, aimant à travailler et sachant un peu conduire. Quant au reste, je lui apprendrai ce qu'elle ne saura pas... Avec de la bonne volonté on apprend ce qu'on veut. Qu'elle soit surtout honnête et sage, c'est le principal...

— Ah ben... attendez... je crois tout de même que Poucette ferait bien votre affaire...

— Qu'est-ce que c'est que Poucette?

— C'est la fille à Poucet qui était carrier et qui a été tué dans un éboulement il y a trois ans; sa mère était morte l'année d'avant... si bien que la petite est chez son oncle qui est laboureur, mais il a déjà laissé quatre-z-enfants, et Poucette serait bien aise de trouver à se placer...

— Eh bien, si c'est une honnête fille, je la prendrai...

— Pour honnête, j'en répondrai... mais pour ce qui est de savoir faire la cuisine, je n'en répondrai pas...

— Je vous dis que cela ne fait rien... elle apprendra... Quel âge a-t-elle?

— Dame, ça peut avoir... dans les dix-huit ans, mais c'est fort! c'est solide... ça en ferait deux comme vous...

— Tant mieux. Avec une fille forte, nous n'aurons pas peur si on venait nous attaquer. Eh bien! père Ledrux, pensez-vous que cette jeune fille pourra entrer chez nous dès que nous arriverons ici?...

— Je le voudrais bien, parce qu'elle nous aiderait tout de suite à ranger... à nettoyer... Et puis, moi, j'avoue que... les premiers jours, j'aurai un peu peur si nous ne sommes que nous deux Agathe...

— Ah! ma bonne amie!... c'est donc moi qui serai la plus raisonnable, ici!...

— Oh! ne fais pas tant la courageuse... tu as peur des souris toi.

— Les souris, c'est bien différent, ça grimpe partout.

— Voyons, père Ledrux, pouvons-nous compter sur cette jeune fille pour le jour de notre arrivée?

— Ah! dame, écoutez donc... moi, je ne peux pas répondre comme si c'était elle... ou comme si j'étais son oncle... mais, écoutez, faites une chose : pendant que vous êtes ici, allez tout de suite parler à Poucette, comme ça vous saurez à quoi vous en tenir, et si vous pouvez compter sur elle...

— Vous avez raison, cela vaut mieux ainsi. Mais où la trouverons-nous, cette Poucette?

— Pardi, chez son oncle, le mari de sa tante... C'est ben loin dans le pays... je vas vous y conduire si vous voulez.

— Très-volontiers... j'aime beaucoup à terminer sur-le-champ les affaires... Viens, Agathe, allons trouver mademoiselle Poucette; en même temps, cela nous fera connaître le pays que nous allons bientôt habiter.

XIX

La chaumière d'un laboureur.

Honorine et Agathe se mettent en route avec le jardinier, qui marche à quelques pas devant elles en faisant toujours entendre sa petite chanson :

Tutu! tuturlututu!...

On traverse une partie du pays, et de temps à autre le paysan s'arrête pour montrer aux deux amies une jolie maison bourgeoise, en leur disant :

— Voilà où loge M. le maire... voilà la maison de M. le docteur Antoine Beaubichon, elle est considérable, mais il a un joli clos derrière... et des poiriers! Ah! dame, c'est tout ce qu'il y a de plus beau... des poires grosses comme des melons... Il en donne aux personnes qu'il soigne... Même qu'il y a M. Jarnouillard que ça a ben jeune fille pourra le faire crever!... mais vous me direz c'est qu'il n'avait pas été raisonnable... il en avait trop mangé... et, dame, la poire, c'est froid... surtout la grande-duchesse!... V'là la maison de madame Droguet... belle maison... deux corps de logis... oh! une propriété conséquente!... et c'est tenu! fant voir ça!... Il y a des tapis jusque sur les escaliers... et frotté comme un miroir... des statues dans la cour... des vases avec des fleurs, et un jardin... des allées tirées au cordeau... les bordures sont taillées tairis pas une bizarre qui passe l'autre... Et un beau couvert de marronniers, sous lequel on ne craint pas la pluie, et puis un bassin avec un jet d'eau le dimanche!... Oh! c'est magnifique!... c'est une des plus belles propriétés de l'endroit... Mais aussi, madame Droguet, c'est une personne huppée...

— N'est-ce pas cette dame-là, dit Agathe, qui a eu la constance de se tenir cachée cinq jours de suite dans un buisson pour voir de près la propriétaire de la Tourelle?

— Ah! c'est le docteur qui vous a dit ça... Ah! oui, dans le temps, on a conté qu'elle avait fait ça... mais moi, je ne l'ai pas vue...

— Après ça, vous comprenez qu'elle était bien libre de se cacher dans un feuillage si ça l'amusait... c'te femme! elle n'a rien à faire.

— C'est juste... mais passer cinq journées de suite dans un buisson pour guetter quelqu'un... il faut être bien curieuse...

— Dame... elle est riche... elle a le moyen d'être curieuse.

— A-t-elle un mari, cette dame?

— Oui... oui, un petit homme tout fluet... Quand il est à côté de sa femme on ne le voit pas, parce que madame Droguet est une superbe femme, qui a bien cinq pieds cinq pouces... et forte en conséquence... ce qu'on peut appeler une belle femme!...

— Ne dit-on pas aussi qu'elle a été vivandière autrefois?

— Ah! v'là encore un canard du docteur... vous savez, dans le pays on dit comme ça un tas de choses... parce que madame Droguet est un peu vive, et dans les premiers temps qu'elle était ici, elle donnait comme ça par-ci par-là des soufflets à ses bonnes... et celles-ci ne manquaient pas de dire qu'elle donnait aussi des claques à son mari et de son pied au derrière, sauf vot'respect... quand il voulait faire ses volontés, mais tout ça, ce sont des choses qui prouvent que cette dame était la maîtresse chez elle, que tout ne se faisait que par ses ordres, alors on a dit : C'est une ancienne cantinière, elle mène son mari tambour battant. Ce qu'il y a de certain c'est que c'est elle qui conduit sa maison, qui fait arranger, déranger, bâtir, démolir... le mari ne se mêle de rien. C'est pour ça qu'on dit toujours : madame Droguet, mais jamais M. Droguet! mais ça l'arrange cet homme! il paraît que pourvu qu'il danse il est content.

— Ah! M. Droguet aime la danse... Quel âge a-t-il donc?

— J'crois bien qu'il court sur ses cinquante-cinq ans... et sa femme aussi, elle est du même âge que lui sans bonnet...

— Alors elle donne des bals pour que son mari danse...

— Je ne sais pas si elle donne des bals, mais elle donne à dîner... elle reçoit beaucoup de monde!... Il paraît qu'on y fricote joliment bien... Oh! elle vous invitera, bien sûr, elle invite tous les bourgeois huppés du pays.

— J'ignore si cette dame nous invitera, dit Honorine en souriant. Mais ce serait inutile, car nous ne dînons pas en ville, nous.

— Ah! bah!... après ça si c'est votre idée; moi elle m'inviterait que j'irais... mais je suis pas un assez gros bonnet...

— Arrivons-nous bientôt, père Ledrux.

— Ah! encore un bout de chemin, la maison de Guillot l'oncle de Poucette se trouve de l'autre côté... mais ça vous fait connaître Chelles.

— Passerons-nous devant les ruines de l'ancienne abbaye?

— Non, c'est pas notre chemin; au reste, on n'en voit plus rien du tout de l'abbaye, on en a fait une ferme, et ça n'a rien de ben curieux, il n'en reste plus que quelques vieux murs; mais nous allons passer devant la maison de M. Luminot.

Ah! encore une jolie habitation... pas si bien tenue que chez madame Droguet, mais beaucoup de terrain derrière... des vignes... des treilles... du chasselas.

— N'est-ce pas ce monsieur-là qui a été rendre visite au propriétaire de la Tourelle pour l'inviter à dîner.

— Oui... Oh! c'est un bon vivant que M. Luminot... un ancien marchand de vin... il en a toujours du bon chez lui... et il n'est jamais avare d'un verre de vin... c'est un ami de madame Droguet, il y dîne souvent.

— Est-ce qu'il danse avec M. Droguet?

— Je ne vous dirai pas... Je ne crois pas que ce soit un danseur lui... il est trop gros pour ça... tandis que M. Droguet qui est tout petit, tout mince, il fait toujours frétiller ses pieds quand il cause avec vous... il en a moins que s'il avait la danse de Saint-Guy... faut qu'il ait eu cette maladie-là étant petit et il lui en sera resté quelque chose. Enfin il a été dernièrement à Paris exprès pour y apprendre une nouvelle danse qui est à la mode à ce qu'il paraît... les lances... les lances...

— Les lanciers?

— C'est ça, mam'selle, les lanciers! et quand il est revenu, pendant plusieurs nuits il ne dormait pas... il se relevait et avec son vase nocturne, il dansait les lanciers qui me réveillait toute la maison... si bien que madame Droguet a été obligé de se fâcher... Ah! v'là la maison de M. Jarnouillard...

— Le monsieur qui avait trop mangé de poires?

— Oui, mam'selle. C'est pas grand, mais ils ne sont que le mari et la femme; pas d'enfants, pas de domestiques; c'est madame Jarnouillard qui fait tout. On assure pourtant qu'ils ont de quoi, qu'ils sont riches, et ce qui le ferait penser, c'est que M. Jarnouillard prête de l'argent à ceux qui en ont besoin, et qui sont en état de lui rendre... qui ont des gages et des immeubles comme il dit. Oh! sans ça, pas de danger qu'il vous oblige... et encore c'est qu'il vous prend des intérêts que ça fait frémir!

— C'est donc un usurier que cet homme-là?

— Ma fine! je ne vous affirmerai pas si juste... on dit qu'à Paris c'était un négociant qui avait une boutique au quai des Lunettes... Je ne sais pas quelles lunettes il a vendues, faut croire qu'il a lui a réussi. Dans le pays, ils ne sont pas aimés et pourtant on est bien aise de les avoir, parce que, vous entendez, ceux qui se trouvent gênés, qui ont besoin d'argent pour leur terme, ou un paiement de billet, s'en vont trouver M. Jarnouillard et celui-ci leur prête... moyennant qu'il y trouve joliment son compte. Au reste, c'est des gens qui ne font pas d'embarras, et qui vivent on ne sait pas de quoi... la femme achète chez le boucher une côtelette de mouton pour elle et son mari... Oh! ce sont des avares!... ça mange des croûtes... des vieux coqs... du poisson que le mari va pêcher à la mare... même qu'il s'est fait prendre deux fois parce qu'il pêchait sans permission. En été, il tâche d'attraper des oiseaux avec de la glu... ils avaient tout ça, mais aussi quand ils dînent en ville, ils se flanquent des indigestions... et encore la bonne de madame Droguet assure qu'ils fourrent un tas de choses du dîner dans leur poche... eh! eh!... ça leur fait un régal le lendemain. . Après ça, ce que j'en dis, vous entendez bien, c'est histoire de causer... moi je ne leur en veux pas à ces gens... j'ai pas besoin d'eux... tutu... tutu... relututu!..

— Ah! ma chère Agathe! dit tout bas Honorine à sa compagne, on n'est pas meilleur aux champs qu'à la ville, et il se tromperait bien celui qui voudrait vivre à la campagne dans l'espoir d'y trouver des mœurs plus pures, des relations plus douces, des amitiés plus sincères, et des voisins plus obligeants! Non, les hommes sont partout les mêmes... seulement les défauts, les vices sont plus en évidence dans les petits bourgs que dans les grandes villes. Il n'y a qu'une chose que l'on ne trouve pas à la ville et que l'on est certain d'avoir à la campagne ; c'est le bon air.

— V'là la maison de Guillot!... dit le jardinier en s'arrêtant devant une pauvre masure bâtie de terre et de cailloux, et dont en plusieurs endroits le toit est en si mauvais état que lorsqu'il pleut les habitants de cette demeure ne doivent pas être à l'abri.

Un petit jardin, que ferme à peine une mauvaise haie en sureaux, se trouve sur la droite de la masure, on y aperçoit quelques arbres rabougris qui ombragent des choux et des pommes de terre. Tout croît pêle-mêle dans cet enclos, qui semble en aussi triste état que la maison. Les deux femmes pénètrent dans une grande salle qui n'est ni carrelée ni planchéiée. C'est une pièce qui sert de cuisine, et aussi de chambre à coucher, car il y a dans un coin une mauvaise couchette. On voit pendus à la muraille, entièrement dépourvue de papier, divers ustensiles de cuisine, puis des planches sur lesquelles il y a de la vaisselle, se composant en grande partie d'écuelles en terre. Un grand buffet en bois de noyer, quelques chaises dépaillées, des escabeaux et une table composent tout l'ameublement de cette salle où ne règne pas une grande propreté, et qui a un aspect misérable qui oppresse le cœur. Dans cette masure habite pourtant toute une famille. Le laboureur Guillot, sa femme et quatre enfants dont l'aîné n'a que onze ans, tandis que le plus jeune est encore bercé dans les bras de sa mère, et qu'un autre qui a deux ans se traîne encore sur ses genoux. C'est cependant dans cette famille, dont le père gagne à peine de quoi nourrir ses enfants, que Poucette a trouvé l'hospitalité. Le brave homme a pensé que sa nièce était aussi son enfant, puisqu'elle était orpheline ; il l'a recueillie chez lui en se disant :

— Je tâcherai de travailler un peu plus, et Dieu y pourvoira.

Si dans les campagnes on est envieux et médisant, on y trouve aussi de ces exemples touchants d'humanité et de bon cœur : les uns doivent faire pardonner les autres. Au moment où Honorine et Agathe entrent dans la maisonnette, la femme du laboureur allaitait son dernier enfant; un autre, tout petit, se roulait à terre en mordant dans un morceau de pain noir. Plus loin une petite fille de huit ans s'efforçait de faire bouillir une marmite en soufflant avec sa bouche sur quelques méchants tisons réunis dans l'âtre. Les deux jeunes femmes sont restées toutes saisies en voyant ces enfants à peine vêtus dans cette chaumière mal close. Le tableau de la misère est toujours plus pénible à voir lorsqu'il s'y trouve des enfants. La femme à Guillot regarde avec surprise les deux dames qui viennent d'entrer chez elle, cependant cela ne la dérange pas dans sa maternelle occupation. Mais bientôt Ledrux passe sa tête à la porte en criant comme s'il parlait à des sourds, habitude que du reste il conservait avec tout le monde :

— Mère Guillot, v'là des dames que je vous amène, ce sont elles qui ont acheté la maison de M. Courtivaux ou qu'elles vont venir demeurer. Elles cherchent une petite bonne pour faire leur ménage, leur cuisine, enfin tout le tracas... j'ai pensé à Poucette, qui est sans place... ça vous irait-il, qu'elle entre chez ces dames, qui sont des personnes bourgeoises et aisées?

Honorine interrompt le jardinier :

— Madame, on nous a dit que votre nièce était une honnête fille, et nous la traiterons de façon à ce qu'elle se trouve heureuse chez nous... mais cependant, si elle vous est utile, si vous préférez la garder avec vous, nous chercherons ailleurs...

— Oh! Poucette ne nous est pas ben nécessaire, répond la paysanne, parce que v'là Claudine, mon aînée, qui est déjà ben en état de soigner ses petits frères quand je vas aux champs.

— Est-ce que c'est là Claudine? dit Honorine en regardant la petite fille qui soufflait toujours de toutes ses forces sur les tisons.

— Non... ça c'est Mariette, notre seconde. Claudine a onze ans, elle est grande et forte... Quant à Poucette, oh! c'est une bonne fille, mais voyez-vous, si vous comptez sur elle pour faire votre fricot, ah! dame, faut pas vous tromper! elle n'est pas subtile pour la cuisine...

Honorine, qui a souri au mot des paysans aiment beaucoup à employer sans toujours en connaître la valeur, répond à la paysanne :

— Ceci ne m'inquiète pas... je ne demanderai à Poucette que du zèle et de la bonne volonté.

— Oh! pour ce qui est de ça, elle n'en manque pas... Et vous la nourrirez...

— Naturellement.

— Et vous la blanchirez...

— Elle n'aura rien à dépenser que pour s'habiller... et encore, dans nos vieilles robes, Agathe et moi nous trouverons souvent de quoi la vêtir.

— J'ai déjà ma robe à raies bleues que je lui donnerai, dit Agathe parce qu'elle est aussi petite... je l'ai mise quand j'étais toute petite... Je grandis encore, moi.

— Si elle vous est trop petite, elle sera encore plus petite pour Poucette, qui est plus grande que vous, dit le père Ledrux en riant.

— Bah! bah! cela ne fait rien, reprend la femme du laboureur, les robes ça s'allonge, on y met des pièces,... nous ne sommes pas *faraudes* nous autres. Et combien que madame donnera à ma nièce pour la servir?

— Voyez vous-même ce que vous pensez que cela vaut...

— Dame... si la petite est logée, nourrie, blanchie... il me semble qu'en lui donnant tous les mois une pièce de dix francs, elle sera contente... Est-ce que ça vous paraît trop cher?

— Non! ce n'est pas trop, et je vous promets même d'augmenter ,es gages de cette jeune fille si elle me sert bien...

— Alors c'est une affaire arrangée, à moins pourtant que Poucette ne veuille pas se faire domestique, et dame, alors... si elle ne voulait pas... nous ne voudrions pas la contrarier... c'enfant... elle croirait que je faisons ça pour nous débarrasser d'elle... elle penserait que je ne l'aimons plus... et ça lui ferait de la peine... et à nous aussi.

— Pauvres gens! dit Honorine en regardant Agathe, comme ils s'aiment entr'eux!... Ah! leur cœur est riche du moins!... et ceux qui roulent sur l'or sont quelquefois bien pauvres de ce côté-là...

Et, s'adressant à la paysanne:

— Madame, ne pourrions-nous pas voir Poucette, pour savoir sur-le-champ si nous pouvons compter sur elle?

— Dame, oui, mais c'est qu'elle est maintenant dans notre petite pièce de terre, avec Claudine; elles travaillent toutes deux à butter des pommes de terre, parce que Guillot, lui, est occupé pour le quart d'heure chez M. Luminot.

— Et votre pièce de terre est-ce loin d'ici?

— Oh! non... pas ben loin... si vous vouliez y aller... C'est que je ne peux pas vous y conduire, et Mariette m'est utile en ce moment... père Ledrux, vous savez où qu'est notre pièce, vous...

— Tiens! pardi! certainement que je le sais... c'est à côté de la pièce à Gros-Pierre, dans laquelle il a mis des pruniers qui ne viennent guère.

— C'est ça même... alors vous pourriez conduire ces dames..

— Oui, oui... pardi, pendant que je suis en train... je peux ben perdre ma journée tout entière... d'ailleurs ça se retrouvera avec autre chose!

— Ah! bien, conduisez-nous encore, père Ledrux, et allons trouver Poucette... après tout, cela nous fera connaître le pays...

— Bonjour, madame, nous allons voir votre nièce, et si ma proposition lui convient, ce sera une affaire faite.

— Vous ne vous en repentirez pas, car c'est une brave fille. Votre servante, mesdames.

Les deux amies se remettent en route, toujours précédées du jardinier qui leur fait de nouveau traverser le pays en disant:

— Ah! cette fois, c'est tout d'un autre côté, faut que nous prenions comme pour aller à Gournay.

— Il y a donc loin?

— Mais, ma fine, un bon petit bout de chemin...

— Comment se fait-il, dit Agathe, que l'on achète du terrain si in de sa demeure?

— Dame, mam'selle, on a queuquefois ça par héritage... ou ben par une occasion. Je crois ben que c'te pièce de terre-là, Guillot l'a eue de son beau-père, mais j'ai peur qu'il ne la garde pas longtemps.

— Pourquoi donc cela?

— Oh! c'est que m'est avis qu'elle doit être déjà ben hypothéquée! J'avons vu Guillot aller souvent chez M. Jarnouillard... et dame! dans le pays, quand on se dit: Il va chez les Jarnouillard, ça signifie: Il n'est pas dans ses affaires... il a besoin d'argent.

— Pauvres gens!... Cependant l'oncle de Poucette est un travailleur, m'avez-vous dit?

— Oh! à coup sûr!... mais vous comprenez, quand il faut donner la becquée à tant de monde... et puis les pommes de terre qui ont été malades l'année dernière... et c'était toute la récolte de Guillot!... Quand on compte sur une chose et qu'elle vous manque... dame! on est embarrassé... tutu! tutu relututu!...

XX

Les environs de Chelles. — Poucette. — Amy.

— Nous allons à c't'heure prendre comme si nous allions à Gournay, dit le jardinier en trottant devant les deux dames... ça vous fera connaître le chemin quand vous voudrez aller promener dans les environs... et surtout si vous avez envie d'aller manger une matelotte... car vous savez que Gournay a la renommée pour ça!

Le paysan descend la route jusqu'à la station du chemin de fer devant laquelle on passe pour aller de Chelles à Gournay. On se trouve alors sur une belle route bordée de hauts peupliers et encaissée de chaque côté par des fossés pleins d'eau qui ne permettent pas aux promeneurs d'aller marcher dans les prairies qui sont en deçà de ces fossés. Mais à droite, à gauche, le pays est plat, c'est une belle vallée coupée par des remises ménagées exprès pour que le gibier y trouve un asile et un repos.

— Elle est très-belle, cette route, dit Agathe après dix minutes marche, mais elle est trop droite, trop uniforme... je n'aime pas

ces chemins sur lesquels on ne voit jamais si l'on avance... est-ce que nous irons encore loin comme ça?

— Non, mam'selle! tenez, où vous voyez cette pierre, à gauche... nous allons tourner et nous aurons Gournay devant nous, et dame! par là, la vue est plus variée.

En effet, après avoir pris le chemin qui se trouve sur la gauche, on aperçoit la Marne dont les eaux vertes et tranquilles cachent cependant de nombreux écueils dangereux pour les navigateurs et pour les baigneurs. Mais alors le coup d'œil est charmant: sur la gauche on aperçoit un moulin à eau qui s'avance hardiment jusqu'au milieu de la rivière, soutenu sur de nombreux pilotis. Puis des barrages préviennent qu'il ne faut pas se hasarder de ces côtés et que le passage est dangereux quand il n'est pas impossible. Mais au-dessus de ces barrages l'eau forme des cascades, des chutes qui donnent du mouvement au tableau; de nombreuses îles qui se rencontrent au-dessus du moulin achèvent d'embellir ce côté du paysage. De l'autre côté, une haie ferme un parc qui dépend d'une propriété appelée la Maison-Blanche; puis ensuite ce sont encore des prairies, encore des remises et des champs.

— A la bonne heure, voilà qui est charmant! dit la jeune fille en apercevant la rivière. Ah! ma bonne amie! comme c'est joli l'eau! comme cela embellit tout de suite un paysage... Car je n'appelle pas de l'eau ces vilains fossés qui bordaient la route... Nous viendrons souvent nous promener par ici, n'est-ce pas, Honorine?

— C'est déjà un peu loin de Chelles, cependant nous y viendrons sans doute.

— Je veux apprendre à pêcher, ma bonne amie... tu me montreras.

— Mais je ne sais pas plus que toi...

— Soyez tranquille, dit le paysan, quand on a une bonne ligne et qu'on est à un endroit poissonneux, ça va tout seul! mais faut acheter une permission.

— Quel est ce pont qui est devant nous?

— Ce pont conduit à Gournay, puis à Noisy-le-Grand, puis à Montfermeil, si on veut... mais pour le passer il faut payer... c'est une redevance, une charge... je ne sais comment ils appellent ça... c'est un sou par personne... Il paraît qu'il a coûté trois cent mille francs à faire bâtir... on veut rentrer dans cet argent-là... on a encore quatre-vingts ans à payer... mais après ça nous le passerons pour rien. Moi, comme j'aime pas à débourser des sous, je ne passe guère dessus... j'attends que ce soit gratis.

— Rassurez-vous, dit Honorine en souriant, nous paierons pour vous.

— Oh! c'est pas la peine, nous n'avons pas besoin de passer le pont pour trouver le petit champ à Guillot; il est là sur notre gauche, au bord de l'eau.

— Mais pendant que nous sommes ici, je n'aurais pas été fâchée de connaître ce qu'il y a de l'autre côté du pont.

— Mon Dieu, c'est Gournay, un petit village, tout simple, tout mignon, qui ne fait pas grand bruit, allez! Dame, il se compose de cent vingt-quatre à cent trente habitants, tout au plus... vous comprenez ben que ça ne peut pas être aussi vivant que Paris!

— Oui... et si tous les villages des environs ne sont pas plus peuplés, je comprends pourquoi, depuis que nous sommes sorties de Chelles, nous n'avons pas rencontré, pas même aperçu de loin, âme qui vive. Est-ce que cela ne t'a pas semblé singulier, Agathe, de marcher ainsi depuis trois quarts d'heure dans la campagne sans rencontrer personne?

— Oui, ma bonne amie, mais alors je me suis figuré que j'étais dans mes propriétés et que tout ce qui m'environnait était à moi.

— Il est certain que l'on peut se faire cette illusion... Vois donc, même sur cette rivière, qui est fort belle pourtant, point d'embarcations, point de bateaux à vapeur, de trains, de lavandières, pas un petit batelet... pas le moindre pêcheur sur les bords... elle est aussi déserte que le pays!

— Oh! queuquefois il y a des trains de bois qui descendent la Marne... j'en ai vu!...

— Ce sont des jours remarquables alors...

— C'est que, voyez-vous, la Marne est sournoise et diable... elle cache des trous, des herbages... il faut bien la connaître pour se hasarder dessus en bateau, et encore plus pour s'y baigner...

— Après tout, cette solitude, cette tranquillité ne me déplaît pas.

— Et puis à Chelles, ce n'est pas comme par ici, on rencontre du monde...

— C'est vrai, nous avons rencontré jusqu'à trois personnes en allant chez ce pauvre laboureur... Ainsi décidément, nous n'avons pas besoin de passer le pont?

— Non, madame, v'là la pièce de Guillot à notre gauche.

— Et le domaine de la Tourelle, dit Agathe, pourquoi ne le voyons-nous pas d'ici...

— Parce que nous sommes dans un fond... mais il est là, derrière Gournay, du côté de Noisy-le-Grand... vous verrez tout ça dans six semaines; alors les arbres seront verts, les buissons fleuris, et ce sera bien plus joli qu'à présent.

— Vous avez raison, père Ledrux.

— Tenez, v'là le champ de Guillot, et je vois Poucette qui est en train de bêcher.

Poucette est une grande et forte fille, au teint bruni par les travaux des champs. Mais sa figure ronde est franche et gaie, ses yeux noirs se fixent sur vous avec assurance, sans qu'il y ait pourtant de la hardiesse dans leur expression, et lorsqu'elle sourit, ce qui lui arrive souvent, elle montre une double rangée de dents dont la blancheur contraste avec son teint bistré. Une petite fille de onze ans, qui a la tête d'un garçon, et dont les cheveux coupés à la Titus présentent l'aspect d'un hérisson, travaille à côté de Poucette : c'est Claudine, la fille du laboureur. Les deux villageoises se sont arrêtées pour regarder les deux femmes qui viennent de leur côté. Dans un pays où l'on se promène toute une journée sans rencontrer un chat, il est bien permis de suspendre son travail pour regarder deux jolies dames dont la tournure est élégantes.

— Tiens! v'là le père Ledrux, s'écrie tout à coup Poucette.

— Oui, ma fille, et je t'amène deux dames qui viennent pour te parler.

— A moi, père Ledrux?... Oh! vous vous gaussez!... je ne connaissons pas de si belles dames, nous autres!...

— Vous allez faire connaissance... pis qu'on te dit que madame vient pour toi... pour te prendre avec elle... hein? queuque tu dis de ça?

La jeune paysanne est devenue toute rouge et semble interdite. Madame Dalmont s'avance vers elle :

— Mademoiselle, je cherche une jeune fille pour être à mon service, car moi et mon amie nous venons nous fixer à Chelles...

— Ces dames ont acheté la maison de M. Courtivaux... tu la connais ben!...

— Nous ne sommes que ma jeune amie et moi... vous n'aurez pour nous que à servir... et vous n'aurez pas affaire à des maîtresses bien méchantes... voyez si cela vous convient de vivre avec nous... Nous venons de chez votre tante, qui pense que vous aurez raison d'accepter, mais qui vous laisse entièrement libre de refuser cette place si elle ne vous plaît pas...

— Et tu seras nourrie, blanchie, logée, et on te donnera encore dix francs tous les mois... hein, c'est gentil ça?... dit le père Ledrux.

La figure de Poucette devient radieuse. Elle s'écrie :

— Oh! certainement que ça me convient cette place-là... et que je ne demande pas mieux que de la prendre!... D'abord, ça débarrassera mon oncle et ma tante qui s'ont obligés de m'entretenir... tandis tour, et ça me rendra bien contente...

— Je vois que vous êtes une brave fille, mon enfant, et si, comme je l'espère, vous me servez bien, je vous promets d'augmenter vos gages plus tard...

— Oh! madame, vous êtes bien bonne... je ferons de mon mieux... seulement, dame... je ne sais pas beaucoup de choses... et... s'il faut faire la cuisine... j'ai peur de ne pas être bien adroite.

— Si vous avez de la bonne volonté, cela suffit, je vous montrerai et vous apprendrez.

— Pour de la bonne volonté, madame verra que je n'en manque pas...

— Eh bien, alors, c'est une chose convenue... je puis compter sur vous... vous acceptez?

— Certainement, madame, et de grand cœur!

En ce moment, un gémissement plaintif se fait entendre; il est bientôt suivi de sanglots. C'est la petite fille à la tête de hérisson qui pleure comme une biche.

— Eh bien, queuque t'as donc, Claudine, dit Poucette en se tournant vers l'enfant qui répond en sanglotant :

— Tu vas t'en aller de cheux nous... hi! hi!... je ne te verrai donc plus... hi! hi! Ah! moi, je ne veux pas que Poucette nous quitte... hi! hi! hi!

— Cette douleur si naïve, si vraie, touche les deux amies qui tâchent de calmer la petite paysanne en lui disant :

— Mais, mon enfant, vous verrez toujours Poucette... elle ne quitte pas Chelles puisque nous allons y demeurer...

— Vous pourrez venir la voir toutes les fois que vous aurez le temps... jamais nous ne vous en empêcherons... au contraire, cela nous fera plaisir quand vous viendrez...

— Entends-tu, Claudine, ces dames te permettront de venir, tu m'aideras quand je nettoierai le jardin...

— Oh! le jardin... ça, c'est mon affaire! murmure Ledrux, c'est pas vous qu'on chargera de l'arranger... vous n'y connaissez rien : vous feriez de la belle besogne!

La petite fille regarde les deux dames en soupirant. Agathe é-nouant un ruban de velours qui lui sert de collier l'attache au cou de la petite fille, en lui disant :

— Tenez, voilà pour vous consoler un peu.

Aussitôt un sourire se fait jour sous les larmes, et l'enfant s'écrie :

— Ah! Poucette... le beau ruban... vois donc... comme c'est joli...

— Oui, tu vois que ces dames sont bien bonnes pour toi déjà...

— Pardi! si vous leur donnez des affiquets et des chiffons, dit le jardinier, vous serez bien vite amies avec elles...

— Tant mieux, père Ledrux, c'est ce que nous voulons... Je gage, moi, que cette petite aime mieux ce ruban que des lapins.

— Faut-il aller tout de suite avec vous, madame? demanda Poucette en lâchant sa bêche.

— Non, mon enfant, pas encore, nous retournons pour quelques jours à Paris. C'est quand nous viendrons nous fixer à Chelles qu'il faudra venir sur-le-champ avec nous...

— Et reviendrez-vous bientôt, madame?

— Le plus tôt possible... je pense que dans huit jours nous aurons terminé nos affaires à faire encore à Paris. Mais en attendant, je veux vous donner votre denier à Dieu.

Honorine avait tiré de sa poche un joli porte-monnaie et s'apprêtait à fouiller dedans, lorsque tout à coup un énorme chien paraît au milieu du champ et s'avance vers Poucette, en regardant d'une façon assez impertinente toutes les personnes qui sont là...

— Tiens!... tiens!... mais c'est le chien de la Tourelle ça! dit le père Ledrux en reculant de quelques pas.

— Oui, c'est Ami, dit Poucette, oh! je n'en ai pas peur, moi... ni Claudine non plus... il nous connaît bien, il n'est pas méchant du tout!... n'ayez pas crainte; mesdames, il ne vous fera pas du mal...

Les deux amies regardent avec curiosité le chien dont elles ont déjà entendu parler. Ami est de la race des terre-neuve et semble un peu du chien de berger. Les yeux d'Amy dénotent une intelligence que beaucoup de gens refusent aux terre-neuve qui, disent-ils, ne sont bons qu'à pêcher les noyés, ou à tirer quelqu'un d'un précipice, ce qui, selon nous, serait déjà une assez belle preuve d'intelligence. Mais outre ces qualités, le chien de la Tourelle réunissait en lui toutes celles des autres races, et la nature semblait en outre lui avoir donné le don de la divination, car il divinait quels étaient les sentiments que l'on éprouvait pour son maître, et son instinct ne le trompait jamais. Mieux que lui, il savait quels étaient ses amis et ses ennemis. Une étonnante perspicacité, que outre ces hommes sont rarement donés, prouvait que parmi les terre-neuve il peut aussi se rencontrer des prodiges d'intelligence. En général, il n'y a point de règles sans exception. On prétend que les hommes qui ont le front bas sont dénués d'esprit... tandis que les fronts hauts sont l'apanage du génie. Nous avons connu des fronts bas très-spirituels, et de grands fronts sous lesquels on ne trouvait que de la sottise. Ami est blanc, sauf quelques taches brunes sur le dos et une sur le milieu de la tête. Sa queue se termine en un large panache; son museau est large, ses oreilles de moyenne grandeur, mais ses yeux noirs brillent d'un feu extraordinaire, ces yeux-là semblent vouloir parler... Ami comprend parfaitement tout ce qu'on lui dit, et exécute ce que son maître lui commande, mieux que la plupart des domestiques. Tel est le chien qui vient de se trouver tout à coup sur le champ à Guillot. Son apparition a été si soudaine que madame Dalmont, qui ouvrait alors son porte-monnaie, en a pas été maîtresse d'un mouvement d'effroi, et dans ce mouvement elle a fait tomber une pièce de deux francs de son porte-monnaie. Elle ne s'est pas encore aperçue de cette perte que déjà Ami a ramassé la pièce avec ses dents et qu'il se pose devant Honorine en ayant l'air de lui dire :

— Reprenez donc votre argent que je viens de ramasser.

— Ah! le beau chien! s'écrie Agathe, vois donc, ma bonne amie, il ramasse l'argent que tu laisses tomber, et te le présente!

— C'est, c'est vrai, vrai! dit le père Ledrux. Mais tout le monde ne serait pas aussi honnête que lui... Ah ça mais... pisque v'là le chien, le maître ne doit pas être loin...

— Non, non, M. Paul n'est pas loin, dit Poucette, je le vois qui vient par là-bas... du côté du moulin...

— Le maître de la Tourelle? ah! où donc est-il... montrez-nous? disent presqu'en même temps les deux amies.

— M'est avis que v'là presque aussi curieuse que madame Droguet! murmure le jardinier en riant. Mais soyez tranquilles, vous verrez ce monsieur et d'assez près... car bien sûr il va passer par ici pour s'en retourner chez lui...

— Vous croyez qu'il va passer par ici?

— Oui, madame, dit Poucette, M. Paul va prendre le pont et traverser Gournay pour regagner sa propriété... S'il ne devait pas venir par ici, son chien nous aurait déjà quittées, ben sûr.

Les deux amies regardent au loin et aperçoivent un homme coiffé d'une casquette à longue visière, habillé en chasseur, un fusil sur son épaule, qui s'avance à grands pas en suivant les bords de la rivière.

— Je croyais que la chasse était défendue maintenant, dit Honorine.

— Oui, madame, répond Poucette, mais ce monsieur ne chasse pas; il a son fusil comme il aurait une canne... On ne lui dit rien pour ça parce qu'on le connaît bien maintenant dans le pays, et on sait que ce n'est pas un braconnier.

— Il n'a pas toujours son fusil, dit la petite Claudine. Avant-hier, je l'avons rencontré contre la Maison-Rouge, il n'avait qu'un bâton à la main...

— Il approche... on peut voir sa figure maintenant...

— Pas trop... moi, ma bonne amie, je ne vois que sa barbe! mon Dieu, quelle barbe!... c'est effrayant cela!

— Ami, voilà ton maître... vas donc le rejoindre... tiens, c'est drôle, il ne m'écoute pas, et il semble tout occupé de mam'selle !

Ami ne cessait pas en effet de regarder Agathe, puis il tournait autour d'elle comme pour l'examiner de tous côtés, puis il revenait se placer devant elle pour la regarder encore.

— Mon bon chien !... j'ai bien envie de te caresser ! dit Agathe, car il semble que tu m'y engages et que tu en serais bien aise... cependant, je n'ose pas trop me risquer, je pourrais me tromper sur tes intentions...

— Oh ! il n'y a pas de danger, mam'selle, dit Poucette, je vois ben que vous avez fait la conquête d'Amy ! si vous ne lui plaisiez pas, il ferait entendre un grognement auquel il n'y a pas moyen de se tromper... on devine tout de suite qu'il n'est pas de bonne humeur. Mais tenez, voyez... il frotte sa tête contre vous à présent... c'est-il drôle, je ne l'ai jamais vu être si aimable avec personne !...

— Mam'selle a peut-être quequche viande sur elle ! dit le jardinier d'un air goguenard.

— Non, père Ledrux, non, je n'ai aucune provision sur moi ! s'écrie Agathe, et vous calomniez ce chien en croyant que la gourmandise est pour quelque chose dans l'amitié qu'il me témoigne... Venez, Ami, venez, que je vous caresse... je suis fort aise d'avoir fait votre connaissance, car à l'avenir je saurai que je ne dois pas avoir peur de vous.

En disant cela, la jeune fille caresse le gros chien qui se laisse faire et remue la queue pour témoigner sa satisfaction. Pendant ce temps, son maître s'approchait, marchant très-vite et ne regardant que devant lui. Cependant lorsqu'il est arrivé dans la pièce du laboureur, il jette un regard de côté et aperçoit son chien entouré de cinq personnes, aussitôt il crie d'une voix forte :

— Ami... ici... ici... tout de suite.

Le beau chien, obéissant à la voix de son maître, s'éloigne de la société, mais en partant, il se retourne et s'arrête plusieurs fois pour regarder encore Agathe. Son maître a gagné le pont et l'a presque passé, lorsque le chien s'arrête au milieu, se tourne du côté d'Agathe, et se met à aboyer avec force comme pour lui envoyer un dernier adieu...

— C'est-il drôle ! c'est-il drôle ! s'écrie Poucette, comme le chien de la Tourelle s'est tout de suite pris d'amitié pour mam'selle...

— Mon Dieu ! mais nous manquerons le chemin de fer, dit Honorine, c'est à quatre heures, n'est-ce pas, père Ledrux ?

— Oui, madame... mais il ne les est pas.

— Mais il faut aller le rejoindre, ce chemin de fer, ce n'est pas tout près... Tenez, mon enfant, prenez ces trois francs... c'est votre denier à Dieu !

— Ah ! madame est bien bonne... Vois-tu, Claudine, on me donne trois francs...

La petite Claudine n'est occupée que du ruban de velours que l'on a mis à son cou.

— Maintenant, partons, Agathe... Bonjour, Poucette, à bientôt...

— Quand madame arrivera, je serai toute prête...

— C'est bien, au revoir...

— Adieu, Claudine !

La petite tête de hérisson sourit, mais ne trouve pas un mot à répondre... son velours absorbe toutes ses facultés. Les deux amies se hâtent de gagner la station ; le jardinier les quitte là en leur disant :

— Alors à présent que c'est une chose terminée, je peux emporter les lapins... ça vous débarrassera.

— Oui, oui, père Ledrux, emportez les lapins.

— Quant aux poules... dame, vous verrez plus tard...

— Les poules, nous vous avons déjà dit que nous les gardions.

— Je sais bien, mais quequefois si vous changiez d'idée... enfin il sera toujours temps !

Honorine et Agathe remontent en chemin de fer : la première pensant encore à l'air sauvage du propriétaire de la Tourelle ; la seconde, se rappelant avec plaisir les caresses d'Amy.

XXI

Rendez-vous en coupé.

Après quelques jours d'absence, Freluchon réintègre un matin son domicile. Il revient de Rouen seul, il a laissé la jeune Pompadour en train de lancer des œillades au jeune premier du grand théâtre, et Freluchon, qui commençait à se lasser de sa conquête, et ne cherchait qu'une occasion pour rompre avec elle, n'a pas manqué de saisir celle-là. Après une grande scène de jalousie, en sortant du théâtre où le jeune premier avait eu un immense succès dans un *Pari biscornu*, vaudeville du théâtre des Variétés, Freluchon avait abandonné sa conquête et pris le convoi de Paris. Il s'était écrié en arrivant dans sa cour :

> À tous les cœurs bien nés que la patrie est chère !
> Qu'avec ravissement je revois ce séjour !...

Son concierge l'avait interrompu au milieu de sa tirade pour lui dire :

— Monsieur, votre ami, M. Edmond Didier, est venu vous demander presque tous les jours...

— Ah bah ! ce cher Edmond... il est si pressé que cela de me voir...

— Et puis un autre de vos amis, M. Chamoureau, dont vous avez gardé les habits depuis la nuit de la mi-carême... et qui est furieux contre vous... celui-là vient souvent jusqu'à deux fois par jour savoir si vous êtes de retour...

— Comment, Chamoureau est furieux ! eh bien, il se calmera... ne dirait-on pas qu'il n'a que ces vêtements à se mettre... un homme qui a un cabinet ! Pauvre Chamoureau ! j'aurais voulu le retrouver en Espagnol, ça m'aurait fait plaisir !... Mais pour le consoler, je lui donnerai un bâton de sucre de pomme que j'ai apporté de Rouen... où ils sont plus chers qu'à Paris... mais il est vrai qu'ils sont de Rouen.

Il n'y a pas une heure que Freluchon est chez lui lorsqu'on sonne avec violence à sa porte... il va ouvrir en se disant :

— Je gage que c'est Chamoureau... s'il est encore furieux, je vais lui parler d'Éléonore, et je le ferai pleurer.

Mais ce n'est point l'homme d'affaires, c'est Edmond qui entre chez son ami en lui disant :

— Te voilà revenu enfin, c'est bien heureux ! je m'ennuyais après toi... j'avais bien besoin de te voir !

Freluchon se pose devant Edmond qui s'est jeté sur un divan, il le regarde d'un air surpris, en lui répondant :

— Cet empressement à me revoir me flatte autant qu'il m'étonne !... non pas que je doute de ton amitié, mais entre jeunes gens cela ne va jamais jusqu'à l'ennui de l'absence... on a trop de distractions... Il t'est survenu quelque mésaventure dans tes amours... Amélia aura fait quelque nouvelle escapade !

— Il s'agit bien d'Amélia ! depuis huit jours j'ai cessé de la voir...

— Vous êtes brouillés ?

— Eh non ! je ne pense pas plus à elle que si je l'avais jamais connue...

— Ah ! voilà qui est mieux... et je n'en fais mon compliment. Mais si tu ne penses plus à celle-là, je gagerais l'habit de Chamoureau contre vingt-cinq sous, que c'est parce que tu penses à une autre !...

— Oh ! oui... je pense à une autre... mais cette fois... ah ! Freluchon ! ce n'est plus un caprice, une amourette, ce n'est plus un de ces sentiments que le désir seul enfante... oh non ! je sens que j'aime véritablement, que j'aime pour la première fois, et cet amour-là ne ressemble pas aux autres ! Si tu savais comme il nous change, comme on devient timide, soumis, respectueux... comme il faut peu de chose pour nous rendre heureux... comme un rien nous fait éprouver la sensation la plus vive, la plus douce... Mais je ne puis te faire comprendre tout cela... non, c'est impossible... Pour se faire une idée de l'amour, il faut aimer soi-même... ah ! sans cela, on ne peut comprendre ni les délices ni les tourments qu'il cause.

— Sapristi ! en voilà une tartine !... Comment, c'est toi, Edmond, si volage, si étourdi ! qui es pincé de cette façon-là... et quelle est la dame aux camélias ou aux œillets blancs qui...

— Ah ! Freluchon, tu te trompes... il ne s'agit point ici de ces grandes coquettes, ou de ces femmes à la mode qui se plaisent à faire de nombreuses conquêtes et auxquelles tous les hommes offrent leurs hommages... non, ce n'est point une femme du monde... ni du demi-monde ! c'est une jeune fille bien élevée... honnête... et jolie... ah ! jolie comme le plus charmant des anges !

— Ah ! ceci est différent ! et où donc as-tu trouvé ce bijou ?

— Chez Chamoureau.

— Comment, Chamoureau a de ces objets-là dans son cabinet d'affaires, et il ne m'en a jamais fait voir... voilà qui me surprend beaucoup.

— De grâce, Freluchon ! cesse un moment de plaisanter et écoute-moi.

— Parle, je deviens un muet du sérail.

Edmond raconte à son ami comment il a fait connaissance d'Agathe, et par quels moyens il a su se rendre utile à madame Dalmont. Freluchon écoute attentivement et sans l'interrompre ; lorsque le jeune amoureux a terminé il lui dit :

— Eh bien !... c'est fini, c'est entendu. Cette jeune personne est charmante, je n'en doute pas... elle possède tous les talents, toutes les vertus... j'en suis persuadé. Mais que comptes-tu faire maintenant ?

— Je n'en sais rien, et c'est pour cela que je brûlais de te voir... D'abord, j'avais besoin de parler de mon amour, d'épancher mon cœur... cela m'étouffait... ensuite, je voulais te demander des conseils...

— Je parie t'en donner un que tu ne suivras pas...

— Pourquoi cela ?... Parle...

— Puisqu'il s'agit ici d'une jeune fille honnête, sage, tu n'as sans doute pas l'espoir d'en faire ta maîtresse ?

— Oh ! loin de moi cette pensée ; elle ne m'est pas venue un moment à l'esprit.

— Alors, mon cher ami, comme ce serait une folie à toi de penser à te marier avant d'avoir une position, une fortune, ou tout au moins un emploi qui t'en tienne lieu, il faut cesser de penser à cette demoiselle et ne la revoir jamais...

— Ne plus penser à elle ! ne plus la revoir... Ah ! dis-moi plutôt de cesser d'exister...

— Tu vois bien que j'avais raison quand je disais que tu ne suivrais pas le conseil que je te donnerais. Ce n'était donc pas la peine de m'en demander.

— Ce serait, dis-tu, une folie à moi de songer à me marier... Oh ! non, ce n'en serait pas une, si j'avais une fortune ou tout au moins un sort convenable à offrir à cette charmante fille, car avec elle je serais si heureux !... mais, ainsi que tu l'as trop bien dit, je n'en ai pas !...

Ces soixante mille francs qu'un parent m'a légués... j'en ai dépensé plus de la moitié maintenant à m'amuser... et ce n'est pas avec ce qui me reste que je puis m'offrir pour époux à personne...

— Cela dépend... Ta demoiselle est-elle riche ?

— Non ; je ne le pense pas... du moins... Ces dames vont s'établir à la campagne pour vivre avec économie... et cette charmante Agathe, qui est orpheline, n'a plus pour soutien, pour appui, que cette madame Dalmont, qui est veuve et peu fortunée...

— Oublie cette jeune personne, mon ami, oublie-la bien vite, c'est ce que tu as de mieux à faire...

— Mais non ; je ne puis pas... je ne veux pas l'oublier !

— Alors, sapristi, ne me demande pas de conseils !...

— Mon ami, quand j'aurai laissé à ces dames le temps de s'installer dans leur maison de campagne, je me rendrai à Chelles, j'irai leur faire visite... elles m'y ont engagé...

— Fais ce que tu voudras.

— Tu viendras avec moi...

— Pourquoi faire ? tu veux me présenter à ces dames, et si j'allais aussi tomber amoureux de ta demoiselle ?

— Non ; je ne te présenterai pas... Je ne suis pas encore assez lié avec ces dames pour me permettre de leur présenter quelqu'un, mais tu m'attendras les environs ; nous passerons quelques jours par là...

— Ah ! il est ravissant... C'est-à-dire que tu veux me mettre au vert pendant que tu pousseras des soupirs... merci !

— Si tu me refuses, j'emmènerai Chamoureau, ce pauvre Chamoureau, il comprendra mes tourments, car il est amoureux aussi, lui...

— Vraiment... C'est donc une maladie qui court, maintenant ?

— Mais, à propos... je ne te l'ai pas dit... Ah ! c'est bien drôle... Tu ne devineras jamais de qui il est amoureux ?

— De sa portière ?

— Non... mais cette brillante conquête qu'il avait faite au bal de l'Opéra et sur laquelle il ne voulait pas s'expliquer...

— Je me rappelle son air mystérieux, ses réticences, ses demi-mots, quand on lui parlait de sa dame...

— Eh bien ! cette dame, c'est Thélénie... c'est la superbe, la brillante Sainte-Suzanne.

— Ah ! bah !... ton ancienne maîtresse ?

— Justement.

— Et Chamoureau a fait la conquête de cette femme si élégante... qui t'adorait... qui courait encore après toi...

— Et qui t'aime toujours, hélas !...

— Alors Chamoureau est un imbécile... Cette dame aura voulu causer avec toi, parce qu'elle savait qu'il te connaissait, parce qu'elle espérait par lui avoir des renseignements sur ta conduite... ce n'est pas difficile à deviner...

— Je crois bien que tu as raison, d'autant plus qu'elle lui avait expressément défendu de nous parler d'elle. Il paraît, du reste, avoir peu de succès dans son amour... il ne cesse de se plaindre, de gémir. Le pauvre garçon est véritablement amoureux de Thélénie... qui le traite, dit-il, avec une extrême rigueur.

— C'est bien fait, ça lui apprendra à ne plus pleurer Éléonore !... Cette belle brune se moque de lui, il n'y a pas le moindre doute... et tu dis qu'elle court toujours après toi ?

— Mon Dieu, oui... mais je la fuis au contraire... Tiens, voilà encore une lettre qu'on m'a remise tout à l'heure, quand je suis sorti... c'est d'elle, j'en suis certain, je connais assez son écriture... mais je ne l'ai pas même décachetée !... à quoi bon ?... je vais la jeter au feu...

Et Edmond se dispose à jeter dans la cheminée une lettre qu'il vient de sortir de sa poche, Freluchon lui arrête le bras :

— Comment ! tu vas brûler cette missive sans savoir ce qu'il y a dedans ?

— Mon ami, je le sais d'avance, ce qu'il y a dedans... des reproches !... des plaintes !... puis des prières ! des phrases brûlantes !... et tout cela pour finir en me disant qu'elle m'attend, parce qu'elle a absolument besoin de me parler.

— Elle doit avoir un style très-passionné, cette femme-là... Veux-tu me laisser lire sa lettre ?

— Tu en es bien le maître, si cela te fait plaisir.

— Ça ne te contrarie pas ?

— Qu'il est bête ! Thélénie n'est point une dame mariée, dont on doive respecter les secrets... et puis elle ne fait pas mystère de ses sentiments pour moi.

— Oh ! non, il n'y a que ceux qu'elle éprouve pour Chamoureau dont elle fait mystère... Voyons un peu l'épître de ton Ariane.

Freluchon brise le cachet de la lettre et lit :

« Ingrat Edmond, vous voulez donc me laisser périr de douleur... vous n'avez aucune pitié de ce que je souffre... il n'y a donc plus dans votre cœur une seule étincelle de ce feu que vous juriez autrefois ressentir pour moi ?... Non, je ne puis le croire... je vous aime trop, moi, pour être ainsi oubliée... Vous avez cessé de voir cette fleuriste, cette petite Amélia, je le sais... vous ne pouviez aimer longtemps une pareille femme ; je vous pardonne ce caprice, je vous promets, je vous jure que je ne vous parlerai jamais de cela. Que le passé ne soit plus qu'un songe. Revenez, cher Edmond, revenez vers celle qui n'existe plus loin de toi et à qui tu as fait connaître un sentiment qui ne finira qu'avec sa vie. Ce soir, sur les neuf heures, j'irai me promener en coupé dans les Champs-Élysées. Ma voiture s'arrêtera en face du Jardin d'Hiver, de l'autre côté de la route. Pour que mon cocher t'ouvre la portière, tu ouvriras deux fois ta main gauche devant lui. Tu viendras, je le veux... non, mais je t'en supplie...

« THÉLÉNIE. »

— Eh bien, dit Edmond, n'est-ce pas que j'avais deviné... des reproches, des prières, beaucoup d'amour, puis un rendez-vous.

— Auquel tu ne veux pas aller ?

— Non, assurément ; car je serais désolé de renouer une liaison qui n'avait plus aucun charme pour moi, même avant que je sois amoureux d'Agathe !... à plus forte raison maintenant... Mais à quoi réfléchis-tu donc ?

— Je pense à ce malheureux Chamoureau, que cette belle dame fait poser... Puisque tu ne veux pas te rendre à ce rendez-vous... il faut l'y envoyer à ta place.

— Ah ! par exemple !... y penses-tu ?

— J'y pense très-bien... Cela t'ennuie de recevoir à chaque instant des billets passionnés de cette belle Thélénie, n'est-ce pas ?

— Oh ! cela m'ennuie beaucoup et je donnerais tout au monde pour qu'elle me laissât tranquille.

— Eh bien ! voilà le meilleur moyen de mettre un terme aux poursuites de ton Hermione... Quand tu lui auras envoyé Chamoureau à ta place, je te réponds qu'elle ne te donnera plus de rendez-vous... Et puis, ce pauvre garçon, si nous allions faire son bonheur, le rendre l'heureux vainqueur de cette femme qu'il adore... où serait le mal ? Veux-tu me laisser agir ?...

— Je le veux bien, à condition que tu viendras à Chelles avec moi...

— Tu y tiens toujours... mais que ferai-je là ?

— Tu mangeras de la matelote à Gournay. Elles y sont en grand renom.

— Cette raison me détermine, je n'ai jamais su résister à une matelote... J'entends sonner... Je gage que c'est Chamoureau...

— Ah ! mon Dieu, je me souviens qu'il m'avait défendu de te parler de son amour pour Thélénie...

— Il sera trop content que je sois instruit tout à l'heure.

Cette fois, c'est en effet Chamoureau qui entre chez Freluchon en s'écriant :

— Enfin, il est donc de retour, ce monsieur !... Tandem !... denique !... Freluchon ! savez-vous que votre conduite à mon égard a été par trop sans gêne ?...

— Bonjour, Chamoureau, embrasse-moi !...

— Partir sans me rendre mon habit noir tout neuf et mon pantalon... vous ne savez pas ce que cela m'a coûté !...

— Embrasse ton ami !...

— Laissez-moi tranquille... le pantalon était neuf aussi...

— Est-ce que tu crois que j'ai usé ton habit et ton pantalon ? est-ce que tu penses que j'avais mis ton habit et ton pantalon pour aller à Rouen ?

— Ma foi... je n'en sais rien.

— Je serais gentil là-dedans, moi qui ai cinq pouces de moins que toi !... tiens, les voilà, tes effets... sur ce fauteuil là-bas... je te jure qu'ils n'ont pas été à Rouen.

L'homme d'affaires va examiner son pantalon et son habit en murmurant :

— Et dire que j'ai tout ça double maintenant ! c'était bien la peine !

— Comment ! tu as acheté un autre habit noir !

— Il le fallait.

— Tu avais donc à figurer dans une grande cérémonie... une noce... un enterrement ?

— J'avais... j'avais besoin d'être mis élégamment.

— Chamoureau, tu as des mystères pour ton ami intime... ce n'est pas bien... Je t'avais rapporté de Rouen un bâton de sucre de pomme...

— Ne me parle pas de bâton de sucre de pomme, je t'en prie, Freluchon ! Tu me rappelles la nuit de la mi-carême... que je voudrais pouvoir effacer de mon souvenir...

— Je croyais cependant que cette nuit-là tu avais fait une magnifique conquête... tu nous l'as dit, du moins.

— Oui... oui... en effet, j'avais rencontré une femme ravissante, et elle m'avait permis d'aller chez elle... mais je n'ai pas été plus heureux pour cela! Voilà quatre fois depuis cinq jours que je retourne chez elle dans l'espoir de la trouver moins cruelle, mais on me dit toujours qu'elle n'y est pas... Je commence à croire qu'elle ne veut plus me recevoir...

— C'est que tu t'y es mal pris, mon pauvre ami... tu auras été trop sage, trop timide... Il y a des femmes qui veulent avoir l'air de ne céder qu'à la violence...

— C'est mon pantalon qui s'est déchiré... cela m'a bien gêné le premier jour que je suis allé chez elle...

— Il fallait y aller en mitron, ton pantalon ne t'aurait pas gêné!

— Freluchon, tes plaisanteries sont barbares avec un homme aussi malheureux que moi... car l'amour que je ressens pour cette femme ne me laisse ni trêve ni repos.

— Diable, et le souvenir de cette adorée Eléonore, nous l'avons donc laissé sous la remise?

L'homme d'affaires court prendre son habit et son pantalon, et se dispose à s'éloigner sans répliquer un mot, mais Freluchon lui barre le passage.

— Où vas-tu?

— Je m'en vais.

— Tu te sauves parce que je te parle d'Eléonore!... *Quantum mutatus ab illo!* Voyons, reste donc... je ne t'en parlerai plus... et au lieu de cela, si je te rendais l'heureux vainqueur de la superbe Sainte-Suzanne...

— Sainte-Suzanne! comment... tu sais... il sait... monsieur Edmond, vous lui avez donc dit?

— Eh non! Edmond ne m'a rien dit, j'ai appris ton intrigue à Rouen... ces nouvelles-là arrivent tout de suite par les chemins de fer.

— Je ne comprends pas.

— Cela ne fait rien, qu'il te suffise de savoir que ton ami s'est occupé de toi, et que sachant que tu soupirais pour une beauté cruelle, il s'est dit :

Il faut que Chamoureau soit heureux! et j'ai si bien fait, si bien intrigué près de la belle Thélénie, que je l'ai entièrement retournée à ton égard! Le résultat est un rendez-vous qu'il te donne pour ce soir, à neuf heures, aux Champs-Elysées, elle sera dans un coupé en face du Jardin d'Hiver.

— Il serait possible... non... je te connais, Freluchon, tu te moques de moi!

— Je te donne ma parole d'honneur que, sais que je ne plaisante pas légèrement... je te la donne que la belle dame dont tu es amoureux sera ce soir, à neuf heures, en coupé, devant le Jardin d'Hiver, et que son cocher t'ouvrira la portière de la voiture si tu ouvres ta main gauche deux fois devant lui... Me crois-tu, à présent...

— Ah! ce cher Freluchon!... embrasse-moi!

— J'en étais sûr, c'est lui qui veut m'embrasser, maintenant! Oh! les hommes!... On a dit : *Souvent femme varie, bien fol*, et cætera, on pourrait tout aussi bien dire : *Souvent homme varie, bien bête ou bien fol*... Je refais *François premier*, mais on a bien voulu refaire *Racine*, et franchement, je trouve que celui-ci était plus poète que l'autre.

— De grâce! Freluchon, répète-moi encore ce que tu viens de me dire : ce soir, à neuf heures, je trouverai Thélénie dans un coupé qui stationnera aux Champs-Elysées?

— Oui, en face du Jardin d'Hiver, de l'autre côté de l'avenue.

— Et pour que le cocher m'ouvre la portière, je lui montrerai le poing...

— Ah! sapristi! si c'est comme cela que tu entends!... tu ouvriras ta main gauche... deux fois... sous ses yeux.

— Ah! très-bien... j'ouvrirai ma main gauche deux fois... diable! ais...

— Eh bien, que vois-tu d'embarrassant là-dedans?

— Quand j'aurai ouvert ma main gauche une fois, comment ferai-je pour la rouvrir une seconde?

— Mais, nigaud, tu l'auras refermée, apparemment!

— Ah! c'est juste... je ne la rouvrirai qu'après l'avoir refermée... c'est l'amour qui me trouble l'esprit. Et je trouverai Thélénie, et elle m'attendra... et elle ne repoussera pas mes hommages!

— Ah! ma foi, mon bon ami, quand une dame nous donne un rendez-vous, la nuit, dans une voiture, cela n'annonce pas l'intention d'être bien sévère, et si alors tu ne deviens pas son vainqueur, ce sera ta faute.

— Tu as raison... Oh! cette nuit-là, je serai un don Juan, un Richelieu... Je me précipiterai dans le coupé comme la foudre!... le reste ira tout seul.

— A la bonne heure! je te reconnais.

— Je suis au comble de mes vœux.

— Tu nous diras demain comment tout ce sera passé. Voilà ce que je te demande pour ma récompense.

— Je te dirai tout... je n'aurai plus rien de caché pour mes amis...

ce cher Freluchon! ce cher Edmond... Qu'a-t-il donc, M. Edmond? il ne dit rien...

— Ne sais-tu pas qu'il est, comme toi, amoureux?

— Tiens! de qui donc?

— Une jeune personne... avec une dame qui a acheté une maison de campagne à Chelles...

— Ah! bah!... mademoiselle Agathe!...

Edmond sort de sa rêverie en s'écriant :

— Agathe!... a prononcé son nom?... Chamoureau, est-ce que vous avez revu ces dames... vous êtes retourné chez elles?...

— Moi... pas du tout. Que voulez-vous que j'y aille faire, maintenant?... madame Dalmont a voulu sur-le-champ me payer mes honoraires, c'est une affaire terminée.

— Cette dame est veuve, n'est-ce pas, Chamoureau?

— Oui, elle est veuve.

— Elle n'a pas une grande fortune?

— Non; elle m'a dit elle-même qu'elle était peu fortunée et allait vivre à la campagne par goût et par économie.

— Et Agathe... cette charmante fille?

— Mademoiselle Agathe est orpheline, et n'a plus pour appui, pour protectrice, que la dame avec qui elle demeure. Voilà tout ce que je sais sur ces dames... Mais, pardon, mes amis, il est déjà trois heures; permettez que je vous quitte... J'emporte mes effets... je les mettrai ce soir; au moins, ce pantalon-là ne me gêne pas.

— Comment!... tu vas porter ce paquet?

— Je vais prendre un milord... Ta main, Freluchon... Maintenant, je suis à toi... à la vie... à la mort! Au revoir, messieurs; à demain.

Chamoureau est rentré chez lui. La journée, quoique déjà avancée, lui semble d'une longueur mortelle. Il se met à se faire friser, à se parfumer, enfin à tâcher de se faire très-séduisant. Il sort à cinq heures, pour aller dîner; mais la joie lui ôte l'appétit. Quand elle est causée par l'amour, elle produit quelquefois ces effets-là. Tout en laissant sa fourchette inactive dans son beefsteak, Chamoureau se dit :

— Que les femmes sont bizarres dans leurs caprices!... Celle-ci ne veut plus me recevoir chez elle, et m'attend dans une voiture, le soir, aux Champs-Elysées... Après cela, elle a peut-être des raisons pour craindre de me recevoir à son domicile... Qui sait si elle ne redoute pas ce M. Beauregard... qui a été jadis son amant, à ce qu'il dit? ce n'est peut-être pas vrai... Il y a tant de gens qui se vantent de succès qu'ils n'ont pas obtenus! Peu m'importe, après tout! si elle partage ma flamme, ne suis-je pas trop heureux?

Chamoureau sort de chez le traiteur et entre dans un café; il demande tous les journaux, n'en lit aucun, tire sa montre à chaque instant, puis enfin s'écrie :

— Voilà la nuit... Ah! je l'attendais avec impatience!

Mais on n'était qu'au commencement d'avril, et alors la nuit vient encore de bonne heure. Il n'était que sept heures; cependant notre veuf sort du café en se disant :

— Je vais aller aux Champs-Elysées en me promenant tout doucement, cela me fera gagner du temps; il fait frais, mais il fait beau... d'ailleurs, je ne veux pas être en retard... un homme galant doit toujours arriver le premier à un rendez-vous.

Quoique marchant doucement depuis le boulevard Montmartre, il n'est pas encore huit heures lorsque Chamoureau arrive au rond-point des Champs-Elysées. En revanche, il fait complétement nuit. Notre amoureux consulte sa montre, soupire et se promène de long en large en face de l'entrée du Jardin d'Hiver. Il y a trois quarts d'heure qu'il se promène; il passe beaucoup de voitures, mais aucune ne stationne à l'endroit qu'il a désigné. Enfin, sur le neuf heures moins un quart, un fiacre qui arrive par la barrière de l'Etoile s'arrête devant l'entrée du Jardin d'Hiver. Aussitôt Chamoureau s'en approche, il tourne autour; les stores sont baissés, ce qui le persuade que sa belle brune est dedans. Il court se mettre à côté du cocher, qui est resté sur son siége, et avançant son bras gauche contre la lanterne, ouvre sa main par deux fois en la lui présentant. Le cocher le regarde d'un air étonné, et finit par lui répondre:

— Je suis pris, j'ai du monde.

— Je le sais bien que vous avez du monde... mais c'est ce monsieur là qui m'attend... vous ne voyez donc pas ce signe?

Et il ouvre de nouveau la main gauche, et le cocher s'écrie :

— Vous m'offrez dix francs, je le vois bien ; c'est gentil... et si je n'étais pas pris, je vous dirais tout de suite : Montez, bourgeois... mais je peux pas.

— Ah ça! mais il est stupide, ce cocher! Elle a donc oublié de lui dire quels signes on lui ferait?

Et l'homme d'affaires montre encore sa main ouverte au cocher qui fait un mouvement de tête négatif, en répétant :

— Vous m'offririez vingt francs... puisque je vous dis que j'ai du monde dans ma voiture !

— Mais, encore une fois, je le sais bien... et puisque je vous répète que ce monde-là m'attend...

— Si l'on vous attend, montez... ça m'est égal, à moi.

Chamoureau n'en demande pas davantage ; il ouvre violemment la portière, monte dans le fiacre, et se trouve devant un monsieur et une dame que sa présence dérange beaucoup, car le monsieur le prend par les épaules et le pousse violemment hors de la voiture, sans lui laisser le temps de mettre son pied sur le strapontin, en lui criant :

— Quel est cet insolent qui se permet de monter dans une voiture qui est occupée !... A-t-on jamais vu une audace pareille !. Cocher, pourquoi avez-vous laissé monter cet homme ?!... vous dormiez donc ?....

— Eh ! mon Dieu ! il me fait un tas de signes, il me dit que c'est lui que vous attendez.

— Pardon, mille pardons, monsieur... c'est une méprise .. une erreur que j'ai commise, je le vois bien. j'attends une voitu e avec une dame, et j'ai cru...

— Vous êtes un imbécile, et pas autre chose... et si je n'étais pas avec une dame, je vous traiterai comme vous le méritez.

Chamoureau salue ce monsieur et se hâte de s'éloigner pour ne point en entendre davantage, en se disant :

— Je me suis trompé... oh ! j'ai très-bien vu que je m'étais trompé... Je comprends la mauvaise humeur de ce monsieur ; j'étais dans mon tort. C'est mon impatience qui est cause de cela, car il n'est pas encore neuf heures, et ce n'est que pour neuf heures le rendez-vous. J'aurais dû deviner que je me trompais : ce n'était point un coupé, c'était un fiacre, un vieux fiacre même !... et ce n'est pas dans une si vilaine voiture que monterait la superbe Sainte-Suzanne ! Ah ! je suis trop pétulant ! modérons-nous, faisons attention... ce pauvre monsieur ! comme je l'ai dérangé !... L'homme d'affaires marche quelque temps vers la barrière, mais enfin il entend sonner neuf heures; aussitôt il revient sur ses pas. En se rapprochant du lieu du rendez-vous, il s'aperçoit que le fiacre n'est plus devant le Jardin d'Hiver; mais en revanche, de l'autre côté de la route, un coupé est arrêté. Chamoureau se dirige vers ce coupé avec une émotion qu'le fait trébucher à chaque instant. Arrivé à quelques pas de la voiture,

— Te voilà donc enfin !... tu es venu ! tu as entendu ma voix... tu m'es rendu ! Ah ! cette fois, c'est pour toujours, n'est-ce pas ?... tu ne me quitteras plus !... Et Chamoureau, transporté par les baisers qu'on lui prodigue, a le malheur de répondre :

— Mais, femme ravissante, je n'ai jamais eu l'intention de vous quitter... je vous ai toujours offert l'amour le plus tendre... le plus passionné... le plus... Il n'a pas le temps d'achever sa phrase, un cri de fureur a été jeté par Thélénie, qui déjà le repousse brusquement et, en un instant, a ouvert les stores, les portières, en criant :

— Ce n'est pas Edmond ! ah ! le misérable !... Qui êtes-vous, monsieur ?... qui êtes-vous ? qui vous a permis de vous introduire dans ma voiture?

Notre veuf, qui ne sait plus ce que veut dire le changement qui vient de s'opérer dans l'humeur de cette dame, balbutie :

— Je suis... mais vous le savez bien... Chamoureau, que vous attendiez... du moins, c'est ce que Freluchon m'a dit... je suis cet adorateur...

Mais déjà Thélénie avait pu reconnaître l'homme d'affaires, et elle lui montre la portière ouverte en lui disant, d'une voix altérée par la colère :

— Sortez, monsieur, sortez bien vite, et dites à ceux qui vous ont envoyé ici que cette plaisanterie leur coûtera cher. Quant à vous, ne vous présentez jamais devant moi.

— Mais, madame, je ne comprends pas... je vous jure que j'ai vraiment cru...

— Sortez !... ou j'appelle mon cocher !...

Les yeux de Thélénie lançaient des éclairs et avaient en ce moment une expression telle que Chamoureau, épouvanté, sort à reculons de la voiture. A peine est-il à terre que le cocher part.

— Mon chapeau ! mon chapeau !... j'ai laissé mon chapeau dans votre voiture ! crie Chamoureau en se mettant à courir après le coupé.

Une portière se baisse, et le chapeau est lancé dans le milieu de l'avenue. En ce moment, une calèche arrivait au grand trot, notre veuf est obligé de se ranger bien vite, et une roue de la calèche passe sur le malheu-

Mesdames, veuillez me permettre de vous présenter mes devoirs.

il s'arrête pour l'examiner avec attention. C'est un remise élégant; le cocher n'est pas sur son siége, et il a l'air d'examiner les passants.

— Cette fois, voilà bien mon affaire ! se dit Chamoureau.

Et il s'avance résolûment contre le cocher, auquel il fait le signal convenu. Celui-ci y a répondu par un petit signe de tête et s'empresse de lui ouvrir la portière de sa voiture. Aussitôt notre amoureux se précipite tête baissée dans le coupé, dont la portière se referme sur lui. C'était bien en effet Thélénie qui attendait Edmond au rendez-vous qu'elle lui avait assigné, ce soir-là ; ayant entendu sonner neuf heures sans voir venir personne, elle désespérait encore de revoir son infidèle, lorsque enfin sa voiture s'ouvre, et un homme se précipite dedans comme la foudre. Thélénie ne doute pas un instant que ce ne soit Edmond, car le cocher a reçu ses ordres; il n'a dû obéir qu'au signal convenu. L'obscurité qui règne dans la voiture l'empêche de distinguer les traits. La belle brune se jette dans les bras de Chamoureau et l'embrasse tendrement, en s'écriant :

roux chapeau. Chamoureau va ramasser sa coiffure devenue un claque, en jurant d'une façon très-énergique. Puis il regagne les Champs Elysées en essayant de redonner une forme à son chapeau et sans remarquer à quelques pas de lui deux jeunes gens qui se tenaient sous le bras et se tordaient à force de rire.

XXII

Un héritage.

Le même soir, après être rentré chez lui pour y prendre un autre chapeau, parce que le sien est entièrement brisé, Chamoureau se rend chez Freluchon. Il est exaspéré par la colère et peut à peine parler, il bredouille au concierge :

— Je vais chez Fre... Fre... Freluchon !...

Mais Freluchon était pas chez lui ; après s'être rendu aux Champs-Élysées avec Edmond à l'heure indiquée par Thélénie, ces messieurs, cachés dans l'ombre, avaient été témoins d'une partie de l'événement et avaient deviné le reste, en apercevant Chamoureau, dégringolant du coupé fort peu de temps après y être monté. Ils avaient ri comme des fous en voyant le malheureux homme d'affaires courir après son chapeau, et ils étaient rentrés ensuite dans le centre de Paris.

— Ah! Freluchon n'est pas chez lui! balbutie Chamoureau que le concierge vient d'arrêter dans sa course... Eh bien alors je reviendrai demain matin... dites-lui de m'attendre!... dites-lui que je lui défends de sortir avant de m'avoir vu... et que ça ne se passera pas comme ça!... Vous entendez!... ça ne se passera pas comme ça!...

Le concierge entend sans doute, mais il ne semble nullement ému de la manière dont Chamoureau appuie sur ses paroles; et celui-ci s'éloigne en murmurant:

— Il y a trop longtemps que je suis la victime des plaisanteries de Freluchon... il faut que cela finisse.

Le lendemain, à sept heures du matin, Chamoureau entre chez Freluchon qui était encore couché et s'écrie en le voyant:

— Que le diable t'emporte de venir me réveiller déjà... je dormais comme un bienheureux... tu sais que les bienheureux dorment supérieurement... tu viens trop tôt!...

— Freluchon, je vois avec plaisir que tu as suivi les ordres que j'avais donnés à ton portier... tu m'as attendu...

— Tu donnes des ordres à mon concierge... Ah! c'est charmant!...

— Ne plaisantons pas... je ne suis pas venu ici pour plaisanter... Je suis sérieux, moi! Comment vous vous recouchez!

— Oui, j'ai encore envie de dormir, mais cela ne fait rien, parle toujours...

— Freluchon, votre conduite est indigne... vous m'aviez tendu un piége... vous vous êtes joué de moi... Moi! votre ami intime... ci-devant époux de cette Éléonore... à laquelle vous portiez un si touchant intérêt... vous m'envoyez à un rendez-vous qui n'était pas pour moi... Hélas! ce n'était pas moi que l'on attendait... je ne m'en suis que trop aperçu!... Si encore vous m'aviez fait jouer cette scène avec une femme qui m'eût été totalement indifférente, je serais le premier à en rire; mais vous savez que j'aime madame Sainte-Suzanne... que je l'adore... que je donnerais tout au monde pour être bien avec elle, et vous m'exposez à sa colère?... que dis-je... à sa fureur!... Lorsqu'elle a vu que je n'étais pas celui qu'elle attendait... c'était une tigresse, une lionne... elle m'a chassé de sa présence... et défendu de jamais me présenter devant elle. Ah! c'est là surtout ce qui me désespère!... défendu de la revoir... et voilà votre ouvrage... Qu'avez-vous à répondre?... Hein... voyons, que pouvez-vous répondre pour vous justifier... Il ne répond rien... Dieu me pardonne! il ronfle, il s'est rendormi!...

Chamoureau prend un bras le Freluchon et le secoue vivement, le petit jeune homme rouvre les yeux en s'écriant:

— Continue!... je t'écoute!

— Non, vous dormiez... mais je veux que vous m'écoutiez... Je vais recommencer ce que je viens de vous dire... je recommencerai comme cela jusqu'à ce soir, si vous ne m'écoutez pas...

— Alors j'aime mieux en finir tout de suite.

Freluchon se frotte les yeux, et Chamoureau recommence son discours; lorsqu'il a fini, le petit jeune homme se met sur son séant, en lui disant:

— Et tu as l'audace de venir te plaindre, toi!... Comment, imbécile, on fait tout ce qu'on peut pour te rendre heureux, et tu n'es pas content? Obligez donc les ingrats! voilà comme ils vous récompensent!...

— Comment! me rendre heureux en...

— En vous envoyant dans les bras de celle que vous adorez, oui, monsieur ; ce n'est pas vous qu'elle attendait... non sans doute ce n'est pas vous, puisque c'était Edmond. Et je ne vous l'ai pas dit, parce que, timide comme vous l'êtes, vous n'auriez jamais osé aller à ce rendez-vous, si vous aviez su prendre la place d'un autre...

— Oh! non, certainement je n'y serais pas allé...

— Eh bien!... n'étiez-vous pas bien malade d'aller trouver une femme charmante, la nuit, dans une voiture?... Une femme que vous adorez... qui fait la cruelle avec vous; moi je vous fais avoir un tête à-tête nocturne avec elle, et vous vous plaignez! Mais, malheureux, comment vous êtes-vous conduit dans ce tete à-tête pour qu'on vous ait si vivement renvoyé?...

— Moi!... mais à peine étais-je dans la voiture, la portière refermée, on n'y voyait pas du tout, que cette dame s'est précipitée dans mes bras en me donnant les noms les plus tendres, en m'appliquant les baisers les plus brûlants...

— Eh bien... et il se plaint encore!...

— J'étais ravi, transporté! seulement comme elle me disait: Tu ne me quitteras plus cette fois, c'est pour toujours!... non, je lui ai répondu: Mais je n'ai jamais eu l'intention de vous quitter, puisque je vous adore...

— Ah! voilà mon nigaud!... au lieu de se taire, de profiter du quiproquo... d'être incapable enfin!... va faire le bavard qui gâte tout en jacassant comme une pie!... Mais, malheureux, si tu n'avais pas soufflé mot, tu serais maintenant le vainqueur de la fière Thélénie...

— C'est-à-dire que si cela avait été plus loin, elle m'aurait tué en voyant qu'elle s'était trompée... puisqu'elle a été si furieuse pour quelques baisers qu'elle m'a donnés!...

— Elle ne t'aurait pas tué... les femmes ne tuent pas les hommes pour ce genre d'offense.

— Cependant Lucrèce?...

— Où diable vas-tu chercher Lucrèce... et quels rapports y a-t-il entre Thélénie et la femme de Tarquin! Au contraire, cette dame ne t'aurait pas chassé, parce qu'enfin, lorsqu'une chose est faite... elle est faite!... elle t'aurait grondé d'abord, mais ensuite elle t'aurait pardonné puisqu'elle n'avait pas d'autre parti à prendre...

— Il serait possible!... tu crois, Freluchon, qu'elle m'aurait pardonné... Ah! malheureux que je suis... pourquoi ai-je parlé!... pourquoi ai-je fait entendre ma voix!... Ah! la raison... cela commençait si bien... Nox erat!... Ardebat Alexim!... Ah! je suis désolé d'avoir parlé!...

— Et lorsqu'on a tout fait pour rendre heureux son ami, pour combler ses plus chers désirs, monsieur arrive furieux... il vient se plaindre, il vient presque nous menacer de sa colère...

— J'avais tort, Freluchon, pardonne-moi, cher ami... Ah! je comprends maintenant que j'avais tort... Mais que veux-tu!... tous ces événements me bouleversent... Ces alternatives de bonheur... de peines... de félicités... je ne sais plus où j'en suis... je ne vis plus... Voyons, cher ami, tu m'as pardonné, que me conseilles-tu maintenant?

— Ce que je te conseille?... Oh! maintenant, mon pauvre ami, ta partie est perdue et bien perdue, ce que tu as de mieux à faire c'est de ne plus penser à cette dame, de l'oublier entièrement!...

Chamoureau bondit dans la chambre, en s'écriant:

— Mais je ne le peux pas!... mais cela m'est impossible!... chaque fois qu'elle me maltraite et me repousse, j'en suis plus amoureux que jamais!... Oublier cette femme magnifique... car elle est magnifique, et dans sa colère, quand elle me faisait des yeux de panthère qui veut vous dévorer... elle était superbe... je n'ai jamais vu rien de beau comme cela... Ah! mon ami!... en me disant: Va te venger... dites à vos amis que cette plaisanterie leur coûtera cher!

— Ah! elle a dit cela?

— Oui... ainsi vous voilà prevenus, toi et M. Edmond...

— Oh! nous ne craignons pas les vengeances d'une femme!...

— A votre place je les redouterais: c'est une gaillarde qui n'a pas l'air de se moucher avec son talon... comme disent les plébéiens!

— Oublie-la, Chamoureau, je n'ai pas autre chose à te dire.

— L'oublier! mais c'est plus impossible que jamais à présent que j'ai goûté de ses baisers!... que je sais comment elle pratique cette caresse!... Ah! mon ami!... je n'avais jamais été embrassé comme cela... même par Éléonore!

— Je le crois bien!... la femme savait que c'était toi qu'elle embrassait, tandis que celle-ci te prenait pour un autre!...

— Ce n'est pas cela du tout!... c'est parce que Éléonore n'était point passionnée... aimante, délirante comme la belle Thélénie...

— Ah! tu vas dénigrer ta femme à présent... c'est gentil!... nous devenons ingrat!... Ah! Chamoureau! vous me faites de la peine... Dans quelques jours je ne serai pas étonné de t'entendre dire: Ah! que je suis content d'être veuf!...

— Ce n'est pas cela que j'ai voulu dire...

— Non, mais c'est cela que tu penses!... Voyons, maintenant je te parle sérieusement, sois donc raisonnable... ton amour pour cette femme n'a pas le sens commun...

— Adieu, Freluchon!...

— Viens tantôt dîner avec moi, nous irons ensuite aux Folies-Nouvelles... charmant petit théâtre, on y voit toujours des femmes très-rieuses... tu trouveras bien vite des distractions.

— Adieu, Freluchon!

Chamoureau ne veut pas entendre parler de distractions. Il quitte précipitamment son ami, rentre chez lui, s'enferme dans son cabinet, ne répond pas à sa femme de ménage qui lui dit qu'il est venu des clients le demander, ne s'occupe plus des affaires qu'on lui a confiées, et lorsque les personnes qui ont en charge se présentent pour savoir où cela en est, il les regarde d'un air hébété, en leur répondant:

— Quoi... qu'est-ce que c'est... que me voulez-vous?...

— Mon affaire, monsieur, où en est-elle?

— Comment... quelle affaire?

— Celle dont je vous ai chargé.

— Je n'en sais rien.

— Comment! vous n'en savez rien... Vous ne vous en êtes donc pas occupé?

— Apparemment!

— Alors, monsieur, si vous ne voulez pas vous en occuper, je vais prendre un autre homme d'affaires.

— Comme vous voudrez, ça m'est bien égal.

— Ah! cela vous est bien égal... rendez-moi sur-le-champ mes papiers, alors!...

Chamoureau rend les papiers, le client s'en va furieux, en jurant après l'homme d'affaires, et petit à petit le cabinet devient solitaire.

les clients disparaissent, Chamoureau passe sa journée assis devant son bureau, la tête appuyée dans ses mains, et madame Monin dit au portier :

— Mon monsieur a certainement quelque chose de fêlé... c'est depuis la nuit où il s'est mis en Espagnol... Cet homme-là tourne au noir... je n'ose plus lui acheter de charbon, je crains de le trouver asphyxié un de ces matins.

Quinze jours se sont écoulés depuis que notre veuf est devenu aussi triste que *Werther*, lorsqu'un matin madame Monin lui monte une lettre. Chamoureau prend cette lettre avec indifférence, il brise le cachet en pensant toujours à Thélénie, et il lit sans prêter d'abord beaucoup d'attention à ce qu'on lui écrit. Mais bientôt sa figure change, ses traits s'animent, il se frotte les yeux pour s'assurer qu'il a bien lu, puis il relit encore, avec une extrême attention cette fois, puis un cri de joie lui échappe !... il se frappe les cuisses avec ses deux mains en disant :

— Il serait possible... ce n'est point une erreur... riche !... riche vingt mille francs de rente... que me laisse ce cousin... mon parrain, car c'était mon parrain... mais il ne m'avait jamais donné de ses nouvelles... et il me laisse sa fortune... toute sa fortune... et il avait amassé en Amérique vingt mille francs de rente !... Relisons encore la lettre de ce notaire... je crains toujours d'avoir mal lu !... de m'être trompé !...

Chamoureau ne s'était pas abusé, un parent éloigné qui avait été son parrain, et dont il n'avait pas entendu parler depuis le jour de son baptème, avait été faire fortune en Amérique; ne s'y était pas marié. Tout à coup le désir de revoir sa patrie lui était venu, il avait réalisé sa fortune, et était parti pour la France. En débarquant au Havre une maladie violente le saisit, il n'a que le temps de faire venir un notaire, et ne sachant que faire de cette fortune qu'il rapporte, il se rappelle alors qu'il a un filleul, et fait ce filleul son légataire unique. Voilà ce qu'un notaire de Paris, qui avait reçu cette nouvelle par son confrère du Havre, venait de mander à Chamoureau en l'engageant à passer le plus tôt possible à son étude, en se munissant de tous les papiers nécessaires pour prouver son identité. Après avoir encore une fois relu la lettre qui lui annonce cette fortune inespérée, inattendue, qui va tout à coup changer sa destinée, Chamoureau court dans sa chambre, cherchant ce qu'il lui faut pour s'habiller, et il saute, il danse, il chante, il se livre à mille folies, si bien que sa femme de ménage, qui l'aperçoit valser en mettant ses bretelles, s'arrête tout effrayée en s'écriant :

— Eh ben, monsieur... qu'est-ce que vous avez donc ?... vous valsez ! vous dansez tout seul maintenant.

— Ce que j'ai, madame Monin, ce que j'ai !... Ah ! vous voyez le plus heureux des hommes...

Fortune, en ce monde,
Tu fais tout pour moi !...

— Mon Dieu, monsieur, mais vous étiez encore si triste ce matin... vous aviez l'air d'un croque-mort !...

— Mais maintenant je suis riche, mère Monin... très-riche !... j'hé-rite de vingt mille francs de rente... Cette rente vient de me l'an-noncer...

— C'est-i Dieu possible, monsieur !... un héritage que vous n'at-tendiez pas ?

— Pas plus que je ne m'attends à être de l'Académie... Riche... opulent... et alors on ne dédaignera plus... on ne repoussera plus mes hommages... elle sera à moi, cette femme adorée...

Quel nouveau jour pour moi ! quel heureux changement !
Mes chagrins ont passé comme un léger nuage !

Mon chapeau... mon mouchoir... mes gants... j'ai tout ce qu'il me faut... un acte de naissance... de baptême... de mariage... non, je n'ai plus besoin de celui-là... c'est égal... Partons.

— Monsieur n'a pas pris son café à la crème...

— Prenez-le, madame Monin, prenez-le... il est bien juste que vous participiez à mon bonheur qui m'arrive !...

Chamoureau se rend chez le notaire, où on lui confirme ce qu'on lui a écrit, et on lui conseille de partir pour le Havre afin de se faire sur-le-champ remettre cette fortune que l'on tient à sa disposition. Le jour même, il prend le chemin de fer du Havre, trajet direct. Là, il exhibe au notaire tous les actes qui prouvent qu'il est bien le Sigismond Chamoureau auquel le sieur Eustache-Hector Cha-moureau, son cousin et parrain, a laissé toute sa fortune. Deux jours après, le ci-devant homme d'affaires était de retour à Paris, muni du riche portefeuille que lui avait légué son parrain. Tout cela avait été si prompt, s'était fait si vite, que, revenu chez lui, Chamoureau se de-mande s'il n'est pas le jouet d'un songe, et si véritablement il a hérité. Mais le riche portefeuille est entre ses mains, il peut compter, palper les billets de banque, les bons sur le trésor, et plusieurs traites acceptées par les meilleurs banquiers de Paris. Alors il se dit :

— Non, je ne rêve pas... je suis véritablement à la tête d'une for-tune très-présentable, et puis donc aspirer à la main de la femme que j'idolâtre... Ne tardons plus... il faut que mon sort se décide.

Chamoureau va se mettre à son bureau, et écrit :

« Madame, ce n'est plus un modeste homme d'affaires qui vient mettre à vos pieds son cœur et sa main; mon sort est changé : un héritage sur lequel j'étais loin de compter et que je viens de toucher, me met à la tête de vingt mille francs de rente, en y ajoutant deux mille cinq cents francs que je possédais déjà... (je ne parle plus de mon cabinet, dès ce moment j'y renonce.) Je me trouve donc riche de vingt-deux mille cinq cents francs de revenu. Voilà la fortune que je mets à votre disposition en vous demandant de nouveau le titre d'époux que je serais fier de porter. Si je vous ai offensée, par-donnez-moi, j'étais parfaitement innocent dans l'affaire des Champs-Élysées, où j'ai été de confiance, et trompé comme vous... mais de-puis que je vous connais, mon amour pour vous n'a pas diminué... bien au contraire, il a été toujours de plus en plus fort. Je ne vous demanderai aucun compte du passé et j'aurai toujours la confiance la plus aveugle pour le présent et pour l'avenir. J'attends votre réponse. »

Après avoir signé cette lettre Chamoureau va trouver un commis-sionnaire dans lequel il a confiance, et lui dit :

— Dix francs pour toi si tu me rapportes une réponse. Si on te dit qu'on t'écrira, insiste, supplie pour qu'on te donne un mot sur-le-champ... Je t'attends à ce café... où je vais boire beaucoup de chartreuse pour me donner de la patience et du courage.

Depuis l'aventure des Champs-Élysées, l'humeur de la belle Thé-lénie n'était pas devenue plus gaie; elle passait quelquefois des jour-nées entières plongée dans ses pensées. La compagnie de son amie Héloïse n'avait pas le pouvoir de la distraire, et lorsque celle-ci lui disait :

— Est-ce que tu vas passer ta vie à regretter ce petit jeune homme ?

Thélénie répondait :

— Je ne le regrette plus, je ne l'aime plus... et je le hais mainte-nant... mais je ne serai satisfaite que lorsque je me serai vengée.

Le commissionnaire de Chamoureau trouve madame Sainte-Su-zanne dans cette disposition. Thélénie lit la lettre qu'on lui apporte et pour laquelle on lui dit qu'on attend une réponse. Elle la relit une seconde fois avec plus d'attention, puis la passe à mademoiselle Hé-loïse, en murmurant :

— Tiens, vois donc ce qu'on me propose.

Mademoiselle Héloïse pousse des oh ! et des ah ! en lisant la lettre, puis s'écrie :

— Ah ! mon Dieu ! mais c'est magnifique cela... vingt-deux mille francs de rente... c'est superbe !... Et un homme qui ne demande pas compte du passé, qui sera confiant dans l'avenir... mais c'est un mari modèle... Est-ce que tu refuserais tout cela ?

— J'ai peine à croire que tout cela soit vrai... je soupçonne encore quelque mauvaise plaisanterie de la part de ceux... qui m'ont déjà joué ce tour infâme... Quant à ce Chamoureau, c'est un véritable im-bécile qui est capable de seconder sans les deviner les projets de ces messieurs.

— Mais pourtant si cela était vrai... une fortune superbe, ma chère !...

Thélénie sonne sa femme de chambre :

— Mélie, qui a apporté cette lettre ?

— Madame, c'est un commissionnaire.

— Est-il encore là ?

— Oui, madame, il veut absolument qu'on lui donne une réponse.

— Fais entrer cet homme.

Le commissionnaire est introduit près des dames. Thélénie l'examine quelques instants puis lui dit :

— Qui vous a remis cette lettre ?

— M. Chamoureau, madame.

— Vous le connaissez donc ?

— Oui, madame, ce monsieur m'emploie souvent... il a un cabinet d'affaires !... oh ! je le connais bien.

— Était-il seul quand il vous a remis ce billet ?

— Oui, madame, ce monsieur est venu me trouver à ma place, il était tout seul.

— Et il vous a dit ?...

— Il m'a dit... dame... il paraît qu'il désire beaucoup avoir une réponse écrite de madame, car il m'a promis dix francs si je rappor-tais seulement un petit mot.

— Très-bien... vous gagnerez vos dix francs.

Thélénie prend son buvard et écrit :

« Je vous recevrai chez moi ce soir. Mais apportez la preuve de ce que vous me dites, sinon vous ne sortirez pas de ma demeure avec vos deux oreilles »

Puis elle remet ce billet au commissionnaire qui s'éloigne radieux. À peine est-il sorti que la porte se rouvre et laisse entrer une personne dont la présence à cette heure n'avait été annoncée. M. Beauregard entre dans l'appartement. A sa vue Thélénie pâlit, puis elle fait signe à son amie en lui disant :

— Va dans mon salon... pendant que je causerai avec monsieur.

Mademoiselle Héloïse se lève, et quitte la chambre à coucher tout en se disant :

— Tiens ! est-ce que ce serait encore un frère celui-là !... mais au moins ce n'est pas le même genre que l'autre !

XXIII

Chamoureau y va tête baissée.

Beauregard s'est jeté dans un fauteuil, et placé en face de Thélénie. Lorsque mademoiselle Héloïse les a laissés seuls, tous deux se regardent pendant quelque temps en gardant le silence, seulement on peut lire sur leur visage qu'ils ne sont pas en proie à la même préoccupation. La belle courtisane pince ses lèvres d'une manière convulsive, ses regards évitent ceux de son vis-à-vis, et parcourent vaguement l'appartement, enfin ses mains se ferment par moment avec une espèce de contraction nerveuse qui dénote une impatience qu'elle ne peut maîtriser. Beauregard, au contraire, semble très-calme, très-paisible; il s'amuse à considérer celle qui est devant lui, et l'expression ironique de ses yeux pourrait faire croire qu'il prend un secret plaisir à jouir de la contrariété que sa présence cause à cette dame.

— Pourrais-je enfin savoir ce qui me procure l'avantage de vous voir, monsieur? dit Thélénie qui rompt la première le silence.

— Ah! vous présumez donc, madame, qu'il faut qu'il y ait un motif pour que je vienne chez vous... pourquoi ne pensez-vous pas que j'y suis conduit par le seul désir de rendre hommage à votre beauté?

— Parce que je sais que depuis longtemps ma beauté vous est parfaitement indifférente... nous n'en sommes plus à nous faire des compliments!...

— Ce qui pourrait se traduire par : nous ne nous disons plus de faussetés, n'est-ce pas?

— Je ne traduis pas cela ainsi!... Quand vous m'avez dit que vous me trouviez jolie... que je vous plaisais... j'étais assez bien en effet pour que vos paroles fussent vraies.

— Oui, nous disons quelquefois la vérité, nous autres hommes... je suis persuadé qu'en général nous mentons moins que les femmes.

— Vous croyez... c'est bien possible!... est-ce pour en faire le calcul avec moi que vous êtes venu?

— Non, vraiment, ce serait un travail trop long... j'aimerais mieux les travaux d'Hercule!... Calmez votre impatience, madame , je vais arriver au but de ma visite. De la liaison qui exista entre nous deux, il était résulté quelque chose, vous le savez...

Thélénie pâlit et serre encore plus ses lèvres, mais elle se tait et attend :

— Enfin pour parler plus clairement, vous avez eu un enfant dont vous avez bien voulu m'attribuer la paternité... paternité que je ne nie point du reste, et la démarche que je fais en ce moment en est une preuve. Oui, nous avons eu quelques mois de grandes passions... de sentiments exaltés!... c'était superbe, mais cela ne dura pas longtemps... ce qui est outré ne dure jamais... Bref vous étiez revenue à Paris, et moi j'étais, je crois, allé faire un tour en Italie... vous m'écrivîtes que vous aviez donné le jour à un fils... car c'était un garçon, n'est-ce pas, madame?

— Oui, monsieur, c'était un garçon... et alors vous ne fîtes même pas réponse à ma lettre...

— Parce que j'étais alors fort occupé, mais lorsque je revins à Paris neuf mois plus tard, je m'empressai de me rendre chez vous; j'eus quelque peine à vous trouver, j'en eus encore plus à obtenir une audience! Vous étiez tellement entourée d'adorateurs, de courtisans, d'esclaves... Vous en aviez dans tous les rangs, des banquiers, des comtes hongrois, des financiers... oh! oh! il faut vous rendre cette justice, que vous avez toujours eu un penchant très-marqué pour la finance!... et vous ne teniez plus à recevoir mes visites...

— C'était à mon tour, monsieur, d'être très-occupée...

— Mon règne était passé... je ne me permets aucune plainte à ce sujet, madame!...

— Et vous faites bien, car vous n'en auriez pas le droit... ne m'aviez-vous pas quittée le premier pour aller en Italie?

— C'est possible... j'avais peut-être des raisons pour vous quitter... mais ne récriminons pas, ce n'est plus de cela qu'il s'agit. En vous revoyant, ma première question a été pour vous demander où était mon fils, et vous m'avez répondu qu'il était mort trois mois après sa naissance.

— Sans doute, monsieur, et puisque cela était vrai, je ne pouvais pas vous répondre autre chose!

— Dans le premier moment, je me contentai de cette réponse et je vous quittai, mais plus tard il me vint d'autres pensées, je retournai chez vous... je rencontrai toujours les mêmes difficultés pour vous parler, car vous sembliez me fuir et mettre la plus grande obstination à éviter ma présence.

— Pourquoi l'auriez-je désirée, monsieur? depuis longtemps nous n'avions plus rien à nous dire...

— Pardonnez-moi, madame, j'avais, moi, à vous demander quelques détails sur la mort de cet enfant, et cela parut même vous contrarier beaucoup... car ce ne fut pas sans peine que je parvins à obtenir de vous les réponses que je désirais...

— C'est qu'il y a des sujets sur lesquels il est pénible de revenir... celui-là était de ce nombre, il ne pouvait que renouveler ma douleur...

— Oh! madame, quant à votre douleur, vous me permettrez de n'y pas croire... je ne pense pas que l'amour maternel occupe beaucoup de place dans votre cœur.

— Et pourquoi ne le pensez-vous pas, monsieur?...

— Parce que, s'il en était ainsi, vous auriez été la première à m'entretenir de votre fils, à me donner mille détails sur sa naissance, sur sa mort... Tandis qu'au contraire vos réponses à ce sujet étaient si brèves, si sèches, qu'il était facile de voir que vous aviez hâte de rompre cet entretien.

— Ne vouliez-vous pas que je vous donnasse de grands détails sur la vie d'un enfant qui a existé trois mois!...

— Une mère en eût trouvé...

— Non... pas dans toute l'acception du terme. Enfin, après m'avoir fait répéter bien souvent mes questions, vous m'avez répondu que vous aviez confié votre enfant à une nourrice qui habitait Saint-Denis... je vous ai demandé le nom de cette femme... vous l'aviez oublié, mais j'ai mis tant de persistance dans cette demande que vous avez enfin retrouvé ce nom... c'était madame Mathieu, la femme d'un laboureur. Je vous ai demandé son adresse. Oh! alors vous avez bondi de colère, comme si je vous demandais où l'on pouvait découvrir un trésor! votre mémoire était encore en défaut! Enfin , vous avez fini par me dire que cette femme demeurait près de l'église, sur la place, et que vous n'en saviez pas davantage...

— Eh bien, après?

— Après? Je suis allé à Saint-Denis, moi... j'y ai demandé madame Mathieu, femme d'un laboureur; personne ne la connaissait. J'ai visité toutes les maisons des environs de l'église, il m'a été impossible de découvrir une nourrice. J'ai trouvé deux femmes Mathieu à Saint-Denis, mais l'une avait quatre-vingts ans, l'autre soixante-six; cela ne pouvait être celle que je cherchais... bien inutilement, du reste, car vous m'aviez menti.

— Monsieur, je vous prie de ménager vos expressions...

— Je n'ai rien à ménager avec vous, car je vous connais et je sais là où j'en suis et ce que vous valez... Triste connaissance que j'ai là et que j'ai payée bien cher !

— Comment l'entendez-vous, monsieur? Il me semble que vous ne vous êtes jamais ruiné pour moi...

— Dieu merci! j'ai laissé ce plaisir à d'autres... mais vous savez fort bien ce que je dis!... Enfin, madame, vous m'avez menti en me donnant une adresse de nourrice qui n'a jamais existé à Saint-Denis...

— Je vous ai dit ce que je savais, monsieur ; ce n'est pas ma faute si cette femme a quitté l'endroit qu'elle habitait.

— Les paysannes ne déménagent pas comme les lorettes, et si par hasard elles changent de demeure, on connaît assez dans les villages pour y retrouver facilement les gens.

— Saint-Denis n'est point une ville, monsieur, c'est une ville.

— Encore une fois, madame, je suis persuadé que vous m'avez menti dans tout ce qui concerne la naissance et la mort de cet enfant.

— Pourquoi vous aurais-je menti, monsieur?

— Parce que vous ne désiriez pas être mère, parce que vous n'en aviez jamais témoigné que des regrets, parce que vous êtes capable d'avoir envoyé le petit malheureux aux Enfants-Trouvés!...

— C'est affreux ce que vous me dites là, monsieur!

— Eh bien! moi, je ne vous dis pas mon fils soit élevé par la charité... je veux avoir cet enfant avec moi, je veux l'aimer, je veux qu'il m'aime... Ah! voilà des sentiments qui vous étonnent de ma part, n'est-ce pas? Oui, madame, c'est comme cela... Je n'ai jamais eu grande confiance dans l'amour ni dans l'amitié, mais l'amour d'un fils doit exister, je ressens celui d'un père. D'ailleurs, depuis quelque temps, je m'ennuie... je suis las de ces plaisirs que l'on se procure avec de l'argent... il me semble que si j'avais cet enfant avec moi cela m'occuperait, cela me changerait... Ma jeunesse est finie, j'ai abusé de tout; mais l'amour paternel me donnerait des jouissances nouvelles. Vous me direz peut-être que j'ai attendu un peu longtemps pour avoir ces idées-là, oui, c'est vrai; mais chaque jour m'emporte une illusion, mes passions s'éteignent; j'éprouve le besoin d'avoir enfin quelque chose qui me rattache à la vie. Voyons, Thélénie, soyez donc franche une fois... Dites-moi ce que vous avez fait de cet enfant... qui existe encore peut-être... Oui, j'en ai le pressentiment... il doit avoir sept ans et demi maintenant... dites-moi où il est , et soyez sans crainte, jamais il ne vous demandera rien... jamais vous n'aurez un sou à débourser pour lui... bien mieux, je ne lui dirai pas qui est sa mère, si vous le voulez... c'est bien, que vous ne pouvez rien désirer de plus. Voyons, où est cet enfant... j'ai un cabriolet en bas, je vais aller le chercher.

— Monsieur, je vous ai dit tout ce que je pouvais vous dire, au sujet de votre fils, il est inutile que vous m'en demandez davantage.

— Vous m'avez fait d'infâmes mensonges ! s'écrie Beauregard dont les yeux deviennent menaçants, et qui se lève en repoussant son fauteuil avec tant de violence, que le meuble se renverse sur le tapis.

Puis après avoir fait quelques tours dans la chambre, il revient se placer devant Thélénie, en accentuant avec force :

— Qu'avez-vous fait de mon fils?

— Je vous répète, monsieur, qu'il est mort à l'âge de trois mois...

— Où cela?

— En nourrice.

— Alors, trouvez-moi cette nourrice, que je la voie, que je lui parle, que je sache où est enterré cet enfant.

— — Je ne puis que vous répéter encore ce que je vous ai dit sur cette femme... elle habitait Saint-Denis... ce n'est pas ma faute si elle a quitté sa maison et le pays sans doute... je ne pouvais pas, moi, répondre des événements.

— Mais, quand un enfant meurt, tel jeune qu'il soit, on dresse un acte de décès; cet acte la nourrice a dû vous l'envoyer, avec la note des frais qu'elle avait à réclamer pour l'enterrement de l'enfant; ce sont de ces choses que les nourrices n'oublient jamais de faire... eh bien, montrez-moi cet acte de décès.

— Je l'ai perdu dans un déménagement ent.

— Ah ! tenez... vous êtes une misérable... capable de tout! Pauvre Duronceray, qui s'est fâché parce que je lui avais pris sa maîtresse... Ah ! il ne se doute pas combien il m'a d'obligations, mais les hommes ne voient jamais que le présent... ils ne prévoient pas l'avenir.

Beauregard se promène encore quelque temps dans la chambre, on voit qu'il cherche à maîtriser sa colère, à se rendre plus calme, mais lorsque ses regards se portent sur Thélénie, il les détourne comme s'il venait d'apercevoir un serpent. Celle-ci, au contraire, semble jouir des tourments qu'elle fait endurer à son ancien amant, c'est elle, qui à son tour, le regarde d'un air ironique, affectant un calme que cependant elle est loin d'éprouver. Quelques minutes se sont écoulées ainsi, pendant lesquelles Thélénie s'est contentée de ramasser le fauteuil que Beauregard avait renversé. Enfin, celui-ci s'arrête encore devant elle, en lui disant :

— C'est un parti arrêté..... vous ne voulez pas m'en dire davantage?

— Puisque je n'ai pas autre chose à vous apprendre...

— Eh bien, retenez bien ce que je vais vous dire, moi : je chercherai cet enfant, et si je puis parvenir à le retrouver, je lui apprendrai à vous haïr, à mépriser celle qui a voulu le priver de la tendresse de son père! Vous avez tort... car je suis votre ennemi maintenant et j'agirai en conséquence, toutes les fois que j'en trouverai l'occasion... Je vous avais pardonné votre inconstance... votre conduite, parfois assez scandaleuse. On peut être vicieuse sans être méchante... si maintenant, je vois que chez vous tout est pervers... l'esprit aussi bien que le cœur... Oh ! votre nature est complète...

— Il paraît que la vôtre consiste maintenant à dire des impertinences... mais j'en fais peu de cas...

— Prenez garde de me rencontrer sur votre chemin... et quant à ce malheureux enfant... si je parviens à le retrouver... soyez tranquille, fussiez-vous au milieu d'un bal, d'une fête, de la réunion la plus brillante, il ira vous présenter ses hommages... adieu.

Beauregard est parti brusquement après avoir dit ces mots, et Thélénie qui avait pâli à sa dernière menace, ne tarde pas à se remettre et à murmurer :

— Tu auras beau faire, tu ne retrouveras pas ton fils! Il faudrait pour cela un concours de hasards... si extraordinaires... non, c'est impossible! Oublions donc M. Beauregard, qui j'espère bien me laissera en repos maintenant... Conçoit-on cet homme... un mauvais sujet, un débauché, un homme qui ne croit à rien, qui a passé sa vie à se moquer de tout! il va s'aviser d'éprouver de l'amour paternel pour un petit garçon qu'il n'a jamais vu, qu'il ne connaît pas... en vérité, c'est drôle. Je suis bien aise de me venger un peu de ce Beauregard... c'est lui qui est cause que j'ai manqué une belle fortune... car Duronceray m'aurait épousée, j'en suis sûre... il m'aimait tant, celui-là... ah ! j'ai fait une grande sottise! Mais oublions le passé, et ne songeons plus qu'à cette nouvelle et brillante position qui se présente pour moi.

Thélénie rappelle mademoiselle Héloïse qui, suivant son habitude, n'avait pas manqué d'écouter aux portes, ce qui ne l'empêchait pas de s'écrier :

— Que te voulait-il donc ce grand Olibrius avec son air blagueur? il semble toujours qu'il va vous rire au nez... Je l'ai reconnu à son teint jaune; c'est le monsieur qui est venu dans notre loge au bal de l'Opéra.

— Oui, c'est lui...

— Il a donc été ton amant, cet homme-là?

— Oui, malheureusement!

— Pourquoi, malheureusement?

— Parce qu'alors j'étais adorée, idolâtrée par un homme extrêmement riche, qui m'aurait certainement épousée... si je lui avais été fidèle, ou si du moins il n'avait pas découvert que je le trompais.

— Il paraît que ce temps-là ne s'aviserait pas aussi fine qu'à présent... tu ne le laisserais plus surprendre!

— Eh mon Dieu ! est-ce qu'on peut répondre des événements... les

plus adroites sont surprises quelquefois... Mais dînons bien vite... il me tarde d'être à ce soir et de savoir si ce Chamoureau m'a dit la vérité... vingt-deux mille cinq cents francs de rente... c'est gentil.

— Je le crois bien... je n'ai pas même la fraction, moi !

— Avec dix mille francs que je possède... ce serait une fortune... je pourrais aller partout... être reçue partout !

— Tu deviendrais une dame très comme il faut!

Les deux amies se hâtent de dîner. Thélénie mange peu, elle est trop préoccupée pour avoir de l'appétit. Mais mademoiselle Héloïse ne perd pas un coup de dent, et pendant que la première fait des plans, des projets pour l'avenir, se contente de l'approuver en lâchant quelques monosyllabes, jamais une phrase entière; elle conserve à table un laconisme dont elle ne sort qu'au moment où l'on sert le café. Thélénie a quitté la table pour s'occuper de sa toilette. Quoique bien certaine de plaire à l'homme qu'elle attend, elle veut encore ajouter au pouvoir de ses charmes; elle connaît toutes les ressources de la coquetterie la plus raffinée; elle choisit les couleurs qui se marient le mieux avec l'éclat de ses yeux, avec le brillant de sa chevelure; enfin elle veut se rendre irrésistible...

— Tu veux donc lui tourner tout à fait la tête, à ce monsieur s'écrie mademoiselle Héloïse en avalant pour la seconde fois un pe verre de crème de vanille.

— Oh ! je sais bien que c'est déjà fait; mais comme il s'agit d'une grande affaire, je veux m'assurer ma puissance, car tu penses bien que je ferai mes conditions.

— Je m'en rapporte à toi.

À huit heures la sonnette se fait entendre, et la bonne vient annoncer que M. Chamoureau demande s'il peut voir madame. Thélénie congédie aussitôt son amie, en lui disant :

— Viens demain matin, tu connaîtras le résultat de l'entrevue.

Mademoiselle Héloïse aurait préféré passer dans une pièce à côté, afin d'écouter aux portes; mais elle a l'habitude d'obéir sans répliquer; elle part. Presque aussitôt, le ci-devant marchand d'affaires est introduit près de madame Sainte-Suzanne, qui l'attend à demi couchée sur un divan, et dans une pose calculée pour achever de faire perdre la raison à son adorateur. Chamoureau a mis les vêtements qu'il a repris chez Freluchon; cependant sa toilette l'a moins occupé qu'à l'ordinaire : du moment qu'un homme se sent riche, il porte peu d'attention à une foule de petits détails dont il se faisait une affaire auparavant. C'est que la fortune donne sur-le-champ un aplomb, une assurance qui va quelquefois jusqu'à la fatuité, et puis on ne craint plus de manquer d'élégance lorsqu'on peut se dire :

— On sait bien que j'ai les moyens de me mettre à ma fantaisie.

Chamoureau se présente donc avec moins de timidité devant madame Sainte-Suzanne, mais en la voyant si belle, si séduisante, il éprouve un trouble qui lui fait sur-le-champ oublier la phrase qu'il avait préparée pour elle, il ne peut que balbutier :

— Madame, c'est moi qui... j'ai eu l'honneur de vous écrire... toujours plus épris... plus amoureux... et... comment vous portez-vous?

— Très-bien, monsieur, je vous remercie... Mais venez donc vous asseoir à côté de moi.

Chamoureau ne fait qu'un bond jusqu'au divan sur lequel il se laisse tomber avec tant d'abandon, qu'il casse un des ressorts élastiques. Mais il se dit qu'il est riche et peut se permettre de casser des ressorts, même ceux des jupons d'acier que portent maintenant les dames. Et se tournant amoureusement vers Thélénie :

— Madame... il me semble que je dois commencer par m'excuser... relativement à cette aventure... dans le coupé qui attendait aux Champs-Élysées. Je vous certifie que j'étais loin de me douter... Freluchon et Edmond Didier m'avaient assuré...

— Assez, monsieur Chamoureau... je vous prie de ne plus revenir sur cette affaire... Ce n'est pas vous qui êtes le coupable, j'en suis persuadée... ce sont ces deux messieurs que vous venez de nommer, ils se sont conduits comme d'ignobles polissons... comme de véritables piliers d'estaminet... cela ne m'étonne pas de leur part, et tout à l'heure je vous dirai quelles sont mes intentions à leur égard. Venons maintenant à ce qui vous concerne... est-il vrai que vous ayez hérité, monsieur ?

— Très-vrai, madame, et de vingt mille francs de rente.

— Mais c'est une jolie fortune! Savez-vous, monsieur Chamoureau, que c'est comme un rêve cela, comme un conte des Mille et une Nuits, mais c'est un dénoûment de comédie ! Un héritage que vous n'attendiez pas, qui vous tombe des nues tout à coup !

— Le bonheur arrive presque toujours comme cela : quand on l'espère, il se fait attendre!

— Oh oui... il y a même des personnes qui l'attendent toute leur vie...

— Voilà le portefeuille qui contient ma fortune... veuillez l'examiner, madame, pour être certaine que je ne vous ai pas trompée.

— Oh! monsieur, je vous crois!

Cependant, tout en disant : Je vous crois, la belle brune regarde fort attentivement dans le portefeuille que Chamoureau vient de déposer sur ses genoux Elle examine les bons du Trésor et de la Caisse d'escompte, les traites, les billets de Banque, puis elle rend le portefeuille à Chamoureau, en lui disant :

— Oui, vous êtes riche... il y a là plus de quatre cent mille francs, et qu'allez-vous faire de cette fortune?

— Ne vous ai-je pas écrit que je vous l'offrais avec ma main...

— Oui, en effet, vous m'avez écrit cela... c'est donc bien sérieux?

— Si cela est sérieux! comme mon amour pour vous qui est devenu une passion que je ne saurais dompter.

— Savez-vous que vous êtes un homme bien dangereux, et qu'il est fort difficile de vous résister.

Chamoureau devient rayonnant : ses pupilles se dilatent comme celles d'un chat; ses narines se gonflent, il s'empare d'une main qu'on ne retire pas et la baise à plusieurs reprises, en soufflant comme quelqu'un qui vient de monter sept étages sans s'arrêter. Lorsque Thélénie pense que ce monsieur a bien assez baisé sa main, elle la retire en lui disant de sa voix la plus douce, car cette dame avait des inflexions de voix pour toutes les circonstances :

— Soyez sage et causons sérieusement. Si je consentais à devenir votre femme, je vais vous dire quelles seraient mes conditions.

— Oh! je souscris d'avance à toutes.

— N'allons pas si vite; moi je veux qu'on réfléchisse avant d'accepter... le mariage est une chaîne qui ne se rompt point en France, il ne faut donc point s'engager légèrement. Écoutez, je vous crois rangé, raisonnable, cependant comme vous pourriez être joueur, dépensier, coureur...

— Ah! madame...

— Quand on ne l'est pas, on peut le devenir! Enfin je veux avoir seule le droit de tenir la caisse, de disposer de notre fortune. Vous savez que je possède dix mille francs de rente.

— Oui, femme charmante... mais vous n'auriez rien que...

— Laissez-moi donc parler. Je veux en m'épousant que vous reconnaissiez que je vous ai apporté quatre cent mille francs de bien.

— Parfait... le double si vous voulez...

— Vous me laisserez le maniement de notre fortune... soyez tranquille, elle ne périclitera pas.

— Je m'en rapporte entièrement à vous.

— Je vous donnerai deux cents francs par mois pour votre toilette et vos dépenses particulières... il me semble que c'est bien assez?

— C'est plus qu'il ne faut! je ne les dépenserai pas.

— Vous n'aurez point à vous occuper de votre train de maison, c'est moi seul que cela regardera.

— Cela n'en sera que mieux...

— Vous souscrivez à toutes ces conditions?

— Avec le plus grand plaisir.

— C'est bien. Mais ce n'est pas encore tout : je ne veux pas que l'homme dont je serai la femme, dont je porterai le nom, conserve la moindre relation avec des gens qui m'ont outragée... et que je regarde à juste titre comme mes ennemis... Vous devez me comprendre? vous devrez donc rompre entièrement avec MM. Edmond Didier et Freluchon.

— C'est entendu... du reste, je ne les regretterai fort peu... je romps avec eux à tout jamais!

— A moins cependant que... par suite d'événements que l'on ne peut prévoir... je ne vous autorise moi-même à les revoir...

— Il est certain que si vous m'y autorisez... alors je devrai vous obéir.

— Je ne veux pas non plus que vous parliez à un certain M. Beauregard, que vous avez, je crois, rencontré ici?

— Ah! un monsieur qui a le teint bilieux!

— Cet homme est fort méchant; il m'a jadis fait la cour, et comme j'ai refusé de l'écouter, il débite sur mon compte une foule de calomnies... de mensonges!

— Je l'avais deviné, belle dame, je m'étais dit : ce monsieur-là traite trop mal madame de Sainte-Suzanne pour n'avoir point subi ses rigueurs!... je ne causerai plus avec ce monsieur... et s'il cherchait à causer avec moi, je lui tournerais le dos sur-le-champ...

— C'est fort bien... vous êtes soumis... Allons, je crois que vous serez un bon mari...

— Avec vous, qui est-ce qui ne le serait pas!... on doit toujours l'être.

— Ah! encore quelque chose... ceci est une faiblesse... une puérilité... j'y tiens beaucoup cependant...

— Parlez toujours... je suis là pour vous obéir.

— Votre nom de Chamoureau ne me plaît pas... oh! mais pas du tout!...

— Diable! ceci devient plus difficile... je ne puis cependant pas me débaptiser...

— Non, mais écoutez bien, vous êtes né quelque part...

— Ceci ne fait pas le moindre doute.

— Où êtes-vous né?

— A Belleville.

— Belleville, très-bien! dès ce moment vous vous appelez Chamoureau de Belleville, vous ne signerez plus autrement... Vous aurez soin même de ne vous donner que ce dernier nom avec les nouvelles connaissances que vous ferez; de cette façon, dans quelque temps, votre nom de Chamoureau sera entièrement oublié et vous ne serez plus que monsieur de Belleville!

— Pardieu! c'est fort gentil cela! vous avez de l'esprit gros comme vous! monsieur de Belleville... voilà un nom tout à fait coquet et qui me plaît infiniment! Alors vous consentez à devenir madame de Belleville?

— Il le faut bien, puisque vous promettez de vous soumettre à tout ce que je veux de vous dire...

— Et à tout ce que vous m'ordonnerez à l'avenir, je le jure à vos genoux.

Et Chamoureau quittant le divan, se précipite aux genoux de Thélénie, il lui prend la main qu'il baise avec transport, il essaye même de lui prendre le genou, mais sa superbe conquête l'arrête, en lui disant d'un air qui frise la dignité:

— Monsieur! rappelez-vous que je vais devenir votre femme! et respectez-moi jusqu'à ce que je n'aie plus le droit de rien vous refuser.

Chamoureau se relève en s'écriant :

— C'est juste! je suis un drôle! un polisson! vous avez bien fait de me rappeler à l'ordre! Je vais me hâter de faire toutes les démarches nécessaires afin d'entrer le plus tôt possible en possession de ces charmes qui me bouleversent...

— Faites, je vous approuve, vous avez mon consentement ; maintenant je ne vous cacherai pas que je désire que ce mariage se fasse promptement.

— Ah! tendre amie! vous me comblez !... je suis dans l'ivresse... vous partagez mon impatience... Ah! souffrez que...

— Eh bien, monsieur!...

— Ah! fichtre! j'allais encore faire des bêtises!... Vous êtes si bien coiffée... si séduisante... tenez, je crois que je ferai bien de m'en aller, car je ne répondrais pas de moi...

— Allez... moi, je vais dès demain m'occuper de chercher un appartement convenable pour notre future position; vous vous en rapporterez à moi, je pense?

— En tout et aveuglément. Tout ce que vous ferez sera approuvé.

— Au revoir donc, mon cher de Belleville...

— De Belleville... décidément je suis fou de ce nom-là... au revoir, ma divinité!

Chamoureau baise encore une main qu'on lui présente, puis il s'éloigne léger comme une plume, en se disant :

— Elle m'aime, elle m'adore, puisqu'elle désire que notre mariage se fasse promptement... Oh! je vais faire marcher cela rondement... Diable! y a-t-il trois mois qu'Eléonore est morte... Oh! certainement! que je suis bête... il y a un temps infini que je suis veuf!...

Pendant que le nouvel enrichi s'éloigne enchanté, Thélénie restée seule, se dit :

— Un nouveau nom... un appartement dans un autre quartier... une nouvelle position!... on ne retrouvera plus madame Sainte-Suzanne, et elle n'entendra plus parler des Croque et des Beauregard! Mais elle saura bien, elle, ne pas perdre de vue ceux dont elle veut se venger.

XXIV

Les visites.

Honorine et Agathe sont installées dans la petite maison de Chelles, et Poucette est chez ses nouvelles maîtresses. Les premiers jours ont été consacrés au rangement des meubles, à la destination que l'on donne aux différentes pièces, aux changements que l'on y fait, à ces mille petits détails qui suivent tout emménagement, et qui ont bien plus d'importance lorsque l'on prend possession d'une propriété que l'on vient d'acheter. Dans ces premiers jours, c'est à peine si les deux femmes ont le temps de se promener dans leur jardin et de regarder dans la campagne! Pendant qu'elles s'occupent ainsi, aidées de Poucette qui fait de son mieux pour qu'on soit contente d'elle et qui a déjà su se faire aimer de ses maîtresses; pendant que l'on range, que l'on pend, et que l'on déplace les meubles, qu'on met en ordre la musique et la bibliothèque, le printemps a marché. On est arrivé au milieu de mai, époque où la campagne est si jolie, où chaque jour elle embellit d'une feuille nouvelle, d'une fleur de plus, et lorsque Honorine et Agathe peuvent se mettre à leur fenêtre et descendre visiter leur jardin, le parcourir dans les allées, elles poussent des cris de joie et de surprise en voyant le changement que quelques semaines ont apporté dans la nature... Agathe reste parfois en admiration devant un tilleul ou un bouleau, en s'écriant :

— Ah! ma bonne amie... que c'est beau un arbre! je ne l'avais pas encore vu celui-là!

— Tu l'avais vu, répond Honorine en souriant, mais tu ne l'avais pas remarqué parce qu'il n'avait pas de feuilles alors.

— Tu crois, c'est bien possible... et ce jardin me semble aussi cent fois plus joli que lorsque nous sommes venues la première fois visiter la maison...

— Toujours par la même raison.

— Il est certain que cela fait une grande différence!... Quel dommage, quand on habite la campagne, que l'été ne dure pas toujours!...

— Si cela était ainsi, on n'aurait pas le plaisir de voir pousser les feuilles, de voir tout renaître dans la nature... Crois-moi, ma chère amie, Dieu a bien fait tout ce qu'il a fait et nous sommes des ingrats lorsque nous murmurons contre l'ordre qu'il a établi.

Le père Ledrux vient deux fois par semaine soigner le jardin; cela est bien suffisant pour entretenir quelques allées et un petit potager; quant aux fleurs, Agathe s'est chargée de les cultiver, et elle s'en acquitte fort bien, quoique le jardinier prétende qu'elle n'y entend rien. Enfin, les jeunes femmes sont enchantées de leur nouvelle existence, l'ennui n'a pas un seul instant pénétré dans leur habitation, car elles trouvent sans cesse à s'occuper; en général l'ennui ne va ordinairement que chez les paresseux. Un matin, jour où le père Ledrux vient travailler chez madame Dalmont, le paysan, après avoir longtemps à son ordinaire été regarder pendant longtemps si les poules ne se battent point, ce qui semble toujours le surprendre beaucoup, va saluer Honorine qui est en train de déjeuner avec Agathe et lui dit:

— Ha çà, pardon, excuse, si je vous dis ça... mais c'est seulement pour que vous le sachiez, et après tout, vous en ferez ce que vous voudrez... moi, ça ne me regarde pas... je viens vous le dire, parce qu'on est quelquefois bien aise de savoir ce que le monde dit de nous...

— Comment, père Ledrux, est-ce que le monde s'occupe de nous? répond Honorine qui avait, ainsi que son amie, très-envie de rire en écoutant le long préambule du jardinier.

— Dame! il s'occupe!... vous concevez bien... c'est tout naturel... dans un petit endroit les ceux qui sont riches n'ont rien d'autre à faire qu'à s'informer de ce que font les autres. Alors, vous voilà vous et votre amie, qui êtes venues vous établir à Chelles, vous avez acheté la maison de M. Courtivaux... que vous avez payée comptant... Vous comprenez... du monde nouveau... de belles dames de Paris qui viennent se fixer ici, c'est un événement dans le pays!...

— Très-bien, père Ledrux, nous sommes un événement... je le conçois... après?

— Après? on a dit comme ça chez madame Droguet: Faudra voir si elles viennent nous faire visite, ces nouvelles venues... pardon... mais, comme vous êtes depuis peu dans le pays, on vous appelle les nouvelles venues...

— Cela ne nous offense pas du tout! continuez...

— Monsieur Droguet a dit: Ce sont des dames jeunes, elles doivent danser... il faut les inviter à venir chez nous... mais il paraît que madame Droguet a répondu: On les invitera si elles viennent d'abord nous faire visite, parce que ce sont les dernières arrivées qui doivent les premières aller rendre visite aux anciens habitants d'un pays, ce n'est pas à nous de commencer à aller chez elles.

— C'est juste, madame Droguet a raison.

— Alors, il y a monsieur le docteur Antoine Beaubichon, qui a dit: J'ai le plaisir de connaître déjà ces dames, qui sont fort aimables... Comme garçon et comme docteur, j'irai incessamment leur faire ma visite... Je les laisse s'installer, il ne faut pas être indiscret. Après ça, M. Luminot a dit: Moi, je suis veuf, j'irai voir ces dames, on assure qu'elles sont jolies, et j'aime beaucoup les jolies femmes. Il y a ensuite les Jarnouillard qui ont dit: Mais faudrait savoir si elles sont riches ces dames... et en quoi consiste leur fortune... Je vous conte tout ça comme on l'a dit, vous entendez bien!...

— Oui, père Ledrux, il n'y a aucun mal à cela, est-ce tout?

— Non, parce que, comme v'là plus de quinze jours que vous êtes à Chelles et que vous n'avez encore fait de visite à personne, et que même on ne vous rencontre pas du tou dans le pays... vu que vous ne vous y promenez pas, alors on commence à dire: Mais ce sont donc des ours femelles que ces dames-là... elles ne vont voir personne!... Elles ne sortent pas... c'est donc le pendant du propriétaire de la Tourelle! il ne faut manquer que son chien! Et voilà les histoires, et je vous rapporte ça seulement pour que vous le sachiez... parce que du reste ça ne me regarde pas.

— Merci, père Ledrux, je ne suis pas fâchée de savoir ce que l'on dit de nous... C'est probablement chez madame Droguet que se forment les opinions...

— Ça doit être chez elle!... C'est là que se réunissent les gros bonnets de l'endroit!...

— Je vous avoue que les conjectures des gros bonnets influeront fort peu sur notre manière de vivre. Nous aimons bien le monde, cependant nous ne voulons pas non plus passer pour des ours... et Agathe est d'un âge à ne pas fuir la société. Quand l'occasion se présentera de faire connaissance avec madame Droguet, nous ne la repousserons pas, mais rien ne presse... n'est-ce pas, Agathe?

— Oh! non, ma bonne amie, et quant à moi, lorsque nous aurons le temps de nous promener, il me sera beaucoup plus agréable d'aller du côté de la Tourelle que chez cette dame qui se cache dans les buissons pour guetter les gens; la connaissance de ce beau chien qui m'a témoigné tant d'amitié, est celle que je désire le pl s cultiver.

Dans la journée qui suit cet entretien, Poucette vient annoncer à Honorine que M. Luminot demande à lui présenter ses hommages en qualité de voisin.

— Faites entrer M. Luminot, dit Honorine.

— Le voisinage va commencer, murmure Agathe, j'ai idée qu'il va nous ennuyer ce monsieur-là!...

— Ma chère amie, on n'est pas au monde que pour s'amuser, et je n'en veux pour preuve que toutes les sujétions qui nous sont imposées.

Monsieur Luminot, l'ancien marchand de vin, est un grand et gros homme, haut en couleur, véritable type de ces farceurs campagnards qui se croient très-spirituels parce qu'ils font beaucoup de bruit partout où ils sont et commencent toujours par rire les premiers de ce qu'ils disent, ce qui ne manque presque jamais d'entraîner le rire de ceux qui les écoutent, d'autant plus qu'en général ceux qui écoutent ces farceurs-là, ont le droit de figurer parmi les moutons de Panurge. M. Luminot a mis une cravate blanche, un habit dans lequel il est presque aussi gêné que Chamoureau l'était dans son pantalon neuf, et cela se comprend: à la campagne on met rarement un habit, on le garde pour les grandes occasions, les cérémonies, ce qui fait qu'il dure longtemps. Celui de M. Luminot avait quatre ans de date et était encore très-présentable, mais dans cet intervalle de temps, son propriétaire ayant beaucoup engraissé, l'habit, qui allait fort bien primitivement, était devenu trop étroit; M. Luminot s'obstinait à le mettre en disant:

— Il faut pourtant que je l'use, il est encore très-bon... je ne peux pas me faire faire un autre habit, puisque celui-ci est encore l'air neuf.

— Bonjour, mesdames, comment vous portez-vous? permettez-moi de me féliciter d'avoir le plaisir de faire votre connaissance...

— Monsieur, donnez-vous la peine de vous asseoir, répond Honorine en présentant un siège à ce monsieur qui se présente d'un air radieux et s'approche d'elle comme s'il voulait déjà l'embrasser.

— Volontiers, belle dame... je n'aime pas à rester debout... on en trouve assez dans la rue... Ah! ah! ah!... c'est un mot!... vous m'excuserez... je fais beaucoup de mots... je suis un satané farceur, ah! ah! ah!... comme dit la chanson: il faut rire, il faut boire à l'hospitalité... je crois que c'est dans le Déserteur, mais je n'en suis pas bien sûr...

— Monsieur demeure dans le voisinage?...

— Oui, belle dame... à deux pas d'ici... deux et un coulé!... Luminot propriétaire vignicole... Toujours dans les vignes... Ah! ah! ah! n'allez pas croire que je suis toujours gris cependant... c'est encore un mot!... A Paris, je faisais le commerce de vins en gros... excusez ce détail... Ah! ah! ah! Eh bien, voyons comment vous trouvez-vous dans notre pays, belle dame... je dis belle dame, parce que je présume que voilà votre demoiselle...

— Ah! ce serait drôle que si j'étais sa fille! s'écrie Agathe, alors j'aurais donc une maman qui n'aurait que dix ans de plus que moi!...

— Oh! mille pardons! je suis un franc étourdi! reprend le ci-devant marchand de vin, j'ai commis une erreur... je n'avais pas bien regardé mademoiselle, et cela se comprend: à la campagne on met rarement... je devine maintenant que vous êtes sa tante!...

— Vous n'êtes pas sorcier aujourd'hui, monsieur, vous ne devinez pas juste... Agathe n'est que mon amie... mais je l'aime à la fois comme une fille et comme une sœur...

— Très-bien, compris, c'est votre cousine à la mo de Bretagne. Nous sommes heureux et fiers à la fois de posséder dans notre endroit deux roses de la capitale... je pourrais même dire une rose et un bouton... Ah! ah! ah!... vous devinez ma pe sée... Oh! oh! encore un mot... Que diable voulez-vous, quand on a vendu des esprits, il faut bien qu'il nous en reste quelque chose... je n'ai pas tout vendu... et ce n'est pas en vain que j'étais dans le vin... Ah! ah! ah!... pardon! c'est plus fort que moi... oh! oh!...

Cependant, le gros farceur, tout étonné que ces dames ne se mettent pas à rire avec lu, se calme enfin et tâche de prendre un air plus posé:

— Ces dames ne m'ont pas dit si elles se plaisaient dans ce pays.

— Nous attendions que vous eussiez fini de rire, monsieur. Oui, ce pays nous plaît beaucoup, et les environs nous ont paru charmants.

— Avez-vous vu notre promenade du Poncelet?

— Non, monsieur, où est le bourg?

— C'est sur la place... une promenade charmante, délicieuse, vous vous croirez aux Champs-Élysées de Paris, sauf la dimension.

— Nous n'avons pas encore vu cela.

— J'ose croire que la société de l'endroit vous plaira aussi. Nous formons un no c gens aimables et spirituels, qui n'est pas gros, mais qui est suffisant... vous serez de notre noyau... vous en serez l'amande... Ah! ah! ah!... pas amère surtout... Hi! hi! hi!... farceur que je suis, c'est moi qui suis le boute-en-train du pays... On se réduit le plus souvent chez madame Droguet... bonne maison, bien tenue... des gens qui vivent très bien; on fait la partie, on danse quelque ois, Droguet est fou de la danse!... moi, j'étais jadis un assez beau danseur... Je pinçais mon entrechat... mais là, dans le bon style!... J'ai pris pas mal d'embonpoint, ce qui fait que je suis moins léger... mais on tient encore sa place dans un quadrille! ces dames doivent aimer la danse!..

— Moi pas, monsieur, mais Agathe l'aime beaucoup.
— Alors, vous, madame, vous ferez la partie de madame Droguet... Vous possédez le bésigue?
— Non, monsieur.
— Oh! vous m'étonnez! ce jeu si fin, si spirituel, qui a fait révo-lution dans Paris!
— Je n'aime pas le jeu, monsieur.
— Alors, vous causerez avec madame Jarnouillard, femme de beau-coup d'esprit... sans que cela paraisse. Nous avons encore madame Remplumé, son mari et sa demoiselle, des personnes très-comme il faut! mademoiselle Remplumé est très-bien, quoique légèrement bossue... mais de face, cela se voit moins!... c'est égal, ça l'a empêchée de se marier... les hommes ne donnent pas dans la bosse!... Ah! ah! ah!...

Au bout de quelques minutes, M. Luminot, tout déconcerté en voyant qu'il rit tout seul et que ses facéties ne font point pâmer ces dames, se lève en di-sant :
— Pardon, mes bel-les voisines, je vous ai dérangées dans vos oc-cupations ménagères, je ne veux pas être in-discret. Je vous quitte en espérant que vous me permettrez de cul-tiver votre jolie con-naissance...
— Quand cela vous se-ra agréable, monsieur, répond Honorine en se levant pour reconduire ce monsieur, qui s'éloi-gne en se disant :
— Ce sont des fem-mes très-bien, mais elles n'ont pas l'air gai!
— Mon Dieu! qu'il est donc bête cet hom-me! s'écrie Agathe lors-que M. Luminot est par-ti. Si c'est là un échan-tillon de la société du pays, nous ferons bien de nous en priver.
— Ma chère amie, il ne faut pas être trop sévère... tout est rela-tif; ce monsieur est peut-être fort aimable pour le monde qu'il fré-quente... nous ne som-mes pas encore habi-tuées à son langage... peut-être finirons-nous par en rire comme les autres.
— Ah! il faut espé-rer que nous n'en arri-verons pas là!...
— Au reste, je suis persuadée que de son côté il ne nous trouve pas aimables, parce que nous n'avons pas ri de ce qu'il disait.

Il n'y a pas cinq minutes que le ci-devant négociant en vins s'est éloigné, lorsque Poucette vient annoncer que M. Jarnouillard demande s'il peut voir ces dames.
— C'est le jour aux visites, dit Honorine, voyons M. Jarnouillard, celui-là est marié et vient le premier, cela m'étonne... il a donc bien envie de nous connaître... Faites entrer ce monsieur.

Ce nouveau personnage est un homme de cinquante ans, fort mai-gre, fort laid, fort sale dans sa tenue, bien qu'on voie qu'il a cherché à se faire propre pour venir chez ses voisines. Il a une cravate pres-que blanche, et un col de chemise presque noir ; une grande redin-gote qui descend sur ses pieds et peut au besoin servir de robe de chambre ; des souliers à moitié cirés et un chapeau de paille à grands bords semblable à ceux que portent les femmes qui travaillent aux champs. M. Jarnouillard a le nez long et pointu, le menton qui avance carrément, les pommettes saillantes, le yeux fauves et en dessous, la bouche mince et serrée, le teint terreux, comme quelqu'un qui juge-

rait superflue toute espèce d'ablution. Tout cela forme un ensemble qui ne prévient pas en sa faveur. Ce monsieur se présente en s'incli-nant presque jusqu'à terre, comme s'il saluait à la turque. Mais tout en saluant les deux jeunes femmes qui sont devant lui, ses yeux ont déjà trouvé le moyen de parcourir toute la pièce dans laquelle on le reçoit, d'en examiner chaque meuble, chaque objet et peut-être d'en faire en lui-même l'estimation.
— Mesdames, veuillez me permettre de vous présenter mes devoirs, dit M. Jarnouillard, d'une voix nette et cuivrée, qui ne laisse pas tom-ber une syllabe.

Jarnouillard, propriétaire et rentier... il y a déjà quelques années que je me suis retiré des affaires, et suis venu me fixer dans ce pays avec mon épouse. Elle viendra vous présenter ses hommages... elle ne m'a pas accompa-gné aujourd'hui, parce que nous avons le pot au feu, elle a dû rester pour le soigner... nous n'avons pas de domes-tique... c'est ma fem-me qui fait tout, cela l'amuse et la distrait. Je lui ai dit plusieurs fois : Veux-tu une bon-ne... prends-en une... Mais elle me répond : Je m'en garderai bien ! pour nous faire voler ! Il est vrai que c'est une bien vilaine engeance que les domestiques... on est bien heureux lorsqu'on peut s'en pas-ser...
— Du moment que cela vous convient et à madame votre épouse, monsieur, vous avez raison d'agir ainsi, on doit toujours faire à son goût sans s'inquiéter de ce qu'en dira le monde.
— Vous avez parfai-tement raison, mada-me, vous parlez fort sa-gement... Je pense que vous vous plairez dans ce pays... bien qu'il y ait fort peu de monde à y voir...
— Ce n'est pas le monde que nous som-mes venues y chercher, monsieur.
— Vous avez acheté la maison de Courti-vaux... ce n'est pas grand... mais c'est suffi-sant si vous n'êtes que deux...
— Et une domesti-que, monsieur ; nous ne craignons pas de nous faire voler, nous.
— Chacun agit à sa guise... Vous avez pris à votre service cette grande Poucette, la nièce à Guillot le laboureur, pauvres gens... bien misérables !
— Raison de plus, monsieur, pour que l'on soit heureux de pouvoir employer quelqu'un qui leur appartient.
— Oui, quand les gens savent servir, et je doute fort que cette grande fille sache faire quelque chose... où l'aurait-elle appris ?
— Elle apprendra chez nous, monsieur, et je me félicite tous les jours de l'avoir prise à mon service, car elle est remplie de zèle, de bonne volonté et d'intelligence.

M. Jarnouillard se contente de saluer, en inspectant de nouveau tout ce qui est à portée de sa vue. Puis il reprend :
— Madame est veuve ?
— Oui, monsieur.
— Sans enfants ?
— Hélas! oui, monsieur j'ai eu un fils, mais je l'ai perdu !..
— Imbécile ! se dit Agathe, qui avec ses questions vient renouve-ler les chagrins de ma bonne amie... est-il curieux cet homme...

Elle aperçoit une vache qui sortait d'un sentier.

— Nous n'avons pas d'enfants non plus, moi et mon épouse, et nous nous en félicitons tous les jours ! ce sont bien des tracas, des ennuis de moins !...

— Moi, monsieur, je ne suis pas un jour sans regretter le fils que j'ai perdu... Pour moi, c'est du bonheur... c'est l'amour le plus pur de moins.

M. Jarnouillard s'incline de nouveau, puis reprend :

— Vous n'avez pas dû payer cher cette maison... surtout si vous l'avez payée comptant... quinze mille francs, je crois...

— Vingt mille, monsieur, et je ne trouve pas que ce soit cher...

— Pardonnez-moi... le jardin est petit... il n'y a point de rapport... vous n'avez pas assez de logement pour relouer...

— Mon intention, monsieur, n'a jamais été de chercher à loger des étrangers... Ma maison est bien assez grande pour moi et mon amie, cela suffit...

— Oh ! alors... c'est différent... vous l'avez très-bien meublée... elle l'était déjà, mais vous avez ajouté différentes choses... ce canapé vient de M. Courtivaux... cette étagère n'était pas ici... et ces fauteuils... Ah ! si, ils étaient à M. Courtivaux, mais ces deux tableaux n'étaient pas à lui...

— Il me paraît, monsieur, que vous avez fait l'inventaire de cette maison... Vous devez savoir combien il y a d'arbres dans le jardin ?

— Oh ! pas au juste, mais à peu près... et de mauvais arbres qui ne valent rien... oh de pauvres arbres !

— Monsieur ne s'y connaît pas, je crois, s'écrie Agathe avec dépit. Nous avons les plus beaux tilleuls qu'il soit possible de voir !...

— Ah ! mademoiselle, pardonnez-moi, mais je ne connais de bons arbres que ceux qui rapportent de bons fruits et en grande quantité ! le tilleul ne rapporte rien... Ah ! si... de la fleur qu'on prend en infusion, mais on en a beaucoup pour deux sous !...

En général, le terrain n'est pas bon par ici, il est pierreux.

— Pourquoi donc êtes-vous venu vous y fixer, monsieur ?

— Ah ! vous savez... l'occasion... j'y fais encore quelques petites affaires... quand je puis obliger les gens, je ne m'y refuse jamais, quoique ce soit bien chanceux... ils sont tous si madrés !

Voilà un piano qui certainement n'était pas ici du temps de M. Courtivaux... ces dames aiment la musique ?

— Beaucoup, monsieur...

— C'est gentil pour les personnes qui n'ont rien à faire... Mon épouse pinçait un peu de guitare jadis, mais je le lui ai supprimée... elle cassait trop de cordes, et puis quand une femme veut soigner son ménage, elle doit renoncer à la musique. Je lui ai dit : Ma chère amie, il faut opter ; si tu continues de pincer de la guitare, ta vaisselle sera mal lavée !... elle a compris la force de ce raisonnement, et l'instrument a été vendu.

— Cela fait honneur à madame votre épouse, monsieur, mais tout le monde n'a pas autant de penchant pour laver la vaisselle... moi et mon amie, nous ne nous sentons aucune vocation pour cela... n'est-ce pas, Agathe ?...

La jolie blonde sourit à son amie, et M. Jarnouillard regarde quelques instants Agathe.

— Mademoiselle est votre parente ?

— Non, monsieur, c'est mon amie...

— Ah ! je comprends, ses parents vous l'ont confiée ?

Les deux femmes, que les questions de ce monsieur commencent à impatienter, jugent convenable de ne point lui répondre, ce qui ne l'empêche pas de continuer :

— Mademoiselle serait-elle orpheline... pardon, je vous demande cela... parce qu'en général, il est toujours bon d'être renseigné... Par exemple, mademoiselle est nécessairement à marier ; eh bien, quand on connaît les antécédents, les positions, les fortunes, on peut trouver à offrir un parti... et...

— Si jamais je me marie, monsieur, dit Agathe, ce sera suivant mon goût et non par l'entremise d'étrangers.

— Mademoiselle, on ne sait pas... on ne peut pas répondre... j'ai fait conclure plusieurs mariages, moi... ils n'ont pas bien tourné ; c'est vrai... mais on ne peut jamais répondre des suites. Ah ! vous êtes bien ici... c'est élégant... voyons les autres pièces.

Et ce monsieur se lève et se dispose à passer dans une pièce voisine, mais Honorine en ferme la porte, en lui disant d'un ton assez sec :

— Pardon, monsieur, mais cela n'est pas encore rangé là-dedans, et on n'y entre pas...

— Ah ! c'est différent... alors ce sera pour une autre fois... je vais rentrer chez moi, car je crains que mon épouse n'oublie d'écumer son pot...

— Ce serait étonnant de la part d'une personne qui lave si bien la vaisselle.

— Mesdames, je vous réitère mes compliments ; enchanté d'avoir fait votre connaissance. Mon épouse viendra bientôt vous voir ; nous ne recevons pas souvent, parce que c'est très-petit chez nous, mais nous allons très-volontiers chez les autres... Nous ne sommes pas de ces gens à cérémonies qui comptent les visites... comme madame Droguet par exemple ! elle est assommante pour cela.... Nous ne tenons pas du tout à ce qu'on vienne nous voir... mais quand on nous invite à dîner on peut compter sur nous. Mesdames, j'ai bien l'honneur.

Honorine reconduit ce monsieur en le saluant, mais sans lui dire un seul mot, et Agathe s'écrie dès qu'il n'est plus là :

— Ah ! le vilain homme... est-il curieux, indiscret !... il dit du mal de tout.

— Tu le vois, Agathe, auprès de M. Jarnouillard, on en est réduit à regretter M. Luminot !...

— C'est vrai ; au moins si celui-là est bête, il n'a pas l'air méchant. Ah ! mon Dieu, si madame Jarnouillard ressemble à son mari, cela doit être effrayant !...

— Il n'avait pas besoin de dire qu'il ne tenait pas à ce qu'on allât chez lui... il peut être tranquille, nous n'y mettrons pas les pieds.

Un quart d'heure après le départ le M. Jarnouillard, Poucette revient en riant dire :

Pardonne-moi, pauvre victime de la plus lâche trahison !

B

— A présent, c'est M. le docteur Antoine Beaubichon qui demande à saluer ces dames.

— Décidément ils se sont donné le mot, dit Honorine, mais au moins cette fois nous savons à qui nous avons affaire; fais entrer monsieur le docteur.

XXV

Le petit perdu.

Le petit homme gros, court, replet, et qui souffle dès qu'il a monté an escalier, ou marché un peu vite, se présente à son tour chez les deux amies qu'il salue comme d'anciennes connaissances.

— C'est moi, mesdames, qui viens vous présenter mes hommages, si toutefois je ne vous dérange pas... Si je suis importun en ce moment, dites-le-moi... je m'éloigne à l'instant...

— Non, monsieur le docteur, vous n'êtes point importun, et nous espérons au contraire que votre visite nous dédommagera de celles que nous venons de recevoir!...

— Ah! il vous est venu du monde de Paris?

— Non pas de Paris, mais d'ici, d'abord monsieur Luminot... celui-là nous a paru très-gai, quoique sa gaieté ne soit pas toujours du meilleur goût; mais ensuite il nous est venu un monsieur Jarnouillard... En vérité, nous nous serions bien passées de cette visite-là !... Tout est désagréable chez cet homme... sa figure, sa tenue, son langage... et il est d'une curiosité.

— Oh! quant à cela, mesdames, c'est le défaut commun dans les petits endroits... il y a peu de monde, chacun veut savoir ce que fait son voisin...

Moi-même, je ne vous cacherai pas que je suis passablement curieux aussi... c'est une maladie qui se gagne ici. Eh bien, vous voilà des nôtres... vous êtes-vous toujours satisfaites de votre acquisition?

— Plus que jamais, docteur... et notre maison nous plaît tant que nous n'en sortons pas.

— Est-ce que vous n'avez pas encore vu notre place, la promenade du Poncelet?

— Non, mais il paraît que c'est fort joli, car on nous en a déjà parlé.

— Mais oui... c'est une place digne d'une grande ville... Ensuite, il ne faut cependant pas juger notre société sur M. Jarnouillard... nous avons des personnes aimables... de gros propriétaires... il est vrai que ceux-là restent chez eux, et viennent peu chez nous...

Vous n'avez pas encore été vous promener du côté de la Tourelle?

— Pas encore, et pourtant, docteur, nous en connaissons déjà le propriétaire...

— En vérité... vous le connaissez?

— C'est-à-dire que nous l'avons rencontré lui et son chien sur les bords de la Marne, lorsque nous cherchions le champ de l'oncle à Poucette.

— Eh bien, que dites-vous de cet homme-là... n'est-ce pas qu'il a quelque chose de sauvage dans le regard?

— Mais non... il a l'air d'un homme qui n'aime pas le monde et qui ne fait pas sa barbe; ensuite comme il a passé très-vite, je n'ai pas pu l'examiner beaucoup.

— Et moi, dit Agathe, j'ai fait la conquête de son beau chien.

Il me regardait, me caressait... il a fallu que son maître l'appelât pour qu'il se décidât à me quitter.

— Vous m'étonnez, car c'est un gaillard qui ne caresse pas les étrangers.

Cependant je dois en convenir, cet animy... vous savez que c'est son nom, a vraiment une intelligence extraordinaire... Il y a trois jours, il a encore sauvé de l'eau un enfant qui se noyait...

— Ah! le brave chien... et comme les parents de l'enfant lui doivent de la reconnaissance!...

— Les parents... celui qui se noyait n'en a pas, c'est le petit perdu.

— Le petit perdu!... mon Dieu! qu'est-ce que cela veut dire?

— On a donné ce surnom à un petit garçon, parce que sa nourrice même ne sait pas à qui il appartient... c'est une histoire mystérieuse...

— Contez-nous cela, docteur; vous savez toujours des choses intéressantes, vous, et cela nous amuse beaucoup.

— Ah! voyez-vous, c'est le mal du pays qui vous prend, la curiosité!

— C'est bien possible, mais dites-nous ce que c'est que le petit perdu.

— Il faut vous dire d'abord, mesdames, que, il y a quatre ans à peu près, la veuve Tourniquoi gagna un lot à une loterie... Je ne sais plus au juste à quelle loterie, mais cela ne fait rien pour notre histoire, le point capital, c'est que la veuve Tourniquoi, qui n'était pas bien riche et qui avait deux enfants à élever, gagna, je crois, une vingtaine de mille francs... Pour des paysans, c'est une fortune! Alors, cette femme, qui a un bon cœur, écrivit à une sœur qu'elle avait à Morfontaine, près d'Ermenonville; cette sœur était veuve aussi, et n'était pas heureuse; madame Tourniquoi écrivit donc à sa sœur de

venir la trouver; de quitter Morfontaine où elle ne faisait rien de bon, et de venir demeurer avec elle. Naturellement la sœur pauvre ne demanda pas mieux que de venir trouver sa sœur riche... ou du moins à son aise. Elle arriva donc à Chelles un beau jour avec un petit garçon de trois ans et demi à peu près. La mère Tourniquoi dit à Jacqueline... C'est le nom de sa sœur : Tiens, je croyais que tu n'avais pas d'enfant, que tu avais perdu le tien quand il n'avait qu'un an. C'est égal, tu es la bien venue, et ton fils. — Ce petit garçon n'est pas à moi, lui répondit Jacqueline, c'est un nourrisson que l'on m'a confié et qu'on m'a laissé sur les bras. Écoute comment cela s'est fait: Je nourrissais mon garçon qui avait quatre mois, et comme nous n'étions pas riches, je dis à mon mari qui vivait encore alors : Je vais aller à Paris, j'entrerai au bureau des nourrices, et là je me ferai inscrire et j'attendrai un nourrisson. V'là qui est convenu. Je pars pour Paris. En arrivant, je m'informe à une dame qui passait du chemin que je dois prendre pour aller au bureau des nourrices. Cette femme, dont la mise était très-simple, m'examine quelque temps, puis me dit : — Vous voulez aller au bureau des nourrices pour vous faire inscrire et trouver un nourrisson? — Oui, madame, que je lui réponds, je venons à Paris exprès pour ça...—Et d'où êtes-vous donc? — Je reste à Morfontaine, à dix lieues de Paris. — Eh bien! c'est votre bonne étoile qui vous a fait me rencontrer, car si vous cherchez un nourrisson, moi je cherche une nourrice pour une dame... fort riche, qui est accouchée depuis trois jours d'un beau petit garçon qui se porte comme un charme... On voulait d'abord l'élever au biberon, mais on a changé d'avis, on se décide à le mettre en nourrice, et je vais vous conduire chez cette dame; de cette façon, vous n'avez pas besoin d'aller vous faire inscrire au bureau des nourrices, ce qui est très-heureux pour vous, parce que cela vous évite une foule de frais! Moi, j'écoutais cette dame avec bien de la joie, j'étais enchantée de trouver comme ça tout de suite mon affaire en descendant de voiture, j'étais contente aussi d'avoir l'enfant de quelqu'un de riche, parce qu'on y trouve toujours plus de profit. Je dis donc à cette dame que je ne demandais pas mieux que de la suivre; alors elle me mène à une place où il y avait des voitures, me fait monter avec elle dans un fiacre, parle tout bas au cocher et nous partons. Moi, qui ne connaissais pas du tout Paris, je ne savais pas où l'on me conduisait. Enfin la voiture s'arrête, nous étions dans une rue toute étroite et toute vilaine, et je me disais : C'est drôle qu'à Paris les gens riches logent dans des rues si laides!... mais la dame me dit : — Nous entrons par le derrière de l'hôtel, parce que le bruit des voitures s'y fait moins entendre, et que cela incommode moins madame la baronne. Bon, que je me dis, la mère de l'enfant est une baronne... c'est du fameux. Nous entrons dans une maison pas bien belle, nous montons un escalier assez sombre, puis ma conductrice me fait entrer dans un appartement, où c'était assez beau... c'était bien meublé. Elle me dit de m'asseoir et me laisse pour aller savoir si la baronne est disposée à me recevoir. J'attendis pas mal longtemps, enfin ma conductrice revint me chercher et me fit entrer dans une autre chambre, où je vis une belle dame étendue sur un beau meuble, avec un tas de coussins sous elle... Oh! elle était fièrement belle cette dame là... c'était une brune, ses grands cheveux noirs bien nattés retombaient de chaque côté de ses épaules... et elle avait surtout des yeux! oh! quels yeux! étaient si grands et noirs! j'en avais jamais vu de si brillants, seulement ils n'étaient pas doux. A côté de cette dame, dans une élégante barcelonnette, était le petit garçon de trois jours; il était, ma ance, ben portant, quoiqu'on ne lui eût encore donné que le biberon, Mais quand je lui offris le sein, sur un signe de sa mère, ah! fallait voir comme le petit gaillard y mordait. Pendant que son enfant tetait, la belle dame semblait réfléchir bien profondément. Enfin elle me dit : — Je vois que cet enfant sera bien avec vous, je veux vous le confie... combien voulez-vous par mois? Je me hasardai à demander trente francs, je n'espérais pas les avoir, mais la dame consentit de suite, et tirant une bourse de dessous un coussin, elle y prit cinquante francs en me disant : — Tenez, voici cinq mois d'avance, et une layette que vous allez emporter avec l'enfant et le berceau. Vous allez repartir tout de suite : le fiacre qui vous a amenée attend en bas, et vous reconduira au bureau des voitures, je désire que vous quittiez Paris sur-le-champ, parce que l'air y est mauvais, et la santé de mon fils souffrirait s'il y restait plus longtemps. Moi qui ne demandais pas mieux que de retourner bien vite chez nous, je répondis : Oui, madame, et vous m'en allez avec l'enfant, mais comment qu'il s'appelle d'abord le petit?— Émile. — Et madame... car il faut bien que je sache le nom de madame pour lui écrire, afin de lui donner des nouvelles de la santé à son fieu. La dame fronça le sourcil, puis me répondit : — Je m'appelle la baronne de Mortagne... Tenez, voici mon adresse sur ce papier, prenez-le. Je pris le papier, que je serrai avec soin dans ma poche, puis je dis : Maintenant si ma tante la baronne veut écrire mon adresse, je vas la lui donner. La belle dame prit sur un meuble un petit livre dans lequel il y avait du papier blanc et un crayon, et elle écrivit dessus mon nom et mon adresse que je lui donnai bien détaillés Jacqueline Treillard, femme de Pierre Treillard, journalier à Orfontaine. Ensuite on me donne un bon verre de vin, une brioche, et quand j'eus mangé, la personne qui m'avait amenée prit le paquet contenant la layette et me dit : — Maintenant portez le berceau avec l'enfant, et partons, je vais vous reconduire jusqu'à vos voitures. Moi, avant que d'emporter l'enfant, je le pris dans mes bras et le présentai à sa mère, parce que je pensais qu'elle voulait l'embrasser, et que, dame ! elle allait pleurer en s'en séparant ; mais cette belle dame-là n'était pas ben sensible, c'est à peine si elle appuya ses lèvres sur le front de son fils qu'elle me rendit aussitôt en me disant : —Emportez-le, et surtout ne vous amusez pas à l'amener à Paris pour me le montrer... je n'aime pas que l'on fasse voyager les enfants, j'irai vous voir quand je le pourrai ; tenez, voilà encore vingt francs pour votre voyage. — Ma foi, je me dis, si cette personne-là n'aime pas beaucoup les enfants, en revanche, il faut convenir qu'elle est ben généreuse. Nous remontons en fiacre avec la dame qui tenait la layette, nous arrivons au bureau des voitures, je retiens ma place pour quatre heures, et la personne qui était avec moi a la complaisance de me tenir compagnie ; elle ne me quitte que lorsqu'elle me voit dans la voiture qui me remmène à Normontaine. Bref, me v'là revenue chez nous, tu dois juger de la surprise de Pierre mon homme en me voyant sitôt de retour. Quand il apprend ce qui m'est arrivé, il est aussi content que moi. Dame, cent cinquante francs d'avance et puis vingt francs pour le voyage qui ne m'avait coûté en tout que sept francs dix sous !... c'était une somme !... Je regardai l'adresse qu'on m'avait donnée, mais comme je ne sais pas bien lire, je ne pus pas la déchiffrer, c'était écrit si menu. Pierre lisait encore moins que moi ! je la montrai au maître d'école, il y avait dessus : Madame la baronne de Mortagne dans son hôtel, rue de Grenelle, faubourg Saint-Germain. Bon que je dis, il paraît que j'ai été dans le faubourg Saint-Germain. C'est bien, v'là l'enfant cheux nous, il vient comme un champignon. Deux mois s'écoulent, je n'entends pas parler de sa mère ; je me dis : Elle n'a pas le temps do venir, faut que je lui donne des nouvelles de son garçon. Je fais écrire par monsieur le maître d'école, et je mets la lettre à la poste, mais je ne reçois pas un mot de réponse. Nous nous disons avec mon homme, c'te dame sait que son enfant se porte bien, ça lui suffit, apparemment qu'elle n'a pas le temps de venir le voir. Deux autres mois passent, j'envoie une autre lettre, pas plus de réponse qu'à la première. Je me disais en moi-même : Quoique ça, c'est une mère qui ne montre pas beaucoup de tendresse pour son petit ! mais quand les cinq mois vont être finis, faudra ben qu'elle me donne de ses nouvelles en m'envoyant de l'argent, peut-être qu'alors elle viendra elle-même nous l'apporter ; oui, probablement, c'est ça qu'elle attend pour venir. Cependant le cinquième mois s'écoula, et personne ne vint, et on n'envoya pas d'argent. Je fis écrire une troisième lettre dans laquelle j'en demandai, je ne reçus pas plus de réponse qu'aux deux autres, ça commençait à nous paraître louche. Mais, à cette époque je perdis mon pauvre mari, puis un mois après je perdis mon fils !... tous les malheurs me frappaient à la fois, je ne m'occupai plus de la mère du petit Émile. Enfin lorsque mon chagrin fut un peu calmé, je me dis : Il faut que cette dame soit malade pour ne pas me donner de ses nouvelles. Allons chez elle à Paris avec son enfant, il y a huit mois que je l'ai, elle me doit trois mois et j'ai même besoin de cet argent ; elle verra d'ailleurs que son garçon se porte bien. Je me mis encore livre l'adresse que je mets dans ma poche, et me voilà partie. Arrivée à Paris, je demande la rue de Grenelle au faubourg Saint-Germain ; on me l'indique, j'y arrive, c'était une belle et grande rue qui ne ressemblait pas du tout à celle où j'avais été, quand on m'avait remené chez la mère de mon fieu. Mais je me rappelle qu'on m'avait dit que nous entrions par le derrière de l'hôtel, et je me dis : C'te fois à coup sûr, c'est par ici le devant. Je demande l'hôtel de la baronne de Mortagne, on me répond : je vais vous y mener plus loin... même réponse ; je vas toujours... et la rue était fièrement longue, mais personne ne connaissait la baronne de Mortagne, et j'avais fait toute la rue et questionnée des deux côtés. Alors je demande la rue qui fait le derrière des hôtels en disant : Par-là je m'y reconnaîtrai peut-être mieux... mais on me rit au nez, en me répondant que les hôtels n'avaient pas de derrière. Dame ! ma bonne sœur, je compris alors que j'avais été attrapée par une mauvaise mère qui avait tout bonnement se défaire de son enfant, et s'arranger de manière à ne plus en entendre parler. J'aurais pu aller faire ma déclaration au commissaire de police qui aurait fait conduire l'enfant à la Pitié !... mais je ne le voulus pas, je m'étais attachée au petit Émile, et quoique pauvre je le gardai. D'ailleurs je me dis : Peut-être bien qu'un jour sa mère aura des remords et qu'elle viendra rechercher son garçon... Mais voilà près de quatre ans que j'ai le nourrisson, et jamais depuis ce temps je n'ai entendu parler de cette soi-disant baronne... qui avait de si grands yeux noirs. Quant au petit, le v'là... il est gentil de figure, il a les yeux presque aussi noirs que sa mère, mais pour le caractère, dame, je ne peux pas dire que ce soit un bien bon sujet : il est volontaire, entêté, menteur, et son plaisir est de faire du mal aux autres enfants... mais c'est si jeune !... avec le temps ça se fera ! — Voilà, le récit que j'ai tâché de vous rapporter tel qu'il fut fait. Vous savez maintenant pourquoi le petit Émile est surnommé dans le pays le petit perdu, car naturellement la bonne nourrice n'avait aucune

raison pour faire un mystère de cette aventure, et bientôt tout le monde sut que le petit garçon qu'elle avait amené avec elle avait été abandonné par sa mère, et que l'on ne connaissait point ses parents.

— Merci mille fois de votre complaisance, monsieur le docteur, et cette Jacqueline, cette brave femme qui a pris soin de cet enfant, existe-t-elle encore ?

— Oui vraiment, elle n'est pas âgée, elle est toujours avec sa sœur, la veuve Tourniquoi. Quant au petit garçon qui a près de huit ans, je crois, il se montre bien peu digne de ce que l'on fait pour lui, c'est bien le plus mauvais garnement de l'endroit... Son bonheur est de faire des méchancetés ; si l'on brise les carreaux, si l'on vole des fruits, si l'on casse des branches, si on estropie un animal en lui jetant des pierres, vous pouvez être certaine d'avance que c'est le petit perdu qui a fait tout cela ! aussi n'est-il pas aimé dans le pays !... excepté par cette pauvre Jacqueline, qui tâche toujours d'excuser les sottises de son fieu, en répétant que ça se fera avec le temps ! Cela se fait en effet... mais non pas comme elle l'entend : cela augmente au lieu de diminuer.

XXVI

Instinct des chiens.

— Monsieur le docteur, dit Agathe, vous ne nous avez pas appris comment ce petit garçon était tombé dans l'eau, je pense que ce n'est pas une méchanceté qu'il voulait se faire à lui-même ?

— Oh ! non, mademoiselle, mais c'est toujours par suite de son mauvais caractère que cela lui est arrivé. D'abord il n'est pas tombé dans l'eau, il s'y est bien mis lui-même. Ce monsieur a voulu se baigner, bien qu'il ne fasse pas encore assez chaud pour se baigner en pleine rivière ; mais on le lui avait défendu, et c'était une raison pour qu'il le fît. Ensuite on lui avait dit aussi : Quand vous vous baignerez, n'allez pas dans cet endroit de la Marne, il y a des tourbillons, des courants, enfin c'est un endroit fort dangereux où les meilleurs nageurs peuvent se noyer. Mon drôle qui n'a doute de rien, n'a pas manqué, il y a trois jours, d'aller se baigner en cet endroit. Mais bientôt en voulant nager, il se sentit entraîné, il perdait ses forces et criait au secours, Amy passa par là... son maître n'était pas bien loin probablement, en deux sauts le chien fut dans l'eau ; il nagea vers l'enfant qui disparaissait dans la rivière, il l'attrapa par les cheveux et le ramena sur le rivage. Le petit perdu en a été quitte pour la peur...

— A-t-il au moins bien caressé le chien pour le remercier du service qu'il venait de lui rendre ?

— Lui !... il l'a appelé vilaine bête, et lui a dit : Imbécile qui me prends par les cheveux pour me faire mal à la tête !... tu mériterais que je te fiche des coups ! voilà la reconnaissance de ce monsieur.

— Ah ! décidément c'est un méchant petit garçon.

— Si mon fils avait vécu, dit Honorine, en soupirant, je suis bien sûre, moi, qu'il n'aurait pas été méchant comme cela !

— C'est probable, madame ; d'abord les enfants tiennent toujours un peu de leurs père et mère, quoique l'on ait vu quelquefois de grands scélérats être fils de fort honnêtes gens. Mais vous, madame, vous auriez eu soin de votre enfant, vous eussiez de bonne heure réprimé ses mauvais penchants, corrigé ses défauts, c'est ce que ne pouvait pas faire cette pauvre Jacqueline. La bonne femme, obligée de travailler pour gagner sa vie, ne pouvait pas veiller sur le petit garçon, qui dès qu'il fut en état de marcher, passait sans doute ses journées dans les rues du village avec les autres enfants... Ici, c'est encore de même, Jacqueline travaille pour sa sœur, et le petit Émile fait ce qu'il veut, car il n'y a pas moyen de le retenir au logis. La mère Tourniquoi ne peut pas le faire aller à l'école... pas moyen, ce monsieur rossait ses camarades, se moquait de ses maîtres, leur jouait des méchants tours, déchirait ou cachait les livres d'étude, si bien qu'on l'a mis à la porte de l'école.

— Il promet cet enfant-là, s'écrie Agathe : c'est égal je serais curieuse de le voir.

— Moi aussi, dit Honorine, on ne savait à force de douceur, de raisonnements, le ramener à de meilleurs sentiments... car ce sera un homme un jour !... il y a trop de gens qui se plaisent à faire le mal !... c'est non compatir de laisser s'en augmenter le nombre !...

— Ce que vous dites là est très-bien, madame, mais en vérité je crois que vous perdriez votre temps avec le petit perdu... non pas qu'il soit privé d'intelligence et ne comprenne pas ce qu'on lui dit... oh ! non vraiment ! le petit drôle a de l'esprit au contraire, et ce qu'il dit le prouve quelquefois ; mais c'est un esprit méchant !... taquin, mauvais...

— Oh ! docteur, songez qu'il n'a pas huit ans, m'avez vous dit !... on croirait à vous entendre, que vous n'aimez pas les enfants !...

— Je les aime beaucoup jusqu'à l'âge de deux ans... mais fort peu quand ils montent en graine.

— Si celui-ci a de l'esprit, il y a toujours de la ressource ; il n'y a que des êtres stupides dont il faut désespérer.

— Oh ! ce que j'aime, moi, dit Agathe, c'est ce brave chien qui se jette à l'eau dès qu'il voit quelqu'un en danger de périr... c'est magnifique cela !...

— Mademoiselle, cela n'a rien d'extraordinaire dans un chien de cette race. Je ne veux pas diminuer le mérite d'Amy, je lui n reconnais beaucoup... quoique notre connaissance ait commencé d'une façon assez singulière... vous devez vous le rappeler. Mais j veux dire que les histoires anciennes et modernes nous rapportent sur les chiens, des faits si étonnants, qu'on serait tenté de les révo quer en doute, s'ils ne nous venaient pas d'auteurs dignes de foi. D'ailleurs, à chaque instant nous-mêmes, nous sommes témoins d'actions qui honorent la race canine. J'ai pas mal lu... car il faut bien s'occuper, et dans un petit endroit ma profession me laisse bien du temps de libre !... Si je ne craignais pas de vous ennuyer, je vous citerais quelques-uns de ces faits remarquables.

— Bien loin de nous ennuyer, cela nous intéressera à beaucoup au contraire... d'ailleurs vous nous permettrez de travailler en vous écoutant...

Le docteur ayant humé sa prise de tabac, salue ces dames, parce qu'il croit qu'il va éternuer et reprend la parole avec cet a de béatitude qui se peint sur la physionomie des gens bavards lorsqu'ils voient qu'on leur prête une profonde attention.

— Ce que je vais vous dire, mesdames, vous le savez déjà peut-être, par je vous le répète, ce sont des faits rapportés par des historiens ou des voyageurs... vous m'arrêterez si je vous raconte ce que vous savez déjà. Dans une histoire des Indes, par Oviéd , j'ai lu qu'un homme coupable d'un grand crime fut livré à un chien qui avait l'habitude de manger les malheureux qu'on lui livrait. Eh bien, le criminel s'étant jeté aux genoux du chien en lui demandant grâce, l'animal en eut pitié et ne lui fit aucun mal. La justice du pay crut voir là-dedans le jugement de Dieu et fit grâce au coupable. C ci du reste est, suivant moi, bien au-dessus du lion d'*Androclès*, car Androclès avait jadis rendu un service au lion en lui retirant une pine du pied, et le roi des animaux avait reconnu son bienfaiteur, tandis que le chien voyait pour la première fois l'homme qui se jetait à ses genoux. Les savants... d'autrefois, qui du reste avaient bien quelque mérite aussi, prétendent que ce miracle doit être attribué à la rencontre des yeux de l'homme avec ceux du chien ; c'est aussi l'opinion des savants modernes, ils attribuent au regard humain une grande puissance d'intimidation, disons mieux de fascination sur tous les animaux, et c'est cette puissance du regard qui permet aux hommes de dompter les chevaux les plus fougueux... mais je reviens aux chiens. Un tyran d'une petite principauté d'Italie avait une meute qu'il avait dressée à chasser les hommes et qu'il faisait nour r de chair humaine. A cette meute on livra un enfant , les chi ns ne lui firent pas le moindre mal. Dans cette circonstance, c'est peut-être la jeunesse de la victime qui éveilla une secrète pitié dans leur cœur. Nous avons souvent la preuve que les chiens aiment beaucoup les enfants, ils leur montrent pour eux une douceur, une patience vraiment extraordinaire. *Jean-Jacques Rousseau* vit un enfant mordre un carlin jusqu'à le faire crier de douleur, et cependant celui-ci ne manifesta pas la moindre humeur, la moindre rancune. Le philosophe génevois, qui se prétendait ami de l'humanité, ne manqua pas d'en tirer cette conséquence : que les chiens valent mieux que les hommes. Le chien montre à l'homme un attachement parfait ; il comprend ses désirs, connaît se habitudes, se soumet toujours à ses volontés ; le servir est u e nécessité de son existence. En Sibérie, pendant l'été, ces chiens ainsi qu'ils trouvent eux-mêmes à se nourrir. Qu'ils soient surchargés de travail, traités brutalement, battus même ; à l'approche de l'hiver ils n'en reviennent pas moins chez leurs maîtres pour s'atteler de nouveau au traîneau et reprendre leur rude service. Dans l'Inde, il y a des chiens parias, qui n'ont ni maître, ni asile, ni ami. Ceux-là tâchent de s'attacher à un étranger, ils épuisent tous les moyens de séduction pour se faire adopter par lui. Il n'est pas rare d'en voir suivre pendant longtemps le palanquin qui porte le voyageur auquel ils demandent de faire partie de sa suite ; ils ne le quittent que lorsqu'ils tombent sur la route épuisés de fatigue. Selon Cuvier, en réduisant le chien à l'état de domesticité, les hommes ont fait la conquête la plus belle et la plus complète. Sans le chien, dit-il, les hommes auraient été la proie des bêtes qu'ils ont subjuguées. D'autres animaux surpassent le chien en force et en beauté, mais seul dans tout l'univers, le chien est l'allié de l'homme, parce que son caractère le rend sensible à ses avances et docile à ses volontés. Abandonnant nos ennemis, c'est un transfuge qui a passé dans notre camp, pour nous aider à nous rendre maîtres des autres animaux. Pour se faire une idée de ce qu'il vaut réellement, il faut observer le prix qu'y attachent les sauvages. Dans l'Australie on a vu des femmes donner à téter à de jeunes chiens... Je me hâte d'ajouter que cela ne s'est jamais vu en France, parce que les femmes n'y sont point sauvages. Les hommes en général aiment beaucoup la chasse ; il en es même pour qui cela est un besoin : la chasse est le premier instinct du chien. Dans les pays sauvages, ils se réunissent par bandes pour chasser le buffle, le sanglier et parfois même le lion et le tigre. Pline rapporte l'anecdote de ce chien albanais, d'Alexandre, qui triompha successivement d'un lion et d'un éléphant et auquel on coupa l'une après l'autre la queue, les pattes, les oreilles, sans parvenir à lui faire lâcher prise et sans qu'il donnât aucun signe de douleur. Le basset tient tête à

des bêtes quinze fois plus grosses que lui ; son adversaire aura beau le déchirer, il meurt sans laisser échapper un gémissement, peu d'espèces domestiques possèdent au même degré ce courage et ce mépris de la douleur. La nature développe chez les chiens des facultés appropriées aux pays qu'ils habitent. Les chiens des bords du Nil boivent en courant, pour ne pas tomber dans la gueule des crocodiles ; ceux de la Nouvelle-Orléans, lorsqu'ils veulent traverser le Mississipi, aboient sur la rive pour attirer les aligators, et dès qu'ils ont acquis la certitude que ceux-ci sont réunis sur ce point, ils partent à toute vitesse, et vont se jeter dans le fleuve une demi-lieue plus haut. On a vu des chiens employer d'ingénieux stratagèmes pour augmenter leur pitance ; ils éparpillaient leur manger autour d'eux, puis faisaient semblant de dormir, afin d'attirer la volaille et les rats, qu'ils ajoutaient ainsi à leur nourriture. On cite encore pour preuve de leur intelligence, ce chien d'arrêt, qui, pour chasser, s'était associé avec un lévrier, l'un à l'odorat plus fin, se chargeait de découvrir le gibier, l'autre aux jambes plus agiles, de l'attraper. On eut quelques soupçons sur la conduite du chien d'arrêt, et on lui mit une chaîne pour gêner ses mouvements. Comme il n'en continuait pas moins sa vie vagabonde, on le surveilla, on ne tarda pas à découvrir que son associé le lévrier, afin de lui faciliter les moyens de s'acquitter de la tâche qui lui était dévolue, portait le bout de la chaîne dans sa gueule, jusqu'à l'instant où lui-même devait entrer en chasse. Une des missions les plus difficiles à remplir pour le chien est celle de fraudeur, servant au commerce de la contrebande ; dans ce service dangereux, qui souvent lui est fatal, il fait preuve d'une étonnante sagacité. Ordinairement il part la nuit et chargé de marchandises ; de loin il flaire le douanier, et l'attaque s'il se sent de force à remporter la victoire ; dans le cas contraire, il se blottit sous un arbre, une haie, un fourré. Lorsqu'enfin il est arrivé au but de son voyage, il ne se montre qu'après s'être assuré qu'il n'y a plus pour lui aucun danger à se laisser voir. Tout le monde connaît la fidélité, l'intelligence du chien de berger, nous en avons tous les jours des preuv s en nous promenant dans la campagne, nous ne puis, cependan , résister au désir de vous citer un fait raconté par *James Hogg*. cpt. cents agneaux, confiés à la garde d'un berger, s'échappèrent par une belle nuit d'été, se dispersant en plusieurs bandes, et s'enfuirent à travers les vallons, les plaines, les montagnes.

— Sirrah, mon garçon, mes agneaux sont partis ! dit douloureusement Hogg à son chien, pour donner cours à sa pensée, mais sans songer à lui intimer un ordre ; puis le berger se mit à courir partout à la recherche de ses agneaux, tandis que, sans faire entendre un seul jappement et à l'insu de son maître, car la nuit ne permettait pas de distinguer l'autour de soi, le chien avait disparu. Quand le jour revint, le pauvre berger accablé de fatigue, de chagrin, se disposait à retourner à la ferme ; lorsqu'arrivé dans le fond d'une vallée, son fidèle chien Sirrah qui gardait, non pas quelques agneaux retrouvés, comme on aurait pu le croire d'abord, mais le troupeau bien entier, bien complet. C'est, dit James Hogg, le fait le plus surprenant qui me soit arrivé dans tout le cours de ma vie. Et en effet comment comprendre par quel travail, quelle patience, quelle sagacité ce chien vint à bout, dans le court espace d'une nuit et tout seul à réunir toutes les bandes de fuyards !... C'est ce que plusieurs bergers réunis ne seraient jamais parvenus à faire. Hogg raconte encore qu'un voleur de moutons exerçait sa coupable industrie à l'aide de son chien. Le voleur feignait de vouloir acquérir quelques moutons, et en examinant dans le troupeau, il montrait à son chien, par un signe auquel celui-ci ne se trompait pas, ceux qu'il voulait s'approprier. Dans la nuit, le chien revenait seul, souvent d'une distance assez considérable, et il ne manquait pas de détourner et de mener à son maître les moutons que celui-ci lui avait désignés et qui étaient toujours les plus beaux et les plus gras du troupeau. Le feu prend-il dans une bergerie : les moutons refusent d'en sortir, mais le chien de berger en sauve une grande partie, car il se précipite dans la bergerie et en aboyant, en mordant les moutons, il parvient à leur faire quitter la place. En Turquie, où les chiens sont très nombreux, tout individu rencontré par eux la nuit, est attaqué s'il n'est pas connu d'une lanterne, car alors ils le considèrent comme un étranger ayant de mauvaises intentions. Pétrarque avait un chien, qui arracha une épée nue de la main d'un brigand qui attaquait son maître. Nous avons beaucoup de domestiques qui n'en feraient pas autant ! Plutarque rapporte une anecdote, qui prouve que le chien conserve un souvenir fidèle des assassins de son maître, et ne leur pardonne jamais : le roi Pyrrhus fit défiler son armée devant un chien qui depuis trois jours gardait, sans vouloir boire ni manger, le corps de son maître assassiné ; il saisit le meurtrier au passage, et ne voulut point le lâcher avant que celui-ci eût avoué son crime. Vous avez, à coup sûr, entendu parler du chien de Montargis, qui fit découvrir l'endroit où son maître avait été enterré, et se jetait sur l'assassin chaque fois qu'il l'apercevait. Si bien que le roi ordonna un combat singulier, dans lequel le chien fut vainqueur et terrassa le meurtrier. Dans les mémoires de *Benvenuto Cellini* se trouve encore ce fait : Un malfaiteur s'était introduit la nuit dans sa boutique ; le chien qui la gardait essaya d'abord de lutter contre lui, bien que celui-ci fût armé d'un poignard; après avoir été blessé et sentant qu'il perdait ses forces, il courut à la chambre des ouvriers; ceux-ci dormaient profondément. Pour parvenir à les éveiller, il tira jusqu'à terre les couvertures de leurs lits. Ces ouvriers ne devinant pas la cause de l'obstination du chien à les découvrir, le chassèrent et fermèrent leur porte. Le pauvre animal, bien que blessé, se remit à la poursuite du voleur, mais celui-ci, jeune et agile, parvint à se sauver. Assez longtemps après, Cellini se trouvait un jour sur la promenade de Rome, lorsque son fidèle chien s'élança tout à coup sur un beau monsieur qui passait, s'acharnant avec fureur après lui, malgré les bâtons et les épées des personnes qui se trouvaient là. Enfin, on parvint à lui faire lâcher prise, mais, le beau monsieur en s'éloignant vivement, laissa s'échapper de dessous son manteau plusieurs bijoux précieux, parmi lesquels Benvenuto reconnut une bague qui lui appartenait; aussitôt il s'écria :

— Voilà le misérable qui s'est introduit la nuit chez moi et m'a volé, mon chien vient de le reconnaître.

Et il s'apprêtait à lâcher de nouveau l'animal sur le voleur, lorsque celui-ci lui demanda grâce en confessant son crime. Une des facultés les plus étonnantes, les plus mystérieuses du chien, mais que tous ne possèdent pas !... est celle du don de la divination. Lorsque le régicide Jacques Clément se présenta devant Henri III, dans l'intention de l'assassiner, un chien, favori du roi, entra dans un véritable accès de fureur, et ce ne fut qu'avec infiniment de peine que l'on parvint à le retenir dans une pièce voisine, sans quoi il se jetait sur le moine, et le crime que celui-ci méditait n'eût pas été accompli. Le 10 septembre 1419, le duc de Bourgogne, Jean-sans-Peur, monta à cheval, dans la cour de la maison où il était logé à Bray-sur-Seine, pour se rendre à l'entrevue qu'il devait avoir avec le Dauphin de France, sur le pont de Montereau. Son chien avait hurlé lamentablement toute la nuit, et, voyant son maître prêt à partir, il s'élança hors de la niche où il était attaché, les yeux ardents et le poil hérissé; enfin, lorsque le duc, après avoir salué une dernière fois la dame de Gyac, qui de sa fenêtre assistait au cortège, se mit en marche, le chien fit un tel effort, qu'il rompit sa double chaîne de fer, et, au moment où le cheval allait franchir le seuil de la porte, il se jeta à son poitrail et le mordit si cruellement, que le cheval se cabra et faillit faire perdre les arçons à son cavalier. Des écuyers voulurent l'écarter avec le fouet, mais le chien ne tint pas compte des coups qu'il reçut et se jeta de nouveau à la gorge du cheval du duc; celui-ci le croyant enragé, prit une petite hache d'armes qu'il portait à l'arçon de la selle et lui fendit la tête; le chien jeta un cri et alla, en roulant, expirer sur le seuil de la porte, comme pour en défendre le passage; mais le duc poussant un soupir de regret, fit sauter son cheval par-dessus le corps du fidèle animal, et se rendit sur le pont de Montereau... où il fut assassiné. Enfin, on cite un trait également admirable et incompréhensible d'un dogue anglais, qui un soir suivit dans la chambre à coucher son maître; celui-ci, qui jusqu'alors avait fait peu attention à ce chien, ne voulait pas le laisser entrer dans sa chambre, mais l'animal montra tant de persistance à vouloir rester avec lui, qu'il consentit enfin à le laisser s'installer dans son appartement. Cette même nuit, un valet pénétra dans cette même chambre à coucher, dans l'intention de tuer son maître, qu'il comptait voler ensuite, mais il en fut empêché par le chien qui avait voulu faire fidèle sentinelle et qui sauva la vie de son maître en terrassant le voleur. Voilà, mesdames, quelques-uns des faits que j'ai recueillis sur la race canine, et qui prouvent le cas tout particulier que l'on doit faire ce du fidèle animal. J'ajouterai maintenant, que ce beau chien, que possède le propriétaire de la Tourelle, et pour lequel mademoiselle se sent une forte prédilection, est, au dire de son maître... (ce n'est pas lui qui me l'a dit, mais la vieille servante le lui a souvent entendu répéter...) son chien est à ce qu'il paraît doué de cette faculté de deviner les affections ou les haines, dont je vous citais à l'heure des preuves si extraordinaires. Ainsi, Amy, en se trouvant avec des personnes étrangères, devine quels sentiments elles éprouvent pour son maître; il va caresser celles qui se sont portées à l'aimer; il grogne et murmure contre celles qui lui feraient plutôt du mal que du bien. Convenez, madame, que voilà un chien bien précieux; avec lui il n'y a pas moyen de s'abuser sur les témoignages d'affection que l'on nous donne ! il démasque les faux amis et les femmes infidèles ou trompeuses... Voilà un animal que bien des gens paieraient cher, et je trouve, moi, qu'ils auraient tort, car dans le monde, ce serait bien triste de savoir toujours la vérité.

Honorine et Agathe ont écouté le docteur avec plaisir, aussi celui-ci s'éloigne-t-il fort satisfait de la société de ces dames, et lorsqu'il est parti la jeune fille s'écrie:

— A la bonne heure, au moins on ne s'ennuie pas à l'écouter celui-là... Ah! maintenant, je voudrais bien rencontrer encore le chien de Tourelle... et savoir s'il me caressera comme l'autre fois...

— Moi, dit Honorine, je suis curieuse de voir ce petit garçon... qu'ils appellent le petit Paul...

— Et qui est si méchant, dit-on...

— Ah! ma chère amie, il faut lui pardonner beaucoup... ses parents l'ont abandonné.

XXVII

Une vache.

Peu de temps après cette longue aux visites, par une de ces belles matinées qui invitent à courir la campagne, la chaleur n'était pas encore assez forte pour faire de la promenade une fatigue. Les deux amies, qui ont fini de déjeuner à neuf heures, parce qu'elles se lèvent à six, prennent leurs chapeaux de paille, jettent sur leurs épaules un petit mantelet de taffetas et après avoir bien recommandé à Poucette de ne point quitter la maison, se mettent gaiement en route en se disant:

— Allons nous promener du côté de la Tourelle

Agathe se souvient de la route qu'elles ont déjà suivie une fois. En sortant de Chelles, elles traversent la voie ferrée et prennent le chemin bordé de fossés pleins d'eau qui conduit à Gournay, ce chemin est court; en tournant sur la gauche, elles arrivent bientôt aux bords de la Marne et devant le pont dont il faut payer le passage un sou par personne. Cette redevance, bien minime en apparence, rend cependant ce côté du pays extrêmement désert, car les paysans regardent à dépenser un sou, et même deux quand il faut revenir; ils préfèrent prendre un chemin souvent beaucoup plus long, mais qui ne les obligera pas à fouiller à leur poche. Les deux amies ont passé le pont; depuis qu'elles sont sorties de Chelles, elles n'ont pas encore rencontré âme qui vive, pas une paysanne, pas un charretier, pas un âne. Le pont qui est long et beau, est également désert. Sur la Marne, personne, ni bateaux, ni pêcheurs. Mais elles ont déjà remarqué cette solitude la première fois qu'elles sont venues de ce côté; et maintenant que l'aspect de la campagne est changé, que les arbres ont repris leur feuillage, les prairies leur verdure, les champs leurs fleurs et leurs gazons, plus un site est solitaire et plus on se sent disposé à admirer toute la majesté de la nature, toutes les beautés de la création.

— Mais on nous a trompées en nous assurant qu'on payait pour passer sur ce pont! dit Agathe, nous voilà au bout... et je n'aperçois personne... à moins qu'on ne jette son sou dans l'eau... ce serait drôle.

La jeune fille achevait à peine ces mots, qu'un homme parut tout à coup devant elle. Il sortait d'une maison à gauche, laquelle dépendait d'une fort belle propriété appelée la maison Blanche et dont cet homme était aussi le concierge, fonctions qu'il cumulait avec celles de receveur de l'impôt du pont.

— Monsieur, dit Honorine après avoir payé ses deux sous, quel chemin faut-il prendre pour aller au domaine de la Tourelle?

— Traversez le village de Gournay... tout droit devant vous... puis tournez un peu à gauche...

— Est-ce loin?

— C'est tout près. Le village de Gournay est si mignon qu'il est bien vite traversé; vous prendrez le chemin qui mène à Noisy-le-Grand.

Les deux jeunes femmes se remettent en marche, elles sont tout de suite sur la place du village, où il y a une jolie maison bourgeoise, qu'on a décorée du nom de château vert, probablement à cause de la couleur de ses persiennes. A côté est un marchand de vin, le seul du pays, ce qui fait honneur à la sobriété des habitants. En face, est une petite église, puis un petit cimetière. Le receveur du pont a raison, tout est mignon dans cet endroit, qui n'a pas encore cent trente habitants. De beaux arbres ombragent tout cela et donnent du charme à cette petite place. Les arbres ne sont pas fiers, ils viennent aussi beaux dans le petit village que dans la grande promenade d'une ville; ordinairement même, ils sont plus beaux au village; tout est compensé. Sur cette petite place, nos promeneuses aperçoivent enfin quelques enfants, qui leur enseignent la route de Noisy-le-Grand. En avançant de ce côté, le site devient plus pittoresque, plus accidenté, et ces dames aperçoivent bientôt sur une éminence, un fort joli domaine, flanqué d'une élégante tourelle, qui domine tout le pays.

— Voilà où demeurent Paul et son chien! s'écrie Agathe.

— Tais-toi donc, enfant!... dit Honorine, si ce monsieur passait par ici, et s'il t'entendait parler ainsi de lui... quelle idée aurait-il de nous?

— Mais ma bonne amie, tu ne fais que me répéter ce qu'on dit à Chelles... comment veux-tu que je l'appelle ce monsieur, puisqu'on ne lui connaît pas d'autre nom...

— C'est égal... cela a l'air bien beau, sa propriété, c'est comme un château... avançons encore par ce chemin... cela nous en rapprochera...

En disant cela, Agathe court en avant, Honorine la suivait, mais en allant plus lentement. On se trouvait alors dans une route assez étroite, ombragée d'un côté par de nombreux noyers, et coupée par plusieurs sentiers. Tout à coup Agathe entend un cri, elle a reconnu la voix de son amie, elle se retourne, et, à cent pas derrière elle, aperçoit une chose qui sortait d'un sentier, en courant, et se dirigeait droit vers Honorine; celle-ci, qui avait une extrême frayeur de cet animal, n'osait plus ni avancer ni reculer, et se contentait de crier en restant à sa place. Agathe revient aussitôt sur ses pas pour tâcher de servir de rempart à son amie, mais elle était trop éloignée pour arriver près d'elle avant la vache, et déjà l'animal n'était plus qu'à quelques pas d'Honorine, lorsque tout à coup un gros chien s'élançant d'une hauteur voisine, arrive dans le sentier et se précipite devant l'animal, en aboyant avec force, comme pour lui défendre de faire un pas de plus. En effet, les aboiements d'Amy, car c'est lui qui vient d'accourir, ont effrayé la vache qui s'arrête, se retourne, puis s'en va en reprenant le sentier par où elle était venue.

— Oh ! merci !... merci, mon brave chien, s'écrie Agathe, qui a tremblé pour son amie, et arrive seulement alors auprès d'elle.

Mais la terreur éprouvée par Honorine avait été si forte, qu'elle lui avait ôté l'usage de ses sens, elle était tombée évanouie sur le gazon.

— Oh mon Dieu ! elle a perdu connaissance... Honorine... chère amie... reviens à toi ! le danger est passé... Elle ne m'entend pas... elle ne rouvre pas les yeux... et personne... comment donc avoir du secours ici...

Amy tournait autour de la personne évanouie, puis il regardait Agathe qui se désolait et semblait vouloir deviner dans ses yeux ce qu'elle désirait de lui. Tout à coup le chien part vivement et disparaît. La jeune fille s'est mise à genoux près de sa compagne, elle soulève sa tête qu'elle appuie contre sa poitrine, elle presse ses mains dans les siennes, elle l'appelle. Mais Honorine ne revient pas à elle, et Agathe désolée jette les yeux autour d'elle, dans cette campagne isolée, en s'écriant :

— Mon Dieu, personne ne viendra donc à notre aide !

En ce moment, un petit garçon, mal vêtu, pieds nus, les cheveux flottant au hasard, paraît sur une éminence, d'où il pouvait voir dans le sentier.

Agathe l'aperçoit et lui crie :

— Mon ami, je vous en prie, allez nous chercher de l'eau... appelez quelqu'un qu'on vienne m'aider à secourir mon amie.

Pour toute réponse, le petit garçon se met à ricaner méchamment, puis il s'éloigne en sautant et en disant :

— Elles ont eu peur de la vache... ah ! c'est bien fait... Je lui jetterai encore des pierres à la vache !... pour qu'elle coure sur le monde !...

Le petit garçon avait disparu, mais les vœux de la jeune fille avaient été compris par Amy, qui avait couru du côté où il savait trouver son maître et en le tirant avec insistance par sa veste, lui avait fait entendre qu'il était urgent de le suivre. Lorsque Agathe commençait à se désespérer, elle voit revenir près d'elle le brave chien dont les regards semblent lui dire :

— Voilà du secours qui arrive !

En effet, son maître est bientôt près de lui.

— Ah ! monsieur... par grâce... ma bonne amie a perdu connaissance !... s'écrie Agathe.

Paul a déjà tiré un flacon de sa poche, et il en fait respirer le contenu à Honorine, tout en disant à la jeune fille :

— Ce n'est rien... calmez-vous... votre amie va reprendre ses sens... Qui a causé cet accident ?

— La frayeur... une vache est venue en courant... elle se dirigeait justement sur mon amie qui a eu très peur... sans ce brave chien qui est accouru et a fait fuir la vache... oh ! certainement elle eût été blessée.

— Tenez, la voilà qui revient à elle.

En effet, Honorine rouvre les yeux. La première personne qu'elle aperçoit est Agathe qui se tient penchée vers elle et la regarde avec anxiété. La jeune femme lui sourit en murmurant :

— Je suis bien poltronne, n'est-ce pas ? ah ! ce n'est pas de ma faute, mais je suis si peur, que...

Honorine s'interrompt, elle vient d'apercevoir le maître d'Amy qui se tient à quelques pas devant elle et la regarde avec attention, il tient encore à sa main le flacon dont il s'est servi pour la secourir. Il est maintenant facile aux deux dames de voir tout à leur aise ce personnage dont on leur a tant parlé, et le résultat de leur examen n'est point défavorable à ce monsieur, car si, vu de loin, sa grande barbe lui donne quelque chose de farouche, en le regardant de près et à loisir, on reconnaît que ses traits sont beaux et distingués, que ses yeux ne sont pas toujours méchants, comme l'expression de sa physionomie n'est pas effrayante et ne doit pas inspirer la terreur. Agathe qui comprend l'étonnement de son amie s'empresse de dire :

— C'est monsieur qui est venu à mon aide, car tu ne voulais pas revenir à toi... je ne savais que faire... oh ! j'étais bien malheureuse !

— Mais cette vache qui courait sur moi... comment ne suis-je pas blessée ?

— Parce que le brave chien que voilà est accouru te défendre en se jetant au-devant d'elle... il aboyait... il lui sautait aux naseaux... oh ! c'était magnifique !

Et puis après avoir mis la vache en fuite, il a couru chercher son maître pour m'aider à te secourir... Oh ! que c'est bien, Amy... viens... viens, que je t'embrasse...

La jeune fille a pris le chien par le cou, elle le flatte et le caresse ; celui-ci se laisse faire de fort bonne grâce, remuant la queue et regardant de temps à autre son maître, comme pour lui faire comprendre qu'il connaît déjà les deux dames. Honorine s'est relevée et fait un gracieux salut au propriétaire de la Tourelle, en lui disant :

— Veuillez recevoir tous mes remerciments, monsieur, et excusez-moi de vous avoir dérangé de votre promenade.

— Vous ne me devez aucun remerciment, madame, c'est un devoir de rendre service lorsqu'on le peut... Vous n'avez plus besoin de ce flacon ?...

— Non, monsieur, je me sens bien mieux... seulement... c'est singulier... je ne sais si c'est la suite de la frayeur que j'ai éprouvée... mais je n'ai plus de jambes... elles tremblent sous moi... il me semble que je vais tomber...

— Eh bien... ce serait gentil ! s'écrie Agathe en soutenant de son mieux sa compagne, comment ferions-nous si tu ne pouvais plus marcher ?... il n'y a pas de voitures... pas d'omnibus par ici, et nous sommes assez loin de notre demeure.

Le maître d'Amy, qui, après avoir offert son flacon, se disposait à s'éloigner, s'est arrêté en voyant l'embarras des deux amies. Il comprend bien que l'on a encore besoin de lui, mais on voit qu'il hésite, qu'il a de la peine à ne point céder à sa sauvagerie ordinaire. Cependant, sans lui rien dire, Agathe fixe sur lui des regards presque suppliants, et leur expression dit si bien sa pensée, que le monsieur se rapproche en murmurant :

— Si je puis encore vous être utile... prenez mon bras, madame, appuyez-vous dessus sans crainte, je vous aiderai à marcher...

— Ah ! monsieur, vous êtes trop bon, mais je crains d'abuser...

— Non, non, prends donc le bras de monsieur, s'écrie Agathe, puisqu'il veut bien te l'offrir... car si tu n'avais que le mien pour te soutenir, nous pourrions bien tomber toutes les deux en route... c'est loin d'ici à Chelles.

Honorine se décide à passer son bras sous celui que ce monsieur vient de lui présenter. Agathe soutient son amie de l'autre côté, et on se met en marche.

— Où ces dames se rendaient-elles... lorsque cette vache les a effrayées ?

— Monsieur, nous allons retourner à Chelles, si vous le voulez bien, quand nous sommes sorties ce matin, nous n'avions pas de but décidé, nous étions parties pour nous promener.

— Ah ! c'est-à-dire, reprend Agathe, que nous étions venues par ici afin de voir le domaine de la Tourelle dont on nous a beaucoup parlé depuis que nous habitons Chelles.

Honorine pousse légèrement la jeune fille pour qu'elle se taise, mais Agathe ne tient aucun compte de cela et continue.

— Nous venons de l'apercevoir en entrant dans ce chemin... et comme cela nous a semblé fort joli de loin, nous nous approchions afin de l'examiner de plus près. Nous ne nous attendions pas à faire si vite la connaissance du propriétaire, car monsieur est, je crois, le propriétaire de la Tourelle ?

— Oui, mademoiselle, répond le maître d'Amy d'un ton bref. Tandis que Honorine donne de nouveaux coups de coude à son amie pour qu'elle se taise, mais celle-ci continue de n'y point faire attention.

— Oh ! j'ai bien reconnu monsieur tout de suite, nous l'avions déjà rencontré un jour que nous cherchions le champ d'un laboureur. Et c'est alors que votre chien est venu me faire fête !... il n'en fait pas comme cela à tout le monde... n'est-ce pas, monsieur ?

— Non assurément, mademoiselle. Il n'est pas prodigue de son amitié !... et il a un grand avantage sur les hommes... c'est qu'il ne la donne jamais qu'aux personnes qui la méritent...

— Alors je dois être fière, moi, de celle qu'il me témoigne... oh ! le beau chien, le bon chien... regarde donc, Honorine, comme il tourne autour de nous et comme il a l'air content !

Amy ne cessait point en effet de courir autour des personnes qui se tenaient par le bras. Parfois il s'élançait en avant, mais c'était pour revenir bientôt vers la société, regarder son maître en faisant entendre quelques jappements joyeux, puis tourner de nouveau autour des trois personnes, comme pour s'assurer que pas une n'avait quitté l'autre. Cette pantomime d'Amy n'échappait point à son maître, et sa physionomie, d'abord un peu contrariée lorsqu'il avait présenté son bras à Honorine, commençait à devenir moins sévère. Honorine, qui se sentait toujours très-faible, était forcée de s'appuyer beaucoup sur le bras de son cavalier, et elle s'excusait en murmurant :

— Pardon, monsieur, je vous fatigue, je suis obligée de m'appuyer... ah ! je ne suis pas bien forte, et la moindre frayeur suffit pour me faire mal...

— Appuyez-vous, madame ; cela ne me fatigue nullement.

— Pour notre première promenade, nous n'avons pas de bonheur... est-ce qu'on rencontre comme cela souvent des vaches seules dans les champs ?

— C'est rare, madame, et je suis fort étonné que cette vache, qui doit appartenir à une bonne femme qui demeure près de chez moi, se soit échappée en courant sur vous, car je sais qu'elle n'est pas méchante ; pour se sauver ainsi, il faut qu'elle ait été elle-même attaquée et excitée par quelqu'un.

— Oh! attendez, monsieur, s'écrie Agathe, je me rappelle à présent; pendant que ma bonne amie était évanouie et que je regardais de tous côtés en appelant à mon aide, un petit garçon de sept à huit ans a paru sur une butte; il m'a regardé en riant, et lorsque je le priais d'aller me chercher du secours, il s'est mis à rire d'un air moqueur, m'a fait les cornes, puis s'est sauvé en sautant et en disant :

— C'est bien fait, ça m'amuse!

— Alors, mesdames, tout est expliqué, c'est ce petit garçon qui aura fait quelque méchant tour à la vache, qui alors s'est sauvée au pré où elle paissait paisiblement.

— Ah! c'est bien vilain à ce petit garçon!...

— Mon Dieu! dit Honorine, est-ce que ce serait cet enfant que l'on a surnommé à Chelles le petit perdu?

— Oui, madame, c'est celui-là en effet... Je l'avais aperçu rôder du côté de Noisy-le-Grand. Je ne suis pas surpris qu'il ait fait quelque méchanceté.

— Mais c'est donc une nature bien perverse que ce petit garçon! dit Agathe, est-ce qu'il n'y a pas moyen de la corriger?...

— Je l'ai essayé sans succès: il brave le châtiment, il est insensible aux menaces, aux prières, c'est un caractère indomptable. Si l'âge et la raison ne le changent pas, ce sera un détestable sujet.

Tout en causant on était arrivé à Chelles, et en entrant dans le bourg, la société rencontre M. et madame Droguet accompagnés de M. Luminot et du docteur Antoine, qui allaient faire une promenade dans les environs. En apercevant les nouvelles habitantes de Chelles au bras du propriétaire de la Tourelle, madame Droguet manque de tomber à la renverse, elle marche sur les pieds de son cavalier, M. Luminot, en lui disant:

— Ah mon Dieu!... voyez donc... qu'est-ce que cela veut dire?

De son côté, l'ancien négociant en vins donne un grand coup de coude à M. Droguet en lui disant:

— Ah! mais... voyez donc... voilà qui est surprenant!

Alors M. Droguet, toujours prêt à danser, fait une pirouette qu'il va finir sur le nez du docteur, en lui criant:

— Qu'est-ce qui est surprenant?... qu'est-ce qu'il y a?... Pourquoi Luminot me dit-il cela?

Quant au docteur, comme il n'a personne à pousser, il se contente de saluer madame Honorine et Agathe, tout en laissant voir sur sa physionomie la surprise qu'il éprouve de les rencontrer dans la compagnie de M. Paul et de son chien. M. Luminot a salué aussi. Le petit père Droguet s'apprête à en faire autant, mais sa femme lui arrête brusquement le bras en lui disant:

— Eh bien, monsieur, qu'est-ce que vous allez donc faire?... y pensez-vous? saluer des personnes qui ne sont pas encore venues me faire visite depuis qu'elles habitent ce pays!... c'est tort malhonnête!... j'ai une triste opinion de ces femmes-là... et à peine ici, les voilà déjà qui vont avec cet os si mal léché... ce monsieur Paul, qui a été aussi fort grossier avec nous tous!... il ne manquait que cela pour confirmer mon opinion sur ces femmes... Passons, messieurs... avançons, marchons... vous voyez bien que ce vilain homme ne nous a même pas salués...

— Ces dames ont salué, dit monsieur Luminot.

— Parce que vous avez commencé... il eût été joli qu'elles ne vous rendissent pas votre salut!... Allons, monsieur Luminot, avançons, je vous en prie... est-ce que vous comptez rester en admiration devant les jupons de ces dames!...

Et madame Droguet, après avoir poussé son mari pour le faire aller devant, entraîne M. Luminot et le docteur, et leur fait presque prendre le pas gymnastique.

— Ah! quelle drôle de femme! s'écrie Agathe en riant. Quels yeux elle nous faisait... as-tu vu, Honorine?... on aurait dit qu'elle voulait nous méduser.

— C'est sans doute là madame Droguet... dont le docteur Antoine nous a souvent parlé.

— Et ce petit monsieur tout mince, qui se tenait sur une jambe en nous regardant, est probablement son mari!...

Ces dames étaient arrivées devant leur demeure. Honorine quitte le bras du conducteur, en lui disant:

— Voici notre modeste retraite, vous plairait-il, monsieur, de vous y reposer un moment... j'ai dû vous fatiguer beaucoup.

Paul s'incline en répondant:

— Je vous remercie, madame, mais je vais continuer mon chemin...

— Ah! monsieur, entrez un moment, s'écrie Agathe, voyez, votre bon chien semble vous y inviter... il est déjà entré, lui...

Pour toute réponse, le monsieur appelle son chien qui revient vite à son maître, et celui-ci, après avoir salué les dames, s'éloigne précipitamment.

— Quel homme singulier! murmure Honorine.

— C'est égal, ma bonne amie, nous avons été bien heureuses de le rencontrer... et il me fait pas peur de tout à présent... est-ce que tu lui trouves toujours un air effrayant?

— Non... oh! non... mais il est parti bien brusquement.

XXVIII

Effets de la musique et de la matelote.

Le temps était magnifique, et neuf heures venaient de sonner lorsque Edmond Didier se présente dans un gentil costume d'été chez son ami Freluchon, qui venait seulement de se lever.

— Comment, paresseux, pas encore habillé!... et il est neuf heures... et le temps est superbe... et les premiers jours de juin sont les plus beaux de l'année!...

— Ah çà, qu'est-ce que cela me fait, tout cela?... peu m'importe l'heure!... Je me lève tard, parce que j'ai veillé fort tard.. Un petit souper aux œufs... avec des dames bien intéressantes du théâtre des Folies-Dramatiques... Les artistes, vois-tu, il n'y a que cela d'aimable!...

— Freluchon, vous exagérez, cher ami!... nous avons aussi des artistes qui font leur tête... et qui posent toujours en société...

— Celles-là on leur dit z'ut... style dramatique... Mais comme te voilà beau dès le matin... tu as donc des projets pour aujourd'hui?...

— Certainement, c'est aujourd'hui que nous allons à Chelles, voir ces dames dont je t'ai parlé...

— Nous allons tous très-joli! tu y vas, toi, c'est fort bien. Mais moi qui ne connais pas ces dames... à propos de quoi irais-je avec toi!

— Parce que c'est un but de promenade... cela te fera voir ce côté des environs de Paris qui est ravissant... Nous dînerons par là... nous y mangerons de la matelote... Gournay est renommé pour cela, et c'est tout à côté...

— Ceci est une considération... j'aime passionnément la matelote... Chez les traiteurs de Paris, en général, on la fait très-mauvaise... on ne mange de bonnes matelotes qu'aux bords de l'eau...

— Pendant que j'irai faire visite à ces dames, tu chercheras le meilleur traiteur et tu commanderas le dîner...

— Le meilleur traiteur... pour les matelotes... ordinairement c'est un pêcheur qui vend du vin...

— Ah! si tu savais, Freluchon, quel plaisir j'aurai à revoir cette charmante Agathe... elle se nomme Agathe...

— Tu me l'as déjà dit.

— Elle est blonde... des yeux bleus d'une expression si douce, si aimable, une taille svelte, bien prise... de la grâce dans tous ses mouvements...

— Comme les chats...

— Allons, habille-toi vite, et nous irons gagner le chemin de fer de Strasbourg...

— Est-ce que nous irons d'abord à Strasbourg?... ce sera le plus long.

— Ah! si tu commences à dire des bêtises!...

— J'espère bien continuer... Allons, puisqu'il le faut... je me dévoue. Après tout, une journée à la campagne cela me fera du bien... et je ne serai pas fâché de trouver à former une petite connaissance avec quelque beauté champêtre... Une femme de la nature... cela me changera... car le théâtre est bien du naturel... A propos du naturel, tu sais ce qui est arrivé à Chamoureau?...

— J'ai entendu dire qu'il avait fait fortune... un héritage... vingt mille francs de rentes... est-ce vrai?

— Très-vrai, et ce qu'il y a de plus vrai encore, c'est que depuis qu'il est riche, il ne parle plus à ses anciens amis... Moi, qu'il me quittait pas... il regarde à peine... il se donne des airs de grand seigneur!... Tu comprends bien que cela me fait beaucoup rire; aussi, dernièrement, lui ai-je dit au foyer de l'Opéra, où il semblait craindre que je ne le prisse par le bras: Mon pauvre Chamoureau, pourquoi donc, en devenant riche, es-tu venu encore plus bête que tu n'étais... Je t'assure que la fortune n'oblige pas à être insolent... je sais bien qu'alors on l'est assez souvent, mais enfin ce n'est pas une obligation. Chamoureau est resté tout sot, il a balbutié une foule de phrases qui n'avaient aucune suite entre elles, puis il a fini par me dire qu'il devait avoir une autre tenue puisqu'il allait se marier.

— Ah! il va se marier... qui épouse-t-il?

— Tu ne devines pas?

— Quelque riche épicière retirée...

— Ce n'est pas cela... il ferait bien mieux d'épouser une épicière... Ah! l'imbécile!... il épouse la belle brune, madame Sainte-Suzanne...

— Thélénie!... il serait possible...

— C'est comme cela... il me l'a dit sous le sceau du secret... il le dit à tout le monde... sous le même sceau.

— Mais il fallait lui faire sentir qu'il faisait une sottise, que ce mariage le rendrait très-malheureux... que tous les hommes un peu bien de Paris avaient connu intimement madame Sainte-Suzanne...

— Je m'en serais bien gardé, il aurait cru que je lui disais tout cela par envie... par dépit... et puis tiens, entre nous, je ne suis pas fâché de lui voir faire cette grosse bêtise... Si Chamoureau eût été un bon garçon, si dans la prospérité il avait montré un bon cœur du dévouement pour ses amis, alors j'aurais fait mon possible pour l'empêcher de se lier à cette dame... Mais comme il n'en est pas ainsi, comme Chamoureau n'est qu'un sot, un égoïste rempli de vanité, qui faisait semblant de pleurer sa femme pour se donner un air intéressant. Eh bien, qu'il tombe dans l'ornière, qu'il donne tête baissée dans tous les mensonges que lui débite sa belle Thélénie... qu'il roule ainsi jusqu'à ce qu'il arrive dans le fossé, où cette dame ne manquera pas de le pousser !... ce sera bien fait... il n'y a pas de mal à ce que le temps en temps les sots soient punis... Je ne plains jamais la déconfiture des gens que j'ai vu insolents dans la prospérité. Et maintenant me voilà prêt, partons...¨ c'est-à-dire allons déjeuner au café Anglais... rien qu'une côtelette... je me réserverai pour la matelote... et puis au chemin de fer.

Les deux amis vont déjeuner. Mais Edmond laisse à peine à Freluchon le temps de manger, à chaque instant il lui répète :

— Partons... tu as assez mangé... si tu prends encore quelque chose, tu ne feras pas l'honneur à la matelote...

— Je t'assure que si, d'ailleurs le voyage, l'air de la campagne... et puis nous n'allons pas dîner en arrivant   Garçon ! une tasse de chocolat...

— Ah ! grand Dieu ! il veut encore prendre du chocolat... mais cela te fera mal...

— Au contraire, cela me fera du bien, c'est une habitude que m'a fait contracter une petite danseuse espagnole, qui dansait la yota... boléra... et cætera.... aux Folies-Nouvelles, et qui se trémoussait en regardant ses pieds... Ah ! mon ami, quel trémoussement !

— Tout cela n'est pas une raison pour prendre du chocolat... J'ai connu des Anglaises, et je ne mange pas du plumbpuding.

— Eh bien, tu as tort... il faut toujours adopter les goûts de ces dames... on finit par manger de tout.

Enfin Edmond arrache Freluchon du café, le petit jeune homme met par précaution, dans sa poche, les flûtes qu'il n'a pas le temps de manger. On arrive au chemin de fer, mais il faut attendre trois quarts d'heure le départ du convoi.

— Tu vois bien que j'aurais eu le temps de tremper mes flûtes dans mon chocolat ! s'écrie Freluchon en se promenant dans la salle d'attente. Oh ! ces amoureux... comme c'est désagréable à table... Tiens, on vend des brioches ici... je vais en garnir mes poches en cas d'événement... et encore s'il était aimable, cet Edmond... enfin je fais ce qu'il veut... je l'accompagne à une campagne où je ne connais pas un chat... et il ne dit pas un mot, il a l'air triste comme un bonnet de nuit... est-ce que tu vas être comme cela jusqu'à Chelles ?

— Ah ! Freluchon... si tu savais ce que j'éprouve... quand je pense que je vais revoir cette charmante personne... il me semble que près d'elle je n'oserai plus dire un mot...

— Eh bien, ce sera gentil... tu donneras une jolie idée de ton esprit...

— On n'en a plus quand on aime !

— J'ai donc bien raison de ne jamais être amoureux, moi... fichtre !... Je ne veux pas perdre mon esprit... c'est une chose qui ne se remplace pas...

— Crois-tu qu'elle sera contente de me voir ?

— En voilà une question !... C'est comme si tu me demandais si je sais combien de fois je me suis mouché hier.

— Si on allait me recevoir froidement, avec cette politesse qui signifie : Monsieur ! vous êtes venu une fois... c'est bien, mais vous nous ferez plaisir en ne revenant plus.

— Tu leur dirais : Mesdames, c'est vous qui y perdrez... je gagne beaucoup à être connu...

— Ah ! la choche... le signal du départ... courons...

— Comment, courons !... est-il étonnant !... A quoi bon courir ? il y a toujours de la place dans les wagons, et c'est le cas de dire : quand il n'y en a plus, il y en a encore.

Les deux amis sont en wagon, et l'on part. Freluchon examine ses compagnons de route. Deux dames âgées, un enfant, trois particuliers dont deux se mettent sur-le-champ à fumer malgré les règlements, trouvant tout naturel, pour satisfaire un plaisir stupide, de risquer d'embraser les wagons et de faire griller un nombre considérable de voyageurs. Quel vilain monde que ce monde-là ! Freluchon admire le paysage, autant que l'on peut admirer en chemin de fer. La route devient jolie lorsqu'on traverse le Raincy, mais Edmond ne voit rien, ne regarde rien... Chaque fois que le convoi s'arrête, il veut descendre, se croyant arrivé ; il faut que Freluchon le retienne par son paletot, en lui disant :

— Nous ne sommes pas à Chelles, est-ce que tu veux faire le restant de la route à pied ?

Enfin on s'arrête à la station de Chelles. Les deux amis descendent, et Edmond s'informe à une paysanne :

— Chelles, s'il vous plaît ?

— A votre gauche en montant.

— Le pays aux matelotes, madame ? demande à son tour Freluchon.

— A votre droite, monsieur, suivez la grande route, puis le premier chemin à gauche, traversez le pont, et vous êtes à Gournay.

— Infiniment obligé. Je prends par là ; toi, Edmond, vas à Chelles,

tu me retrouveras chez le meilleur cabaretier, traiteur, tricoteur de Gournay. Il est une heure, j'espère qu'à quatre heures je te reverrai... trois heures pour faire ta cour, c'est honnête. Moi, je vais tâcher de découvrir une bergère façon Florian... à la rigueur même je me contenterais d'une baigneuse genre Courbet... Bon... il ne m'écoute plus... il est déjà loin... il continue d'être aimable.

Agathe était au piano et s'accompagnait une romance. Honorine, assise contre une fenêtre, faisait de la tapisserie tout en regardant souvent du côté où était situé le domaine de la Tourelle. Quelques jours s'étaient écoulés depuis l'aventure de la vache ; on n'avait revu ni Paul ni son chien, et madame Dalmont venait de dire :

— Je suis sûre que ce monsieur a été bien contrarié d'être obligé de nous accompagner jusqu'ici... aussi s'est-il sauvé sans même écouter, je crois, l'invitation que je lui faisais de se reposer un moment...

— Mais si... il l'a écoutée, puisqu'il faut que je continue mon chemin... Ah ! le chien est plus aimable que son maître !...

Et les deux amies étaient redevenues silencieuses. Poucette entre dans le salon :

— Mesdames, v'là un beau jeune monsieur qui demande s'il peut avoir l'honneur de vous voir...

— Un jeune homme... a-t-il dit son nom ?

— Monsieur Edmond Didier.

— Edmond Didier ! Ah ! ma bonne amie... c'est le jeune homme qui... le jeune homme que... tu sais bien... qui s'est donné tant de peine pour que tu aies cette maison...

— Oui... oui... je me rappelle très-bien... mais ce n'est pas une raison pour que tu rougisses ainsi... Te voilà toute troublée... Voyons... Agathe... remets-toi... Poucette, faites entrer ce monsieur...

— Oh ! ma bonne amie... est-ce que je suis bien coiffée... ce matin je n'ai pas eu le temps de lisser mes cheveux...

— Tu es très-bien... mais tiens-toi tranquille, et ne saute pas comme cela sur ta chaise... ce jeune homme croirait que tu as des attaques de nerfs...

— Ah ! Honorine... que tu es méchante...

L'arrivée d'Edmond met fin à cette conversation. Le jeune homme se présente bien modestement en s'excusant de son indiscrétion. On est généralement bien reçu quand on laisse voir la crainte d'être importun. Le ton poli, convenable, les manières réservées du jeune homme, préviennent Honorine en sa faveur. Quant à Agathe, la rougeur qui colore ses joues, son embarras, ses yeux qu'elle craint de tourner sur celui qui vient d'arriver, dénotent assez que sa présence lui cause une vive émotion ; et el st d'une voix à peine intelligible qu'elle répond au compliment que lui adresse Edmond en s'informant de sa santé. Mais, le premier moment passé, rassuré par l'accueil bienveillant qu'on lui fait, le j une homme redevient gai, aimable, reprend ses avantages, et bient̂ot sa conversation amuse beaucoup ces dames, auxquelles il donne des nouvelles de Paris. Ensuite c'est la maison, le site, la vue qu'il admire.

— Nous avons aussi un bien joli jardin, murmure Agathe.

— Si je ne craignais d'être indiscret, je demanderais à le visiter.

— Très-volontiers, monsieur, vous savez bien que les propriétaires sont toujours flattés de faire voir tout ce qu'ils possèdent... et cela doit nous être plus permis qu'à d'autres, il y a si peu de temps que nous sommes propriétaires !...

On se rend au jardin, que le jeune homme trouve charmant, comme toute la maison. Agathe commence à être moins embarrassée, elle reprend sa gaîté, rit pour le moindre mot, et en riant, laisse voir une bouche si fraîche, des dents si jolies, que ce serait vraiment dommage qu'elle ne rît point.

— C'est aimable à vous, monsieur, dit Honorine, de vous être rappelé votre promesse et d'avoir pensé à venir nous voir, mais, peut̂ être, connaissez-vous quelqu'un à Chelles.

— Non, madame, personne absolument. Le désir de vous présenter mes hommages était bien suffisant pour que je vinsse ici... ensuite j'étais désireux de savoir si vous étiez satisfaite de votre acquisition.

— Oui, monsieur, très-satisfaite. Ce pays nous plaît beaucoup à Agathe et à moi.

— Avez-vous de la société ?

— Il y en aurai, si nous le voulions, mais nous ne la cherchons pas : à la campagne, la société est quelquefois gênante. Nous avons de temps à autre la société du docteur du pays, vieux monsieur assez aimable. Je crois que nous nous en tiendrons là : ce que nous en avons vu en plus, ne nous a pas donné le désir de nous lancer dans les réunions de l'endroit. N'est-ce pas, Agathe ?

— Oh ! assurément... des originaux ennuyeux... assommants avec leur bavardage qui n'a rien d'intéressant... Comme c'est amusant d'écouter cela... Quelle différence lorsqu'on se trouve avec des personnes... qui nous plaisent... alors le temps passe vite.

— Oh ! oui... trop vite même.. car je crains d'être indiscret... de vous gêner en prolongeant ma visite...

— Mais non, monsieur, nous sommes entièrement maîtresses de notre temps... et si vous n'êtes pas pressé de retourner à Paris...

— Oh! pas du tout, madame... moi aussi je suis maître de mon temps... trop maître même...

— Vous n'avez aucune occupation?...

— Pardonnez-moi... je fais des affaires à la Bourse... Oh! je songe à gagner de l'argent...

Pendant ce dialogue entre Edmond et Honorine, Agathe regardait souvent celle-ci et ses yeux voulaient dire :

— Eh bien, est-ce que tu vas laisser ce jeune homme partir comme cela... est-ce que tu ne l'engages pas à dîner avec nous?... Il a été si obligeant pour nous à Paris... il mérite bien qu'on lui fasse cette politesse.

Honorine comprend fort bien les petites mines d'Agathe, mais elle s'amuse de son impatience. Cependant lorsque Edmond parle encore de partir, elle lui dit :

— Si rien ne vous presse pour retourner à Paris, monsieur, restez à dîner avec nous... vous ferez un bien modeste repas, mais nous jouirons plus longtemps de votre société.

Edmond s'incline en balbutiant :

— En vérité, madame, votre offre me cause tant de plaisir... c'est bien hardi à moi d'accepter... et pourtant je ne me sens pas le courage de refuser...

— Oh! alors vous restez! s'écrie Agathe qui fait un bond de joie; puis, toute honteuse d'avoir laissé voir le plaisir qu'elle éprouve, se sauve en disant :

— Je vais voir si les poules ont fait des œufs.

Edmond est sur le point de lui crier :

— Ah! mademoiselle, ne les faites pas pondre pour moi! car il n'y a rien de tel que les gens d'esprit pour dire de grosses bêtises lorsqu'ils sont amoureux. Cependant il s'arrête au milieu de sa phrase, et Honorine lui dit :

— Vous permettez que nous agissions sans façon avec vous, n'est-ce pas?

— Madame, c'est me témoigner de l'amitié...

— Eh bien, je vais aller terminer ma toilette... pendant ce temps promenez-vous ou retournez au salon; vous êtes musicien, je crois, vous vous mettrez au piano... enfin agissez comme chez vous...

— Merci, madame, merci mille fois.

Honorine s'éloigne; demeuré seul dans le jardin, Edmond s'y promène quelque temps, puis il entre dans le kiosque, et s'y assied en se disant :

— Elle vient travailler ici... c'est à cette place qu'elle se met... elle me l'a dit tout à l'heure... Aimable fille! elle rougit quand je la regarde... et puis elle baisse les yeux... elle semble émue... troublée... Ah! si elle pouvait m'aimer!

Et tout à ses pensées, le jeune amoureux s'appuie contre la fenêtre et regarde dans la campagne, mais il regarde sans voir, il n'est occupé que d'Agathe.

Tout à coup il se rappelle Freluchon, qu'il a presque forcé de venir avec lui à cette campagne, qui doit l'attendre maintenant pour manger de la matelote, et qui sera furieux s'il ne va pas le retrouver.

Mettez cela sous votre bras, monsieur.

— Ah! ma foi tant pis... qu'il se mette en colère tant qu'il voudra... mais pouvais-je refuser l'invitation de ces dames! se dit Edmond, pouvais-je me priver du plaisir de passer cette journée près de celle que j'adore!... Oh non! et à ma place, Freluchon en aurait fait tout autant que moi. D'ailleurs, entre amis, on ne doit pas se gêner.

Agathe ne revenait pas... Espérant la trouver au salon, Edmond y retourne; mais les dames n'avaient pas encore achevé leur toilette.

Le jeune homme se place au piano; il feuillette quelques romances, puis il se laisse aller au plaisir de les chanter. Edmond chantait fort bien : sa voix était douce et bien timbrée; il avait de plus, ce qui est le premier charme pour toute personne qui chante, du goût et de l'âme; enfin il accentuait parfaitement; avec lui on ne perdait pas une parole, et cela est si insipide d'écouter sans entendre. La délicieuse romance du Val d'Andore était là. Soit que la pensée qu'il était au piano d'Agathe, soit que le plaisir qu'il éprouvait de se la voir près d'elle eût doublé ses moyens, jamais le jeune homme ne l'avait chantée aussi bien, jamais sa voix n'avait été aussi douce, aussi pure. Et les deux amies qui, après avoir terminé leur toilette, retournaient au salon, s'étaient arrêtées contre la porte pour écouter, et ne bougeaient pas de peur de perdre une note. Seulement Agathe rougissait et pâlissait tour à tour en écoutant cette voix charmante qui pénétrait jusqu'à son cœur, puis elle balbutiait :

— Ah! qu'il chante bien... ah! ma bonne amie, quelle voix!

— Tais-toi donc!

Agathe se tait; mais au bout d'un moment, deux grosses larmes coulent de ses yeux. Honorine, qui les aperçoit, pousse le bras de la jeune fille en lui disant tout bas :

— Eh bien... tu pleures à présent... Qu'est-ce que cela veut dire?

— Je ne sais pas, mon amie... je ne sais pas ce que j'ai... je suis cependant bien heureuse!

— Veux-tu bien essuyer tes yeux et te montrer moins sensible à la musique... En vérité, je suis presque fâchée d'avoir retenu ce jeune homme à dîner.

— Oh! c'est fini... ma bonne amie... c'est passé... cela ne m'arrivera plus.

Edmond a cessé de chanter; les deux jeunes femmes entrent dans le salon.

— Vous chantez fort bien, monsieur, dit Honorine, tandis qu'Agathe, encore toute tremblante de l'effet que la voix d'Edmond a produit sur elle, se tient à l'écart et n'ose parler.

— Quoi, mesdames, vous m'avez écouté... Ah! si je l'avais su... je n'aurais pas osé chanter.

— Vous auriez eu bien tort, et nous espérons au contraire que vous continuerez, quoique nous sachant près de vous.

— Si cela peut vous être agréable, madame, je ferai tout ce que vous m'ordonnerez... mais vous et mademoiselle, ne vous entendrai-je pas aussi?

— Oh! si, monsieur, nous chanterons tous... et comme je n'ai pas un talent à me faire prier... je commence.

Honorine se met au piano. Elle a peu de voix; mais elle dit si bien les paroles qu'elle chante, qu'on ne se lasse pas de l'entendre. Vient ensuite le tour d'Agathe, qui bégaye, ne se souvient plus, mêle une romance avec une autre, et chante fort mal parce qu'elle voudrait chanter mieux que de coutume.

— Ne la jugez pas sur cette audition, dit Honorine, elle n'est vraiment pas en voix aujourd'hui.

— Je suis enrouée! murmure Agathe en faisant la moue et quittant le piano.

Edmond chante de nouveau, et sa voix sympathique charme tant les deux amies, qu'elles écoutent toujours et n'ont pu entendre Poucette qui, du seuil de la porte, leur a déjà crié deux fois que le dîner était servi. Cependant la grosse voix de la jeune paysanne parvient enfin à se faire entendre. On quitte le piano et on descend au jardin où le couvert est dressé sous une tonnelle. Car dîner en *plein air* est un des grands bonheurs de la campagne; et à ces sybarites qui craignent de ne point y voir tout leur comfortable, qui font la moue si une feuille tombe sur leur assiette, si un hanneton vient bourdonner à leurs oreilles, je dirai :

— Vous ne savez pas que le bien qu'on éprouve à respirer un air pur augmente toujours l'appétit.

Le dîner se passe très gaîment. Edmond est aimable, Honorine a de l'esprit, et Agathe est heureuse. Tout le monde est content. De temps à autre Edmond s'écrie ;

— Comme c'est gentil de demeurer à la campagne... il faudra que je loue une petite chambre par ici... pour passer la belle saison... cela me fera beaucoup de bien...

— Est-ce que votre santé est altérée, monsieur? dit Honorine d'un ton légèrement railleur, parce que le jeune homme a parfaitement fait honneur au dîner.

— Madame, je ne suis pas encore malade... mais j'ai la poitrine faible, très-faible....

— Oh! c'est singulier, on ne le croirait pas à vous entendre chanter...

— Je vous assure qu'un docteur de mes amis m'a assuré que l'air de la campagne me ferait infiniment de bien...

— D'abord je crois que cela ne peut jamais faire de mal...

— Si je pouvais trouver dans ces environs un tout petit logement meublé... il faut si peu de choses à un garçon...

— Oh! vous trouverez cela! s'écrie Agathe, il me semble avoir vu des écriteaux dans la grande rue... Oh! ce serait bien agréable si vous étiez notre voisin...

— Mademoiselle, c'est moi que cela rendrait très-heureux.

Honorine donne de petits coups de genoux à sa compagne pour l'engager à plus de retenue, alors Agathe fait une petite moue toute drôle et garde le silence jusqu'à ce qu'il lui échappe quelque nouvelle étourderie. La jeune fille n'avait pas encore l'habitude du monde, et elle disait avec franchise tout ce qu'elle pensait, ce qu'on se garde bien de faire en société... et on a raison. La musique avait retardé le dîner, et l'on causait encore à table, quoique la nuit fût venue depuis longtemps. Tout à coup Poucette accourt d'un air effaré et s'adresse au jeune homme :

— Monsieur... c'est-il vous qui vous appelez Edmond Didier ?

— Oui, c'est moi... pourquoi ?

— C'est qu'il y a un jeune monsieur qui court dans tout le pays en criant de toutes ses forces : Edmond Didier, où es-tu ?... si on ne t'a pas tué ou mangé, réponds-moi ?... je t'attends! je t'attends! je t'attends!...

— Qu'est-ce que cela signifie? dit Honorine, tandis qu'Edmond baisse les yeux et balbutie tout confus :

— Mon Dieu, mesdames... je vous demande bien pardon... je me rappelle à présent que je suis venu ici avec un de mes amis...

— Et vous l'avez oublié depuis ce matin... Ah! ce pauvre garçon...

— Oh! madame, ne le plaignez pas, je lui avais donné rendez-vous à Gournay pour manger une matelote... mais le plaisir que j'éprouvais à rester avec vous...

— Vous a fait laisser là votre ami...

— Il aura mangé la matelote sans moi... voilà tout...

— Mais vous voyez bien qu'il est inquiet de vous, puisqu'il vous appelle par tout le pays... Poucette, tâche de rejoindre ce monsieur, et amène-le avec toi, tu lui diras que la personne qu'il cherche est ici...

— Oui, madame... Oh! je le retrouverai... il crie assez fort, on l'entend de loin !...

— En vérité, madame... j'abuse de votre bonté... vous obliger à recevoir mon ami...

— Est-ce qu'il n'est pas présentable ?

— Pardonnez-moi! c'est un fort bon garçon... un peu libre... je veux dire un peu excentrique... il est bien posé, il a une belle fortune...

— Ceci nous est fort indifférent... mais il paraît qu'il vous aime beaucoup puisqu'il vous cherche ainsi.

— Ah!... c'est qu'il ne voudrait pas s'en aller seul.

En ce moment Poucette revient avec Freluchon qui, en voyant Edmond, commence par s'écrier :

— Ah! c'est ainsi que tu te conduis avec tes amis, toi... et c'est

pour me faire passer une journée comme Robinson Crusoé... dans un affreux pays où l'on ne rencontre pas une créature humaine, que tu m'emmènes à la campagne...

— Freluchon!... tu ne vois donc pas ces dames...

— Ah! pardon, mesdames... mais c'est qu'en vérité on n'agit pas ainsi... ces dames vont en être juges... elles diront si j'ai tort de crier... Figurez-vous, mesdames, que ce monsieur qui ose m'appeler son ami, m'emmène presque de force ce matin, en me disant: nous passerons une journée charmante... j'irai voir des dames... très-aimables qui demeurent à Chelles, mais je ne resterai pas longtemps chez elles ; va m'attendre à Gournay, commande une matelote, à quatre heures je l'aurai rejoint. C'est très-bien; je tourne à droite, quand il prend à gauche. Je me trouve dans un pays... qui n'est pas vilain, c'est possible, mais où l'on ne rencontre personne... pas un paysan... pas un âne... ordinairement il y a des ânes partout !... Ah! si, pourtant, j'ai rencontré des moutons, mais sans bergers, je n'ai vu que le chien... probablement il sert aussi de berger... Enfin après m'être promené trois mortelles heures dans ce désert... assez inquiet de ma situation, et me disant de temps à autre : est-ce qu'un nouveau déluge a passé par ici, je reviens vers le modeste cabaret où j'avais commandé matelote, friture... et même un lapin sauté... je ne croirais pas dîner à la campagne, si je ne mangeais pas de lapin. Le dîner était prêt, mais monsieur n'était point arrivé. J'attends de... deux... trois quarts d'heure, je me mets à table... me disant : il va venir... J'avale quelques tronçons d'anguille... la matelote était bonne ; je dois en convenir... il ne venait pas... Je me disais: A quoi bon laisser de l'anguille... j'en ai avalé onze tronçons, mesdames, de la friture et du lapin à l'avenant, si j'ai une indigestion... ce sera bien sa faute... onze tronçons... et l'anguille était superbe. Après le dîner, je quitte Gournay et me mets à la recherche de ce monsieur... car, en vérité, j'étais inquiet. Je me disais, il faut qu'il lui soit arrivé quelque chose... il sera tombé dans un trou... il y a des trous partout... J'arrive dans ce bourg... ignorant votre demeure, mesdames, j'appelle mon ami... une voix déchirante... on ne me répondait pas. Ma foi, j'ai été jusqu'à sonner à une assez belle maison... dont les pilastres sont surmontés de grosses boules qui se terminent en pointe... J'ignore de quel ordre est cette architecture, je me soupçonne de l'ordre des Boulettes... J'avais sans doute sonné un peu fort ; et puis comme je continuais d'appeler ce polisson... oh! pardon, mesdames... je veux dire ce... drôle... enfin il paraît que j'avais effrayé les habitants de la maison... ils sont arrivés quatre pour m'ouvrir la porte... il y a un monsieur qui était armé... à la vérité dans le fond de la cour j'en ai vu un autre qui dansait ; une grande femme qui a une voix de sapeur m'a dit: — Que voulez-vous, monsieur, et pourquoi faites-vous ce tapage à ma porte?... Alors j'ai fait un air gracieux et puis une voix mielleuse en répondant: — Auriez-vous vu par ici mon ami Edmond Didier... avec qui je voudrais retourner à Paris? Là-dessus, le gros monsieur armé a dit : C'est un farceur... ce doit être une scène préparée. La grosse dame s'est écriée : Je n'aime pas les farces de ce genre... je trouve cela fort impertinent. Et aussitôt on m'a refermé la porte sur le nez... au moment où le petit monsieur qui dansait venait de se poser en *zéphyr*.

— Monsieur est allé chez madame Droguet ! dit Agathe en souriant.

— Ah! cette dame se nomme Droguet... elle en est bien capable... Ma foi, consterné de l'accueil peu hospitalier qu'on venait de me faire, je m'étais remis à crier dans les rues... absolument comme un tambour qui réclame un objet perdu ou annonce que c'est le jour où l'on doit payer ses contributions; dans les villages, ils ne manquent jamais de tambouriner cela pour stimuler le zèle des contribuables, lorsque votre domestique est venue à mon secours, madame, et m'a guidé jusqu'ici...

— Et maintenant, Freluchon, je vais te répondre en peu de mots: Certes, je comptais bien aller te retrouver, mais ces dames ont eu l'extrême bonté de m'engager à dîner avec elles... Voyons, à ma place... est-ce que tu n'aurais pas fait comme moi... tu aurais accepté!...

— C'est bien probable... mais j'aurais envoyé un exprès à Gournay pour rassurer mon ami...

— Toi! jamais tu n'y aurais pensé... et d'ailleurs dans un village il n'y a pas de commissionnaires...

— Vous ne serez plus si en peine pour retrouver votre ami, dit Agathe, lorsqu'il aura loué un logement dans ce pays...

— Ah! tu vas louer une maison par ici, toi...

— Non pas une maison... mais un petit logement...

— Monsieur a la poitrine délicate, dit Honorine, et il pense que l'air de la campagne lui fera du bien.

— Tu as la poitrine délicate!... Ah!... par exemple, en voilà une bonne!...

Et Freluchon se renverse sur sa chaise en riant aux éclats, sans remarquer les regards que lui lance Edmond. Honorine met fin à cette scène, en disant au nouveau venu:

— Monsieur veut-il accepter quelque chose?

— Moi, madame, infiniment obligé... quand on a pris onze tronçons d'anguille, on n'a plus besoin que d'exercice... Mais le chemin de fer... à quelle heure passe le dernier convoi ?

— A dix heures.

— En ce cas nous ferons bien de nous mettre en route.

Edmond comprend cette fois que son ami a raison; il prend congé des dames en les remerciant de leur bienveillant accueil; pendant ce temps, Freluchon lorgne Poucette, dont les robustes appas excitent son admiration. Puis les deux jeunes gens vont gagner le chemin de fer.

XXIX

Chamoureau marié.

Chamoureau si désolé lorsqu'il était veuf de son Eléonore, ou qui du moins faisait semblant de l'être, car les douleurs vraies ne jouent point la comédie, et ne donnent pas leurs larmes en spectacle, elles recherchent la solitude et se complaisent dans leurs souvenirs; Chamoureau a convolé en secondes noces, il est devenu l'époux de cette femme dont les charmes lui avaient tourné la tête. Il possède enfin la belle Thélénie, si toutefois il est juste de dire que l'on possède une femme, lorsqu'elle se donne à vous sans vous aimer... Je crois que l'on n'en a que l'usufruit. Les nouveaux époux ont pris un bel appartement dans la rue Saint-Lazare. Thélénie a déclaré à son mari qu'elle entendait avoir voiture, et celui-ci s'est incliné devant sa femme en lui disant :

— Ma chère amie, nous aurons tout ce que tu voudras... je me ferai toujours un plaisir et un devoir de satisfaire tous tes vœux.

— Alors monsieur, a répondu la belle brune, vous allez commencer par ne plus me dire tu... il n'y a rien de plus mauvais genre que de tutoyer sa femme... et je tiens à avoir bon genre, moi.

— Quoi, ma bonne amie, après trois jours de mariage... tu... vous voulez...

— Si vous m'avez tutoyé trois jours, c'est déjà beaucoup trop... je vous répète, monsieur, que dans le beau monde un mari et une femme ne se tutoyent point... est-ce que vous voulez avoir l'air d'un petit employé?...

— Je ne dis pas... mais je croyais...

— C'est fini... c'est décidé, vous ne me tutoyerez plus.

— Comment... pas même dans les moments heureux où ma tendresse...

— Ah ! taisez-vous... assez...

— Diable ! ça me gênera beaucoup !...

Depuis ce moment Chamoureau ne se permet plus de dire tu à sa femme, en revanche il est devant elle comme un élève devant son précepteur, ou plutôt comme un soldat devant son officier. Il n'ose plus parler sans être interrogé, il n'a plus de volonté, d'opinions, de goûts, de désirs, c'est madame qui se charge d'avoir tout cela pour lui. Comme c'est assez l'usage des femmes qui ont mené une conduite très-décolletée, depuis qu'elle est mariée, Thélénie affecte une tenue et un maintien fort sévères; elle est devenue prude, elle fronce le sourcil, si devant elle on dit un mot un peu gai, elle fait une scène à son mari s'il se permet d'en rire. Elle ne veut plus aller au théâtre du Palais-Royal; elle ne comprend pas qu'il y ait des femmes qui osent valser. Telle est madame de Belleville, car les nouveaux mariés ne répondent plus qu'à ce nom, et plus d'une fois Thélénie a dit à son mari :

— Songez, monsieur, que vous ne vous nommez plus Chamoureau... quand on vous appelle par ce nom, ne répondez pas... faites la sourde oreille, continuez votre chemin.

— Cependant, ma bonne amie, il y a des personnes qui me connaissent depuis longtemps, et qui savent bien que je m'appelais Chamoureau...

— A ces gens-là, dites une fois pour toutes que vous ne répondez plus qu'au nom de Belleville...

— Il y a aussi qui demeure à Belleville, et que c'est cela que je veux dire.

— Eh ! monsieur ! que vous importe tout cela... quand vous passeriez d'être l'ami d'un tas d'imbéciles dont vous faisiez jadis votre société, où serait le mal?...

— C'est juste... alors décidément je ne connais plus mes anciennes connaissances... j'ai une belle fortune... je ne dois plus fréquenter le même monde...

— Ah! cependant, monsieur... il y a deux personnes auxquelles je vous permets encore de parler, et même... si... si cela vous est agréable de les recevoir... vous pourrez les engager à venir chez nous... je ne serai pas fâchée qu'elles voient l'élégance et le comfortable de notre intérieur...

— Très-bien, chère amie... et quelles sont ces deux personnes que vous avez la bonté de vouloir bien recevoir?

— M. Edmond Didier et son ami Freluchon...

— Tiens... mais il me semble qu'avant de m'épouser, vous aviez exigé que je rompisse toutes relations avec ces deux messieurs...

— C'est possible, monsieur... j'ai pu vouloir cela alors... à pré-

sent je veux autrement... Ne suis-je pas libre de changer d'idées ?...

— Oh ! si fait... entièrement libre...

— Ce Freluchon était, je le sais, votre ami intime, et je ne veux pas vous priver de sa société.

— Oh ! merci mille fois!... épouse adorée... je suis bien sensible...

— Ne me dites donc plus de ces mots-là... épouse adorée !... Ah ! fi!... ou croirait que nous jouons un drame!... appelez-moi madame et ne sortez pas de là.

— Très-bien, cela suffit, madame... madame, et je ne sors pas de là.

Quelques jours après cette conversation, qui doit donner une idée du genre de bonheur que goûtait Chamoureau, depuis qu'il avait cessé d'être veuf, il se trouve un matin sur le boulevard, vis-à-vis de Freluchon. Celui-ci commence par rire au nez de son ancien ami, qui lui dit :

— Bonjour, Freluchon... qu'est-ce qui te fait rire ?

— Et pardieu, c'est ton air... c'est ta nouvelle tournure... ta nouvelle figure... car tu t'es composé aussi un autre visage...

— Freluchon, tu vois un homme bien heureux...

— On ne s'en douterait pas à te voir marcher...

— Freluchon, je suis remarié... la superbe Thélénie est devenue ma femme...

— Ah! c'est donc cela que tu as un air si godiche, je croyais d'abord que ce n'était que la suite de ta nouvelle fortune... mais tu es marié, alors double motif...

— Oui, Freluchon, je le suis !

— Tu l'as déjà été, mais tu tenais à l'être encore; tu en avais le droit!...

— Ah! mon ami, je suis le plus fortuné des hommes !...

— Tu me dis cela comme si tu répétais une fable... Maître corbeau sur un arbre perché...

— Enfin, Freluchon, pourquoi ne veux-tu pas croire que je suis heureux ?

— Eh mon Dieu! je ne demande qu'à le croire. Tant mieux si cela est... seulement, comme je connais ces dames-là... comme je sais qu'une fois qu'elles ont trouvé un jobard qui veut bien masquer leurs débordements passés, elles prennent sur lui un empire qui en fait un crétin... un être parfaitement ridicule, je ne savais pas si ce rôle-là t'irait... il te va, c'est très-bien... c'est ton affaire... vas-y gaîment, mon pauvre Chamoureau... et que...

— Ah! pardon... permets-moi de t'arrêter là... je dois t'avertir que je ne m'appelle plus Chamoureau... ou du moins je ne réponds plus à ce nom...

— Ah bah! est-ce que tu as pris le nom de ta femme, par hasard... tu t'appelles M. Thélénie?

— Non; je me nomme maintenant de Belleville.

— Que signifie cette nouvelle farce?

— Cela signifie que ma femme... ma magnifique épouse ne peut pas souffrir le nom de Chamoureau... ceci est une faiblesse... mais pour lui être agréable, j'ai pris le nom de l'endroit où j'ai reçu le jour... Belleville... et on ne nous connaît plus que sous ce nom... monsieur et madame de Belleville...

— Ah! elle est encore bonne, celle-là!... mais après tout, fais-toi appeler Romulus si tu veux... ça m'est parfaitement égal.

— Ah! ce n'est pas tout, Freluchon... ma femme qui est très-aimable avec moi... sans que...

— Sans que cela paraisse ?

— Non, je veux dire sans... y mettre d'intention... m'a autorisé à t'engager à venir nous voir, toi et ton ami Edmond Didier.

— Ah! ah! ah! de plus fort en fort !...

— Qu'y a-t-il donc?

— Et c'est toi qu'elle charge de ces commissions-là!

— Pourquoi pas ?

— Ce pauvre Chamoureau !...

— De Belleville, je t'en supplie, Freluchon, de Belleville ; ne m'appelle plus autrement !...

— Eh bien, mon cher seigneur de Belleville... car si tu n'es pas encore seigneur, je suis persuadé que tu le deviendras...

— Tu crois...

— Tu es fait pour arriver à tout... avec l'aide du cotillon de ton épouse.

— Comment de son cotillon ?

— Autrement dit : de son influence... Tu remercieras madame de Belleville... pour mon compte, je ne pense pas profiter de son invitation...

— Pourquoi donc ?

— Comme je suis distrait, j'aurais peur de me tromper et de l'appeler madame Chamoureau ; je suis sûr qu'elle me ferait mettre à la porte tout de suite!...

— Quelle mauvaise raison...

— Quant à Edmond Didier... oh! celui-là ! c'est autre chose... je ne le vois presque plus...

— Tiens... vous êtes fâchés ?

— Pas du tout; mais il est amoureux... oh! très-sérieusement amoureux cette fois, et, comme sa passion habite Chelles, il a loué un pavillon dans ce pays-là et il n'en bouge plus.

— Chelles... tiens... est-ce que sa passion serait une dame à qui j'ai fait acheter une petite maison à Chelles, au printemps... madame Dalmont?

— Précisément... c'est-à-dire, ce n'est pas madame Dalmont qu'il aime, mais sa jeune amie, ue jolie personne qui demeure avec elle, mademoiselle Agathe...

— Ah! très-bien... oui, oui, je me rappelle, une blonde fort jolie en effet... Ah! je comprends maintenant pourquoi il s'est donné tant de peine afin que ces dames terminent vivement cette acquisition... mademoiselle Agathe lui avait donné dans l'œil.

— Parbleu !... quand les jeunes gens se montrent si obligeants, si empressés, si serviables, vous pouvez être bien sûr que l'amo r a passé par là...

— Alors tu ne vois plus Edmond?

— Je le vois lorsque je vais le trouver à Chelles, à sa campagne... mais comme je ne suis pas amoureux, moi, je n'y vais pas sou ent... Il y a cependant par là une jolie paysanne... mademoiselle Poucette!... mais quand on veut rire avec elle... elle vous applique des taloches... à vous égruger... D'après cela, mon cher, ne compte pas sur la visite d'Edmond... je le répète que cette fois, il est pincé.. il est amoureux comme un fou... mais cette jeune personne ne peut pas etre sa maîtresse... et alors...

— Alors il l'épousera...

— Ce serait fort bien s'il avait encore les soixante mille francs qu'il a touchés... avec cela on peut vivre; mais de cette somme, il lui reste peu de chose... quant à la demoiselle, je crois qu' lle ne possède que ses beaux yeux... et cela ne suffit pas pour faire du bouillon...

— Oh ! non... l'argent avant tout... c'est aussi le principe e mon épouse...

— Je le crois... elle a de fameux principes, ton épouse... Adieu donc, Chamoureau de Belleville... seigneur de la banlieue, et autres lieux que je ne veux pas nommer. Quand tu auras des armes, je t'engage à y faire mettre quelques bois de cerfs, ça fait bien sur le fond de l'écu...

Freluchon s'est éloigné toujours en riant. Chamoureau le regarde aller en se disant :

— Ce diable de Freluchon! il est toujours très-gai... je ne crois pas cependant qu'il m'ait fait perdre trente-deux mille deux cents francs e rente! Après tout, j'aime autant qu'il ne vienne pas chez nous... je suis sûr qu'il m'appellerait Chamoureau... il le fait exprès !...

De retour chez lui, le nouveau marié s'empresse d'aller trouver sa femme et de lui apprendre qu'il vient de rencontrer Freluchon. Le nom de l'ami d'Edmond captive sur-le-champ l'attention de Thélénie, qui s'écrie :

— Eh bien! l'avez-vous engagé à venir nous voir... ainsi que son ami M. Edmond?

— Oui, sans doute, j'ai fait ce que vous m'aviez dit, mais ils ne viendront ni l'un ni l'autre...

— Ah! qui vous fait penser cela?

— Freluchon a contracté l'habitude de rire au nez de tout le monde... il m'a raillé sur mon changement de nom... il prétend que, s'il venait chez nous, il ne pourrait pas s'empêcher de m'appeler Chamoureau... vous comprenez que je n'ai pas insisté...

— Mais son ami... M. Edmond Didier...

— Oh! celui-là c'est autre chose!... il vient d'un amour en tête... une passion... oh ! une grande passion... prenez garde, chère amie, vous laissez tomber le feu sur lequel vous teniez...

— C'est bon, monsieur... qu'importe ce livre... continuez... vous dites que M. Edmond est très-amoureux... c'est dans l'ordinaire... quelque caprice pour une grisette... car il donne dans ce genre-là, ce monsieur!...

— Non, madame, cette fois c'est une jeune personne honnête dont il est amoureux...

— Comment savez-vous qu'elle est honnête ?

— Parce que je la connais... c'est une blonde ravissante.

— Vous la connaissez... quoi ! monsieur... et vous ne m'aviez jamais parlé de cela...

— Mais de quoi vouliez-vous que je vous parlasse ?

— De cet amour de M. Edmond pour cette jeune fille que vous connaissez... que vous trouvez si jolie...

— Mais, madame, je ne pouvais pas vous en parler... puisque je n'en savais rien moi-même... c'est Freluchon qui me l'a appris.

— Alors que disiez-vous que vous connaissiez cette femme... vous ne savez donc plus ce que vous dites, monsieur... ah ! que vous m'impatientez !...

— Ma chère amie... faites attention... vous déchirez la dentelle de vos manches... vous la mettez en loque...

— Eh! monsieur, ne vous mêlez pas de mes dentelles... cela me plaît de les déchirer, apparemment... Mais pour Dieu, racontez-moi exactement ce que vous a dit M. Freluchon de son ami Edmond... parlez, monsieur, mais parlez donc, vous voyez bien que j'attends...

En ce moment les yeux de Thélénie lançaient des éclairs, et leur expression était si loin d'être tendre, que Chamoureau ne les trouve plus beaux. Jamais il n'avait vu la figure de sa superbe épouse avoir une expression si sombre, si farouche, il ne se sent pas à son aise, il a peur, il bégaye :

— Madame, vous me troutrou... vous me troublez... qu'a...qu'a... qu' vez-vous dondonc ?

Thélénie s'efforce de se calmer en répondant :

— Mais je n'ai rien, monsieur; seulement j'ai mal aux nerfs ce matin... et la moindre chose me contrarie... m'agace... voyons, je vous écoute.

Chamoureau raconte à sa femme tout ce que Freluchon lui a dit au sujet du nouvel amour d'Edmond. Thélénie a écouté attentivement; elle tâche de se modérer, de ne plus déchirer ses dentelles, et reprend e suite d'un air calme :

— Ainsi vous connaissez ces femmes qui demeurent à Chelles?

— Oui, hère amie, c'est par mon canal qu'elles ont acheté la maison de M. Courtivaux... vingt mille francs, autant que je puis me rappeler.

— Qu'est-ce que ces femmes-là?

— Celle qui a fait l'acquisition, madame Dalmont, est une veuve de vingt-six à vingt-sept ans... figure intéressante et mélancolique... peu fortunée, elle me l'a dit elle-même... Sa jeune amie... celle dont M. Edmond est si amoureux, peut avoir de seize à dix-sept ans... elle est, je crois, orpheline... mais quelle jolie tête !... des beaux cheveux blonds... de yeux bleus... des...

— Assez, monsieur! vous m'avez déjà trop vanté cette beauté surprenante!.. je finirai par croire que vous en êtes amoureux aussi!...

— Ah ! madame, vous savez bien qu'il n'y a que vous dont les charmes supérieurs...

— Et M. Edmond a loué à Chelles, il y habite maintenant..

— Oui, afin d'être tout près de ces dames...

— Chez lesquelles il est reçu?

— Naturellement...

Au bout de quelques instants de silence, Thélénie s'écrie :

— Monsieur, tous les gens comme il faut ont une campagne... une villa où ils vont passer la belle saison... vous ne présumez pas sans doute que je resterai tout l'été renfermée dans Paris... comme une marchande de la rue Saint-Denis.

— Mad me ! je pense... ma foi, je ne sais pas... je ferai ce que vous voudrez...

— Je veux une campagne, monsieur, nous en louerons une...

— Il suffit, chère amie, vous n'aurez qu'à m'occuper d'en chercher; je vais lire les Petites-affiches.

— Ne vous donnez pas cette peine... dites seulement qu'on mette les chevaux à la voiture... nous visiterons le côté où il me plaît d'aller.

Chamoure u s'empresse d'aller exécuter les ordres de sa femme qui, demeurée seule et livrée à ses réflexions, se dit :

— Ah! je la connaîtrai cette femme que tu aimes, ingrat Edmond, et je saurai bien détruire tes amours.

Mademoiselle Héloïse, qui a conservé ses entrées chez son ancienne amie, parce qu'elle a bien soin de ne l'appeler que madame de Belleville, se présente tout à coup d'un air inquiet et va dire tout bas à Thélénie :

— Dis donc... ma chère, je viens d'apercevoir en bas, dans la rue et arrêté devant ta maison, ce vilain homme qui un jour est venu chez toi, si mal vêtu, si déguenillé, et qui avait un si drôle de nom... Croque, je crois...

— Ah! tu l'as reconnu...

— Oui, quoiqu'il soit un peu mieux mis que l'autre fois... oh ! il a de ces figures qu'on n'oublie pas !... il ressemble à une chouette!...

— Croque a retrouvé mes traces... se dit Thélénie, et un de ces jours il se présentera encore devant moi... eh bien... peu m'importe après tout... maintenant j'ai dans l'idée que je pourrai trouver l'occasion de me servir de lui.

XXX

Les cerises. — Le ravin.

Edmond avait bien vite mis à exécution le projet qu'il avait formé. Le lendemain même du jour qu'il avait dîné chez madame Dalmont, il était revenu tout seul à Chelles; il ne s'était pas présenté chez ces dames, parce qu'une seconde visite si prompte eût été indiscrète; mais il avait parcouru tout le pays et, à fort peu de distance de la maison de madame Dreguet, avait trouvé une jolie maison bourgeoise à louer, toute meublée. La maison eût été suffisante pour loger une famille, c'était beaucoup trop grand pour un jeune homme seul; mais on pouvait entrer sur-le-champ en jouissance; ce n'était qu'à cinq minutes de la maison de madame Dalmont. Edmond n'avait pas hésité; il avait loué moyennant mille francs pour le reste de l'année, dont il avait payé moitié comptant à un M. Durand, propriétaire du susdit immeuble.

Puis, deux jours après, le jeune homme s'était présenté chez madame Dalmont, en lui disant :

— C'est un voisin qui se permet de venir vous rendre visite, et qui, s'il n'est pas important, vous demandera la permission de venir le soir faire quelquefois de la musique avec vous.

— Comment ! vous avez loué dans ce pays ? s'écrie Agathe en laissant échapper un mouvement de joie.

— Oui, mademoiselle, un pavillon... qui appartient à un M. Durand... tout près de chez cette dame où Freluchon a été si mal reçu en allant me demander il y a quelques jours.

— Ah ! je connais ce pavillon, dit Honorine, mais il me semble que c'est bien grand pour un homme seul...

— Oh ! qu'importe... d'ailleurs Freluchon viendra souvent me voir... et il couchera...

— Je croyais que ce pays ne lui plaisait pas...

— Il s'y fera... moi, plus j'y suis et plus je m'y plais...

En disant cela les regards d'Edmond étaient attachés sur Agathe, et celle-ci comprenait fort bien pourquoi ce jeune homme se plaisait tant à Chelles. Cependant Honorine n'a pas vu sans inquiétude Edmond Didier venir s'installer près d'elles, et Agathe, qui lit fort bien sur la physionomie de sa protectrice, lui dit après le départ d'Edmond.

— Tu as l'air tout sérieux ?... est-ce que tu es fâchée que M. Edmond ait loué un pied-à-terre dans ce pays... tu me fais la mine... est-ce que c'est ma faute à moi ?...

— Ta faute... oui, sans doute, c'est ta faute... et cependant je ne puis pas te gronder !... Mais tu sais bien que ce jeune homme est amoureux de toi... et que c'est ce motif seul qui l'a fait louer ce pavillonoù on logerait dix personnes...

— Ma bonne amie, je te jure que jamais M. Edmond ne m'a dit un seul mot qui puisse me faire savoir... qu'il pensait à moi...

— Je le crois... d'ailleurs il n'y a pas si longtemps qu'il vient ici...

— Est-ce que tu penses que ce jeune homme serait capable de me dire des choses inconvenantes ? est-ce que tu supposes que je les écouterais ?...

— Non... M. Edmond a l'air honnête... il n'a point de mauvaises intentions, je le crois... mais l'amour est un sentiment dont on n'est pas maître!... Tu y venais à aimer ce jeune homme...

— Eh bien, où serait le mal, puisque tu penses qu'il m'aime aussi... il deviendrait mon mari...

— Ton mari... pauvre petite... pour se marier il faut avoir au moins de quoi vivre... tu n'as rien, toi!... et je crois bien que M. Edmond n'a pas grand'chose non plus!...

— Mais cependant, il est toujours fort élégant, fort bien mis... il a loué mille francs le pavillon de M. Durand...

— Cela prouve qu'il sait fort bien dépenser de l'argent, mais cela ne dit pas qu'il sache en gagner. Allons... ne fais pas une mine triste à ton tour... je suis ta seconde mère... je pense à ton avenir... à ton bonheur futur... tu ne dois pas m'en vouloir pour cela?...

Pour toute réponse, Agathe court se jeter dans les bras d'Honorine, en lui disant :

— Sois tranquille ! je n'aurai jamais de secret pour toi...

Les deux amies finissaient à peine cette conversation lorsque la voix de Poucette attire leur attention. Leur servante parlait à quelqu'un et semblait proférer des menaces ; le bruit partait du jardin, les deux femmes y sont bientôt, elles aperçoivent Poucette tenant par une jambe un petit garçon qui était grimpé dans un cerisier et qui continuait à manger des cerises quoiqu'on le tirât par la jambe pour le faire descendre de l'arbre. Cependant en voyant arriver Honorine et Agathe, le petit Emile se décide enfin à descendre de l'arbre.

— Ah ! voyez-vous, madame, s'écrie Poucette, le voilà celui qui nous vole nos cerises ; depuis quelques jours je me doutais que les cerises disparaissent et ces dames n'en cueillent pas... je me suis doutée de quelque chose... je me suis cachée, j'ai guetté... et j'ai vu ce mauvais garnement... le petit per lu, qui grimpait par-dessus notre mur... là, contre le cerisier... et puis qui était tout de suite dans l'arbre.

— Ah ! je le reconnais, dit Agathe, c'est lui qui poursuivait la vache... dont tu as eu si peur.

— Pardi !... il ne sait faire que du mal... ce méchant petit vaurien, mais je vais te corriger, moi...

Et déjà la paysanne s'apprêtait à frapper le petit garçon qui ne bougeait pas, ne disait rien, et semblait peu soucieux d'être battu. Mais d'un geste, Honorine arrête Poucette, puis elle va s'asseoir sur un banc et fait signe au petit garçon de venir à elle. Celui-ci hésite, il se décide cependant, après avoir lancé sur Poucette un regard farouche.

— Pourquoi venez-vous me prendre mes cerises ? dit Honorine d'une voix douce et en regardant sans colère le petit voleur.

Celui-ci semble tout surpris de ce qu'on lui parle sans faire une grosse voix, il baisse les yeux et répond enfin :

— Dame !... j'aime les cerises, moi...

— Eh bien, ce n'est pas une raison pour prendre ce qui ne vous appartient pas... pour escalader un mur... exposé à quoi vous vous exposez?... si le garde champêtre vous avait aperçu, il vous aurait arrêté... je puis vous conduire en prison... on vous y aurait retenu bien longtemps peut-être, comme vagabond... comme mauvais sujet...

— Oh ! je suis trop petit... on ne met pas en prison les petits garçons !

— Vous vous trompez !... c'est justement ceux-là que l'on garde dans les maisons de correction jusqu'à ce qu'ils soient grands, afin qu'ils ne continuent pas de vagabonder dans les chemins...

— Eh bien... en prison j'aurais joué avec les autres petits, puisque vous dites qu'il y en a...

— Non, vous n'auriez pas joué, parce qu'on ne retient pas les petits vauriens en prison, pour qu'ils y jouent et s'y amusent... on les force à travailler... et ceux qui s'y refusent, sont châtiés, mis au pain et à l'eau et privés de toute société... Eh bien, voyons, réfléchissez... est-ce que ces quelques cerises que vous avez mangées valaient tous ces châtiments qu'elles pouvaient vous faire subir...

Le petit Emile ne répond rien, il regarde Honorine d'abord en dessous, puis il se risque enfin à la regarder en face, comme pour s'assurer qu'elle ne se moque pas de lui et que ce qu'elle lui a dit est bien sérieux. Sans doute la figure de la jeune dame lui inspire de la confiance, car il semble réfléchir ; enfin au bout de quelques instants il murmure :

— Comment donc qu'il faut faire pour avoir des cerises alors... chez nous il n'y a pas de cerisier... et on ne me donne pas d'argent pour en acheter...

— Eh bien, au lieu de voler... ce qui est bien mal !... même, quand il ne s'agit que de cerises, il faut venir tout simplement m'en demander... et je ne vous en refuserai jamais, moi ! surtout, si tu n'ai pas appris que vous avez fait quelques nouvelles méchancetés, comme de lancer des pierres à une vache, pour la faire courir à travers champs, au risque de blesser bien du monde... et surtout de pauvres petits enfants qui n'auraient pas eu le temps de se garer... Ah ! cela est si vilain de faire du mal aux faibles... à ceux qui ne peuvent pas se défendre... Il n'y a que des cœurs lâches qui font cela...

— Oh ! je me bats avec des grands, moi !...

— Ne vous battez pas du tout, cela vaudra bien mieux.

Puis, faisant un signe à Agathe, celle-ci, qui l'a comprise, lui apporte un panier dans lequel il y a des cerises. Honorine en prend deux poignées, qu'elle présente au petit garçon, en lui disant :

— Tenez, puisque vous aimez tant les cerises... en voilà.

L'enfant la regarde tout surpris, en balbutiant :

— Tiens... vous m'en donnez ?

— Oui, je vous en donne, à condition que vous ne m'en volerez plus, me le promettez-vous ?

— Dame, pisque vous m'en donnez... je n'ai plus besoin de monter par-dessus le mur.

Et le petit garçon, rapprochant ses deux mains, reçoit dedans les cerises qu'on lui donne et qu'il serre contre sa poitrine. Puis il regarde autour de lui en disant :

— Je peux-t-il m'en aller, à présent ?

— Sans doute, vous êtes libre... Allez... mais ne soyez plus si méchant, et au lieu de vous faire haïr de tout le monde, faites-vous aimer, et vous verrez que cela rend bien plus heureux...

— Et tout le monde me donnera des cerises ?

— Je ne vous promets pas cela !... mais on sera bon avec vous quand vous le serez pour les autres.

Le petit Emile ne répond plus rien ; mais il fait une pirouette, et se sauve en criant à Poucette lorsqu'il passe devant elle :

— Elle vaut mieux que vous, la dame !...

— Merci ! dit la jeune paysanne, si madame donne de ses fruits à ceux qui viennent lui en voler, on ne se gênera pas pour escalader les murs !...

— Eh ! que vouliez-vous donc que je fisse à cet enfant ?

— Il me semble, à moi, qu'il avait plutôt mérité des gifles que des cerises !...

— On dit qu'il est très-méchant !... mais aussi, tout le monde le gronde, le rudoie...

— Ah ! on le rosse même quelquefois ! et ferme !

— Eh bien, moi, je veux essayer d'une autre manière pour le corriger.

— Tu as raison, dit Agathe, mieux vaut douceur que violence !... j'ai lu cela dans les fables de La Fontaine.

Quelques jours plus tard, Edmond étant allé à Paris, les deux amies savaient qu'il ne viendrait pas les voir avant l'heure de leur dîner, Agathe propose à Honorine d'aller faire une longue promenade.

— Je ne vous pas aller du côté de la Tourelle, dit Honorine, nous semblerions chercher à rencontrer encore le propriétaire, et puisque ce monsieur n'a pas jugé à propos de venir savoir si la frayeur que j'ai éprouvée n'a eu de suites, je serais très-fâchée qu'il crût que nous tenons à le revoir.

Il y avait un léger accent de dépit dans la manière dont Honorine avait prononcé ces paroles, mais Agathe ne l'a point remarqué et elle répond :

— Mon Dieu, ma bonne amie, puisque ce monsieur n'aime pas la société, puisqu'il fuit le monde, pourquoi veux-tu qu'il vienne nous voir ? Mais il me semble que ce n'est pas une raison pour que nous nous privions de nous promener du côté qui nous est agréable. Moi, je voulais justement aller du côté de la Tourelle... à Noisy-le-Grand, car c'est par là qu'il y a ce ravin, cette croix posée à la place où l'on a trouvé un jeune homme mort... eh bien, voilà ce que je serais très-curieuse de voir... cela me fera peur... mais c'est égal, j'ai bien envie de voir cela... cette histoire contée par le docteur est toujours restée dans ma mémoire.

Honorine, dont la résolution ne semble pas bien irrévocable, répond :

— Ah! si tu as envie de voir ce ravin, cette croix... au fait ce n'est pas notre faute si ce monsieur a sa propriété de ce côté-là... et puis, ce serait bien étonnant si nous allions encore le rencontrer...

— Ce n'est pas probable.

— En tous cas si nous le rencontrons nous ne lui parlerons pas, entends-tu? nous nous contenterons de le saluer, mais sans nous arrêter.

— Cependant s'il nous parle, lui?

— Oh! alors... mais il ne nous parlera pas, puisqu'il aime si peu la société...

— Mettons-nous en route; cette fois, j'espère bien que nous ne rencontrerons plus de vache pour nous effrayer.

Les deux amies se mettent en route. Il était sept heures du soir, le temps était beau, mais l'air un peu lourd pouvait faire craindre un orage. Les deux jeunes femmes ne se laissent point effrayer par quelques nuages sombres qui pointent à l'horizon. Elles font en folâtrant, en s'arrêtant pour cueillir des fleurs, le chemin qui les conduit à Gournay; puis après avoir traversé ce tout petit village, Honorine dit :

— Il ne faut pas suivre maintenant la même route que l'autre fois, et qui mène du côté de la propriété de ce monsieur. Il faut prendre un autre chemin, tiens, celui-ci.

— Mais si nous allions nous égarer?

— En demandant, on se retrouve toujours... D'ailleurs, Noisy-le-Grand est par là...

— Mais ce n'est pas à Noisy que nous voulons aller, c'est dans ce ravin où l'on a planté cette croix en mémoire de ce pauvre jeune homme qui a été assassiné là...

— Eh bien! ce ravin est, dit-on, tout contre la route qui mène à Noisy.

— Non, c'est contre le parc du domaine de la Tourelle... et ce chemin nous en éloigne.

— Tu n'en sais pas plus que moi... d'ailleurs, nous demanderons.

Les deux amies s'engagent dans le chemin qui leur est inconnu, mais qui est en partie ombragé par de beaux noyers et de vieux acacias. Après avoir marché quelque temps, Honorine s'arrête :

— Comme il fait sombre... est-ce que c'est déjà la nuit?

— Non, mais c'est l'orage... comme le temps est devenu noir... si l'orage nous surprend par ici, comment ferons-nous? Je ne vois pas de maison pour y chercher un abri.

— Nous nous mettrons sous un de ces superbes noyers.

— Oh! non, quand il tonne, il ne faut pas s'abriter sous un noyer, c'est un arbre qui attire la foudre...

— Comment! tu as peur, Agathe... toi, toujours si courageuse!

— Un orage quand on est dans les champs, ce n'est pas gentil!... Ah! mon Dieu!

— Quoi donc?

— Je viens de sentir une goutte... une grosse goutte.

— Marchons plus vite.

Nos deux promeneuses ont beau hâter le pas, bientôt l'orage éclate, la pluie tombe avec violence, et force leur est de chercher un abri sous un gros arbre dont le feuillage touffu les garantit à peu près de l'averse.

— Nous ne sommes pas heureuses dans nos promenades, dit Honorine; je ne sortirai plus de notre jardin!

— Bah! quand c'est passé on n'y pense plus...

— Oui, mais cela ne se passe pas, et nous sommes très-loin de chez nous! Quelle idée aussi de vouloir aller à un endroit que l'on dit dangereux!

— Bon! voilà que tu as peur à ton tour.

— Pas du tonnerre au moins!

— Le tonnerre est cependant plus dangereux qu'une croix plantée dans un ravin.

— Ah! quel éclair! c'est superbe!

— C'est effrayant!

— Je crois que la pluie cesse un peu.

— Remettons-nous en route.

— Ah! mon Dieu! voilà la nuit qui vient maintenant... si elle allait nous surprendre avant que nous ayons retrouvé notre chemin?

— Marchons, marchons... nous rencontrerons bien quelqu'un qui nous indiquera notre route.

— Ah! comme la pluie a rendu le chemin glissant. Nous allons tomber à présent, ce sera le bouquet.

— Donnons-nous le bras, et tenons-nous ferme.

Les deux amies se remettent en marche en riant, lorsqu'elles manquent de tomber; poussant des cris d'effroi quand des éclairs illuminent la campagne. La pluie ne tombait plus que fort peu, mais la nuit arrivait, et plus elles s'avançaient, et moins les deux promeneuses reconnaissaient leur route. Enfin une paysanne passe avec un

âne qu'elle pousse devant elle, sa vue fait jeter un cri de joie aux jeunes femmes.

— Madame!... madame!... le chemin, s'il vous plaît, pour aller à Chelles?

— Ah ben, Dieu merci, vous lui tournez le dos.

— Par où faut-il prendre, alors?

— Tenez, retournez par ce sentier à gauche...puis encore à gauche, vous arriverez à Gournay, alors...

— Oh! alors, merci, nous savons notre chemin.

— Et la croix du ravin, en sommes-nous loin?

— La croix du ravin... Jésus, mon Dieu... vous voulez aller à la croix du ravin... et le soir... et quequ'un vous voulez donc aller faire par là?

— C'est par curiosité...

— Merci, vous êtes fièrement curieuses, alors...

— Est-ce qu'il y a du danger à aller par là?

— Dame!... ce qu'il y a de certain, c'est que personne du pays ne voudrait passer dans le ravin le soir... Dès qu'on en approche, on entend des gémissements, des plaintes... Ben sûr c'est le mort qui revient...

— Je ne crois pas aux revenants, moi...

— On voit ben que vous n'êtes pas du pays... Au reste, en prenant le chemin que je vous indique, vous êtes bien forcée de passer... pas dans le ravin, mais devant l'entrée... bonsoir, mesdames.

— Voulez-vous nous prêter votre âne pour retourner jusqu'a Chelles... le prix que vous voudrez.

— Non, non, je ne prête pas mon âne à des personnes qui veulent aller à la croix du mort... Merci; d'ailleurs, Julie ne voudrait pas non plus... elle regimberait... Allons, marche, ma pauvre Julie!...

Et la paysanne, qui a donné à sa bourrique le nom de Julie, s'éloigne vivement en poussant rudement sa bête devant elle.

— Nous savons notre chemin, dit Honorine, hâtons-nous, car il fera bientôt entièrement nuit.

— Le tonnerre gronde toujours.

— Ce n'est pas de lui que j'ai peur, moi.

— Est-ce que tu crois aux contes de cette paysanne, avec ces gémissements qu'on entend du côté du ravin?

— Ce qu'il y a de certain, c'est que lorsque nous passerons devant, je me mettrai à courir... Mon Dieu! comme il fait sombre...

— Nous voici sur une grande route, au moins... Il faut encore prendre à gauche.

— A peine si l'on y voit, et je commence à être très-lasse.

— Ah! ma bonne amie, ce sentier étroit entre ces deux monticules, ce doit être le ravin...

— Eh bien! ne voudrais-tu pas y entrer, pour nous retarder encore...

— Oh! je t'en prie, rien qu'une minute pour voir cette croix... Je ne sais point ce qui se passe en moi, mais il me semble qu'il faut que j'aille là... que je prie pour le malheureux qui y a trouvé la mort...

— Mais, Agathe, tu n'as pas le sens commun. Je ne veux pas m'arrêter, moi.

— Ah! écoute... as-tu entendu?

— Non, rien.

— Rien? écoute encore...

Cette fois, un gémissement très-prolongé se fait distinctement entendre. Honorine devient tremblante. Elle veut se sauver, mais les jambes lui manquent; elle ne peut que se pendre au bras d'Agathe en lui disant :

— Tu vois bien, la paysanne ne nous a pas trompées... Cet endroit est effrayant! Mon Dieu! on dirait que quelqu'un accourt vers nous, à présent...

— En effet... oh! ce n'est pas une personne qui marche si vite que cela.

Agathe achevait à peine ces mots que le beau chien de Terre-Neuve Amy était tout près d'elle. Et après avoir tourné plusieurs fois autour des deux amies, qui se croyaient elles étaient seules, revenait se frotter la tête contre la jeune fille, en remuant la queue, en se redressant sur ses pattes de derrière, en fixant sur elle ses yeux remplis d'intelligence, pour lui témoigner la joie qu'il éprouvait à la revoir.

— C'est Amy!... c'est Amy!... s'écrie Agathe en caressant le chien. Oh! maintenant, je n'ai plus peur; car, si nous courions quelque danger, il saurait bien nous défendre.

— En effet, c'est le chien de M. Paul; mais s'il est ici, son maître n'est donc pas loin...

— En ce moment, sa rencontre ne me déplairait pas du tout. Vois donc, Honorine, voilà Amy qui entre dans le ravin... il s'arrête, il revient vers nous... il retourne en avant. Certainement, il nous fait signe de le suivre; viens donc.

— Mais on ne voit plus clair, et ces gémissements que nous avons entendus...

— Le chien est avec nous, je n'ai plus peur.

Honorine se laisse entraîner par Agathe qui lui tient une main. Le chien marche toujours devant elles. Il faisait très-sombre dans ce chemin creux, mais à peine ont-elles fait vingt pas, qu'un éclair magnifique sillonne la nue, et leur permet de distinguer parfaitement à trente pas devant elles. Alors elles aperçoivent le propriétaire de la Tourelle qui est à genoux devant un tertre de gazon placé sur un côté du chemin, et dans lequel on a planté un croix en bois. A cette apparition singulière, les deux femmes se sont arrêtées en se serrant la main, puis Agathe murmure bien bas :

— As-tu vu là-bas ?

— Oui, c'est M. Paul ; il est à genoux devant la croix plantée sur la tombe qui est là.

— C'est bien singulier ! Que peut-il faire devant cette croix ?

— On dirait qu'il prie, qu'il pleure ; écoute... écoute !... il parle, je crois.

En effet, se croyant seul dans ce lieu que les habitants des environs fuient surtout le soir, le maître d'Amy vient de laisser échapper ces paroles :

— Pardonne-moi, pauvre victime de la plus lâche trahison... Ah ! si du moins j'avais pu accomplir tes derniers vœux... Il me semble que tu pourrais me pardonner ta mort !... Mais impossible, toutes mes démarches ont été vaines !...

— As-tu entendu ? murmure Honorine à sa compagne ; il a dit : Tu pourrais me pardonner ta mort... C'est donc lui qui a tué la personne qui est sous cette croix !... Oh ! mais c'est affreux, cela...

— Ce n'est pas possible, dit Agathe ; nous avons mal entendu...

En ce moment, Amy, qui est arrivé près de son maître, se met à japper en le regardant, mais doucement, sans colère ; c'était sa manière de prévenir son maître qu'il n'était plus seul.

— Comment, il y a du monde par ici ? s'écrie Paul en se levant précipitamment, et où donc cela, Amy ? où donc cela ?...

Le chien va rejoindre les deux amies qui, tremblantes, immobiles, se tenaient à quelque distance, n'osant plus ni avancer, ni reculer, surtout depuis qu'elles avaient entendu les paroles prononcées par cet homme mystérieux.

— Comment... ce sont des dames !... s'écrie Paul, en s'arrêtant devant Honorine et son amie... Mais, c'est singulier, autant que l'obscurité me permet de distinguer... il me semble reconnaître les personnes que j'ai déjà reconnues à Chelles il y a quelques semaines...

— Oui, monsieur ! c'est nous, répond Agathe qui, la première, a repris courage.

— C'est encore nous... qui sommes là, et bien embarrassées ; car nous avons été surprises par l'orage, ensuite par la nuit ; nous nous sommes égarées... et je ne sais ce que nous serions devenues sans votre chien... Il nous a rencontrées... reconnues... et nous l'avons suivi, sans savoir où il nous conduisait.

— Mais vous êtes loin de Chelles, et vous n'avez pas trouvé d'abri contre l'orage ?

— Pas d'autre que de gros arbres... C'est si désert, par ici !...

— Est-ce que madame se sent indisposée ?...

Ces mots s'adressaient à Honorine, qui, pâle comme une statue, n'avait pas encore dit une parole, parce qu'elle se rappelait trop bien celles prononcées par ce monsieur, lorsqu'il se croyait seul devant la croix du tombeau. Cependant, se sentant poussée par sa compagne, madame Dalmont balbutie d'une voix altérée :

— Non, monsieur, non... je ne suis pas malade... seulement j'ai été effrayée ; et...

— Elle a peur de l'orage, s'empresse de dire Agathe, et tout à l'heure elle m'a avoué qu'elle ne pouvait plus marcher.

— Oh ! c'est passé, et je puis très-bien marcher maintenant.

— Mesdames, puisque le hasard me fait de nouveau me trouver sur votre route, vous me permettrez de vous servir encore de guide pour vous ramener jusqu'à votre demeure ?

— Oh ! je vous remercie, monsieur ; mais il suffira que vous veuilliez bien nous mettre seulement jusqu'au pont de Gournay ; car, en vérité, vous pourriez prendre de nous une singulière idée en nous trouvant sans cesse errantes le soir dans la campagne... et toujours obligées de réclamer votre appui !...

— Quand je puis rendre un léger service, madame, ma pensée ne va pas au-delà, et ne cherche point à deviner par quelles circonstances cette occasion s'est présentée... Je fais mon devoir en agissant ainsi, et vous ne me devez pour cela aucune reconnaissance.

— Mon Dieu ! je crois que la pluie recommence ! s'écrie Agathe ; ma foi, monsieur pensera tout ce qu'il voudra, mais je suis bien contente que nous l'ayons rencontré , et j'accepte son bras avec plaisir.

Et la jeune fille court prendre le bras de M. Paul. Celui-ci regarde Honorine qui, après un moment d'indécision, se décide enfin à prendre l'autre bras de ce monsieur, et l'on se remet en marche, en pressant le pas, escorté par le fidèle Amy. Mais le bras d'Honorine tremblait tellement sous celui de son cavalier, que celui-ci lui dit bientôt :

— Comme vous tremblez, madame, est-ce le froid... ou la peur de l'orage... mais il se dissipe et vous arriverez sans accident.

— Oui, monsieur, c'est le tonnerre... cela m'a toute bouleversée.

— Appuyez-vous donc sur moi, madame, on croirait que vous avez peur de me fatiguer... et je vous sens à peine...

— Merci, monsieur, merci ; je m'appuie bien assez !...

— Nous étions tout à fait perdues, quand, grâce à votre chien, nous vous avons aperçu, dit Agathe, c'est bien désert, l'endroit où vous étiez, monsieur :

— Oui, mademoiselle, c'est cependant assez près de ma demeure.

— Ce chemin, dans lequel vous étiez, n'est-ce pas le ravin... dans lequel on a placé une croix ?...

Si Honorine avait été près d'Agathe, elle l'aurait fortement pincée, pour la faire repentir de sa question, mais leur conducteur les sépare, elle ne peut que laisser échapper un mouvement convulsif qu'elle réprime aussitôt en feignant d'avoir fait un faux pas.

— Oui, mademoiselle, répond M. Paul d'un ton bref, c'est le ravin à la croix.

— On nous a raconté une histoire bien triste sur cette croix... on nous a dit qu'un jeune homme avait été trouvé mort à cet endroit-là... il y a neuf ou dix ans, je crois... est-ce vrai, monsieur ?

Honorine battrait volontiers Agathe, elle se met à tousser de façon à se déchirer la gorge. Leur compagnon répond d'un air sombre :

— Mademoiselle... on m'a aussi raconté cet événement.

— Et depuis ce temps on n'a pas découvert les assassins de cet infortuné ?

— Les assassins ! s'écrie Paul d'une voix forte et en relevant fièrement la tête. Et qui vous dit, mademoiselle, que la personne trouvée morte en cet endroit y ait été assassinée ?

— Oh ! mon Dieu... personne, monsieur... personne. Je disais cela... parce que le monde qui conte cette histoire...

— Le monde juge presque toujours à faux... il ne connaît jamais le fond des choses... et comme il est plus disposé à croire le mal que le bien... dès qu'un étranger est trouvé mort sur une route, il dit : On l'a assassiné ! Mademoiselle, vous êtes bien jeune encore ! défiez-vous des jugements du monde... vous aurez souvent l'occasion d'en reconnaître la fausseté.

— Voici le pont de Gournay ! dit Honorine, si monsieur veut nous quitter maintenant ?

— Non, madame, et à moins que vous ne me le commandiez, je ne vous laisserai pas... tremblante comme vous l'êtes, la nuit, dans la campagne... je vous remettrai jusqu'à votre demeure.

Honorine s'incline et on continue de marcher, mais maintenant la route se fait silencieuse, car Agathe n'ose plus parler depuis que leur conducteur s'est presque emporté pour lui répondre. On arrive devant la maison d'Honorine. Paul salue les dames en leur disant :

— Vous voilà chez vous, je crois...

— Oui, monsieur, je ne sais comment vous remercier...

— Et de quoi donc, madame ? je n'ai fait que mon devoir...

— Adieu, Amy, adieu, mon bon chien !

Le maître et le chien sont éloignés.

— Ah ! je t'aurais battue volontiers ! dit Honorine à Agathe, lorsque tu as parlé à cet homme de l'histoire de la croix !

— Et pourquoi donc cela ? Tu le vois bien qu'il m'a répondu que le jeune homme trouvé là n'avait pas été assassiné...

— Et puisque c'est lui qui l'a tué... est-ce qu'il pouvait avouer cela ?

— Ce monsieur... un assassin... allons, c'est impossible... est-ce que tu le crois, toi, ma bonne amie ?

— Je crois... mon Dieu ! je ne sais plus que croire, mais ce qu'il y a de certain, c'est que je n'irai plus jamais de ce côté-là... Allons nous coucher... la frayeur, l'émotion, la fatigue, l'orage... je n'en puis plus, et toi ?

— Oh ! moi, je regrette bien de n'avoir pas été jusqu'à la croix du ravin ! J'aurais aussi voulu prier pour celui qui repose là !...

XXXI

La médisance.

Quelques jours se sont écoulés depuis la mémorable soirée d'orage ; Honorine et Agathe se sont juré de ne jamais dire un seul mot sur ce qu'elles ont vu et entendu ce soir-là à la croix du ravin. Il y a de ces choses pour lesquelles la moindre indiscrétion est un crime, en ce qu'elle peut avoir les suites les plus graves, et les paroles que le propriétaire de la Tourelle avait prononcées alors qu'il était à genoux devant la croix, étaient de celles que l'on est fâché d'avoir entendues et que l'on tâche d'oublier. Cependant, entre elles, les deux amies pouvaient bien parler de cela, et c'est ce qu'elles faisaient souvent. Agathe, prenant toujours la défense de Paul, s'écriait :

— Non, cet homme-là n'est point un assassin !... j'en ai la conviction, moi ; et d'ailleurs cette exaltation qu'il a montrée lorsque j'ai dit qu'un inconnu avait été assassiné dans le ravin, la chaleur avec laquelle il a repoussé cette supposition ne prouve-t-elle pas qu'elle est fausse.

— En effet... ce monsieur a paru vivement blessé de tes paroles... Mais alors, pourquoi demandait-il pardon à celui qui est enterré là ?... Quand on s'est loyalement battu en duel, ce n'est point un crime... le vainqueur peut regretter sa victoire, mais il ne s'en accuse pas comme d'une action criminelle...

— Mais pouvons-nous savoir comment cela s'est passé... comment cela est arrivé?...

— Tiens, n'en parlons plus, cela vaudra mieux...

— Tu as raison, n'en parlons jamais.

Mais il était bien rare que la journée suivante s'écoulât sans que Honorine, la première, amenât la conversation sur le propriétaire de 'a Tourelle. Et après avoir parlé de lui, la jeune veuve demeurait longtemps triste et pensive. Agathe observait cela, mais elle se serait bien gardée d'en faire la remarque à son amie; les femmes comprennent bien vite les secrets du cœur, et savent quand il ne faut pas avoir l'air de les deviner. Edmond était revenu à Chelles; il avait été passer quelques jours à Paris, parce qu'on lui avait fait espérer un emploi assez lucratif dans une maison de banque, mais la place a été donnée à un autre, et le jeune homme n'en est pas plus triste. Il a encore une vingtaine de mille francs en portefeuille, avec cela un amour dans le cœur et un grand espoir de le voir partagé, on a devant soi tout un avenir de bonheur. Un matin, les deux amies travaillaient dans le jardin, et le père Ledrux sarclait une allée à quelques pas d'elles, lorsque Honorine dit tout à coup:

— Il y a longtemps que nous n'avons reçu la visite du docteur Antoine Beaubichon... est-ce qu'il serait malade?... Père Ledrux, savez-vous si le docteur Antoine est en bonne santé?

— Oh! que oui! répond le jardinier, je l'ai encore rencontré ce matin qui allait chez madame Droguet... Tu tu... tu turlututu!

— C'est singulier alors qu'il ne soit venu nous voir depuis plus de quinze jours...

— Ah! dame... c'est qu'il peut-être comme les autres, que vous avez assez de monde sans lui!...

— Comment! assez de monde... Je ne comprends pas... Qu'est-ce que vous voulez dire par là, père Ledrux?

— Moi, rien du tout... d'abord, moi, vous entendez ben, que que ça me fait, ça ne me regarde pas... vous recevriez des régiments tout entiers... vous en êtes ben les maîtresses, et c'est pas moi qui y trouverais à redire!... Mais vous savez... il y a comme ça des personnes qui s'occupent de ce qui ne les regarde pas... et qui parlent... pour parler, quoi!...

— Agathe, comprends-tu quelque chose à ce qu'il dit?...

— Pas trop... seulement il paraît que l'on trouve que nous recevons beaucoup de monde... n'est-ce pas cela qu'on dit, père Ledrux?

— Oui... ils disent que vous recevez beaucoup d'hommes... que vous en avez fait venir de Paris, sans compter ceux d'ici qui vont promener le soir avec vous... tutu... tuturlututu...

— Entends-tu, Agathe? que penses-tu de cela?

— Ah! je pense que c'est une horreur, que les habitants de la campagne sont encore plus méchants que ceux des grandes villes... Poucette, est-il vrai qu'il vient beaucoup d'hommes ici?

— Ah! par exemple, mam'selle, je n'avons jamais vu venir que not' voisin, M. Edmond... et puis deux ou trois fois son ami qui est si farce, M. Freluchon... Ah! quel farceur que ce p'tit là...»

— Et où donc avez-vous entendu dire tout cela sur nous, père Ledrux?

— Ah! dame... ce sont des propos... on entend jaser de côté et d'autre... on ne fait pas attention, mais on entend tout de même... D'abord, quand je travaille au jardin de madame Droguet, elle parle toujours de ses voisins, alors j'entendais l'autre jour qu'elle disait à madame Jarnouillard... ou à madame Remplumé, je ne sais plus au juste... Au fait, je crois qu'elles y étaient toutes les trois... Alors madame Droguet disait:

— Vous savez que M. Durand a loué le beau pavillon qu'il possède ici tout près... presque en face de moi... mais ce que vous ignorez peut-être, c'est qu'il a loué cela à un jeune élégant de Paris... qui est venu se mettre là tout seul... sans domestiques... c'est la mère Lupot d'en face qui fait son ménage...

— Et que peut faire un homme tout seul de ce grand pavillon, où il a de quoi loger deux familles? s'est écriée ma dame Jarnouillard.

— Oh! vous comprenez bien, mesdames, que pour faire une dépense tout à fait inuti le, il fallait que le jeune élégant eût ses raisons. Ce monsieur est venu se mettre là, parce qu'il est intimement lié avec les deux nouvelles venues... de la maison Courtivaux... Quand on parle de vous, on dit toujours: les dames de la maison Courtivaux, par habitude... vu que M. Courtivaux a demeuré longtemps ici...

— Très bien, père Ledrux, continuez.

— Oui, qu'a repris mame Droguet, il y va le soir, le matin... il y est toujours fourré... De laquelle est-il amoureux? on n'en sait rien... peut-être de toutes les deux...

— Ah! ma bonne amie!...

— Chut, laisse-le continuer.

— Et puis, disait toujours mame Droguet... il a un ami... qui a bien l'air du plus mauvais sujet... c'est celui-là qui, un soir, fort tard, s'est permis de venir frapper chez moi pour nous demander si nous avions vu son intime Edmond Didier... et ce d'un air goguenard! impertinent... en fredonnant des tra la la!— Ah! qu'est-ce c'est que ce monde-là! s'est écriée la Remplumé, cela me donne une triste opinion des dames de la maison Courtivaux!

— Mais ce n'est pas tout,

Et pouf! je tombe au milieu des poissons.

a repris la Droguet: devinez avec qui nous les avons vues revenir chez elles un soir... à une heure déjà avancée?

— Av c les deux jeunes gens de Paris?

— Non pas oh! elles ont déjà fait d'autres connaissances ici... Elles sont revenues, bras dessus, bras dessous, avec M. Paul et son chien...

— I serait possible!...

— Elles donnaient aussi le bras au chien?

— Je ne vous dis pas que l'on donnait le bras au chien... je vous dis qu'il était de la partie... et encore dernièrement, après cette soirée d'orage... vous vous souvenez?

— Parfaitement! moi qui ai peur du tonnerre, je m'étais fourrée la tête dans un pot à beurre pour ne point voir les éclairs!... je l'avais fourrée trop avant, je ne pouvais plus la retirer, et je dis à mon mari: Jarnouillard, casse le pot, je ne puis ravoir ma tête... et il me répondait: Ce serait dommage, ce pot est tout neuf!... si bien que j'ai été obligée de me cogner moi-même la tête contre un mur.

— Il ne s'agit pas de votre pot ! reprit mame Droguet avec impatience... mais de ces nouvelles venues... Comment se fait-il, ne demeurant dans ce pays que depuis peu de temps, qu'elles se soient déjà liées intimement avec le propriétaire de la Tourelle... ce vilain homme, cet ogre, qui ne veut voir personne... cela me semble plus qu'extraordinaire...

— C'est bien mystérieux en effet...

— Dites donc que c'est même suspect...

— Ah ! dame ! qui se ressemble s'assemble, comme dit le proverbe... l'ours de la Tourelle aura trouvé ces dames à sa convenance !...

— Quant à moi, reprit mame Droguet, j'ai fort mauvaise opinion des personnes qui habitent la maison Courtivaux...

— Elle n'est plus à M. Courtivaux, puisqu'il l'a vendue...

— Cela ne fait rien... d'ailleurs... nous ne savons pas si ces belles dames l'ont payée cette maison... il y a tant de gens qui achètent, puis qui ne payent pas... Oh ! là-dessus, moi, voyez-vous, j'ai pas pu m'empêcher de placer mon mot et de dire: Pour ce qui est de ça, je sommes bien sûr que madame Dalmont a payé la maison... j'avons vu la lettre du notaire qui m'ordonnait de leur livrer les clefs et tout !...

— Merci, père Ledrux, merci de nous avoir défendues sur ce point... mais sachez-le bien : les injures, les propos de ces dames nous touchent peu !...

— Quand on sait que l'on n'a aucun reproche à se faire, on doit se mettre au-dessus des propos de la médisance !...

— Seulement, nous nous félicitons maintenant de n'avoir pas été rendre visite à cette dame, et de n'en point faire notre société...

— C'est ben ça qui l'a le plus vexée, allez !.. et elle ne dit un tas de bavardages sur vous que par dépit de ce que vous n'avez pas été la voir... Mais ce que je ne comprends pas, moi, c'est qu'il y a des gens qui se laissent entortiller par tous ces cancans-là... Tout ça, c'est parce que madame Droguet leur donne à dîner... Elle a dit à M. Luminot : il faut choisir entre la société de la maison Courtivaux et la mienne, monsieur... Je suis résolue, moi et mon mari, à ne plus recevoir les personnes qui iront chez ces dames-là... Elle a mis son mari en avant... le pauvre cher homme! il ne se mêle guère de tout ça!... pourvu qu'il danse le soir devant une glace pour se faire vis-à-vis avec lui-même, il est content !... Mais M. Luminot... vous entendez ben qu'il tient aux dîners de mame Droguet...

— Et comme nous ne donnons pas à dîner, nous, ce monsieur a très-bien fait d'opter pour la société de cette dame... Mais madame Droguet ne se doute pas qu'elle nous fait un extrême plaisir en nous débarrassant des visites de M. Luminot... N'est-ce pas, Agathe?

— Oh! oui, ma bonne amie... et il faut espérer que M. Jarnouillard... imitera l'exemple de M. Luminot... — Ah! c'est pas l'embarras !... il n'est pas aimable souvent, M. Jarnouillard... et puis j'aime pas les usuriers moi... J'vas aller voir vos poules... je crois ben que la noire bat les autres... faudra pas la laisser dans le poulailler alors...

Le jardinier s'est éloigné, et Agathe regarde Honorine en poussant un soupir.

— Ah ! ma bonne amie... comme le monde est mauvais...

— Oui... et plus encore dans les petits bourgs que dans les grandes villes... Cela se comprend : ces gens-là sont la plupart du temps désœuvrés, et leur principale occupation est de s'occuper de leurs voisins... Dans un petit endroit, tout le monde est voisin!...

— Dire que nous recevons des hommes !...

— Ah! je me doutais bien que l'arrivée de M. Edmond dans ce bourg, peu de temps après que nous y étions installées, et les fréquentes visites qu'il nous rend, éveilleraient la médisance...

— Ma bonne amie... c'est moi qui suis cause... Ah! tu vas m'en vouloir...

— Non vraiment. Ce jeune homme est honnête, sa société est agréable... et parce que cela déplaît à madame Droguet, nous ne nous priverons pas de la seule société que nous ayons ici...

— Oh! que tu as raison !... que tu es bonne...

— Quant à ce monsieur... de la Tourelle... ce n'est pas là une connaissance.

— Nous l'avons rencontré deux fois... et ces deux fois son aide nous était bien nécessaire... il nous a ramenées jusqu'à notre demeure... mais il n'y est jamais entré... et probablement n'y entrera jamais...

— Ah! ma bonne amie, si madame Droguet avait entendu les paroles prononcées par cet homme singulier dans le ravin, près de la croix! c'est pour le coup qu'elle en dirait de belles !...

— Tais-toi, Agathe, tais-toi, de grâce... malgré moi je frémis en me rappelant cela... Je sens que je serais fâchée d'être obligée d'avoir mauvaise opinion de ce monsieur...

— D'autant plus qu'il a de très-bonnes manières et l'air très-comme il faut, ce M. Paul... Je suis sûre qu'il serait très-bien, s'il n'avait pas tant de barbe sur la figure...

— Ah! je n'ai pas fait attention... je ne l'ai presque pas regardé... il a les yeux noirs, je crois?

— Pas trop... bruns,

Que vous a donc fait cet enfant?

mais très-doux. — Ah! tu crois... la bouche dédaigneuse?

— Oh non... son sourire est très-aimable...

— Comment! est-ce qu'il souriait en nous parlant?...

— Quand je glissais et que je manquais de tomber, je me retenais après lui et cela le faisait sourire.

— C'est singulier... je ne me rappelle rien de tout cela...

— Ah! il faisait tant d'orage !... Eh bien! je suis sûre, moi, qu' madame Droguet est furieuse de voir que ce monsieur, qui n'a voulu voir personne du pays, est déjà de notre connaissance !... oh! rien que pour cela je suis enchantée qu'on ait vu nous ramener ici.

La conversation des deux amies est interrompue par des sanglots que Poucette ne peut retenir. Aussitôt les deux jeunes femmes se lèvent afin d'aller s'informer de ce qui peut causer le chagrin de leur domestique.

6

XXXII

Une vente par autorité de justice.

La petite Claudine, la cousine à Poucette, venait d'arriver, ses yeux étaient rouges, elle pleurait aussi ; et probablement c'était ce qu'elle venait d'apprendre à Poucette qui faisait sangloter la jeune paysanne.

— Qu'y a-t-il donc, mon enfant, et qui cause ton chagrin? dit madame Dalmont en s'adressant à sa servante.

Mais celle-ci, suivant la coutume des gens de la campagne, continuait de pleurer et ne répondait pas.

— Et toi, petite, dit Agathe à Claudine, tu pleures aussi... c'est donc ce que tu viens de conter à ta cousine qui la fait sangloter?...

— Oui... oui... oui... mam'selle.

— Quel malheur est-il donc arrivé? voyons, parle.

— Oui... oui... oui... madame!

— Voyons, Poucette, parle donc, tu vois bien que cette enfant n'en finira jamais.

La jeune paysanne parvient enfin à retenir ses sanglots :

— Madame, c'est que Claudine vient de m'apprendre qu'ils sont bien malheureux chez eux... mon pauvre oncle... ma pauvre tante... que vont-ils devenir... on va tout vendre chez eux aujourd'hui, leurs meubles, leurs effets ! ah! mon Dieu ! et les mettre à la porte de leur chaumière qui ne sera plus à eux... qu'est-ce qu'ils vont donc devenir... Tiens, Claudine, j'ai encore trois francs sur mes gages... mais je vas te les donner... ah! si j'avais plus...

— Tu ne peux pas avoir plus, puisque tu nous donnes tout ce que tu gagnes !

— Pauvres gens ! mais c'est affreux cela ! s'écrie Honorine. Et qui donc a le cœur assez dur pour dépouiller ces malheureux qui ont à peine de quoi abriter et vêtir leurs enfants!

— Qui? hélas! c'est M. Jarnouillard, il a prêté quequenois de petites sommes à mon oncle Guillot... Dame! l'hiver a été dur, et il avait quatre enfants à nourrir, et puis moi encore avec... Il paraît que M. Jarnouillard a fait signer des brinborions de papier à mon oncle... enfin, si on ne le payait pas juste à temps... il pouvait prendre tout ce que mon pauvre oncle possédait !

— Et comme papa n'a pas pu le payer, quoiqu'il lui ait donné des à compte! reprend Claudine, aujourd'hui, un homme tout noir est venu dire à ma mère qu'elle n'avait plus qu'à quitter la maison avec ses enfants, mais qu'elle n'avait pas le droit de rien emporter.

— Ah! quel misérable que ce M. Jarnouillard! s'écrie Agathe, il fait bien de ne plus se présenter ici celui-là, car nous le mettrions à la porte, nous le chasserions... Et voilà les gens qui disent du mal de nous, qui serions si désolées de faire de la peine à quelqu'un!... elle est bien composée la société de madame Droguet !

Pendant qu'Agathe faisait ces réflexions, Honorine était montée à la hâte dans sa chambre, elle en redescend avec son chapeau sur sa tête et dit à Agathe :

— Suis-moi...

— Où allons-nous, ma bonne amie.

— Eh ! mon Dieu... à la chaumière de Guillot, voir s'il y a moyen de venir en aide à ces pauvres gens... de leur conserver au moins quelques meubles... j'ai cent francs à leur offrir... c'est peu, mais cela les aidera toujours.

— Ah! ma bonne Honorine, si cela était possible, je t'aimerais encore davantage.

Les deux amies sont sorties suivies par Poucette et Claudine, qui ne pleurent plus parce qu'elles espèrent et devinent que l'on veut secourir leurs parents. On arrive devant la chaumière du laboureur, où déjà beaucoup d'habitants étaient rassemblés. Car l'annonce d'une vente par autorité de justice fait toujours accourir une foule de trafiquants et de désœuvrés. Ici, un bien triste spectacle aurait attendri tout le monde, s'il y avait encore des gens sensibles parmi ceux qui se disputent l'achat d'une vieille chaise. La femme de Guillot était assise au pied d'un arbre... à quarante pas de sa chaumière, tenant contre son sein son dernier né, ayant à ses côtés ses deux autres jeunes enfants, qui se blottissaient contre leur mère, comme effrayés par la vue de tout ce monde rassemblé là. La paysanne regardait d'un œil humide de larmes et sa chaumière et tous ses pauvres meubles que l'on en sortait, afin de les exposer en vente; puis elle reprend ses regards vers ses enfants, et son regard disait clairement :

— Nous n'avons plus d'asile, où donc coucherons-ils cette nuit.

Un peu plus loin, le laboureur désolé, mais s'efforçant de conserver du courage, regardait les gens de justice qui venaient de s'établir devant une table et s'apprêtaient à commencer la vente. M. Jarnouillard se promenait en examinant les meubles à mesure qu'on les sortait de la chaumière, et chaque fois haussait les épaules en murmurant :

— Ah! mon Dieu ! comme tout cela est mauvais ! Je ne retrouverai jamais mon argent! Je bois est pourri... cela tombera en cannelle !

Cependant Guillot s'approche de M. Jarnouillard et le chapeau à la main, l'air suppliant, lui dit

— Mais, monsieur, est-ce que vous allez vendre aussi ma maison?

— Sa maison ! ah ! le mot est joli... il appelle cela une maison... une misérable masure qui ne tient plus à rien.

— Telle qu'elle était, monsieur, elle m'abritait, moi et ma famille... enfin elle venait de mon père... et j'y tenais.

— Qu'est-ce que tout cela me fait à moi... il vaudrait mieux pour moi qu'elle vint du diable et qu'elle fût en pierres de taille... on n'en donnera rien de votre bicoque.

— Si vous pensez qu'on ne m'en donnera rien, monsieur, pourquoi la faites-vous vendre ?

— Pourquoi ? Eh bien ! et la somme que vous me devez ?... est-ce que vous croyez que je la trouverai sur la vente de vos meubles... c'est du propre tout cela ! Vous m'avez mis dedans, mon cher, je suis refait... attrapé, c'est le mot.

En s'entendant accuser par celui qui le dépouille, le laboureur relève fièrement la tête, en répondant d'une voix ferme cette fois :

— Je n'ai jamais trompé personne, monsieur, je suis un honnête homme, tout le monde le sait dans le pays... et s'il y en a un de nous deux qui a trompé l'autre, ce n'est pas moi, entendez-vous !

L'usurier baisse le nez et le ton, comme font toujours ces messieurs lorsqu'ils craignent d'être démasqués ; il répond :

— Mon Dieu ! Guillot, ne vous emportez pas... j'ai pu dire un mot pour un autre... ma langue aura tourné.

Je n'ai jamais eu l'intention d'attaquer votre probité... mais vous comprenez bien qu'il faut que je rentre dans mes déboursés...

— Je ne vous dois que quatre cent quatre-vingts francs, monsieur.

— Oui, de capital ! mais les intérêts qui couraient toujours... avec les intérêts des intérêts... tout cela s'amoncelle... si bien que vous me devez aujourd'hui huit cent soixante-quinze francs... plus les frais d'huissier, de vente... cela ira bien à mille francs...

— Ah ! mon Dieu !

— Voilà pourquoi je suis obligé de faire vendre votre maisonnette, ainsi que vos meubles...

— Mais si cela rapportait plus, monsieur ?

— Oh ! si cela s'élevait au-dessus de votre dette et des frais, le surplus serait pour vous... cela va de droit ! mais malheureusement, au lieu d'aller au-dessus de mille francs, je crains que cela ne reste bien au-dessous.

— Enfin, monsieur, pour vendre une maison il faut des acheteurs, et il faut, pour qu'il en vienne, qu'on sache d'avance qu'elle était à vendre.

— Soyez tranquille, toutes les formalités ont été remplies... les affiches ont été posées.

— Je ne les ai pas vues, moi.

— Ce n'est pas ma faute !

— Parmi tous ces gens du pays que je vois là, il n'y en a pas un qui achètera ma maison.

— Bah ! il se trouvera toujours quelqu'un... à la rigueur, je l'achèterai moi même.

— Vous, monsieur?

— Dame ! s'il ne se présente pas d'autre acquéreur, il faudra bien que je la prenne, moi ; ça me gênera beaucoup... mais puisque j'y serai forcé !

Tout en disant cela, M. Jarnouillard se frottait les mains et se disait en lui-même :

— Il ne se présentera pas d'acquéreur, j'aurai la maison presque pour rien.

Ensuite je pourrai la louer à Guillot, cela me fera une augmentation de revenu.

Le laboureur s'est éloigné de son créancier la mort dans l'âme et le désespoir sur le visage. Cependant pour se rapprocher de sa femme, il voudrait dissimuler un peu de sa peine afin de ne point augmenter encore la douleur de sa femme. Heureusement pour les pauvres gens, la petite Claudine venait d'accourir à eux, suivie de sa cousine Poucette, et l'enfant, montrant à sa mère Honorine et Agathe qui s'étaient arrêtées à quelque distance, lui dit :

— Ne te chagrine plus, mère, v'là les deux maîtresses de Poucette qui sont venues, et elles sont bien bonnes ces dames-là... elles ont pitié de nous!

— Oui, oui, dit à son tour Poucette. Ne pleurez plus, ma tante. Ma maîtresse m'a dit de vous prévenir que tout ce qu'elle achèterait, ça serait pour vous... et dame ! elle rachètera le plus qu'elle pourra !

La femme du laboureur se sent renaître à la vie, elle veut se lever pour aller avec son mari remercier cette dame si bonne pour eux; mais Poucette l'en empêche en lui disant :

— Madame ne veut pas que vous lui disiez rien maintenant..... car si on devine qu'elle fait cela pour vous, les marchands sont si méchants, ils seraient capables de lutter avec elle et de lui faire payer tout plus cher... faut pas avoir l'air... vous la remercierez après.

Cependant le beau monde de l'endroit, ce qu'on appelle dans les campagnes on appelle communément bourgeois, commençait à arriver pour la vente. Le moindre distraction est un événement que l'on ne laisse pas échapper lorsqu'on habite un petit bourg. D'ailleurs M. Jarnouillard, comme intéressé dans l'affaire, n'avait pas manqué d'avertir toutes ses connaissances en disant : — Il est toujours bon d'aller à une vente... on trouve souvent là un objet dont on a besoin et auquel on ne songeait plus... il y a de bonnes occasions et il faut toujours saisir les occasions... cela ne se retrouve plus...

La maison Droguet ne tarde pas à poindre sur la place, dans la personne de sa grande et grosse maîtresse, laquelle s'appuie très-familièrement sur le bras de l'ami Luminot, le jovial négociant en vins. Le petit monsieur Droguet marche derrière sa femme, en faisant des pas bien mesurés et presqu'en cadence. Madame Jarnouillard vient après, donnant le bras à madame Remplumé, grande machine longue et maigre comme un échalas, et que l'on jugerait être un homme déguisé en femme. Il y a ensuite un petit monsieur qui vient derrière en boitant, c'est M. Remplumé, qui ne parle pas, mais qui tousse, prise, crache, éternue et se mouche continuellement, voisinage fort désagréable; aussi le vide se fait très-vite autour de lui. Enfin le docteur Antoine Beaubichon marchait à quelques pas de cette société, qu'Agathe voyait venir de loin; aussi serre-t-elle le bras de sa compagne, en lui disant:

— Regarde donc, ma bonne amie, voilà tous ces gens qui disent du mal de nous... En vérité, ils sont tous si vilains que je ne m'étonne plus qu'ils soient méchants... N'aie pas l'air de les regarder de leur côté ! — Pourquoi donc cela... est-ce que je vais, à cause de madame Droguet, ne donner un torticolis... Je suis bien fâchée que M. Edmond soit à Paris aujourd'hui, car il serait venu avec nous, et cela aurait encore plus fait endêver tout ce monde-là... — Ah! ma bonne amie, le docteur nous salue, c'est bien heureux, au moins il est encore poli celui-là !

Honorine s'est retournée pour faire une gracieuse révérence au docteur, ce qui met dans un cruel embarras l'ancien marchand de vins, qui se trouve alors juste en face de la jeune dame, et voudrait aussi la saluer, mais madame Droguet lui tient le bras et le regarde fixement, et d'un air si déterminé que pour se tirer adroitement de sa position, M. Luminot simule de suite cinq à six éternuments, et l'on sait qu'en éternuant on fait habituellement un mouvement de tête qui ressemble à un salut.

— Eh bien... qu'est-ce que cela signifie ? s'écrie madame Droguet en lançant à son cavalier un regard courroucé Pourquoi donc éternuez-vous ainsi ? — Mais... j'éternue... mon Dieu ! ... parce que j'en ai envie... vous savez, cela vous prend subitement... je me serai enrhumé du cerveau probablement... — Voilà un rhume que je ne vous connaissais pas... — Ni moi non plus... mais on ne les connaît jamais avant de les avoir... — En vérité, c'est qu'on aurait cru que vous faisiez des saluts à ces femmes... — Ah ! par exemple !... je n'y ai jamais songé... — Pourquoi vous éternuë de lui côté ? — Ma foi... j'ai éternué... quand cela m'a pris... je n'y ai mis aucune intention. — Je l'ai vu... il me revaudra cela... on devait poser demain des sangsues à Droguet, on ne lui en posera pas... — Ah ! cependant, permettez, si votre mari a besoin de sangsues... — Je vous dis qu'on ne lui en mettra pas... Je veux faire voir au docteur ce cas que je fais de ses ordonnances... — Enfin si votre mari se plaint de maux de tête... — Laissez-moi donc tranquille... je commence à croire que le docteur Beaubichon est bon pour soigner les poules... Droguet danse sur ma robe dans ce moment... est-ce qu'il a l'air malade?...

— Voilà les habitants de la maison Courtivaux, dit madame Remplumé en se rapprochant de madame Droguet. — Oh ! nous les avons vues !... elles sont assez remarquables... quelles tenues ! — Quelles toilettes de mauvais goût...

— Des étoffes, tout ce qu'il y a de meilleur marché !... — Cela me fait cet effet-là... — Vraies tournures de lorettes !... n'est-ce pas, monsieur Luminot ? — Ma foi, mesdames... permettez, d'abord qu'entendez-vous par des lorettes ? — Oh ! petit innocent ! qui ne connaît pas les dames qui habitent à Paris dans le quartier Breda.

— Je vous jure que je ne connais pas ce quartier-là ! quand j'habitais Paris, je ne sortais pas de Bercy. — Taisez-vous, mauvais monstre !

Madame Jarnouillard interrompt ce dialogue en disant : — Mesdames, venez donc examiner ces meubles, ces objets en vente... on trouve parfois des ustensiles à sa convenance. Approchez-vous de ce qui est exposé... — Eh ! mon Dieu, madame, que voulez-vous que nous puissions acheter dans toutes ces pauvretés ! s'écrie madame Droguet en jetant un regard dédaigneux sur le mobilier du laboureur. — Je ne vois là que de la drogue !... des saletés !... et tout cela doit être rempli de punaises !... — C'est à quoi je pensais ! murmure madame Remplumé, tandis que son mari crache au hasard autour de lui. — Voilà cependant une paire de chandeliers... qui peuvent servir dans une cuisine... n'est-ce pas, Droguet ?... Bon, il ne m'entend pas ! il se siffle une polka... — Votre mari est un zéphir... — C'est un vent, mais ce n'est pas un zéphir !... — Ah ! très-joli, le mot; je le retiendrai... As-tu entendu, Remplumé ? — Ahtchi... errrraho... fursssscht !... — Celui-ci n'est pas un vent ! dit tout bas Luminot, c'est une fusée continuelle... — Il y a quelques marmites assez bonnes... — Ah ! fi ! fi !... je ne voudrais pas faire cuire des artichauts là-dedans... — Et ce soufflet ? — Il est énorme... c'est comme un soufflet de forge... mais c'est le seul objet dont on

pourrait se servir ! — Jarnouillard me fait signe que la vente commence... Approchons-nous, mesdames... — Ah ! voyez donc, les habitants de la maison Courtivaux s'approchent aussi... — Probablement elles veulent faire des achats... — Oui, oui ; elles vont monter leur maison avec le mobilier du paysan... Ce sera assez bon pour elles !...

La vente est commencée. Le premier objet offert est une table assez solide encore. On crie : — A trois francs la table !... trois cinquante... cinquante-cinq... soixante !... — Les paysans augmentaient de cinq ou de dix centimes à la fois. Honorine offre tout de suite : Cinq francs ! On la regarde avec stupeur, les paysans sont stupéfaits, les revendeurs font la grimace. La table est adjugée à madame Dalmont.

— Quand je vous le disais, murmure madame Droguet. Ces belles Parisiennes viennent ici se meubler ici !...

Après la table vient un buffet en noyer, mais vieux et en mauvais état ; il est mis en vente pour douze francs, et il ne se présente pas d'acheteur. Honorine le buffet pour la mise à prix. Ensuite c'est un lot de vaisselle, de verres, de poterie, qui lui est encore adjugé. La société Droguet pousse de gros rires ; les dames se disent :

— Comment, il leur faut aussi les écuelles ébréchées, les assiettes écornées... tout ce qu'il y a de plus commun en faïence, en vieilles marmites !... — En vérité, ces dames auront là un joli ménage !... — Moi je trouve que c'est honteux... honteux est le mot, d'acheter cela... — Ah ! que je suis donc contente d'être venue voir cela !... voilà de quoi m'amuser longtemps... — Voyons... je veux cependant leur souffler le gros soufflet... — Il faut le pousser... — Oh ! je le veux ! nous allons voir...

Pendant que la société Droguet se livrait au plaisir de se moquer des deux jeunes femmes, celles-ci échangeaient de doux sourires avec la famille du laboureur ; les pauvres gens éprouvaient un sentiment de bonheur à chaque objet que l'on adjugeait à Honorine, car Poucette placée près d'eux leur disait alors : — C'est pour vous !... cela vous reviendra... c'est toujours pour vous le rendre que madame achète tout cela.

— A combien ce gros soufflet ? s'écrie tout à coup madame Droguet en prenant un air magistral, c'est le seul objet digne d'entrer chez moi... à ma cuisine.

Pendant que Jarnouillard, qui veut que l'on a envie du soufflet, se consulte avec le commissaire-priseur pour savoir à quel prix on le mettra, Poucette accourt près de sa maîtresse lui dire tout bas : — Ne rachetez pas le soufflet, madame... il ne vaut rien du tout, il n'a plus d'âme et mon oncle voulait toujours le brûler. — C'est bien, répond Honorine, mais puisque madame Droguet en a envie, il faut tâcher de le lui faire bien payer.

— A trois francs le gros soufflet ! crie le commissaire-priseur ; et madame Droguet dit aussitôt : — Je mets dix sous de plus ! — Quatre francs ! dit Honorine. — Quatre francs dix sous ! réplique la grosse dame, qui ne veut jamais parler par centimes. — Cinq francs ! réplique Honorine. — Eh bien ! six francs, sacrebleu !... s'écrie madame Droguet d'une voix altérée par la colère.

Cette fois Honorine ne met pas au-dessus ; mais elle se retourne pour rire avec Agathe, car le méchant soufflet ne valait pas cinquante centimes.

— Je savais bien que j'aurais ce que je voudrais et que je forcerais cette pimbêche à me céder !... s'écrie madame Droguet en revenant près de la société armée du soufflet de forge qu'elle remet à son mari en lui disant : — Mettez cela sous votre bras, monsieur, et ne vous tenez pas de face derrière moi, vous m'enverriez du vent.

Plusieurs meubles et des matelas sont encore achetés par Honorine. Mais la literie devenait plus chère et la jeune veuve touchait à la fin de ses cent francs, lorsqu'un nouveau personnage arrive au milieu de la vente. Marchant à travers la vaisselle, sautant par-dessus les meubles, sans respect pour les plaintes de M. Jarnouillard qui ne cesse pas de crier : — Eh bien ! qu'est-ce que c'est donc que ce chien-là ?... Chassez donc cet animal qui veut mettre le désordre dans la vente, il cassera quelque chose, et tout cela est déjà bien mauvais !...

Amy, car c'est lui qui vient d'arriver, pousse le manque de respect jusqu'à sauter par-dessus M. Jarnouillard et le commissaire-priseur, assis alors derrière la table qui leur sert de bureau. Le premier fait un mouvement d'effroi en voyant l'énorme chien exécuter de la gymnastique par-dessus sa tête ; le second porte bien vite la main à son front pour retenir sa perruque qui a manqué d'être emportée par une patte du chien. C'est pour courir près d'Agathe, pour aller lui faire mille marques d'amitié qu'Amy vient d'accomplir cette espèce de saut de tremplin. La jeune fille passe sa main sur le cou du chien, le flatte, le caresse ; pendant ce temps, Honorine regarde autour d'elle, car ordinairement la présence d'Amy annonce celle de son maître. On pouvait présumer que cet homme singulier, qui fuit toute société, vienne dans un endroit où une grande partie du village est réunie? Cependant M. Jarnouillard, qui n'a eu que le temps de retenir sa perruque, mais n'a pu l'empêcher de faire un demi-tour sur sa tête, est obligé de la remettre en place devant tout le monde, cela lui donne beaucoup d'humeur, et il crie comme un sourd :

— A qui ce maudit chien qui vient de manquer de m'éborgner ?... qui a sauté par-dessus M. le commissaire-priseur... qui a renversé deux flambeaux et une cruche... Je veux savoir à qui il appartient... je parlerai à son maître, moi ?... — Et que lui direz-vous. à son maître, monsieur ? parlez, il est devant vous.

Le propriétaire de la Tourelle venait de percer la foule presque aussi brusquement que son chien, et il se trouvait au milieu de la vente, avant que personne l'eût même vu venir. M. Jarnouillard demeure tout saisi en voyant surgir devant lui ce personnage singulier, dont il avait d'abord à quelque chose de sévère et d'imposant. La mise de Paul est toujours aussi simple, seulement cette fois il ne porte ni fusil, ni bâton ; mais sa casquette à longue visière est baissée sur ses yeux, de façon que le haut de son visage est tout à fait dans l'ombre.

— Ah ! monsieur est le maître de ce gros chien !... balbutie l'usurier en reprenant un air patelin. Ah ! oui... oui... en effet... je crois reconnaître monsieur et son chien... — Au fait, monsieur, Amy a-t-il brisé quelque chose ici ? — Non, monsieur... non, il nous a effrayés seulement... et il a dérangé ma perruque... voilà tout !

Pendant ce temps, madame Jarnouillard faisait une foule de signes à son mari, en lui criant : — A droite... tu t'es trompé... tourne-la à droite... elle est de travers !...

Mais l'implacable créancier, tout occupé de la vente, ne fait point attention aux signes de sa femme. Il va faire mettre à l'enchère une vieille commode en noyer, le meilleur meuble des paysans, lorsque Paul l'arrête par le bras en lui disant :

— Un moment, monsieur !... vous faites vendre les meubles et la maison de ces pauvres gens, je crois ?... la douleur de cette pauvre mère, assise là-bas et entourée de ses quatre enfants, ne vous a pas touché !...

— Monsieur, les affaires sont... les affaires ! on me doit, j'ai besoin de rentrer dans mes fonds...

— Assez, monsieur !... à combien s'élève votre créance ?

— Près de neuf cents francs... cela ira à mille avec les frais...

— C'est bien, mettez tout de suite la maison en vente...

— La maison, mais permettez, nous n'avons pas encore fini avec les meubles... et je voulais...

— Je vous dis que je voudrais acheter la maison... si cela paye votre dette, vous n'avez plus besoin de vendre les meubles...

— Sans doute... mais je doute fort que cette bicoque !...

— M'entendez-vous, monsieur !... je vous dis que je veux acheter cette maison ; finissons-en, je vous prie...

Ces paroles sont dites d'un ton qui rend Jarnouillard souple comme un gant. Il se rapproche du commissaire-priseur et lui dit tout bas :

— Ce monsieur a grande envie de la maison, il faut qu'il la paye cher ; si nous mettions la mise à prix à... cinq cents francs ?

— C'est deux fois plus que cela ne vaut.

— C'est égal... essayons !...

— Jarnouillard !... Jarnouillard... tire-la donc à droite !... tu l'as mise de travers ici !

— Pour Dieu ! madame Jarnouillard ! laissez-moi en repos ! vous m'ennuyez !... il s'agit bien de la coiffure ici !

La femme de l'usurier en est pour ses gestes. Elle se décide à retourner près de sa société à laquelle la présence du propriétaire de la Tourelle a causé une si vive surprise, que madame Droguet s'est laissée aller sur M. Luminot, qui repousse madame Remplumé, laquelle repousse son mari, qui repousse M. Droguet, lequel n'ayant personne à repousser, se contente de laisser tomber à terre le gros soufflet qu'on lui a dit de tenir sous son bras.

— Qu'est-ce que cela signifie ?... l'homme ours ici ?...

— Et avec son chien !...

— Il ne sort jamais sans lui.

— Pardonnez-moi !... je l'ai vu sans son chien !

— Que vient-il faire à cette vente... lui qui fuit le monde !...

— Ce n'est pas naturel !...

— C'est-à-dire que c'est même extraordinaire !...

— Comment ! vous ne devinez pas pourquoi il vient ici ?... Ah ! c'est bien facile à comprendre, cependant ! dit madame Droguet en souriant avec malice. Est-ce que les belles de la maison Courtivaux ne sont pas là ?...

— Ah ! c'est juste... elles y sont... alors il y vient !... Ah ! que cette madame Droguet a de pénétration !...

— Mais oui, pas mal, j'ose m'en flatter.

Pendant que les bourgeois se livrent à ces commentaires sur la présence du propriétaire de la Tourelle, les paysans, de leur côté, regardent avec curiosité ce personnage sur lequel on leur a déjà dit tant de choses. Ils sont, pour la plupart, surpris de voir que c'est un homme comme un autre, qui n'a l'air ni d'une bête féroce, ni d'un ogre. La famille du laboureur ne sait ce qu'elle doit craindre ou espérer de la venue du monsieur et de son chien, mais les caresses que ce dernier fait à Agathe et à sa compagne rendent quelque espérance à ces pauvres gens. Puis, comme s'il comprit qu'il devait aller les rassurer, le chien court du côté où est rassemblée la famille de Guillot, il court autour de la mère et des enfants en remuant la queue d'une façon tellement significative, que bientôt la pauvre famille n'a

plus peur de lui. M. Jarnouillard a cessé de causer avec l'homme de justice, et celui-ci se met à crier :

— Nous mettons en vente la maison que voici... avec le petit clos... de quinze perches qui en dépend... le tout pour cinq cents francs... Y a-t-il preneur à cinq cents francs ?

Un murmure se fait entendre dans l'auditoire :

— Cinq cents francs cette masure !... mais cela n'a pas le sens commun !... personne n'en voudra ! personne ne l'achètera...

— Encore s'il y avait du terrain avec !... mais quinze perches ! voilà qui est joli !...

— Apparemment que M. Jarnouillard veut la garder pour lui ! mais il aurait pu la payer moins cher...

Pendant que chacun fait ces réflexions tout haut, l'huissier a déjà répété :

— Allons, messieurs... cinq cents francs... qui est-ce qui met au-dessus ?...

— C'est au-dessous qu'il veut dire ! s'écrie M. Luminot en riant beaucoup...

— Ah ! ah ! elle est bonne, la mise à prix !... Moi, j'en donne trois trois cents francs de la maison... à condition qu'on la jettera à bas tout de suite !...

— Et moi, dit Paul d'une voix haute, j'en donne deux mille francs... à condition que le créancier et les frais payés, ce qui restera de cette somme sera sur-le-champ remis à cette pauvre famille.

La baguette d'une fée ne produirait pas un effet plus magique que ne viennent de le faire les paroles prononcées par le propriétaire de la Tourelle.

— Deux mille francs !...

— Deux mille francs !... répète-t-on de toutes parts.

Agathe et Honorine sont les seules qui ne paraissent pas bien surprises de ce que le maître d'Amy vient de faire, mais en revanche, on voit qu'elles en sont bien heureuses... et qu'elles partagent toute la joie que laisse éclater la famille du laboureur. Paul s'est approché du bureau sur lequel il jette deux billets de banque de mille francs, auxquels M. Jarnouillard fait un salut dans lequel il manque de perdre entièrement sa perruque.

— A qui avons-nous l'honneur de vendre cette maison, monsieur ? demande le commissaire-priseur. Voulez-vous avoir la bonté de nous dire votre nom ?

— C'est inutile, monsieur, car cette maison n'a point de maître... Je ne l'ai rachetée que pour la rendre à ce pauvre laboureur, à cette malheureuse famille... que ce monsieur voulait faire coucher en plein champ.

A peine ces paroles étaient-elles prononcées, que toute la famille de Guillot courait se jeter aux pieds de son bienfaiteur, et ne trouvant pas de paroles pour exprimer sa reconnaissance, se bornait à lever les yeux vers lui, en baisant ses mains et le bas de sa veste. Ce tableau touchant devait émouvoir tous les cœurs sensibles. Honorine et Agathe ne cherchaient point à cacher leurs larmes. Mais la société de madame Droguet, qui est très-contrariée de voir la tournure que prennent les choses, lâche encore de se moquer de ce qui se passe en disant :

— Oh ! c'est superbe !...

— C'est magnifique !...

— C'est une scène qui avait été préparée d'avance, sans doute, avec les deux dames... amies de ce monsieur... On a voulu produire de l'effet.

Ces méchancetés ne trouvent point d'écho ; le docteur Antoine, lui-même, s'écrie :

— Je ne sais point si le monsieur de la Tourelle a voulu produire de l'effet, mais je trouve très-beau ce qu'il vient de faire là... cela me raccommode avec lui et avec son chien.

Pour redoubler la mauvaise humeur de madame Droguet, son mari ne cesse pas de lui mettre le gros soufflet sous le nez, en lui disant :

— Pas de vent !... je t'assure, bobonne, qu'il ne souffle pas, qu'il ne va plus !

Et la grosse dame répond :

— Taisez-vous, Droguet !... je saurai bien lui donner du vent, moi.

Cependant la vente se trouvait terminée par les deux mille francs donnés pour prix de la maison. L'huissier a bientôt fait les comptes : M. Jarnouillard est payé, les frais de justice sont prélevés, et l'on appelle Guillot auquel on remet mille quinze francs qui lui reviennent Alors le laboureur pousse des cris d'étonnement, en disant :

— Quoi, monsieur me laisse ma maison... et il me donne encore cette grosse somme... Oh ! mais c'est trop !... je ne mérite pas tout ça...

— Si, car vous avez quatre enfants à élever, et vous aviez encore pris votre nièce avec vous !.. dit Paul au laboureur. Vous voyez que je sais qui j'oblige... Maintenant, vous pouvez prendre quelques moments de repos et vous donner le temps de caresser vos enfants.

De son côté, Honorine avait dit à Poucette que sa tante pouvait réintégrer chez elle tout ce qu'elle avait acheté, afin de le lui rendre. Mais la paysanne, qui se voit riche maintenant, accourt vers madame Dalmont en lui disant :

— Vous êtes aussi bien bonne pour nous, madame, mais à présent nous ne sommes plus pauvres, grâce aux bienfaits du monsieur de la

Tourelle, permettez donc r̄ e nous vous remboursions ce que vous avez donné pour tout cela...

— Non vraiment, dit Honorine, je veux aussi, moi, être pour quelque chose dans votre bonheur... et si je n'ai pu faire autant que monsieur, au moins vous savez bien que j'en avais le désir !...

Paul était à quelquelques pas d'Honorine, les paysans lui ont bientôt appris ce que cette dame était venue faire pour eux à la vente; il se retourne alors et lui fait un profond salut en lui disant : — Je suis heureux, madame, d'avoir pu vous imiter en quelque chose!

— Vous avez fait bien mieux que moi, monsieur, répond Honorine en baissant les yeux.

— Madame, le mérite d'un bienfrit n'est pas dans sa valeur, mais dans la manière de donner.

Puis, après avoir attaché quelques instants ses regards sur la jeune femme, Paul s'incline de nouveau devant elle et Agathe, et s'éloigne après avoir appelé son chien qui ne quitte pas facilement Agathe et la famille du laboureur, qu'il semble regarder comme une vieille connaissance. Alors Honorine prend le bras de son amie, en lui disant d'une voix émue :

— Rentrons, je suis bien contente de ma journée!...

— Et j'espère que maintenant tu ne diras plus de mal de M. Paul?...

— Tais-toi !... de quoi vas-tu parler?

— Moi, je suis bien fâchée que M. Edmond n'ait pas été témoin de tout ce qui s'est passé... je suis sûre qu'il aurait été si content du bonheur de cette pauvre famille... Oh! mais nous lui conterons tout cela.

Madame Droguet s'éloigne aussi avec sa société.

— Je ne m'attendais pas à être payé intégralement! dit M. Jarnouillard, qui est vexé que la maison du laboureur ne lui soit pas restée.

Madame Dalmont a rendu à la femme de Guillot tout ce dont elle avait fait emplète! dit le docteur. C'est un joli trait!...

— Laissez-nous donc tranquille, docteur, avec votre joli trait!... c'est une comédie que ces gens-là ont jouée... et pas autre chose... ils s'entendaient tous comme larrons en foire, n'est-ce pas votre avis, monsieur Luminot?

— C'est mon avis... et je dirai plus!... je suis entièrement de votre opinion!

— Bobonne! ce soufflet ne souffle pas... je ne puis obtenir de vent!

— C'est bien, monsieur, en voilà assez... c'est pour me contrarier que vous dites cela !... Prenez garde !... il y a d'autres soufflets que celui-là !...

XXXIII
Comment Chamoureau inaugure sa nouvelle propriété.

Peu de temps après la vente par autorité de justice, et dont le résultat avait été si favorable à la famille de Guillot, une grande nouvelle circule dans le petit bourg de Chelles, et met de nouveau en mouvement toutes les langues des commères de l'endroit. Car, vous savez que plus un endroit est petit, et plus on s'y livre au plaisir de s'occuper des affaires de son voisin. C'est le ci-devant négociant en vins, le facétieux Luminot qui arrive un matin chez madame Droguet en s'écriant :

— Savez-vous la nouvelle... la grande nouvelle !...

— Eh mon Dieu! non, nous ne savons rien... comment voulez-vous que je sache quelque chose ici, M. Droguet qui ne pense qu'à son quadrille des lanciers qu'il ne saura jamais?... Voyons, monsieur Luminot, de quoi est-il question?

— Vous connaissez bien cette charmante propriété... située dans le beau côté du pays... cette délicieuse villa qui avait été bâtie pour une ex-artiste du Vaudeville... qui l'a revendue à un confiseur de Paris qui a fait faillite...

— La villa aux poissons rouges, voulez-vous dire?... on la nomme ainsi parce qu'elle renferme un bassin fort en farci...

— J'ignorais cette circonstance... c'est un agrément de plus pour cette propriété...

— Eh bien cette maison?

— Elle est achetée depuis quelques jours par des personnages très-distingués à ce qu'il paraît et nécessairement fort riches, car il faut l'être pour se donner une telle maison de campagne...

— Mon Dieu! ce n'est pas un château... je crois qu'on en voulait soixante mille francs... on l'aura donnée pour cinquante!

— Eh bien... cinquante mille francs pour une campagne... où l'on n'habite pas constamment, c'est déjà joli... et tout ce que l'on dépense dans une propriété qu'on achète... il y aura de dix arpents.

— Ce n'est pas un parc, c'est un jardin avec un bois...

— Permettez, un jardin de dix arpents... ce serait trop grand...

— Si vous tenez à ce que ce soit un parc, je le veux bien !... enfin quels sont ces gens si distingués qui ont acheté la villa aux poissons rouges?...

— Ils ont voiture.

— Ils ont voiture... à eux... avec des chevaux?

— Oui, oui avec de vrais chevaux !... c'est un ménage... il n'y a point d'enfant... un grand train... on dit la dame extrêmement jolie... et d'une élégance...

— C'est bon, nous verrons cela... Je doute que cette dame puisse être mieux mise que moi... avez-vous vu la robe que j'avais jeudi, Luminot?

— Je dois l'avoir vue!...

— Il ne l'aura pas seulement remarquée!... une robe en damas gris à raies vertes...

— Ah! oui... elle était superbe, vous aviez douze pieds de tour au moins!

— Il n'est pas question de ce que j'avais de tour... je vous parle de l'étoffe de ma robe... qui coûte vingt francs le mètre..., mais aussi ça se tient tout seul... c'est magnifique...

— Vous étiez superbe!

— Laissez-moi, vous autres hommes vous ne pensez qu'à la nouveauté... vous vous enthousiasmez d'avance pour une dame que vous ne connaissez pas...

— Je m'enthousiasme pas... je répète ce qu'on m'a dit... et je suis bien aise de voir le beau monde affluer dans notre pays.

— Comment s'appelle-t-il ce beau monde-là?...

— Attendez donc... on m'a dit le nom de l'acquéreur... un drôle de nom... c'est un endroit aux environs de Paris très-connu...

— Comment! ces gens distingués ont le nom d'un endroit?

— Pourquoi donc pas? ce n'est pas Saint-Cloud...

— Ah! ah! M. et madame Saint-Cloud... ce serait bien drôle !...

— Ce n'est pas Vaugirard... diable! je le savais ce nom... ce n'est pas la Vilette !...

L'arrivée de madame Remplumé interrompt Luminot, elle accourt avec le même empressement :

— Madame Droguet... je sais du nouveau.

— Ma chère dame, je crois que votre nouveau ne l'est déjà plus pour moi... La villa aux poissons rouges est vendue... n'est-ce pas?

— Ah! vous le savez, c'est cependant tout frais...

— Je ne le sais que depuis un moment, c'est le voisin Luminot qui est venu nous l'apprendre...

— Comment fait-il donc pour savoir toutes les nouvelles le premier.

— Ah! mesdames... je me promène en tous sens... Oh! oui! (il tousse) en toussant! calembourg, il est fameux celui-là!...

— Les nouveaux acquéreurs doivent venir aujourd'hui s'établir dans leur nouvelle propriété où ils passeront tout l'été!...

— Ah! voilà ce que nous ne savions pas encore... et comment se nomment ces gens-là?... M. Luminot ne peut pas s'en souvenir...

— Leur nom... attendez donc... on me l'a dit... c'est auprès de la Courtille...

— Leur nom est auprès de la Courtille, en vérité je ne le comprends pas... Droguet! avez-vous fini de faire des pirouettes... ça me fait des zigzags devant les yeux... ça me donne des bluettes de le voir tourner comme cela !... ce n'est pas un mari que j'ai pris, c'est un tonton... et pas autre chose!

Madame Jarnouillard vient bientôt augmenter cette aimable réunion.

— Mes compliments à la compagnie, je venais annoncer que la propriété du confiseur est enfin vendue, mais je gage que tout le monde ici le sait déjà...

— Oui, oui... nous le savons.

— Il n'y a que le nom de l'acquéreur dont personne ne peut se souvenir...

— M. de Belleville...

— C'est cela... c'est bien cela... qu'est-ce que je vous disais, aux environs de Paris !

— Mais vous ne nous le disiez pas du tout... monsieur Belleville... c'est un nom.

— De Belleville!

— Il y a de?

— Oui, ce sont des nobles.

— Il faut espérer qu'ils seront polis ceux-là... qu'ils voudront nous voir, qu'ils ne feront pas comme ces chipies de la maison Courtivaux.

— Oh! il n'y a pas de danger! il paraît au contraire que la dame a l'intention de donner des fêtes magnifiques auxquelles elle invitera tout le pays!

— En vérité! et comment savez-vous déjà cela, madame Jarnouillard?

— Ah! parce que, la dernière fois que les acquéreurs sont venus avec leur voiture visiter leur propriété, c'est-à-dire c'est la dame seule qui est venue... on n'a pas encore vu le mari, Jarnouillard qui passait par là, a fait un peu causer leur cocher... afin de se renseigner...

— C'est très-bien, mon ami... très-prudent, comme cela on sait à qui l'on a affaire, le cocher n'a pas dit autre chose?

— Ses maîtres sont très-riches, ils habitent à Paris dans la Chaussée-d'Antin.

— Oh! s'ils habitent la Chaussée-d'Antin, j'ai la plus haute opinion de leur moralité!...

— Et ils doivent venir s'installer aujourd'hui ?

— On le dit.

— Jarnouillard ira se promener du côté de la villa aux poissons rouges, et il saura bien si les nouveaux propriétaires y sont.

— Ce monsieur Jarnouillard est vraiment un homme précieux pour les renseignements !

Ce même jour sur les deux heures de l'après-midi, une belle calèche découverte roulait avec fracas dans le petit bourg de Chelles. Le cocher avait reçu l'ordre de faire à chaque instant claquer son .ouet, et il s'acquittait de cette tâche avec tant de zèle que, sur son passage, les enfants criaient en se sauvant, les poules n'avaient que le temps de regagner leur fumier, les chiens aboyaient, et chacun regardait ce qui se passait. Dans le fond de la calèche, se carraient M. et madame de Belleville. Thélénie, dans une ravissante toilette du matin, se donnait de ces airs penchés et de ces mouvements de tête dédaigneux que les femmes du demi-monde ont toujours à leur service pour jeter de la poudre aux yeux des imbéciles. Chamoureau se tenait très-droit, très-raide ; on aurait pu à la rigueur le prendre pour un homme de bois placé là pour remplacer un cavalier. Sur le siège de devant était la femme de chambre, mademoiselle Mélie, et à côté du cocher était assise la cuisinière. Il y avait ensuite un amas de cartons, de caisses, de boîtes ; Chamoureau en portait quatre sur ses genoux, la femme de chambre trois, madame ne portait rien. Thélénie n'avait pas perdu de temps, après la conversation qu'elle avait eue avec son mari, et dans laquelle celui-ci lui avait appris que Edmond avait ses amours à Chelles et qu'il y avait loué un pavillon ; elle était sur-le-champ partie seule pour ce pays, et en arrivant, s'était informée de ce qu'il y avait à louer ou à vendre dans le village. A louer, il n'y avait que de petits appartements indignes de sa nouvelle position. Mais à vendre, on lui avait indiqué la maison du confiseur, en lui disant que c'était la plus belle propriété de l'endroit. Thélénie avait sur-le-champ été visiter la villa aux poissons rouges. Cette habitation bâtie pour une de nos actrices à la mode devait nécessairement lui plaire, aussi en la quittant s'était-elle rendue sur-le-champ chez la personne chargée de vendre, l'affaire avait été vite conclue, on s'était donné rendez-vous pour le lendemain à Paris chez un notaire. Thélénie qui disposait de la caisse avait payé son acquisition, si bien que Chamoureau, en apportant le lendemain les *Petites Affiches* à sa femme pour qu'elle pût choisir dans les campagnes aux environs de Paris, avait été fort surpris d'apprendre que tout était terminé et qu'il était possesseur d'une fort belle maison de campagne sise à Chelles.

— Tiens ! à Chelles c'était écrit Chamoureau, ah ! c'est fort drôle...

— Qu'est-ce qu'il y a de drôle là-dedans, monsieur ?

— C'est que c'est justement à Chelles que Edmond Didier a loué un pavillon, afin d'être près de madame Dalmont et de sa jeune amie...

— Eh bien, monsieur, qu'est-ce que tout cela nous fait ?... est-ce que cela nous regarde ?... Parce que M. Edmond a des intrigues par là, faut-il que cela m'empêche d'acheter une délicieuse propriété, dans un charmant pays qui me plaît beaucoup ?

— Non certainement, ma chère amie, je n'ai jamais eu l'intention de dire cela... seulement c'est une remarque que je faisais...

— Une autre fois gardez vos remarques ; mais faites vos emplettes, vos préparatifs ; dans cinq jours nous irons nous installer dans notre nouvelle propriété. Il me faut ce temps-là pour me faire faire les robes et les chapeaux que je veux emporter.

Les cinq jours étaient écoulés, et Chamoureau vient prendre possession d'une campagne qui lui est totalement inconnue. En arrivant dans le village dont les rues sont souvent étroites, sales et mal pavées, il ne manque pas de s'écrier :

— Charmant pays... délicieux pays... cela me rappelle la Suisse...

— Vous avez été en Suisse, monsieur ?

— Non, mais j'ai eu un client qui m'en parlait souvent... Comme c'est beau la campagne !... comme on le hume avec plaisir !

En ce moment Thélénie tenait son mouchoir devant son visage, parce qu'on passait devant un amas de fumier et d'eau boueuse qui jetaient une odeur infecte.

— Vous n'êtes pas heureux dans vos citations, monsieur... cela sent très-mauvais par ici.

— Ce n'est rien, madame... une mare que des canards auront troublée, voilà tout... c'est déjà passé. Voilà de fort jolies habitations... Ah ! celle-ci imite un chalet... c'est original.

— Est-ce que vous avez vu de vrais chalets, monsieur ?

— Non, mais un de mes clients m'en avait dessiné un...

— Monsieur de Belleville, est-ce que vous n'aurez pas bientôt fini de nous parler de vos clients... il faudrait tâcher de ne point dire de ces choses-là devant le monde cependant. Qu'est-il besoin que l'on sache que vous avez fait des affaires... vous êtes stupide !

— Mais madame, je pourrais avoir été avocat... c'est une belle position...

— Ah ! ah ! avocat ! vous ! avocat ! et qui le croirait, grand Dieu !

— Tout le monde se met aux portes ou aux fenêtres pour nous voir passer, madame.

— Eh bien... on a raison !

— Faut-il saluer, chère amie...

— Par exemple !... à propos de quoi saluer ? Est-ce que vous vous croyez une autorité... préfet... général !

— Je ne le suis pas, mais je pourrais l'être ! alors je vais me contenter de sourire aux habitants.

— Mais non, monsieur... Je vous en prie, ne souriez pas non plus... c'est inutile.

— Il faut pourtant que je fasse une mine quelconque...

— Prenez garde à ce que vous tenez sur vos genoux, cela vaudrait mieux.

— Ah ! ah ! la route devient ravissante... approchons-nous de notre propriété ?

— Oui, monsieur... tenez... sur la droite... vous la voyez d'ici...

— Comment !... cette superbe maison... avec une terrasse... des vases de fleurs...

— Oui, monsieur...

— Et cette belle avenue de tilleuls qui est devant, est à nous aussi ?

— Sans doute, cela fait partie de la maison...

— Et nous allons passer en voiture sous cette avenue-là ?

— Assurément... est-ce que vous voudriez passer dessus ?

— Madame, je suis ébloui... enchanté...

— N'ayez pas l'air si enchanté, monsieur... on croirait que vous n'avez jamais rien eu...

— Mais il y a une grille qui ferme cette avenue... ah ! elle est ouverte, il y a donc du monde à notre campagne ?

— Il y a le jardinier qui est aussi concierge et que j'ai gardé...

— Très-bien... oui, en effet, je vois un homme près de la grille... il nous attend sans doute...

— Je l'avais fait prévenir de notre arrivée pour aujourd'hui.

La calèche est arrivée à la grille où se tient un vieux paysan ayant un râteau sur son épaule et qui salue humblement ses nouveaux maîtres lorsque leur voiture entre dans l'avenue. Chamoureau, ébloui par tout ce qu'il voit, s'écrie :

— Pourquoi n'a-t-il pas tiré ?

— Tiré, quoi ? monsieur...

— Son coup de fusil.

— Il aurait fallu pour cela qu'il en eût un.

— Comment, il n'avait pas sur son épaule ?

— Eh non, monsieur, c'était un râteau.

— Ah ! j'ai pris cela pour un fusil... c'eût été mieux... il aurait tiré à notre arrivée.

— Mais encore une fois, monsieur, vous n'êtes pas le seigneur de l'endroit pour qu'on vous reçoive à coups de fusil !

— Cela ne fait rien, madame, un domestique a toujours le droit de tirer une arme à feu quand il voit rentrer ses maîtres.

— Si tous les domestiques faisaient cela chaque fois que leur maître rentre, ce serait une fusillade continuelle partout.

Enfin la voiture s'est arrêtée devant un joli perron. La femme de chambre saute à terre, Chamoureau, qui est pressé de connaître sa campagne, veut en faire autant et laisse tomber devant la voiture tous les cartons et boîtes que l'on avait mis sur ses genoux. Alors Thélénie pousse de grands cris en donnant à son mari des noms fort peu gracieux. Pour se dérober à ce déluge d'épithètes, le nouveau propriétaire se lance sur le perron, enfile un vestibule, monte un escalier et disparaît. Thélénie a fait ramasser ses cartons qui contiennent des chapeaux ou des bonnets habillés, ce qui explique sa colère contre son mari. On monte dans l'appartement que madame a choisi pour être le sien. Mademoiselle Mélie s'extasie sur la distribution, l'élégance des logements, la beauté de la vue, tout en habillant sa maîtresse qui commence par changer de toilette ; puis chacun va prendre possession de son logis. Thélénie demeurée seule, dans un délicieux boudoir qui tient à sa chambre à coucher, ouvre une fenêtre d'où l'on aperçoit plusieurs maisons du bourg, elle les regarde un moment, en se disant :

— Je saurai bientôt où loge Edmond... et où demeurent ces femmes chez lesquelles il va... qui m'empêche de les avoir sur-le-champ ?... Mélie !...

La femme de chambre accourt.

— Allez me chercher le concierge... s'il n'est point en bas, vous le trouverez dans le jardin...

Le concierge se rend bien vite aux ordres de sa nouvelle maîtresse.

— Comment vous nommez-vous d'abord ?... j'ai oublié votre nom.

— Thomasseau, pour vous servir, madame.

— Dites-moi, Thomasseau... vous connaissez bien ce pays...

— Comme ma poche, madame.

— Il y avait une maison... qui appartenait à M. Courtivaux, et qui a été achetée par une dame... il y a quelques mois...

— Oui !... oui... par madame Dalmont, qui a pris à son service Poucette, la nièce à Guillot.

— C'est cela même, et qui a avec elle une jeune personne...

— M'am'selle Agathe... un beau brin de fille !...

— Eh bien, dites-moi, Thomasseau, de quel côté est située la maison de ces dames...

— Ah! c'est de l'autre côté du pays... au bout du village, en vue du chemin de fer...

— Et de cette fenêtre est-ce que je ne puis l'apercevoir?

— Non, madame... il y a trop de maisons qui vous masquent.

— Savez-vous aussi où demeure un jeune homme de Paris... un monsieur très-élégant, qui a loué un grand pavillon pour lui seul?...

— Un jeune monsieur gentil, fringant?... ce doit être celui qui a loué la maison qui appartient à M. Durand...

— On le nomme Edmond Didier...

— C'est ça, M. Edmond... ah! celui-là demeure pas 'oin de madame Droguet... dans la Grande-Rue...

— Puis-je voir sa maison d'ici?

— Pas davantage... c'est de l'autre côté... ça descend par là... le village n'est pas uni comme une glace.

— C'est bien, merci.

— Je ne verrai pas leurs maisons, se dit la belle brune, mais cela ne m'empêchera pas de savoir ce qu'ils font... à l'autre bout du pays... Allons parcourir mes jardins, ils sont très-grands... on doit avoir d'autres points de vue.

Thélénie va se promener dans ses jardins, dans son bois qui peut passer pour un petit parc. Elle monte sur plusieurs monticules sur lesquels on a établi de jolis kiosques d'où l'on domine le pays, mais comme elle ne le connaît pas, elle n'est pas plus avancée. Après une longue promenade, la dame aux grands 'yeux noirs revient dans son appartement qu'elle examine plus en détail, puis elle donne ses ordres pour que l'on presse le dîner, le changement d'air lui donnant de l'appétit. Tous ces soins ont pris du temps, Thélénie s'aperçoit seulement alors qu'elle n'a pas aperçu son mari depuis qu'ils sont arrivés. Elle présume qu'il la boude parce qu'elle l'a assez mal traité au sujet de ses cartons, et ne s'en inquiète pas davantage. Cependant l'heure se passe et l'on vient avertir madame qu'elle est servie.

— C'est bien, dit Thélénie. Allez prévenir monsieur que je vais me mettre à table...

— Mais où trouverai-je monsieur, madame?

— Où vous le trouverez, mais dans son appartement, je présume...

— Son appartement... et où est-il, madame?

— Tout à l'opposé du mien... corps de logis à droite au premier.

Mademoiselle Mélie va à la recherche de son maître, elle revient dire à sa maîtresse:

— Madame, j'ai visité toutes les chambres que vous m'avez indiquées... je n'ai pas trouvé monsieur...

— Alors il est donc dans les jardins... cet homme est insupportable pour se faire chercher, il devrait savoir que c'est l'heure du dîner, cependant... dites à Thomasseau de chercher monsieur dans le parc... qu'il se fasse aider par Lapierre... je meurs de faim et je vais toujours dîner.

Madame se met à table et prend son potage. Elle est aux hors-d'œuvre et Chamoureau ne paraît pas; mais le jardinier et le cocher reviennent dire:

— Nous avons cherché partout... bien sûr, monsieur n'est ni dans le jardin, ni dans le bois...

— Voilà qui est singulier... où donc se cache-t-il?... serait-il tombé dans quelque trou?...

— Oh! madame, il n'y en a pas un seul pour le quart d'heure dans toute votre propriété.

— Mais le bassin...

— Le bassin n'a que deux pieds et demi d'eau, faudrait pour s'y noyer y mettre de l'entêtement... D'ailleurs M. de Belleville n'est pas un enfant...

— Madame, dit la femme de chambre, monsieur est entré le premier dans la maison, et pourtant nous ne l'avons ni aperçu ni entendu depuis que nous y sommes... c'est bien étonnant, il ne connaît pas cette maison, puisqu'il y venait pour la première fois... il se serait peut-être perdu dans la cave...

— Il n'est pas probable que M. de Belleville ait commencé en arrivant par courir visiter les caves... enfin n'importe, qu'on aille y voir...

Les domestiques descendent dans les caves qui sont spacieuses, ils en parcourent tous les chemins en appelant leur maître, et ne rencontrent personne.

— Voyons dans les combles maintenant, dit mademoiselle Mélie, car je suis persuadée, moi, que monsieur est dans la maison.

On monte aux mansardes, on visite les greniers, on y trouve pas Chamoureau.

Le jardinier s'écrie:

— Alors faut que monsieur soit tombé dans un puits... il y en a deux dans le jardin!...

Et déjà on se dispose à aller visiter les puits, lorsqu'en redescendant au second étage, mademoiselle Mélie croit entendre une voix partir du fond d'un corridor qui aboutit à des lieux à l'anglaise.

— Attendez donc! dit la femme de chambre, j'ai entendu comme une voix qui appelait... c'était par ici...

On avance dans le corridor et bientôt on entend distinctement la voix de Chamoureau qui criait:

— Holà! du monde... par ici... venez donc m'ouvrir! sapristi... je suis enfermé ici depuis ce matin et je ne peux pas en sortir!...

— Ah! mon Dieu... monsieur est enfermé par là... courons!

Le petit cabinet était situé tout au bout du corridor et ne recevait de jour que par en haut; la porte s'ouvrait rien qu'en la poussant, ensuite elle retombait d'elle-même et se fermait hermétiquement. Mais en dedans il n'y avait rien pour la tirer à soi, ni bouton, ni loquet, de sorte que celui qui entrait là, s'il laissait retomber la porte, ne pouvait plus sortir jusqu'à ce que quelqu'un vînt le délivrer. Le nouveau propriétaire, en arrivant dans sa maison qu'il ne connaissait pas, avait d'abord parcouru le premier étage, puis était monté au second, et malheureusement pour lui avait sur-le-champ aperçu le corridor, dans lequel il était entré, allant jusqu'au bout, pour voir où cela conduisait. Il avait poussé la porte et s'était trouvé dans le petit cabinet... alors, comme propriétaire, il avait jugé convenable de voir si l'on y était à son aise. Mais la maudite porte s'était refermée, et lorsqu'il avait voulu sortir, Chamoureau avait essayé en vain avec ses doigts et même avec ses ongles de tirer la porte à lui. Alors il avait crié, appelé en se disant:

— On doit bien voir que je ne suis plus là... on doit me chercher.

Thélénie avait bien autre chose en tête, et il avait fallu que l'heure du dîner arrivât pour qu'elle se rappelât son mari. Le nouveau propriétaire avait donc passé près de six heures dans le petit cabinet, depuis midi et demi jusqu'à six heures trois trois quarts, car sa voix, étouffée par une porte épaisse, ne parvenait pas à sortir du long corridor sur lequel donnaient plusieurs chambres, mais dont aucune n'était encore occupée.

— Ah! crédié! c'est bien heureux! s'écrie Chamoureau que son séjour prolongé dans le petit réduit a rendu jaune comme un coing, et qui se précipite dans le corridor si vivement que mademoiselle Mélie recule sur le cocher, lequel retombe sur le jardinier qui n'ayant personne pour le caler, tombe sur son centre de gravité en disant:

— Comment, le bourgeois est dans les anglaises depuis ce matin... il faut qu'il soit bien indisposé!...

— Quel est l'âne! quelle est la brute! quel est l'animal qui a eu l'idée de mettre là une porte qui se ferme toute seule sans qu'il y ait un bouton, un loquet pour tirer en dedans... s'écrie Chamoureau... sapristi, voilà une séance dont je me souviendrai. Demain on mettra trois boutons à cette porte... et l'on fera en sorte qu'elle ne puisse pas se refermer... Vous ne m'entendiez donc pas crier, vous autres?

— Non, monsieur, à coup sûr; si nous avions entendu, nous ne chercherions pas monsieur depuis bien longtemps!...

— Enfin... ceci est un apprentissage assez désagréable... voilà une journée qui m'a semblé terriblement longue. Si je devais passer mon temps ainsi à la campagne, je retournerais à Paris sur-le-champ!

— Le dîner est servi depuis longtemps!... et madame attend monsieur à table...

— Elle m'attend à table... il me paraît qu'elle était peu inquiète de moi... Allons dîner, j'ai besoin de me refaire.

— Pauvre cher homme! murmure le jardinier, je le crois bien.

— Enfin vous voilà, monsieur! et où donc vous cachiez-vous... quel est ce genre de faire maintenant courir après vous? dit Thélénie lorsque son mari pénètre dans la salle à manger.

— Madame... je ne me cachais pas pour mon plaisir... J'étais prisonnier dans des lieux que je n'aurais certes pas choisi pour prison.

— Prisonnier... qu'est-ce que cela signifie?

Chamoureau explique à sa femme ce qui lui est arrivé. Celle-ci, en apprenant dans quel endroit son mari a passé une journée part d'un éclat de rire qui semble ne pas vouloir s'arrêter. Cet accès de gaîté semble assez intempestif à Chamoureau; il se venge sur le dîner; il mange comme quatre, c'est au point que Thélénie lui dit:

— Mais, monsieur, vous voulez donc vous donner une indigestion?

— J'en ai le droit, madame! quand on a passé six heures où j'étais, on se doit un dédommagement.

XXXIV

Les poissons rouges

Le lendemain de cette journée, Thélénie dit à son mari:

— Monsieur, vous vous habillerez pour deux heures, on attèlera la calèche et nous irons faire des visites.

— Des visites... et chez qui donc, madame? nous ne connaissons personne dans le pays.

— C'est justement pour cela qu'il faut y faire des connaissances... Nous ne voulons pas vivre comme des ours, je présume?

— Ma chère amie, je n'ai jamais eu la prétention de passer pour un ours... d'abord, je n'ai pas le velu de cet animal... alors nous irons... Où irons-nous?

— Ne vous mettez pas en peine; je me suis fait donner par Mélie une liste des principaux habitants de ce bourg...

— Votre femme de chambre les connaît ?

— Vous ne comprenez pas, monsieur, que les domestiques vont chez les fruitiers, chez les bouchers, et que là, en dix minutes, on les met au courant de tout ce qu'ils désirent apprendre.

— C'est juste, je suis une buse... Faut-il me mettre en noir ?

— Pourquoi pas ?

— Cravate blanche ?

— Sans doute : ne savez-vous pas que c'est la mise qui, avant tout, commande la considération !...

— Je serai superbe, madame.

— Faites votre possible, monsieur.

A deux heures, Thélénie avait une toilette charmante et du meilleur goût, la calèche était attelée et attendait dans la cour. Madame descend et cherche des yeux son mari :

— Où donc est monsieur ?

— Nous ne savons pas, madame...

— Qu'est-ce que cela veut dire... je lui ai recommandé d'être prêt à deux heures, et il est deux heures passées... Sans doute sa toilette n'est pas achevée... Allez lui dire de se presser... J'attends.

La femme de chambre va chez monsieur et redescend bientôt :

— Monsieur n'est pas chez lui, madame, mais il doit être habillé... j'ai vu sur des chaises les vêtements qu'il avait ce matin.

— Il est habillé et il n'est pas ici... en vérité, M. de Belleville devient bien insupportable... Toujours se faire chercher !... Est-ce qu'il serait encore prisonnier dans... vous savez, comme hier ?... Qu'on aille visiter tous ceux de la maison... si monsieur y est, on le trouvera.

Les domestiques exécutent les ordres de leur maîtresse ; pendant ce temps, Thélénie monte dans la calèche, et s'impatiente en murmurant :

— Mon Dieu ! quel imbécile j'ai épousé !... mais, après tout... c'est bien ce qu'il me fallait...

Les domestiques reviennent, ils ont visité les lieux les plus secrets, et n'ont pas aperçu leur maître. Cette fois on est certain qu'il n'est pas dans la maison. On se dispose à chercher monsieur dans le jardin, lorsqu'enfin on le voit arriver de loin, mais trempé comme une soupe, les cheveux collés sur son visage, et couvert de vase de la tête aux pieds.

— Ah ! monsieur !... comme vous voilà fait ! s'écrie Thélénie. Et d'où donc sortez-vous ? ne m'approchez pas, vous êtes dégoûtant...

— En effet... je dois dégoutter l'eau... Je suis tombé dans le bassin, ma chère amie... Vous savez que nous avons un superbe bassin dans notre propriété...

— Oui, monsieur, je le sais, mais il me semble qu'il est visible, et en plein jour on ne peut pas le prendre pour une pelouse !

— Aussi, madame, ai-je parfaitement vu que c'était un bassin. J'étais habillé avant l'heure, de crainte de vous faire attendre... et voyant que j'avais le temps, je me promenais dans nos superbes jardins. J'aperçois ce bassin... je ne l'avais pas vu hier... je m'approche... je regarde dedans... Que vois-je ? des poissons rouges... cerise, orange... C'était ravissant... j'étais ébloui... j'en vois un qui brillait encore plus que les autres... les écailles semblaient être en or ! Ma foi, curieux de le voir de plus près... je me baisse pour le saisir, il me glisse de la main... je me penche davantage... et pouf ! je tombe au milieu des poissons... et je manque de me noyer... il y a beaucoup d'eau...

— Mais non, monsieur... deux pieds et demi.

— Trois pieds, madame, et puis les poissons m'aveuglaient... je ne pouvais plus trouver le bord... Enfin, j'en suis sorti.

— Et dans un bel état !... Vous ne comptez pas sans doute venir avec moi comme cela...

— Non, madame, je vais aller me rechanger...

— Dépêchez-vous... mais quelle idée aussi de vouloir prendre un de ces poissons... vraiment, monsieur, vous êtes pis qu'un enfant !...

— Ah ! je n'ai pas de chance dans cette propriété...

— Mais allez donc bien vite vous changer.

Chamoureau remonte chez lui. Il est obligé de se déshabiller entièrement. Cependant comme il n'a qu'un habit noir et que sa femme lui a dit d'être en noir, il faut bien qu'il remette son habit ; mais il l'essuie avec tant de soin, il le frotte avec tant de serviettes, que bientôt l'habit est mettable, et jette même autant d'éclat que s'il était neuf. Chamoureau monte en calèche ; mais, quoiqu'il soit bien essuyé, madame exige qu'il se mette sur la banquette en face d'elle et pas à côté. Elle trouve qu'il a conservé de son bain une odeur de poisson rouge qui lui donne le mal de mer. On se fait conduire chez madame Droguet qui est en tête de la liste que consulte Thélénie. La calèche, en s'arrêtant devant la porte de madame Droguet, a produit dans la maison un boulevari général. Chacun monte ou descend les escaliers, en criant :

— Une voiture pour nous...

— Les nouveaux propriétaires de la villa aux poissons rouges !...

— M. et madame de Belleville qui viennent ici...

— Joséphine, mon bonnet à bouquets de jasmin...

— Oui, madame...

— Monsieur Droguet, courez mettre un habit...

— Oui, ma femme... Faut-il aussi changer de gilet ?

— Oui, si vous avez le temps... Ah ! mon Dieu ! les voilà... et je n'ai pas mon bonnet à jasmin... Joséphine, vous ferez attendre un moment dans le salon... Vous direz que... que je...

— Je dirai que madame se débarbouille...

— Fi donc... ce serait du propre... Vous direz... que je prends un bain de pieds. C'est bien plus comme il faut.

Cependant M. et madame de Belleville sont entrés, et se font annoncer par le concierge, qui cumule les fonctions de groom. Joséphine vient dire que sa maîtresse prend un bain de pieds, et prie les deux époux de vouloir bien attendre un moment dans le salon où elle les introduit. Thélénie passe sur-le-champ la pièce en revue. Chamoureau regarde deux portraits en pied, grandeur nature, qui représentent le maître et la maîtresse de la maison. Il murmure :

— C'est fort bien ici... bel ameublement... papier riche !... superbe pendule !...

— Taisez-vous donc, monsieur, tout cela est de mauvais goût... et les portraits seuls nous disent chez qui nous sommes... quelques épiciers enrichis... N'importe, soyons très-aimables... il faut éblouir tout ce monde-là, et ce ne doit pas être difficile.

Madame Droguet arrive bientôt avec son bonnet un peu trop sur une oreille, mais cela donne à l'ancienne vivandière un air martial qui ne lui messied pas. M. Droguet vient sur les pas de sa femme avec un habit très-court et un gilet trop long, auquel il manque plusieurs boutons ; mais il n'a pas eu le temps de s'en apercevoir. On fait l'accueil le plus gracieux aux nouveaux voisins ; il est facile de voir que la véritable élégance de Thélénie impose à madame Droguet, qui se confond en compliments et en politesses, tout en disant à demi-voix à son mari :

— Boutonnez-vous !

Et celui-ci qui croit que c'est son gilet que sa femme l'engage à boutonner, murmure d'un air contrit :

— Il me manque des boutons.

Thélénie annonce à madame Droguet qu'elle donnera des dîners, des soirées, des fêtes, et qu'elle espère la posséder à ses réunions ainsi que son époux. La grosse dame ne se sent pas de joie, et M. Droguet arrache un des deux boutons que son gilet avait conservés. On cause ensuite des personnes que l'on peut inviter dans le pays. Madame Droguet nomme ses amies. Thélénie dit d'un air indifférent :

— N'avez-vous pas encore ici une certaine madame Dalmont... soi-disant veuve, et qui a une jeune personne avec elle ?

— Oui, nous avons cela, répond madame Droguet avec un sourire moqueur. Mais entre nous, chère madame de Belleville, je ne crois pas que ce soit des personnes dignes d'être reçues chez vous... Ces dames-là ne sont pas polies, d'abord... En venant habiter ce pays, elles ne nous ont pas fait la visite d'usage.

— Ceci annonce déjà un manque de savoir-vivre !

— N'est-ce pas, madame ? ensuite, elles se sont liées avec un fort vilain monsieur... espèce de loup, que personne ne voulait voir dans le pays, et qui paraît déjà être fort bien avec elles... Il les reconduit le soir... Ensuite...

— Quoi ! ce n'est pas tout ?

— Un jeune homme de Paris... qui se nomme Edmond Didier, est venu louer, à Chelles, peu après l'arrivée de ces étrangères... Et depuis qu'il est ici, il passe presque tout son temps chez elles... au point que cela est scandaleux... Certes, je ne suis pas méchante... mais il y a de ces choses qui sautent aux yeux... Droguet, laissez votre gilet tranquille et boutonnez-vous !

Thélénie, enchantée de ce qu'elle entend, s'écrie :

— Ce que vous dites au sujet de ces deux femmes ne me surprend nullement, madame. Nous connaissons M. Edmond Didier depuis longtemps ; mon mari a été fort lié avec lui...

Ici, Chamoureau, qui n'a pas encore pu placer une parole et s'est borné à contempler M. Droguet cherchant ou arrachant ses boutons, se figure qu'il va pouvoir parler et dit :

— Oui, j'ai connu M. Edmond Didier, c'est-à-dire c'est par Freluchon que... autrefois... dans le temps que...

Thélénie s'empresse d'interrompre son mari :

— Enfin, madame, nous savions déjà à Paris que M. Edmond avait formé une liaison indigne de lui... et qui afflige sa famille... car ce que vous m'avez dit de cette dame Dalmont s'accorde parfaitement avec ce qu'on en pense à Paris, où elle est regardée comme une intrigante, une aventurière... et sans doute sa jeune amie ne vaut guère mieux !... qui se ressemble s'assemble.

Madame de Belleville, qui veut singer la grande dame, oublie que ce n'est pas distingué de citer des proverbes, mais tout cela était fort bon pour madame Droguet, qui rayonne de joie et s'écrie :

— Vois-tu, Droguet ! ce sont des aventurières... des femmes de rien ! J'en étais sûre, moi ! je ne me trompe jamais dans mes conjectures... ne l'ai-je pas, encore hier, soutenu au docteur Antoine qui voulait prendre leur parti... mais aussi suis malade, Droguet... sois malade, mon bon ami... je te réponds d'avance que je ne ferai pas venir le médecin.

M. Droguet, qui avait enfin trouvé à son gilet un bouton en bon état, venait de le mettre avec fierté et ne paraissait pas faire beaucoup attention à ce que lui disait sa femme. En ce moment Chamoureau est pris d'un éternuement qui se termine en pluie et asperge ses voisins ; il s'empresse de sortir son mouchoir de sa poche afin de rendre son nez présentable ; mais dans sa promptitude à développer son mouchoir, il lance au visage de madame Droguet un objet qui glisse de la joue de cette dame sur son sein dans lequel il disparaît. La grosse femme a poussé un cri, son mari a fait un saut en arrière, Thélénie regarde Chamoureau d'un air sévère en lui disant :

— Qu'est-ce que vous avez donc lancé sur madame ?

— J'ai lancé quelque chose à madame, moi ? quoi donc ? je n'ai rien...

Cependant madame Droguet se reverse sur son fauteuil et pousse de grands cris en disant :

— Ah ! ôtez-moi cela... ah ! la vilaine bête ! qu'est-ce que c'est que cet animal-là... je l'ai toujours, il s'est glissé dans mon corset... ôtez-le-moi !... ôtez-le-moi ! ou j'égratigne quelqu'un...

Chamoureau regarde cette dame d'un air effaré, mais il ne bouge pas ; M. Droguet laisse sa femme crier, et veut absolument faire tenir un second bouton dans une boutonnière. Thélénie dit à ces messieurs :

— Eh bien ! aucun de vous ne songe à secourir madame...

— Il me semble ! murmure Chamoureau, que ce n'est pas à moi de farfouiller dans le corset de cette dame... c'est la besogne de monsieur son mari...

Madame Droguet, voyant que personne ne vient à son aide, se décide à fourrer elle-même sa main droite dans son corset. Elle en retire un petit poisson rouge que son séjour dans un endroit chaud a rendu infiniment moins frétillant.

— Un poisson rouge ! murmure madame Droguet d'un air étonné.

— Comment, monsieur, dit la grosse dame un peu rassurée en voyant que ce n'est pas un crapaud qu'elle a réchauffé dans son sein, vous avez des poissons rouges dans votre mouchoir.

M. Chamoureau, qui commence à comprendre l'incident, devient aussi rouge que son poisson et ne sait que répondre. Mais Thélénie reprend la parole et s'empresse de raconter l'accident arrivé le matin même à son mari, ce qui explique comment un habitant du bassin a pu, sans qu'il s'en doutât, rester dans la poche de son habit. On finit alors par rire de cette aventure, et pour que le poisson soit entièrement excusé, Thélénie invite la famille Droguet à dîner pour le jeudi suivant. Cette invitation est acceptée avec force remercîments ; M. et madame de Belleville prennent congé ; les Droguet les reconduisent jusqu'à leur calèche et l'on se quitte fort satisfait les uns des autres.

— Monsieur, visitez un peu vos poches, dit Thélénie, et assurez-vous qu'il n'y a plus de poissons rouges dedans ; je n'ai pas envie que vous en jetiez encore au nez des personnes chez qui nous allons.

— Je n'ai plus rien dans mes poches, madame.

— Je ne m'étonne pas si vous sentiez une odeur de marée si épouvantable... mais pourquoi donc n'avoir pas changé d'habit ?

— Je n'ai que celui-là de noir qui m'aille bien, madame.

— Il faudra vous en faire faire un autre, monsieur ; il me semble que vous avez le moyen d'avoir plusieurs habits.

En sortant de chez madame Droguet, Thélénie se fait conduire chez la famille Lemplumé, puis chez les Jarnouillard, puis chez le maire, enfin chez les principaux habitants de l'endroit, qui sont extrêmement flattés des politesses et des invitations qu'ils reçoivent de M. et madame de Belleville. Thélénie n'oublie ni M. Luminot, ni le médecin ; elle fait mettre chez eux des lettres d'invitation pour dîner chez elle le jeudi suivant. Puis on revient à la villa aux poissons rouges.

— Je vais me tenir bien tranquille dans mon appartement, de peur qu'il ne m'arrive encore ici quelque fâcheux événement.

De son côté, Thélénie est satisfaite de sa journée. Elle a commencé à calomnier les personnes chez qui va Edmond, et elle est certaine que ses méchants propos seront bientôt répétés et exagérés, car chez les sots la médisance est le plus doux des passe-temps. Tous ces gens-là seraient si nuls dans le monde, s'ils n'y disaient pas du mal de leur prochain.

XXXV

Amy rapproche les gens.

Lorsque l'amoureux Edmond revient de Paris, son premier soin est toujours d'aller chez madame Dalmont saluer les deux amies, et se donner le plaisir de lire dans les yeux d'Agathe. On ne manque pas de lui raconter la scène de la vente, dont Honorine voudrait cependant taire les circonstances qui sont à sa louange ; mais Agathe raconte tout, en s'écriant :

— Pourquoi ne dirais-je pas le bien que tu fais... puisque l'on dit tant de mal de nous dans le pays ; cela compensera un peu...

— Du mal de vous ! et qui ose se permettre d'en dire, lorsqu'au contraire, ce ne sont que des louanges que vous méritez... s'écrie Edmond avec feu. Je ne vous connais pas depuis bien longtemps, mesdames, mais grâce au ciel, j'ai su vous juger, vous apprécier bien vite ! Vous n'êtes pas de ces personnes dont le cœur est un mystère... le vôtre est si bon, si humain... Ah ! ce que madame Dalmont a fait pour ces pauvres gens ne m'étonne pas !... si elle avait de la fortune, je suis bien certain qu'il n'y aurait pas de malheureux dans son voisinage ! J'avoue que je me sens aussi porté à aimer cet homme singulier... propriétaire du domaine de la Tourelle... et sur lequel les habitants de ce pays tiennent de si ridicules propos... Quand la médisance s'exerce sur quelqu'un que je ne connais pas... cela lui sert toujours près de moi de recommandation... Ce qu'il a fait pour la famille du laboureur est noble, grand, touchant !... c'est un coup de vent qui balaye en une fois toutes ces petites méchancetés répandues sur son compte ! Mais veuillez me répondre, qui donc s'est permis de mal parler de vous ?

Les deux amies gardent quelque temps le silence : Agathe rougit et baisse les yeux ; Honorine se décide à parler :

— Agathe trouve qu'il faut tout dire, le bien comme le mal, soyons donc franches pour tout ; je crois au fait que c'est la meilleure route

Vous seriez-vous blessé, cher baron ?

à suivre. D'abord, monsieur Edmond, je dois commencer par vous rassurer en vous priant de croire que les propos que l'on tient sur notre compte ne nous affectent en rien; vous avez entendu parler d'une madame Droguet.

—Cette femme si curieuse, ajoute Agathe, qui se cachait tout une journée dans un taillis pour guetter le passage de M. Paul.

— Et qui a si mal reçu Frelochon parce qu'il a été me demander chez elle?

— C'est cela même... les échantillons de sa société qui étaient venus nous voir, ne nous avaient pas donné l'envie de la connaître tout entière, nous n'avons donc pas été faire visite à madame Droguet, ni à ses amies mesdames Jarnouillard et Remplumé.Voilà notre premier crime; mais il était bien grave! manquer aux égards dus à ces dames, annoncer par là que nous ne nous soucions pas de leur société; c'était une offense qu'on ne pouvait nous pardonner. Dès lors on commença à nous trouver des tournures suspectes; ensuite, vous savez que le hasard nous fit avoir deux fois pour protecteur le propriétaire de la Tourelle, il nous ramena jusqu'à notre demeure un soir qu'une vache m'avait causé une grande frayeur... puis une autre fois qu'un orage terrible nous avait surprises dans la campagne... Mais dans un petit pays, il est bien rare que l'on rentre chez soi sans être vu par quelqu'un!... nous avons été vues dans la société de ce monsieur qui n'a pas voulu de la leur... je crois même que je m'appuyais sur son bras... cela devait nécessairement augmenter la colère de ces dames... celui qui depuis près de neuf ans, je crois, qu'il habite dans les environs, a refusé toutes relations avec les gros bonnets du pays, nous offre son bras, à nous... toutes nouvelles arrivées!... On a dit là-dessus mille absurdités... enfin j'arrive à ce qui a servi méchamment de tout ce monde-là: vous êtes venu louer à Chelles peu de temps après que nous y étions installées... Vous avez pris une maison entière pour vous seul...

— Qu'est-ce que cela leur fait?... j'ai payé six mois d'avance!

— Ce que cela leur fait! eh! monsieur! tout fait aux gens qui n'ont rien à faire qu'à chercher à savoir ce qui se passe chez leurs voisins. Enfin vous venez chez nous... souvent... vous ne voyez que nous ici... on doit donc penser que... notre société vous plaît beaucoup!...

— Ah! madame... est-ce que vous me dites cela pour que je vienne moins... est-ce que vous allez me défendre de vous voir?...

— Je ne dis pas cela; mais...

Honorine semblait embarrassée, Agathe était tremblante, Edmond n'hésite plus.

— Madame, dit-il, j'aime à croire qu'en me voyant venir chez vous si assidûment, vous n'avez jamais supposé qu'un désir coupable, qu'un sentiment frivole me guidait... Mais je le comprends pourtant, il vaut mieux que je m'explique, que je vous parle avec franchise... que je suive en tout votre exemple... Je ne dois pas laisser subsister d'odieux soupçons... Madame, si je vous dis que j'aime, que j'adore mademoiselle Agathe, je ne vous apprendrai rien... car vous avez dû deviner cet amour, qu'il m'eût été bien difficile de cacher!... Mais en vous avouant ce que je ressens pour elle, n'est-ce pas aussi vous dire que mon vœu, mon plus grand bonheur serait de la nommer ma femme... et si je ne vous l'ai pas dit plus tôt... c'est que je voulais savoir... je désirais m'assurer... de son côté... mademoiselle...

— Il voulait être sûr que je l'aimais... vois-tu, ma bonne amie! s'écrie Agathe qui ne peut plus comprimer son émotion. Et à présent, il en est bien certain... voilà ce qu'il attendait pour parler...

— Eh bien, Agathe!... que dites-vous là! murmure Honorine, tandis que la jeune fille confuse de ce qui vient de lui échapper, reste interdite et toute émue.

Mais Edmond se précipite aux genoux d'Honorine, en disant :

— De grâce, madame, ne la grondez pas, et permettez qu'elle ne rétracte pas ces paroles qui viennent de me rendre si heureux !...

Honorine regarde un instant les jeunes amoureux, puis elle sourit et leur prend la main à chacun.

— Calmez-vous, enfants... je n'ai pas l'air bien sévère, je crois! Voyons, asseyez-vous là près de moi, et causons; vous aimez Agathe... oui sans doute je l'avais deviné, et c'est parce que j'ai eu foi en votre honneur que j'ai permis vos visites. Elle vous aime aussi... pourquoi l'en blâmerais-je, si de cet échange de sentiments doit naître votre bonheur?... Vous désirez devenir son mari... mais avant tout il faut que vous connaissiez tout ce qui concerne celle à qui vous voulez donner votre nom. Agathe ne porte que le nom de sa mère... Montoni, Julia, sa pauvre mère fut aimée par un jeune homme de haute naissance, le comte Adhémar de Haumont. Celui-ci ne délaissa point celle qui s'était donnée à lui, il l'aimait tendrement et comptait en faire son épouse, mais pour ne point se brouiller avec sa famille, il attendait qu'une circonstance favorable lui permît de contracter ce mariage. Hélas! tout à coup ce jeune homme disparut... Julia ne le revit plus, elle ne reçut point de ses nouvelles... rien... rien, et en la quittant il lui avait encore dit, à bientôt et il avait couvert de baisers sa fille qui avait alors six ans.

— Oh! voilà qui est bien étrange... le comte était-il donc retourné dans sa famille?

— Non... Julia fit prendre des informations... on ne lui donna aucune nouvelle du père de son enfant... et six ans plus tard, la pauvre

mère me confiait sa fille en me disant : Je vais mourir... veillez sur mon Agathe qui n'a plus que vous pour l'aimer. Voilà, monsieur Edmond, tout ce qui concerne celle que vous voulez nommer votre femme... et ce qu'il était indispensable de vous dire...

— Ah! madame, vous ne croyez pas, j'espère, que cela puisse en rien diminuer l'amour que je ressens pour elle ni mon désir d'en faire la compagne de ma vie...

— Vois-tu, ma bonne amie... cela ne change rien à ses sentiments... j'en étais sûre, moi!...

— Chère Agathe, les malheurs de votre mère ne peuvent que vous rendre plus intéressante à mes yeux. Mais la disparition subite de votre père me semble aussi bien extraordinaire... elle doit se rattacher à quelque événement mystérieux... Qui sait?... à quelque crime peut-être...

— Ah! nous l'avons pensé bien souvent!...

— Et jamais aucun indice... aucune circonstance n'a pu vous faire découvrir ce qui lui était arrivé...

— Rien! tant que ma pauvre mère a vécu, elle n'a pas cessé de demander, de s'informer... elle n'a pu retrouver les traces de celui qui lui avait juré un amour éternel!... A sa mort, j'avais douze ans, je ne pouvais plus que pleurer ma bonne mère... et chérir celle qui a bien voulu se charger de l'orpheline.

Agathe se jette dans les bras d'Honorine qui essuie vivement quelques larmes qui roulent dans ses yeux, et reprend :

— Maintenant, jeunes fiancés... car dès aujourd'hui je vous regarde comme tels, parlons d'affaires sérieuses... Oublions un moment l'amour... qui doit être une bien douce chose! mais qui ne suffit pas pour tenir un ménage... Ah! je parle maintenant comme un vieux tuteur, n'est-ce pas?... Mais les vieillards ont presque toujours raison, car ils ont pour eux l'expérience, ce grand enseignement que l'on paye assez cher pour qu'il serve à quelque chose. Ma jeune Agathe n'a rien... pauvre elle doit... hélas! je ne parle pas lui en donner, moi... et vous, monsieur Edmond, quelle est votre position?... Songez que nous sommes montré une entière franchise...

— Oh! je ne veux pas vous mentir, madame, ni me faire meilleur que je ne suis. J'avais reçu soixante mille francs d'un oncle... je les avais placés, et pendant quelque temps je me contentais du revenu pour vivre... Mais bientôt... des connaissances... des circonstances... des folies...

— Assez!... nous devinons... vous avez tout mangé!...

— Non, madame, il me reste encore une vingtaine de mille francs... mais j'ai des espérances, j'obtiendrai un emploi... une place avantageuse, on me l'a promis...

— Eh bien, monsieur Edmond, ne trouvez-vous pas que pour vous marier, il est plus raisonnable d'attendre que vous ayez cette place?... D'abord vous êtes bien jeune! et Agathe n'aura dix-sept ans que dans deux mois... il me semble que vous pouvez bien attendre un peu...

— Vous avez toujours raison, madame. En prenant mademoiselle pour femme, je veux lui assurer au moins une position heureuse... je ne veux point trembler pour l'avenir... Maintenant que je sais que vous consentez à notre union... maintenant que nous sommes fiancés, j'aurai le courage d'attendre!... mais je le ferai en sorte que le moment arrive bientôt où je pourrai lui offrir un mari digne d'elle.

— Oh! je ne suis pas ambitieuse, moi! s'écrie Agathe, je ne tiens pas à la fortune!...

— Taisez-vous, mademoiselle, je crois en vérité que vous avez moins de raison que monsieur Edmond... heureusement qu'en aurai pour vous!... Vous voilà bientôt, n'êtes-vous pas bien à plaindre!... Et maintenant que les méchantes langues s'exercent tant qu'elles voudront! Poucette aura le droit de leur répondre : Si M. Edmond Didier vient souvent chez ma maîtresse, c'est parce qu'il est le futur époux de mademoiselle Agathe.

Les jeunes amoureux sont au comble de la joie, et Edmond quitte ces dames avec l'assurance d'être aimé et de voir un jour tous ses vœux accomplis. Honorine laisse Agathe goûter cette douce rêverie qui suit toujours la certitude d'être unie à l'objet de son choix. Elle descend seule au jardin. La journée est superbe, et on est heureux de respirer l'air pur de la campagne. La jeune femme est rêveuse aussi et soupire sans chercher quelle en est la cause. Arrivée au bout de son jardin, elle ouvre cette petite porte qui donne sur une route peu fréquentée, mais de la côté des bois des environs, et Honorine regarde machinalement du côté du domaine de la Tourelle. Elle fait, sans y penser, quelques pas sur la route, puis s'asseoit sous un gros noyer, au pied duquel un tronc d'arbre renversé forme un banc naturel. Honorine est depuis quelque temps à cette place, heureuse du bonheur d'Agathe, et se disant qu'il doit être bien doux d'inspirer de l'amour à quelqu'un qui nous plaît, lorsque tout à coup elle sent quelque chose frôler sa main ; son premier mouvement est de l'effroi, mais cette crainte s'évanouit bien vite lorsqu'elle voit près d'elle Ami, le chien du propriétaire de la Tourelle. Ami témoigne à Honorine la joie qu'il ressent de cette rencontre, en lui léchant les mains, en tournant autour d'elle ; il pousse même la familiarité jusqu'à mettre parfois ses deux pattes de devant sur les genoux de la jeune femme. Mais celle-ci reçoit avec plaisir ces témoignages d'amitié, et tout en passant ses mains sur le cou d'Amy, jette quelques regards autour d'elle, car ordinairement la présence du chien annonce toujours celle de son maître. Cependant elle a beau regarder au loin, elle n'aperçoit personne. Mais Amy la quitte un moment, il va aussi regarder de tous côtés, puis revient vers Honorine, à laquelle il semble, en aboyant, vouloir adresser une question :

— Je vois bien ce que tu cherches, mon bon chien, c'est Agathe que tu me demandes ; Agathe que tu es habitué à voir toujours près de moi ! Aujourd'hui je suis seule... il faut se contenter de ma compagnie... Mais toi, Amy, tu es seul aussi. . par quel hasard es-tu venu jusqu'ici sans ton maître ?... tu es bien loin de ta demeure cependant... est-ce pour nous voir que tu as quitté la Tourelle ?... est-ce ton maître qui t'envoie vers nous ?... es-tu chargé de quelque commission ?... vas-tu repartir bientôt ?

Le chien, après avoir écouté, se couche aux pieds d'Honorine et s'y étale avec cet abandon, cette franche paresse que laissent voir les animaux lorsqu'ils ont pris une place qui leur plaît.

— Il n'a pas l'air de songer à s'éloigner, se dit Honorine, c'est singulier... son maître est donc près d'ici !

En ce moment Amy tourne vivement la tête, mais sans quitter sa place. La jeune femme porte ses regards du côté que semble lui indiquer le chien, et elle aperçoit le propriétaire de la Tourelle gravissant un petit sentier, qui, du village, conduit à la route sur laquelle elle est en ce moment. Paul ne l'a pas aperçue, mais il ne peut manquer de passer bientôt devant elle... Honorine baisse les yeux, mais elle laisse son bras se reposer sur le chien, comme pour l'engager à ne point la quitter. Au bout de quelques minutes, Paul était arrêté devant la jeune femme, et son chien le regardait fixement et sans bouger de place, comme pour lui dire : on est très-bien ici !

— En vérité, madame, je crains que mon fidèle Amy n'abuse des bontés que vous avez pour lui ! dit Paul en saluant Honorine, il est par trop sans façon... il fallait le renvoyer.

— Eh ! pourquoi donc, monsieur, aurai-je renvoyé ce bon chien qui me témoigne de l'amitié ?... ce n'est pas chose si commune... et on peut croire à celle-là, je pense ?

— Oh ! oui... oui... à celle-là seulement ?...

— Oh ! vraiment, est-ce que vous n'en exceptez aucune autre ?... ce serait bien triste de penser que personne ne peut plus avoir d'amitié pour nous...

Paul ne répond rien et reste debout devant la jeune femme. Mais il contemple son chien et semble étudier l'expression de contentement qu'il lit dans ses yeux.

— Monsieur, dit Honorine au bout d'un moment, si vous vouliez vous reposer... le tronc d'arbre sur lequel je suis assise est bien assez grand pour deux... Je ne vous offre pas d'entrer chez moi... quoique ce soit à deux pas, mais comme vous n'avez jamais daigné vous rendre à nos invitations, je dois présumer qu'elles ne vous sont pas agréables...

Le maître d'Amy ne répond rien, mais il va s'asseoir sur le tronc d'arbre, à côté de la jeune femme, et son chien, qui l'a suivi des yeux, allonge une de ses pattes et la pose sur son maître en le regardant d'un air très-satisfait. Honorine attendait que son voisin lui parlât, mais celui-ci garde le silence et semble plongé dans ses réflexions. La jeune femme, qui a grande envie de causer, se décide à commencer.

— Il y a longtemps que vous habitez ce pays, monsieur ?...

— Un peu plus de neuf ans, madame.

— Et vous vivez seul dans votre propriété ?...

— A peu près !...

— Vous avez abandonné le monde de bonne heure...

— On quitte facilement ce que l'on méprise !...

— Ah ! monsieur... ce mépris ne saurait envelopper tout le monde, laissez-moi le croire...

— Il y a sans doute des exceptions, madame... mais moi... j'ai été si cruellement éprouvé, qu'il m'est bien permis d'avoir mauvaise opinion des hommes !...

— Ah !... et des femmes aussi peut-être ?

— Des femmes plus que !...

— Vraiment !... et parce qu'une femme vous aura trompé... vous les méprisez toutes !... Permettez-moi de vous dire, monsieur, que toutes les femmes ne se ressemblent pas !...

— Elles se sont ressemblées pour moi, cependant !

— Ah ! vous avez été trompé par plusieurs ?...

— Tant qu'il ne s'est agi que de plaisirs... de folies... on peut toujours excuser... pardonner... mais il y a de ces trahisons qui arrivent au cœur... qui ont des suites funestes ! terribles... qui entraînent des malheurs irréparables... ah ! celles-là, on ne les pardonne pas !...

— Non, mais on verse ses chagrins dans le sein d'une personne qui nous console... qui s'efforce de nous faire oublier nos peines, ou du moins les adoucir...

— Je n'ai jamais rencontré de ces personnes-là !...

— Comment en auriez-vous rencontré puisque vous fuyez tout le monde... toute société...

— J'ai celle de mon chien... il m'aime, lui... il ne me trahira pas !... n'est-ce pas, Amy ?

Pour toute réponse, Amy qui a dressé ses oreilles, et qui a toujours sa patte gauche sur son maître, allonge la droite et la pose sur les genoux d'Honorine.

— En vérité, Amy, vous devenez trop familier, dit Paul en faisant un mouvement pour retirer la patte que le chien vient d'allonger, mais Honorine lui arrête le bras :

— Laissez-donc ce chien... vous voyez bien qu'il m'aime aussi... est-ce que cela vous fâche ?

— Non... non... madame... seulement...

— Cela vous étonne ?

— J'avoue que... vous connaissant depuis si peu de temps...

— Vous ne comprenez rien à l'amitié que me témoigne votre chien... mais la première fois qu'il a vu Agathe, il a couru lui faire des caresses, c'était encore plus singulier cela !

— En effet, et je me suis souvent demandé, mais en vain, d'où pouvait venir cet attachement d'Amy pour une personne qu'il n'avait jamais vue...

— Je croyais, monsieur, que vous deviniez mieux les instincts de ce bon et fidèle serviteur... du moins d'après ce qu'on m'avait dit.....

— Que vous avait-on dit, madame ?

— Que votre chien avait le don de deviner quels sentiments on éprouvait pour son maître ; que par suite de cet instinct, il accueillait fort mal vos ennemis, qu'il grognait, aboyait après les personnes dont vous deviez vous méfier, tandis qu'au contraire il montrait beaucoup d'amitié à celles qui se sentaient portées à éprouver pour vous... une sincère affection.

Honorine a presque balbutié ces derniers mots. Paul attache alors ses regards sur les traits doux et sympathiques, de cette jeune femme, et son front, ordinairement chargé de nuages, semble s'éclaircir ; on dirait que pour la première fois, depuis bien longtemps une sensation agréable fait palpiter son cœur.

— En effet, madame, reprend Paul après un moment, mon chien m'a bien souvent donné des preuves de cet instinct singulier... mais n'avais-je pas le droit de douter en cet instant de sa seconde vue... Comment supposer... que vous puissiez sentir pour moi la plus légère affection... je n'ai rien fait pour la mériter...

— Vous oubliez, monsieur, que deux fois déjà vous avez acquis des droits à notre reconnaissance... ces deux soirs de la vache... de l'orage... Que serions-nous devenues sans vous ?...

— Le premier passant en eût fait autant que moi !...

— Je le vois, monsieur, c'est un parti pris... vous ne voulez plus voir autour de vous que des gens méchants... faux... traîtres...

— Ah ! madame...

— Mais vous aurez beau faire... votre chien, qui s'y connaît, nous regardera toujours comme ses amies... Tenez, voyez-vous comme il me fixe... il semble approuver mes paroles... s'il continue à me montrer tant d'amitié, vous allez vous méfier de lui aussi, n'est-ce pas, monsieur ?...

— Ah ! madame, bien au contraire... je penserai que j'ai enfin rencontré ce que je croyais introuvable... une amie véritable !...

En ce moment Agathe paraît à la petite porte du jardin, en criant :

— Honorine !... Honorine !... es-tu par ici ?

— Me voici, dit la jeune femme en se levant, je n'étais pas bien loin...

— Je te cherchais partout, j'étais inquiète de toi... Ah ! voilà Amy... bonjour, mon bon chien.

Amy avait quitté sa place pour courir au-devant d'Agathe, qui aperçoit alors le propriétaire de la Tourelle. Elle lui fait un gracieux salut, en disant :

— Si j'avais su que monsieur était près de toi, je n'aurais pas été inquiète, puisqu'il est toujours votre protecteur...

— Je n'ai encore rien fait pour mériter ce titre ! répond Paul en saluant Agathe. Mais je m'estimerais bien heureux, mademoiselle, si en effet je pouvais jamais vous être de quelque utilité.

En achevant ces mots, il s'incline devant les deux amies et s'éloigne en faisant signe à son chien de le suivre, ce que celui-ci ne se décide à faire, qu'après être revenu plusieurs fois vers les jeunes femmes, les flatter et leur faire des amitiés.

XXXVI

Une amazone.

Deux jours après, le père Ledrux travaillait dans le petit jardin de madame Dalmont. Tout en faisant ses tu tu rlu tu tu il s'approche des deux amies qui sont assises dans un bosquet, en murmurant :

— Eh ben... nous en v'là encore du beau monde dans le pays... ah mais ceux-là ! il paraît que ce sont des gros bonnets... encore au-dessus de madame Droguet !

— De qui voulez-vous parler, père Ledrux ? dit Honorine.

— Des personnes qui ont acheté la maison aux poissons rouges...

— Comment ! s'écrie Agathe, il y a une maison aux poissons rouges dans ce pays... et nous ne la connaissons pas ?

— Dame, mam'selle, quand elle était à vendre... on ne s'en occupait guère... c'était trop cher pour les gens de l'endroit... c'est une

superbe propriété... avec un parc... un jardin anglais et potager.
— Et des poissons rouges, à ce qu'il paraît?
— Oui, mam'selle... un grand bassin qui en est plein.
— Et vous savez qui a acheté cette propriété?...
— Pardi! tout le monde le sait dans Chelles...
— Vous voyez que non, père Ledrux, car nous ne savions pas un mot de tout cela.
— Les acheteurs... c'est M. et madame de Belleville... le mari et la femme... jeunes tous les deux... la dame est une superbe femme et elle est toujours habillée... ah! ma fine... comme si qu'elle allait à la noce...
— En vérité... ils habitent donc déjà ici?
— Mais oui... depuis dix ou douze jours...
— Oh! je l'ai vue moi, cette belle dame, dit Poucette en s'avançant. Je l'ai aperçue plusieurs fois... depuis trois jours on ne voit qu'elle se promener à cheval par ici... On dirait que c'est not'maison qu'elle veut voir... elle passe par devant, elle passe par derrière... et elle regarde par-dessus les murs du jardin... sur son cheval c'est facile!... Elle a un bel habit en drap bleu... avec une longue jupe qui cache la queue de son cheval, un chapeau d'homme tout rond... il faut voir comme elle se tient bien sur sa bête... oh! elle n'a pas peur cette dame-là! ça se voit tout de suite...
— Et elle est jolie cette dame?
— Ma fine, mam'selle... on ne peut pas dire qu'elle n'est pas belle... elle a de grands yeux noirs, quand elle vous regarde, on dirait qu'elle veut faire trembler tout le monde... elle a un air hardi!... fier... moi je n'aime pas ces airs-là...
— Poucette, quand tu l'apercevras, cette belle amazone, appelle-moi, je serais curieuse de la voir, moi!...
— Ça suffit, mam'selle... oh! je gage ben qu'elle passera encore aujourd'hui... puisque je vous dis qu'elle fait le tour de la maison et puis se retrouve par ici...
— C'est singulier cela!... n'est-ce pas, Honorine?
— Moi, je ne vois rien du tout d'extraordinaire là-dedans, ma chère amie, cette dame vient habiter un pays nouveau pour elle, elle se promène à cheval, c'est le meilleur moyen de bien connaître les environs. Elle regarde les maisons, c'est pour chercher à connaître aussi les personnes qui les habitent...
— Mais pourquoi passe-t-elle si souvent devant notre demeure... pourquoi en fait-elle le tour?
— Elle passe devant, parce que sans doute c'est son chemin quand elle va se promener... Poucette croit qu'elle fait le tour... apparemment que c'est son chemin pour revenir...
— Tu trouves tout naturel, toi; c'est égal, je suis bien curieuse de voir cette belle amazone!
— Moi, pas du tout, je t'assure. Ah çà, et le mari, on n'en parle pas... est-ce qu'il ne va pas à cheval aussi lui?...
— Oh! non, dit le jardinier, le mari ne sait pas se tenir très-bien à cheval, à ce qu'il paraît; le premier jour que madame de Belleville est allée se promener en amazone... son mari a voulu aller avec elle... il a pris aussi un cheval, mais il n'avait pas l'air d'être bien à son aise dessus. Alors il a crié à sa femme : Ma chère amie, n'allez pas vite, je vous en prie!... j'ai perdu l'habitude de galoper. Mais soit que sa femme ne l'ait pas entendu, soit que son cheval l'ait emportée; au bout d'un moment elle était partie comme un éclair. M. de Belleville a voulu la rattraper... patatras! il est tombé les quatre fers en l'air... il s'est relevé, puis il est resté chez lui en boitant un peu et en jurant qu'il ne remonterait jamais à cheval, ce qui n'empêche madame d'y aller tous les jours.
— Elle se fait sans doute suivre par un domestique?
— Non, elle va toujours seule... oh! comme dit Poucette, c'est une dame qui n'a pas peur. Il paraît qu'il y a un dîner demain cheux le propriétaire de la villa aux poissons rouges... les gros bonnets de l'endroit y sont invités, la maison Droguet, les Remplumé, les Jarnouillard... on ne parle que de ça cheux tout le monde... c'est peut-être pour vous inviter aussi que madame de Belleville tourne comme ça avec son cheval autour de votre maison !..
— Oh! non, père Ledrux... ce ne peut être pour cela, d'abord on n'a pas l'habitude de venir à cheval pour faire une visite de cérémonie... ensuite nous ne sommes pas de gros bonnets nous, et puisque cette dame veut faire sa société de tous ces gens qui disent du mal de nous, il est bien probable que nous n'en ferons jamais la nôtre. Mais si vous entendez encore jaser, père Ledrux, sur les fréquentes visites que nous fait M. Edmond Didier, je vous autorise à répondre qu'il n'y a rien d'étonnant à ce qu'un jeune homme vienne faire sa cour à la personne qu'il doit épouser... car M. Edmond est le fiancé d'Agathe...
— Eh ben, ma fine, j'en avais comme une doutance !... s'écrie le jardinier. Je me disais : ce jeune homme-là, et c'te demoiselle... hum !... il se pourrait ben que... ils sont tous les deux ben gentils!... après ça, vous entendez, je me disais ça... à moi seul, par manière de réflexion... vu que ça ne me regarde pas... ce ne sont pas mes affaires. Je vas aller voir vos poules... décidément la noire bat les autres... si vous ne les mangez pas... faudra que je l'emporte... elle rend les autres trop malheureuses.

— Nous ne mangeons pas les poules dont nous avons mangé les œufs... emportez-la, père Ledrux!
— Dame, vous entendez ben... c'est dans votre intérêt... elle gâterait les autres...
Le père Ledrux est allé au poulailler. Honorine est rentrée dans la maison, lorsque Poucette accourt dire à Agathe :
— Mam'selle! la v'là... elle vient par ici...
— Qui... l'amazone?...
— Oui, elle est sur la petite route, au bout du jardin... du pavillon, vous la verrez tout à votre aise.
— Oh! allons, allons!...
Agathe est bientôt à la fenêtre du kiosque, et Poucette qui l'a suivie lui montre une dame à cheval qui vient du côté de Gournay, en faisant galoper son coursier qu'elle conduit avec une sûreté et une hardiesse dignes d'une écuyère de l'Hippodrome. Thélénie avait un charmant costume de drap bien un peu clair, sur sa tête était un chapeau d'homme, mais à grands et larges bords, placé un peu sur le côté et auquel était attaché un flot de rubans noirs. Les beaux cheveux de l'amazone tombaient en longs tire-bouchons de chaque côté de son visage et ses grands yeux pleins de feu jetaient sous le feutre un éclat magnifique; enfin elle tenait dans sa main droite une élégante cravache, avec laquelle elle cinglait fort bien son cheval lorsqu'il faisait mine de vouloir ralentir sa course. Agathe ne peut se lasser d'admirer la belle amazone; elle se penche en dehors de la fenêtre afin de la voir de plus loin, en disant à Poucette :
— Oh! comme elle va bien à cheval cette dame... quelle grâce!... quelle audace!... elle est bien jolie cette femme-là!...
— Oui !... de loin !... mais quand vous la verrez de près... attendez...
Thélénie approche de la maison d'Honorine; elle vient d'apercevoir quelqu'un à la fenêtre du pavillon, aussitôt elle change l'allure de son coursier et le met au pas.
— Je la verrai bien mieux à présent! dit Agathe, elle ne galope plus... elle vient tout doucement...
— Je crois ben que c'est aussi pour mieux vous voir qu'elle s'est mise au pas... voyez donc comme elle vous regarde, mam'selle... ne di.ait-on pas qu'elle veut fourrer ses yeux dans votre figure...
— C'est vrai... elle me regarde avec attention... et je! ne la trouve plus si jolie maintenant...
— Là, j'en étais sûre! elle a l'air très-méchant c'te belle dame? Et la voilà qui se retourne encore pour me regarder...
— Si j'étais que de vous, mam'selle, je lui tirerais la langue...
— Elle s'éloigne enfin, c'est bien heureux!
— C'est égal, elle est bien jolie cette femme-là!...
— En vérité, je ne conçois pas que l'on regarde les personnes de cette manière...
— Et avec un air... on aurait dit qu'elle avait envie de vous battre! Dites donc, mam'selle, je suis sûre que si M. Edmond avait vu c'te cavalière vous fisquer comme ça, il aurait été lui dire : Qu'est-ce que vous avez à reluquer comme ça ma future?... la connaissez-vous? lui voulez-vous queuque chose...
— C'est bien possible!... mais je ne parlerai pas à Edmond de cette dame!... et après tout, quand bien même elle ne me trouve pas à son gré !... cela m'est bien égal.
— Faudrait qu'elle fût bien difficile!... moi, je crois qu'elle vous trouve trop bien et que c'est ça qui l'a vexée!
— Que tu es folle, Poucette, qu'est-ce que cela peut faire à cette dame que je sois bien ou mal?...
— Tiens, mam'selle! c'te belle amazone s'était peut-être dit en venant habiter ici : je serai la plus jolie de l'endroit... on n'admirera que moi d'autant plus qu'elle est fièrement connue sa mise, cette dame-là... Alors vous comprenez ben que tant qu'elle n'a vu que des dames Droguet, Remplumé et Jarnouillard, elle a pu se croire la plus belle du pays... mais à présent qu'elle vous a vue... c'est une autre chanson...
Agathe va rejoindre Honorine pour lui apprendre ce qui vient de lui arriver, et la manière impertinente dont l'a regardée la nouvelle propriétaire de la villa aux poissons rouges. Madame Dalmont se met à rire en disant :
— C'est bien !... tu étais si curieuse de cette dame... te voilà bien payée de ta curiosité...
— C'est égal, ma bonne amie, si je rencontre encore cette madame de Belleville et qu'elle recommence à me regarder comme tout à l'heure, je lui demanderai ce qu'elle me veut.
— Tu aurais tort, Agathe, quand les gens ont l'air impertinent, ce qui les mortifie le plus, c'est que l'on n'y fasse pas attention.
Depuis sa conversation avec le propriétaire de la Tourelle, Honorine allait assez souvent s'asseoir sur le tronc d'arbre abrité par le noyer. Elle prétendait que, de là, on avait devant les yeux un horizon immense, et Agathe assurait que la vue était tout aussi belle de la fenêtre du kiosque. Aussi c'était presque toujours lorsque sa jeune compagne étudiait son piano, que madame Dalmont ouvrait la petite porte du jardin pour aller s'asseoir sur la route. Espérait-elle rencontrer encore ce bon chien qui lui avait fait tant de caresses? était-ce son maître qu'elle désirait revoir?... mais on n'entendait

plus parler de Paul ni de son chien. En revanche, il n'était question dans le pays que du dîner qui avait été donné à la villa aux poissons rouges, c'était le père Ledrux et Poucette qui rapportaient aux eux amies ce qui se disait dans Chelles à ce sujet :

— Le dîner était magnifique...

— Outre les grosses têtes de l'endroit, il y avait aussi beaucoup de monde de Paris, beaucoup d'hommes surtout et tous du meilleur ton, de la plus parfaite élégance !... quelques-uns avaient fumé au dessert, mais c'était pour changer l'air.

— On avait mangé des choses dont on ne sa ait pas le nom, et bu des vins qui ressemblaient à de la liqueur.

— Il y avait un service en porcelaine de toute beauté. Un domestique avait cassé un plat sur la tête de M. Jarnouillard, mais cela n'avait gâté que son habit qui l'était déjà.

— Le maître de la maison avait failli s'étrang er en mangeant du brochet.

— M. Luminot s'était donné une pointe qui pouvait passer pour une culotte.

— Madame de Belleville avait changé de toilette après le second service.

— Madame Remplumé avait été indisposée.

— M. Jarnouillard avait compté les plats de desserts, il y en avait trente-trois.

— Le soir on avait joué et dansé.

— M. Droguet était tombé en valsant.

— On avait joué un jeu d'enfer !

— Madame Droguet avait perdu quatre francs au lansquenet. Mais M. Antoine Beaubichon en avait gagné trois à l'écarté.

— Tout le monde s'était retiré rempli d'admiration pour M. et madame de Belleville.

Tels étaient les propos qui avaient circulé à la suite du grand repas. Les noms des nouveaux maîtres de la villa aux poissons rouges n'étaient plus prononcés dans Chelles qu'avec le plus profond respect ; M. Remplumé avait même été jusqu'à ôter son chapeau, rien qu'en passant devant leur demeure. Et quand Thélénie caracolait à cheval dans le village, on se mettait à la fenêtre ou aux portes pour la voir passer, et on s'écriait :

— La voilà !.. la voilà !... elle va à cheval comme un dragon !...

A la vérité, il y avait bien aussi quelques gamins qui criaient :

— A la chienlit !... Mais ces mots inconvenants se perdaient dans le tumulte des honras et des applaudissements.

Et cette dame continuait de galoper devant la maison de madame Dalmont ; mais au lieu de la regarder passer, Agathe quittait alors la fenêtre si elle y était, ne voulant plus que cette dame puisse avoir la satisfaction de la toiser comme l'autre fois. Une après-midi, Honorine qui était assise seule, sous le grand noyer de la route, entend tout à coup des cris perçants qui partent à peu de distance. Ces cris sont ceux d'un enfant, et la jeune femme pensant que l'on peut avoir besoin de secours, descend vivement la route, et à deux cents pas plus loin, aperçoit une femme à cheval, administrant des coups de cravache à un petit garçon, dans lequel Honorine a bien vite reconnu celui qui venait lui voler des cerises. L'arrivée d'une dame ne calme pas la colère de Thélénie, qui continue de frapper sur le petit perdu, en lui disant :

— Ah ! tu ne veux pas te ranger lorsque je te crie : Gare !... ah ! tu me fais signe que tu te moques de moi !... Tu me fais des grimaces... je t'apprendrai, petit drôle, à me reconnaître et à me respecter...

En apercevant madame Dalmont, le petit Emile court se réfugier près d'elle en poussant toujours de grands cris, mais les uns il y a au moins autant de colère que de douleur. L'amazone se dispose à le poursuivre, mais Honorine lui barre le chemin en lui disant :

— Mon Dieu, madame, que vous a donc fait cet enfant pour que vous lui infligiez un si rude châtiment ?

Thélénie toise Honorine avec arrogance en s'écriant :

— Ce qu'il m'a fait... que vous importe ?... Si je le cravache, c'est que cela me convient apparemment... c'est qu'il le mérite... de quoi vous mêlez-vous ?...

— De quoi je me mêle, quand je défends un enfant que l'on bat... il paraît que vous, mad me, vous en verriez que l'on accablerait de coups sans avoir l'idée d'aller les défendre !...

— Qu'est-ce à dire ? madame veut me donner des leçons, peut-être ?

— Je pourrais, je crois, vous en donner de politesse, c r vous le prenez sur un ton qui va fort mal avec votre toilette !...

Thélénie se mord les lèvres avec colère, puis elle s'écrie :

— Ah ! vous êtes madame Dalmont, sans doute !...

— En effet, je suis madame Dalmont.

— J'aurais dû le deviner... Ah ! ah ! ah !... j'ai déjà fort s uvent entendu parler de madame et de sa petite amie... mademoiselle Agathe !... Ah ! ah ! ah !... ces dames sont très-connues dans Chelles.

— Je ne le crois pas, madame, nous y voyons fort peu de monde...

— On y parle beaucoup de vous, cependant !...

— C'est possible, madame ; il y a des personnes dont la seule occupation est le bavardage, la médisance et la calomnie... ais ce qui sort de la bouche de ces personnes-là ne vaut vraiment pas la peine que l'on s'en occupe !

— Est-ce pour moi que vous dites cela, madame ?...

— Que voulez-vous que je dise de vous ? je ne vous connais pas !...

— Je suis madame de Belleville... et je n'ai pas pour habitude de supporter un outrage de qui que ce soit...

— Moi, je suis madame Dalmont, et je n'ai pas l'habitude de me battre, parce que je ne suis point un homme.

Thélénie est très-dépitée de voir le calme que conserve la jeune veuve. Mais pendant que ce dialogue avait lieu entre ces deux dames, le petit Emile qui voulait se venger des coups qu'il avait reçus, avait ramassé une assez grosse motte de terre, qu'il lance de toute sa force sur la perso ne qui l'a battu. La motte de terre n'atteint point l'amazone, mais elle frappe en plein sur une des oreilles de son cheval, et ses débris éclaboussent et salissent la belle jupe bleue. Le cheval, qui ne s'attendait pas à cette attaque, a fait un bond, un écart qui aurait pu renverser la personne qui le montait, mais Thélénie, ferme sur sa selle, laisse seulement échapper un cri de fureur, en disant :

— Ah ! petit misérable !... cette fois tu vas en recevoir, de ma cravache, et tu en garderas les marques.

Le petit perdu va se cacher derrière Honorine. Cet obstacle ne semble pas devoir arrêter Thélénie, qui s'écrie :

— Rangez-vous, madame, ôtez-vous de devant ce drôle, sans quoi je ne réponds pas de mon cheval...

— De grâce, madame, pardonnez à cet enfant...

— Non !.. non !... et si vous ne vous ôtez pas... Tant pis pour vous, si vous recevez aussi de la cravache.

En disant ces mots, l'amazone vient de lancer son cheval sur Honorine et le petit garçon, mais comme presque tous ces généreux animaux, le cheval hésite, s'arrête, il veut prendre un détour afin de ne point passer sur une femme et un enfant. L'amazone veut toujours le diriger sur le même but, lorsque tout à coup un défenseur inattendu vient changer la face des choses : Amy vient d'accourir sur la même route, et aussitôt, sans chercher, sans balancer, il se précipite sur l'amazone, en aboyant d'une façon qui annonce qu'il n'est pas de bonne humeur. A l'aspect de ce beau chien, qui veut sauter après elle, Thélénie, obligée à son tour de se défendre, veut frapper Amy de sa cravache. Mais celui-ci évite fort adroitement les coups, en sautant d'un côté, puis d'un autre, ce qui ne l'empêche pas de mordre en même temps le cheval.

— Madame !... madame !... appelez votre chien ! crie l'amazone, il mord mon cheval... vous répondrez de ce qui arrivera.

— Madame, ce chien n'est pas à moi... mais en ce moment, je bénis son arrivée, car elle vous empêche de commettre une lâcheté.

— Oh ! madame.. cela ne se passera pas ainsi ; maudit chi n l... je retrouverai aussi ce petit drôle... On verra !... on verra !... je trouverai son maître à ce chien-là !...

Mais harcelé par Amy, qui cherche à lui mordre les mollets, obligée de maintenir son cheval que les attaques continuelles du chien rendent furieux, Thélénie se voit forcée d'abandonner le champ de bataille. Elle enfonce ses éperons dans les flancs de son coursier, auquel elle rend la main, celui-ci part ensuite au grandissime galop et bientôt l'amazone disparaît entièrement. Amy avait fait mine de vouloir poursuivre la dame et son coursier, cependant Honorine l'a rappelé avec tant d'instance, qu'enfin le chien est revenu près d'elle encore tout animé par la bataille qu'il vient de livrer. C'est en vain que la jeune dame regarde de tous côtés, le maître d'Amy ne paraît pas Honorine va rentrer chez elle, lorsqu'elle aperçoit le petit Emile qui est toujours là.

— Pourquoi avez-vous jeté une pierre à ce cheval tout à l'heure ?

— C'est pas une pierre, c'était une motte de terre...

— Enfin, avec cette terre vous espériez atteindre cette dame, sans doute ?

— Oui, c'est elle que je visais.

— C'est fort mal, ce que vous avez fait là... Voyez tous les mal l eurs qui pouvaient en résulter : cette dame galopait sur vous avec son cheval...

— Et sur vous aussi...

— Et sans ce brave chien qui est arrivé si à propos, vous pouviez être blessé !...

— Et vous aussi...

— Rien de tout cela ne serait arrivé, si vous n'aviez pas lancé cette motte de terre...

— Pourquoi m'avait-elle donné des coups de sa cravache, cette dragonne-là ?...

— Pourquoi ne vous étiez-vous pas rangé pour la laisser passer ?...

— Elle pouvait passer ; il y avait bien assez de place... est-ce qu'elle a besoin de toute la route pour elle et son cheval ?...

— Mon enfant, vous voulez donc toujours être méchant... vous avez déjà oublié ce que je vous ai dit l'autre jour : Faites-vous aimer au lieu de vous faire craindre, vous vous en trouverez beaucoup mieux.

Le petit garçon baisse ses yeux vers la terre, en murmurant d'une voix sourde :

— On ne veut pas m'aimer...

Honorine prend dans sa bourse une petite pièce de monnaie et la présente à Emile :

— Tenez, je vous donne cela... mais c'est à condition que vous ne jetterez plus de pierre ni de terre à personne... Si j'apprends que vous avez recommencé, je ne vous donnerai plus jamais rien...

— Ni de cerises?

— Pas plus de cerises qu'autre chose, allez...

— Amy a écouté toute cette conversation assis sur son derrière et avec la gravité d'un juge d'instruction. Puis il suit Honorine qui, arrivée à la petite porte de son jardin, se tourne vers lui :

— Entres-tu avec moi, mon bon chien?... non, tu ne veux pas... et tu es sans ton maître, c'est donc toi seul qui es venu me faire une visite... n'importe, c'est très bien, cela... Et quand tu voudras revenir, gratte à cette porte, et tu seras toujours bien reçu.

Amy, qui a paru parfaitement comprendre les paroles d'Honorine, fait entendre quelques jappements, puis il se met à courir du côté de la Tourelle en aboyant cette fois avec force et avec joie.

XXXVII

Le baron de Schtapelmerg.

Thélénie avait galopé sans s'arrêter jusqu'à sa maison. Elle avait manqué en entrant dans sa cour de renverser son mari qui se disposait à aller se promener à pied, et n'avait eu que le temps de se précipiter dans l'écurie. Puis, sautant à terre, abandonnant la bride, jetant sa cravache au nez du domestique qui s'avance, l'amazone, encore furieuse d'avoir été obligée de battre en retraite, s'écrie :

— Où est monsieur!... où se cache-t-il? qu'il vienne sur-le-champ!...

Chamoureau se hasarde à sortir sa tête de l'écurie en disant :

— Me voilà, ma bonne amie... je suis là... Ton maudit cheval a failli me renverser, ta m'as donc pas vu cela... Tu montes des chevaux trop fringants, cela te jouera quelque mauvais tour... Tu as l'air contrarié... est-ce que tu es tombée?

— Taisez-vous, monsieur!... c'est bon pour vous de tomber!... vous ne savez aucun exercice de cheval...

— Comment? je ne sais aucun exercice de corps... il me semble pourtant qu'il y en a dans lesquels je...

— Monsieur, je suis furieuse... je suis exaspérée...

— Ah bah!...

— Oui, car on m'a outragée, insultée... on s'est moqué de moi!... mais cela ne se passera pas ainsi... Il faudra que l'on me fasse réparation!... et je compte sur vous pour cela...

Chamoureau qui entrevoit déjà un duel dans ce que sa femme vient de lui dire, et qui ne se sent aucune vocation pour ce genre d'exercice, a envie de rentrer dans l'écurie, et tourne dans la cour en balbutiant :

— J'avais quelque chose à la main... que diable avais-je donc à la main?

— Monsieur, ayez la complaisance de m'écouter : Je vous dis qu'on a insulté votre femme!...

— Toi... madame de Belleville!... ça me semble bien extraordinaire... tout le monde dans le pays nous salue jusqu'à terre... On ne parle que du dîner que nous avons donné!... on trouve que tu montes à cheval comme madame Saqui, non, je veux dire comme défunt Franconi... on pousse des houras quand tu passes... incessamment on nous jettera des bouquets...

— C'est justement pour cela, monsieur, qu'il est unique qu'une femme, un enfant et un chien se soient ligués contre moi!...

— Une femme... un enfant... une femme et un enfant... qui ont eu l'audace de t'insulter? s'écrie Chamoureau qui en voyant qu'il n'y avait point d'homme dans l'affaire, a retrouvé toute son assurance. Ah! flchtre!... ah! par exemple! ah vive Dieu! où sont-ils ces drôles-là pour que je les châtie... je fouetterai la femme... non, l'enfant... non, le chien... au fait, je les fustigerai tous les trois...

— Quand il s'agira d'administrer des corrections, je n'aurai pas besoin de vous pour cela, monsieur, ce que je veux, c'est que vous vous informiez et que vous sachiez à qui appartient d'abord l'enfant... un petit garçon de sept à huit ans, je crois, qui a l'air d'un petit bandit et qui jetait des pierres à mon cheval...

— En voilà un polisson que je châtierai... il a osé !... en vérité il n'y a plus d'enfants!...

— Il était vêtu d'une petite veste brune qui est trouée aux coudes et déchirée partout, il avait un mauvais pantalon vert surchargé de pièces, point de bas, de mauvais souliers et rien sur la tête, qu'une forêt de cheveux noirs qui lui donnent l'air d'un démon.

— C'est donc un mendiant que ce petit garçon?

— Il en a bien la mine, cependant je ne dis pas qu'il m'ait demandé. Vous saurez à qui il appartient... et que font ses parents, je me charge ensuite d'aller leur parler.

— Très-bien, j'ai parfaitement compris... vous ne voulez pas que e fouette l'enfant?

— Ne faites pas plus que je ne vous dis, ensuite il y a un chien... un énorme chien...

— Son signalement, s'il vous plaît?

— Mon Dieu, monsieur, je ne puis pas trop vous le faire... j'étais à cheval, ce chien voulait m'attraper, j'étais obligée de tourner sans cesse pour me garer de lui... et je n'avais guère le loisir de l'examiner... je le crois de la race des boules-dogues, il est très-gros... il a l'air fort méchant...

— Peste! voilà un vilain animal... et il n'est pas musclé?

— Non, sans doute, puisqu'il mordait mon cheval...

— Il est en pleine contravention... je le dénoncerai à l'autorité, je le ferai mettre en fourrière...

— Sachez seulement à qui il appartient, le reste me regarde.

— Ce sera peut-être assez difficile... vous n'avez remarqué aucun signe particulier?

— Ah! que vous m'impatientez, monsieur...

— Je veux dire, il n'y avait point une housse sur lui... il y a des chiens à qui on met des housses comme à des chevaux.

— Non, monsieur, il n'avait rien sur lui... il est blanc et tacheté de noir... je présume qu'il appartient aux parents du petit garçon puisqu'il a pris sur-le-champ la défense de celui-ci...

— En effet... votre réflexion est très-juste... s'il appartient aux parents de l'enfant, celui-ci est son petit maître, et c'est comme tel qu'il l'aura défendu... Arrivons maintenant à la femme... quelque misérable paysanne...

— Non, monsieur, c'est une dame... Oh! mais celle-là, je sais qui c'est...

— Ah ! vous la connaissez?

— Je ne la connaissais pas... mais je l'ai deviné, c'est cette madame Dalmont... à qui vous avez fait acheter une bicoque dans ce pays...

— Ah! madame Dalmont, la protectrice de la jeune Agathe... dont notre ami Edmond Didier est amoureux ...

— Justement, avez-vous entendu comme on a parlé de ces deux femmes à notre soirée?...

— J'ai entendu... c'est-à-dire... ma foi non, je n'ai pas entendu Que disait-on de ces dames?

— Que c'était des femmes que l'on ne pouvait pas recevoir... qu'elles menaient ici une conduite scandaleuse... ne recevant que des hommes... et à ce que l'on croit, les logeant la nuit... vous comprenez ?

— Tiens !... elles logent la nuit... en garni?

Thélénie hausse les épaules en faisant un mouvement d'impatience et quitte son mari en lui criant:

— N'oubliez pas, monsieur, ce dont je vous ai chargé !...

Chamoureau sortait de sa propriété par cette belle avenue de tilleuls dont il était si fier; il songeait aux commissions dont sa femme l'avait chargé ; il se disait:

— Je trouverai l'enfant, cela ne doit pas être difficile... quant au chien... il paraît qu'il est fort méchant... je m'en informerai, mais je ne chercherai point à en approcher... à quoi bon !... il ne convaincra jamais de ses torts envers mon épouse.

Tout en se disant cela, le nouveau propriétaire avançait lentement parce qu'il s'arrêtait devant chaque arbre de l'avenue, l'examinait, en faisait le tour avec admiration et murmurant:

— Celui-ci doit avoir au moins cinquante ans... bah! qu'est-ce que je dis... quatre-vingts ans... peut-être plus!... Comment diable peut-on savoir l'âge d'un arbre?... Voilà une chose à laquelle n'ont jamais pensé les géologistes... ou pour mieux dire les arboristes... je pourrais encore dire les bûcherons. Et cependant cela est fort important... quand on peut dire: j'ai dans ma propriété plusieurs siècles en arbres... cela doit en augmenter infiniment le prix. Voyons donc... voyons donc... c'est une chose à trouver cela... savoir au juste l'âge d'un arbre! Si je trouvais cela, moi?... il me semble que je pourrais ensuite me présenter pour l'Académie... j'en aurais le droit!...

Chamoureau, absorbé par son étude sur les arbres, n'a point aperçu un particulier qui est entré dans son avenue, et qui s'avance de son côté en regardant à droite et à gauche, comme quelqu'un qui veut tout observer. Ce particulier, dont la mise est modeste et frise plutôt la pauvreté que l'élégance, a cependant l'air arrogant et la démarche hardie, son chapeau rond et crasseux est enfoncé sur le côté droit de sa tête, à la mode des tapageurs, et la grosse canne qu'il tient à sa main, lui sert à faire des moulinets et des évolutions qui pourraient faire supposer qu'il a été tambour-major. En joignant à tout cela une figure d'oiseau de proie, vous reconnaîtrez sur-le-champ le nommé Croque, frère de Thélénie, qui est moins misérable que lors de la visite qu'il a faite à s., lorsque quelques mois auparavant, mais qui cependant ne semble pas être dans une brillante position. Croque s'est approché de Chamoureau, et celui-ci en levant les yeux, est tout surpris de voir à deux pas de lui cette figure patibulaire faire un gracieux sourire, en lui disant:

— Un million de pardons ! monsieur, mais ne suis-je pas ici dans la propriété de M. et madame de Belleville ?

— Vous y êtes positivement, monsieur, car cette avenue... avec ces superbes tilleuls, nous appartient aussi... elle fait partie du domaine que nous avons acheté récemment, moi et mon épouse.

— Ah! monsieur, d'après ce que j'entends, c'est donc à monsieur de Belleville lui-même et en personne naturelle que j'ai l'extrême bonheur de présenter en ce moment mes hommages et compliments bien sincères !

Chamoureau, très-flatté par le ton respectueux avec lequel lui parle ce monsieur, commence à ne plus le trouver si laid, et se posant comme s'il était sur un piédestal, répond en saluant aussi:

— Oui, monsieur, c'est bien moi-même qui suis Cha... qui suis M. de Belleville...

— Et qui avez épousé madame Sainte-Suzanne... une femme charmante, du meilleur ton, distinguée jusque dans le bout des doigts, et d'un esprit supérieur.

— Tiens! se dit Chamoureau, il me dit du bien de ma femme! voilà le premier.

— Au reste, monsieur, reprend Croque, je n'ai pas besoin de vous faire l'éloge de madame votre épouse, car, puisque vous en avez fait votre compagne chérie, c'est que vous avez su apprécier ses nombreuses qualités et ses admirables perfections.

— Assurément, monsieur, je connais les perfections de ma femme... elle a des yeux magnifiques, des cheveux d'un noir de jais!

— Oh! monsieur, le physique est certainement de toute beauté, mais le physique n'est rien encore auprès du cœur, de l'âme, des vertus!... Il y a dans le monde beaucoup de belles femmes... mais des vertus de la force de celle de madame votre épouse, c'est moins commun... si j'osais, je dirais même c'est rare!

— Il faut que Thélénie ait rendu de bien grands services à ce monsieur-là! se dit Chamoureau, il lui trouve trop de vertus... Je ne lui en connais pas tant que ça... Puis se tournant vers Croque: Puis-je savoir à qui j'ai l'honneur de parler en ce moment?

Croque se redresse, fait tourner sa canne au point que Chamoureau craint un moment pour son nez, puis répond:

— Je suis le baron de Schtapelmerg. Je pense que ce nom ne vous est point inconnu et que souvent madame votre épouse a dû vous parler de moi?

— Le baron de... je l'appelle?

— Schtapelmerg!

— Ah bon! Schtapel... très-bien, j'y suis!

— Vous me connaissez, n'est-ce pas?

— Ma foi, non! c'est la première fois que j'entends prononcer votre nom, et je l'aurais retenu parce qu'il est assez original!

— Vous m'étonnez beaucoup... quoi! madame Sainte-Suzanne... pardon, ce nom me revient toujours à la mémoire.

— Il n'y a pas de mal.

— Elle aurait oublié son vieil ami... son dévoué Schtapelmerg?

— Vous étiez son ami?

— Ah! monsieur... ami... à la vie, à la mort... Vingt fois je me suis battu pour elle!

— Vous vous êtes battu pour elle!

— Je ne faisais que cela, monsieur... si on la regardait de trop près... si on lui marchait sur le pied... si on déchirait sa robe... tout de suite flamberg au vent. Ah! c'est que je ne plaisante pas, moi!... Je suis très-chatouilleux sur l'honneur... Une, deux... parez-moi ça! pif! embroché!

— Sapristi! se dit Chamoureau pendant que Croque fait mine de vouloir percer un tilleul. Voilà un homme avec qui je n'aurais jamais de querelle!... mais il paraît que c'est un ami sur lequel on peut compter...

— Enfin, monsieur, après avoir voyagé dans la Bavière, ma patrie... et visité quelques-uns de mes nombreux domaines... En disant cela, Croque fait rentrer sous la manche de son paletot un bout de chemise déchirée qui s'obstine à vouloir se montrer. Je disais donc qu'en venant à Paris, fut de me rendre chez ma noble et respectable amie, madame Sainte-Suzanne... Là, j'appris que cette toute gracieuse femme venait de se marier à un jeune, élégant et noble gentilhomme, pourvu d'une immense fortune et d'une amabilité aussi conséquente... on venait de vous nommer, monsieur de Belleville!

Chamoureau qui avait d'abord paru un peu surpris, en entendant ce monsieur dont le paletot est râpé et le chapeau rougeâtre, parler de ses propriétés, oublie cette mise presque sale dès que les noms de gentilhomme élégant et aimable viennent frapper son oreille; il est radieux, il s'épanouit et tend la main au soi-disant baron, en s'écriant:

— Monsieur de Schtapel... chose...

— Merg!

— Oui, c'est cela... j'avais peur de mal prononcer... mon cher baron, puisque vous êtes l'ami de ma épouse, que je puis espérer que vous voudrez bien désormais être aussi le mien... Ce sera pour moi un honneur et... une vive satisfaction de vous offrir mon amitié... touchez là!...

— Ah! tarteifl!.. voilà un homme... je vous avais jugé au premier coup d'œil... je m'étais dit: mille choucroûtes! voilà un homme qui est digne d'être accouplé à madame Sainte-Suzanne... ils étaient nés l'un pour l'autre... Et vous m'offrez votre amitié... saprenam!... voilà ma main... Ah! ces fichues manches mousquetaires sont insupportables, ça se déchire et se salit tout de suite... c'est égal... voilà ma main. À présent, qu'il vous survienne un ennemi... qu'on ait le malheur de vous regarder de travers... ça ne vous regarde plus... c'est mon affaire à moi!..

— Ah! par exemple, baron... je ne voudrais pas que vous allassiez jusque-là...

— Laissez-moi donc! je vous dis que cela ne vous regarde plus... je suis comme cela avec mes vrais amis... Mais pardon, vous devez comprendre mon impatience... je voudrais bien présenter mes hommages à madame de Belleville...

— C'est tout naturel... vous allez la trouver; elle vient de rentrer de sa petite promenade à cheval, qu'elle fait tous les matins... vous savez qu'elle monte supérieurement à cheval?

— Si je le sais! c'est moi qui lui ai tenu son premier étrier... au manège de... au Cirque, enfin!...

— Je vais avoir le plaisir de vous conduire à ma femme...

— Mon Dieu, mais ne vous gênez pas... vous sortiez, il ne faut pas pour moi changer vos projets... madame est au château, cela me suffit, j'irai bien seul.

— Non pas, je suis bien aise d'être témoin de la joie que mon épouse ne peut manquer d'éprouver en vous voyant... Venez, baron, venez.

Croque aurait préféré que M. de Belleville ne fût pas témoin de sa première entrevue avec sa sœur, qu'il n'y a pas moyen de s'y opposer. D'ailleurs, d'après la conversation qu'il vient d'avoir avec son beau-frère, il est déjà à même de juger qu'il est très-facile de lui faire accroire tout ce qu'il veut. Thélénie venait de changer de toilette, elle était à demi-couchée sur une causeuse, lorsque son mari entre dans son appartement, en criant de la pièce précédente:

— Ma chère amie, je t'amène quelqu'un que tu seras bien contente de voir... une visite à laquelle tu ne t'attends pas, mais qui va te faire bien plaisir.

Thélénie ne daigne pas tourner la tête du côté de la porte, et se contente de murmurer:

— Qu'est-ce que c'est... qu'est-ce qu'il y a... qui m'amenez-vous?

— M. de Schtapelmerg.

— Qu'est-ce que c'est que ça?... Schtapelmerg... d'où cela sort-il... Je ne connais pas cette espèce?...

— Baron... elle a oublié votre nom.

— Lorsque madame entendra ma voix, je suis bien persuadé qu'elle me reconnaîtra sur-le-champ, et ne demandera plus qui je suis.

La voix de Croque avait quelque chose d'aigu, de strident, qui devait en effet la faire vite reconnaître; aussi à peine a-t-il prononcé quelques mots, que Thélénie se retourne brusquement, et, après l'avoir examiné, s'écrie:

— Comment, c'est vous?

— Oui, chère et noble dame... c'est moi, le baron de Schtapelmerg... votre vieil ami... celui qui fut toujours le plus sincère et le plus dévoué de vos serviteurs... Voilà, belle dame, ce que je viens d'avoir l'honneur de raconter à votre très honoré mari, M. de Belleville, qui j'ai eu l'avantage de rencontrer en venant ici, un ami pour lequel je professe déjà l'estime la plus sincère... l'ayant jugé au premier coup d'œil comme doué de toutes les capacités.

Croque termine sa phrase en faisant de profonds saluts à M. et madame de Belleville. Thélénie à quelque peine à ne point rire au nez de son mari et du prétendu baron de Schtapelmerg, surtout lorsqu'elle voit Chamoureau presser avec affection une des mains de Croque, en lui disant:

— Ma foi, cher baron... si je vais, je puis dire, sans flatterie, que vous êtes aussi tout à fait dans mes eaux!... et mon épouse ne pouvait avoir une connaissance qui me fût plus agréable.

— Vous l'entendez, madame, charmante dame, me voilà aussi l'ami de votre mari... et, de votre côté, j'aime à croire que vous m'avez toujours conservé une petite place dans votre cœur... Tarteifl!...

— Certainement, monsieur de... c'est votre nom qui me revient plus...

— Schtapelmerg... issu, j'ose dire, d'une des plus anciennes souches de la Bavière...

— Oui... oui... je le sais, mais, mon cher baron, en vérité, permettez-moi de vous dire que vous négligez un peu votre toilette!... Je sais bien qu'en voyage un homme ne s'occupe guère de ces détails!... mais véritablement si je ne vous connaissais pas... comme je vous connais, en vous voyant arriver dans cette tenue... je n'aurais jamais deviné en vous un homme de la haute société.

— Je mérite ce reproche... Oh! je le mérite... c'est vrai... je suis fait comme quatre sous!... Ensuite dans le chemin de fer, pendant que je sommeillais, un voyageur m'a pris mon chapeau qui était tout neuf, et m'a affublé de celui-ci, que je ne m'en suis aperçu que dehors

— On vole très-bien en chemin de fer!... dit Chamoureau, moi, un jour... c'est-à-dire non, c'était un soir... ou plutôt c'était entre chien et loup... mais il y avait de la lune...

— Monsieur, dit Thélénie en interrompant son mari, je pense que votre histoire peut se remettre, mais ce dont je vous avais chargé vous ne vous en êtes pas occupé.

— Pas encore, tendre amie, je sortais pour cela, lorsque j'ai rencontré ce cher baron dans notre avenue de tilleuls!... Je songeais même alors à quelque chose d'assez important, relativement à l'âge que ces superbes arbres doivent avoir.

— Il me semble, monsieur, que vous feriez mieux de songer aux commissions dont je vous ai chargé... pendant que je vais causer avec ce vieil ami, qui a, sans doute, beaucoup de choses à me conter...

— Oh! oui, belle dame, j'ai à vous donner des nouvelles d'une foule de personnes... que j'ai rencontrées dans mes voyages.

— Alors, chère amie, je vous laisse causer avec le baron, auquel je ne dis pas adieu, car je pense qu'il nous fera le plaisir de dîner avec nous... de passer même quelques jours avec nous.

— Je ne demande pas mieux, mille choucroutes!... je resterai tant que vous voudrez... on doit pas mal louper ici!...

Thélénie lance un regard de colère à son frère. Le terme de *louper* et le juron par *mille choucroutes*, lui semblent fort déplacés dans la bouche d'un baron bavarois. Maissur un geste qu'elle a fait, Chamoureau s'empresse de s'éloigner après avoir encore serré, dans ses siennes, les mains de M. Schtapelmerg.

— Ma foi, ma chère amie! dit Croque, lorsque son beau-frère n'est plus là, il n'y a que toi pour trouver des hommes de cette pâte-là!... on les ferait faire exprès qu'on n'aurait pas mieux!... Et riche, fort riche avec cela, à ce qu'il paraît... Mon compliment, madame, voilà un excellent mariage...

— Il est certain qu'il faut que mon cher mari soit bien niais pour avoir cru la fable que vous lui avez débitée... se présenter comme un baron, quand on est fait comme vous voilà... il faut avoir de l'audace!...

— Vous savez que je n'en ai jamais manqué!

— Comment avez-vous su que j'étais ici?

— Nous autres flâneurs, nous savons toujours tout ce qui se passe. Je m'intéresse assez à vous pour ne point vous perdre de vue... On m'avait dit que tu avais fait un riche mariage, je sus bientôt que tu te faisais appeler: madame de Belleville!... C'est gentil!... c'est coquet!... le reste n'a pas été difficile à savoir!...

— Dans quel but êtes-vous venu ici?

— D'abord pour m'informer de ta santé, te faire compliment sur ton mariage... ensuite... — Pour me demander encore de l'argent?...

— Que diable veux-tu! il fait si cher vivre maintenant!

— Vous avez donc déjà mangé les mille francs que je vous ai donnés il y a quelque temps?

— Ah! ils sont loin... D'abord j'ai payé des dettes... soldé des fournisseurs... ça m'a ruiné. Je ne puis pas souffrir avoir des dettes! je pousse peut-être, à cet égard, la délicatesse jusqu'au ridicule... enfin on ne se refait pas... aussi je n'emprunte jamais... d'autant plus que personne ne voudrait me prêter...

Après s'être assurée qu'ils sont bien seuls, Thélénie revient vers Croque qui s'est jeté dans un fauteuil, où il s'étale comme s'il voulait y dormir.

— Écoutez, Croque, je veux bien encore vous donner de l'argent, venir à votre aide, mais il faudra me servir...

— Tout ce que tu voudras!... je le ferai... je suis à ta disposition, et tu connais mes talents...

— Il s'agit de deux femmes que je hais, que je déteste... l'une est ma rivale, l'autre m'a insultée... et d'ailleurs elles demeurent ensemble...

— Très-bien... où logent-elles?

— Ici, dans ce pays même... elles occupent une petite maison... assez isolée... je vous la montrerai.

— Tu me feras connaître tes intentions... et cela marchera à grande vitesse! trajet direct...

— Oh! il faut agir avec prudence... je ne sais pas encore ce que je ferai... le principal maintenant est de vous installer dans ce pays...

— Est-ce que je ne suis pas bien chez toi?

— Non... vous y viendrez, mais il vaudra mieux pour nos projets que vous ayez un logement à part... D'abord pour continuer le personnage que vous avez pris, il faut commencer à vous habiller autrement... Je reçois nombreuse société ici, et tout le monde n'est pas aussi bête...

— Que, ton mari?

— Assurément... tenez, voilà cinq cents francs pour remonter votre garde-robe... retournez à Paris, faites-vous habiller convenablement...

— Sois tranquille, je serai superbe!...

— Et quand vous parlez, ne lâchez pas des mots d'argot comme tout à l'heure...

— Il y a des gens du grand monde qui parlent argot... pour plaisanter... c'est reçu...

— Ne jurez pas par mille choucroutes!... c'est très-canaille!...

— Il me semble que c'est très-allemand.

— Enfin, évitez de toujours faire le moulinet avec votre canne... vous avez l'air d'un saltimbanque.

— Il suffit, belle princesse, on se rappellera vos instructions, on sera musqué, coiffé, pincé... enfin on sera très comme il faut dans sa tenue comme dans ses discours.

— C'est bien, retournez à Paris, et revenez demain avec une garde-robe en règle!...

— On sera chiqué... ah çà, je ne dîne donc pas ici aujourd'hui?...

— Non, il vous faut bien le temps de faire vos emplettes, vous reviendrez demain. — Eh bien, et ce cher de Belleville qui compte me retrouver ici... — Oh! que cela ne vous inquiète pas... je lui dirai que vous avez absolument voulu aller changer de toilette à Paris. — C'est bien, alors je pars, et je reviens demain. — Oui, moi, je vais m'occuper de vous trouver un pied-à-terre près d'ici... — Au revoir, demain le baron de Schtapelmerg fera honneur à madame de Belleville.

Croque quitte Thélénie, sort par la belle avenue de tilleuls, et enchanté d'avoir cinq cents francs dans sa poche, ne résiste pas au plaisir de faire encore le moulinet avec sa canne.

Tenez... voyez-moi c'te poule-là...

XXXVII

Avertissement.

Edmond était resté plusieurs jours à Paris, parce qu'on lui avait fait espérer qu'il serait nommé à un emploi fort lucratif; il avait fait les courses, les démarches indispensables lorsqu'on sollicite. Puis enfin la place avait été donnée à un autre qui s'était donné fort peu de peine, mais qui était protégé par un cotillon. Edmond est revenu à Chelles, près d'Agathe qui voit bien à l'expression de ses yeux qu'il a été trompé dans son espoir, et lui dit :

— Vous n'avez pas obtenu cet emploi sur lequel vous comptiez, monsieur Edmond. Eh bien, il ne faut pas vous chagriner pour cela... il me semble que nous pouvons attendre... Je suis si heureuse à présent que ma bonne amie a dit que je serai votre femme... qu'il me semble que je ne puis plus l'être davantage.

Edmond ne pense pas de même, et il ne peut s'empêcher de soupirer, mais il baise la main d'Agathe, en promettant d'avoir de la patience. La jeune fille s'empresse de raconter à son ami ce qu'il y a de nouveau à Chelles depuis qu'il a été absent :

— Vous saurez, monsieur Edmond, qu'on a acheté une fort belle propriété qui se trouve de l'autre côté du pays, et qu'on appelle la villa aux poissons rouges. Les personnes qui ont acheté cette campagne sont des gens fort riches, à ce qu'on dit, ils ont voitures, carrosses, chevaux de selle. Ils ont déjà donné un grand dîner, auquel étaient invités tous les principaux propriétaires de l'endroit... Aussi dans le pays on ne parle d'eux qu'en faisant des révérences...

— Et probablement ces personnes sont venues vous faire visite et vous inviter aussi ?...

— Non vraiment ! s'écrie Honorine, nous n'avons qu'une toute petite maison, nous ! Nous ne sommes pas dignes d'aller en si haut lieu !...

— Voilà qui me donne déjà une triste idée de ces nouveaux venus... Sont-ils jeunes ?

— Oui... c'est-à-dire, nous n'avons encore vu que la femme... mais il paraît que le mari est jeune aussi. Quant à cette dame, elle est fort bien, c'est une brune aux yeux noirs qui a une taille élégante, et monte parfaitement à cheval...

— Cette dame monte à cheval ?

— Elle ne fait que cela, et passe tous les jours devant notre maison...

En ce moment, la compagnie rit et applaudit.

— Oui, et Dieu merci, comme j'étais une fois à la fenêtre du petit kiosque qui est au bout du jardin, cette dame m'a regardée avec une persistance... Oh! je suis bien sûre qu'elle me reconnaîtra...

— Elle ne s'attendait pas, sans doute, à trouver une figure aussi jolie dans ce pays...

— Je ne sais pas à quoi elle s'attendait !... mais sa manière de me fixer n'avait rien d'aimable...

— Et moi! dit Honorine en riant, qui ai manqué d'avoir un duel avec elle...

— Un duel... voilà qui est plus fort !... Comment vous vous êtes querellée avec cette dame ?...

— J'étais sur la route... j'ai entendu des cris... c'était ce petit garçon... nous l'appelons le petit perdu, comme on l'appelle dans ce pays, que la belle amazone voulait cravacher parce qu'il ne s'était pas rangé assez vite... Naturellement j'ai pris le parti de l'enfant, ce qui a fort irrité cette dame contre moi !... Je dois

convenir que le petit garçon a fort mal agi en lançant une motte de terre qui a frappé le cheval à la tête, il s'est cabré... cette dame était furieuse... Je ne sais ce qu'elle aurait fait au petit Émile, lorsqu'un défenseur lui est arrivé, Amy, le chien de M. Paul, qui s'est mis bravement du côté du plus faible, et a forcé l'amazone à battre en retraite... Et depuis ce jour Amy vient très-souvent nous faire visite, il sait parfaitement se faire entendre; il gratte, ou plutôt il cogne à la petite porte du jardin, jusqu'à ce qu'on lui ouvre... il passe alors un quart d'heure avec nous, puis il retourne contre la petite porte, fait comprendre qu'il faut la lui ouvrir, nous regarde toutes les deux, en se mettant assis devant nous, et nous tendant sa patte comme le ferait un vieil ami. Ceci est pour nous dire adieu, et il part en suite sans s'arrêter.

— Et son maître ?

— Le maître ne vient pas... mais il permet à son chien de venir... c'est déjà beaucoup pour lui !

— Je serais bien aise de voir cet homme-là; ce que vous m'en avez dit, pique ma curiosité.

— Il est assez rare de le rencontrer; mais il est probable que vous verrez bientôt madame, de Belleville.

— Madame de Belleville... avez-vous dit ?

— Oui, c'est le nom des nouveaux propriétaires, qui font tant d'embarras. Est-ce que vous les connaissez ?

Freluchon avait une seule fois appris à Edmond que Chamoureau se faisait appeler maintenant de Belleville; mais l'ancien amant de Thélénie n'avait prêté peu d'attention à cette circonstance. Cependant le nom qu'on vient de prononcer le frappe; il cherche à se rappeler dans quel moment il l'a déjà entendu.

— Eh bien! reprend Agathe, vous ne me répondez pas... Je vous demande si vous connaissez M. et madame de Belleville ?

— Je cherche, mademoiselle; ce nom-là ne m'est pas inconnu...

— Cherchez bien... quelque chose me dit, à moi, que vous connaissez cette dame !...

— Et qui peut vous donner cette idée-là, chère Agathe ?

— La façon singulière dont cette belle dame m'a regardée !...

— Vraiment... Il me tarde alors de la voir, pour vous assurer que vous vous trompez.

— Tu, tu... tu, tu... r'lu tutu !...

— Ah! voilà le père Ledrux, dit Honorine. Eh bien! vous avez emporté la poule noire ?

— Oui, madame... Ah! mais, il n'était que temps !... elle rendait les autres mauvaises comme elle... Faudra voir, à présent, si le coq n'en a pas pris une autre en grippe... Parce qu'alors, voyez-vous, quand le coq se met à en vouloir à une poule, il la bat jusqu'à ce qu'elle crève... et ça fait de la peine aux autres !...

— En vérité, père Ledrux, je n'aurais pas cru qu'il se commît autant de méchancetés dans un poulailler.

— Ah! mais si... il y en a partout !... les bêtes, c'est ni pus ni moins comme nous autres !... ça se déteste entre soi, et ça se bat !

Agathe est devenue rêveuse; de son côté Edmond se demande si en effet cette dame de Belleville serait Thélénie. Le jardinier, qui aime beaucoup à bavarder, prend de nouveau la parole;

7

— Mais v'là notre endroit qui se peuple joliment, et toujours du beau monde, un baron ! rien que ça...

— Que dites vous, père Ledrux ? il y a un baron dans le pays...

— Tout de même, un vrai baron... qui a loué depuis deux jours un petit belvéder... c'est comme un colombier; mais enfin, M. Remplumé appelle ça un belvéder. C'est tout au bout de son clos et il a loué ça à ce baron allemand, qui est, à ce qu'il paraît, un ami intime des maîtres de la villa au confiseur, ou aux poissons rouges... il y a déjà dîné deux fois.

— Oh ! mais vous savez tout, vous, père Ledrux.

— C'te malice ! .. j'ai vu le baron se promener bras dessus bras dessous avec M. de Belleville. Là-dessus, je me somme dit : il paraît qu'ils se connaissent et qu'ils sont bons amis.

— Quel homme est-ce que cet Allemand ?

— Dame ! c'est un hom... ni jeune, ni vieux : il n'est pas beau de figure ; en revanche, il est très-laid ; mais il a des bagues aux doigts... des berloques en or à sa chaîne de montre, une belle canne à pomme d'or aussi... Oh ! il a l'air cossu !... M. Remplumé a dit que c'était un seigneur du pays des bavaroises..

— Et on nomme ce seigneur ?

— Attendez... oh ! c'est un nom difficile ; le baron j'tape... j'tape... et puis tape !... Je ne pourrais jamais dire ce nom-là. Mais, tenez tenez, je vois là-bas sur la route... justement, le baron nouvellement arrivé qui se promène avec madame de Belleville. Si vous voulez les voir, vous n'avez qu'à venir dans votre petite biringue.

— Ma foi, l'occasion est trop belle pour n'en point profiter. Venez, monsieur Edmond, dit Honorine, vous allez voir madame de Belleville et ce nouveau personnage que l'on nous annonce comme un baron allemand.

La société se rend dans le petit kiosque, et s'approche de la fenêtre. Thélénie, qui était à pied cette fois, marchait fort doucement en causant avec son frère, auquel elle ne donnait pas le bras. Croque avait une belle redingote noire toute neuve, ainsi que son pantalon; ses bottes étaient vernies, son chapeau, bien que toujours posé sur l'oreille, était également neuf; enfin, il avait des gants en peau de daim, qu'il ne cessait pas de regarder, et des bouts de manches fort bien empesés, qu'il s'empressait de tirer, lorsqu'ils disparaissaient sous ses parements. Ils marchaient assez lentement, et Thélénie semblait fort occupée à parler. Tout en l'écoutant, Croque se redressait, se carrait dans ses vêtements neufs, puis de temps à autre faisait tourner sa canne. Ces deux personnages fussent encore assez loin de la fenêtre, où il était, Edmond a sur-le-champ reconnu Thélénie. Au léger trouble qui se manifeste en lui, Agathe lui dit :

— N'est-il pas vrai que j'avais deviné ? Vous connaissez cette dame ?

— En effet, je crois m'être trouvé autrefois avec elle et son mari... c'est surtout son mari que je connais.

— Ah ! c'est son mari... Eh bien ! pourquoi quittez-vous la fenêtre ? avez-vous peur que cette dame vous voie avec nous ?

— Ah ! mademoiselle, partout, devant tout l'univers, je serai heureux et fier d'être vu près de vous.

— Eh bien ! alors, restez donc à la fenêtre. Voilà cette dame qui approche... nous allons voir si elle vous regardera comme elle m'a regardée.

— Mon Dieu ! s'écrie Honorine, je ne sais pas si c'est là un grand seigneur allemand, mais ce monsieur-là est bien laid ! et il a une singulière tournure !

Thélénie, tout en n'ayant pas l'air de regarder du côté du pavillon, s'aperçoit qu'il y a du monde à la fenêtre, elle presse le bras de Croque en lui disant tout bas :

— Regarde bien, elles sont là, ces femmes...

— Je vois ; mais il y a aussi un jeune homme avec elles.

— Un jeune homme !...

Thélénie lève les yeux, elle aperçoit Edmond. Son visage devient d'une pâleur effrayante. Mais aussitôt, s'efforçant de cacher son émotion, elle s'arrête devant le pavillon et salue le jeune homme en lui disant avec un gracieux sourire :

— Eh ! mais c'est vrai que j'avais deviné... ah ! je suis enchantée de vous rencontrer dans ce pays. J'espère que nous aurons le plaisir de vous voir quelquefois... Nous avons acheté une propriété, et nous y passerons une partie de l'été.

Edmond se contente de s'incliner très-froidement. Mais la belle brune fait un petit signe de tête très-familier, puis, sans avoir l'air de faire aucune attention aux deux dames qui sont là, elle se tourne vers Croque, en lui disant :

— Allons, cher baron, doublons le pas ; mon mari ne va pas savoir ce que nous sommes devenus, il doit être aux champs... Au revoir, monsieur Edmond !

Le soi-disant baron ôte son chapeau et fait un salut très-respectueux en passant devant la fenêtre, tout en murmurant :

— Bigre ! joli morceau que la jeune blonde ! je m'accommoderais bien de ce gibier-là !...

— Eh bien ! prends-je, je te le donne ! dit Thélénie en fronçant ses épais sourcils.

— Tu me le donnes, c'est très-bien... mais tu n'en disposes pas, malheureusement

— Est-ce que Croque n'a plus d'imagination, d'invention, d'audace ? Je te le répète, fais de cette jeune fille ta conquête, et le jour où tu me prouveras que tu as réussi... qu'elle a succombé, je te donnerai mille écus.

— Trois mille francs et un joli minois à conquérir... L'affaire se fera, ou j'y perdrai mon nom ! pas celui de Schtapelmerg, mais le vrai.

— Comme elle a l'air effronté, cette dame ! dit Agathe lorsque les promeneurs ont disparu. Elle vous a parlé comme si vous aviez été seul... elle n'a pas seulement daigné nous saluer. Est-ce que vous irez chez elle ?

— Non, oh ! je vous assure que je n'en ai nullement l'intention.

— Mais, Agathe, tu n'es pas raisonnable, dit Honorine, si M. Edmond est lié avec le mari de cette dame, pourquoi ne veux-tu pas qu'il aille les voir ?

— Madame, je connaissais Chamoureau avant qu'il n'épousât cette dame ; mais maintenant...

— Chamoureau, mais c'est le nom de l'homme d'affaires chez qui nous sommes allées pour acheter cette maison, et qui, sans vous, n'aurait, je crois, rien terminé.

— Justement, madame, c'est bien lui qui, après avoir hérité de vingt mille francs de rente, a épousé madame Sainte-Suzanne.

— Comment !... c'est le mari de cette superbe amazone... mais alors elle s'appelle madame Chamoureau ?

— Assurément !

— Et pourquoi se fait-elle appeler : de Belleville ?

— Parce que le nom de Chamoureau ne lui a pas semblé assez distingué.

— Ah ! ah ! ah !... c'est charmant !... Voilà une découverte !...

— Qu'elle me regarde encore avec tant d'obstination, dit Agathe, et je lui rirai au nez ! Est-ce que madame Chamoureau a quelque chose à me dire ?

— Je vous assure que ce serait le meilleur moyen de la mettre en fuite !... Mais, excusez-la ; cette dame est toute étonnée de la position qu'elle occupe, et les grands airs qu'elle se donne prouvent le peu d'habitude qu'elle a de sa nouvelle fortune.

La nuit était venue ; Edmond était resté à dîner chez madame Dalmont. Dans le fond du cœur, il était mécontent de savoir Thélénie dans le même pays que celle qu'il aimait ; quelque chose lui disait que son amour pour Agathe était une des causes qui avaient conduit à Chelles son ancienne maîtresse. Il éprouvait une vague inquiétude, car cette femme avait juré de se venger de lui, et il savait qu'elle était capable de tout braver pour tenir son serment. Cependant Edmond faisait son possible pour cacher sa préoccupation, mais il est difficile de bien dissimuler pour les yeux qui nous aiment ; ceux d'Agathe se fixaient souvent sur le jeune homme, et son côté elle soupirait en se disant :

— Comme cette dame lui a souri, comme elle l'a regardé.

Tout à coup des grattements de pattes, des coups donnés sur la petite porte du jardin, attirent l'attention qui s'écrie :

— Je gage que c'est Amy qui vient nous voir !

— Il ne vient pas le soir, ordinairement, dit Agathe.

— N'importe, c'est lui, j'en suis certaine.

Et la jeune femme court ouvrir la petite porte qui donne sur la campagne. C'est bien Amy qui a cogné, il se précipite dans le jardin, puis revient faire mille amitiés à Honorine ; celle-ci pose sa main sur la tête du chien, en lui disant :

— Comment, Amy, c'est toi... si tard... par quel hasard es-tu à Chelles ce soir ? Est-ce que ton maître est par ici ?

Amy écoute avec attention, puis il court dans la salle du rez-de-chaussée où Agathe est avec Edmond.

— Honorine avait raison, dit la jeune fille en allant caresser Amy, c'est le chien de M. Paul... du propriétaire de la Tourelle. Faites connaissance avec lui, mon ami, il m'aime beaucoup, je suis sûre qu'il vous aimera aussi. Voyons, Amy, regardez M. Edmond... Tenez, voyez-vous, je mets ma main dans la sienne pour vous montrer que vous devez l'aimer comme moi. Approchez, donnez-moi votre patte... c'est bien... et laissez monsieur vous donner une poignée de main. Amy regardait attentivement Edmond, mais ses yeux étaient pleins de bonté, et il fait exactement tout ce que lui commande Agathe, qui s'écrie :

— Maintenant, je suis content, car soyez persuadé, monsieur Edmond, que vous avez à présent un nouvel ami qui saurait parfaitement vous défendre s'il vous voyait en danger.

— C'est pourtant singulier que ce chien vienne nous voir si tard, reprit Honorine, cela me donne de l'inquiétude. Son maître est-il malade.. Viendrait-il nous demander du secours ?

— Oh ! ma bonne amie, tu as tort de t'alarmer, regarde donc, regarde donc Amy comme il a l'air gai, content .. S'il était porteur d'une mauvaise nouvelle, il ne jouerait pas ainsi devant nous.

— Je suis de l'avis de mademoiselle, dit Edmond, qui ajouta bientôt : Mademoiselle... c'est bien triste de dire mademoiselle à sa fiancée... Ne trouvez-vous pas, madame ?

Honorine sourit, tandis qu'Agathe s'empresse d'ajouter :

— Moi aussi je trouve que c'est bien triste de dire : monsieur !... c'est si cérémonieux, monsieur !

— Eh bien? qui vous empêche de vous dire tout simplement : Agathe et Edmond.

— Ah! madame! vous le permettez...

— Je n'y vois aucun mal, quand on est déjà fiancé...

— Ah! quel plaisir, ma bonne amie... que ce sera gentil, Edmond... vous entendez, monsieur Edmond ?

— Ah! chère Agathe, plus de monsieur !...

— C'est vrai ; mais on n'ose pas tout de suite... c'est égal, je prendrai vite l'habitude de dire : Edmond, rien qu'Edmond...

— Et moi Agathe, ma bien-aimée Agathe !...

— Ah ! monsieur, ma bonne amie n'a pas permis : bien-aimée !...

— Mais elle ne l'a pas défendu, mademoiselle !...

— Eh bien! voilà qu'il me dit encore : mademoiselle !

— Vous m'avez dit : monsieur.

— Taisez-vous, enfants ! s'écrie Honorine, on a frappé à la petite porte du jardin.

— Je n'ai rien entendu, dit Agathe.

— Je suis certaine qu'il y a quelqu'un, et tenez, voyez : Amy y court et il ne se trompe pas, lui.

— Qui vient si tard ?

— Tard, mais il n'est pas neuf heures.

— C'est tard pour la campagne... nous allons y aller voir avec toi... Poucette chante là-haut et n'a pas entendu.

— Restez donc, je n'ai pas peur... d'ailleurs Amy est avec moi.

Honorine a gagné bien vite le fond du petit jardin. Le chien est déjà contre la porte ; il remue la queue et fait entendre de petits jappements joyeux. Il n'y avait pas à se tromper sur la personne qui était en dehors; en effet, Honorine se trouve bientôt devant le propriétaire de la Tourelle.

— Excusez-moi, madame, dit Paul en saluant la jeune femme. Je me présente un peu tard chez vous... j'étais allé ce soir voir la famille de Guillot... ces bonnes gens m'ont gardé plus longtemps que je ne croyais... Le temps passe si vite près de ceux qui sont contents de nous voir. Quand je les ai quittés, je me suis aperçu que M. Amy n'était plus près de moi. De ce côté du pays il n'y a que chez vous qu'il puisse aller... Je vois que je ne m'étais pas trompé. Vraiment, madame, je crains que ce chien ne vous ennuie... les visites qu'il vous fait deviennent trop fréquentes, renvoyez-le quand il deviendra importun.

— Non, monsieur, nous ne le renverrons pas... parce que nous l'aimons et que ses visites nous font plaisir au contraire... Mais vous, monsieur, ne franchirez-vous pas le seuil de cette porte? et n'aurons-nous jamais que la visite de votre chien ?

Le maître d'Amy ne répond qu'en entrant dans le jardin ; et Honorine éprouve une satisfaction qu'elle ne cherche pas à cacher. Elle a conduit son nouvel hôte dans la salle basse où Agathe et Edmond sont restés. En apercevant Paul, la jeune fille se lève en s'écriant :

— Ah! monsieur, voilà une aimable surprise !

— Il ne faut pas trop remercier monsieur, dit Honorine, si Amy n'était pas venu nous voir, je crois que monsieur ne nous aurait jamais honorées de sa visite.

— Madame...

— Mais j'ai tort de dire cela... Vous n'aimez pas le monde, et pour nous, vous voulez bien aujourd'hui sortir de vos habitudes... nous devons donc vous en savoir beaucoup de gré.

Paul était resté debout à l'entrée de la salle et regardait Edmond, qu'il n'avait pas encore rencontré avec les deux amies.

— Permettez-moi, lui dit Honorine, de vous présenter M. Edmond Didier... lui seul vient assez souvent égayer notre solitude, mais il en a le droit, car il aime ma pupille Agathe, et j'ai promis de les marier lorsqu'il seront tous deux un peu plus raisonnables.

Le front de Paul semble s'éclaircir, il salue Edmond et prend le siége que lui présente Honorine. La conversation s'engage ; d'abord un peu froide et décousue, mais bientôt on vient à parler de la Suisse, de l'Italie, le propriétaire de la Tourelle a beaucoup voyagé, il décrit avec vérité les diverses contrées qu'il a parcourues ; il mêle son récit d'anecdotes curieuses, d'événements qui lui sont arrivés sur les routes, dans les auberges. Tout cela est conté sans prétention, sans recherche, mais avec une facilité qui charme ses auditeurs ; le temps passe et personne ne s'en aperçoit Tout à coup Paul s'arrête comme honteux d'avoir si longtemps captivé l'attention, en disant :

— J'abuse de votre patience, et je vous ennuie... Pardonnez-moi, mais vous voyez le danger qu'il y a à recevoir quelqu'un qui a été longtemps sans causer.

— Nous serions bien heureuses, dit Honorine, si vous veniez quelquefois nous ennuyer comme cela... Ce doit être bien triste de toujours vivre seul... de ne voir personne... Vous êtes donc misanthrope ?

— J'avais de grandes raisons pour l'être.

— Et vous ne voulez voir autour de vous que des méchants ?...

— Ah! je ne dis plus cela, madame!...

— Et il faudra toujours que votre chien vienne nous voir, pour que vous vous décidiez à nous honorer de votre visite ?...

Paul allait répondre, lorsque son chien, qui jusqu'alors était resté tranquillement assis à ses pieds, relève tout à coup la tête, dresse ses oreilles, et fait entendre un grognement sourd et prolongé.

— Eh bien, qu'est-ce donc, Amy? dit Agathe, est-ce que vous vous ennuyez avec nous... est-ce que vous voulez partir ?

Le chien semble écouter, et, au bout d'un moment, recommence à grogner sourdement.

— C'est singulier ! dit Paul, pour qu'Amy montre cette humeur, il faut qu'il y ait une cause... ses yeux s'animent, son poil se hérisse...

Amy quitte brusquement la salle et court dans le jardin en aboyant avec force.

— Oh! certainement, il y a quelque chose, dit Edmond, peut-être quelque rôdeur de nuit qui passe en ce moment contre votre maison...

Tout le monde a suivi le chien, qui continue d'aboyer, en se précipitant contre les murs, comme s'il voulait les gravir.

— Mon Dieu ! est-ce que nous sommes entourées de voleurs ! dit Honorine.

— C'est bien extraordinaire ! reprend Paul, je ne l'ai jamais vu dans une telle colère... pour des pierres qu'on lui déplaisent, et qu'il ne connaît pas, ordinairement il se contente d'aboyer... Mais cette fois... voyez de quelle fureur il est animé... Pas moyen de le calmer... il ne m'écoute plus...

Amy venait de monter par l'escalier qui menait au pavillon, et de là il saute par-dessus le mur et s'élance sur la route. Paul court ouvrir la petite porte et se met à la poursuite de son chien. Edmond veut le suivre, mais les deux amies le retiennent, car elles ont peur et ne veulent pas rester sans défenseur.

XXXIX

Le sentier.

— Eh bien, monsieur, dit Thélénie à son mari qui vient d'entrer dans sa chambre, je vous ai chargé de commissions il y a quelques jours; je vous ai prié de savoir à qui était ce petit garçon qui m'a jeté des pierres, et à qui appartenait un gros chien qui a sauté sur moi... que savez-vous?...

Chamoureau commence par se regarder dans une glace qui est en face de lui, habitude qui est du reste commune à beaucoup de gens, qui, tout en vous parlant, ne cessent point de se mirer, et ce sont pas les plus beaux qui font cela! Chamoureau, après s'être souri, répond :

— Ma chère amie, pour le petit garçon, je ne sais encore rien... les paysans ne sont pas toujours disposés à vous donner des renseignements; quand on les questionne, ils se figurent qu'on veut se moquer d'eux! Quant au chien... c'est différent, je ne l'ai pas encore rencontré, ceux qui m'ont correspondant point au signalement que vous m'avez donné.

— J'aurais dû me douter que vous seriez incapable de rien découvrir... heureusement, mon ami le baron est ici... c'est lui que je chargerai de ce soin, il sera plus adroit que vous.

— Je ne sais pas si M. de Schtapelmerg sera plus adroit que moi... j'en doute... au reste, il n'est bien permis d'avoir des distractions... J'ai en tête quelque chose de si intéressant.

— Qu'avez-vous donc en tête, monsieur ?

— L'âge des arbres, madame, l'âge des arbres que je veux parvenir à connaître bien précisément.

— Et à quoi bon, monsieur ? A quoi servira de connaître au juste l'âge d'un arbre ?

— Ah ! madame !... mais ce sera une découverte immense... de la plus grande utilité... pour les bûcherons et les marchands de bois ! Pouvoir, en voyant un arbre, dire : Il a tel âge... il est né sous tel règne! mais ce sera superbe... et j'y arriverai. Ah ! voilà ce cher ami le baron de Schtapelmerg !

Croque s'avançait, il était pâle, défait et ne marchait pas en se dandinant comme de coutume.

— Bonjour, noble baron, dit Chamoureau en tendant sa main à Croque. Vous n'êtes point indisposé?... Je vous trouve l'air fatigué ce matin.

— J'ai mal dormi... ce n'est rien... cela se dissipera en fumant quelques bouffardes.

— Ce brave garçon... il aime mieux la pipe que le cigare.

— Nous autres, anciens militaires, nous sommes habitués à piper.

— Vous avez servi, baron?

— Oui, j'ai fait la campagne de la... la guerre contre les... les Turcs...

— Ah! vous vous êtes battu contre les Turcs... c'est sans doute alors que vous avez reçu cette blessure à la joue gauche... qui vous a laissé cette noble cicatrice?

— Justement, c'est un coup de lance.

— Les Turcs combattent donc avec des lances?

— Toujours, à moins qu'ils se servent d'une autre arme.

— Donnez-moi votre bras, baron, dit Thélénie, et allons faire un tour de promenade pendant que monsieur s'occupera de l'âge de ses arbres.

— Je suis à vos ordres, belle dame !

— Qu'y a-t-il de nouveau? dit Thélénie, lorsqu'elle s'est éloignée avec Croque. Vous avez la figure toute bouleversée...

— Sacredié! il y a bien de quoi! J'ai eu, hier soir, une venette... que j'en ai encore le tempérament dérangé...

— Et qui a occasionné cette frayeur?

— Je m'étais rendu, sur les dix heures du soir, du côté de la maison de nos dames... Je voulais examiner les lieux... toiser les murs... enfin voir par où il y aurait moyen de s'introduire dans la place... parce que, naturellement je n'espère pas faire la conquête de la jeune fille... je ne suis pas assez joli garçon, je me rends justice, moi; pour arriver à mon but, il faudra arriver par surprise... par force...

— C'est bien... après... après?...

— Je rôdais donc autour des murs du jardin... j'entends bientôt les grognements d'un chien... je n'y fais d'abord pas attention... cependant comme je tâtais un endroit du mur pas mal dégradé, les aboiements deviennent plus forts, plus furieux... je devine que le chien est près de moi, le mur seul nous sépare... On l'appelle dans la maison... on tâche de le calmer... peine perdue... Je me dis : il y a là un animal dangereux, gagnons au large !... je m'éloigne... Au bout d'un instant, qu'avais-je sur mes talons, le maudit chien, qui sans doute avait sauté le mur et s'était mis à ma poursuite... La peur me donne des ailes... je cours... le gredin de chien courait aussi !... Enfin il n'a pu saisir qu'un pan de mon paletot... le morceau lui est resté dans la gueule... je suis parvenu à lui échapper... Mais, bigre, il était temps! Tenez, voici ce morceau de moins à mon paletot... un drap très-fort et tout neuf... il faut que le chien ait rudement tiré...

— En vérité, je ne m'attendais pas à ce que j'entends... je vous croyais courageux, fort... je vous croyais enfin de ces hommes que rien n'effraye, qui ne reculent devant aucun danger !... Et vous voilà tout bouleversé... tout intimidé, parce qu'un chien a couru après vous !... Vous me faites pitié !... Vous n'aviez donc pas votre canne pour battre ce chien?...

— Oh! ma petite! minute! ne faisons pas notre embarras... n'ayons pas l'air de vexer Bibi! Oui, certes, je suis audacieux; contre des hommes je ne recule pas et je n'ai pas peur, mais un chien, c'est différent !... J'ai, d'ailleurs, un motif pour les craindre, n'ai-je pas manqué d'être étranglé par le chien de M. Duronceray?... ne m'a-t-il pas fait au visage cette blessure dont j'ai gardé la cicatrice... et elle est de taille !... Je ne sais pourquoi, mais hier au soir il me semblait que c'était le même chien qui me poursuivait...

— Quelle folie !... celui-là doit être mort depuis longtemps!

— Pourquoi donc, mort?... il était tout jeune alors... il avait un an et demi au plus... il aurait donc dix à onze ans maintenant : les chiens vivent plus vieux que cela !...

— Enfin, d'après ce que vous venez de me dire, je vois qu'il ne faut guère compter sur vous pour tenter quelque entreprise sur la jeune fille...

— Si ces dames ont toujours ce chien-là pour les garder, ce sera difficile!

— Elles n'ont pas de chien chez elles, leur jardinier, qui j'ai eu soin d'employer il y a quelques jours, me l'a dit. C'était par hasard qu'il y en avait un hier dans leur maison... Mais ce jeune homme qui vient là-bas... c'est Edmond... Ah! je vais enfin pouvoir lui parler... laissez-moi Croque, éloignez-vous...

— Très bien, je vais rejoindre ton estimable mari et déjeuner avec lui.

— Surtout ne vous grisez pas comme l'autre jour.... car alors vous oubliez entièrement votre personnage...

— Soyez donc tranquille, belle dame, on se tiendra, on se respectera.

Edmond marchait lentement dans la campagne. Il pensait à Agathe dont il désirait ardemment devenir l'époux, mais il songeait aussi à l'avenir. A son dernier voyage à Paris, il avait fait sa caisse et voulu mettre de l'ordre dans ses affaires; il avait payé tous ses fournisseurs, et, ses mémoires acquittés, s'était trouvé ne plus posséder que seize mille francs. Avec cette somme un industriel entreprend un petit commerce, mais ce n'était pas là le sort qu'Edmond voulait offrir à Agathe, et il se disait :

— Cela ne suffit pas pour se marier d'avoir une jolie voix, et de bien chanter les romances !... j'aurais bien mieux fait de penser à m'enrichir.

Plongé dans ses pensées, le jeune homme n'a pas vu venir Thélénie, qui est tout près de lui quand il lève les yeux. Il fait alors un mouvement pour retourner sur ses pas, mais il est trop tard, déjà la dame aux grands yeux noirs lui a pris le bras en lui disant :

— Comment, vous voulez rebrousser chemin parce que je suis devant vous... mais je vous suis donc bien odieuse... ma vue produit donc sur vous un effet bien désagréable?...

— Rien de tout cela, madame, mais je pensais que nous n'avions rien à nous dire, et alors...

— Vous vous trompez, monsieur, j'ai beaucoup de choses à vous dire, moi... je ne suis pas comme vous!... Oh! rassurez-vous... regardez bien de tous côtés!... nous sommes seuls... on ne vous verra pas me parler, et votre maîtresse ne vous fera pas une scène!...

— Je n'ai pas de maîtresse, madame, j'aime une jeune personne sage, honnête... et je compte en faire ma femme... lorsque je serai en position de lui assurer une existence sinon brillante, du moins heureuse et tranquille. Vous voyez bien qu'il ne s'agit pas d'une maîtresse.

Thélénie semble réfléchir quelques instants, puis elle reprend en feignant un air de bonhomie :

— Ah! c'est différent.. alors pardonnez-moi, Edmond, on m'avait parlé de ces dames... d'une façon un peu légère... je sais bien que le monde est très-méchant... que la médisance est sa plus douce récréation. Mais du moment que vous avez l'intention d'épouser cette demoiselle, et il tend sa main à Thélénie, en lui disant :

Ces paroles sont dites avec un air de vérité qui change sur-le-champ les dispositions d'Edmond, sa physionomie redevient confiante, et il tend sa main à Thélénie, en lui disant :

— A la bonne heure... j'aime à vous entendre parler ainsi... je n'ai jamais voulu croire, moi, à la méchanceté des femmes... je ne suis pas comme Freluchon qui s'imagine sans cesse qu'on le trompe.

— Oh! mais Freluchon mérite bien, en effet, de l'être toujours.

— Ainsi vous n'avez plus de... colère contre moi?

— De la colère contre vous... par exemple... et de quoi donc vous garderais-je rancune?... notre liaison a fini... parce qu'il fallait bien que tout finisse... D'ailleurs, je ne suis mariée... j'ai épousé trente mille francs de rente... pensez-vous donc que je ne sois pas satisfaite de mon sort?... et que je puisse regretter le passé!...

— Je suis enchanté de vous trouver ainsi.

— Franchement, il fallait que vous eussiez passablement d'amour-propre pour penser que j'en était autrement, et que je soupirais encore pour vous!...

— Je ne pensais pas cela... mais vous m'aviez fait tant de menaces...

— Ah! ah! ah!... je vous croyais plus fort sur le chapitre du cœur humain!... Vous voilà bien rassuré maintenant, n'est-ce pas?... vous n'avez pas peur que je vous fasse poignarder.

— Cela n'allait pas jusque-là!

— Vous ne me fériez plus du plus loin que vous m'apercevrez...

— Non, sans doute !...

— Parce que l'on n'est plus amant, est-ce une raison pour ne pas être ami... j'ai toujours pensé le contraire. Vous viendrez nous voir... je le veux... sans cela je croirai que vous conservez de la haine contre moi...

— Je ne fréquente pas la société de ce pays... je ne vais que chez madame Dalmont...

— Mais nous ne sommes pas de nouvelles connaissances pour vous, mon mari n'était-il pas votre ami? Si vous refusiez de venir nous voir... sachant que vous habitez ce pays... et il le sait, cela pourrait lui donner des idées singulières...

— Je croyais que Chamoureau ne pensait que ce qui vous était agréable...

— Mon Dieu, il m'aime beaucoup... il met son plaisir le plus grand à faire mes volontés, n'allez-vous pas lui en faire un crime?... Et parce qu'une femme a eu un passé un peu agité... pensez-vous qu'une fois mariée elle ne peut pas se bien conduire et faire le bonheur de son mari?

— Je pense que l'on peut toujours se bien conduire dès qu'on en a la ferme volonté, et qu'il n'est jamais trop tard pour réparer ses erreurs.

— Ah! c'est fort heureux que vous vouliez bien admettre cela... quand viendrez-vous dîner avec nous?

— Je vous le répète, je ne vais pas dans le monde... je tiens compagnie à la personne à qui je fais ma cour... c'est tout naturel.

— Je ne pense pas que l'on exige de vous que vous rompiez avec toutes vos connaissances...

— On n'exige rien, je ne fais en cela que suivre mon penchant... mais j'irai vous voir... je vous le promets.

— J'ai dit à mon mari d'écrire à Freluchon... je donne incessamment un grand dîner, un bal, une fête... je vous éblouir tous les bons habitants de ce pays... ce n'est pas bien difficile. J'aime à croire que M. Freluchon sera des nôtres. J'aurai aussi quelques amateurs de lansquenet et de baccarat... de beaux joueurs... Ceux-là viendront de Paris, par exemple... car ici on joue à perdre ou à gagner quinze sous... cela fait pitié!... Moi, vous le savez, j'ai toujours aimé à jouer gros jeu... et grâce au ciel, je puis maintenant satisfaire tous mes penchants... Adieu, monsieur l'amoureux !... monsieur l'ermite... enfin je vous enverrai une invitation pour mon bal... et si vous daignez nous accorder une heure, nous en serons très-reconnaissants.

Thélénie s'éloigne après avoir fait à Edmond un salut très-amical.

— Décidément, j'avais tort de m'alarmer, se dit Edmond en se dirigeant vers la demeure d'Agathe; Thélénie ne pense plus à moi... elle est riche, elle est arrivée à la position qu'elle ambitionnait... que pouvait-elle souhaiter de plus?... D'ailleurs, est-ce que ces femmes-là connaissent le véritable amour... elle ne songe plus qu'à briller et à faire la grande dame!... Elle a longtemps attaché ses regards sur Agathe... Ah! c'est qu'elle né s'attendait pas à rencontrer ici une beauté si parfaite... Qu'elle en ait ressenti du dépit... je le conçois... Thélénie est habituée à ne point se voir disputer le sceptre de la beauté... et je gage bien que c'est là le seul motif qui fait qu'elle n'a pas compris ces dames dans le nombre de ses invités!... Elle ne veut pas qu'à sa réunion on voie une femme plus jolie qu'elle. De son côté, madame de Belleville s'éloignait fort satisfaite d'elle-même, et se disait qu'elle arriverait bien plus sûrement à son but en éloignant toute défiance de l'esprit d'Edmond. Pour regagner sa demeure, cette dame venait de prendre un sentier qui abrégeait le chemin, en côtoyant une partie peu habitée du bourg. Ce sentier, assez étroit, était bordé par des mûriers sauvages. Un petit garçon était occupé à chercher des mûres dans les plus épais buissons, ne craignant pas de déchirer aux branches ses vêtements qui étaient déjà en fort mauvais état. En apercevant Thélénie, il s'écrie:

— Ah! elle n'est pas à cheval aujourd'hui!... elle ne m'écrasera pas, c'te dame!

Thélénie a entendu ces paroles, elle reconnaît le petit garçon auquel elle a administré quelques coups de cravache. Elle s'arrête devant lui en le fixant d'un air sévère; mais le petit Émile soutient le regard sans baisser les yeux un moment.

— Ah! c'est toi, mauvais sujet!... tu ne me jettes pas de pierres, aujourd'hui?...

— Tiens! vous n'êtes pas à cheval, vous!...

— Et si j'étais à cheval, est-ce que tu m'aurais encore lancé des cailloux à mon cheval pour t'effrayer, le faire cabrer!... Oh! tu aurais été bien content si j'étais tombée, n'est-ce pas?

— Ça m'aurait fait rire...

— Quel petit garnement! Comment t'appelles-tu?

— J' sais pas!

— Tu ne sais pas ton nom?

— Je ne veux pas vous le dire.

— Et tes parents... comment se nomment-ils... que font-ils... où demeurent-ils?...

— Le plus souvent que je vous le dirai... pour que vous alliez vous plaindre... et me faire gronder... pas si bête!

Thélénie considérait le petit garçon; elle ne pouvait s'empêcher d'admirer la beauté de ses yeux, dont l'expression hardie et moqueuse annonçait déjà un caractère bien prononcé.

— Tu ne veux pas me dire ton nom?

— Je n'en ai pas!

— Et le chien qui est venu l'autre jour prendre ta défense... il est à toi, sans doute?

— Non, il n'est pas à moi.

— Tu le connais au moins?

— Oh! je crois ben.

— A qui appartient-il?

— Au maître de la Tourelle.

— Qu'est-ce que c'est que le maître de la Tourelle?

— Eh ben, c'est l'ours, comme on l'appelle dans le pays... mais quoique ça il n'est pas si méchant qu'on le croyait, l'ours, puisqu'il a racheté la maison à Guillot, et qu'il lui a encore donné de l'argent. C'est-i vous qui ferait ça?

— Je ne sais pas ce que tu veux dire... ce chien est donc souvent avec toi... il te connaît puisqu'il a pris ta défense?

— Oh! il ne m'aime pas pourtant... c'est pas moi qu'il voulait défendre... c'est vous qu'il voulait mordre!...

— Ah! tu crois... il faut que je sache alors pourquoi ce chien me montrait tant de colère... Tu dis que son maître habite la Tourelle... où est-ce cela?

— Une belle propriété qui est là-bas... de l'autre côté de la Marne... contre Gournay... ah! il y a un fameux parc... c'est plus grand que chez vous...

— En vérité!... il faudra que je voie cela... et le maître du chien est probablement ce vilain homme que personne ne veut recevoir par ici, excepté madame Dalmont...

— Ah! c'est cette dame-là qui est bonne... elle ma donné des cerises... elle me donne des sous... c'est pas comme vous, qui me flanquait des coups de cravache!... que j'en ai encore les marques...

— Ah! si on t'en avait donné davantage, tu ne serais pas un petit vagabond... mais malgré toi je saurai bien ton nom et celui de tes parents...

— Vous serez plus maligne que les autres alors!... Bonjour, madame.

Le petit garçon s'éloigne d'un air moqueur; Thélénie continue son chemin en se disant:

— Comment se peut-il qu'un enfant de paysan ait de si beaux yeux?

XL

Deux messieurs après dîner,

Quelques jours se sont écoulés. Paul est revenu souvent le soir faire visite aux deux amies, et il commence à perdre son humeur sombre. Sa physionomie n'a plus cet aspect farouche qui intimidait les habitants de la campagne; en causant avec Honorine sa voix devient plus pénétrante, ses yeux plus doux. De son côté, la jeune veuve éprouve un sentiment tout nouveau pour elle, lorsque le propriétaire de la Tourelle vient s'asseoir à ses côtés. Ce sentiment occupe doucement son cœur, elle se sent plus heureuse, et ne cherche pas à le dissimuler, parce qu'elle ne voit aucun mal dans l'intérêt qu'elle porte à un homme, qui jusqu'alors a toujours été trompé dans ses affections. Plus d'une fois Agathe a dit à Honorine:

— Tu devrais prier M. Paul de nous raconter ses aventures... comme cela, nous finirons par connaître l'histoire du ravin... Nous saurions ce qu'il allait faire le soir devant la croix où il y a eu quelqu'un de tué.

Mais Honorine répondait:

— Je n'aime pas à provoquer les confidences... cela semble annoncer de la curiosité... de la méfiance même... Tant qu'une personne ne nous conte pas ses peines, c'est qu'elle ne nous croit pas capable d'y prendre intérêt... attendons... C'est déjà beaucoup que pour nous M. Paul ait renoncé à ses habitudes sauvages, solitaires... il vient nous voir... c'est bien beau de la part d'un homme qui ne parlait à personne... mais il ne peut pas tout de suite nous traiter comme d'anciens amis...

— Pourquoi donc? son chien nous a bien aimées tout de suite, et puisqu'il devine les sentiments qu'on a pour son maître, il me semble que celui-ci pourrait bien suivre l'exemple de son chien.

Les propriétaires de la villa aux poissons rouges avaient lancé leur circulaire pour la fête brillante qu'ils voulaient donner dans leur nouvelle demeure. Dans Cholles il n'était question que des préparatifs qui se faisaient chez M. et madame de Belleville. On avait fait venir des ouvriers de Paris; on préparait dans les jardins des illuminations et un feu d'artifice. Des arbustes, des caisses remplies de fleurs rares encombraient déjà la cour et l'avenue; les tapissiers étaient venus renouveler les tentures, des peintres rebadigeonnaient les rampes, les escaliers. C'était un mouvement général, au milieu duquel Chamoureau, étourdi par le monde qui allait et venait, par le bruit qui se faisait autour de lui, courait se réfugier dans le fond de son parc, en disant:

— Ces gens-là me cassent la tête... ils m'empêcheront de trouver ce que je cherche... cette découverte qui peut m'ouvrir les portes de l'Académie... Je ne suis sur le point de mettre le doigt dessus... je vais y rêver en considérant les arbres de mon parc.

La veille du jour fixé pour cette grande solennité, qui met en émoi tous les habitants de Cholles, Freluchon arrive sur le soir dans le bourg et se trouvant pas Edmond à sa demeure se dispose à se rendre chez madame Dalmont où il est bien certain de le rencontrer, lorsqu'en débouchant d'une rue du village, quelqu'un vient se cogner sur lui.

— Tiens!... c'est Chamoureau! s'écria Freluchon. Enchanté de te rencontrer, cher ami... mais pourquoi t'es-tu jeté sur moi? est-ce que tu as la vue mauvaise à présent?

— Non, pas du tout... mais vois-tu, c'est que je marchais sans regarder... j'étais enfoncé dans mes idées...

— Sapristi, tu as donc des idées bien profondes depuis que tu es devenu M. de Belleville?

Chamoureau avait, ce jour-là, diné comme de coutume avec son nouvel ami le baron, mais ces messieurs avaient un peu abusé d'un vin de Pomard qui meublait une des caves de la villa. Aussi, après le diner, avaient-ils éprouvé le besoin d'aller faire un tour dans la campagne.

— Ce cher Freluchon, reprend Chamoureau, tu as reçu notre invitation pour demain?...

— Sans doute, et c'est pour cela que je suis venu ce soir... afin d'être tout porté pour demain...

— Tu vas coucher chez nous, c'est gentil cela... on te donnera une chambre superbe... oh! nous n'en manquons pas... nous avons acheté ici une propriété ravissante... c'est joli... c'est coquet!... c'est un petit Parc-aux-Cerfs...

— Ah! vous avez des cerfs dedans...

— Non, c'est une façon de parler, c'est pour faire allusion à une maison de plaisance royale...

— Tu aurais des cerfs chez toi que cela ne m'étonnerait pas... mais je te remercie beaucoup pour l'hospitalité que tu m'offres, je n'en ai pas besoin; j'ai ma chambre ici, chez Edmond...

— Ah! tu loges chez Edmond... tu serais mieux chez nous... c'est bien plus beau, plus comfortable...

— Mon cher Chamoureau, je ne doute pas que ce ne soit magnifique chez toi, mais je me trouve fort bien chez Edmond, et c'est là que e coucherai. D'ailleurs tu conçois... je me rendrai à ton invitation de demain, par curiosité... Quand j'ai appris que tu avais acheté une campagne à Chelles...

— Une propriété!

— Eh bien, est-ce qu'une campagne n'est pas une propriété?

— Oui, mais quand on dit : une campagne! il semble que cela signifie... un pied-à-terre... un petit vide-bouteille pour aller se délasser le dimanche! au lieu que : une propriété! cela annonce sur-le-champ quelque chose de valeur... d'importance... de grand...

— Bigre! comme nous faisons notre mousse depuis que nous sommes devenus Chamoureau de Belleville!... Mais veux-tu que je te dise un château... un palais... je dirai tout ce que tu voudras!...

— Je veux... je veux surtout que tu ne m'appelles plus du tout Chamoureau!...

— Oh! quant à cela, je ne t'en réponds pas...

— Si tu m'appelles comme cela, demain dans notre fête, ça me sera infiniment désagréable...

— Pourquoi m'as-tu invité, alors?

— Ce n'est pas moi qui t'ai invité, c'est ma femme.

— Ah! merci... je te reconnais là... eh bien, mon aimable ami, puisque ce n'est pas toi qui m'as invité, j'ai parfaitement le droit de te dire que je ne vais à ta fête de demain que par curiosité... que pour rire un peu... Parce que je suis persuadé qu'il y aura de bonnes têtes... sans compter la tienne... et enfin pour que je veux voir comment tu reçois tes anciens amis depuis que tu es devenu riche, noble et que tu as un palais!... Là... es-tu content de moi!... ah! ah! tu diras à ta femme de ne plus m'engager une autre fois...

Chamoureau se mord les lèvres, en murmurant :

— Nous recevons très-bien nos anciens amis quand ils ne se moquent pas de nous... Tiens, il y a quelques jours, il est arrivé ici un baron allemand... ancien ami de mon épouse... un homme de haute lignée... qui m'a fait les compliments les plus flatteurs sur mon mariage...

— Diable! il doit avoir un fameux accent allemand, ce baron-là!

— Mais non... pas trop... il jure en allemand, voilà tout! eh bien! depuis qu'il est ici, il déjeune et dîne chez nous presque tous les jours... il y a encore dîné aujourd'hui, et nous avons bu d'un certain vin de Pomard... ah! quel Pomard... il boit sec le baron... moi je lui tenais compagnie...

— Ah! je ne m'étonne point si tu ne voyais pas devant toi, tout à l'heure...

— Par exemple... je ne me grise jamais, moi...

— Que cherches-tu donc autour de toi?

— Je cherche M. de Schtapelmerg...

— Ah! mon Dieu! qu'est-ce que tu as dit?

— Je t'ai dit : je cherche M. de Schtapelmerg, c'est le nom du baron...

— Il a un nom qui demande des études, pour être prononcé d'une manière convenable!... il était donc avec toi?

— Oui, puisque nous sommes sortis ensemble après le dîner... pour voir au fond de la campagne... il m'aura quitté... pour un motif tout naturel... et moi j'étais si enfoncé dans mes recherches... je ne me suis pas aperçu que j'étais seul...

— Tu as donc perdu quelque chose que tu cherches avec tant de soin?

— Mais non... je cherche à connaître l'âge des arbres, rien qu'à l'inspection de leur tronc!...

— Je ne me serais jamais douté que c'était cela que tu cherchais... tu deviens trop fort pour moi... je ne suis plus à la hauteur... est-ce ta femme qui t'a donné le goût de trouver cela?

— Est-ce que les femmes se mêlent de science!... c'est une idée qui m'est venue en considérant les superbes tilleuls de notre avenue... tu n'as pas encore vu notre avenue?

— Je n'ai rien vu, puisque j'arrive... mais quand tu auras trouvé l'âge des arbres, qu'est-ce que tu en feras?

— Ah! Freluchon, vous me faites de la peine... une découverte scientifique... on en dote son pays, qui vous récompense... cela peut vous mener à tout!...

En ce moment une voix avinée crie au loin :

— Holà eh!... Belleville!... Belleville!... Belleville... qu'est-ce qu'il est donc devenu, notre ami?... ohé!... les autres!...

— Tiens! tiens! il me semble que j'entends la voix du baron!... dit Chamoureau, il me cherche... Par ici, baron... de ce côté... il commence à faire noir, et ce bourg n'est pas encore éclairé au gaz.

Croque était gris, mais comme il avait assez l'habitude de cette position, il se tenait encore assez ferme, et de temps à autre voulait même faire tourner sa canne. Cependant, en se dirigeant du côté de Chamoureau, il trouve une ornière assez profonde, et s'étale à plat ventre sur le chemin. Alors ce sont des juremens à faire reculer un charretier.

— Ah! mon Dieu! je crois que M. de Schtapelmerg vient de faire un faux pas!... s'écrie Chamoureau.

— Je crois même qu'il est tombé tout à fait, dit Freluchon.

Et ces messieurs s'approchent pour aider Croque, qui ne pouvait pas parvenir à se tirer de l'ornière.

— Ah! cré nom... tarteiff... mille millions de pipes culottées... Qu'est-ce qui m'a fichu des chemins comme ça... c'est un affreux taudion que votre village... Quand on fait des fouilles, on doit mettre des lampions devant... il n'y a donc pas de maire par ici... cré coquin!...

— Vous seriez-vous blessé, cher baron?

— Ah! ouiche, est-ce que je me blesse, moi... je suis tombé de plus haut que ça... quand je sautais d'un premier, d'un second!...

— Appuyez-vous sur moi, monsieur... là, c'est cela...

— Tiens, il y a du monde... c'est le voisin Luminot!

— Non, cher baron, ce n'est pas notre voisin Luminot; c'est un de mes amis de Paris... Freluchon, qui arrive ce soir pour être demain à notre fête.

— Eh ben, il paraît qu'il a peur de manquer le coche, l'ami Tirebouchon!...

— Je ne vous ai pas dit Tirebouchon, baron, mais bien Freluchon.

— Et si j'écorchais votre nom, moi, monsieur, reprend le petit jeune homme, je pourrais bien vous dire une grosse sottise!...

Croque, qui s'est remis sur ses pieds, se frotte le nez et fait en sorte de reprendre son aplomb en marmottant :

— Monsieur... je n'ai pas eu l'intention... je ne voulais pas... d'ailleurs, un nom est un nom... et après tout si je vous ai offensé... mille choucroutes, je suis bon là... je ne boude pas plus au feu qu'à table.

— Monsieur le baron, je suis persuadé que vous ne boudez nulle part; mais vous nem'avez pas offensé... appelez-moi Tirebouchon, si cela vous amuse, cela me fera rire aussi.

— C'est que, mille kirchwaser... si vous n'étiez pas content...

— Puisque je vous dis au contraire que je suis très-content... je ne suis pas comme Chamoureau, qui ne veut pas qu'on l'appelle par son vrai nom...

— Cha, cha... chamou... qu'est-ce que c'est que ça?... de Belleville s'appelle Chamou?

— Autrefois... avant mon mariage, balbutie Chamoureau, j'ai pu avoir un autre nom, mais du moment que je l'ai quitté, je ne l'ai plus!...

— Tiens, en voilà une bonne!... ma sœur ne m'avait pas dit cela... la drôlesse!...

— Qu'est-ce que c'est que votre sœur? s'écrie Chamoureau.

Croque s'aperçoit qu'il vient de commettre une imprudence. Pour la faire oublier, il recommence à faire le méchant en s'adressant à Freluchon :

— Il n'est pas question de tout ça!... je suis un lapin... triple choucroute, je suis un gaillard qui a fait ses preuves... et de toutes les façons, entendez-vous... de toutes les façons, monsieur... Cornichon!...

— Ah! ah! très-bien... ah! très-joli... ah! nous jouons sur le mot... allez votre train... le pomard vous rend spirituel...

— Comment! le pomard me rend spirituel!... qu'est-ce que ça vous fait à vous?... Si j'ai bu du pomard, je le paie le vôtre, vous n'en avez pas comme ça dans votre cave... méchant chonchon... torchon!...

— Ah! monsieur de : je t'appelle... permettez-moi de ne pas dire le reste, je craindrais que vous n'ayez le vin un peu taquin... voyons, ne nous échauffons pas... je vous ai aidé à sortir de votre ornière... et pour m'en récompenser vous m'offrez un duel... là! là! soyons bons amis...

Mais plus Freluchon montre de douceur et plus Croque fait le méchant, parce qu'il croit qu'on tremble devant lui. Il s'avance sur le jeune homme, en faisant faire des évolutions à sa canne, et prenant sa voix du fond de sa gorge :

— Je vous dis, moi, que vous n'êtes qu'un mirmidon... oui, j'ai bu du pomard... qu'est-ce que cela vous regarde... mille jambons fumés!... j'ai le droit de boire chez Belleville... et pas vous... j'y boirai tant que je le voudrai... et vous, je vous casserai la gueule...

— Oh! baron... voilà de vilains mots, décidément vous avez envie de retourner dans l'ornière...

— Qu'est-ce à dire dans l'ornière... je vais te rouler, toi!...

Et à ces mots où Croque levait sa canne sur Freluchon, celui-ci lui décoche un coup de poing si rudement appliqué, que le soi-disant baron retombe en effet dans le milieu de l'ornière d'où on l'avait tiré et reste quelques instants sans reprendre sa respiration.

— Ah! mon Dieu... vous l'avez tué s'écrie Chamoureau.

— Si je l'ai tué, ce ne sera pas une grande perte pour l'humanité... car votre baron qui ne jure que par choucroute et kirchwaser, me donne une bien triste idée de la société que je rencontrerai demain chez vous...

— Mais c'est un homme très-comme il faut... il a mauvaise tête, voilà tout...

— Oh! j'ai bien dans l'idée, moi, que ce baron-là est du Ruolz... et encore...

— Mon Dieu... mais que vais-je faire?

— Sois donc tranquille, Chamoureau, ces gens-là ont la vie dure... tiens, qu'est-ce que je disais, le voilà qui remue une patte...

— Aidons-le à se relever...
— Oh non... pas moi. Je n'oblige pas deux fois les ingrats !...
Croque relève la tête, o vre un œil, regarde autour de lui et balbutie :
— Crédié ! quel coup de poing !... c'est magnifique... j'en ai reçu quelquefois... mais cela n'approchait pas de celui-là... il m'a dégrisé tout de suite !
— Eh bien ! baron, si vous voulez, nous pourrons recommencer.
— Merci... oh non merci ! j'en ai assez... j'ai eu mon compte... de Belleville... donnez-moi la main, mon bon.
Lorsqu'il est remis de nouveau sur ses jambes, Croque se dirige vers Freluchon, et lui tend la main en lui disant :
— Jeune homme... vous êtes un brave... vous avez mon estime... soyons amis...
— Ah ! vous êtes donc satisfait, maintenant, monsieur le baron... vous ne voulez plus vous battre...
— Je suis très-satisfait, touchez-là... je suis bien content d'avoir fait votre connaissance.
— Et moi, j'étais certain que cela finirait comme cela... Bonsoir, messieurs, je vais trouver Edmond...
— A demain, Freluchon, nous comptons sur toi... Tâche de nous amener M. Edmond... ma femme l'a invité aussi...
— Parbleu, je m'en doute bien... mais je ne connais pas ses intentions... A demain...
— Sans rancune, monsieur... Merluchon !...
— Oh ! pas la moindre, baron.
Croque et Chamoureau se prennent le bras et s'éloignent en s'appuyant l'un sur l'autre. Freluchon arrive bientôt chez madame Dalmont. Edmond était au piano avec Agathe, mais Honorine était triste et rêveuse, car ce soir-là son nouvel ami, Paul, n'est pas venu la voir. Freluchon égaye la société en racontant ce qui s'est passé entre lui et le baron du Schtapelmerg.
— C'est ce monsieur que tu as trouvé si laid ! dit Agathe à son amie.
— Oui, et je n'ai pas changé d'avis !
— Franchement, dit Freluchon, j'ai une assez triste idée de ce monsieur, qui n'a que des mille choucroutes et triple kirchwaser dans la bouche ; je n'ai jamais entendu de vrai baron jurer ainsi. Ensuite il lui est échappé quelques mots... qui m'ont frappé... j'étudierai ce baron-là... Je n'en ai nulle envie...
— Tu as tort, je crois que cela sera très-curieux.
— Allez-y un moment, dit Honorine, sans quoi on dira que c'est nous qui vous avons empêché de vous y rendre.
— Que m'importe !
— Allez-y, dit Agathe, ne fût-ce que pour vous assurer si en effet on dit du mal de nous comme du monde-là...
— Cette raison me détermine, chère Agathe, bien que je ne croie pas que personne ose jamais mal parler de vous... N'importe... j'irai au bal de madame de Belleville...
— Et moi, j'irai d'abord au dîner, au déjeuner même... tu l'as dit Freluchon, et je tâcherai de me placer à table près du baron... de... Je le pousserai à boire... et alors je crois que j'entendrai des choses singulières...
Les deux jeunes gens quittent les dames, et en passant près de Poucette, Freluchon, qui a voulu s'assurer si la jeune paysanne portait de la crinoline, reçoit un coup de sabot dans les chevilles.

XLI

La poule noire.

Un monsieur fort élégant venait de descendre du chemin de fer, et montait doucement la route assez raide qui conduit à Chelles. Chemin faisant, ce monsieur regardait autour de lui, s'arrêtait même quelquefois pour examiner le pays, puis disait :
— Les environs de Paris sont charmants... que de gens vont chercher bien loin des sites, des points de vue qui ne valent pas ceux-ci ! Mais on ne rend jamais justice à ce qu'on a près de soi... à ce qu'on peut se donner sans peine et sans dépenses !... On veut aller en Italie où il fait trop chaud, où la plupart des auberges sont mauvaises, où l'on vit mal, où l'on est encore attaqué par des bandits... mais il est de bon ton d'aller en Italie !... On veut aller en Suisse, où l'on gèle, où l'on perd la respiration à gravir les montagnes, où l'on marche au bord de précipices dont la vue seule vous donne le vertige, où l'on boit beaucoup sans jamais être gai, où l'on se couche comme les poules, où la cuisine n'approche pas encore de la cuisine française... mais il est de bon ton d'aller en Suisse. On va en Angleterre... où règne un brouillard continuel auquel se mêle une vapeur de charbon de terre qui fait mal aux yeux, où le dimanche il est expressément défendu de se livrer à aucun amusement ; où un scheling ne vaut guère plus qu'un de nos sous ; où la cuisine est encore plus mauvaise qu'en Suisse et en Italie !... mais il est indispensable d'aller

en Angleterre. Et l'on se moque de moi, parce que j'ai toujours préféré Montfermeil, Ville-d'Avray, Meudon, Montmorency, Enghien, Saint-Cloud, Champrosay, Saint-Germain, Vincennes, l'Isle-Adam et même ce pauvre petit Romainville, à l'Angleterre, à la Suisse, à l'Italie ! Mais que m'importent ces moqueries, j'ai toujours eu assez de bon sens pour faire ce qui me plaisait, au lieu de m'astreindre à faire comme les autres, lorsque cela m'aurait déplu et ennuyé de le faire. Il est bien sot celui qui, au lieu de suivre ses penchants, ses goûts, ses désirs, se dit : Mais si je fais ceci... ne rira-t-on pas de moi ? avec cela que le monde vous sait si bon gré de ce que vous faites pour lui... Cela l'empêchera-t-il de vous dénigrer, de vous calomnier, de vous tourner en ridicule à la première occasion ? non pas vraiment... il l'a saisira au contraire avec empressement... Gênez-vous donc pour le monde !... O mes charmants coteaux qui entourez Paris ! je ne me suis jamais lassé de vous parcourir, de vous admirer... J'ai laissé ces touristes incurables se fatiguer dans de longues courses, dans de pénibles voyages, tandis qu'à Asnières, à Neuilly, je voyais des îles verdoyantes embellir le cours de la Seine ; et à ce Romainville, si décrié... par les gens qui ne le connaissent pas, je trouvais en allant me promener du côté du fort, ou sur les buttes qui dominent Pantin, des points de vue d'une immense étendue et que n'aurait pas désavoués un habitant de Zurich ou de Lucerne. J'avais visité Villemomble... Gagny... Je suis allé souvent à Couberon... trop souvent ! car c'est là qu'arriva cette fatale aventure... Mais je n'étais pas encore venu à Chelles... on n'a jamais tout vu !... même on se bornant à un cercle de dix à douze lieues aux environs de Paris... il y a toujours quelque village qui vous échappe. Et c'est à Chelles que madame de Belleville a acheté une maison de campagne... fort jolie, fort élégante, dit-on... pourquoi à Chelles... dans le voisinage de Couberon... d'un pays qui devrait lui rappeler des souvenirs pénibles au moins... cela me semble singulier... cette femme-là ne fait jamais rien sans but, sans motif... C'est pour la connaître que j'ai entrepris cette excursion. O superbe Thélénie ! vous aurez beau changer de nom, de position et de résidence, j'ai juré de ne point vous perdre de vue... et vous ne m'échapperez pas... Elle veut pas me dire ce qu'elle a fait de mon fils... et je suis certain, moi, que cet enfant existe... S'il était mort, pour se débarrasser de mes importunités elle m'aurait donné des preuves de son décès... Mais il ne faut qu'une circonstance qui la mette à ma merci, et alors il faudra bien qu'elle parle...
Tout en faisant ces raisonnements, Beauregard était arrivé aux premières maisons du village. Désirant savoir de quel côté est située la propriété de Thélénie, il s'arrête et regarde autour de lui, prêt à s'adresser au premier paysan qui passera. Il voit bientôt venir de son côté un vieux bonhomme, à l'air fin et madré, qui tient contre sa poitrine un objet pour lequel il semble avoir les plus tendres soins. Au moment où Beauregard va marcher à la rencontre de ce paysan, une espèce de bourgeois, qui venait d'un autre côté, accoste ce dernier. Notre beau monsieur de Paris, que rien ne presse, s'adosse contre un arbre, en se disant :
— Attendons... je vais peut-être en apprendre très-long sur les habitants du pays.
— Ah ! arrivez donc, père Ledrux... je m'impatientais et j'allais au-devant de vous ! dit le bourgeois au paysan...
— Me v'là, monsieur Jarnouillard... me v'là... je me rendais chez vous... j'ai pas eu fini mon ouvrage plus tôt...
— Est-ce que vous avez aussi travaillé pour madame de Belleville ?
— Je crois ben ! v'là trois jours que je suis employé chez eux... pour arranger les bordures... les fleurs... ratisser les allées... tailler les buissons...
— Est-ce qu'ils n'ont pas leur jardinier ?
— Si fait... mais c't'homme ne peut pas tout faire... Ah ! dame ! il y a tant de préparatifs pour cette fête de ce salon... Oh ! ça sera magnifique... on n'aura jamais rien vu de plus beau chez un roi !... Des verres de couleur suspendus en guirlandes... et puis des fleurs rares... des fleurs que moi-même je ne connais pas !... on en a fait venir dans des caisses grosses... comme madame Droguet !... on a fait des corbeilles toutes nouvelles...
— Ces gens-là ont donc bien envie de jeter leur argent par la fenêtre ?...
— Ah ! dame ! ils en dépensent gros... mais il paraît qu'ils ont le moyen... Vous y allez, vous, à c'te fête, monsieur Jarnouillard... et avec madame...
— Parbleu ! je le crois bien... j'ai été obligé de faire retourner mon habit... et ma femme a acheté un col brodé... Tout cela ruine, voyez-vous... mais arrivons à notre affaire, père Ledrux, je vous ai demandé si vous auriez par hasard une poule à me vendre... pas cher... d'occasion...
— Tu tu ! tu relututu !... Il est bon là, M. Jarnouillard, une poule d'occasion !... Vous m'avez dit : je veux une bonne couveuse... je vous apporte quelque chose de fameux... Tenez... voyez-moi c'te poule-là...
— Ah ! elle est noire !...
— Eh bon, pourquoi pas ? ce sont les meilleures, parce que, en général, on a remarqué... Voyez-vous, les poules noires, ce sont les meilleures...

— Est-ce qu'il y a une raison pour cela ?...

— Faut ben qu'il y en ait une... je ne la connais pas, mais pour sûr il y en a une... Ah! si je la connais, c'est parce que les coqs aiment mieux les poules de c'te couleur-là...

M. Jarnouillard avait pris la poule et l'examinait de tous les côtés, il relevait même ses plumes, au point que le paysan s'écrie :

— Est-ce que vous avez envie de la plumer, par hasard...

— Non, mais je veux savoir ce que j'achète... Elle est bien maigre...

— Maigre !... ah ! vous appelez ça une poule maigre... elle est toute en chair... après ça les bonnes couveuses ne sont jamais grasses... c'est ni pus ni moins comme les femmes... quand elles deviennent très dodues... pus d'enfants... pus d'petits, c'est fini de rire.

— Ah! vous savez cela, vous, jardinier...

— Je l'ai entendu dire assez souvent au docteur Antoine Beaubichon.

— Enfin !... voyons, quel prix voulez-vous de votre poule... c'est madame Jarnouillard qui a maintenant la fantaisie d'avoir des œufs frais... car pour moi je n'y tiens pas du tout!

— Si vous n'y tenez pas, pourquoi m'en avez-vous demandé une ?...

— Eh bien... que voulez-vous de votre poule ?...

— Dame! en vous la vendant quatre francs... c'est pas trop cher, si elle vous donne trois œufs par jour !...

— Est-ce que vous me prenez pour un enfant qui sort d'une boîte...

— Oh! que non !... diable !... si les enfants venaient tout de suite comme vous... tout ratatinés... gn'aurait pus de jeunesse alors...

— Dites-moi un prix raisonnable...

— Vous trouvez que c'est trop cher quatre francs... une poule noire !... et comme celle-là...

— Vendez-m'en une qui ne soit pas noire, cela m'est égal...

— Pour l'instant je n'ai que celle-là... voyons, je ne veux pas être dur avec vous... trois francs et prenez-la...

— Je m'en garderais bien !...

— Ah çà, et combien donc que vous en donnez de ma poule ?...

— Trente sous... c'est bien assez payé !

— Trente sous ! une poule noire de cette espèce-là... une maîtresse poule, quoi... voyons, donnez-moi cinquante sous...

— Non...

— Est-il chien ce M. Jarnouillard... allons arante sous et que ça finisse...

— Je ne donnerai pas un sou de plus !...

— Ah! c'est comme ça, eh ben rendez-moi ma poule ben vite... ah! vous vouliez avoir tout pour rien, et faut e core que ça vous rapporte... j'aurais bien dû deviner que je ne ferais pas d'affaires avec vous...

— C'est que je ne me laisse pas mettre dedans, moi !

— Non, mais vous y mettez les autres...

— Père Ledrux !...

— Monsieur Jarnouillard !...

— Pas de gros mots, je vous prie.

— Rendez-moi ma poule...

— La voilà !... il est encore temps.. trente sous...

— J'aimerais mieux la manger !...

M. Jarnouillard s'éloigne, le père Ledrux reste avec sa poule qu'il regarde d'un air d'humeur et replace un peu brusquement sous sa veste, lorsque Beauregard, qui s'est beaucoup amusé de l'entretien qu'il vient d'entendre, s'approche du paysan en lui disant :

— Je vous l'achète, moi, votre poule !

— Vous, monsieur, répond le jardinier tout surpris de la proposition de ce beau monsieur qu'il n'avait pas encore aperçu.

— Oui, moi... est-ce que vous ne voulez pas me la vendre à moi ?

— Oh! par exemple ! tout de même... seulement ça me semble drôle que vous me l'achetiez... parce que vous n'avez pas l'air de faire le commerce de poules... ni d'œufs...

— En effet, ce n'est pas absolument ma profession... mais il y a commencement à tout... Je vous achète cette poule cent sous, cela vous va-t-il ?

— Cent sous !... pardi, je crois ben que ça me va... elle est à vous, monsieur...

Et le paysan s'empresse de présenter la poule à Beauregard, mais celui-ci, qui a sorti une pièce de cinq francs de son gousset, la présente au père Ledrux, en lui disant :

— Oui, cent sous... et les voilà, je paye comptant, mais à une condition...

— Laquelle, monsieur ?

— C'est que vous me garderez la poule chez vous... que vous en aurez soin...

— Ah! monsieur me la laisse en pension? répond Ledrux en mettant les cinq francs dans sa poche.

— Oui, est-ce que cela vous contrarie?

— Pas du tout, au contraire... je ne demande pas mieux... monsieur peut se flatter d'avoir acheté une fameuse poule...

— Elle donne souvent des œufs?

— Oh dame !... ça dépend du soleil... il y a des temps... Est-ce qu'il faudra aussi garder les œufs à monsieur?

— Non, non, je vous les donne...

— Par exemple, elle mange beaucoup cette poule-là... oh! elle est toujours affamée... et c'est pas avec les œufs qu'elle fera que j'aurais assez de grain pour elle.

Beauregard se met à rire en regardant la figure de fouine du vieux paysan.

— Ça fait rire monsieur, parce que je dis qu'il faut beaucoup de grain à c'te poule?

— Non, je trouve seulement que vous entendez parfaitement les affaires... mais, soyez tranquille, je vous paierai largement les dépenses que cette bête vous coûtera...

— Oh! je sommes pas bien méchant, monsieur, je disais ça... seulement pour vous prévenir... vu que... il me semble bien que monsieur n'est pas de not'endroit...

— Non, je viens aujourd'hui à Chelles pour la première fois.

— Et je devine ben pourquoi monsieur y vient !

— Vous le devinez?

— Je vois ben à la tournure de monsieur qu'il doit être un des invités de M. et madame de Belleville, et qu'il vient pour la fête qui se donne aujourd'hui chez eux...

— Je suis lié en effet avec les personnes dont vous parliez...

— De ben braves gens !...

— Il me semble que vous ne devez pas les connaître depuis l temps?

— Non, gnia pas deux mois qu'ils sont dans le pays...

— Et vous savez déjà que ce sont de braves gens ?...

— Ah! vous savez... c'est un mot qui se dit... Quand les personnes font de la dépense et payent, on dit : V'là d'ben braves gens !...

— Et quand ce sont de pauvres diables qui vivent de peu et souvent s'imposent mille privations, on ne dit pas cela d'eux?...

— Eh! eh! eh!... c'est vrai tout de même , ce que vous dites là , monsieur.

— Vous êtes de ce pays, vous?

— Oui, monsieur; jardinier fleuriste de profession... le père Ledrux, oh! tout le monde me connaît !...

— Je gage aussi que vous connaissez tout le monde?

— Dame, il est sûr et certain que par état d'abord j'allons partout... ensuite on jase un brin, ça délasse...

— Alors, comme j'ai besoin de renseignements, comme je veux connaître... la société de ce pays, je pense que vous êtes parfaitement l'homme qu'il me faut...

— Monsieur ne pouvait pas mieux s'adresser... quant à la pension de la poule...

— Tenez, voilà encore cinq francs d'avance pour les premiers frais... car d'après ce que vous m'avez dit, je vois qu'elle coûte cher à nourrir.

Le vieux paysan met la seconde pièce de cent sous dans sa poche en disant :

— Mais j'en aurai tant de soin. Vous ne la reconnaîtrez plus dans queuque temps... Si monsieur veut venir jusque cheux nous pour savoir où que je reste...

— Oui, mais avant, vous allez me montrer la propriété de madame de Belleville...

— C'est facile... j'allons y arriver en prenant à droite...

— Et vous me direz aussi chemin faisant... quelles sont les maisons à louer par ici...

— Tiens, tiens... est-ce que monsieur veut aussi demeurer à Chelles...

— Peut-être... pour quelque temps...

— Not' pays devient fièrement à la mode... nous avons tout plein de beau monde de Paris... mais je ne vois plus guère de maisons à louer...

— A défaut de maison, je me contenterai d'une chambre... chez quelque cultivateur... je ne suis pas difficile... je tiens seulement à être en bon air...

— Si monsieur n'est pas difficile, on lui trouvera ça !... Pardi .. une chambre... j'en ai une, moi, que je pourrais vous céder... y coucherai dans mon grenier... ça m'est ben égal...

— Eh bien, père Ledrux, nous verrons votre chambre... ma j montrez-moi d'abord la maison de ces braves gens... qui dov ent un soir une fête...

— Tout de suite, monsieur... prenons par ici.

Au moment où Beauregard se met en marche avec le vieux paysa , M. Jarnouillard reparaît au détour d'un sentier, et se me à crier :

— Cinq sous de plus, père Ledrux, voyons, je donne trente-cinq sous de votre poule...

— Le plus souvent ! reprend le jardinier en haussant les épaules A c'theure vous ne l'auriez pas pour quatre francs !... c'est ben fait !... ça vous apprendra à marchander.

XLII

Reconnaissance.

Dans cette même matinée qui précède la fête qu'elle doit donner, Thélénie, voulant échapper un moment au bruit qui se fait chez elle, et toujours animée du désir de savoir à qui appartient ce chien qui a défendu le petit garçon qu'elle voulait battre, a fait seller son cheval, et sautant dessus avec l'aisance et la hardiesse d'une écuyère de l'Hippodrome, elle prend au galop le chemin qui conduit au domaine de la Tourelle. En peu de temps l'intrépide amazone a franchi l'espace. Bientôt elle côtoie les murs du parc, alors elle ralentit le pas de son cheval pour examiner la maison dont elle aperçoit la tourelle.

— Comme tout cela a l'air vieux et triste!... se dit Thélénie : celui qui habite ce manoir ne peut en effet être qu'un ours, qu'un être qui n'a aucune connaissance à voir... car personne ne voudrait aller le voir... C'est quelque vieil avare... ou quelque marchand enrichi qui n'a aucun usage du monde... Que ce soit qui cela voudra, je dirai au maître de céans qu'il a un chien fort mal élevé... un chien qui mord les chevaux, et que s'il ne le muselle pas, je le ferai abattre la première fois que je le rencontrerai... Je suis curieuse de savoir ce que me répondra cet homme, qui a, dit-on, l'air si farouche... ces airs-là ne m'effrayent pas, moi!... Mon Dieu... mais il n'en finit donc pas, ce parc!... ah!... voilà une porte enfin.

Thélénie saute à bas de son cheval et carillonne à une grille. Une paysanne bien vieille, bien cassée, vient lui ouvrir, et lui demander ce qu'elle veut.

— Le propriétaire de cette demeure est-il chez lui?

— Monsieur Paul?...

— Paul ou Pierre, je ne sais pas son nom, je présume qu'il en a un autre que celui-là... n'importe, est-il ici, ce monsieur?

— Oui, madame... il vient justement de revenir de Paris où il était allé.

— Je veux lui parler, conduisez-moi vers lui...

— Dame... c'est que je ne sais pas si monsieur voudra recevoir... il n'aime pas les visites!...

— Vous êtes une sotte!... je vous répète que j'ai à parler à votre maître... que je veux le voir... Je ne suis pas de ces personnes que l'on fait attendre... allons... marchons.

La vieille mère Lucas hésitait, lorsque tout à coup Amy paraît dans la cour, et vient en grommelant se placer devant Thélénie comme pour lui barrer le passage.

— Encore ce chien, ce maudit chien... c'est de lui dont je viens me plaindre... faites le donc retirer, vieille femme, vous voyez bien qu'il m'empêche de passer.

— Voyons, mon bon loulou... mon garçon... viens un peu avec moi, et ne te mets pas ainsi devant madame.

Mais Amy ne fait aucun cas de ce que lui dit la mère Lucas. Il continue de disputer le passage à l'amazone en se mettant à aboyer après elle.

— Ah! je vous le conseille, domestique, rappelez votre chien, qu'il s'en aille, sinon je vais l'étriller avec ma cravache... et de la bonne façon!...

— Ne faites pas cela, madame, car vous vous en repentiriez; ce chien n'est pas méchant, mais si un autre que son maître le frappait... et son maître ne le bat jamais... oh! alors il mordrait... il se jetterait sur vous...

— Mais vous voyez bien qu'il ne veut pas que je passe... qu'il se met sans cesse devant moi...

L'arrivée du maître met fin à cette scène. Paul est sorti d'une salle basse, surpris d'entendre aboyer son chien avec tant de persistance. Il s'avance en disant :

— Qu'y a-t-il donc? que se passe-t-il ici?... à qui en as-tu, Amy?

Thélénie avait fait quelques pas vers Paul; au son de sa voix, elle le considère un moment, puis s'arrête; elle semble frappée de stupeur; son front a pâli, ses yeux se sont baissés vers la terre. De son côté, Paul vient aussi d'envisager cette dame, et il a fait un mouvement comme s'il venait d'apercevoir un serpent. Le chien s'apaise un peu à l'aspect de son maître, mais il va se placer entre lui et l'amazone, et fixe sur celle-ci ses yeux intelligents comme pour lui dire :

— Tu ne l'approcheras pas.

Thélénie, revenue de son premier sentiment de terreur, balbutie bientôt :

— Comment!... c'est vous... monsieur Duronceray... ici... dans cette solitude... vivant en ermite...j'avoue que je ne m'attendais pas à cette rencontre...

— Je crois bien, madame, que vous ne seriez pas venue ici, si vous aviez pensé m'y trouver... De mon côté, j'espérais que cette demeure ne serait jamais tachée par votre présence...

... L'enlève comme une plume et le jette au hasard.

— Monsieur!... cette insulte...

— Je ne vous insulte pas, vous savez bien d'ailleurs qu'il y a des gens qu'on ne peut pas insulter. Mais vous savez aussi que j'ai le droit de vous parler comme je le fais.

— Prenez garde, monsieur!... je suis mariée, maintenant!...

— Vous êtes mariée... et quel est donc le malheureux qui a pu vous donner son nom? un imbécile, ou un fripon... ce ne peut être que l'un ou l'autre!...

Thélénie mordait avec colère la pomme de sa cravache, mais elle essayait en vain de reprendre son aplomb habituel.

— Voyons, madame, reprend Paul, pourquoi êtes-vous venue ici! Hâtez-vous de me le dire, et mettons vite fin à une entrevue qui, je l'espère, ne se renouvellera pas.

— Monsieur... je suis venue... c'est votre maudit chien qui en est cause... si dernièrement il ne s'était pas jeté sur moi... sur mon cheval... pour défendre un petit garçon qui me lançait des pierres... je n'aurais pas cherché à savoir à qui il appartenait.

— Amy vous avait sans doute reconnue, madame... il a plus de mémoire que vous... il reconnaît toujours mes amis... comme mes ennemis...

— Quoi! c'est donc là ce grand efflanqué de chien que vous aviez autrefois... il est devenu si fort, si gros!... j'avoue que je ne l'ai pas reconnu, moi!... j'ai cru d'abord qu'il appartenait à une dame... qui avait follement pris parti pour ce petit mauvais sujet...

Paul, auquel Honorine avait raconté son aventure avec la belle amazone, s'écrie :

— C'est donc vous qui êtes maintenant madame de Belleville?

— Sans doute... cela vous étonne?

— Rien ne peut m'étonner de votre part !...

— Oui, monsieur, j'ai épousé M. de Belleville, un homme très-bien... un homme jeune... un homme du monde... J'ai près de quarante mille francs de rente... j'ai équipage... et nous venons d'acheter il y a peu de temps une propriété ravissante à Chelles.

— Eh quoi! vous n'avez pas craint d'acheter une maison de campagne dans ce pays...

— Et pourquoi donc, monsieur, aurais-je craint ce pays... qu'ai-je à y redouter, s'il vous plaît?...

— Oh! rien en effet... une femme comme vous n'a point de remords...

— Des remords! parce que je vous ai quitté quand je ne vous aimais plus... Ah! ah!... en vérité, monsieur, on voit bien que vous n'allez plus dans le monde, que vous vivez comme un loup!... Vous avez tout à fait perdu la mémoire de ce qui se passe journellement dans la société... On forme une liaison... on s'adore pendant quelque temps... mais un beau jour, il y en a un qui n'aime plus l'autre... et alors...

— Et alors, madame, on le dit franchement... et on ne continue point à feindre de l'amour pour celui que l'on trahit...

— Mon Dieu, messieurs! si l'on agissait franchement avec vous, vous auriez trop souvent à faire une triste figure!... Je crois que la plupart des hommes aiment mieux être trompés, que de savoir ce qu'il y a au fond de notre cœur, et ils ont bien raison!... ils teraient de si cruelles découvertes !...

— Trêve à vos sottes plaisanteries, madame !... si vous n'aviez fait que me tromper, que feindre un amour que vous n'aviez plus... lorsque pour vous plaire je ne savais quel sacrifice vous faire... lorsque rien ne me coûtait pour vous prouver mon amour... je n'aurais aucun reproche à vous adresser!... J'aurais en effet tort de me plaindre, car votre conduite n'eût été que celle de toutes vos pareilles qui se font une gloire de payer chaque bienfait par une infidélité... Oh! rassurez-vous... ce n'est pas pour cela que je me suis fait ermite!... Mais vous avez été plus qu'infidèle... vous avez été lâche, cruelle... Pour que je ne connaisse pas votre véritable amant, vous avez eu l'art de me faire soupçonner, accuser, insulter un jeune homme qui ne songeait pas à vous... mais qu'une fatalité... ou plutôt quelque perfidie préparée d'avance, me fit trouver seul avec vous, quand je cherchais votre amant... En me voyant, dans mon aveugle jalousie, accuser, provoquer le comte Adhémar de Haumont, vous pouviez d'un mot faire cesser mon erreur... Vous n'aviez qu'à me dire : Ce n'est pas monsieur qui est votre rival... c'est Beauregard... c'est votre cher ami Beauregard... votre intime, votre inséparable!... bien loin de là, vous avez tout fait pour que mon erreur fût complète !... Le comte Adhémar, insulté par moi, ne chercha plus à me détromper, il aurait reçu une de ces offenses qu'un homme de cœur ne pardonne pas, il voulut une réparation prompte, immédiate... et de mon côté je la demandais qu'à me battre... Vous nous avez vus alors sortir tous deux... sans témoins, sans suite... de cette fatale maison de Couberon où j'avais trouvé le comte près de vous... Vous nous avez tous deux, animés par la fureur... armés de nos pistolets... vous saviez bien que nous allions nous battre... et vous n'avez pas cherché à empêcher ce duel fatal... Oh oui, bien fatal... car j'eus le malheur d'être vainqueur... Blessé mortellement, le malheureux Adhémar m'apprit toute la vérité. Une pressante invitation de votre part l'avait engagé à se rendre à votre campagne de Couberon, mais jamais il n'avait songé à vous faire la cour... car il aimait ailleurs... il avait un enfant... une fille qu'il adorait... sa mort allait réduire au désespoir une jeune femme à laquelle il comptait bientôt s'unir... Ces deux êtres chéris n'avaient que lui pour soutien... il allait me les nommer... me dicter ses dernières volontés... lorsque la mort glaça ses lèvres... et aucun papier... aucun indice ne put me faire découvrir ces infortunées que je venais de rendre à jamais malheureuses par votre atroce perfidie je venais de donner la mort à un jeune homme qui ne m'avait pas offensé... et du même coup je privais un enfant de son père... une mère de son époux!... Ah! voilà, madame, voilà ce que je ne me suis jamais pardonné... être devenu criminel pour vous!... pour une Thélénie...

— Monsieur!...

— Taisez-vous, misérable... et puisque vous avez eu l'audace de revenir habiter ce pays... allez tout près d'ici... dans le ravin qui est au bord de la route de Nogent... C'est là que nous nous battîmes,

Adhémar et moi, en sortant de votre demeure... C'est là que l'infortuné tomba expirant à mes pieds !... Pauvre jeune homme !... en mourant il me pardonna... il me tendit la main... mais ces deux êtres qu'il adorait et près desquels il me priait de le remplacer... cette femme... cet enfant... il allait me les nommer... me dire où je devais les trouver... il ne l'a pas pu !... C'est en vain que je me suis livré aux recherches les plus minutieuses, les plus pénibles... je n'ai rien découvert, il m'a été impossible de savoir où étaient ces personnes à qui j'aurais voulu offrir toute ma fortune en dédommagement du mal que je leur avais fait... Alors, j'ai eu honte de moi-même, j'ai pris en horreur ce monde où, sous le masque de l'amour et de l'amitié, je n'avais trouvé que fausseté et perfidie. Mais j'ai voulu pouvoir pleurer sur la tombe de ma victime, j'ai voulu être à même de venir chaque jour lui demander pardon de cette erreur funeste qui m'a laissé à moi des remords éternels, voilà pourquoi j'ai acheté cette propriété !... Je suis revenu dans ce pays, non pas pour y briller et y donner des fêtes, mais pour être tout près de la tombe du malheureux Adhémar.

Thélénie a écouté ces dernières paroles sans sourciller, sans montrer la moindre émotion. Ses sourcils rapprochés et l'expression dédaigneuse de sa bouche laissent seuls deviner la colère qui agite sourdement son cœur. Mais lorsque son maître a cessé de parler, Amy fait un pas de plus vers l'amazone et lui montre les dents.

— Mon chien vous a reconnu, reprend Paul, il savait parfaitement distinguer mes amis de mes ennemis... il vous avait toujours été hostile.... j'aurais dû deviner par lui vos véritables sentiments à mon égard... Il est encore le même aujourd'hui pour vous... oh! les chiens ne changent pas... ils donnent des leçons aux hommes!... et c'est pour cela sans doute que ceux-ci les battent si souvent!... ils sont humiliés de trouver chez une bête les vertus qu'ils n'ont pas. Maintenant, madame, je pense que vous n'avez plus rien à me dire et j'aime à croire que vous n'avez plus affaire ici.

Après avoir dit ces mots, Paul tourne le dos à Thélénie et s'éloigne en faisant signe à son chien de le suivre, ce que celui-ci ne fait qu'après avoir encore été plusieurs fois tourner autour de l'amazone en faisant entendre un grognement très-significatif. Thélénie est furieuse, le mépris que M. Duronceray vient de lui témoigner, irrite son orgueil. Habituée depuis quelque temps à être flattée, adulée, elle voudrait pouvoir écraser celui qui vient de la traiter avec tant de dédain. En se voyant seule dans la cour, car depuis longtemps la mère Lucas s'était éloignée, la superbe amazone frappe de sa cravache tout ce qui l'environne avec sa colère ne peut tomber que sur quelques caisses de fleurs ou sur des pots vides. Enfin elle quitte la place, retrouve son cheval attaché près de la grille, monte en selle, et, lâchant la bride à son coursier, s'élance au galop dans le premier chemin qui s'offre à sa vue. Mais ce chemin, d'abord large et facile, ne tarde pas à se rétrécir et à devenir pierreux. Des deux côtés s'é-lèvent des monticules dans lesquels la route se trouve encaissée ; quelques arbres dominent ces monticules et leur ombrage achève de donner à ce chemin un aspect sombre et mélancolique.

— Dans quel affreux sentier me suis-je engagée! se dit Thélénie qui éprouve comme un vague effroi. Il ne passe personne de ce côté... je me suis égarée, ce n'est certainement pas par ici que je suis venue. Allons, Brillant ! hâtons-nous de sortir d'ici... Eh bien... qu'a-t-il donc... il ne veut plus avancer à présent... qu'est-ce donc qui te fait peur, poltron !... oh ! mais il faudra bien que tu avances.

En disant cela, l'amazone applique un vigoureux coup de cravache sur les flancs de son cheval. Mais celui-ci, au lieu d'avancer, fait alors un saut de mouton, puis un écart si violent, que, quoique bonne écuyère, Thélénie perd l'équilibre, tombe en arrière et va rouler aux pieds d'une croix plantée au bord du chemin. C'était cette croix qui avait effrayé son cheval. Bien qu'un peu meurtrie par sa chute, Thélénie se relève, regarde autour d'elle et ses yeux rencontrent aussitôt la croix de bois plantée sur un petit tertre. Elle s'aperçoit qu'elle est tombée sur un tombeau; examinant alors avec plus d'attention l'endroit où elle se trouve, elle balbutie :

— Mon Dieu... ce sentier isolé... ce ravin... c'est ici qu'ils se sont battus... et sous cette croix est le comte Adhémar... ah! quelle fatalité m'a conduite ici !... s'il m'y avait vue, lui, il dirait que c'est la Providence!...

Rassemblant ses forces, Thélénie se relève et se hâte de s'éloigner du théâtre de sa chute. Son coursier s'était de lui-même allé l'attendre à trente pas de là. Elle se remet en selle, beaucoup moins fière cette fois; l'accident qui vient de lui arriver a subitement calmé sa fureur.

XLIII

Le commencement d'une fête.

Cependant plus elle se rapproche de sa villa, plus Thélénie sent sa dissiper sa terreur et renaître dans son âme ses projets de vengeance.

— Comme il m'a traitée, cet homme! se dit-elle... comme il m'a chassée de sa présence... ah! si je trouve l'occasion de lui prouver ma haine, je ne la laisserai pas échapper!... Dois-je parler à Croque de cette rencontre... non !... il aurait peur du maître et du chien, et serait capable de fuir sur-le-champ ce pays; il faut au contraire lui cacher que Duronceray demeure dans les environs.

Beaucoup de personnes de Paris, invitées pour toute la journée, sont déjà arrivées à la villa aux poissons rouges. Mademoiselle Héloïse est du nombre, ainsi que plusieurs autres anciennes amies de Thélénie, devant lesquelles celle-ci est bien aise de faire étalage de sa nouvelle fortune. Chamoureau, qui ne connaît pas la plupart des personnes engagées par sa femme, est assez embarrassé pour faire à tout ce monde les honneurs de sa maison; il attend avec impatience le retour de Thélénie. Enfin la superbe amazone reparaît et son mari accourt au-devant d'elle, en lui criant:

— Arrive donc, ma chère amie, il y a déjà plus de vingt personnes d'arrivées... moi, je ne connais pas tout ce monde-là... excepté mademoiselle Héloïse que je connais un peu... je ne sais pas comment amuser cette société.

— Eh! monsieur, on dit à chacun de faire ce qu'il veut, ce qui lui plaît; liberté entière! voilà comment on s'amuse à la campagne... est-ce que le baron n'est pas là, pour vous aider à faire les honneurs?

— M. de Schtapelmerg joue, madame; vous savez bien que c'est un joueur infatigable!... dès qu'il peut accrocher quelqu'un pour faire une partie, il s'y met... En ce moment il est au billard avec M. Luminot... qui venait d'arriver, il fait des effets de queue magnifiques...

— J'espère, monsieur, qu'aujourd'hui vous ne vous griserez pas tous les deux comme vous l'avez fait hier?... on m'a dit que le baron avait roulé dans une ornière...

— Pas du tout, il a glissé... fait un faux pas... cela arrive à tout le monde.

— Fi! monsieur, un homme qui a maison, équipage, se griser comme un portefaix !...

— Je vous jure, madame...

— Si le baron ne se tient pas mieux, je le mettrai à la porte...

— Vous mettriez M. de Schtapelmerg à la porte... votre vieil ami...

— C'est bien, je vais à ma toilette... envoyez-moi Héloïse...

— Comment, belle amie, vous ne venez pas au salon recevoir votre monde...

— Y pensez-vous... que je me présente dans ce costume de cheval... ce serait joli...

— Je ne tiens pas de cheval, mais il est bon pour vous !... M. Edmond et M. Freluchon sont-ils arrivés?

— Pas encore... je présume qu'ils ne viendront que ce soir... A propos, chère amie, j'ai quelque chose à vous apprendre qui vous fera plaisir...

— Plus tard, monsieur, je n'ai pas le temps de vous écouter !...

Thélénie rentre monte à son appartement, et Chamoureau se dit:

— Je lui conterai cela tantôt... à table... en même temps que mon invention... ma superbe invention pour connaître l'âge des arbres... Ah! voilà qui me fera honneur, et qui fera aller mon nom à la postérité !...

Chamoureau se frotte les mains en retournant au salon, il a l'air tellement satisfait, que le docteur Antoine, qui vient d'arriver et qui est passablement curieux, s'empresse d'aller lui en demander la raison:

— Vous venez de recevoir, je gage, quelque nouvelle agréable, monsieur de Belleville; quand on se frotte les mains c'est presque toujours un signe de satisfaction... à moins que cela n'annonce que l'on ait froid... Mais comme nous sommes au mois d'août et que le temps est passablement magnifique, ce ne peut être ce dernier motif. Quelque surprise sans doute que vous nous ménagez pour la fête... hein ?... dites-moi cela, je vous soufflerai mot à personne.

— Cher docteur, je suis en effet assez content de moi... mais cela n'a point de rapport à notre fête... j'ai deux motifs pour être content... A la rigueur j'en ai même trois... D'abord, après de longues et fatigantes études, je suis parvenu à faire une découverte qui sera bien précieuse pour la science.

— Quoi, vous vous occupez de science, monsieur de Belleville?

— Je m'occupe de tout, docteur; je n'en ai pas l'air, mais je réfléchis continuellement.

— En vérité... et cette découverte scientifique touche-t-elle à l'hygiène ?...

— Comment avez-vous dit ?

— Je vous demande si elle a rapport à l'hygiène, à la thérapeutique... enfin si c'est une découverte qui est du ressort de la médecine...

— Oh! point du tout, docteur, il n'y a pas la moindre médecine dans mon affaire... il s'agit... vous n'en parlerez encore à personne...

— Je serait muet...

— Il s'agit, docteur, de pouvoir désormais, en examinant un arbre, dire sur-le-champ l'âge qu'il a...

— Ah !... dans le fait, on disait à peu près, en examinant la grosseur du tronc, les lignes de l'écorce... mais on n'était jamais bien sûr... ce n'étaient que des probabilités.

— Eh bien, grâce à moi, docteur, il n'y aura plus de doutes, plus de tâtonnements... on sera certain de son affaire, on ne se trompera ni d'un mois ni même d'un jour !...

— Cela me paraît une chose fort intéressante... comment diable faites-vous pour savoir cela si juste?

— Ah! ceci es. mon secret, mais je le dirai tantôt au dîner, je réserve cela pour le dessert... ainsi que les surprises agréables que je ménage à ma femme.

— Vous pourriez bien me le dire tout de suite, à moi.

— Non pas... je veux produire un effet général... Mais pardon, j'aperçois M. et madame Droguet, je cours les recevoir... Tiens, voilà aussi Freluchon. Ah ! c'est gentil cela... il ne m'avait pas promis pour dîner... quand je dis que c'est gentil... pourvu qu'il ne m'appelle pas Chamoureau.

Freluchon est venu un des premiers, parce qu'il est fort curieux de connaître la société qui se réunit chez son ancien ami, depuis que celui-ci a épousé la belle Thélénie. L'échantillon qu'il a vu la veille, dans la personne du baron de Schtapelmerg, n'a fait que redoubler sa curiosité; de plus il s'est promis de surveiller ce monsieur, dont il suspecte beaucoup les titres de noblesse. Quant à Croque, qui a été grondé sévèrement par sa sœur pour s'être grisé la veille, a promis d'être sobre, de l'observer, de ne point jurer et de ne pas prendre sa canne. A ces conditions, on y joignait une toilette irréprochable, on lui a permis de jouer, on lui a même donné carte blanche lorsqu'il ferait la partie d'Edmond. Mais on lui a expressément défendu de tricher avec toute autre personne de la société. Tous les gros propriétaires, tous les principaux habitants du pays sont réunis dans les salons de la villa aux poissons rouges. On attend avec impatience l'arrivée de madame de Belleville, qui n'a pas encore terminé sa toilette. Pour passer le temps, on cause, on se regarde, on se critique suivant l'usage. Les personnes qui sont venues de Paris se moquent des tournures, des figures, des chapeaux portés par les dames de l'endroit; celles-ci chuchotent tout bas, et trouvent fort lestes les manières, le langage et le ton des dames qui viennent de Paris. Cependant, comme ces dernières ont presque toutes ajouté des de à leur nom, et que leur toilette est d'une extrême élégance, ces remarques se disent bien bas et n'empêchent pas que l'on se fasse, des deux côtés, assaut de politesse et de révérences.

— Bonjour, cher ami! s'écrie Freluchon en secouant la main de Chamoureau, diable, mais c'est superbe chez toi !... ces salons sont magnifiques... cet ameublement du meilleur goût !... Par exemple, je vois de bien drôles de têtes... Oh! les bonnes boules, nous allons nous amuser...

— Freluchon, je t'en prie, j'espère que tu ne te moqueras de personne.

— Ah ! il est charmant ! qu'est-ce que cela fait que je me moque de ce monsieur tout ratatiné et tout jaune qui est dans ce coin, ou de cette grosse dame qui est là-bas, pourvu qu'ils ne s'en aperçoivent pas... Est-ce que la moitié du monde ne se moque pas de l'autre...

— Je ne me suis jamais moqué de personne, moi.

— Si fait... tu te moquais fort bien de nous quand tu faisais semblant de pleurer Éléonore...

— Freluchon, il me semble que le moment est mal choisi pour me rappeler le passé.

— Alors, laisse-moi donc rire du présent. Ah ! tiens, la grosse dame là-bas, je la reconnais, c'est elle qui m'a mis à la porte de chez elle un soir que j'allais y demander Edmond...

— C'est madame Droguet... une personne fort à son aise.

— Elle ne semble pas à son aise dans son corset !... pauvre femme! elle a voulu faire taille fine !... Quel est ce petit homme derrière elle, qui se tient sur une jambe comme les serins quand ils dorment?

— C'est son mari... il est fou de la danse...

— Ça me fera bien plaisir de le voir danser... Où donc est ta femme?

— A sa toilette... elle y met bien du temps... elle se fait bien attendre.

— C'est qu'elle veut produire un grand effet en arrivant... Et le baron d'hier au soir, M. de Schapelmerg?

— Il joue au billard.

— Est-il encore gris comme hier?... Vous étiez bien tous les deux...

— Ah ! Freluchon, je t'en prie, ne reviens pas là-dessus.

— Si tu ne veux pas me laisser rire, je vais t'appeler Chamoureau. Allons, calme-toi ; moi, mon pauvre ami, je ne veux pas te rendre malheureux... je laisse ce soin à ta superbe moitié. Je vais rejoindre monsieur mille choucroutes !... c'est un homme que je tiens beaucoup à connaître plus particulièrement.

Pendant que Freluchon passe dans la salle de billard, le docteur Antoine s'approche de toutes les personnes qu'il connaît, et leur dit à l'oreille :

— M. de Belleville nous réserve une surprise pour le dîner.

— Qu'est-ce donc, docteur?

— Il ne faut pas le dire !... il a trouvé le moyen de savoir l'âge juste d'un arbre rien qu'à la première inspection du tronc.

— Vraiment! et comment fait-il pour savoir cela?

— Ah! voilà ce qu'il nous apprendra à dîner.

— Pourquoi donc justement à dîner? est-ce qu'on apportera des arbres pour le dessert?

— Ah! je n'en sais pas plus.

— Je n'aurais jamais cru que M. de Belleville découvrirait quelque chose...

— Il n'est donc pas si bête qu'il en a l'air, ce monsieur?

Ces dernières réflexions partent des groupes que forment les invités de Paris. Cependant le bruit que le maître de la maison a fait une découverte curieuse circule bientôt dans tous les salons et arrive jusqu'à Freluchon, qui venait de renouveler connaissance avec le baron de Schtapelmer. C'est M. Jarnouillard qui vient leur dire :

— Il paraît que M. de Belleville est un homme d'un grand mérite !... un homme profond, très-versé dans les sciences abstraites !

— De qui parlez-vous? s'écrie Freluchon.

— De notre amphitryon, M. de Belleville.

— Et c'est Chamoureau que vous traitez de savant?

— Quel est Chamoureau? où prenez-vous ce Chamoureau?

— Je le prends ici, c'est l'ancien nom de M. de Belleville...

— Ah! j'ignorais cette circonstance...

— Cela ne fait rien... Pourquoi dites-vous que c'est un homme profond?

— Parce qu'il a trouvé le secret de savoir l'âge d'un arbre rien qu'à l'inspection du tronc.

— Ah! il a trouvé cela... mais permettez: quand il dit à un arbre : Vous avez tel âge, l'arbre ne peut pas le démentir.

— Tiens! c'est une réflexion que je n'avais pas faite...

— Vous voyez donc bien que ceci aurait peu de mérite; mais on s'est trompé, ce n'est pas l'âge des arbres, c'est l'âge des femmes, que le maître de céans a le talent de deviner tout de suite...

— A l'inspection du tronc?

— Ah! je ne vous dis pas ce qu'il inspecte... cependant, si par le tronc, vous entendez la torse, ce doit être cela...

— Oh! c'est bien plus drôle!... et il ne se trompe pas d'une année !

— Pas d'une semaine!

— Pardieu, ceci donnera lieu à des découvertes fort amusantes ! que diable nous comptait donc le docteur Antoine qu'il s'agissait d'arbres !...

— Il avait entendu de travers.

— Je vais bien vite réparer son erreur près de ces dames.

M. Jarnouillard se rend aussitôt près de sa femme qui cause avec mesdames Droguet et Remplumé, il se hâte de leur dire :

— Ce n'est point les arbres dont M. de Belleville dit l'âge sans se tromper rien qu'à l'inspection du tronc... c'est des femmes qu'il s'agit. Ainsi, mesdames, prenez garde à vous... j'ai cru devoir vous avertir... il ne se trompe pas d'une semaine !

— Que nous chante donc M. Jarnouillard? s'écrie madame Droguet, M. de Belleville va deviner notre âge en inspectant notre quoi?...

— Il a dit le tronc.

— Que signifie une pareille indécence... Qu'il s'avise donc de venir m'inspecter quelque chose et de me dire mon âge... il sera bien reçu...

— Si je savais que l'on nous eût fait venir ici pour cela, dit madame Remplumé, je m'en irais tout de suite.

— Nous dire notre âge!... l'impertinent !... il serait bien malin, je ne le sais pas moi-même...

— Ni moi non plus, chère amie! Est-ce qu'une femme a jamais besoin de savoir son âge? il n'y a que les portières qui sachent leur âge, et encore cela dépend du quartier.

L'arrivée de la maîtresse de la maison met fin à tous ces caquetages... Thélénie est superbe; sa toilette est splendide; sa coiffure originale, nouvelle, est trouvée admirable, d'autant plus que dans ses beaux cheveux noirs sont placés, çà et là, des perles et des diamants magnifiques d'un effet merveilleux. Jamais les beaux yeux noirs de cette dame n'ont jeté un plus vif éclat; jamais il n'y a eu autant de feux dans son sourire; aussi, à son apparition dans le salon, un concert d'éloges retentit de tous côtés, et Freluchon, lui-même, ne peut s'empêcher de dire :

— C'est vraiment un beau modèle que cette femme... belle de taille... de tournure... de figure! Quel dommage qu'elle ne soit pas aussi belle de cœur!... je sais bien que ceci est indifférent à beaucoup de gens qui ne veulent d'une femme que ce qui flatte leurs sens et leur amour-propre! Mais quand on a un peu étudié ces dames, on sait tout le mal que peuvent faire celles auxquelles la nature a tout donné, excepté une âme!... Leur puissance est immense! A la vérité, cette puissance n'a qu'un temps... mais ce temps est assez long pour qu'elles fassent beaucoup de mal... ou quelquefois, par caprice, un peu de bien. » Thélénie a un sourire pour chacun, un mot aimable à celui-ci un compliment à celle-là : depuis son arrivée au

milieu de la société, ses salons se sont transformés, l'entrain, la gaieté ont remplacé l'ennui qui commençait à circuler. Une femme d'esprit suffit pour opérer de tels miracles. Madame de Belleville propose une promenade dans le jardin, où divers jeux ont été disposés pour l'amusement de la compagnie; elle donne l'exemple en emmenant les dames; l'ex-cantinière trouve alors le moment de lui dire à demi-voix :

— Ma belle et très-chère madame de Belleville, est-il vrai que monsieur votre époux a trouvé un secret pour deviner l'âge des femmes, et le dire sur-le-champ, rien qu'à l'inspection de leur corset?...

Thélénie part d'un éclat de rire.

— Ah! mesdames, qui a pu vous dire des choses pareilles... et comment avez-vous pu y croire? Qui donc vous a fait ces contes-là?

— C'est M. Jarnouillard qui nous a donné cela comme très-positif; M. de Belleville doit faire ses expériences pendant le dîner...

— Ah! ah! la bonne folie...

— Jarnouillard!... venez donc un peu ici... De qui tenez-vous cette nouvelle, relativement à la science de M. de Belleville, touchant l'âge des dames?

Le vilain monsieur sec et jaune regarde autour de lui et montre Freluchon en s'écriant :

— De ce jeune monsieur de Paris, qui est là-bas...

— Oh! je ne m'étonne plus, alors, répond Thélénie, c'est M. Freluchon; son bonheur est de rire, de faire des plaisanteries...

— Je trouve celle-ci bien ridicule! dit madame Droguet.

Thélénie s'est approchée du petit jeune homme auquel elle fait un gracieux sourire, en lui disant :

— Vous avez causé une grande frayeur à ces dames, monsieur Freluchon!

— Moi, madame, et comment cela?

— En leur faisant accroire que mon mari avait un secret pour deviner leur âge à toutes...

— Est-ce que ce n'est pas vrai? Est-ce que ce n'est pas cela que devine Cha... que devine votre mari?

— Non... il s'agit d'arbres et non pas de dames...

— Franchement, je pensais qu'il était plus agréable de chercher à connaître les dames! Je ne me serais jamais imaginé que... mon ami... Cha... de Belleville se serait livré à une autre étude... excusez-moi... c'est une erreur... bien pardonnable.

— M. Edmond Didier n'est pas venu avec vous?

— Non, madame.

— Le verrons-nous ce soir?

— Je le pense; à moins qu'il ne puisse se résoudre à quitter ses amours... car vous savez qu'il est passionnément amoureux, ce cher ami !

Thélénie réprime avec peine un mouvement nerveux, mais elle ne peut dissimuler aussi facilement la sombre expression qui a passé sur son visage et que Freluchon a fort bien remarquée, quoiqu'elle affecte de sourire en répondant :

— Oh! oui, on m'a dit cela... mais il a été si souvent amoureux, M. Edmond... ce n'est jamais sérieux avec lui.

— Il est certain, répond Freluchon en jouant avec sa badine, que je lui ai connu des amours qui ne l'occupaient guère !... Mais cette fois, c'est une passion véritable... un attachement sincère, car il compte bientôt épouser celle qu'il aime...

— Ah! il le dit... mais il y regardera à deux fois.

— Pourquoi donc? mademoiselle Agathe est charmante... elle a de l'esprit, des talents... un caractère égal, de la douceur, de la grâce...

— Ah! ah! ah! quel portrait... prenez garde, on croirait que vous en êtes amoureux aussi, de cette demoiselle.

— N'est-ce pas cette jeunesse qui est avec cette autre femme dans la maison Courtivaux? dit madame Droguet d'un air dédaigneux.

— Comme vous dites fort élégamment, madame, répond Freluchon, c'est cette jeunesse-là... Du reste, je n'ai encore aperçu d'autre jeunesse dans le pays...

— Mais on dit sur ces dames...

Thélénie interrompt vivement la grosse Droguet en lui glissant à l'oreille :

— Taisez-vous !... pas maintenant... vous parlerez d'elle ce soir... quand l'amoureux sera là !... Puis, entraînant vivement les dames vers une partie du jardin où est établi un petit théâtre de Guignol, elle s'écrie : Venez, mesdames, venez; nous avons par ici un théâtre de marionnettes, et je crois que le spectacle va commencer.

Freluchon laisse courir ces dames, il regarde aller Thélénie en se disant :

« On ne m'ôtera pas de la tête que cette femme-là médite quelque méchanceté, quelque mauvais tour qu'elle veut jouer à Edmond. Je suis fâché de l'avoir engagé à venir à cette fête-là... Après tout, il ne faut jamais avoir peur de ces dames... si celle-ci devenait par trop impertinente, je lui lâcherais du Chamoureau à lui en donner des étourdissements. Le baron de Schtapelmerg a une véritable tournure de recruteur... Eh! mais, j'aperçois, parmi ces jeunes gens qui arrivent de Paris, un ancien commis marchand qui, autant que je me le appelle, parlait parfaitement l'allemand... il faudra que je le mette en rapport avec monsieur mille choucroutes !

Et Freluchon, se dirigeant vers le jeune homme qu'il vient d'apercevoir, va échanger avec lui quelques poignées de main. Puis, passant son bras sous le sien, trouve moyen, sans avoir l'air d'y mettre de l'intention, d'aller avec lui se placer à côté de Croque qui, ainsi qu'une grande partie de la société, venait de s'arrêter devant le petit théâtre en toile, nommé communément : Théâtre de Guignol.

XLIV

Théâtre Guignol. — Découverte scientifique.

L'assemblée était fort nombreuse devant la petite baraque de toile. Les dames étaient assises sur des chaises, et la plupart des hommes se tenaient debout derrière ces dames. Mademoiselle Héloïse faisait naturellement partie du public ; en apercevant Croque, qu'elle avait sur-le-champ reconnu, elle avait poussé Thélénie et dit tout bas :

— Mais cet homme-là... c'est celui...

— C'est un baron allemand ! ne va pas l'oublier, avait répondu la belle brune ; et ces mots avaient été accompagnés d'un regard tellement significatif, que mademoiselle Héloïse avait sur-le-champ compris qu'elle ne devait pas reconnaître ce monsieur. La scène vient de commencer entre Polichinelle et le diable, c'est toujours à peu près le même thème que l'homme chargé de faire parler les marionnettes ne varie pas assez. Le diable vient tenter Polichinelle qui bat le diable. La société trouve que ce diable est trop bon garçon, et se laisse battre avec trop de facilité.

— Ce Guignol-là n'est pas fort ! dit Freluchon en s'adressant à Croque, son voisin.

— Non, il ne dit point de choses assez bouffonnes... mille kirchwaser ! si j'étais là-dedans, moi, je vous en dirais d'un peu plus salées !...

— Eh bien ! baron, pourquoi ne passez-vous pas sous la toile... vous nous jouerez quelques scènes... je suis certain que vous serez bien plus amusant...

— Oh ! non... je craindrais... je pourrais lâcher des choses trop risquées... je ne sais pas assez le français...

— Eh pardieu ! voilà un monsieur qui va vous faire bien plaisir, il va vous parler allemand... Monsieur Courty, ne parlez-vous pas facilement la langue allemande ?

— Ya ! ya ! répond le jeune négociant, aussi facilement que le français...

— Eh bien, causez donc un peu avec M. le baron de Schtapelmerg... il sera enchanté d'avoir cette occasion de parler sa langue natale.

Bien loin d'être enchanté de ce qu'on va lui parler allemand, Croque fait la grimace, se caresse la moustache et cherche à s'en aller ; mais déjà M. Courty a passé près de lui, et s'empresse de lui parler allemand. Le soi-disant baron secoue la tête en murmurant :

— Gutt ! gutt !... tarteiff... certainement je suis de votre avis.

Le jeune homme le regarde d'un air surpris, et recommence sa phrase. Croque, voyant qu'il a répondu de travers, s'écrie :

— Quel diable de baragouin me parlez-vous là ?... je n'y comprends pas un mot !...

— Mais, monsieur, c'est l'allemand le plus pur... le plus usité...

— Permettez ! moi, je suis de la Bavière, et je ne parle que le bavarois...

— Monsieur, je suis resté quelque temps en Bavière, on n'y parlait pas autrement que je viens de le faire avec vous...

— Alors, monsieur, c'est qu'on aura changé tout cela depuis que je suis en France...

— Cet homme-là n'est pas plus Bavarois que vous, dit M. Courty à Freluchon, et ce qu'il y a de plus fort, c'est qu'il ne sait pas un mot d'allemand...

— Je m'en doutais bien ! c'est pour cela que je vous avais prié de lui parler cette langue...

En ce moment la compagnie rit et applaudit, parce qu'un jeune homme de la société est allé faire parler les marionnettes. Cette idée a du succès ; on veut juger du talent de ces messieurs, et chacun à son tour est prié d'aller faire jouer les personnages de Guignol. Le tour de Freluchon est arrivé, il passe sous la toile, et commence par montrer Polichinelle.

POLICHINELLE.

Ah ! sapristi ! je suis le plus heureux des hommes !... j'ai fait fortune... j'ai hérité... j'ai le sac !... quand je n'avais pas le sou, j'étais bête comme une oie, personne ne me regardait !... je ne pouvais pas faire une conquête !... on ne voulait pas me faire crédit. J'avais des trous à mon pantalon... les jeunes filles me trouvaient vilain... et mon médecin me disait toujours : Vous n'êtes pas malade, allez vous promener !... Aujourd'hui, quelle différence ! j'ai de l'esprit !... je ne peux pas ouvrir la bouche qu'on n'applaudisse... souvent même on rit de mes bons mots avant que je les aie dits. Toutes les femmes me font de l'œil... on me trouve beau comme Apollon... si je me fais un accroc à mon haut-de-chausses, toutes les demoiselles s'offrent pour me faire une reprise, et mon médecin me fait deux ou trois visites par jour... en m'assurant chaque fois qu'il y a dérangement dans mon intérieur... Mais ce n'est pas le tout ! je me suis marié... j'ai pris une femme magnifique... tous mes amis en sont dans la joie... ils connaissaient déjà ma femme particulièrement, ce qui fait qu'ils sont chez nous comme chez eux !... ma maison en est sans cesse remplie... Il y en a bien quelques-uns dans le nombre qui m'ont l'air de filous... de fripons... de grippe-sous... de fesse-mathieu... Mais si en ne recevait chez soi que d'honnêtes gens, on verrait si peu de monde !... Eh mais, voilà je crois monsieur le commissaire, qu'est-ce qu'il vient faire chez moi !...

LE COMMISSAIRE.

C'est à M. Polichinelle que j'ai l'honneur de parler...

POLICHINELLE.

Non, monsieur le commissaire, je ne me nomme plus Polichinelle, c'était bon quand je n'avais pas de fortune, quand j'étais un pauvre piéton, un rien-du-tout enfin... Aujourd'hui que j'ai voiture, je m'appelle M. de la Carrossière... Voilà un nom digne d'aller en équipage.

LE COMMISSAIRE.

Permettez, monsieur Polichinelle...

POLICHINELLE.

Je vous ai dit : de la Carrossière.

LE COMMISSAIRE.

On ne change pas de nom comme de culotte !... Il faut d'abord en avoir le droit !

POLICHINELLE, à part.

Qu'est-ce qui m'a fichu un commissaire de cette espèce-là !... Ah ! j'y suis... il faut lui graisser la patte. (Haut.) Monsieur le commissaire... si je vous offrais cette pièce de cent sous en or pour m'appeler de la Carrossière...

LE COMMISSAIRE.

Qu'est-ce à dire ! vous voulez corrompre la justice... vous êtes un drôle ! un maroufle !... un impertinent !...

POLICHINELLE.

Je ne le ferai plus, monsieur le commissaire !

LE COMMISSAIRE.

Votre femme est une ci et une ça !

POLICHINELLE.

Une scie... c'est possible, monsieur le commissaire ; mais pour une ça !... je n'en crois rien.

LE COMMISSAIRE.

Je viens vous avertir de ses désordres.

POLICHINELLE.

Il ne fallait pas vous déranger pour ça, monsieur le commissaire.

LE COMMISSAIRE.

Tous les soirs elle rentre avec deux amants...

POLICHINELLE.

Impossible, monsieur le commissaire... je l'attends toujours chez le portier... elle rentre seule.

LE COMMISSAIRE.

Elle cache ses amoureux sous sa jupe de crinoline, monsieur.

POLICHINELLE.

Ah ! mon Dieu !... que me dites-vous là, commissaire... et elle veut y joindre maintenant un jupon d'acier... cette femme-là compte donc introduire en fraude tout un régiment chez moi !...

Thélénie, qui ne trouve pas cette scène à son goût, se lève vivement en disant :

— Il me semble, mesdames, que voilà assez de marionnettes comme cela... il y a dans les jardins d'autres divertissements qui nous attendent, et le manque de temps avant le dîner.

Tout le monde s'empresse de suivre la maîtresse de la maison. Le théâtre de Guignol est abandonné et M. Croque dit à Freluchon qui passe sa tête par-dessus la toile :

— Il n'y a plus personne, mon cher, vous avez tait four !

— Au contraire... c'est que j'ai fait feu.

Les chevaux de bois, l'oiseau égyptien, les balançoires, les petites montagnes russes et beaucoup d'autres jeux occupent la compagnie, jusqu'au moment où l'on vient annoncer qu'on a servi. Le couvert a été mis dans une immense tente élevée à cet effet dans le jardin, et sous laquelle on peut réunir les nombreux convives. Croque a toujours fui Freluchon depuis que celui-ci lui a présenté le monsieur qui parle allemand. Cependant, lorsqu'on se met à table, le petit jeune homme trouve le moyen de se placer à côté du soi-disant baron.

Celui-ci fait une légère grimace en voyant son voisin, mais Freluchon s'empresse de lui dire :

— Je me suis arrangé pour être à table à côté de vous... j'espère que c'est gentil de ma part... n'est-ce pas, baron?

— C'est infiniment aimable...

— Je sais que vous êtes un luron, nous allons boire sec...

— Aujourd'hui je me suis promis de ne pas boire...

— Eh! pourquoi donc cela? quand on se donnerait une petite pointe... à la campagne il y a tant de laisser-aller!...

— Au souper... je ne dis pas, nous verrons, mais maintenant je veux conserver mon sang-froid.

— Vous croyez donc qu'il y aura un souper...

— J'en suis sûr.

— Savez-vous que c'est une fête magnifique que nous donnent M. et madame de Belleville !

— Oui, ça leur coûtera gros !...

— Vous dites?

— Je dis que voilà un fameux madère !... mille bouffardes.

— Moi qui n'ai pas peur de me donner une pointe, je redouble...

— Cristi... tant pis! j'y retourne aussi...

— Tu auras beau te tenir, mon gaillard, se dit Freluchon en versant du madère à Croque... je veux que tu sois aussi gentil ce soir que hier.

Saisissant un moment où la conversation est moins animée, le docteur Antoine prend la parole.

— Ce charmant repas... qui rappelle les fameux festins de Lucullus tant de fois cités pour leur somptuosité, ce superbe repas, dis-je, doit s'embellir encore par l'annonce d'une découverte scientifique... et intéressante, que notre amphitryon a faite, et qu'il a promis de nous communiquer...

— Ah! oui, s'écrie Freluchon, nous demandons la découverte... c'est l'âge des arbres, dit-on ?

— Est-ce bien l'âge des arbres? demande madame Droguet d'un air inquiet au docteur.

— Mais oui, chère dame, soyez donc calme!... il n'a jamais été question d'autre chose.

Tout le monde s'empresse de prier Chamoureau de tenir sa parole en faisant part de sa découverte, Thélénie elle-même lui dit:

— Parlez donc, monsieur, vous voyez bien que chacun vous attend.

Chamoureau croit devoir se lever afin qu'on l'entende mieux, et après avoir salué à droite et à gauche comme s'il allait porter un toast, s'écrie :

— Depuis longtemps je me suis aperçu...

— Tiens, je connais cette chanson-là! murmure Freluchon, pendant que Chamoureau s'est arrêté pour tousser. Est-ce que c'est là sa découverte?...

Chamoureau ayant chassé le chat qu'il avait dans la gorge reprend : Depuis longtemps je me suis aperçu qu'en considérant un arbre, on se disait: Quel âge peut-il bien avoir? alors on calculait d'après sa grosseur, d'après les rides de son écorce... et l'on jugeait approximativement, mais on n'était jamais bien certain. J'ai pensé, moi, que ce serait une chose aussi utile qu'agréable de pouvoir tout de suite savoir l'âge juste d'un arbre, rien qu'en le regardant...

— Ce sera admirable! dit le docteur.

— Très-intéressant, dit M. Remplumé.

— Très-précieux pour les marchands de bois, dit Jarnouillard.

— Enfin, messieurs, après de longues réflexions, de sérieuses études... j'ai trouvé le moyen de faire cesser toutes incertitudes à cet égard...

— Ah! voyons ce moyen...

— Chut! messieurs, silence... écoutons.

— Ne perdons pas un mot!...

— Messieurs, voici ce qu'il y aura à faire : chaque fois que l'on plantera un arbre, on aura une petite plaque en bois ou en zinc... le zinc est peut-être préférable, et sur cette plaque que l'on attachera à l'arbre, on aura gravé le jour, le mois, l'année de la plantation... de cette façon je crois qu'il sera ensuite bien facile de dire sur-le-champ l'âge d'un arbre.

Des applaudissements, auxquels se mêlent pas mal de rires étouffés, partent de tous côtés :

— Ah! bravo! bravo!...

— Gloire à M. de Belleville !...

— Voilà une découverte qui lui fait grand honneur...

— C'est simple comme bonjour... et on ne pensait pas à cela !...

— Un toast à la découverte scientifique de M. de Belleville...

Freluchon se lève en disant:

— Je propose d'ajouter à l'avenir au nom de M. de Belleville celui de Silvestre, qui tire son origine de *silvestris*, qui signifie bois, arbres, forêt!... Buvons donc à la santé de M. de Belleville-Silvestre !... les bûches reconnaissantes !...

— Comment, les bûches?

— Je veux dire au nom des bûches reconnaissantes.

Chamoureau est radieux, il ne s'aperçoit pas qu'on se moque de

lui, il prend au sérieux les compliments qu'on lui adresse. Mais Thélénie, que cette comédie amuse moins, lui dit bientôt:

— Monsieur, il me semble que vous m'aviez annoncé autre chose... qui devait m'être agréable à moi, j'aime à croire qu'il ne s'agit plus d'arbres?

— Non, ma chère amie, ceci est en réponse à une affaire qui vous est toute personnelle. Vous m'aviez chargé il y a quelques jours de deux commissions, savoir : d'abord à qui appartenait un chien qui a eu l'insolence d'aboyer après vous... J'ai enfin découvert son propriétaire; ce méchant animal... qui est du reste en contravention, puisqu'il n'est pas muselé, appartient à un monsieur qui habite, près de Gournay, un domaine appelé la Tourelle... cet individu qui passe pour...

— Assez, monsieur... vous ne m'apprenez rien, je savais parfaitement quel était le maître de ce chien...

— Je n'en irai pas moins le trouver pour lui enjoindre de museler son terre-neuve... on assure que c'est un terre-neuve... et dès demain...

— Non, monsieur, il est tout à fait inutile que vous fassiez cette démarche... j'ai déjà vu ce monsieur... il m'a fait des excuses...

— Ah! s'il vous a fait des excuses... c'est différent.

— Comment, ma belle dame, vous avez vu l'ours de la Tourelle? dit madame Droguet à Thélénie.

— Oui... je l'ai rencontré, je lui ai parlé...

— Il paraît que décidément ce monsieur devient moins sauvage... c'est probablement depuis qu'il est l'amoureux de cette femme Dalmont...

— Comment... que dites-vous?

— Je dis que ce monsieur Paul va maintenant passer toutes ses soirées chez cette belle... tout le pays sait cela... cela devient scandaleux... N'est-il pas vrai, monsieur Luminot?

Luminot, qui est assis entre ces deux dames et pendant seul ce petit aparté, est en train de se bourrer de truffes, et se contente de murmurer :

— C'est tout à fait scandaleux... Elles sont du Périgord... quel parfum !...

— Chut!... chut !... nous reviendrons ce soir sur ce sujet, dit Thélénie, mon mari a encore quelque chose à me dire.

Chamoureau attendait en effet que sa femme fût disposée à l'écouter:

— Maintenant, ma chère amie, puisque le chien est vidé... je veux dire que l'affaire du chien est vidée, nous allons passer à celle du petit garçon... Il faut que vous sachiez, mesdames et messieurs, qu'il y a un petit garçon, un petit vagabond... fort mauvais sujet, à ce qu'il paraît, qui s'était permis de jeter des pierres à mon épouse...

— Je gage que c'est le petit perdu! dit le docteur Antoine.

— Justement, docteur, c'est le petit perdu...

— Mais je ne le savais pas... madame m'avait chargé de m'informer à qui appartenait ce petit mauvais sujet... qui doit avoir huit ans, à peu près, afin de dire aux parents qu'ils aient à surveiller un peu mieux leur fils... je suis enfin parvenu à savoir à qui il appartient, ce drôle... c'est-à-dire chez qui il demeure... car on ne sait pas à qui il appartient... et voilà pourquoi on le nomme dans le pays le petit perdu !... C'est une histoire assez intéressante... la nourrice m'a tout appris... car j'ai vu la nourrice... Je vais vous conter cela... c'est presqu'un sujet de drame...

Ceci paraissant plus intéressant que l'âge des arbres, tout le monde prête attention à Chamoureau ; Thélénie, elle-même, éprouve une secrète impatience d'entendre ce qu'il va dire.

XLV

La nourrice. — La querelle.

— Vous saurez d'abord, mesdames et messieurs, que cette nourrice n'est pas de ce pays, elle habitait avec son mari à Morfontaine... charmant village près d'Ermenonville...

— A Morfontaine! s'écrie Thélénie en pâlissant.

— Oui, ma bonne amie, elle demeurait à Morfontaine... son mari travaillait... j'ai oublié de lui demander à quoi... enfin ils n'étaient pas riches, si bien que cette femme, étant devenue mère, eut l'idée d'aller à Paris chercher un nourrisson... Le mari approuva cette idée, et voilà donc Jacqueline Treillard... c'est le nom de cette femme, qui arrive un matin à Paris...

— Cette femme se nomme... Jacqueline?...

— Jacqueline Treillard... oui, ma bonne amie... mais vous allez voir comme cela devient dramatique et romanesque.

Thélénie est devenue sombre en acquérant la certitude que c'est d'elle qu'il va être question... mais elle s'efforce de dissimuler ce qu'elle éprouve, et avale un verre de champagne frappé, en disant:

— Voyons, monsieur, continuez... c'est tout un roman que vous allez nous conter là?

Cela y ressemble beaucoup. Voilà donc Jacqueline à Paris; à peine descendue de voiture, elle rencontre une femme qui lui dit : Vous cherchez un nourrisson, j'ai votre affaire... l'enfant d'une baronne qui vous paiera largement. Jacqueline, enchantée, accepte la proposition : la femme la fait monter en fiacre et la mène dans une maison, où elle trouve une dame fort belle, à ce qu'il paraît, et un berceau dans lequel était un nouveau-né. On convient de prix, trente francs par mois; cette femme était baronne de Mortagne... ah! j'avais oublié de vous dire que la belle dame se nommait la baronne de Mortagne... Quelqu'un de vous ici connaît-il une baronne de ce nom-là ?...

Chacun répond négativement, et Freluchon dit :
— Ce devait être une baronne pour rire dans le genre de certains barons... qu'on rencontre fréquemment dans le monde... poursuivez, Silvestre de Belleville.
— La baronne de Mortagne donne cinq mois d'avance à la nourrice, elle lui paye son voyage et lui ordonne de repartir sur-le-champ pour Morfontaine avec le petit Émile... J'avais oublié de vous dire que le petit garçon avait nom Émile. Elle recommande à Jacqueline de ne point lui amener l'enfant à Paris, en ajoutant qu'elle ira le voir lorsqu'elle en aura le temps. La nourrice a cependant le soin de demander à cette dame son adresse ; ne connaissant pas du tout Paris, la paysanne ne savait pas où on l'avait menée, on lui donne l'adresse écrite ; on la remballe dans la voiture, et la voilà revenue à Morfontaine avec son nourrisson, enchantée de sa journée !.. Cependant deux mois, trois mois se passèrent, et Jacqueline n'entendait pas parler de la mère du petit Émile, elle se disait : Quand les cinq mois seront écoulés, sans doute que cette dame viendra voir son fils en m'apportant de l'argent ! Pas du tout, les cinq mois se passèrent, personne ne vint. Pendant cet intervalle, la pauvre nourrice était devenue veuve et avait perdu son propre enfant. Ayant besoin d'argent, elle se décide à se rendre à Paris ; elle se fait lire l'adresse que lui avait donnée la baronne. J'ai oublié de vous dire que Jacqueline ne savait pas lire... ceci est un détail. Il y avait le papier : la baronne de Mortagne, en son hôtel rue de Grenelle, faubourg Saint-Germain. Arrivée à Paris, Jacqueline se fait enseigner la rue de Grenelle... J'ai oublié de vous dire qu'elle ne connaissait pas Paris...
— Mais tu sais si... tu nous l'as déjà dit ; continue, Silvestre !
— Eh bien, arrivée à Paris, et dans la rue de Grenelle, la nourrice ne reconnaît pas du tout la maison dans laquelle elle a pris son nourrisson. Elle s'informe, elle demande à droite et à gauche : Madame la baronne de Mortagne... personne ne connaissait cette dame; c'était une fausse adresse !...
— Et une fausse baronne, nous l'avions deviné dès le commencement de ton récit.
— Voyant toutes ses recherches inutiles, Jacqueline s'en retourne à Morfontaine avec l'enfant ; elle avait le droit de le remettre au commissaire et de ne plus le garder, mais quoique pauvre, cette bonne femme ne voulut pas abandonner son nourrisson...
— Ah ! c'est très-bien, cela...
— Voilà une nourrice qui a plus de cœur qu'une mère !...
— Mais comment se fait-il ? balbutie Thélénie, que cette paysanne qui demeurait à Morfontaine, soit maintenant à Chelles ?
— Parce qu'elle a une sœur, la veuve Tourniquoi, qui habite ici. Cette sœur étant à son aise, a su que Jacqueline était dans la misère depuis qu'elle avait perdu son mari, et lui a fait proposer de venir se fixer près d'elle, Jacqueline n'a pas mieux demandé, elle est venue avec le petit garçon, qui malheureusement en grandissant n'est pas devenu un bon sujet...
— Il est probable qu'il tient de sa mère, dit Freluchon.
— J'ai su tous ces détails en causant avec Jacqueline ; j'allais me plaindre du petit garçon... cette pauvre femme l'aime toujours, elle pleurait en me demandant pardon pour lui... et elle me disait encore :
— Ah ! monsieur, si vous saviez comme sa mère était belle... je ne l'ai vue qu'une fois, et il y a huit ans de cela, mais si je la rencontrais, je la reconnaîtrais tout de suite, tant sa beauté m'a frappée !...
Thélénie n'est pas maîtresse d'un tremblement nerveux ; elle s'efforce de le surmonter en disant :
— Il me semble que c'est bien assez nous occuper de cette nourrice...
— Permettez, dit Freluchon, avant d'abandonner ce sujet, je propose une quête en faveur de cette brave femme, qui, quoique pauvre, n'a pas abandonné l'enfant qu'on lui avait confié.
— Ah ! oui !... oui !... une quête pour la nourrice !...
— Excellente idée...
— Êtes-vous de mon avis, baron Schtapelmerg ?
— J'en suis... j'en suis beaucoup... je bois à la santé de la nourrice...
— Il ne s'agit pas seulement de boire... vous voyez que chacun fouille dans sa poche.
— Ah ! c'est juste !... pardieu ! je donne dix sous !
— Ce n'est pas beaucoup pour un baron ! mais c'est peut-être trop pour vous. Je vais recueillir les offrandes dans ce comptoir...

— Ma foi ! cela va tout de suite aller à son adresse, dit Chamoureau; car, voulant que le petit Émile fît des excuses publiques à mon épouse, j'ai dit à Jacqueline de nous l'amener pendant que nous dinerions...
Thélénie fixe sur son mari des yeux furibonds, en s'écriant :
— Comment! monsieur... que venez-vous de dire... cette nourrice?
— Elle va venir ici, chère amie, avec le petit mauvais sujet... pour te demander excuse... c'est une surprise que je te ménageais... on donnera ensuite à cette bonne femme la quête faite en sa faveur... Je vois d'ici sa joie, cela fera un tableau charmant !
— Eh ! monsieur, vous n'avez pas le sens commun... qu'avons-nous besoin de la présence de cette paysanne... pour nous ennuyer de ses radotages...
En ce moment un domestique s'avance en disant :
— Il y a là une femme de la campagne avec un petit garçon, elle demande à présenter ses respects à madame.
Thélénie se lève brusquement en disant :
— C'est singulier... je me sens tout étourdie... je ne suis pas à mon aise... recevez cette femme, monsieur, et renvoyez-la... Héloïse, viens avec moi... Oh ! ne vous alarmez pas, mesdames et messieurs... cela ne sera rien...
Et Thélénie, prenant le bras de son amie Héloïse, s'éloigne avec une vivacité étonnante dans une personne qui se trouve indisposée. Mais la société ne remarque pas cela, elle attend avec curiosité la nourrice et le petit garçon. Ils ne tardent pas à se présenter devant la compagnie, l'une en faisant force révérences, l'autre en regardant tout le monde d'un air impertinent.
— Voilà un petit garçon qui a de bien beaux yeux ! murmure Freluchon. Presque aussi grands que ceux de madame de Belleville... n'êtes-vous pas de mon avis, baron Schtapelmerg ?
Le baron, qui commence à avoir une petite pointe, répond :
— Ma sœur a les plus beaux yeux de Paris !...
— Comment, votre sœur... qui est votre sœur ?
Croque s'aperçoit qu'il vient de dire une bêtise, il reprend :
— Oui, j'ai une sœur... qui a des yeux comme des portes cochères.
Et il se verse un grand verre d'eau qu'il avale d'un trait en murmurant :
— Assez de vin comme ça pour aujourd'hui... soyons à notre affaire.
Cependant Chamoureau, qui pense que le moment est venu de placer un petit speech, prend le compotier dans lequel est le produit de la quête, et dit à la paysanne :
— Bonne femme, je vous retrouve avec un nouveau plaisir... non, depuis longtemps je me suis aperçu... attendez... non, cela ne fait rien... Vous ne verrez pas madame de Belleville, car, malgré le vif désir qu'elle ressentait de vous connaître... une indisposition subite que j'attribue à... qu'est-ce qui peut donc avoir indisposé ma femme... peut-être le melon... il était cependant parfait... mais il y a des tempéraments plus ou moins heureux... qu'est-ce que nous disions donc ? Ah ! voilà ce petit drôle qui s'est permis de jeter des pierres à ma femme... il a une figure qui promet... eh bien ! mon gaillard... petit perdu !... c'est lui qui est le petit perdu, n'est-ce pas ?
— Hélas ! oui, monsieur !...
— Eh bien ! petit perdu... perdu veux-je dire... après cela, s'il continue, je ne serais pas étonné qu'il fût un jour pendu !...
— Ah ! monsieur... par exemple ...
— Rassurez-vous, veuve Jacqueline Treillard, ceci n'est qu'une hypothèse... Voyons, petit drôle... jetteras-tu encore des pierres à mon épouse ?
— C'est à vous que j'en jetterai, ceci m'apprendra à dire que je serai pendu !... répond le petit garçon en regardant avec colère Chamoureau.
Celui-ci est resté tout interdit, il ne s'attendait pas à cette réplique. Freluchon, qui remarque le chagrin qui s'empare de la paysanne, se lève vivement, va prendre le compotier des mains de Chamoureau, et en verse le contenu dans le tablier de Jacqueline en lui disant :
— Tenez, bonne femme, c'est moi qui ai eu l'idée de cette quête à votre profit, c'est donc à moi de vous en remettre le produit, d'autant plus que M. de Belleville vous a fait beaucoup trop attendre. Maintenant, allez vous-en avec votre nourrisson, car il pourrait bien encore dire des choses qui ne le mettraient pas en faveur dans cette maison.
La paysanne ouvre de grands yeux en regardant cet argent qui est dans son tablier, elle veut remercier, mais Chamoureau fait signe à ses domestiques de la faire sortir, et Jacqueline disparaît bientôt avec le petit garçon. Madame de Belleville ne revenant pas, on ne tarde pas à quitter la table pour aller prendre le café dans les salons.
— Je suis bien contrarié, dit Chamoureau, que ma femme se soit trouvée indisposée, car elle a été privée du plaisir de voir cette nourrice et d'entendre le petit garçon...
— D'autant plus, dit Freluchon, qu'elle paraissait avoir un bien grand désir de les voir... et que le petit garçon disait des choses bien agréables à entendre.
Thélénie reparaît enfin dans les salons. Elle a fait une autre toilette, ce qui justifie parfaitement son absence. On pousse de nou-

veaux cris d'admiration qui s'adressent à sa beauté et à sa nouvelle parure.

— Décidément ! s'écrie M. Luminot, madame de Belleville veut nous tourner la tête à tous.

Chacun applaudit à ce compliment ; c'est un concert d'éloges qui va jusqu'à l'enthousiasme ; il est facile de voir que les convives ont parfaitement dîné. Tout en souriant aux louanges dont elle est fusillée, Thélénie trouve moyen de s'approcher de Croque et de lui dire à l'oreille :

— Tu ne partiras pas cette nuit, sans que je t'aie parlé... ne l'oublie pas ! c'est très-important.

Une fusée donne bientôt le signal du feu d'artifice, qui se tire devant les fenêtres de la maison. Dans un transparent, Chamoureau a voulu que l'on mît son chiffre et celui de sa femme. Mais l'artificier ayant compris un E au lieu d'un C, le transparent offre à la société E. B. T. On n'en applaudit pas moins. Thélénie seule hausse les épaules en disant à son mari :

— Espérons, monsieur, que ce sera votre dernière surprise !...

Beaucoup de personnes arrivent seulement pour le bal ; de ce nombre est Edmond qui, sur les onze heures du soir, fait son entrée dans les brillants salons de la villa. Chamoureau court au-devant de lui et lui serre la main.

— Mon cher monsieur Edmond Didier, combien je suis enchanté de vous posséder chez moi...

— Mes compliments, Chamoureau... pardon ! monsieur de Belleville, c'est magnifique chez vous !

— N'est-ce pas, c'est princier... ma femme va être bien contente de vous voir... voulez-vous que je vous présente à elle...

— Oh ! ce n'est pas la peine... vous savez bien que j'ai l'avantage de la connaître.

— Ah ! c'est juste... moi qui ne pensais plus que vous l'aviez... connue !... mais pardon, on va danser, et ma femme m'a remis une liste de dix-sept personnes qu'il faut que je fasse danser...

— Allez ! ne vous gênez pas.

Thélénie aperçoit Edmond et un éclair de satisfaction illumine son visage, qui était demeuré fort sombre depuis qu'elle savait Jacqueline Treillard à Chelles. S'empressant de rejoindre le jeune homme, elle le remercie d'être venu chez elle, lui fait l'accueil le plus gracieux, et lui montre les tables de jeu, en lui disant :

— Si vous ne voulez pas danser, voilà de quoi vous occuper... faites ce qu'il vous plaira.

Edmond cherche Freluchon et lui dit à l'oreille :

— Comment cela se passe-t-il ici ?

— Mon cher ami, je dois d'abord rendre justice au dîner, il était superbe, rien ne manquait... Chamoureau y a été adorable de bêtise, il nous a communiqué une découverte scientifique, c'était à pouffer de rire. Mais après cela, il y a eu une histoire de nourrice, bien singulière... j'ai d'étranges soupçons... je te conterai cela. Tiens, si tu veux m'en croire, tu ne resteras pas ici... nous partirons tout de suite, je t'accompagnerai...

— Et pourquoi donc cela ?

— J'ai dans l'idée que la superbe Thélénie manigance quelque méchanceté à ton intention... j'ai surpris des demi-mots, des sourires perfides... cette femme-là ne t'a pas pardonné de l'avoir quittée le premier...

— Allons donc ! tu es fou... Thélénie a une grande fortune, elle ne songe qu'à en faire parade... elle ne s'occupe plus de moi. De quoi aurais-je l'air, de venir ici pour me sauver tout de suite... je vais jouer... ah ! si je pouvais gagner !

— Alors tu ne veux pas t'en aller...

— Non, certainement !

— En ce cas, tiens-toi sur tes gardes, au moins.

— En vérité, Freluchon, je ne t'ai jamais vu comme ce soir...

— Méfie-toi surtout de ce vilain monsieur qui regarde danser... là à gauche, c'est un baron allemand qui n'est pas plus Allemand que baron... et que je soupçonne d'être....

— Quoi donc ?

— Le frère de Thélénie !

— Ah ! quelle idée... je ne lui ai jamais connu de frère.

— Raison de plus ! c'est que probablement il n'était pas bon à faire voir.

— Quel vin as-tu donc bu pour avoir les pensées si sombres...

— Oh ! je n'ai pas trop bu, je me suis ménagé... il n'est pas possible que cette dame nous ait invités pour nos beaux yeux... allons-nous-en...

— Freluchon, si en effet quelque danger me menace ici, va-t'en si tu veux, moi je reste.

— Assez ! ne parlons plus, je vais polker.

Il empêche un homme d'atteindre la rive.

Le bal et les salons de jeu sont bientôt très-animés. Les domestiques circulaient à chaque instant avec des plateaux chargés de punch bouillant ou glacé. On offrait aussi du bordeaux, du madère et du champagne, il semblait que les maîtres, ou plutôt la maîtresse de la maison, ne cherchât qu'à monter la tête à sa société. Grâce à ce genre de rafraîchissement, la gaieté devenait bruyante, les danses prenaient toutes un caractère espagnol, et les dames s'y livraient avec un abandon parfois très-excentrique. M. Droguet, qui voulait se fourrer dans toutes les danses, même dans celles qu'il ne connaissait pas, s'était fait jeter trois fois par terre, ce qui ne l'empêchait pas de recommencer dès qu'il était relevé. Madame Droguet valsait avec l'aplomb d'une tour ; elle ne tombait pas, mais malheur à ceux qui la rencontraient ! elle et M. Luminot, son cavalier, bousculaient, renversaient tout ce qui se trouvait sur leur passage. Le ci-devant marchand de vin n'avait pas laissé passer un plateau de punch ou de champagne sans lui dire un mot ; aussi il était violet, les yeux lui sortaient de la tête ; il semblait vouloir défier tout le monde. Edmond, après avoir fait quelques robs au whist, s'était approché d'une table de lansquenet où il n'avait pas été heureux. Croque ne le perdait pas de vue, et allant à lui, lorsqu'il s'éloigne de la table de lansquenet :

— Ne me parlez pas de ce jeu-là, dit-il, on y perd son argent sans se défendre, sans avoir au moins le plaisir de jouer... j'aime mieux l'écarté, c'est un jeu rempli de finesses... monsieur le joue-t-il ?

— Assurément.

— Voulez-vous que nous fassions quelques parties... voilà justement une table de libre...

— Très-volontiers; voyons si je serai plus heureux à ce jeu-là qu'aux autres.

— C'est probable, monsieur, car moi j'y perds constamment, ce qui ne m'empêche pas de l'aimer beaucoup... mais on s'attache toujours aux ingrats!...

Edmond se place à une table de jeu en face de Croque, qui lui dit:

— J'aime assez à jouer un peu cher...

— Et moi aussi.

— Alors nous avons les mêmes goûts: vingt francs, cela vous fait-il peur?... c'est si commode, ces petites pièces d'or...

— Va pour la pièce d'or.

La partie s'engage, et quoique le soi-disant baron ait annoncé qu'il perdait toujours, il gagne la partie, puis la suivante, puis les autres; les petites pièces jaunes passent de son côté. Edmond perd déjà plus de cent francs; mais il veut se rattraper en augmentant son jeu, et cela convient parfaitement à son adversaire, qui lui répond toujours:

— Monsieur, je suis beau joueur!... je ne refuse jamais une revanche... et je tiens tout ce qu'on veut.

Déjà Thélénie a passé plusieurs fois dans la salle où l'on joue, pour examiner ce qui s'y passe, elle y revient bientôt, mais avec plusieurs dames cette fois. Elle tient sous son bras madame Droguet; mesdames Remplumé et Jarnouillard viennent ensuite avec d'autres. Thélénie s'assied avec ces dames près de la table où Edmond joue à l'écarté avec Croque.

— Je ne suis pas fâchée de me reposer un peu, dit la grosse Droguet en se laissant aller sur un divan. Nous avons fait toute la valse sans nous arrêter un seul instant... N'est-il pas vrai, beau Luminot?

Le beau Luminot vient de se placer en soufflant derrière les dames, il essuie son front d'où découle la sueur, en répondant:

— Je suis trempé comme une soupe... mais nous avons valsé comme Flore et Zéphire.

— Votre mari est sur les dents, madame de Belleville, il n'a pas encore manqué une danse.

— Il ne fait que son devoir; un maître de maison doit donner l'exemple; il faut qu'il épuise sa liste.

— Il pourrait bien être épuisé auparavant. Est-ce que ces dames vont jouer?...

— Peut-être, voisin, peut-être... nous voulons varier nos plaisirs...

— Je parie deux sous, si on les tient.

— Ah! monsieur Luminot, vous osez parler de deux sous... Vous ne voyez donc pas que ces messieurs jouent de l'or...

— De l'or!... pour de vrai?

— Tout ce qu'il y a de plus vrai! répond Croque, et si vous voulez parier quelques napoléons pour mon adversaire, je tiens tout!

— Moi! par exemple... je parie deux sous, pas plus!

— Enfin, mesdames, vous amusez-vous un peu? dit Thélénie.

Chamoureau va se cacher derrière un arbre

— Ah! c'est-à-dire, madame de Belleville, que votre fête est magnifique!... c'est ravissant.

— Admirable...

— Quelle belle société vous avez réunie...

— J'ai tâché d'avoir ce qu'il y a de mieux dans le pays...

— Et vous y avez réussi...

— J'avais pensé un instant à inviter ces deux dames qui ont acheté la maison de M. Courtivaux... mais...

— Ah! fi donc... chère belle... Ah! qu'est-ce que vous auriez fait là... mais ce sont des femmes qu'on ne reçoit nulle part!...

— Je croyais cependant...

— La Dalmont et la demoiselle Agathe... est-ce qu'on sait ce que c'est que ça!...

Le nom de madame Dalmont, celui d'Agathe ont frappé l'oreille d'Edmond; il écoute, tout en continuant de jouer.

— C'est-à-dire, s'écrie à son tour madame Remplumé, qu'on le sait beaucoup trop ce que c'est!...

— Oui, vous avez raison... on en sait sur leur compte à ces pimbêches...

— De qui parlez-vous donc, madame? dit Edmond en se tournant brusquement vers madame Droguet.

— De qui je parle, monsieur? répond la grosse femme un peu surprise de cette brusque interrogation. Mais il me semble d'abord que je n'ai pas de compte à vous rendre...

— Madame parlait des personnes chez qui vous passez vos soirées! répond Thélénie avec un sourire perfide.

— Et madame se permettait en parlant de ces dames des expressions que je ne dois pas, que je ne veux pas souffrir.

— J'ai la vole et le roi, dit Croque en marquant trois points.

— Qu'est-ce à dire, monsieur? reprend l'ex-cantinière en faisant des yeux furibonds. Vous ne voulez pas que je dise de ces dames ce que tout le monde en pense dans le pays... et pourquoi donc me gênerais-je, s'il vous plaît!...

— Et que dit-on de ces dames dans le pays?

— Je marque le roi...

— On dit, monsieur, que ce sont des... pas grand'chose!... et personne ne veut les recevoir!...

— Madame, ceux qui disent cela ne le font que par méchanceté ou par bêtise, et ce ne peut être que des gens bien méprisables qui tiennent de pareils propos!...

— Méprisables!... monsieur! je crois que vous m'insultez...

— C'est vous, madame, qui insultez des personnes qui méritent tout votre respect...

— J'ai gagné!...

— Mon respect!... ah! ah! c'est trop fort... Luminot, entendez-vous ce que dit monsieur?

— Qu'est-ce que c'est... qu'est-ce qu'il y a... De quoi parle-t-on?...

— Des deux femmes qui habitent l'ancienne maison Courtivaux...

— Ah! des farceuses... des noceuses!...

8.

Edmond se lève vivement, et, saisissant M. Luminot par le bras, s'écrie :

— Monsieur, avouez que vous en avez menti... que vos paroles sont fausses... démentez-les sur-le-champ... ou je ne réponds pas de ma colère...

Les Droguet, les Remplumé, les Jarnouillard s'écrient en même temps :

— Il a dit la vérité... il ne dira pas le contraire... il n'a fait qu'exprimer notre opinion.

— Démentez, monsieur! démentez bien vite...

— Mais non... je ne démentirai pas, dit l'ancien marchand de vin, qui a la tête montée par tout ce qu'il a bu et qui se sont excité par les harpies qui l'entourent.

— Oui... je le répète au contraire, ces deux femmes sont des...

Un violent soufflet appliqué sur la face de ce monsieur ne lui permet pas d'achever sa phrase. Un moment étourdi par la claque qu'il vient de recevoir, Luminot regarde autour de lui, mais en voyant Edmond qui le regarde encore d'un air menaçant, le gros homme se dispose à le jeter sur lui. Toutes ces dames qui sont là, au lieu de chercher à le retenir, lui prêteraient plutôt main forte; mais en ce moment Freluchon, attiré par le bruit de cette scène, perce la foule, arrive près de Luminot, et lorsque celui-ci allonge son bras pour donner un vigoureux coup de poing à Edmond, les deux bras musculeux du petit jeune homme le prennent par la taille, l'enlèvent comme une plume et le jettent au hasard sur les personnes qui se trouvent par derrière. L'ancien marchand de vin tombe sur M. Droguet, qu'il écrase sous lui. Des cris lamentables se font entendre.

— Ah! mon Dieu... ils ont cassé mon mari! s'écrie madame Droguet.

— Voilà la scène que j'attendais, dit Freluchon, et que madame Chamoureau avait préparée avec soin! maintenant, Edmond, je pense que tu veux bien t'en aller avec moi... Chamoureau, mon ami, ta petite fête était charmante!... et madame Chamoureau, ta femme... qui ne s'appelle pas plus de Belleville que je ne me nomme Abdel-Kader, nous avait ménagé des surprises bien aimables...

— Monsieur, dit Edmond en s'approchant de Luminot qui vient de se relever, mais qui a très-mal aux reins, les hommes qui ont quelque éducation ne vident pas leur querelle comme des portefaix. Je suis prêt à vous donner satisfaction... je demeure dans ce pays, vous le savez bien; demain j'attendrai vos témoins. Partons, Freluchon...

— Partons, cher ami... je présente mes hommages à M. et madame Chamoureau... Ah! et le baron allemand qui ne connaît pas l'allemand, et que j'oubliais... Bonsoir, mon cher Schtapelmerg!... mille choucroutes de ma part à vos connaissances...

— Et vous ne châtiez pas tant d'insolence! murmure Thélénie en poussant Croque par le bras. Mais celui-ci se contente de répondre :

— Pas si bête!... il a enlevé cet énorme monsieur comme une plume... peste! il est trop fort.

XLVI

Complot.

La scène qui vient d'avoir lieu dans la salle de jeu a mis fin à la fête qui se donnait chez Thélénie. M. Droguet a le nez écrasé et trois dents de cassées, sa femme ne cesse de crier :

— C'étaient les dernières qui lui restaient!

Chamoureau, qui n'a vu que la fin de cet épisode et qui est très-vexé de s'être entendu appeler par son vrai nom devant ses invités, court de l'un à l'autre, en disant :

— Mais que s'est-il donc passé?... comment tout cela est-il arrivé... est-ce qu'on s'est disputé!

— Mieux que cela! ce gros monsieur là-bas a reçu un soufflet...

— Un soufflet, et de qui? de Freluchon?

— Non, de son ami... le jeune homme qui jouait à l'écarté avec le baron.

Chamoureau s'empresse alors d'aller à l'ancien marchand de vin, qui se tâte les reins.

— Qu'est-ce que j'apprends? Edmond Didier vous a donné un soufflet?

— Oui, monsieur!... mais il me le paiera cher... ce soufflet-là lui coûtera la vie!...

— Comment! vous vous battrez avec lui?

— Est-il possible de mettre cela en question... s'écrie Thélénie, et

quel est l'homme qui ne doit pas se battre après avoir reçu un soufflet... sous peine d'être déshonoré...

— Oh ! je me battrai, madame, soyez bien persuadée que je me battrai.

— Et j'espère que vous le tuerez, ce polisson-là qui a cassé les dents à mon mari... Voyons, Droguet, partons... qu'est-ce que tu cherches donc à terre et sous les tables...

— Je cherche mes dents...

— Eh! mon Dieu! à quoi bon... ne t'imagines-tu pas que tu vas les recoller... ah! quelle scène!...

— Monsieur de Belleville, vous serez un de mes témoins...

— Un témoin, pourquoi faire?

— Pour mon duel...

— Mais je ne peux pas être témoin, puisque je n'étais pas là... n'ai pas entendu la querelle...

— Cela ne fait rien... cela n'empêche pas d'être témoin...

— Comptez sur lui, monsieur, dit Thélénie, il sera trop heureux de vous assister dans cette affaire...

Chamoureau fait une mine piteuse qui annonce qu'il ne se trouve pas du tout heureux de servir de second dans un duel :

Toute la société part en disant :

— Quel dommage de finir ainsi une si belle fête!

Mais beaucoup de personnes ajoutent tout bas :

— Avec tout cela, il paraît que leur vrai nom est Chamoureau, et non pas de Belleville.

Thélénie n'est pas fâchée de voir se terminer sa fête et s'éloigner tout son monde. Au moment où chacun prend congé, elle dit bas à Croque :

— Allez m'attendre dans l'allée du jardin à gauche.

Toute la société étant partie, Chamoureau est resté seul dans un salon près de sa femme, qui lui dit :

— Eh bien, monsieur, que faites-vous là?...

— Mais, chère amie... je vous attendais.

— Vous m'attendiez, et pourquoi, s'il vous plaît?

— Mais pour nous retirer ensemble...

— Et depuis quand, monsieur, avez-vous besoin de moi pour rentrer dans votre appartement?

Chamoureau fait sa bouche en cœur et se balance sur une jambe en répondant :

— Dans mon appartement... je ne dis pas le contraire... cette nuit... il me serait bien doux... il me semble qu'après avoir dansé... le complément d'une fête... Enfin, chère et tendre amie... je voudrais... vous accompagner chez vous... vous m'entendez bien...

Et le mari galant avance sa main pour prendre celle de sa femme. Mais celle-ci retire brusquement la sienne, et regardant Chamoureau avec colère :

— Il vous sied bien, monsieur, d'oser me demander à passer la nuit près de moi... après toutes les sottises que vous avez faites aujourd'hui!... car vous n'avez fait que cela...

— Comment, j'ai fait des sottises, moi... et lesquelles donc?...

— Il est inutile que je vous le dise, monsieur, vous ne me comprendriez pas...

— Est-ce ma faute à moi si une querelle s'est élevée entre M. Luminot et M. Edmond... Après tout, madame, c'est vous qui avez voulu inviter ces deux amis... moi je ne les aurais pas engagés à venir ici... J'étais sûr que Freluchon m'appellerait Chamoureau... et il n'y a pas manqué... vous l'avez entendu ?

— C'est bon, monsieur, il n'est pas question de tout cela... Allez vous coucher...

Chamoureau se redresse, prend un air digne et répond :

— Que j'aille me coucher... mais, madame, permettez!... Depuis que nous habitons cette campagne, où vous m'avez fait prendre un appartement fort éloigné du vôtre, vous ne m'avez pas encore laissé pénétrer nuitamment dans votre appartement à vous!... Tantôt c'est un motif, tantôt un autre... vous en trouvez toujours, pour ne point me recevoir... Il me semble, madame, que j'ai des droits cependant... j'ai même des droits superbes!... suis-je votre époux ou ne le suis-je pas? les Anglais diraient : it is question?

— Ah! que vous m'ennuyez, monsieur!...

— Madame, vous ne m'avez pas apporté vingt-deux mille deux cents francs de rente pour coucher seul. Que diable, je me suis marié pour quelque chose... sans quoi ce n'était pas la peine que je me mariasse !... Ah! mais!...

— Avez-vous fini, monsieur?

— Madame, vous m'avez fait danser dix-sept fois avec des personnes... Il y en avait qui étaient fort laides... Je fais ce qui vous est agréable; il me semble... qu'à votre tour...

— Osez-vous bien me parler de choses semblables, monsieur, lorsque vous avez un duel pour demain... un duel sérieux. Si M. Luminot succombait, comme son second, ce serait à vous de le venger...

Le souvenir du duel dissipe sur-le-champ les idées oureuses qui travaillaient Chamoureau; il pâlit, il balbutie :

— Je ne sais pas pourquoi, madame, vous m'avez fourré dans cette affaire qui ne me regarde en rien. Vous aviez votre ancien ami, le baron de Schtapelmerg... un homme qui a fait la guerre contre les Turcs... il n'aurait pas mieux demandé que de servir de second à M. Luminot... Au reste, il faut au moins deux témoins... Demain, je verrai le baron, et...

— Vous ne le verrez pas... Le baron est parti pour Paris...

— Comment ! M. de Schtapelmerg aurait quitté Chelles comme cela... sans me serrer la main... sans me dire adieu...

— Vous le reverrez plus tard; une affaire importante l'obligeait à partir sur-le-champ. On trouvera pour demain un second témoin. Maintenant, j'ai besoin de repos. Cette journée m'a horriblement fatiguée. Bonsoir, monsieur.

Chamoureau prend une bougie, il la souffle, parce qu'il s'aperçoit qu'il fait petit jour, et il se décide à rentrer chez lui en se disant:

— Je commence à croire que j'aurais aussi bien fait de rester veuf. O Éléonore!... ce n'est pas toi qui me refusais l'entrée de la chambre... Il est vrai que nous n'en avions pas deux.

Thélénie se hâte de se rendre au jardin. Croque l'attendait sous un massif de feuillage. Après s'être assurée qu'ils sont bien seuls, elle lui dit :

— Écoutez bien ce que j'attends de vous... Cette fois, j'espère que vous n'hésiterez pas à m'obéir; la commission dont je vous charge n'offre aucun danger...

— Eh! sacrebleu, je ne suis pas un poltron, mais il n'y a que les imbéciles qui se font battre inutilement... Ce jeune Freluchon a une force d'Hercule; j'ai vu ça tout de suite... Il m'aurait roulé comme le Luminot. A quoi cela nous aurait-il avancés?

— Écoutez... vous avez vu cette nourrice, cette Jacqueline qui est venue pendant le dîner avec un petit garçon?...

— Oui... Et tu n'as pas voulu la voir, toi, tu t'es sauvée bien vite... Gageons quelque chose que tu es la baronne de Mortagne, et que ce petit bonhomme est ton fils...

— Chut!... taisez-vous...

— Oh! après tout... c'est ton affaire! Tu comprends que ça m'est bien égal à moi!

— Ce que vous devez comprendre, vous, c'est qu'il faut que cette nourrice quitte le pays dès demain ; car si le hasard la faisait me rencontrer...

— C'est juste, elle te reconnaîtrait et cela ferait un mauvais effet... le monde est si méchant!... Et le petit garçon...

— Elle l'emmènera avec elle... Dans quelques heures vous vous rendrez près de cette femme...

— Où demeure-t-elle?

— Chez sa sœur, la veuve Tourniquoi, le premier paysan vous l'indiquera...

— La veuve Tourniquoi... c'est bien, je trouverai...

— Vous demanderez cette Jacqueline...

— Oh! je la reconnaîtrai, je l'ai examinée elle et le petit; il n'est pas mal... ce sera un luron.

— Vous prendrez cette paysanne à l'écart et vous lui direz que vous venez de la part de la baronne de Mortagne qui a le plus grand désir de revoir son fils...

— Elle y a mis le temps, mais ça ne fait rien.

— Vous inventerez toutes les histoires que vous voudrez pour motiver la conduite de la baronne...

— Oh! pour des histoires, c'est mon fort... je ne suis pas embarrassé... je lui en dirai de toutes les couleurs!

— Enfin vous lui direz que madame de Mortagne ne pouvant venir ici... l'attend avec son fils à Dieppe et qu'il faut qu'elle s'y rende à l'instant, que là, la baronne lui paiera tout l'arriéré qu'elle lui doit et la récompensera amplement des soins qu'elle a donnés à son enfant...

— Très-bien... mais pourquoi l'envoies-tu à Dieppe plutôt qu'ailleurs?

— Parce que là il y a des bâtiments qui partent pour les pays lointains!... que j'y connais quelqu'un à qui je recommanderai cette Jacqueline... que l'on trouvera là un moyen pour embarquer elle et le petit garçon... et qu'une fois en Amérique ou dans quelque autre partie du globe, cette femme, privée de ressources pour payer son retour, sera bien forcée d'y rester.

— Parfaitement imaginé : il n'y a plus qu'une difficulté : comment décider cette Jacqueline à s'en aller à Dieppe... si elle allait ne pas croire ce que je vais lui dire...

— N'avons-nous pas le grand moyen devant lequel cèdent tous les obstacles? Voilà trois cents francs en or, vous les remettrez à cette femme en lui disant que c'est pour les frais de voyage et qu'à Dieppe la baronne lui comptera tout ce qu'elle lui doit. Pensez-vous qu'en recevant cet argent Jacqueline hésite un moment?

— Oh! non!... ceci aplanit toutes les difficultés... cette paysanne ne doutera même pas un instant de tout ce que je lui dirai... elle sera trop contente d'abord de palper ces quinze jaunets, ensuite par l'espoir de toucher à Dieppe une somme assez forte.

— Dites-lui bien que la baronne de Mortagne l'attend avec impatience... remettez-lui cette adresse, c'est celle de la personne à qui je la recommande.

— Pour la faire embarquer?... Très-bien. Je lui dirai : C'est là que vous trouverez la mère du petit Émile...

— Il faudrait que dès aujourd'hui elle partît avec l'enfant pour Paris... de là elle prendra le chemin de fer pour Dieppe...

— Veux-tu que je les accompagne jusque-là...

— Non... car j'aurai encore besoin de vous...

— Pour le duel... une... me va... je serai le second témoin de Luminot... Je chargerai les pistolets, j'ai des petits moyens pour assurer les avantages à mon côté...

— Non, non, ce n'est pas cela que j'attends de vous... j'ai d'autres projets... il faut au contraire ne pas vous montrer... j'ai dit que vous étiez parti pour Paris...

— Tiens! je ne dînerai pas chez toi, alors... c'est dommage...

— Il faudra quitter ces vêtements... vous en procurer d'autres... ceux d'un batelier, par exemple... et vous rendre méconnaissable...

— Oh! quant à se déguiser, c'est facile... J'ai le pompon pour ça... Tu passerais près de moi que tu ne me reconnaîtrais pas... Ensuite, que faudra-t-il faire?

— Je vous le dirai... Il faut d'abord que je sache quand doit avoir lieu ce duel!... Oh! ces femmes!... ces femmes!... c'est d'elles que je veux surtout me venger... L'une est adorée d'Edmond, l'autre a fait la conquête de ce...

— De ce qui?...

— Qu'il vous suffise de savoir que le jour où vous m'annoncerez la perte de ces deux femmes... je vous couvrirai d'or... je vous en donnerai tant que vous pourrez en porter...

— Bigre... je te promets que je serai solide ce jour-là...

— Il fait grand jour... ne restez pas ici... Et tantôt... sur les six heures de l'après-midi, trouvez-vous au bout de mon parc... dans le chemin désert qui longe les murs...

— C'est conveau, j'y serai.

Croque quitte la villa, et Thélénie regagne à la hâte son appartement.

XLVII

Révélation.

Pendant que tous ces événements avaient lieu à la villa aux poissons rouges, voyons ce qui se passait dans la modeste demeure d'Honorine et d'Agathe. La jeune fiancée d'Edmond éprouvait une secrète peine en sachant que son bien-aimé irait à cette fête que donnait madame de Belleville. Elle se rappelait de quelle manière cette dame l'avait regardée la première fois qu'elle l'avait aperçue à la fenêtre du petit kiosque, puis ensuite le ton familier avec lequel elle avait parlé à Edmond. La femme la plus pure de toute intrigue a cependant un secret instinct qui lui fait deviner les sentiments que l'on veut cacher, et cet instinct ne la trompe jamais lorsqu'il s'agit d'une rivale. Cependant Agathe ne doutait point de l'amour, de la constance de celui qu'elle aimait; c'est pourquoi, redoutant de paraître ridicule en laissant voir ses craintes qui lui causait l'invitation de madame de Belleville, elle avait été la première à l'engager à se rendre à la fête. Mais ce soir-là, dès qu'Edmond les avait quittées pour aller s'occuper de sa toilette, Agathe était remontée dans sa chambre pour ne point laisser voir à Honorine les inquiétudes qu'elle ressentait. Honorine avait deviné ce qui se passait dans le cœur d'Agathe , mais elle ne partageait pas sa crainte; elle pensait qu'une femme ne doit jamais abuser de l'empire qu'elle exerce sur l'homme dont elle est aimée, pour l'obliger à ne faire que ses volontés. Elle se figurait aussi que la présence d'Edmond chez madame de Belleville empêcherait toutes les méchantes langues de l'endroit de tenir aucun propos inconvenant sur elle et sa jeune compagne. Honorine était donc seule le soir dans le petit salon qui donnait sur le jardin; c'était la première fois que cela lui arrivait depuis qu'elle demeurait à Chelles. En ce moment la solitude ne lui causait point d'ennui; lorsque le cœur pense beaucoup, il aime le silence et le recueillement. Honorine se disait une depuis quelques jours leur voisin Paul n'était pas venu les voir, elle se demandait si quelque chose avait pu lui déplaire dans la conversation qu'on avait tenue; elle ne trouvait rien qui pût motiver son absence; et le résultat de ses réflexions était un profond soupir et la pensée qu'elle s'occupait de quelqu'un qui ne songeait pas à elle. Depuis quelque temps la jeune femme, ensevelie dans ses rêveries, avait laissé tomber de ses mains la broderie qu'elle tenait, et ne s'apercevait pas elle même qu'elle ne travaillait plus, lorsque tout à coup elle sent sa main caressée. puis une patte assez lourde se poser sur ses genoux : c'était toujours de cette manière que le chien de la Tourelle venait lui dire bonjour ou bonsoir. En apercevant Amy qui lui fait mille caresses, Honorine sent son cœur battre de plaisir, elle flatte doucement le chien :

— Comment, te voilà, Amy! tu as donc retrouvé le chemin de cette maison... Je croyais que tu nous avais tout à fait oubliées, et que nous ne te verrions plus!

Ces paroles s'adressaient aussi bien au maître qu'à son chien; et Paul, qui vient de paraître à l'entrée de la salle, serait bien ingrat s'il ne les prenait pas aussi pour lui. Il salue profondément la jeune femme en lui disant :

— N'est-ce pas indiscret, madame, de se présenter si tard chez vous?...

— Mais non, monsieur... il n'est guère plus de neuf heures, je crois... et si vous me trouvez seule... ce qui est rare, c'est qu'Agathe s'est sentie avoir besoin de repos. Quant à M. Edmond, il est en soirée... ce qui est un peu cause du mal de tête d'Agathe. Maintenant, monsieur, voyez si vous aurez le courage de tenir compagnie à une pauvre femme... qui n'a que sa conversation à vous offrir.

Paul va prendre un siège et se place à quelque distance d'Honorine; en apprenant qu'il va se trouver seul avec elle, il semble embarrassé. Heureusement Amy est là pour animer l'entretien, Honorine lui fait de nouvelles caresses en lui disant :

— Comme tu as l'air content de me voir, Amy! mais alors, si tu as tant de plaisir à te trouver avec moi... pourquoi ne viens-tu pas plus souvent... tu n'as pas besoin, pour cela, d'attendre que l'idée en vienne à ton maître... S'il ne se plaît pas ici, lui... il a raison de ne pas y venir... Mais tu sais le chemin, et je ne pense pas qu'il trouve mauvais que tu viennes nous témoigner que tu ne nous a pas oubliées.

— Vous ne pouvez pas non plus penser, madame, que je ne me plais pas chez vous... ce n'est que dans votre aimable société que j'ai trouvé quelque distraction à des chagrins qui depuis longtemps m'avaient fait fuir le monde...

— S'il en est ainsi, comment se fait-il que l'on soit plusieurs jours sans vous voir... Vous nous aviez habituées, depuis quelque temps, à votre compagnie... nous avions cru, trop tôt, que cela continuerait... Il y a des habitudes qui semblent si douces...

La voix d'Honorine s'est altérée, elle se tait pour cacher l'émotion qu'elle éprouve. Mais Paul a rapproché sa chaise de la sienne, il regarde la jeune femme avec une expression qui n'est pas faite pour calmer son émotion, puis il reprend :

— Depuis quelques jours je suis allé à Paris... Sur quelques indices que l'on m'avait donnés, j'avais cru trouver la trace d'une personne... que je cherche en vain depuis neuf ans!... mais ces indices étaient trompeurs... Mes demandes ont été inutiles, je n'ai rien appris...

— Je serais bien indiscrète sans doute, si je vous demandais quelle est cette personne que vous cherchez depuis si longtemps...

— C'est une jeune fille... elle doit avoir seize ans maintenant...

— Ah!... et cette jeune fille... est... votre parente... ou peut-être plus encore... Pourquoi craindre de l'avouer... dans leur jeunesse, les hommes font des folies... on ne doit pas rougir de chercher à les réparer.

— Vous vous trompez, madame, cette jeune fille n'est rien pour moi... Et cependant je veux, je dois lui tenir lieu de père... car c'est moi qui... dans un duel, ai été le malheur de la priver du sien...

— Dans un duel... ah! je l'avais bien deviné... je comprends tout maintenant...

— Comment... qu'aviez-vous deviné?...

— Ce duel a eu lieu... là-bas... dans le ravin... près de votre propriété de la Tourelle.

— En effet, madame... Mais qui a pu vous dire?...

— On nous avait raconté l'histoire d'un jeune homme qui fut trouvé mort à cette place... on ignorait s'il avait été attaqué sur cette route... cependant on ne l'avait pas volé... il était présumable qu'il avait été tué en duel...

— Oui, madame... oui... Ah! voilà cette action que je ne puis me pardonner... car cet infortuné ne m'avait pas offensé... il avait été victime d'une horrible trame... Une femme... je ne sais si l'on doit donner ce nom à un monstre de perversité... je l'aimais... ah! je l'aimais avec folie!... Depuis trois ans cette liaison durait... Jeune, riche, indépendant, mon père, M. Duronceray, m'avait laissé plus de trente mille francs de rente, je pouvais faire à cette femme tous les sacrifices... j'aurais été jusqu'à lui donner ma main et mon nom... cette femme me trompait... Un homme, que je croyais mon ami, était en secret son amant... mais afin de mieux détourner mes soupçons, elle faisait la coquette avec d'autres hommes... un, entre autres, dont j'étais jaloux, car il était bien fait pour séduire! il était jeune, il était riche, il avait tout pour plaire, pour charmer... Ah! je crois bien que s'il avait voulu répondre aux coquetteries de cette femme, elle n'eût pas mieux demandé que de le compter au nombre de ses amants... Et ce fut pour se venger de son indifférence qu'elle en fit sa victime... J'aurais dû cependant être éclairé sur les véritables sentiments de ceux qui m'entouraient... Mon fidèle Amy, mon brave compagnon, n'avait jamais voulu faire la moindre caresse à celle qui me trompait; bien loin de là!... il lui témoignait toujours une aversion telle, que j'avais cessé de l'emmener avec moi lorsque je me rendais chez elle.

Tandis que chaque fois que je me trouvais avec ce jeune homme, que je croyais mon rival, Amy courait vers lui et lui témoignait autant d'amitié que tout à l'heure il vous en a montré. Mais alors j'ignorais encore que ce chien savait si bien deviner les sentiments que l'on avait pour son maître, j'attribuais sa conduite au caprice, et je n'en tirais pas d'autre induction. Un jour enfin... jour fatal!... que je ne puis me rappeler sans frémir... cette dame avait loué une petite maison de campagne près du village de Couberon. Je m'étais rendu chez elle à Paris; ne la trouvant pas, je ne doute pas qu'elle soit à sa campagne, et je me hâte de m'y rendre... déjà en proie à mille soupçons, car elle n'avait pas l'habitude de se rendre à Couberon sans moi. J'arrive... une femme de chambre, placée en sentinelle, m'aperçoit de loin et court prévenir sa maîtresse. Celle-ci fait sur-le-champ évader son amant, et apprenant que le comte Adhémar venait aussi d'arriver chez elle...

— Le comte Adhémar!... est-ce bien ce nom que vous avez dit, monsieur? s'écrie Honorine en proie à la plus vive agitation.

— Oui, madame, le comte Adhémar de Hautmont...

— Ah! c'est cela... c'est bien cela...

— L'auriez-vous connu, madame?

— Oui... c'est-à-dire... ce n'est pas moi... mais achevez, monsieur, de grâce! achevez votre récit...

— Eh bien! en entrant chez ma maîtresse, je la trouvai seule avec le comte et livrée au plus grand trouble. Alors, aveuglé par la jalousie, je l'accablai de reproches. Au lieu de me dire que celui qui était en ce moment près d'elle n'était pas son amant, elle eut la perfidie, par quelques mots qui semblaient lui échapper, de me confirmer dans mes soupçons; aussitôt je provoquai le comte, je lui demandai raison de sa conduite... Celui-ci, tout surpris de ce qu'il voyait, de ce qu'il entendait, ne comprenait rien à ma jalousie, et cherchait à me faire comprendre que j'avais tort de le croire mon rival. Mais je n'étais plus maître de ma fureur, la jalousie égarait ma raison... Je crus que le comte refusait de se battre avec moi, et pour l'y forcer je levai la main sur lui. Adhémar avait le caractère aussi bouillant que le mien... Je lui avais fait une insulte qui ne pouvait se laver que dans le sang, et dès lors, c'était pour lui... c'était pour venger son honneur outragé qu'il se battait. Je parvins à me procurer des pistolets, et nous sortîmes tous deux de cette maison où cette femme m'avait attiré le comte que dans l'espoir trop bien réalisé, que, si je venais la surprendre, il lui servirait à tromper ma jalousie. Adhémar et moi nous marchâmes très-longtemps dans la campagne. C'était au milieu du jour, et partout nous rencontrions des villageoises, des laboureurs qui travaillaient aux champs et devant lesquels nous ne pouvions nous battre. Enfin nous arrivâmes dans ce chemin creux qui donne sur la route de Noisy-le-Grand. Cet endroit était désert; dans ce ravin on n'était aperçu par personne : c'est là que notre duel eut lieu. Adhémar était l'offensé, il tira le premier, et ne m'atteignit pas... tandis que moi... pauvre jeune homme... atteint en pleine poitrine, put à peine le temps de me dire :

— Je n'étais point votre rival, je n'ai jamais fait la cour à cette dame chez qui vous m'avez trouvé... J'aimais tendrement une jeune fille qui m'a rendu père... elle était pauvre... mes parents s'opposaient à cet amour... mais bientôt j'aurais pu épouser celle qui j'aime... sans moi que vont devenir ma pauvre petite fille et sa mère... Allez les trouver... veillez sur elles...

— Leur nom... leur adresse... m'écriai-je, et je vous jure sur mon honneur de vous remplacer près d'elles... Hélas! le pauvre Adhémar voulut parler, il n'en eut plus la force... il expira sans me nommer cette femme qu'il adorait. Je fouillai dans son portefeuille, espérant y trouver des noms, cette adresse... Rien... aucun papier, aucun renseignement qui pût me mettre sur les traces de ces infortunées à qui j'avais enlevé leur unique appui... Je m'éloignai éperdu, comme un insensé, j'avais vu venir le monde... je craignais d'être arrêté, et je me disais : Si on m'ôte ma liberté, comment retrouverai-je cette femme que j'ai privée de son époux, cette jeune fille à qui j'ai ravi son père...

— Cette jeune fille... elle est ici monsieur... tout près de vous... dans cette maison...

— Mon Dieu! que me dites-vous, madame?...

— Je dis qu'Agathe est la fille du comte Adhémar de Hautmont...

— Il serait possible !... ne vous trompez-vous pas?

— Non, monsieur... et vous en aurez les preuves... des lettres du comte, que la pauvre mère possédait et gardait pieusement... c'était tout ce qu'elle avait de lui...

— Agathe! la fille d'Adhémar... je la retrouve enfin... O mon Dieu! vous m'avez donc pardonné... mais sa mère?...

— Julia Montoni, la mère d'Agathe, n'existe plus... Pauvre femme! elle est morte cinq ans après la disparition de celui-ci qu'elle adorait... qu'elle regrettait... qu'elle attendait toujours; car personne ne sut comment le comte avait péri, et lorsqu'elle se rendit à son hôtel pour s'informer de ce qu'il était devenu, on ne put lui donner aucun renseignement... Elle fit faire des démarches près de sa famille... elle n'obtint aucune réponse... et au moment de mourir, en me confiant, en me recommandant sa fille, la pauvre Julia espérait encore qu'un jour peut-être son père lui serait rendu...

— Ah! madame... à dater de ce jour, la moitié de ma fortune lui appartient... Mais croyez-vous qu'elle me pardonnera de l'avoir privée de son père?...

— Votre long repentir... les remords que vous avez éprouvés de ce duel... la retraite, l'isolement où vous vous étiez condamné, tout doit vous mériter votre pardon...

— Oui... après des recherches inutiles pour trouver ces deux personnes que le comte m'avait vivement recommandées... je revins dans ce pays... sur le théâtre où ces événements avaient eu lieu... Cette femme, cause de tout, avait depuis longtemps quitté sa campagne de Couberon. Je vis, dans le ravin, la tombe modeste que l'on avait élevée à l'infortuné Adhémar; une propriété était à vendre près de là, je l'achetai et vins m'y retirer... Loin d'un monde que j'avais en haine, et près du dernier asile de celui qui avait été victime de mon aveugle jalousie... je pouvais chaque jour me rendre dans le ravin... à l'endroit où ce duel fatal avait eu lieu... et pleurer sur cette croix qui est placée où repose Adhémar... Ah! si sa fille m'avait vu là... elle me pardonnerait...

— Elle vous a vu... cette soirée... après cet orage... Agathe et moi nous avons entendu prier près de cette croix...

— Il se pourrait!

— Oui... et Agathe elle-même a dit : Ce monsieur ne peut pas être coupable... il regrette tr p sincèrement la personne qui repose là.

— Chère enfant... pauvre fille... mais ce n'est pas tout, madame, espérant toujours que je retrouverais tôt ou tard la fille naturelle du comte, je m'étais rendu près de sa famille. Là, j'avais demandé si l'on connaissait le nom de la jeune femme qui était aimée d'Adhémar. Ses parents l'ignoraient ou du moins ne voulurent rien m'apprendre. Un seul oncle seul, plus sensible, plus indulgent, me dit : On me cache aussi à moi le nom de cette jeune femme que mon neveu voulait épouser. Mais si vous parvenez jamais à la trouver, dites-lui que sa fille, l'enfant d'Adhémar, aura toute ma fortune, que c'est à elle seule que je laisserai tout mon bien. Ce vieillard existe encore, je le sais. Mais Agathe possède, m'avez-vous dit, des lettres d'Adhémar à sa mère... Ces lettres suffiront pour prouver qu'elle est sa fille et héritière de cette fortune qui lui est destinée, car, j'en suis certain, cet oncle, en la reconnaissant pour sa nièce, lui donnera le droit de porter le nom de son père.

— Mon Dieu... il me semble que c'est un songe... ma pauvre Agathe riche... heureuse... et j'allais la réveiller...

— Non... non... Laissez-moi me préparer à la revoir... Si vous saviez tout ce que j'éprouve... Ah! madame, vous m'avez rendu bien heureux... et cependant je tremble... il me semble que je n'oserai pas regarder cette jeune fille à qui j'ai fait tant de mal!...

— Calmez-vous, monsieur... votre duel fut la suite d'une méprise... d'une perfidie; la seule coupable fut cette femme qui reconnaissait si mal cet amour que vous aviez pour elle...

— Mais je ne m'étonne plus maintenant de cette affection que ce chien éprouve pour Agathe... Ainsi que vous l'ai dit, il faisait toujours mille amitiés à son père... Ce jour fatal où je me rendis à Couberon, j'avais laissé Amy à Paris. Lorsqu'il me revit après le duel, au lieu de venir à moi comme il le faisait habituellement, il s'éloigna en murmurant, en faisant entendre un gémissement plaintif, on aurait dit qu'il voulait me reprocher l'action que je venais de commettre!... Je fus longtemps sans son amitié et il ne revint me faire des caresses qu'après m'avoir vu pleurer sur la tombe d'Adhémar...

— Brave chien... tiens, voyez, il écoute, on dirait qu'il sait de quoi nous parlons. Ma chère Agathe... je la verrai donc heureuse... elle pourra épouser celui qu'elle aime. Vous ne mettrez pas d'obstacles à son union avec M. Edmond Didier, n'est-ce pas?

— Moi, madame, mettre des obstacles à son bonheur... lorsque je dois au contraire tout faire pour l'assurer... n'est-ce pas mon devoir?... Que l'oncle de son père lui laisse ou non sa fortune, j'ai trente mille francs de rente... j'en donnerai la moitié à mademoiselle Agathe le jour qu'elle se mariera.

— Oh! monsieur... c'est trop, il ne faut pas tant pour ces jeunes époux. Chère Agathe! Edmond! quelle sera sa joie!...

— Par quel hasard ce soir n'était-il pas ici...

— Il n'a pu refuser de se rendre à une fête que donnent cette nuit ces personnes qui sont depuis peu dans ce pays... Son ami Freluchon et lui connaissent depuis longtemps M. et madame de Belleville.

— Quoi... c'est chez madame de Belleville que M. Edmond est maintenant?

— Oui... le nom de cette dame semble vous causer une vive émotion... la connaîtriez-vous?...

— Si je la connais!... mais cette prétendue madame de Belleville n'est autre que Thélénie... que cette femme dont la perfidie a causé la mort du comte Adhémar...

— Que me dites-vous?... ce serait...

— Oui... aujourd'hui, ce matin seulement, j'ai pu connaître cette

circonstance. Je revenais de Paris, lorsqu'une amazone se présente chez moi... fait grand bruit dans ma cour, et demande à me parler pour se plaindre de mon chien, qui avait voulu sauter sur elle et sur son cheval... Jugez de mon étonnement en reconnaissant dans cette dame, celle qui ne m'inspire plus que de l'horreur et du mépris... Ah! je crois qu'en me reconnaissant, elle s'est bien repentie aussi d'être venue à la Tourelle. Mais je suis fâché que M. Edmond aille chez cette Thélénie... je suis fâché qu'il la connaisse... car... s'il a existé entre eux quelque liaison... et qu'elle sache que maintenant il aime cette charmante Agathe... il faut tout craindre de cette femme... elle est capable de tout si son amour-propre se trouve humilié...

— Mon Dieu! vous me faites trembler... vous me faites souvenir maintenant de la façon singulière dont cette dame a regardé Agathe... et cette tristesse que ce soir Agathe éprouvait... mais que pourra donc cette dame près d'Edmond?...

— J'espère que nos appréhensions ne sont pas fondées; au reste, demain M. Edmond connaîtra cette Thélénie et je suis bien persuadé qu'il ne retournera plus chez elle. Mon Dieu! il est bien tard... je vous empêche de vous livrer au repos...

— Croyez-vous que je regrette de vous avoir vu ce soir?

— Non, vous êtes si bonne... vous aimez tant votre jeune compagne...

— Vous me permettez, n'est-ce pas, de lui apprendre demain tout ce que vous m'avez révélé ce soir?...

— Oui, qu'elle sache tout... et demain quand je viendrai... avant de me présenter devant la fille du comte Adhémar... vous me direz si elle veut bien me recevoir... et tendre la main.

— Je vous ai déjà dit qu'Agathe vous avait vu à genoux devant la croix du ravin... cette rencontre était restée gravée dans sa mémoire... elle m'en parlait souvent... c'est vous assurer d'avance votre pardon. Mon Dieu... cette pendule marque minuit... et vous êtes seul pour retourner à la Tourelle...

— Seul! non, Amy n'est-il pas avec moi... oh! ce serait un vaillant défenseur; mais au reste ces campagnes ne sont point dangereuses... il n'y a pas de malfaiteurs dans le pays...

— Vous viendrez demain... dans la journée...

— Oh! je n'y manquerai pas... il me tarde de la revoir...

— En effet... vous ne manquerez pas de venir!... murmure Honorine avec un léger soupir, car c'est pour Agathe.

La jeune femme a prononcé ces derniers mots d'une voix tremblante, lorsque tout à coup Paul saisit sa main qu'il couvre de baisers, puis qu'il presse contre son cœur, et il s'éloigne vivement sans avoir la force de parler. Mais qu'aurait-il pu dire de plus éloquent que ce qu'il venait de faire? Honorine l'a bien compris, car le plaisir illumine son visage et elle rentre dans sa chambre en disant:

— Ah! je suis bien heureuse aussi?

XLVIII

Les témoins.

En sortant du bal donné à la villa aux poissons rouges, Freluchon et Edmond sont rentrés au pavillon loué par ce dernier.

— Il te faudra pour demain un second témoin, dit Freluchon à son ami, où le trouveras-tu dans ce pays?

— Il est trouvé, le propriétaire de la Tourelle, un homme très comme il faut, qui vient quelquefois le soir chez madame Dalmont; je suis certain qu'il ne refusera pas de me rendre ce service. Demain de bon matin nous irons chez lui.

— Très-bien.

— Mais ce qu'il faudra surtout, c'est que ces dames ignorent ce duel, qu'elles ne sachent rien de la scène de ce soir...

— Nous ne leur dirons pas... mais dans les petits endroits tout se sait si vite!...

— Elles ne sortent pas... ne reçoivent personne... par qui sauraientelles ce qui s'est passé à cette maudite fête?...

— Tant mieux, je le veux bien, mais il fait petit jour, nous n'avons que peu de temps pour dormir... dépêchons-nous... heureusement je dors très-vite, moi!

À huit heures du matin Edmond est sur pied et réveille son ami.

— Comment, déjà! murmure Freluchon, mais nous venons à peine de nous coucher.

— C'est possible, mais il y a loin d'ici à la Tourelle, il faut ensuite le temps de revenir et je voudrais pas que les témoins de M. Luminot fussent venus sans nous trouver.

— Oh! sois tranquille, ils ne seront pas aussi pressés que toi, ceux-là... surtout si Chamoureau en fait partie.

— Il me semble qu'il doit en être... c'est chez lui que la scène s'est passée.

— Alors ce sera plus drôle... je lui dirai que les témoins doivent se battre aussi.

Cependant Freluchon consent à se lever et bientôt les deux amis sont en route pour le domaine de la Tourelle.

— Je reconnais ce pays, dit Freluchon en passant sur le pont de Gournay. C'est par ici que je suis venu commander cette fameuse matelote que tu m'as laissé manger tout seul...

— Oui, la propriété où nous allons est un peu derrière Gournay...

— Ah! Gournay! ce petit village qui tiendrait dans ma poche... si nous y mangions une matelote en revenant...

— Y penses-tu?... et mon duel... et ces témoins que j'attends...

— Si Chamoureau en est, ils ne viendront que la semaine prochaine... J'ai très-faim, moi... Ton monsieur très comme il faut nous offrira-t-il à déjeuner? Il me semble que c'est ce qu'il pourrait faire de plus comme il faut.

Pour toute réponse, Edmond double le pas. Freluchon trottait derrière lui en disant :

— Si j'avais su que c'était si loin, j'aurais loué un âne... pour nous deux... nous aurions eu l'air de la moitié des *Quatre fils Aymon*. Ah! voilà une histoire que j'ai toujours aimée... les *Quatre fils Aymon!*... surtout à cause de leur cheval... On ne fait pi s de chevaux de cette taille-là! Mettez-vous donc quatre sur un de nos poneys à présent... le troisième serait déjà sur la queue... Je me dem nde où serait le quatrième?

Les deux jeunes gens arrivent à la Tourelle; Edmond va demander à être introduit devant le maître du logis; mais celui-ci qui les a vus venir accourt au-devant des deux amis. Depuis la veille l sul n'est plus le même, un changement complet s'est opéré dans toute sa personne; à la place de cet air sombre, soucieux, qui lui était habituel, c'est d'un abord riant, la physionomie ouverte, qu'il se présente à Edmond : sa toilette a subi aussi des changements; il a rasé une partie de sa barbe; il est habillé avec plus de soin; ce n'est plus l'homme qui fuit la société.

— Vous, chez moi, monsieur Didier, et de si bon matin... voilà une aimable visite. Venez, messieurs... le propriétaire de la Tourelle est heureux de vous recevoir dans son manoir.

— Merci de cet accueil, monsieur, répond Edmond en prenant main que Paul lui a tendue. Mais nous n'avons que peu de temps à nous, et c'est un service que je viens vous demander.

— Un service !... je suis tout à vous; mais je pensais qu'un autre motif vous amenait... je pensais... vous n'avez pas encore vu... mademoiselle Agathe depuis hier ?...

— Oh! non... et il ne faut même pas qu'elle et madame Dalmont connaissent notre démarche près de vous...

— Pardon, monsieur, dit Freluchon en se jetant sur une chaise, mais, quoiqu'il soitai pressé, moi je vous demanderai la permission de me reposer un peu! Il m'a fait faire la route presque en courant... et il y a loin de Chelles ici... je n'en puis plus...

— Messieurs, vous êtes ici chez vous... mais parlez, monsieur Edmond, ce que vous venez de dire m'inquiète...

— Monsieur, hier, nous sommes allés tous deux... Freluchon et moi, à une fête que donnait M. et madame de Belleville...

— Je le savais...

— Moi, je n'y suis allé qu'assez tard le soir.

— Moi, j'y ai dîné... ce qui ne m'empêche pas d'avoir très-faim ce matin...

— On va vous servir à déjeuner...

— Oh! monsieur Paul, de grâce, ne faites pas attention à ce que dit Freluchon... vous allez comprendre qu'il faut que nous repartions tout de suite... J'ai eu à cette fête... une scène... une querelle avec un certain M. Luminot qui demeure à Chelles...

— Le motif de votre querelle... quel était-il ?

— Ce qu'il y a de plus grave pour un homme d'honneur, on insultait celle que j'aime, on se permettait de parler d'une façon méprisante de mademoiselle Agathe et de sa protectrice, madame Dalmont. D'abord quelques dames... des amies intimes de madame de Belleville, avaient commencé à tenir de ces propos médisants que les femmes savent si bien jeter sur les personnes qu'elles détestent... mais heureusement un monsieur vint se mêler à la conversation et voulut soutenir ce que ces dames avaient dit... je lui ordonnai de démentir ses paroles... Il ne le voulut pas... je lui donnai un soufflet...

— Ah! vous avez bien fait! s'écrie Paul en saisissant le bras d'Edmond... Outrager Agathe... outrager cette femme si bonne, si honorable qui n'a jamais lieu de mère... les misérables!... Mais ces propos, ces lâches calomnies, tout cela devait avoir été préparé, concerté d'avance par Thélénie.

— Par Thélénie!... Vous connaissez aussi madame de Belleville?

— Comme ça se trouve, dit Freluchon, parbleu, qui est-ce qui ne la connaît pas, cette dame?... Ah! si... il y a son mari, Chamoureau... il ne se doute pas de qu'elle est.

— Oui, messieurs, il y a dix ans, cette femme était ma maîtresse, et c'est elle qui fut cause que depuis je passai ma vie dans la tristesse et les remords... Plus tard vous saurez toute cette histoire... revenons à votre duel...

— Lorsque ce M. Luminot eut reçu le soufflet, il voulut se jeter sur moi...

— Et personne ne s'y opposait, dit Freluchon. Notez que ce particulier est énorme et qu'il aurait pu écraser Edmond rien qu'en se laissant tomber sur lui... Heureusement j'arrivai en ce moment : je ne suis pas énorme, moi, au contraire, l'aspect est mince et fluet !... mais sous cette apparence chétive, je cache des petits poignets en acier qui valent ce qui se fait de mieux à Birmingham. J'ai saisi ce Luminot par la taille, je l'ai enlevé et jeté au hasard. Je crois qu'en tombant il a endommagé quelques époux de ces harpies qui avaient commencé la scène... il n'y a pas de mal, je regrette seulement de ne point avoir en même temps égrugé ces dames... cela aurait fait! On aurait pu s'en servir comme de mort aux rats.

— Je serai votre second... et je vous remercie d'avoir pensé à moi... Monsieur est sans doute votre autre témoin ?

— Oui, monsieur... si je ne suis pas mort de faim d'ici là...

— Quand a lieu votre duel ?

— Je n'en sais rien encore... j'ai dit à ce monsieur que j'attendrais ses témoins... c'est pour cela que j'ai hâte d'être de retour chez moi...

— Dans une heure je serai chez vous...

— Oh! monsieur, vous avez le temps, allez, je connais Chamoureau, surnommé de Belleville... il va traîner cela en longueur...

— Freluchon, je ne sais pas ce que feront ces messieurs, mais je sais, moi, que je veux me trouver là quand ils se présenteront... Partons...

— Messieurs, un verre de madère pour réparer un peu vos fatigues...

— Ah! oui... un, deux, plusieurs verres de madère.

— Freluchon, vous deviez bien gourmand !

— Mon fils, vous devenez bien anachorète...... je cesserai de vous fréquenter.

Le madère est apporté; Edmond en boit un verre à la hâte. Freluchon en boit plusieurs coup sur coup, en se séparent en se disant : A bientôt. Ce même jour, mais sur le midi seulement, parce qu'on a dormi tard chez madame de Belleville, Chamoureau, après avoir déjeuné, reçoit de sa femme l'ordre de se rendre chez M. Luminot pour y prendre ses instructions relativement au duel. Chamoureau hésite beaucoup, il cherche des prétextes pour ne point se mêler de cette affaire, mais Thélénie lui dit impérativement :

— Vous ne pouvez pas manquer à votre parole, et vous avez promis à M. Luminot d'être son témoin... D'ailleurs, monsieur, que craignez-vous ? les témoins ne se battent pas.

Cette assurance enhardit Chamoureau, qui prend sa canne et son chapeau, puis réfléchit au moment s'il ne devrait pas mettre un plastron, de crainte d'attraper, comme témoin, quelques éclaboussures. Mais sa femme le presse, le pousse dehors, et il se rend chez l'ancien marchand de vin se disant :

— Après tout, le jour du duel n'est pas encore fixé... j'ai le temps.

M. Luminot se promenait chez lui en robe de chambre, dans son appartement, tenant d'une main un fleuret, et de l'autre un sabre de garde national. A chaque instant il s'arrêtait pour tirer au mur avec son fleuret, ou pour frapper sur un porte-manteau avec son sabre; il se fendait d'un air triomphant, mais au fond du cœur il n'était pas enchanté de se battre, et depuis qu'il était de sang-froid, depuis que les fumées des vins et du punch étaient dissipées, il se disait :

— De quoi diable me suis-je mêlé ?... J'ai dit du mal de ces dames... que je ne connais pas... qui sont peut-être fort respectables... et tout cela pour faire plaisir à cette grosse Droguet, qui m'avait dit : Vous aurez soin d'être de mon avis quand nous abîmerons les dames de la maison Courtivaux... Je n'aurais pas dû l'écouter... j'ai eu tort... mais il faut que je me batte parce que j'ai reçu un soufflet...

Lorsque Chamoureau entre chez M. Luminot, celui-ci se fendait justement avec son fleuret, et Chamoureau recule épouvanté en criant :

— Ah! mon Dieu... le duel est commencé... alors ils n'ont plus besoin de moi, je m'en vais !...

Mais l'ex-marchand de vin rappelle son témoin :

— Eh bien !... où allez-vous donc ?

— Dame, je m'en allais... puisque vous vous battez, vous n'avez plus besoin de témoins...

— Mais je ne me bats pas... je m'exerce seulement pour me refaire la main... venez donc, mon cher monsieur de Belleville... Savez-vous que je suis bien désolé d'avoir eu cette scène chez vous ?...

— Et moi donc !... si vous croyez que cela me fait plaisir...

— J'ai peut-être eu tort de parler si légèrement de ces deux dames...

— Si vous reconnaissez que vous avez eu tort, alors l'affaire est arrangée, et il n'est pas la peine de se battre...

— Oui, mais j'ai reçu un soufflet...

— Si vous aviez tort...

— Oh! permettez... un soufflet vaut un coup d'épée... ah! si je n'avais pas reçu de soufflet... je dirais : Je retire mes paroles blessantes pour ces dames...

— Eh bien ! s'il retirait son soufflet, lui...

— Cela ne se peut guère... à moins qu'il ne me laisse lui en donner un, alors nous serions quittes !

— Il ne s'en laissera pas donner.

— En ce cas, vous voyez bien qu'il faut que je me batte !... A propos, il me faut encore un témoin... ce n'est pas trop de deux...

— Non, non, ce n'est pas trop... peut-être même que trois ou quatre... on serait plus de monde...

— Non, l'usage est de n'en avoir que deux. Qui diable vais-je prendre encore... j'avais cru que vous m'en amèneriez un...

— Ma femme ne m'en a pas chargé...

— Voyons, un gaillard comme vous et moi... si je prenais Jarnouillard...

— Je viens de le rencontrer, il allait à Paris...

— Le docteur... non, il refuserait... il blâme les duels !

— Il a bien raison !... moi aussi, je les blâme !...

— Mais, mon cher monsieur de Belleville, quand on n peut pas ire autrement !... ah ! M. Droguet.

— Vous l'avez blessé hier en tombant sur lui...

— Alors M. Remplumé !

— Il boite !

— Qu'est-ce que cela fait... c'est un vieux dur à cuire, il a été caporal de la garde nationale...

— Vous croyez...

— Il me l'a répété souvent... oui, oui, Remplumé sera mon second témoin... Allons l'en prier ; voulez-vous être assez bon pour venir avec moi... votre présence l'empêchera de refuser...

— Si vous croyez que ma présence fasse bien... allons-y...

— Le temps seulement de passer un gilet, un habit, et de mettre une cravate...

— Faites ! faites ! je ne suis pas pressé !

— Une ! deux !... hein, que dites-vous de ce coup d'épée ?

— Superbe... vous avez crevé votre cloison !...

— Et ce coup de sabre... pan ! paf !...

— Magnifique... votre porte-manteau est tout couvert d'entailles... il en voit de cruelles... est-ce que vous vous battrez au sabre et à l'épée ?

— J'ai envie de choisir le pistolet !...

— Alors à quoi bon trouer votre cloison et hacher votre porte-manteau ?

— Je ne sais pas, je verrai... je réfléchirai... Monsieur de Belleville, votre fête était superbe... et quel dîner vous nous avez donné !...

— Il y avait de bonnes choses !...

— C'est-à-dire qu'il y avait des mets apprêtés avec un art... j'ai savouré, entre autres, un salmis de perdreaux aux truffes...

— Avec des bécassines...

— Ah ! il y avait des bécassines... c'est donc cela... je me disais : Comme c'est faisandé à point !...

— Et le homard en mayonnaise !...

— Et ces boudins blancs à la purée de marrons !...

Ces messieurs passent en revue tout le dîner, s'arrêtant pour détailler ce qu'ils ont mangé avec le plus de plaisir ; il y a déjà longtemps que cela dure, lorsque tout à coup Luminot s'écrie :

— Ah ! mon Dieu ! et mon duel !

— J'espérais qu'il l'avait oublié, dit Chamoureau.

Mais il est deux heures sonnées lorsque ces messieurs se rendent chez M. Remplumé. Le petit boiteux les reçoit en toussant, en crachant, en éternuant suivant sa coutume.

— Vous avez connaissance de la scène qui s'est passée hier chez M. de Belleville ? dit Luminot en frappant sur l'épaule du monsieur boiteux.

— Oui... oh ! je sais... cela a fait assez de bruit... on ne parle que de cela aujourd'hui dans le pays... d'ailleurs je suis arrivé au moment où vous êtes tombé sur ce pauvre Droguet... vous lui avez cassé trois dents !

— Deux !

— Trois ! il s'en est trouvé encore une de moins en arrivant chez lui.

— Ce n'est pas ma faute, pourquoi se trouvait-il sous moi quand je suis tombé ?

— C'est positif ; hum ! hum ! hum !... quand je me couche si tard, cela augmente ma toux !

— Voisin ! vous savez que je me bats avec M. Edmond Didier ?

— Je sais qu'il vous a donné un soufflet, mais je ne savais pas si vous vous battiez !...

— Pensez-vous que je garderai ce soufflet-là... est-ce que vous ne vous battriez à ma place, vous qui avez été caporal dans la garde nationale ?...

— Moi... hum ! hum !... moi... sapredié... hum ! hum !... oh ! mais je suis un ferrailleur, moi... il ne faut pas me regarder de travers... hum ! j'ai un affreux graillon dans la gorge !...

— Est-ce que vous croyez que je me laisse marcher sur le pied, moi ?

— Je n'ai jamais dit cela... hum ! hum !...

— Et puisque vous êtes terrailleur, vous serez mon second témoin, cela vous fera plaisir.

— Votre témoin... de quoi ?

— Et parbleu de mon duel avec ce blanc-bec qui m'a offensé... M. de Belleville a l'obligeance d'être mon premier témoin, vous serez l'autre...

— Ah ! mais... c'est que je suis bien enrhumé, moi...

— Cela ne vous empêchera pas de tousser... j'espère que je puis compter sur vous ?

— Voyons... voyons d'abord, pourquoi vous battez-vous ?

— Parce que j'ai reçu un soufflet.

— Très-bien ; mais pourquoi vous a-t-on soufflé !

— Ah ! parce que j'ai dit que cette madame Dalmont et sa compagne étaient des farceuses... ce pas grand'chose...

— Mais vous avez eu tort... pourquoi avez-vous dit cela... en êtes-vous sûr ?

— Moi !... pas du tout... mais ce sont vos dames qui ne font que le répéter, et qui m'avaient monté la tête... avec cela que j'étais plein de punch...

— Il ne faut jamais avancer des choses dont on n'est pas certain, n'est-il pas vrai, monsieur de Belleville ?

Chamoureau se grattait le nez et cherchait une réponse, mais le gros Luminot s'écrie :

— En voilà assez ! et sacrebleu, monsieur Remplumé, vous ne pouvez pas me refuser d'être mon second dans une affaire où votre femme a poussé à la querelle comme les autres...

— Monsieur... du moment que mon épouse y a poussé... je serai... hum... hum... votre témoin... je mettrai du jus de réglisse dans ma poche... Quand vous battez-vous ?

— C'est ce que vous allez régler tous les deux avec les témoins de ce M. Edmond... C'est égal, j'aime mieux me battre avec lui qu'avec celui qui m'a empoigné et jeté en l'air... Ah ! le gredin... quelle force... quels biceps !...

— C'est Freluchon... mon ami intime autrefois... du temps d'Éléonore, ma première épouse.

— Je vous en fais compliment !... Allez, messieurs, réglez le lieu, l'heure du combat...

— Ah ! mais j'espère que ce ne sera pas pour aujourd'hui ! s'écrie Chamoureau ; voulez-vous de dimanche en huit ?

— Mon cher monsieur de Belleville, un duel ne se recule pas ainsi... Aujourd'hui il est déjà trois heures... il serait trop tard pour une rencontre... Mettez cela à demain matin... à huit heures... Nous pouvons nous trouver... dans ce petit bois à gauche en descendant vers le Raincy... derrière l'ancienne maison du garde...

— Cela suffit... et à quelle heure voulez-vous vous battre... vous êtes l'offensé, vous avez le droit de choisir...

— Oui, je sais bien !... j'ai le choix des armes... cela m'embarrasse... c'est là le difficile.

— A quoi êtes-vous le plus fort ?

— Je suis fort à... c'est-à-dire... je me défends... ah ! si c'était au bâton... j'en joue de celui-là.

— Eh bien, prenez le bâton, dit Chamoureau, on se fait moins de mal...

— Ça n'est pas reçu dans le beau monde !... je réfléchis... c'est moi qui tirerai le premier... comme offensé...

— Je n'en sais rien !...

— Oui, oui, hum !... hum !... vous tirerez le premier...

— Alors je choisis le pistolet.

— C'est cela, dit Chamoureau, et si vous manquez votre adversaire, vous prendrez tout de suite l'épée...

— Messieurs, veuillez vous rendre chez ce M. Edmond ; vous savez où il loge ?...

— Oui, parfaitement.

— Vous vous rappellerez ce dont nous sommes convenus... demain, à huit heures...

— Et s'il ne peut pas demain, dit Chamoureau, ma foi tant pis ! nous n'y retournerons pas.

XLIX

Le batelier.

Paul Duronceray a été exact et s'est trouvé chez Edmond Didier, peu de temps après que celui-ci et Freluchon avaient quitté la Tourelle.

— Personne n'est encore venu, dit Edmond à son second témoin.

— Pardieu ! j'en étais certain d'avance ! s'écrie Freluchon, aussi nous avons le temps de déjeuner tout à notre aise.

— Et pendant que vous déjeunerez, messieurs, dit Paul en faisant oucher son chien à ses pieds, moi, je vais vous apprendre des choses qui vous intéresseront beaucoup, car elles concernent cette Thélénie... cette femme qui, je n'en doute pas, est aujourd'hui la première instigatrice de votre duel... puis enfin parce qu'elles assurent l'avenir, le bonheur de cette charmante Agathe que vous allez épouser, monsieur Edmond...

— Quoi, monsieur, il s'agit aussi d'Agathe... ah! parlez, parlez.

Paul raconte aux deux jeunes gens ce qu'il a dit la veille à Honorine. On doit juger de la surprise, de la joie d'Edmond, lorsqu'il sait que celle qu'il aime sera enfin reconnue par la famille de son père. Mais tout à coup ses traits s'assombrissent et il s'écrie :

— Agathe a maintenant de la fortune... je ne suis plus un parti digne d'elle!...

— Voilà les bêtises qui vont commencer! dit Freluchon. Quand tu voulais l'épouser, toi, elle n'avait rien, ni nom, ni richesses, elle sait donc bien que maintenant ce n'est pas pour sa fortune que tu l'épouseras!... C'est égal, l'histoire que monsieur vient de nous conter prouve encore une chose : c'est que quand les femmes se mêlent d'être méchantes, elles le sont dix fois plus que les hommes, parce qu'elles y mettent un raffinement dont nous ne sommes pas capables. Je trouve que madame Sainte-Suzanne a joliment tenu son emploi dans tout ceci.

— Mais Agathe doit maintenant être instruite de tout par madame Dalmont.

— Je le pense, dit Paul ; mais je ne me suis pas encore présenté devant elle... Vous m'accompagnerez, monsieur Edmond ; votre présence la disposera à l'indulgence... au pardon...

— Oh! ne craignez rien, monsieur ; il ne peut y avoir dans son cœur aucun ressentiment. D'ailleurs, vous venez de nous dire qu'elle vous a vu pleurer sur la tombe de son père, et ce souvenir doit être toujours présent à sa mémoire...

Midi a sonné et personne n'est venu de la part de M. Luminot. Une heure, deux heures s'écoulent encore. Edmond se meurt d'impatience, car cette affaire l'empêche de se rendre près d'Agathe. Paul Duronceray n'est pas moins impatient que lui. Enfin, un peu après, MM. Chamoureau et Remplumé se font annoncer comme les témoins de M. Luminot. En voyant paraître le petit monsieur qui boite et dont la figure renfrognée veut se donner un air imposant, Freluchon n'est pas maître d'un éclat de rire, qui déconcerte beaucoup ces messieurs. Chamoureau seul, alors quelle contenance tenir, et M. Remplumé se met à tousser comme s'il voulait faire plus encore. Edmond se tient à l'écart. Le petit boiteux cesse enfin de tousser et prend la parole :

— Messieurs ! nous venons comme témoins et chargés des pouvoirs de M. Luminot ; l'affaire est grave... fort grave... il s'agit de...

— Il est fort inutile de nous raconter l'affaire, nous la savons, dit Freluchon, et il me semble que j'y étais... Et M. Duronceray que voilà est parfaitement instruit par nous !

— Oui, dit Paul, nous savons que M. Luminot a gratuitement offensé, insulté des dames qui méritent l'estime et le respect de tous... Nous présumons bien qu'il a été poussé à débiter ces infâmes calomnies par quelques personnes... qui désiraient faire naître cette querelle.

— C'est aussi mon opinion! dit Chamoureau.

— C'est la mienne... hum! hum!... la mienne également... hum! hum!... je dirai plus... je pense comme vous.

— Alors, messieurs, nous sommes tous d'accord...

— En ce cas, nous pouvons nous en aller! reprend Chamoureau.

— Mais non... Attends donc, Chamoureau. Ton M. Luminot a reçu un soufflet, il le méritait bien, mais il veut se battre, il en a le droit... Tu es donc son témoin, toi, Chamoureau ?

— On l'a voulu. C'est contre mon gré... J'espère que vous ne m'en voudrez pas...

— Oh! pas du tout...

— C'est ma femme qui l'a exigé...

— Elle est gentille, ta femme... elle fait bien les choses... Mais comment se fait-il que le second témoin ne soit pas ton ami intime, ce fameux baron de Schtapelmerg... qui s'est battu contre les Turcs ?...

— Et qui m'a gagné hier deux cents francs à l'écarté!

— Il t'a triché, mon cher ; j'en mettrais ma main au feu...

— Ah! messieurs! s'écrie Chamoureau, pouvez-vous soupçonner ce brave Bavarois d'être un grec!...

— Je le soupçonne, parce que je suis certain que ce vilain monsieur... qui se dit baron allemand ou ne sait pas l'allemand, est tout bonnement le frère de ta femme!...

— Le frère de... comment... mon épouse est donc baronne alors...

— Pas plus qu'il n'est baron... il s'est trahi plusieurs fois lorsqu'il avait trop bu... Au reste, j'espère le retrouver et savoir au juste à quoi m'en tenir... Où est-il à présent?

— Parti pour Paris, pour affaire pressante, à ce que m'a dit mon épouse.

— Messieurs, s'écrie Edmond, il me semble que vous oubliez ce

qui vous rassemble, veuillez en finir pour ce duel... Voyons, messieurs, que proposez-vous donc? nous attendons.

— Demain, à huit heures du matin.

— Pourquoi donc ne pas en finir aujourd'hui?

— Apparemment que cela dérangerait M. Luminot. Si vous nous interrompez déjà... hum! hum! nous ne terminerons rien...

— C'est juste, continuez, monsieur.

— Demain à huit heures du matin, en descendant du côté de Raincy, dans le petit bois derrière l'ancienne maison du garde...

— Très-bien! dit Paul, je connais cet endroit.

— M. Luminot choisit le pistolet.

— C'est entendu.

— Et il tirera le premier...

— Ceci pourrait être matière à discussion, dit Freluchon, car ce monsieur a commencé l'attaque par ses méchants propos.

— Non, point de discussion! s'écrie Edmond, ce monsieur tirera le premier, j'y souscris.

— Alors, messieurs, puisque tout est réglé... hum! hum! nous n'avons plus qu'à vous saluer...

— Permettez, messieurs, dit Paul en s'adressant à M. Remplumé qui tâche d'avoir toujours un air rogue.

Si votre opinion sur ces dames insultées par M. Luminot est la même que la sienne, vous aurez également affaire à nous... Car il ne faut pas, entendez-vous, messieurs, il ne faut pas que personne à l'avenir renouvelle ces calomnies sous peine d'être châtié par nous !

Le petit boiteux devient verdâtre ; Chamoureau se laisse aller sur une chaise et porte son mouchoir sur ses yeux en balbutiant :

— Comment peut-on me croire capable de dire du mal de ces dames... à qui j'ai fait acheter la maison de M. Courtivaux ! je les porte dans mon cœur ces dames... je ne m'occupe que de l'âge des arbres...

— Assez, assez, nous te croyons! s'écrie Freluchon.

M. Remplumé fait les mêmes protestations que Chamoureau.

— C'est bien, messieurs, dit Paul ; mais vous aurez seulement la complaisance de répéter cette profession de foi publiquement, lorsque nous vous en prierons.

Les deux témoins de Luminot promettent tout ce qu'on leur demande, et se hâtant de prendre congé.

— Maintenant, dit Edmond, puisque le reste de cette journée est à nous, courons chez ces dames, qui, j'en suis sûr, s'étonnent de ne nous avoir pas encore vus... Mais le plus grand silence sur le duel!..

— Oui, dit Freluchon, pourvu que quelque bavard ne leur en ait pas déjà parlé.

— Partons... Tenez, messieurs, voyez Amy, comme il nous regarde en courant vers la porte, ah! il devine bien que nous allons chez les personnes qu'il aime... il nous montre le chemin.

Après sa conversation avec Paul, Honorine avait pu à peine goûter quelques instants de repos. Le bonheur cause aussi l'insomnie ; il nous tient souvent plus éveillé que la peine. Dès que le jour est venu, Honorine guette le réveil d'Agathe ; mais il semble que celle-ci dort beaucoup plus longtemps que de coutume. La jeune fille s'éveille enfin, et voit bientôt dans les yeux de son amie qu'il s'est passé quelque chose d'extraordinaire. N'ayant que son amour en tête, son premier mouvement est de s'écrier :

— Qu'est-il arrivé à Edmond?

— A Edmond? mais rien de nouveau, je pense... Il est allé à cette fête; il aura passé la nuit. Tu penses bien que je ne l'ai pas encore vu aujourd'hui... il n'est pas encore sept heures du matin.

— Alors, pourquoi me regardes-tu ainsi, ma bonne amie? Certainement tu as quelque chose à m'apprendre...

— Oui... chère enfant... j'ai à te parler de ton père... à te faire savoir enfin pourquoi ta pauvre mère ne l'avait pas revu...

— Mon Dieu, il serait possible... Tu saurais... Et qui donc a pu te dire!...

— M. Paul Duronceray.

— Il a connu mon père?...

— Oui...

— Il l'a vu, il lui a parlé?

— Oui...

— Mon pauvre père... Il est mort, sans doute, car sans cela... il nous aurait pas abandonnées...

— Il est mort!...

— Ah! ma bonne amie, raconte-moi bien vite tout ce qui lui est arrivé... Parle... parle !... il me tarde de t'entendre...

— Il faut pour cela que je parle beaucoup de M. Paul.

— Parle... je ne perdrai pas un mot.

Honorine s'assied près d'Agathe et lui apprend l'histoire de cette liaison fatale formée entre Paul et Thélénie, et qui a eu pour résultat le duel et la mort de son père. Elle termine son récit en lui disant.

— Tu as été témoin des regrets, des remords de celui qui a été vainqueur dans ce duel... Depuis ce temps il n'a pas cessé de chercher à savoir ce que tu étais devenue... Ne lui pardonnes-tu pas, comme ton père lui a pardonné?

Agathe verse d'abondantes larmes en murmurant :

— Mon cœur n'a point de haine... il n'a que des regrets... Ainsi, cette croix dans ce ravin... c'est là... Ah! voilà donc la cause de ce sentiment inconnu que je ressentais... Mon pauvre père... Ah ! ma bonne amie... viens, viens vite... Tu sais bien où, n'est-ce pas?...

En quelques minutes les deux jeunes femmes sont prêtes pour sortir. Agathe est allée dans le jardin cueillir un bouquet de fleurs; puis, ce bouquet à la main, elle prend le bras d'Honorine, et toutes deux, silencieuses, recueillies, se dirigent d'un pas pressé vers ce ravin qui est contre le parc de la Tourelle. Elles arrivent devant la croix élevée dans ce lieu solitaire. Agathe s'agenouille devant, prie longtemps; puis, en déposant son bouquet sur la tombe, aperçoit aux pieds de la croix quelques fleurs fanées, débris d'autres bouquets déposés là avant le sien. Elle prend quelques-unes de ces fleurs et les place sur son sein. Puis, appuyée sur le bras d'Honorine, elle reprend, lentement cette fois, le chemin qui les ramène à Chelles. Les deux amies étaient de retour de ce pieux pèlerinage, lorsque Paul, Edmond et Freluchon entrent dans leur demeure. Edmond court le premier baiser les mains de la jeune fille en s'écriant:

— Je sais tout !... Je suis bien heureux de votre bonheur...

Paul se tient en arrière ; il n'ose pas avancer. Mais Agathe va au-devant de lui ; il fléchit le genou devant la jeune fille. Alors celle-ci lui dit en lui présentant les fleurs qu'elle a ramassées sur la tombe de son père :

— Elles m'ont appris que vous le pleuriez aussi... n'est-ce pas me dire de vous pardonner?

La journée se passe bien vite entre gens qui s'aiment et forment pour l'avenir les plus doux projets de bonheur. Freluchon passe son temps à caresser le brave chien dont il s'est fait aussi un ami. Un instant cependant la félicité d'Agathe est troublée, c'est lorsqu'un mot dit par hasard lui apprend que madame de Belleville est cette même femme qui a été cause de la mort de son père. Elle pâlit en murmurant:

— Ah! je comprends maintenant le sentiment de répulsion que m'inspirait cette femme... Edmond, vous n'irez plus chez elle, n'est-ce pas?

— Oh ! je vous le jure, chère Agathe, et si j'avais connu plus tôt cette fatale histoire... je ne serais certes pas allé hier à cette fête.

— Ni moi non plus ! dit Freluchon.

— Et il ne vous est rien arrivé de fâcheux, à cette fête?

Les trois hommes échangent un rapide coup d'œil et Edmond répond:

— Que voudriez-vous qui nous y fût arrivé?

— Mon Dieu ! je ne sais... mais j'étais bien triste hier de vous savoir là.

— Un seul mot de vous, je n'y serais pas allé !

— Ah ! je n'aurais pas osé le dire !

— C'est comme à lui-même Freluchon.

Pendant que les heures paraissent si courtes dans la modeste maison d'Honorine, le riche propriétaire de la villa aux poissons rouges attend avec impatience, et les yeux fixés sur une pendule, que le moment soit venu de se retrouver avec son frère. Enfin six heures sonnent, et Thélénie, traversant à la hâte son jardin et son petit parc, ouvre une porte qui donne sur un sentier désert dans lequel elle a donné rendez-vous à Croque. Elle ne tarde pas à voir venir à elle un homme du bourgeron, en large pantalon de toile, la figure à demi cachée par une espèce de chapeau de charbonnier, et le visage noirci ou rougi par place. Mais à la cicatrice de sa joue, elle a reconnu Croque.

— C'est très-bien, tu es méconnaissable, dit Thélénie, et d'ailleurs il n'y a personne dans ce pays qui te connaisse particulièrement... Comment t'es-tu procuré ces vêtements?

— Parbleu! avec du quibus on se procure tout ce qu'on veut, les paysans aiment autant l'argent que les citadins! c'est-à-dire, non, pas autant, ils l'aiment plus.

— Rends-moi compte de ce que tu as fait?

— J'ai trouvé facilement la demeure de la veuve Tourniquoi, j'ai reconnu la Jacqueline que j'avais vue hier ; le petit garçon était aussi à jouer dans la cour...

— Enfin?

— Je me suis présenté dans mon beau costume, avec une belle pelure... cela donne plus de confiance.

— Tu as bien fait.

— Et pourtant quand j'eus dit à cette femme que je venais de la part de la baronne de Mortagne, qui désirait qu'elle lui ramenât son fils, elle ne voulait pas me croire; elle doutait!... Mais les trois cents francs en or ont bien vite dissipé tous les doutes. Quand je lui dis ensuite que lui paierait intégralement le temps qu'elle avait gardé le petit, qu'à trois cent soixante francs par an, pendant huit ans, c'était près de trois mille francs qu'elle toucherait; oh! alors c'était pas de la joie, c'était du délire !... Je lui ai annoncé qu'il fallait aller tout de suite à Dieppe avec le jeune Émile... Elle aurait été en Chine pour toucher ses mille écus !... Je lui ai donné l'adresse que tu m'avais remise... elle s'est tout de suite mise à faire son paquet.

— Et quand part-elle?

— Ce soir, par le convoi de huit heures; elle va à Paris... de là à Dieppe en deux temps... elle y sera demain.

co — C'est bien... c'est très-bien... me voilà donc tranquille de ce côté...

— Je crois que j'ai joliment mené l'affaire.

— Oui... mais il en reste une autre, qu'il faut conduire aussi bien...

— Voyons, pendant que je suis en train, il ne m'en coûtera pas plus !...

— M. Luminot se bat demain avec Edmond à huit heures du matin...

— Ah ! le fameux duel a lieu... eh bien?

— C'est dans un petit bois... assez éloigné d'ici, qu'ils se sont donné rendez-vous, de l'autre côté du pays... Edmond, j'en suis bien certaine, n'aura pas parlé de ce duel chez les deux femmes de la petite maison là-bas...

— C'est probable... il n'aura pas voulu les effrayer...

— Écoute bien... tu sais nager?

— Comme un goujon... Pourquoi?

— Demain, à huit heures du matin... quelque temps avant même, tu te tiendras sur les bords de la Marne, près du pont qui mène à Gournay...

— Je sais... je me suis promené par là...

— Tu n'ignores pas combien ces campagnes sont désertes... Souvent on s'y promène toute une journée sans voir passer âme qui vive.

— Après? arrivons !...

— Tu te seras procuré un petit bateau... avec de l'or tu dis toi-même qu'on se procure tout ce qu'on veut...

— Tu me donneras beaucoup d'or et j'aurai un bateau, ceci ne m'embarrasse pas...

— Personne avec toi... tu entends...

— Personne que le bateau...

— Tu resteras au bord de la Marne, comme un marinier qui se repose... tu verras arriver ces deux femmes...

— Les dames de la petite maison... eh bien?

— Je te dis qu'elles y viendront tout éplorées, cherchant un bateau pour les conduire dans une de ces petites îles qui se trouvent au-dessus du moulin à eau...

— Du côté où il y a des barrages, des cascades... fichtre ! il ne fait pas bon naviguer par là... la Marne est déjà dangereuse... mais de ce côté-là... on ferait vite la culbute avec son bateau !...

— Elles verront le tien, elles iront te supplier de les conduire à la première île.

— Je commence à comprendre...

— Tu accepteras... tu les conduiras... le plus près possible de ces barrages... tu laisseras alors tomber les rames à l'eau, et pour les ravoir tu te précipiteras dans le fleuve...

— Fichtre! c'est dangereux cela !

— Pas pour toi qui sais nager et qui choisiras l'endroit où tu pourras te précipiter à l'eau sans danger... Tu regagneras le bord sans faire attention aux cris de celles qui seront dans le bateau sans aviron pour se diriger... et qui, j'aime à le croire,...

— Feront la culbute avec leur batelet... oh ! quant à cela, il n'y a pas le moindre doute... surtout si personne ne vient à leur secours...

— Qui veux-tu qui aille s'exposer pour elles... d'abord ces rives sont toujours désertes... sur ce côté de la Marne, souvent pendant une demi-journée, il ne passe point la plus petite embarcation !

— Mais ces autres qui se battent peut-être ces dames... Je ne me soucierais pas de rencontrer ce jeune Freluchon qui a joué au ballon avec le Luminot... bigre ! il jouerait aux grâces avec moi !

— Sois donc tranquille... le duel a lieu dans un endroit tout opposé, ces messieurs ne passeront pas de ce côté-là...

— À la bonne heure !

— Eh bien... est-ce convenu... feras-tu exactement tout ce que je viens de te dire? m'as-tu bien compris?

— À moins d'être un imbécile... il me semble que c'est assez clair. Tu veux donc ces deux...

— Chut ! tais-toi il y a des choses que l'on ne doit jamais dire... Il est certain que c'est déjà assez de les faire...

— Puis-je compter sur toi?

— Hum ! ce sera cher... Je m'expose beaucoup...

— Tiens, voilà un rouleau dans lequel il y a mille francs en or...

— Ah ! c'est gentil... mais ce n'est qu'un à-compte, ça?

— Demain... ici... à la même heure, si tout a réussi comme je le veux, je t'en donnerai deux fois autant...

— Comme cela, c'est une affaire conclue.

— Tu me le jures?

— Est-ce qu'entre nous nous avons besoin de jurer? Prépare tes jaunets pour demain...

— Jusque-là évite de te montrer dans le village...

— Pas de crainte... je vais aller me cacher au fond de quelque cabaret un peu éloigné... la nuit va bientôt venir... nous serons vite à demain matin.

— Je compte sur toi?

— Puisque c'est conclu... Adieu.

L

Le chien.

Il est sept heures du matin, le ciel est pur, le temps magnifique.

À la campagne, c'est un grand plaisir de jouir d'une belle matinée ; la nature a plus d'attraits, plus de charmes ; l'herbe est plus fraîche, le feuillage plus vert ; les fleurs répandent un plus doux parfum ; s'il est permis d'être paresseux à la ville, c'est une grande faute de l'être quand on habite les champs. Mais Honorine et Agathe aimaient à jouir du réveil de la nature ; à sept heures elles étaient toujours descendues dans leur jardin. Et maintenant qu'il s'est fait un si grand changement dans leur position, maintenant que l'avenir s'offre à elles si riant, si heureux, elles ont trop de choses à se dire pour passer leur temps à dormir. Ces messieurs les ont quittées la veille assez tard ; mais en s'éloignant ils ont dit : À demain.

— Et venez plus tôt qu'aujourd'hui a dit Agathe à Edmond.

Celui-ci a répondu oui, mais il y avait dans sa voix quelque chose de moins net qu'à l'ordinaire. On n'est pas toujours maître de sa voix, cet organe trahit presque toujours les sentiments dont nous sommes agités. Honorine a montré à Paul les lettres d'Adhémar à Julia Montoni, et celui-ci est certain qu'en les envoyant à l'oncle du comte, ce vieillard reconnaîtra Agathe pour sa petite-nièce. En attendant, M. Duronceray veut que la moitié de sa fortune soit la dot de la jeune fille ; puis il a tout bas, à demi-voix, offert l'autre moitié à Honorine avec le titre de son épouse. Celle-ci a entendu cette proposition sans prononcer un mot, mais ses yeux ont répondu pour elle... il lui semble si doux d'aimer et d'être aimée qu'elle peut à peine croire à son bonheur.

— Ne trouves-tu pas, dit Agathe à son amie, qu'Edmond semblait être préoccupé hier au soir en nous disant adieu...

— Mais non... je n'ai pas vu cela...

— Ah ! parce que toi... tu ne regardais que M. Paul...

— Eh bien... est-ce que tu es fâchée qu'on m'aime ?...

— Ah ! ma bonne amie, j'en suis bien contente, au contraire... mais depuis longtemps j'avais deviné cet amour-là !...

— Vraiment ?...

— Et le tien aussi !...

— Ah ! je croyais pourtant avoir bien caché au fond de mon cœur ce que j'éprouvais pour lui !...

— Tu seras heureuse, chère Honorine... Ah ! rien ne manquerait à mon bonheur si...

— Si, quoi...

— Mais je ne sais pas ce que j'ai... il me semble toujours que hier au soir Edmond avait quelque chose...

— Ne vas-tu pas maintenant te créer des tourments imaginaires... Comment ! c'est moi à présent qui suis obligée de rendre à mademoiselle sa gaieté... De quoi peux-tu avoir peur ?

— Je pense à cette méchante femme... Elle a déjà causé la mort de mon pauvre père... Ah ! je ne sais quoi me dit qu'elle veut encore me faire du mal...

— Agathe, tu n'es pas raisonnable... Heureusement la présence d'Edmond chassera toutes ces idées... Poucette !... n'est-ce pas aujourd'hui que le père Ledrux vient travailler au jardin ?

— Oui, madame, c'est son jour... il est un peu en retard, car sept heures et demie sont sonnées... mais tenez, je crois que je l'entends.

Le vieux paysan entre dans le jardin avec son petit panier au bras dans lequel il a toujours ses outils de jardinage.

— Tutu... tutu... relututu !... je suis un brin en retard... c'est un locataire qui est cause de ça.

— Vous avez un locataire, père Ledrux ?

— Oui... depuis deux jours seulement... Oh ! j'ai pas idée qu'il restera ben longtemps dans le pays... je ne sais ce qu'il y manigance... il va, il vient... C'est un beau monsieur... Oh ! c'est un homme du grand monde... je croyais d'abord qu'il était venu pour la fête, chez les Belleville !... mais non, il n'y a pas été... et pourtant il paraît qu'il les connaît...

— Ah ! vous croyez...

— Oui... oui... il les connaît ben... Je vas mouiller un peu les plates-bandes... c'est sec comme tout !...

— Mouillez, père Ledrux !

Au bout de quelque temps, le jardinier revient avec ses arrosoirs près des deux amies.

— Tu... tu... r'lu, tutu... Après ça, mon locataire a tout aussi ben fait de ne pas y aller à c'te fête... chez les poissons rouges...

— Pourquoi donc cela, père Ledrux ?

— Dame ! c'était ben beau, à ce qu'on dit, mais quand les choses finissent par des batteries... ça n'est pas amusant !... Moi, j'aime pas ça !...

— Comment... que voulez-vous dire... par des batteries ?

— Eh ben ! oui, quoi ! des batteries, des querelles, des coups qu'on se donne. Et il paraît qu'on y allait ferme, puisque M. Droguet y a perdu six ou sept dents... et que M. Luminot a reçu un soufflet qui a résonné comme un coup de tambour.

Les deux jeunes femmes se regardent avec surprise.

— Êtes-vous bien sûr de ce que vous dites-là, père Ledrux ?

— Tiens ! si j'en suis sûr... tout le pays le sait comme moi...

— Comment se fait-il que MM. Edmond et Freluchon qui étaient à cette fête ne nous aient pas dit un mot de cela...

— Ma fine, c'est d'autant plus étonnant que c'est eux qui ont tapé...

— Ah ! ce n'est pas possible !

— Si... si... mam'selle ! c'est M. Edmond qui a donné le soufflet à M. Luminot, et c'est son ami, le petit... comment que vous l'appelez... M. Cornichon, qui a jeté des hommes sur M. Droguet, qui a eu la mâchoire démanchée...

— Mon Dieu ! et quel sujet a amené cette querelle ?

— Ah ! ma fine... je ne sais pas... on a dit tant de choses... l'un d'une façon, l'autre autrement !

— Honorine... ne le devines-tu pas, toi ? chez cette femme, on nous aura insultées, et Edmond ne pouvait pas le souffrir !...

— En effet... et ils nous ont caché tout cela de peur de nous affliger...

— Mais enfin, tout ceci est fini, n'est-ce pas, père Ledrux ?

— Fini !... oh ! que non, mam'selle, vous entendez ben que M. Luminot, qui est un gaillard, ne peut pas comme ça recevoir un soufflet sans dégaîner... aussi, ils vont se battre... oh ! M. Luminot l'a dit hier à tout le monde. Il se promenait exprès dans le pays hier, et à chaque personne qu'il rencontrait, il criait : Dites donc ! eh ! chose ! je me bats, j'ai un duel au pistolet !

— Se battre... entends-tu, Honorine, ils doivent se battre... Ah ! voilà ce que mon cœur avait deviné...

— Voyons, père Ledrux, quand ce duel doit-il avoir lieu ?

— Il paraîtrait que c'est ce matin qu'ils doivent tous se trouver avec leurs témoins... je crois qu'il y a six témoins.

— Où doivent-ils se trouver ?

— Ma fine, j'ai pas pensé à le demander... après ça... ils ne l'ont peut-être pas dit, s'ils ne veulent pas être dérangés...

— Honorine... je ne veux pas qu'ils se battre... Ah ! je t'en prie... allons le trouver...

— Attends... on a frappé à la porte... c'est Edmond ou son ami sans doute, et nous allons savoir...

Poucette accourt tenant une lettre à la main, en disant :

— C'est un petit gamin qui vient d'apporter cette lettre pour madame, il est reparti tout de suite... il n'y a pas de réponse.

Honorine ouvre la lettre et regarde d'abord en bas :

— Point de signature !...

— N'importe, lis bien vite, ma bonne amie ! s'écrie Agathe, ce doit être d'un de ces messieurs... lis...

« Madame, ce matin, à huit heures, M. Edmond Didier se bat au pistolet avec M. Luminot, dans la première île qui est au-dessus du moulin à eau, après le pont de Gournay. Votre présence et celle de mademoiselle Agathe pourraient sans doute empêcher ce duel qui peut avoir de suites funestes. Voyez ce que vous voulez faire. »

— Ce que nous voulons faire ! s'écrie Agathe. Ah ! ma bonne amie... partons, courons bien vite... Tiens, vois... dans dix minutes il sera huit heures...

— Oui... oui... Oh ! mais, nous allons courir... Le pont de Gournay... ce n'est pas très-loin...

— Et dans une île au-dessus du moulin à eau... oui, par là, j'ai remarqué quelquefois des îles qui semblent inabordables. Mon Dieu... pourvu que nous trouvions un bateau, quelqu'un pour nous conduire...

— Oui, nous trouverons, le ciel nous protégera, il aura pitié de nous... Tu vois bien qu'on nous a averties... Ce billet vient sans doute de M. Paul... ou de M. Freluchon...

— Oh ! oui... et ils ne les laisseront pas se battre avant notre arrivée... Partons !

Les deux jeunes femmes ont pris à la hâte un châle, un chapeau, puis elles sortent précipitamment en criant à Poucette, qui leur demande où elles vont ainsi avoir déjeuné :

— Nous allons les empêcher de se battre.

Pendant qu'Honorine et Agathe se dirigent d'un pas précipité sur les bords de la Marne, Edmond, accompagné de Freluchon et de Paul, s'est rendu à l'endroit qu'on lui a désigné. C'est un joli bouquet de bois qui se trouve à un petit quart de lieue de Chelles. Mais l'endroit n'est pas fort loin des habitations, une grande allée dans une ancienne maison de garde, se trouve à deux cents pas de là.

— C'est fort gentil par ici, dit Freluchon. Ce petit bouquet d'arbres semble plutôt inviter à un dîner champêtre qu'à un duel !...

— Sans M. Duronceray, dit Edmond, je n'aurais jamais su trouver le lieu du rendez-vous.

— C'est peut-être ce que ton adversaire espérait... Cependant, j'ai remarqué un petit bouchon là-bas, sur les murs duquel on lit : Lapins, *sautez*; le sauté se termine par un Z, ce qui semblerait engager les passants à sauter, parce qu'on mange là du lapin. Je crois que Chamoureau espère que la rencontre se terminera par une gibelotte... Et toi, mon bon chien, mon brave Amy... pourquoi donc cours-tu ainsi à droite et à gauche?...

— Il veut sans doute voir si nos hommes arrivent.

— Non, dit Paul, Amy a quelque chose... il est inquiet... il ne se trouve pas bien ici... il voudrait s'en aller... je vois cela dans ses yeux...

— Patience, mon bon chien... Ah! j'aperçois nos adversaires; allons, il n'y a rien à dire, ils ne se sont pas fait attendre.

M. Luminot a pris une tenue toute militaire : il est vêtu d'une longue redingote bleue, qui descend presque jusqu'à ses chevilles, et qu'il a boutonnée jusqu'au menton. Avec cela, cravate et pantalon noirs, et le chapeau mis sur l'oreille.

— Pardieu, dit Freluchon, voilà un homme qui ne veut pas qu'il y ait dans son costume rien qui puisse servir de point de mire à son adversaire... pas le plus petit bout de col blanc qui se montre... C'est bien prudent.

M. Remplumé a son habit de tous les jours.

Chamoureau s'est habillé tout en noir, et il marche comme s'il allait à un enterrement. On se salue de part et d'autre.

— Eh! mon Dieu, Chamoureau! de qui donc portes-tu déjà le deuil? s'écrie Freluchon en riant. Il me semble que tu t'es un peu pressé...

— J'ai pensé... j'ai cru... l'affaire était grave... Du reste, Freluchon, j'espère que tu ne m'en veux pas... et que tu es bien persuadé que je ne suis pour rien dans tout ceci.

— Sois tranquille, nous savons très-bien que tu ne comptes pas!..

— Messieurs! dit le petit monsieur boiteux en s'approchant des témoins d'Edmond, si M. Edmond Didier veut demander des excuses à M. Luminot, celui-ci consent à se trouver satisfait...

— Nous ne ferons pas même part de cette proposition à M. Edmond, répond Paul, parce que nous savons qu'il la repousserait avec mépris...

— Cependant, vous pourriez toujours...

— Finissons-en... Vous avez des pistolets, nous les acceptons... Permettez que je les examine.

Pendant que Paul examine les armes, Chamoureau tire son mouchoir, s'essuie le front, tend ses bras vers Freluchon en lui disant :

— Tâche donc d'arranger cela!..

— Laisse-nous tranquille... va te promener plus loin...

— Combien de pas de distance? demande Paul au petit boiteux.

— Vingt-cinq pas!..

— Ce n'est pas assez!... Quarante pas! s'écrie Chamoureau.

— C'est à M. Luminot à décider.

— Mettez trente pas! répond monsieur Luminot d'un air fier.

— Allons! murmure Freluchon en souriant : j'aime à croire qu'on ne se fera pas beaucoup de mal... et je vais mesurer les pas en conséquence.

Les adversaires se placent. Freluchon a mesuré trente pas qui en valent bien quarante.

— Mais c'est une plaisanterie que ce duel! dit Edmond à ses témoins.

— N'as-tu pas envie de le faire tuer pour faire plaisir à madame Chamoureau?... Comme ce serait spirituel!... Allons, monsieur Luminot, c'est à vous de tirer le premier... au troisième coup dans la main... je donne le signal!

Pendant que Freluchon frappe les trois coups, Chamoureau va se cacher derrière un arbre. M. Luminot tire et semble se perdre dans l'espace. Lorsqu'il voit que son adversaire n'est pas atteint, et que c'est à son tour de recevoir le feu, il sort de sa poche un mouchoir tout blanc et l'agite en l'air pour faire comprendre qu'il veut parlementer.

— Monsieur, dit Edmond en s'avançant vers l'ancien marchand de vin, voulez-vous reconnaître maintenant que ce vous avez dit de madame Dalmont et de mademoiselle Agathe était pure calomnie? que ces dames méritent l'estime et le respect de tous?

— Oui, monsieur, oui, avec grand plaisir! s'écrie Luminot. Je le reconnais d'autant plus que c'est mon opinion personnelle.

— Nous le reconnaissons tous! ajoute M. Remplumé.

— Tous! s'écrie Chamoureau de derrière son arbre.

— Alors, messieurs, reprend Paul, nous nous regarderons comme pleinement satisfaits, mais à une condition : C'est qu'aujourd'hui, à cinq heures, vous voudrez bien vous trouver chez M. de Belleville, et y répéter ce que vous venez de nous dire... Vous aurez soin de vous faire accompagner par toutes les dames qui, les premières, ont osé tenir d'odieux propos sur madame Dalmont et sa jeune compagne. L'offense a été publique, il faut que la réparation le soit aussi!...

Dans le cas où vous et vos dames ne seriez pas à ce rendez-vous, je crois devoir vous prévenir que nous recommencerons le combat avec vous tous, messieurs, et que, cette fois, ce sera un duel à mort!...

— Nous y serons, nous y serons, messieurs! balbutient Luminot et Remplumé.

— Je vais y aller tout de suite! crie Chamoureau d'une voix étranglée.

— Alors, messieurs, à ce soir, cinq heures... Chez M. de Belleville!

— Chamoureau, tu dois savoir l'âge de cet arbre-là?...

— Et maintenant, partons, messieurs, dit Paul. Rendons-nous sur-le-champ près de ces dames... car les allures de mon chien m'inquiètent... Je crains quelque événement fâcheux...

— Peut-être ces dames auront-elles été instruites de ce duel, dit Edmond, et alors elles sont en proie à la plus vive inquiétude; hâtons-nous d'aller les rassurer... Tenez, voyez, Amy nous devance!..

Le chien a déjà repris le chemin qui conduit à Chelles: Son maître et les deux jeunes gens y arrivent bientôt, ils se dirigent alors vers la demeure de madame Dalmont. Mais tout près d'y arriver, à un endroit où trois routes se croisent, Amy, au lieu de prendre le chemin qui mène chez Honorine, se jette dans un autre sentier.

— Amy!... Amy!... Où vas-tu donc... ne reconnais-tu plus la route qui mène chez les personnes que tu aimes tant?... C'est singulier... il ne veut pas m'écouter...

— Restez là... attendez! s'écrie Edmond; nous ne sommes qu'à deux minutes de chez elles... je vais y courir.

Le jeune homme a disparu par un chemin; le chien a continué sa course sur l'autre. Paul et Freluchon attendent avec anxiété le retour d'Edmond, car la conduite d'Amy semble prouver qu'il est arrivé quelque chose. Edmond accourt bientôt en criant à ses amis :

— Elles n'y sont pas; elles ont été instruites de mon duel. Elles ont reçu ce matin une lettre, et elles sont parties précipitamment, en disant à Poucette : Nous allons les empêcher de se battre...

— Mais alors... quel chemin ont-elles donc pris... Celui d'où nous venons est le seul qui conduisait au lieu du rendez-vous...

— Messieurs... entendez-vous Amy?... ses aboiements nous appellent!

— Croyez-moi... c'est lui qui nous fera trouver ces dames... Venez.

— Oui, oui... nous voilà, Amy! nous voilà!

Les trois hommes prennent le sentier par lequel le chien a pris sa course. Les aboiements d'Amy les guident; le chien a continué sa course sur l'autre. Bientôt ils arrivent sur la grande route qui mène à Gournay, mais c'est aussi celle qui conduit à la propriété de Paul, et Freluchon lui dit :

— Le chien a l'air de retourner chez vous...

— Alors, dit Edmond, c'est donc là que ces dames se sont rendues, espérant nous y trouver.

— Non... il doit y avoir autre chose, murmure Paul; et ce billet qu'elles ont reçu... qui a pu le leur écrire, puisque ce n'est aucun de nous... Les aboiements d'Amy annoncent de la colère, de la fureur même... Ah! quelque chose me dit que cette femme maudite est encore mêlée à tout cela.

Le chien, qui est toujours en avance, a détourné à gauche pour aller du côté de la Marne; arrivé devant le pont, il s'arrête, ses aboiements sont plus terribles, mais bientôt il s'élance sur le pont, qu'il traverse.

— Décidément il va chez vous, dit Edmond.

— Non... tenez... voyez... à la sortie du pont il se détourne... il suit en courant les bords de la Marne... il n'hésite plus, il est sur la piste...

— Mon Dieu!... qu'est-il donc arrivé?... Agathe... Honorine!... Pauvres femmes!... Seriez-vous venues nous chercher de ce côté...

— Si elles y sont venues, c'est qu'on les a perfide les y aura conduites. Avançons... avançons... Amy ne nous trompera pas, lui.

— Ah! voyez... Amy s'est élancé aux bords du fleuve... il aide quelqu'un à se sauver...

— Mais non... au contraire... il empêche un homme d'atteindre la rive... il se jette sur lui... il le combat, il le mord chaque fois que celui-ci veut sortir de l'eau...

— Cet homme! je le reconnais! s'écrie Freluchon. C'est le soi-disant baron de Schtapelmerg... c'est le frère de madame de Belleville...

— Et c'est le même homme que jadis elle avait placé chez moi en qualité de secrétaire et de valet, ne voilà tu nuit, si Amy ne s'était pas jeté sur lui... Oh! sa figure est bien reconnaissable.

— Mais Agathe... Honorine...

Tout à coup Paul pousse un cri!... Il vient d'apercevoir au loin dans une barque, et assez près des barrages, deux femmes éplorées qui, ne sachant comment gouverner leur bateau, faute de rames, jettent de tous côtés des regards désolés, en appelant en vain à leur secours. Mais le bruit des chutes d'eau empêche qu'on entende leur voix, et à chaque instant elles se voient au moment de périr, ce qui, du reste, serait arrivé depuis longtemps, si Croque avait suivi exactement les ordres de sa sœur. Mais ne voulant pas s'exposer lui-même à se noyer, en se jetant à l'eau trop près des cascades, il n'a pas conduit le bateau tout contre les barrages et s'est jeté à l'eau plus loin, afin de nager plus facilement vers la terre. Le petit bateau abandonné alors à lui-même est resté longtemps à la même place, et ce retard a permis à Paul et à ses compagnons d'arriver avant qu'il ne chavirât. Mais il était grand temps d'aller au secours des deux personnes montées sur cette frêle embarcation ; un coup de vent assez violent venait de pousser le bateau vers les endroits les plus dangereux. ◡

Déjà Paul et Edmond, jetant vivement leur habit, se sont précipités dans la rivière et nagent à grandes brasses pour atteindre le bateau. Mais ils sont obligés d'aller contre le courant, contre les tourbillons que la Marne cache sous ses flots ; malgré tous leurs efforts, ils n'a-vancent que lentement, jamais ils n'arriveront assez tôt pour sauver les deux femmes... lorsque tout à coup un bateau paraît derrière eux. Freluchon est dedans, tenant les avirons, ramant avec vigueur ; il crie à ses amis :

— Par ici, vous autres... sautez dans mon batelet... nous arrive-rons plus vite... Ah! quelle chance... voilà encore des rames qui flot-tent sur l'eau... j'en tiens une... Edmond, pousse-moi l'autre... ça y est!...

Edmond et Paul ont grimpé dans le bateau. Ils ont double rame, ce qui leur permet d'atteindre plus rapidement la petite barque prête à chavirer, ils la rejoignent enfin...

Agathe et Honorine s'élancent... elles sont avec eux, elles sont sau-vées... on s'embrasse, on se serre les mains... on regarde le ciel, mais pendant quelques minutes on ne peut pas prononcer un mot. Enfin l'émotion se calme lorsque le danger est passé.

— Mais que faisiez-vous par là? s'écrie Edmond. Pourquoi y étiez-vous venues?

Honorine montre la lettre qu'elles ont reçue. Il reconnaît sur-le-champ l'écriture de Thélénie, elle n'avait pas même cherché à la contrefaire, persuadée que ses victimes emporteraient avec elles cette lettre au fond de l'eau.

— Ah! cette femme est un monstre! dit Paul... car sans mon brave Amy... nous ne serions jamais venus vous chercher de ce côté...

— A peine eûmes-nous reçu le billet, reprend Honorine, que nous partîmes à la hâte, Agathe et moi. Arrivées au bord de la rivière, nous apercevons un homme assis contre un bateau... nous remer-cions le ciel de ce hasard, nous courons à cet homme, nous lui offrons tout ce qu'il voudra pour nous conduire à la première île au-dessus du moulin ; il accepte. Nous montons dans la barque, il rame quel-que temps dans la direction que nous lui avions indiquée, puis, tout à coup, nous le voyons décrocher ses avirons, les jeter dans le fleuve, et s'y précipiter après. Nous ne comprenions rien à cette conduite... mais bientôt nous vîmes que nous étions tombées dans un piège. Cet homme gagnait la terre; nous, abandonnées sur une rames dans notre batelet, poussées à chaque instant vers un endroit où le danger était extrême, nous allions périr quand vous êtes venus à notre secours.

— Mais, sans Freluchon, tous nos efforts eussent été vains... Par quel miracle as-tu trouvé ce bateau?

— Le miracle est très-simple; pendant que vous nagiez, moi, j'ex-plorais les bords de la rivière, en me disant: Il n'est pas possible qu'on ne trouve pas un bateau sur les bords d'une rivière... Ça doit être comme les fiacres sur une place, des maisons ou des voitures. Enfin j'en aperçois un... il n'y avait pas de cocher, ça m'est égal!... Il était attaché à des piquets avec des chaînes, des antivois, mais je dis: Nous allions voir.. c'est ici le cas d'être fort!... Ma foi j'ai tout brisé, chaînes, anneaux, piquets... mais j'ai eu le bateau!...

Edmond et Paul pressent Freluchon dans leurs bras. Les jeunes femmes l'embrassent, et il s'écrie :

— Décidément, c'est agréable d'être fort. Mais je n'entends plus aboyer Amy...

— Tenez, le voyez-vous sur l'autre rive... il tient quelque chose en arrêt devant lui...

— Oui... quelque chose qui ne bouge plus... C'est votre soi-disant batelier, mesdames, qu'Amy a obligé de se noyer, puis probablement cherché dans l'eau et ramené à terre... Évitons à ces dames ce hideux spectacle... débarquons-les de ce côté... j'irai ensuite reconnaître ce monsieur.

Le bateau touche terre près du pont. Honorine et Agathe descen-dent et regagnent leur demeure sous la conduite d'Edmond, auquel Paul dit de faire prendre à ces dames les chemins les moins fréquen-tés, afin qu'elles ne soient point aperçues, lui recommandant aussi de les faire rentrer par la petite porte qui est au fond du jardin. Puis, avec Freluchon, il rame vers l'autre rive où le brave Amy les attend, tenant toujours son ennemi sous ses pieds. Croque est bien mort. Après avoir vainement essayé de sortir de l'eau, parce qu'Amy l'en empêchait toujours en se jetant sur lui, le frère de Thélénie a senti ses forces l'abandonner. N'osant plus combattre le chien, qu'il a par-faitement reconnu pour celui qui jadis lui a fait cette blessure dont il porte encore la marque, Croque perd courage, il veut appeler au secours, la voix lui manque, et bientôt il disparaît entièrement sous

les flots. C'est là qu'Amy a été le chercher pour le rapporter sur le rivage, comme un trophée de sa victoire qu'il veut montrer à son maître.

— C'est bien monsieur le baron de Schtapelmerg! dit Freluchon.

— Oui, dit Paul, c'est le frère de Thélénie, l'homme qui m'a volé autrefois.

— Le gredin ne volera plus personne... il a bien mérité ce qui lui arrive... Bravo... Amy... embrassons-nous, mon bon chien... Ah! sans toi bien des malheurs seraient arrivés!

Pendant que Freluchon embrasse Amy qui se laisse faire, comme quelqu'un qui reçoit ce qui lui est dû, Paul fouille dans les poches de Croque, où il espère trouver encore quelque nouvelle preuve du crime que Thélénie avait comploté. Mais il ne trouve sur le noyé que le rou-leau d'or de mille francs, que celui-ci avait soigneusement serré dans sa ceinture.

— Mille francs sur un batelier?... il était à son aise, ce monsieur, dit Freluchon.

— Cet or devait payer son crime! s'écrie Paul, cet or condamnait à périr Honorine et Agathe!... ces deux femmes qui jamais n'ont fait de mal à cette Thélénie!... Ah!... je le prends pour le lui rendre à elle... et maintenant venez, mon cher monsieur Freluchon, laissons là le cadavre de ce misérable, et allons rejoindre ceux qui nous aiment...

— C'est cela, et nous ne penserons plus qu'à déjeuner... ça creuse beaucoup de ramer, et j'y allais ferme.

— Oui, puis ensuite il me reste encore un devoir à remplir, et je n'y faillirai pas...

— Venez donc, tenez, Amy sera arrivé avant nous.

Lorsque Chamoureau revient chez lui, après le duel, il trouve Thé-lénie se promenant avec agitation dans son appartement. Cette femme comptait les heures, les minutes : ce n'était point l'issue du duel qui la préoccupait ainsi, c'était ce qu'elle avait tramé pour perdre Hono-rine et Agathe. Son messager, après avoir remis le billet dont elle l'avait chargé, était, suivant ses ordres, resté en embuscade à quelques pas de la maison; il n'avait pas tardé à voir sortir d'un pas précipité les deux dames qui se dirigeaient vers l'endroit qu'on leur avait in-diqué, et il était venu rendre compte à madame de Belleville. Celle-ci ne doute donc pas des suites de sa perfidie, et cependant elle éprouve un trouble, une vague frayeur, qui augmente à chaque instant ; le moindre bruit qu'elle entend, l'approche de quelqu'un, le son d'une voix, la font tressaillir et s'arrêter brusquement pour regarder avec effroi autour d'elle. Cette femme, malgré sa perversité, s'aperçoit qu'un crime aussi épouvantable que celui qu'elle vient de commettre, entraîne avec lui, sinon des remords, quand le coupable est trop en-durci, du moins une terreur qui est un supplice incessant, continuel. Aussi, lorsque son mari se présente devant elle, Thélénie le regarde avec épouvante, en s'écriant :

— Qu'est-ce donc... que me voulez-vous, monsieur... qu'avez-vous appris?

— Calmez-vous, chère amie, remettez-vous... je vois que vous étiez bien inquiète... vous êtes très-pâle... Je vous rends ce témoignage que vous me portiez... mais tant de tués que de blessés, il n'y a personne de mort...

— Personne de mort... de qui parlez-vous, monsieur?... expli-quez-vous donc...

— Mais il me semble que vous pourriez le deviner. Ne savez-vous pas, madame, que je viens d'avoir un duel, c'est-à-dire d'être témoin dans un duel... enfin, c'est toujours un duel que j'ai eu...

— Ah! oui... en effet... c'était ce matin... eh bien?

— Eh bien, nous nous battions au pistolet, nous avons tiré les pre-miers, c'était notre droit! Mais nous avons manqué notre adversaire, alors celui-ci a proposé de ne point tirer, si nous convenions que nous avions eu tort... de mal parler de sa fiancée et de son amie... nous en sommes convenus...

— Lâches!... je vous reconnais là...

— C'est-à-dire, ce n'est pas moi, c'est Luminot qui...

— C'est bon! je vous sais assez! Laissez-moi.

Thélénie s'éloigne aussitôt, laissant là Chamoureau qui se dit :

— Cette femme-là n'est donc jamais contente... voulait-elle donc la mort de l'un de nous!... O Éléonore! tu ne voulais la mort de per-sonne, toi... c'est égal, je ne viens d'avoir rien à non épouse du reste-vous que ces messieurs nous ont assigné pour ce soir ici à cinq heures. Elle serait capable de donner ordre qu'on les empêchât d'entrer... ce ces messieurs... le maître du chien surtout n'a pas l'air de plaisanter Il nous a menacés d'un duel à mort... je tiens donc essentiellement ce qu'il soit satisfait, et si madame n'est pas contente... fichtre! je me montrerai.

Cette journée semble éternelle à Thélénie, qui voudrait déjà être à six heures du soir. Elle s'est renfermée dans sa chambre et a les yeux fixés sur une pendule, elle attend avec anxiété le moment où elle doit revoir Croque. Mais quelques minutes avant cinq heures, un domes tique vient lui annoncer que de nombreuses visites lui arrivent, et que son mari la prie de vouloir bien descendre au salon.

— Des visites à cette heure, dit Thélénie, mais nous n'avons invité personne à dîner... à moins que monsieur ne se soit permis... mais ce n'est pas probable !... Saurait-on déjà... aurait-on connaissance de... l'accident qui doit être arrivé à ces deux femmes... N'importe ! je ne dois pas avoir l'air de craindre la présence de personne !...Sachons ce que nous veut tout ce monde.

M. Luminot et M. Remplumé, qui ne se soucient pas plus que Chamoureau d'avoir un duel à mort, avaient parfaitement rempli les intentions de Paul Duronceray. En quittant celui-ci, ils ont été d'abord chez madame Droguet, qu'ils ont trouvée bassinant la mâchoire de son mari; ils lui ont dit:

— Vous êtes priée de vous trouver à cinq heures, aujourd'hui, chez madame de Belleville.

— Elle nous invite à dîner encore pour aujourd'hui?

— Non, il n'est pas question de dîner, mais il s'agit d'une réunion importante... il s'y passera quelque chose de fort intéressant... nous ne savons pas encore bien ce que c'est, mais il s'agit d'une affaire très-grave... Venez, vous y êtes attendue.

Avec de telles paroles, on aurait fait faire cent lieues à l'ex-cantinière. Dans un petit bourg, la curiosité ferait marcher des pierres. Avec ce même discours, M. Luminot et son témoin ont mis en émoi tout le pays. C'est pourquoi, à cinq heures du soir, le salon de la villa aux poissons rouges avait réuni presque autant de monde que le jour de la fête; il n'y manquait que les personnes venues de Paris. En voyant chez elle tout ce monde, Thélénie n'est pas maîtresse d'une secrète inquiétude. Elle remarque, d'ailleurs, un certain embarras, de la contrainte, sur ces visages qui ont l'habitude de lui sourire: c'est que déjà Luminot a dit à ses connaissances intimes:

— Madame de Belleville m'avait engagé dans une vilaine affaire... Je me suis tiré avec honneur de mon duel... mais je dois convenir que j'avais tort... les dames de la maison Courtivaux sont blanches comme du lait... je les tiens pour très-honorables.

Le petit boiteux en avait dit autant. Quant à Chamoureau, il se promenait dans son salon d'un air effaré, répondant toujours de travers à tout ce qu'on lui disait.

— Puis-je savoir ce qui me procure le plaisir de voir maintenant chez moi une si aimable réunion? dit Thélénie en saluant la société.

— Mais, n'est-ce pas vous qui nous avez convoqués, belle dame? répond madame Droguet.

— Moi !... non en vérité... bien que je me félicite de vous recevoir... J'avoue que je ne pensais pas avoir aujourd'hui ce bonheur... C'est donc vous, monsieur de Belleville, qui avez voulu me faire cette charmante surprise?

Chamoureau tâche de prendre un air imposant, et balbutie:

— Non, madame...

— Quoi... ni vous... ni moi... voilà qui est au moins singulier... Je crois, monsieur, que vous me cachez quelque chose?...

— Eh bien, madame, nous avons eu un duel ce matin...

— J'ai eu un duel, monsieur...

— Oui, c'est vous qui vous battiez... c'est vrai... mais on nous a annoncé qu'il nous faudrait nous battre tous, ici, aujourd'hui, si on ne rétractait pas publiquement les paroles dites sur madame Dalmont et sa jeune amie...

— Et qui a osé demander cela? s'écrie Thélénie en pâlissant de colère.

— Paul et son chien !... c'est-à-dire le chien n'a rien dit... mais il nous regardait beaucoup...

— Au reste, madame, ces messieurs vont venir ici... et ils s'expliqueront mieux...

— Qui donc va venir ici, monsieur?...

— Le propriétaire de la Tourelle, avec...

— Je ne veux pas que cet homme mette le pied dans ma demeure... Ah! c'est trop se jouer de moi, et je vais défendre...

Thélénie n'a pas le temps d'achever sa phrase, déjà Paul Duronceray est entré dans le salon accompagné par Edmond et Freluchon. Cette fois, ce n'est plus dans la tenue du chasseur qui fuit le monde, ce n'est plus avec une barbe inculte et la tête couverte d'une casquette de loutre dont la visière lui cachait les yeux, que se présente le propriétaire de la Tourelle; c'est le costume d'un homme du monde, dont il porte l'habit avec autant d'aisance que de distinction, qu'il se montre aux habitants de Chelles. Paul marche droit à Thélénie, son regard est terrible, et malgré son audace habituelle, malgré tous les efforts qu'elle fait pour vaincre sa terreur, Thélénie frémit, tremble et baisse les yeux devant lui.

— Vous voulez me défendre d'entrer ici, madame! s'écrie Paul d'une voix puissante, je le crois... vous pensiez sans doute que je connaissais vos crimes, et vous aviez peur que je ne les révélasse à vos nombreuses connaissances...

— Mes crimes... quoi, monsieur, vous osez...

— Vous accuser d'une trame infâme! Ce n'était point assez d'avoir voulu, par la calomnie, perdre deux femmes honorables dont l'une... madame Dalmont, me fait l'honneur d'accepter ma main... tandis que l'autre, mademoiselle Agathe, fille du comte Adhémar de Haumont... car je suis bien aise de vous apprendre que cette charmante personne est la fille d'un homme dont vous avez causé la mort... oui, mademoiselle Agathe de Haumont va épouser M. Edmond Didier que

voilà... ce n'était point assez, dis-je, d'avoir déversé sur ces dames la calomnie... qui trouve toujours des échos parmi les sots et les méchants...

Ici, toute la société de madame Droguet fait une vilaine grimace.

— Non, reprend Paul, cette femme, mue par les passions les plus criminelles, voulait faire périr dans les flots de la Marne ces deux personnes qu'elle détestait parce qu'elles ont des vertus qu'elle n'a jamais comprises.

Un murmure sourd témoigne de l'impression que produisent ces paroles. Thélénie rappelle son audace, son énergie et s'écrie:

— Vous mentez, monsieur, vos accusations sont autant de faussetés...

— Eh bien, madame... démentez donc cette lettre envoyée par vous à ces dames... oh! elle est bien de votre écriture... nous sommes plusieurs ici qui la connaissons parfaitement... Dans cette lettre vous annoncez que M. Edmond doit se battre à huit heures, dans une île... au-dessus du moulin à eau... c'était là à ces dames de s'y rendre. En effet, aussitôt votre lettre reçue, elles sont parties et se sont rendues sur les bords de la Marne où un misérable... payé par vous, les attendait avec un bateau. Elles sont entrées avec confiance dans le batelet, puis, arrivé près des barrages, le soi-disant batelier, jetant ses rames dans le fleuve, s'est lui-même précipité dans l'eau en nageant vers la terre, abandonnant à une mort presque certaine les deux victimes que vous lui aviez envoyées...

— Monsieur !...

— Vous avez fait cela... tenez, voilà l'or trouvé sur votre complice, votre frère, qui a joué ici le rôle d'un baron allemand... et qui a trouvé la mort sur le rivage... grâce à ce brave chien qui n'a pas voulu que le voleur, que l'assassin pût encore s'échapper... Il nous a mis sur les traces de celles que vous espériez perdre... et que nous avons sauvées... Ah! voilà ce qui doit surtout vous désespérer, c'est que votre complot n'a pas réussi... malgré cent or prodigué à votre frère... Tenez, le voilà, madame... cet or dont vous faites un usage si infâme!

Et Paul jette aux pieds de Thélénie le rouleau de mille francs qu'il avait trouvé sur Croque. L'accusation est si nette, la conviction avec laquelle il a parlé... ont profondément impressionné tout ce monde rassemblé là. On se regarde avec effroi, on détourne les yeux de dessus cette femme que l'on encensait deux jours avant. Thélénie s'aperçoit de l'effet produit par le discours de Duronceray; elle se dit que son complice étant mort elle peut tout nier, et, rassemblant toute son énergie, elle s'écrie:

— Monsieur, depuis longtemps je savais que j'étais en butte à votre haine... aujourd'hui vous m'en donnez la preuve. Vous tournez contre moi un service que j'ai voulu rendre... et vous imaginez une série de crimes, de complots... qui n'a pas le sens commun!... Oui, cette lettre est bien de moi... pourquoi donc le nierais-je?... lorsqu'elle prouve seulement que je voulais empêcher un duel qui pouvait avoir des suites déplorables! On m'avait dit... j'ai entendu autour de moi des personnes assurer qu'un duel devait avoir lieu... que je regrettais vivement... ces personnes assuraient que l'on s'était donné rendez-vous pour se battre dans l'île que j'ai désignée... Et j'ai cru... et j'ai fait passer cet avis à ces dames... Quant à votre histoire de batelier qui se retrouve être mon frère... oh! c'est trop fort! je n'ai jamais rien lu de plus invraisemblable dans les romans... je n'ai jamais eu de frère, moi !...

— Mais vous avez eu un fils, madame!... s'écrie une voix qui part de l'entrée du salon où l'on voit paraître tout à coup Beauregard, tenant par la main le petit Émile et suivi de Jacqueline sa nourrice. Cette apparition frappe Thélénie d'épouvante; cette fois toute son audace l'abandonne. Elle tombe en arrière dans son fauteuil, tandis que Beauregard, faisant passer la paysanne en avant, lui montre la maîtresse de la maison en lui disant:

— Tenez, brave femme, ce n'est pas à Dieppe que vous trouverez la baronne de Mortagne, c'est ici!...

— Eh! ma fine, oui! que le v'là tout de même... c'est madame... oh! je la reconnaissons ben!... elle n'est pas changée... elle a toujours ses grands yeux!

À ces paroles de Jacqueline, adressées à Thélénie, tout le monde regarde cette femme qui a abandonné son enfant, et dont hier Chamoureau a raconté l'histoire. Cette femme, accablée, anéantie par ces révélations successives qui la font enfin connaître pour ce qu'elle est, ne trouve plus une parole à répondre et cache son visage dans ses mains.

— Vous voyez, bonne femme, reprend Beauregard, que j'ai eu parfaitement raison de vous empêcher d'aller à Dieppe... car on espérait vous embarquer avec cet enfant pour des contrées dont vous ne seriez pas revenue. Oh! madame avait bien fait son plan... votre présence ici la gênait !... mais malheureusement son frère... car c'est encore son frère qu'elle avait chargé de vous faire partir; son frère aimait beaucoup à boire, alors il était un peu bavard, et il ne m'a pas été difficile de savoir de lui tout ce qui m'importait d'apprendre...

— Avec tout ça, dit la paysanne, madame est la mère du petit Émile. Voilà ta maman, mon garçon !

— Elle !... s'écrie l'enfant en regardant Thélénie avec effroi. Oh ! je n'en veux pas pour ma mère... elle me battrait...

— Cependant je présume bien que madame va reprendre son fils.

— Non, elle ne le reprendra pas, dit Beauregard, car vous voyez bien qu'elle n'a jamais eu les sentiments d'une mère... Mais je le garde, moi, et j'en ai le droit, car je suis son père !

— Son père ! répète-t-on de tous côtés !

— Comment, son père ! s'écrie Chamoureau... ah çà... qu'est-ce que tout cela veut dire... ma femme a des enfants... monsieur est leur père... et...

— Tais-toi donc, Chamoureau, dit Freluchon. Tu vois bien que tout cela ne te regarde pas... je te conseille de faire le mort.

— Maintenant, reprend Beauregard, je n'ai plus rien à dire à madame, à qui depuis bien longtemps je demandais en vain ce qu'elle avait fait de cet enfant... Venez, nourrice, c'est moi qui réglerai vos comptes... Monsieur Duronceray, le hasard me fait aujourd'hui me retrouver avec vous... je ne mérite plus, je le sais, que vous me tendiez la main, puisque jadis j'ai trahi l'amitié qui nous liait... mais peut-être aujourd'hui me pardonnerez-vous, en songeant que du moins j'ai servi à vous éclairer sur les sentiments de madame.

En achevant ces paroles, Beauregard salue profondément Paul qui lui rend froidement son salut, mais qui est obligé de retenir Amy qui grogne sourdement et veut absolument sauter sur ce monsieur. Beauregard est parti avec son fils et Jacqueline. Paul s'adresse alors aux habitants de Chelles.

— Je pense que maintenant personne ici, parmi ces messieurs et ces dames, ne met plus en doute l'honneur de madame Dalmont et de mademoiselle Agathe de Haumont ?

— Personne ! personne ! s'écrie-t-on avec empressement de tous côtés.

— Quant à moi ! dit le docteur Antoine en allant à Paul, je puis dire que je n'en ai jamais douté... et que j'ai toujours défendu ces dames lorsqu'on se permettait sur elles la moindre médisance.

— C'est bien, docteur, donnez-moi votre main alors, et revenez nous voir à la Tourelle... j'espère que la manière dont vous y serez reçu vous fera oublier votre première visite !

Le docteur presse la main que Paul lui offre, et celui-ci s'éloigne avec ses deux amis. Bientôt toute la compagnie les imite, et Chamoureau reste seul avec sa femme, à laquelle il veut adresser une sévère mercuriale. Mais avant qu'il ait trouvé ce qu'il veut lui dire, Thélénie a brusquement quitté le salon.

— Elle se doute bien que j'ai des choses désagréables à lui faire entendre, se dit Chamoureau, elle a fui mon courroux . je lui dirai tout cela en dînant.

Mais Chamoureau dîne seul, sa femme ne descend pas : enfin le soir, lorsqu'il la cherche, il apprend qu'elle a fait porter des malles au chemin de fer et qu'elle est partie depuis longtemps. Il se demande alors s'il doit courir après elle ; mais après de mûres réflexions, il pense qu'il fera mieux d'attendre qu'il lui plaise de revenir près de lui. Un mois après ces événements, un double mariage unissait Paul Duronceray à Honorine, et Edmond Didier à Agathe, à laquelle son vieil oncle laissait toute sa fortune.

Freluchon, témoin du bonheur de ses amis, assure qu'il finira par faire comme eux, mais il ne se presse pas. Le père Ledrux continue d'être employé comme jardinier par les deux nouveaux ménages, bien qu'il se permette encore un petit trafic un peu risqué, en calomniant les poules ; mais on lui pardonne en faveur de ses : *Turlu tu tu!*

Chamoureau, qui avait renoncé au nom de Belleville, attendait toujours sa femme, qui ne revenait pas près de lui. Au bout de six mois, il apprend qu'elle a péri à Londres, dans une course au clocher. Il prend alors le deuil et va trouver Freluchon auquel il apprend cette nouvelle en pleurant.

— Eh quoi ! imbécile, tu pleures cette femme-là ! lui dit Freluchon.

— Ah ! mon ami, je t'assure qu'elle avait des qualités...

— Tais-toi, je t'en prie, n'imite pas la sottise ou la fausseté de ces gens qui, dès qu'une personne est morte, lui donnent des vertus qu'elle n'avait pas de son vivant !... Moi, quand quelqu'un de méchant quitte cette terre, je me contente de dire : il en restera encore assez !

— Et M. Duronceray et Edmond Didier sont-ils toujours heureux ?

— Comment ne le seraient-ils pas ? ils ont chacun une femme jolie, bonne, aimante ! ah ! si j'en trouvais une comme ça, moi !

— Et leur fameux Amy, leur gros chien ?

— Il vieillit doucement auprès d'eux ; celui-là, quand il mourra, je te permets de le pleurer, car c'est un modèle d'attachement, de dévouement, de fidélité !... Cherche donc tout cela chez tes amis !

FIN.

www.ingramcontent.com/pod-product-compliance
Lightning Source LLC
Chambersburg PA
CBHW051737090426
42738CB00010B/2294